Discours Sur Les Rapports Entre La Science Et La Religion Révélée
by Nicholas Patrick Wiseman

Address:
HardPress
8345 NW 66TH ST #2561
MIAMI FL 33166-2626
USA
Email: info@hardpress.net

BIBLIOTHÈQUE CHRÉTIENNE

DU DIX-NEUVIÈME SIÈCLE.

PARIS. — IMPRIMERIE DE SAPIA, RUE DU DOYENNÉ, 12

DISCOURS

SUR LES

RAPPORTS ENTRE LA SCIENCE

ET

LA RELIGION RÉVÉLÉE

PRONONCÉS A ROME

PAR NICOLAS WISEMAN,

ÉVÊQUE DE MELIPOTAMOS, DOCTEUR EN THÉOLOGIE, PRINCIPAL DU COLLÈGE ANGLAIS
ET PROFESSEUR DE L'UNIVERSITÉ DE ROME;

PUBLIÉS PAR M. DE GENOUDE.

3ᵉ ÉDITION

Revue et corrigée par l'Auteur.

PARIS

CHEZ DUFOUR ET Cᵒ, ÉDITEURS,

12, RUE DES SAINTS-PÈRES.

VATON, LIBRAIRE, | SAPIA, LIBRAIRE,
46, rue du Bac. | 12, rue du Doyenné.

1842

362440
W53

quence d'un événement fortuit qui a modifié le langage , jusqu'a-
lors uniforme, dans les familles humaines. Ces trois divisions
sont autant de points culminants autour desquels viennent se
grouper tous les résultats présentés par M. Wiseman. Il a eu ses
raisons pour ne pas suivre l'ordre naturel des événements, tels que
nous venons de l'indiquer. Comme ce n'était point un livre qu'il
avait d'abord l'intention de faire , mais seulement des discours
qu'il adressait à un auditoire choisi , pour montrer sous quel point
de vue il fallait considérer les sciences , afin de faire voir leurs
rapports avec l'Écriture-Sainte, il a commencé par l'étude comparée des langues, la *linguistique* , l'éthnographie, science plus généralement répandue, et que plusieurs de ses auditeurs avaient
cultivée avec succès.

Il consacre ses deux premiers discours à l'examen de cette
science. Le premier en contient l'historique , et il fait voir l'impossibilité de jamais retrouver le langage primitif, en supposant même
qu'il ait pu se conserver intact jusqu'au moment de la dispersion,
après la confusion de Babel. Cette recherche, à laquelle on s'était
d'abord livré avec ardeur, a été abandonnée pour former des collections de mots ; car on a senti de bonne heure que ce n'était que
la comparaison des langues qui pourrait donner un résultat ; on a
donc fait des classifications , et Leibnitz a aussi éclairé ce travail
des lumières qu'il savait répandre sur tous les sujets qu'il traitait.
Le résultat des premières classifications a fait craindre que cette
recherche ne fût plus nuisible qu'utile à l'authenticité des livres
saints. On trouvait beaucoup de langues indépendantes qu'on
ne pouvait rapporter à aucun des types connus ; dès-lors on ne
pouvait plus soutenir l'unité de la race humaine. Heureusement que
des travaux subséquents firent découvrir les liens par lesquels on
pouvait rattacher ces prétendues langues primitives aux groupes
déjà formés , c'est-à-dire l'indo-européen , le sémitique et le
malay.

Ces résultats obtenus , M. Wiseman développe dans le second
discours les méthodes que l'on a suivies pour y arriver. Deux
écoles se sont formées : l'une se fonde exclusivement sur la comparaison des mots et surtout de leurs racines , l'autre sur les formes grammaticales. A mesure que les partisans de l'une ou de l'autre de ces méthodes multiplient leurs travaux, les différences qui

JOURN.

AVERTISSEMENT.

—

Un écrivain consciencieux, infatigable, qui pendant tout le dix-huitième siècle ne cessa d'attaquer cette philosophie menteuse qui s'imaginait pouvoir renverser le Christianisme, disait, il y a près de soixante ans :

« Il s'en faut de beaucoup que le triomphe de l'incrédulité soit « assuré. Le règne bruyant de l'ancienne philosophie ne fut pas « de longue durée; celui de la philosophie moderne sera encore « plus court, parce que ses sectateurs actuels ont encore moins de « bon sens que ceux d'autrefois. »

Cette prédiction de Bergier s'est accomplie à la lettre. A cette philosophie nous avons vu succéder d'abord l'indifférence des religions, que Bossuet a appelé le plus grand de tous les maux; et aujourd'hui un mouvement religieux se déclare de tous côtés autour de nous.

L'audace des attaques, leur impuissance, la solidité des réponses opposées aux objections, la multitude de preuves que la science a recueillies en faveur de la religion, ont donné une direction nouvelle aux esprits, et nous voyons maintenant les hommes les plus graves dans tous les pays se réunir pour attester le triomphe de la religion catholique sur les intelligences, en attendant qu'elle règne de nouveau sur les cœurs.

Un fait récent se remarque dans notre Europe : une génération

a

d'hommes qui avaient perdu la foi traditionnelle, et qui ont embrassé la religion après un mûr examen, s'élève maintenant en France. Ces hommes ont été nourris dans tous les préjugés philosophiques, et ils en ont triomphé; ils ont connu toutes les erreurs, et ils les ont traversées. Il n'y a pas une objection contre le Christianisme qui n'ait été dans leur esprit et qu'ils n'aient eu à résoudre avant de proclamer leur foi.

C'est là un élément nouveau pour la société, et la puissance de cet élément est incalculable. Quand on songe qu'au commencement du Christianisme, après les apôtres et les miracles, la force de l'Eglise vint des philosophes convertis, les Justin, les Athénagore, les Clément d'Alexandrie, les Tatien, les Tertullien, les Augustin, qui appartinrent aux sectes philosophiques avant de devenir les défenseurs de la vraie religion, on peut comprendre ce qui peut naître des efforts et du zèle de tous les hommes d'intelligence ralliés au Catholicisme.

Ainsi l'examen qu'on avait invoqué contre l'autorité a conduit les hommes consciencieux à rétablir l'empire des vérités que les hommes de passion avaient détruit.

Voilà un gage d'espérance pour tous ceux qui observent le mouvement des esprits.

Le livre du docteur Wiseman est un des résultats de ce progrès, il est le fruit des recherches les plus profondes. L'incrédulité, en attaquant les bases de la religion et en invoquant toutes les sciences contre la révélation, n'a donc fait que la consolider à jamais.

Ainsi l'œuvre de chaque siècle est de rétablir dans les idées les dogmes qu'elle a ébranlés. Ainsi Luther, Calvin, Mélanchton, Zuingle, ont produit Bossuet, Arnaud, Pascal, Fénélon; et les philosophes du dernier siècle ont produit les écrivains religieux de celui-ci.

Nous espérons que l'importance de l'ouvrage que nous publions aujourd'hui sera appréciée par la France catholique comme elle l'a été en Angleterre et à Rome. C'est là un de ces écrits qui doivent être dans les bibliothèques de tous les pères de famille; c'est un antidote contre l'enseignement universitaire, qui appartient encore aux débris d'une philosophie condamnée dans l'esprit de tous les hommes vraiment de ce siècle.

Nous nous proposons de faire paraître successivement tous les ouvrages qui intéressent les vérités fondamentales du Christianisme, qui ont été ou qui seraient publiés en Allemagne, en Angleterre et en Italie, pour continuer la Raison du Christianisme.

E. DE GENOUDE.

INTRODUCTION ANALYTIQUE.

—

PREMIÈRE PARTIE.

Le Christianisme, en promulguant les livres saints restés enfouis jusqu'alors chez une nation obscure, a fait connaître au monde une histoire des hommes et de l'univers, différente de tout ce que les autres nations avaient reçu par la tradition. On a dû naturellement chercher à voir si les récits de Moïse s'accordaient avec les explications des phénomènes ; mais le peu de progrès que, faute d'instruments, les anciens avaient faits dans l'étude des sciences , ont rendu vaines toutes les tentatives par lesquelles on a voulu démontrer l'accord qui doit régner entre les théories de la science et les narrations de l'écrivain inspiré. Ce n'est que dans ces derniers temps que les travaux des savants ont enfin permis d'embrasser d'un regard les rapports qui existent entre les diverses branches des connaissances humaines.

Le docteur Wiseman a pensé que le moment était venu où la théologie devait réclamer son rang dans le cercle intellectuel. Or, son rang, c'est le premier ; car c'est à elle qu'il appartient de sanctionner les résultats de toutes les autres sciences, en faisant voir en quoi ils s'accordent avec les Ecritures , et en les renvoyant à un nouvel examen, s'ils n'y sont pas conformes. Et c'est à la conformité qu'on doit nécessairement arriver ; car tous les faits de la nature étant la manifestation de l'action divine, et les livres saints l'exposition du mode de cette manifestation , il est évident que, si nous ne trouvons pas dans chaque science la corroboration ou l'explication de l'énoncé de Moïse, la faute ne doit en être imputée qu'à nous, parce que nous n'avons pas étudié la science dans son vrai sens ; ou nos observations sont incomplètes , ou nos conséquences sont mal tirées. C'est pour arriver à cette démonstration que le docteur Wiseman a entrepris son ouvrage.

Trois grands faits dominent toute la science prise dans sa plus grande généralité : 1° La création et ses phases successives ; 2° le déluge historique, universel ; 5° la dispersion des peuples, consé-

les séparaient s'effacent de plus en plus, et il y a lieu de croire que bientôt elles se confondront dans quelque grande découverte. Une question des plus importantes domine toute cette discussion sur les langues ; c'est celle de leur origine, ou plutôt de l'origine du langage ; et, au lieu de penser que les langues s'en vont se développant graduellement suivant les besoins croissants des peuples qui les parlent, l'auteur, appuyé sur l'autorité de G. de Humboldt, croit au contraire que, « par quelque procédé mystérieux de la « nature, les langues ont été, en quelque sorte, jetées en moule, « mais en moule vivant, d'où elles se dégagent avec toutes leurs « belles proportions, et ce moule est l'esprit de l'homme........» — « La parole, dit encore G. de Humboldt, est inhérente à l'hom- « me... Le langage n'a pu être inventé sans un type préexistant « dans l'intelligence humaine....... Et plutôt que de croire à une « marche uniforme et mécanique qui les traînerait pas à pas de- « puis le commencement le plus grossier jusqu'à leur perfection- « nement, j'embrasserais l'opinion de ceux qui rapportent l'ori- « gine des langues à une révélation immédiate de la Divinité. « Ils reconnaissent au moins l'étincelle divine qui luit à travers « tous les idiomes, même les plus imparfaits et les moins cul- « tivés. »

Le raisonnement n'offre aucun moyen de résoudre la difficulté qui se présente ici : comment la première modification a-t-elle pu s'introduire dans la langue unique que parlait l'espèce humaine avant la dispersion de Babel ? Si l'on compare entre elles les trois grandes familles dont chacune résume par un caractère spécial les groupes qui la composent, on reconnaît trois sœurs issues d'une mère commune, sans qu'aucune puisse réclamer le droit de primogéniture ; et par les signes qui restent des anciens points d'attache qui les unissaient, on voit que la rupture n'a pas été lente et graduelle, mais brusque et inopinée ; telle enfin que l'aurait dû produire l'événement miraculeux raconté par Moïse.

Pendant longtemps tous les savants ethnographes ne se sont occupés que des langues de l'ancien monde, ou plutôt du monde connu des anciens ; mais il restait une tâche en apparence difficile à remplir, c'était de ramener aux types connus les langues de l'intérieur de l'Afrique et les dialectes sans nombre de l'hémisphère occidental. En effet, au premier aperçu, tous les idiomes de l'Amérique sont l'image de la plus parfaite confusion. Comme aucune de ces langues n'est écrite, la plus légère altération dans la prononciation suffit pour faire perdre la trace de la filiation. Mais, en comparant les vocabulaires recueillis par les missionnaires et les voyageurs, on est parvenu à former de tous ces membres épars un petit nombre de groupes, qui eux-mêmes se rattachent très-naturellement aux langues de l'Asie. Les traditions que rapporte le docteur Wiseman sur les migrations des premiers colons qui sont venus s'établir en Amérique, concourent à confirmer le résultat obtenu par l'examen des dialectes. La religion que les Incas ont établie, les monuments qu'ils ont élevés, ne permettent pas de douter qu'ils ne fussent originaires du Thibet ou de la Tartarie. Les cycles astronomiques que l'on a trouvés chez les Toltèques, les Aztèques et d'autres nations du Mexique, ainsi que les noms des jours de leurs mois, sont les mêmes que ceux dont se servent les Chinois, les Japonais, les Kalmoucks et les Mantchoux. Les peintures grossières où ils représentaient Tezpi ou Coxcox, leur Noé, se sauvant du déluge dans une arche flottant sur les eaux, avec tous les détails plus ou moins défigurés de la narration de Moïse, sont une preuve péremptoire de leur descendance des nations de l'ancien continent.

Tous ces travaux philosophiques entrepris simultanément par des hommes de tous les pays, de croyances diverses et souvent dans un but très-différent, ont abouti par des voies très-opposées à un résultat uniforme : c'est la démonstration que toutes les langues se réunissent pour former de grandes familles, lesquelles à leur tour remontent à une souche commune, et que la diversité des dialectes ne tient qu'à la diversité des facultés intellectuelles des nations ; car le langage, dit notre auteur, est si évidemment le pouvoir corporifiant, et, pour ainsi parler, l'incarnation de la pensée, que nous pouvons presque aussi facilement imaginer une âme sans un corps, que nos pensées non revêtues des formes de cette expression extérieure ; tellement que l'esprit d'une nation doit nécessairement correspondre au langage qu'elle possède. Appliquant ce principe à la langue allemande, il fait voir que Kant n'aurait jamais pu formuler son système, s'il avait pris naissance dans tout autre pays, où la langue ne lui aurait pas permis d'employer le pronom de la première personne d'une manière objective.

L'histoire naturelle de la race humaine est le sujet des deux discours suivants. De même que, dans les deux premiers, on a démontré que toutes les langues ne sont que des ramifications d'un langage primitif, de même il faut prouver que toutes les variétés de l'espèce humaine, répandues sur la surface du globe, remontent en se groupant à une famille primitive, elle-même provenant d'un couple unique, créé par notre père commun à l'origine des temps. Les anciens, et parmi les Grecs, Aristote, n'ont connu ou distingué que quatre races d'hommes, ou plus exactement trois, outre les Grecs. La classification d'Aristote reconnaît des Nègres, qu'il appelle Egyptiens; des Scythes et des Thraces, qui ne sont que les tribus germanique et mongole. Cette division a été pendant longtemps en usage, et dans le moyen âge la race humaine fut naturellement divisée en trois races comme descendant des trois enfants de Noé. Jusque-là on n'avait pris que la *couleur* de la peau pour base des classifications; mais les naturalistes du dernier siècle commencèrent à considérer la *forme* aussi, comme un élément essentiel de ces classifications. Camper produisit son fameux système de l'angle facial, à l'aide duquel il expliquait les divers degrés de l'intelligence, selon que la ligne du front se rapprochait plus ou moins de l'angle droit. Blumenbach vint ensuite et considéra la *forme* de la tête sous un autre point de vue; pour lui, la tête qui annonce le plus d'intelligence est celle dont la mâchoire supérieure offre le moins de saillie, sur une ligne verticale abaissée du front; la largeur du crâne est aussi une indication importante, et sert pour les subdivisions des races ou de la couleur des cheveux, de la peau et des yeux, ou plutôt de l'Iris. D'après ces bases, Blumenbach divise la totalité de la race humaine en trois familles principales avec deux intermédiaires. Les trois grandes divisions sont la caucasienne, l'éthiopienne, et la mongole. Entre les deux premières familles on trouve les Malays, et entre la race caucasienne et la mongole, viennent se ranger les Américains. Les trois principales familles se distinguent par autant de couleurs différentes : la première est blanche, la seconde est noire, et la troisième olivâtre ou jaune. Les races intermédiaires ont des couleurs intermédiaires; les Américains sont cuivrés et les Malays ont la peau jaunâtre tirant sur le rouge; ils paraissent tannés.

a.

Mais ni la forme ni la couleur ne sont des choses invariables dans la nature vivante, et moins encore dans l'homme que dans les animaux ; parce que ceux-ci ne sont soumis qu'à l'action des agents extérieurs, tandis que l'homme est non-seulement soumis, comme tout le reste de la création, aux influences du dehors ; mais son intelligence et sa sensibilité sont deux foyers de perturbation dont l'activité est incessante. La forme qui, par la rigidité des os, semblerait devoir opposer plus de résistance aux modifications, cède comme le reste aux principes modificateurs, principes inconnus, et dont la science ne sait point encore rendre compte. Ainsi l'on voit des familles dont tous les individus, ou quelques-uns d'eux seulement, ont six doigts, soit aux quatre extrémités, soit aux mains seulement, et même a une seule main, et cette difformité se transmet par la génération, jusqu'à ce qu'une cause aussi inconnue que le principe de cette variété la fasse disparaître, quelquefois pour toujours, quelquefois aussi pour une ou deux générations seulement. Mais la partie du corps qui subit les altérations les plus remarquables est sans contredit la tête, ou plutôt le crâne. Ici vient se placer naturellement la question de l'origine des nègres ; car ce n'est pas seulement la couleur de la peau qui fait le nègre proprement dit, c'est spécialement la forme de la tête et la chevelure laineuse ; et des races indiennes dont la peau est d'un noir luisant, les Sénégalais aux cheveux lisses et au nez droit, ne sont point des nègres. Dans une planche que donne M. Wiseman pour comparer les systèmes de Camper et de Blumenbach, la tête du nègre est déprimée sous un angle de soixante-dix degrés seulement, tandis que la tête de l'Européen présente quatre-vingts degrés ; quelques belles statues grecques portent quatre-vingt-cinq, et les représentations des dieux quatre-vingt-dix degrés, et même au delà dans le Jupiter Olympien. Eh bien ! ce nègre, qui restera stupide, si vous le laissez au milieu des circonstances qui l'ont fait descendre jusqu'au plus bas degré de l'échelle intellectuelle, se relèvera et se développera, si vous le mettez en rapport avec des intelligences plus développées que la sienne. S'il est jeune, la forme de sa tête changera avec l'âge, par l'exercice de ses facultés intellectuelles, restées engourdies et inactives jusqu'alors. Les facultés, en se développant, modifient le cerveau, qui est l'organe immédiat de la pensée, et le cerveau réagit à son tour sur le crâne. Si la phrénologie a quelque fondement, c'est là son principe. En effet, que l'on transporte au milieu des peuples civilisés un nègre au front déprimé et à la tête couverte de laine frisée au lieu de cheveux, le changement qui s'opérera en lui sera peut-être imperceptible à un œil non exercé ; mais examinez ses enfants à la troisième ou quatrième génération, et vous verrez le front redressé sensiblement et la laine s'allonger et perdre de sa rudesse. C'est une observation que l'on peut vérifier tous les jours aux Etats-Unis et dans les Antilles. Si la forme est ainsi modifiable, la couleur l'est encore plus, mais avec cette différence que les altérations de la forme sont en raison du degré de civilisation ou plus exactement du développement intellectuel, cause purement individuelle et intérieure, tandis que les modifications de la couleur tiennent essentiellement à l'influence du climat, de la température, et surtout aux habitudes et aux mœurs qui souvent ne sont qu'une conséquence de l'état de l'atmosphère. Sans compter les Albinos, dont la couleur blafarde peut avoir été le résultat d'une affection morbide, mais qui aujourd'hui se propage par la génération, M. le docteur Wiseman fait voir que des races entières ont perdu leur couleur primitive en changeant de climat, et qu'ainsi, par une dégradation insensible, on peut suivre la couleur blanche et la voir se perdre dans les nuances les plus sombres jusqu'au noir complet. Le climat, ou plutôt la température, ne suffit pas seule pour expliquer ce phénomène; témoin ce qui se passe dans l'Inde, où l'on voit des formes de tête absolument identiques sous des couleurs entièrement opposées. Il y a ici, comme dans beaucoup d'autres parties de la science humaine, quelque loi occulte que l'on n'a pas encore pu découvrir. Mais ce que l'on en sait suffit pour pouvoir prononcer sans hésitation que, quelle que soit la forme ou la couleur d'un individu de l'espèce humaine, il appartient incontestablement à la race unique dont nous descendons tous. Cette conclusion renferme une conséquence inévitable : c'est que l'état naturel de l'homme n'est point la barbarie, ni la vie sauvage, et que les peuples que l'on trouve dans cette condition n'y sont arrivés que par la dépravation, comme d'ailleurs le prouvent de reste les vices honteux et les habitudes monstrueuses de tous ces animaux à face humaine. Notre auteur réduit en passant à leur juste valeur ces théories de Lamarck, de Lamethrie, Virey, etc., qui veulent absolument nous faire descendre, l'un, d'un marsouin se fendant la queue, l'autre, d'un singe dont le nez s'allonge par un rhume de cerveau ! Ces savants n'ont pas réfléchi qu'il est impossible de supposer un homme enfant sans une mère qui l'allaite, et que si les poissons et les singes avaient en eux la faculté de se transformer en hommes, ils l'exerceraient encore aujourd'hui.

Dans le cinquième et dans le sixième discours, le docteur Wiseman prouve que les sciences, considérées sous leur véritable point de vue philosophique, servent à expliquer les faits exposés dans les livres saints. La résurrection de notre Seigneur, ce fait le plus important du nouveau Testament, des médecins allemands l'ont révoqué en doute, et, discutant toutes les circonstances de la mort de Jésus, ils ont prononcé qu'il n'y avait pas eu mort réelle, mais seulement évanouissement. D'autres médecins du même pays, s'appuyant également sur les lois de la physiologie, ont victorieusement réfuté toutes les objections des adversaires et ont démontré que la mort ayant été réelle, la résurrection avait donc été miraculeuse. Des sciences médicales notre auteur passe à l'examen de la géologie, cette science des antiquités de la nature. Comme toutes les autres sciences, la géologie a été étudiée dans des desseins très-opposés. Ainsi quelques savants ne s'y sont livrés que dans le but avoué d'y trouver la confirmation des faits consignés dans la Genèse. D'autres, au contraire, mais dans le dernier siècle, ont cru y trouver une réfutation facile des Ecritures, et enfin sont venus les vrais savants qui ont étudié les phénomènes dans une vue purement scientifique. Ce sont les travaux de ces derniers qui sont vraiment de quelqu'importance, et ce sont eux que M. Wiseman discute pour prouver leur parfaite coïncidence avec la narration de l'Ecriture. Il donne en passant un exemple de la légèreté avec laquelle on faisait les observations dans le dernier siècle : c'est l'opinion de Brydone sur les laves de Jaci-Réale, près de Catane, en Sicile, où il prétend qu'on a trouvé, en creusant, sept couches distinctes de lave l'une sur l'autre, dont les surfaces étaient parallèles et couvertes la plupart d'un lit épais d'excellente terre végétale. Or, supposant qu'il faille 2,000 ans pour qu'un lit de lave se recouvre de terre végétale, il faut donc compter 14,000 ans depuis l'éruption qui a fourni la première lave. Un fait énoncé d'une manière aussi précise et aussi positive a été recueilli avec soin par les adversaires des livres saints, qui n'ont pas manqué d'en faire un argument contre la chronologie de Moïse, sans prendre la peine de s'assurer si le fait était tel qu'il est rapporté. D'abord il ne faut pas deux mille ans, pas même deux cents ans pour que les laves se recouvrent de végétation, cela dépend de leur nature : témoin les laves de l'Etna, de l'éruption de 1636, qui sont couvertes de forêts de chênes; ensuite il n'y a point de terre végétale, Dolomieu s'en est assuré. Mais la grande question, la question importante, celle dans laquelle la géologie intervient nécessairement, c'est la création d'abord, puis le déluge ensuite, dont la date, d'après Moïse, ne remonte guère qu'à cinq mille ans environ. Il est dit expressément dans la Genèse que, lors de la formation du globe, tous ses éléments étaient dans un état de confusion chaotique. Or, jusqu'à ce que ces éléments se soient combinés pour former l'arrangement actuel des choses, il a pu s'écouler une durée indéfinie avec des alternatives de repos et de tranquillité, pendant lesquelles cessait le désordre des éléments. Car les mots du texte n'expriment pas simplement une pause momentanée entre le premier *fiat* de la création et la production de la lumière; au contraire, l'esprit de Dieu, l'énergie créatrice est représentée couvant l'abîme et lui communiquant la vertu productive, ce qui naturellement exprime une action continue et non passagère. Cette période indéfinie semble avoir été mentionnée exprès pour laisser une ample carrière à la méditation et à l'imagination de l'homme. Et toutes les anciennes cosmogonies conservent la tradition d'une période de révolutions successives pendant lesquelles la terre fut détruite et renouvelée. C'est le temps sans borne des Assyriens. Mais ce qui est plus important sur ce point, c'est l'opinion des premiers Pères de l'Eglise, qui paraissent avoir eu ces mêmes notions; car saint Grégoire de Nazianze suppose une période indéfinie entre la création et la premiere organisation des choses. Saint Basile, saint Césaire et Origène sont encore plus explicites, et des géologues modernes ont soutenu cette même opinion.

L'existence de cette période indéfinie à l'origine des choses sert à expliquer la présence des fossiles gigantesques dans les plus profondes entrailles de la terre; car aucun déluge, aussi violent qu'on puisse le supposer, n'aurait pu déposer ces restes aux profondeurs où on les trouve et au-dessous des couches qui forment aujourd'hui la croûte de la terre. Si tous ces animaux avaient été ensevelis par le déluge, on les trouverait pêle-mêle dans les diverses couches. Mais il n'en est point ainsi, car les couches les plus inférieures contiennent une classe particulière de fossiles, entièrement différents de ce qui existe; la couche au-dessus en contient d'une autre espèce, et ainsi successivement jusqu'aux couches près de la surface qui renferment des animaux de toute espèce, mélangés, et dont plusieurs ont encore des analogues vivants. En présence de pareils faits, si l'Ecriture n'avait pas indiqué un intervalle entre la création et l'organisation, mais les eût déclarées simultanées, nous aurions eu quelque peine à concilier ses assertions avec les découvertes récentes.

C'est pendant cette période que les grandes montagnes se sont élevées sur la surface de la terre, en perçant la croûte et relevant les couches comme on les voit encore inclinées. On attribue ces grandes convulsions à l'existence d'un feu central dont les volcans indiqueraient encore l'activité, si elle n'était d'ailleurs démontrée par l'augmentation de température que l'on trouve en creusant la terre. Des observations réitérées ont démontré que la chaleur augmente d'un degré environ du thermomètre centigrade par chaque cent pieds que l'on descend.

On a encore essayé d'expliquer la présence des animaux fossiles dans les couches les plus inférieures de la terre, en supposant que les phases successives de la création ne se sont pas accomplies dans l'espace raccourci de six jours naturels, de chacun vingt-quatre heures, mais qu'il faut entendre par le mot hébreu *Yom* une période indéfinie, nécessaire pour le développement des phénomènes qui s'y rapportent. Les auteurs qui soutiennent cette opinion, et ils sont nombreux, font observer que la disposition des restes organiques dans les diverses couches correspond exactement à l'ordre dans lequel, d'après l'Ecriture, leurs diverses classes ont été créées. En effet, dans les roches primitives ou plus exactement non stratifiées, de même que dans les premières couches, on ne trouve aucune trace quelconque de vie animale ou végétale; puis viennent des plantes mêlées à des poissons, mais plus spécialement des coquillages et des mollusques, indiquant ainsi que la mer fut la première à produire ses habitants, tandis que la très-grande abondance de coquillages et de mollusques, animaux de la classe la plus inférieure, semble indiquer que des animaux plus parfaits n'existaient pas encore. Les nombreux reptiles et les énormes amphibies paraissent ensuite; puis enfin la terre se peuple aussi, et en conséquence nous trouvons au-dessus des animaux marins les restes des grands quadrupèdes dont nous avons parlé. Ceux-ci se trouvent dans des couches déposées par l'eau douce; puis enfin vient la couche de terre meuble dont nous parlerons tout-à-l'heure et qui contient, mélangés avec d'autres, des animaux dont les analogues existent encore.

Notre auteur ne voit aucune difficulté à admettre cette hypothèse des périodes indéfinies; mais il pense qu'on peut s'en dispenser, si l'on adopte l'opinion du long intervalle qui s'est écoulé depuis le premier moment de la création, jusqu'à l'organisation définitive de la terre.

Vient enfin la question si controversée du déluge. Son existence d'abord, puis son universalité, ont été mises en doute par les premiers auteurs qui se sont occupés de géologie : mais, comme nous avons déjà eu occasion de le faire remarquer, à mesure que les faits ont été mieux étudiés, on a été forcé de reconnaître la parfaite coïncidence qui se trouve entre le récit naïf de Moïse et les phénomènes existants.

Trois choses sont à prouver en traitant cette question du déluge : 1° son existence; 2° son universalité; 3° sa date. Les preuves géologiques de l'existence du déluge sont nombreuses; une des plus frappantes est l'existence des *vallées de dénudation,* vallées creusées dans des plateaux élevés par l'action d'un immense courant qui a laissé à nu sur les parois de la vallée les couches correspondantes du terrain. Les *blocs erratiques* sont une autre preuve; on sait que l'on désigne sous ce nom ces longues lignes de rochers posés sur le terrain dans une direction constante du nord-est au sud-ouest, et qui s'étendent à partir des régions polaires jusqu'en Angleterre, en Allemagne, et même en Russie, entre Pétersbourg et Moscou; le sol de la Scandinavie en est jonché, et l'on jugera de la force du courant qui a dû les transporter, quand on saura que plusieurs de ces blocs ont vingt pieds de hauteur, sur trente à quarante et même cinquante pieds de long, et pèsent, par conséquent, plusieurs milliers. D'après des observations récentes, on a calculé que le courant ne devait pas avoir moins de quinze cents pieds de profondeur, puisque jusqu'à cette hauteur on trouve, dans les montagnes, des traces de son passage. La théorie de M. Elie de Beaumont explique assez bien l'origine de ces immenses courants, en supposant qu'à l'époque du déluge, plusieurs montagnes ont été soulevées, et ont chassé avec violence les mers dont elles sont venues prendre la place, les Andes et les montagnes polaires, par exemple. Une autre preuve se tire aussi d'une découverte assez récente, c'est celle des *cavernes à ossements* : on appelle ainsi des cavités naturelles dans lesquelles on rencontre un mélange confus d'ossements fossiles de toutes sortes d'animaux, dont la plupart appartiennent à des espèces existantes. Puis dans les terrains qu'on est convenu d'appeler *diluviens*, parce qu'on les suppose déposés par les eaux du déluge, on trouve une immense quantité de fossiles de toute espèce, même des oiseaux. Enfin une dernière preuve, ce sont des animaux entiers, des éléphants trouvés dans la glace sur les bords de la Lena, et d'autres rivières de la mer Glaciale, animaux tellement bien conservés, que les chiens en ont mangé la chair lorsqu'on a rompu les glaçons, il y a peu d'années. L'uniformité des effets produits par le déluge est une preuve de son universalité; car les lignes de blocs erratiques et les traces du monstrueux courant qui a sillonné les flancs des montagnes s'étendent à de si grandes distances, qu'on ne peut s'empêcher d'y assigner une cause unique et générale. Quant à la date du déluge, l'aspect général de la terre semble indiquer une organisation comparativement récente; mais il y a un moyen d'arriver à une plus grande précision, c'est en examinant le produit des causes dont l'action n'a pas cessé. Ainsi, par exemple, la formation des deltas, ou accumulation des alluvions à l'embouchure des rivières. Le Nil offre un des cas les plus généralement cités, ainsi que l'embouchure du Pô dans l'Adriatique. Eh bien! en calculant les dépôts annuels de ces alluvions, on ne trouve pas qu'il faille plus de temps pour atteindre le niveau actuel que l'histoire n'en comporte depuis le temps du déluge. Une autre observation peut aussi mettre sur la voie pour déterminer la date en question : c'est le chemin que parcourent, dans un temps donné, les *dunes* de sable que l'on rencontre sur nos côtes et sur celles de l'Angleterre. Bremontier, dont le nom est pour ainsi dire iden-

tifié avec celui de dunes, à cause de la persévérance avec laquelle
il les a étudiées pendant une longue suite d'années, est d'avis qu'il
n'y a pas plus de quatre mille ans qu'elles ont commencé à che-
miner vers l'intérieur. De Luc arrive à la même conclusion, en
mesurant les progrès de celles de la Hollande, où la date des digues
lui a permis de donner à cette recherche l'exactitude historique.
Et enfin G. Cuvier, d'accord avec de Luc et Dolomieu, « pense
que s'il y a quelque chose de constaté en géologie, c'est que la
surface de notre globe a été victime d'une grande et subite révolution dont la date ne peut remonter beaucoup au-delà de cinq
ou six mille ans. »

Nous terminons ici l'énumération des preuves que les sciences
d'observation nous ont fournies, pour démontrer la coïncidence
parfaite qui existe entre les narrations de l'écrivain sacré et l'explication des phénomènes de la nature. Nous verrons dans le second volume que les sciences intellectuelles ont également concouru
à ce grand but, et les monuments littéraires ont servi à prouver
que, sur ce point, les opinions des hommes s'accordent avec les
faits, pour proclamer la puissance de Dieu.

SECONDE PARTIE.

Dans la première partie, nous avons démontré que les faits de
la science, convenablement étudiés, étaient autant de témoignages qui venaient corroborer le récit de la Genèse. Dans cette seconde partie, notre tâche ne sera pas aussi facile. Nous allons passer en revue l'histoire primitive et les monuments des peuples.
Quand on interroge la nature, ses réponses ne peuvent être que
claires, précises, et surtout sincères; il n'en est pas de même quand
on interroge les nations. Il semble que la vanité soit un penchant
si naturel à l'homme, qu'il égare les meilleurs esprits, et même
dans les circonstances les plus graves. En effet, interrogez les peuples sur leur origine, tous se prétendent les plus anciens, de véritables *autocthones* enfin. Mais la nation dont les prétentions
à cet égard sont surtout extravagantes, c'est sans comparaison
celle qui habite l'Inde : ses connaissances réelles en philosophie,
science qu'elle a enseignée aux nations de l'Europe et peut-être
de l'Asie, ont pendant longtemps fait admettre comme également

certaines les conséquences de ses calculs astronomiques. Or, ces conséquences ne tendraient pas à moins qu'à établir une antiquité de 4,320,000 ans. (Nous verrons bientôt l'origine de ce nombre.) Le malheureux Bailly fut le premier en Europe qui, presqu'à la fin du dix-huitième siècle, prit la défense de l'antiquité indienne ; il citait, entre autres, des observations astronomiques faites 1,491 ans, et même 3,192 ans avant notre ère. Montucla et Delambre qui, comme Bailly, n'étaient pas des astronomes beaux-esprits, mais qui s'occupaient sérieusement de la science, attaquèrent vivement le système établi par leur compatriote. Le premier démontra que ce fameux nombre dont nous venons de parler (4,320,000 ans) n'est que l'expression d'une grande période, à la fin de laquelle le monde se renouvelle, selon les Indiens. Ils avaient calculé, comme les Arabes, que les étoiles fixes accomplissent leur révolution entière dans un espace d'environ 24,000 ans (c'est la grande année platonique [1]), et regardant cette révolution comme un jour de Brahma, 360 de ses révolutions formeront une année dont la moitié compose un joug, ou 4,320,000 ans. Les astronomes anglais ne restèrent pas en arrière des attaques dirigées contre cet absurde système d'antiquité, mais celui d'entre eux qui a employé le moyen le plus efficace pour le combattre est sans contredit le docteur Bentley. Il est allé s'établir dans l'Inde pour étudier le sanskrit et le système astronomique des brahmes. Il s'est procuré leur ouvrage classique et sacré sur l'astronomie, le fameux *Surrya-Siddhanta* (ouvrage qui a fait faire de si curieuses bévues à Dupuis). Ce livre, auquel les Brahmes accordent plus de deux millions d'années d'antiquité, contient des calculs sur les positions et les mouvements moyens des planètes. C'est en comparant ces calculs avec ceux qu'on a tirés des tables européennes les plus exactes, pour les mêmes positions, que M. Bentley est arrivé à la démonstration que cet ouvrage ne peut pas avoir plus de 800 ans d'antiquité. Il l'attribue à *Varaha*, fameux astronome indien, dont on sait que le disciple *Sotanund* vivait il y a environ 700 ans.

Un des mythes favoris des Indiens est l'histoire de Rama, dont

[1] Qui est plus exactement d'environ 25,000 ans, à cause de la précession des équinoxes.

les exploits sont célébrés dans le *Ramayana*, poëme sacré, et tenu parmi les Indiens dans la plus haute vénération. Dans ce poëme, on donne une description minutieuse de la position des planètes à la naissance du héros, et lorsqu'il atteignit sa vingt-unième année. L'indication ici est précise, et on a pu avec facilité démontrer que l'état du ciel donné par la description répond à l'année 961 avant notre ère.

Un personnage non moins célèbre dans la mythologie indienne est *Krishna*, connu depuis longtemps en Europe par la publication du *Bhaguat-Geta*, où se trouve le fameux colloque avec Arjoon, au moment de la bataille de Kooroo-Kshetra, dans les plaines de Delhy; ce nom de Krishna, écrit quelquefois Kristna, a fourni aux philosophes du dix-huitième siècle l'occasion d'établir quelque similitude avec le nom de Christ; et comme à cette époque personne ne révoquait en doute la haute antiquité du livre et du personnage, l'analogie qui se trouvait entre les principaux événements de la vie de Jésus et celle du héros indien n'a pas manqué d'être interprétée toute en faveur de ce dernier, regardé par les Indiens comme une incarnation de la Divinité. M. Bentley éprouva beaucoup de difficultés pour déterminer l'époque de l'existence de ce demi-dieu; le livre ne contenait aucune indication astronomique, mais il fut assez heureux pour se procurer le *Janampatra* de Krishna, espèce de thème genéthliaque, contenant la position des planètes à la naissance du héros. D'après la supputation basée sur des tables européennes, réduites au méridien d'Oujein, il paraît que le ciel ne peut avoir offert l'état décrit dans le *Janampatra* que le 7 août de l'an 600 de notre ère. « Cette légende, dit M. Bentley, n'est donc qu'une habile imitation du Christianisme, imaginée par les brahmes, afin d'empêcher les naturels du pays d'embrasser la nouvelle religion qui avait commencé à pénétrer jusqu'aux limites les plus reculées de l'Orient. » Si à des faits aussi positifs on ajoute les opinions d'astronomes distingués, tels que Laplace, Delambre et Schaubach, dont le premier va même jusqu'à nier que les observations datées de 1,491 ans et 5,192 ans avant l'ère chrétienne aient été réellement faites, et qui les croit seulement calculées par rétrogradation; si à de telles autorités, disons-nous, on ajoute les témoignages de Moskelque, d'Heeren et de Cuvier, on ne pourra s'empêcher de conclure avec Klaproth que « les tables astronomiques des Hindous auxquelles on avait attribué une antiquité prodigieuse ont été dressées dans le septième siècle de l'ère vulgaire, et furent postérieurement reportées par le calcul à une époque antérieure. »

Si nous passons maintenant à l'histoire de ce singulier peuple, nous trouverons, comme dit Heeren, que sa chronologie et son histoire sont aussi fabuleuses que sa géographie et son astronomie. Chez cette nation, l'imagination l'emporte sur toute autre faculté.

Quand on veut remonter à l'origine des dynasties qui ont régné dans l'Inde, on arrive à deux races royales distinguées par les nom de *surya* et de *chandra*; c'est-à-dire le soleil et la lune. Mais ces dynasties ne font pas plus autorité parmi les Indiens que les générations des héros et des rois parmi les Hellènes : c'est l'histoire poétique du pays. L'auteur que nous venons de citer, après un long travail sur ce sujet, finit par conclure que la région du Gange a été le siége de royaumes puissants et de villes florissantes, plusieurs siècles, et probablement 2,000 ans avant Jésus-Christ. Et au lieu de 6,000 ans avant Alexandre, date donnée par Arrien; au lieu des millions d'années supputées d'après les fables des brahmes, nous trouvons, avec William Jones et d'autres, que le temps d'Abraham est l'époque historique la plus ancienne d'une organisation politique dans l'Inde. En étudiant d'autres documents, le colonel Tod est arrivé à des conclusions à peu près semblables; il fait coïncider l'établissement de la monarchie dans l'Inde avec l'époque où se sont fondées celles des Egyptiens, des Chinois et des Assyriens. Il faut placer cette époque environ un siècle et demi après le déluge, et plus tard, si nous adoptons la chronologie des Septante, que plusieurs savants sont disposés à admettre.

Les recherches de Heeren et du colonel Tod ont également éclairci deux points très-importants de l'histoire primitive des Hindous, savoir : l'origine de la nation en général, et celle des brahmes en particulier. Heeren n'hésite pas à croire, d'après ses scrupuleuses investigations, que ces derniers sont une race distincte venue du nord; race de réformateurs religieux qui combattaient le bouddhisme, et dont la route est marquée par la ligne de temples qu'elle a tracée dans sa marche vers le sud. Le colonel Tod, et avant lui William Jones, ont prouvé que les Hindous eux-mêmes placent le berceau de leur nation vers l'ouest, et probablement dans la région du Caucase (*Paropamisus*). A différentes époques, des tribus parties des mêmes contrées sont venues envahir les territoires possédés par leurs prédécesseurs, et la dernière grande irruption paraît avoir eu lieu environ 600 ans avant notre ère, lors de la dislocation de la puissante nation des *Gètes*, dont une branche s'est étendue dans l'Inde et se retrouve encore dans les *jits* de ce pays; tandis que l'autre branche s'est portée sur l'Asie mineure, et est venue se jeter dans le nord de l'Europe, en donnant son nom au *Jutland*. En adoptant cette hypothèse du savant écrivain, et il est difficile de s'y refuser en voyant les points de similitude qui existent entre les habitants du nord et les habitants actuels du Rajasthan, dans l'habillement, la théogonie, les coutumes guerrières, les formes religieuses et les habitudes civiles; en adoptant, disons-nous, cette hypothèse, nous voyons comment deux colonies de la même tribu peuvent, dans le cours de quelques siècles, avoir acquis les caractères physiques les plus différents : l'une ayant les cheveux blonds et la peau blanche des Danois, l'autre la couleur brune, naturelle aux peuples de l'Inde.

La chronologie et l'histoire des Indiens étant ainsi renfermées dans des limites où il a été possible de les comparer avec celles des autres nations du globe, il n'y a plus, après eux, de peuple en Asie qui sous ce point de vue puisse être l'objet d'un long examen. Les annales persanes peuvent à peine remonter au-delà de l'avénement des Sassanides. Quant aux autres royaumes mahométans, leur histoire ancienne se compose de ce qu'ils empruntent de Moïse ou de quelque tradition juive; et les nations chrétiennes, telles que les Arméniens et les Géorgiens, n'ont à produire aucun fait historique, ayant quelque authenticité, qui remonte plus de deux ou trois siècles avant Jésus-Christ. Il ne reste donc que la Chine, qui demande une attention particulière.

Le peuple chinois possède une littérature nationale d'une haute antiquité, et a la prétention d'être la première ou la principale nation du globe. Selon Klaproth, le plus ancien historien de la Chine fut le célèbre philosophe et moraliste Confucius, auteur des annales connues sous le titre de *Chu-King*. On suppose qu'il vivait 4 ou 500 ans avant Jésus-Christ ; il fait remonter son histoire au temps de Yao, 2,000 ans avant sa propre époque ; mais les Chinois réclament contre une date si récente, et prétendent remonter à 3,276,000 ans.

L'authenticité même des livres de Confucius est fort douteuse : les Chinois racontent que 200 ans après la mort du philosophe, un de leurs mauvais empereurs, Chi-hoang-ti, proscrivit les livres historiques, et que ce ne fut que sous la dynastie suivante des Han, qu'un vieillard qui les avait appris par cœur put les faire écrire sous sa dictée. Aussi Klaproth n'hésite pas à nier l'existence de tout document historique en Chine antérieurement à l'année 782 avant Jésus-Christ, époque voisine de la fondation de Rome, et alors que la littérature hébraïque était déjà sur son déclin. Abel Rémusat cependant est disposé à faire remonter l'histoire des Chinois à 2,200 ans avant Jésus-Christ, et toute tradition plausible jusqu'à 2,637 ans.

Les Japonais ne sont que les imitateurs des Chinois, et l'on ne peut ajouter quelque foi à leurs annales que vers l'avénement de Daïri au trône, 660 ans avant notre ère.

L'autorité de Moïse a donc résisté aux prétentions de toutes les chronologies qui se présentaient avec un aspect si formidable ; et tout ce qui résulte des recherches les plus exactes des savants que nous avons cités, auxquels il faut joindre Windischmann et le philosophe Schlegel, c'est qu'il y a une grande coïncidence entre la date assignée à la fondation du céleste empire par Fo-hi ou Tu-chi (que l'on suppose être Noé), l'époque du déluge selon le Pentateuque samaritain, et le commencement du Cali-Youg, ou quatrième âge des Indiens. Quelques-uns croient aussi que les caractères écrits des Chinois doivent avoir 4,000 ans d'antiquité, ce qui en ferait remonter l'origine à trois ou quatre générations après le déluge. C'est à cette soudaine et grande catastrophe du déluge qu'il faut en appeler, pour trouver la solution la plus naturelle de toutes les difficultés historiques ; et le concours des témoignages que nous avons sur ce grand phénomène physique, ainsi que la tradition que l'on en trouve établie chez les nations les plus vaines de leur antiquité, rend inattaquable cette partie de notre histoire révélée.

Une nation dont l'histoire est peut-être plus intéressante pour nous qu'aucune de celles dont nous venons de parler, ce sont les Egyptiens. Ce peuple, aujourd'hui si près de nous par la prodigieuse rapidité de nos communications, joue un rôle trop important dans notre histoire sacrée pour que nous ne cherchions pas à connaître tout ce qui le concerne. Ce qui surtout excite la curiosité sur ce peuple étrange, ce sont non-seulement ses monuments gigantesques, mais les inscriptions dont ces monuments sont recouverts, inscriptions dont nous commençons à connaître l'alphabet, mais qui, pendant 2,000 ans, ont été regardées par les savants comme des énigmes dont il était inutile de chercher le sens, car on le jugeait impossible à trouver. Ce n'est pas que les travaux manquent sur ce sujet : les noms de Zoega et de Jablonski indiquent des hommes laborieux qui ont donné leurs conjectures, mais n'ont pu aller au-delà.

Saint Clément d'Alexandrie a consacré le quatrième livre de ses *Stromates* à l'exposition de quelques parties du système hiéroglyphique ; mais son livre n'est devenu intelligible que depuis les découvertes modernes.

Pendant leur séjour en Egypte, les Français découvrirent à Rosette une pierre gravée, que les Anglais ont ensuite apportée en Europe. Cette pierre contient une inscription en trois langues : en l'examinant, on pensa avec raison que les noms propres que l'on voyait dans l'une des trois langues, la grecque, devaient se retrouver dans les deux autres, et ils s'y trouvèrent, en effet, renfermés dans des cartouches. On lut ainsi les noms de Ptolémée et de Bérénice, ou comme ils sont écrits : *Ptolmes* et *Brneks*.

Le docteur Young fut le premier qui ouvrit la voie de ces intéressantes découvertes ; mais Champollion le jeune eut la gloire non-seulement de compléter l'alphabet à peine ébauché, mais encore de coordonner toutes les observations éparses, et d'en faire un corps de doctrine. Il fit voir que les Egyptiens se servaient de trois sortes d'écriture, *l'épistolographique*, ou écriture courante (*démotique*) ; *l'hiératique*, ou caractères employés par les prêtres ; et *l'hiéroglyphique*, ou caractères monumentaux. C'est alors que l'on put comprendre le passage de saint Clément d'Alexandrie, que M. Letronne a traduit et commenté, et qui établit l'existence des trois sortes d'écritures que l'on n'avait pas soupçonnée jusqu'à ce moment.

Une des premières applications que fit Champollion de son importante découverte, fut de tenter de rétablir la série des rois d'Egypte. Prenant la fameuse table d'Abydos, il parvint à retrouver les individus auxquels appartenaient les prénoms dont cette table donne la liste; il trouva qu'ils se rapportaient à la dix-huitième dynastie. Il démontre clairement que les Hébreux ne vinrent en Egypte, et Abraham avant eux, que sous les rois pasteurs, les Hyk-shos; ils n'auraient point été admis sous un prince égyptien : aussi furent-ils réduits en esclavage, lors de la restauration de la dix-huitième dynastie.

Champollion ne put échapper à la calomnie : on l'accusa d'impiété à cause de ses découvertes; il se disculpa dans une lettre restée inédite, et dans laquelle il s'exprime ainsi : « Je démontre qu'aucun monument égyptien n'est réellement antérieur à l'an 2,200 avant notre ère..... » C'est, en effet, en adoptant la chronologie et la succession des rois donnés par les monuments égyptiens, que l'histoire égyptienne concorde admirablement avec les livres saints. Le professeur Rosellini de Pise fut le compagnon de Champollion dans son expédition d'Egypte; depuis la mort de ce dernier, c'est lui qui publie le voyage de découvertes qu'ils ont fait ensemble. Ce savant prend la chronologie de l'Ecriture pour base de tous ses calculs. Il explique très-bien comment, après l'expulsion des Hyk-shos par Aménophis, beaucoup de monuments qu'ils avaient élevés furent détruits, et comment de nouveaux édifices furent construits par les mains des Hébreux, réduits en esclavage et considérés comme les alliés des usurpateurs. C'est de cette époque que datent Karnak, Luxor et Medinet-Abou. Les rois d'Egypte se vantaient qu'aucun Egyptien n'avait mis la main à ces ouvrages, et que des étrangers seuls avaient été contraints à les faire.

La chronologie établie par le professeur Rosellini sert à éclaircir une difficulté fort importante. On reprochait à la Bible de n'avoir pas parlé de la grande invasion que fit Sésostris dans la Palestine et dans toute l'Asie, voici comment ce silence s'explique : « Les enfants d'Israël sortirent d'Egypte la dernière année du règne de Ramsès, auquel succéda Sésostris, et ce fut pendant les quarante années que les Hébreux passèrent dans le désert que le conquérant égyptien fit ses expéditions : il traversa la Palestine avant que les Israélites y fussent arrivés ; il n'y a donc pas eu de raison pour parler de lui dans les annales sacrées.

Rosellini et tous les autres chronologistes placent la cinquième année de Roboam au temps où Sésac parcourut le royaume de Juda et conquit Jérusalem ; ce qui répond à l'an 971 avant Jésus-Christ. Or, sur les monuments égyptiens on voit que Sheshonk commença son règne, et la vingt-unième dynastie, précisément à la même époque. On retrouve encore beaucoup d'autres noms dans la Bible qui sont également sur les monuments, le plus curieux est Amasis, dans Ezéchiel (ch. xxix, v. 30-32). Nous voyons que Dieu donne Pharaon et la terre d'Egypte à Nabuchodonosor, « et qu'il n'y aura plus de prince de la terre d'Egypte. » Cependant, Hérodote et Diodore parlent d'Amasis comme roi d'Egypte. Sur les monuments, ce prince ne reçoit jamais les titres attachés à la royauté en Egypte, on lui donne seulement le titre de *Mélek*, qui indique une délégation de pouvoir : il régnait pour le compte d'un autre ; c'était un vice-roi. Et encore, dans ce cas, l'exactitude de l'écrivain sacré se trouve confirmée.

Les adversaires de la révélation ont cru un moment leur triomphe assuré, lorsque l'expédition d'Egypte, sous Napoléon, eut fait connaître au monde l'existence de plusieurs zodiaques peints ou sculptés dans les temples de Dendérah et d'Esneh. On prétendit d'abord qu'ils représentaient l'état du ciel à l'époque où ils avaient été construits. Des savants attribuèrent au grand zodiaque d'Esneh 7,000 ans d'antiquité (il aurait eu plus de 25,000 ans selon Dupuis, dont on ne cite plus les absurdités). Celui de Dendérah ne datait que de 4,000 ans, ou de 4,600 ans, suivant Volney. Jamais question astronomique ou chronologique ne fut débattue avec plus de vivacité. Les premiers antagonistes de l'antiquité furent le savant prélat Testa et le célèbre antiquaire Visconti, qui, s'appuyant sur des raisonnements purement archéologiques, démontraient que le zodiaque de Dendérah, entre autres, ne pouvait pas remonter au-delà des Ptolémées, et que même des inscriptions grecques le renvoyaient à l'un des Césars. M. Letronne, se fondant sur les mêmes observations, et d'après l'examen du style du parvis du temple d'Esneh, et d'une inscription tracée sur une colonne du temple, fixe la construction de ce monument aux premières années du règne d'Antonin. La question archéologique paraissait résolue; mais la question astronomique était encore défendue avec acharnement, lorsque M. Caillaud, voyageur hardi et persévérant, rapporta en France une momie découverte à Thèbes et dont l'enveloppe en bois contenait à l'intérieur un zodiaque ressemblant exactement à celui de Dendérah. M. Letronne expliqua, au moyen des cartouches, que cette momie était celle de Pétéménon, fils de Ptolémée Soter et de Cléopâtre, mort à 21 ans, sous le règne de Trajan, le 2 juin de l'an 116 de l'ère chrétienne. L'identité parfaite de ce zodiaque avec celui de Dendérah démontra que ces monuments n'étaient point *astronomiques*, mais purement *astrologiques*; conclusion à laquelle on aurait dû arriver depuis longtemps, en considérant *qu'aucun zodiaque* n'étant en rapport avec les étoiles, *ne peut être astronomique*. Les figures du zodiaque ne sont que l'indication des *constellations* auxquelles elles appartiennent, et ne servent qu'à marquer ce que les astrologues appelaient les *douze maisons du soleil*. Si l'on eût suivi cette voie, et cherché l'origine du zodiaque lui-même, on serait arrivé à la solution de la question d'antiquité. En effet, toutes ces figures sont prises dans les constellations de la sphère d'Eudoxe, et il faut bien que la sphère soit plus ancienne que les figures qu'on en a extraites. Or, la sphère porte avec elle la date et le lieu de son invention. Si on examine cette sphère sur un globe à pôles mobiles, on découvrira autour du pôle sud ou antarctique un vide, un blanc circulaire où aucune étoile n'est indiquée. Ce vide est évidemment la portion du ciel qui ne se découvrait jamais à la vue de l'observateur. En cherchant l'horizon correspondant à cet espace, on voit que l'auteur vivait vers le quarantième degré de latitude nord. Ce point donné, il sera facile de déterminer les colures et les points solsticiaux; et en ajustant le globe, on trouvera, par le calcul de la précession des équinoxes (environ un degré en soixante-onze ans), que cette sphère a dû être tracée environ 1,500 ans avant notre ère. D'ailleurs, si ces zodiaques eussent été réellement anciens, ils auraient contenu les figures grotesques du planisphère égyptien (en le supposant ancien lui-même); mais ils n'ont été introduits dans le pays que depuis les dynasties grecques, et lorsque la religion et les traditions antiques étaient déjà perdues. M. Letronne a démontré d'une manière fort claire que l'astrologie était dans sa plus grande splendeur, tant à Rome qu'en Egypte, à l'époque où furent construits les édifices qui contiennent ces zodiaques. Il est donc inutile de chercher aucune date; ce ne sont que des amulettes qu'il faut ranger avec les *abraxas* des gnostiques, sur lesquels on a voulu aussi retrouver des dates; il est présumable que les uns et les autres ne sont que des talismans horoscopiques, de vrais thèmes généthliaques.

M. Wiseman a consacré son neuvième discours à l'archéologie, ou plus exactement à l'examen des monuments anciens qui ont quelque rapport avec les livres saints; car ici il ne s'agit pas de la science en elle-même : il s'occupe d'abord des médailles; elles lui servent à éclaircir plusieurs passages des Ecritures devenus l'objet de vives controverses. Ainsi, il existe une contradiction apparente entre les paroles de la Genèse (ch. xxxiii, v. 19) et les Actes des Apôtres (vii, 16.) relativement au prix d'un champ acheté par Jacob aux fils d'Hémor. Saint Etienne, dans les Actes, dit que le prix en fut payé en argent, tandis que le texte de la Genèse dit qu'il fut payé en *cent agneaux* ou moutons. Ceux qui ne voulaient pas qu'il y eût contradiction alléguaient, à la vérité, que l'on avait pu dès ces temps-là faire ce que l'on a vu ensuite chez les Romains, puis chez d'autres peuples modernes, c'est-à-dire donner à la monnaie le nom du type qu'elle portait. De cette pratique sont venus le nom de *pecunia* chez les Romains, et celui d'*ange* ou de *croix* chez les Français et les Anglais. Cette conjecture très plausible vient de se convertir en certitude par la découverte récente d'une médaille phénicienne dans l'île de Chypre : elle fut trouvée près de Citium par le docteur Clarke, elle est en argent, et porte une légende en caractères phéniciens, et sur le côté opposé, la figure d'un mouton. Le savant Münter de Copenhague en a fait le sujet d'une dissertation.

La science numismatique a été appliquée d'une manière remarquable à la justification de la chronologie des livres saints. Dans le premier livre des Macchabées (vi, 2,) on désigne Alexandre-le-Grand comme *celui qui fut le premier roi parmi les Grecs.* La désignation est fausse, a-t-on dit, car Alexandre a eu plusieurs prédécesseurs en Macédoine : ils furent certainement rois, et ils régnèrent chez les Grecs; mais Frohlich, dans son grand ouvrage numismatique sur la Syrie, démontre que pas un des prédécesseurs d'Alexandre, quelle qu'ait pu être sa puissance, ne prit jamais sur sa monnaie le titre de *Basileus*, roi.

Le deuxième livre des Macchabées contient, dans le premier chapitre, une lettre adressée par les Juifs de la Palestine à leurs frères en Egypte; elle est datée de l'an 188 de l'ère des Séleucides, et contient un récit détaillé de la mort du roi Antiochus en Perse. La difficulté est de savoir de quel Antiochus on a voulu parler; car plusieurs rois ont porté ce nom. Celui dont le règne coïncide avec cette époque est Antiochus VII Evergète Sidètes; mais, au rapport de Porphyre et d'Eusèbe, qui sont unanimes sur ce point, ce roi serait mort en 182, dans une guerre. Comment alors les Juifs ont-ils pu, en 188, parler de sa mort comme d'un événement récent. On n'hésitait pas à accuser d'erreur l'auteur du livre des Macchabées et à donner toute confiance à l'assertion des deux historiens profanes. Cependant ils étaient eux-mêmes dans l'erreur, car Frohlich a encore présenté deux médailles portant le nom d'Antiochus, l'une datée de 185 et l'autre de 184; plus tard, il en a publié une autre du même roi, sous la date de 188, et Eckhel en a ajouté une quatrième, datée de 186. Or, ces médailles étant regardées comme authentiques par les plus savants numismates, les livres saints se trouvent encore complètement exacts sur cette question.

La grande catastrophe dont les traces sont si profondément empreintes dans nos vallées et sur nos montagnes, et dont tous les peuples de la terre ont conservé le souvenir, se trouve représentée symboliquement sur quelques médailles. Il s'agit ici, non du déluge décrit par les poètes, et qui n'était qu'une fable mythologique, mais de la légende rapportée par les historiens, et semblable à ce que Lucien et Plutarque racontent de *Deucalion*. Or, sur des médailles impériales en bronze de la ville d'Apamée, en Phrygie, on voit d'un côté la tête de différents empereurs; mais, sur toutes, le revers est semblable : on y remarque un coffre voguant sur les eaux, et dans lequel sont un homme et une femme qu'on aperçoit jusqu'à la ceinture; en dehors, et tournant le dos au coffre, semblent marcher une femme habillée d'une longue robe et un homme court-vêtu : ils tiennent les mains élevées ; sur le couvercle du coffre est un oiseau, et un autre se balance dans l'air, tenant dans ses pattes une branche d'olivier. Sur un des côtés de l'arche se trouvent quelques lettres ; le sens qu'elles renferment a été le sujet de plusieurs savantes dissertations. Des savants, qui prétendaient avoir vu ces médailles, disaient y avoir lu NHTON, d'autres NEOK, et enfin NOE et NEO ; les explications ne manquèrent pas sur chacune de ces versions. A la fin, Eckhel a prouvé que les médailles ne portent que les deux lettres NO ; sur toutes, une troisième lettre paraît avoir été effacée parce qu'elle était la partie la plus saillante du relief. Eckhel pense que comme toute la scène représentée se rapporte évidemment au déluge de Noé, c'est son nom qu'on doit y lire. Mais quelle raison ont pu avoir les Apaméens de placer un pareil symbole sur leur monnaie ? De même que les villes anciennes prenaient souvent pour symbole des événements qui s'étaient passés dans leurs environs, la ville d'Apamée adopta l'arche de Noé, parce que le mont Ararat était dans son voisinage.

Quant à la forme donnée ici à l'arche, elle paraît être traditionnelle ; on la retrouve identiquement sur beaucoup de monuments chrétiens des premiers siècles de l'Eglise ; et il est évident que les Chrétiens, dans ces peintures si semblables entre elles, quoiqu'exécutées sur des monuments divers, se conformaient à un type commun, tout-à-fait distinct de celui qui est donné par l'histoire sacrée.

Si des médailles nous passons aux inscriptions, nous y trouverons des renseignements plus détaillés ; ces dernières ont souvent donné des éclaircissements philologiques sur quelques passages obscurs de l'Ecriture. Nous nous contenterons d'un petit nombre d'exemples. On trouve dans Jean (chap. IV, v. 46) le mot *Basilicos*, que l'on traduit indifféremment par *un certain seigneur,* ou par *gouverneur* ou *courtisan.* Une inscription citée par Münter, et trouvée sur la statue de Memnon, a démontré qu'on ne peut traduire cette épithète que par *courtisan* ou *serviteur* du roi. Mais une classe d'inscriptions des plus intéressantes sont celles relatives aux martyrs des premiers siècles du Christianisme. Dodwel et Gibbon prétendaient que le nombre de ces hommes cou-

b.

rageux qui avaient donné leur sang en témoignage de leur foi n'é-
tait pas aussi considérable que les écrivains ecclésiastiques le disaient. Cette allégation, car ce n'était pas autre chose, a été
complètement détruite par les recherches de Visconti. Ce savant
et judicieux antiquaire a recueilli et publié toutes les inscriptions
qui se trouvent dans les catacombes. On y voit que les Chrétiens,
poursuivis sans relâche par leurs bourreaux, n'avaient que le
temps d'indiquer combien de corps de martyrs avaient été déposés
dans tel lieu, et ne pouvaient en transmettre les noms : c'est
ainsi que l'on trouve *Marcella et Cinq cent cinquante mar-*
tyrs du Christ. Puis *cent cinquante martyrs du Christ*, etc.
Burnet avait affirmé que les Chrétiens n'avaient eu possession
des catacombes que vers le quatrième siècle ; cette assertion
a été démentie par des inscriptions du temps de Vespasien et
Trajan ; toutes ces inscriptions concourent à prouver qu'il n'y
avait rien d'exagéré dans les plaintes amères des premiers Chrétiens.

Passons aux monuments proprement dits : ils forment une classe
spéciale de symboles commémoratifs plus complets ; ils sont en
quelque sorte la tradition réfléchie et calculée qui lègue la gloire
des générations passées aux générations qui les suivent. Dans le
dernier siècle, les livres de Moïse furent souvent attaqués à cause
des *raisins* et des *vignes*, et peut-être du *vin*, dont il est fait
mention comme ayant appartenu au sol et aux usages de l'E-
gypte. Car Hérodote nous dit expressément qu'il n'y a point de
vignes dans ces pays, et Plutarque nous assure que les naturels
abhorraient le vin. On a, comme à l'ordinaire, beaucoup écrit
sur cette question ; mais les monuments égyptiens sont venus la
décider. Dans la grande description de l'Egypte publiée par le
gouvernement français, M. Costaz donne le tableau détaillé de la
vendange et de la culture de la vigne en Egypte, depuis la taille
de la plante jusqu'à l'extraction du vin, d'après les peintures qui
se trouvent dans l'Hypogée du souterrain d'Eilithyia, et il blâme
sévèrement Hérodote pour avoir nié l'existence de la vigne dans
ce pays. M. Jomard a rappelé également des restes d'amphores
trouvées dans les ruines d'anciennes villes et encore imprégnées
de tartre. Mais la découverte de l'alphabet égyptien par Champollion a mis fin à la discussion : il paraît maintenant certain

non-seulement que le vin était connu en Egypte, mais encore qu'on en faisait usage dans les sacrifices. Rosellini a ajouté sur le même sujet de nouveaux détails à ceux que l'on connaissait déjà.

Un monument extrêmement curieux réclame maintenant toute notre attention, c'est un vase découvert aux environs de Rome en 1696, et qui représente très en grand, et avec plus de détails, le même sujet que nous avons vu sur les médailles d'Apamée : il s'agit du déluge. Mais au lieu de médailles ce sont ici des figurines placées dans un vase pour représenter une scène du déluge. Il y a vingt couples d'animaux et plus de trente-cinq figures humaines, quelques-unes isolées, d'autres en groupes, mais toutes dans la posture de quelqu'un qui cherche à échapper à une inondation. Toutes les femmes sont portées sur les épaules des hommes. On présume que c'était un des vases dont on se servait dans la célébration de *l'hydrophoria*, ou commémoration du déluge. La beauté du travail de toutes ces figurines fait supposer qu'elles sont d'une haute antiquité ; mais aucun renseignement ne permet d'assigner une date à ce singulier monument.

Le professeur Rosellini a le premier fait remarquer un synchronisme curieux entre Roboam, roi des Juifs, et Shishak (Sesac), roi d'Egypte. Ce roi d'Egypte est omis par Hérodote et Diodore, quoique Manéthon en parle sous le nom de Sejonchis : plusieurs monuments lui donnent le nom de Shishonk. Rosellini regarde cette concordance entre les annales des deux peuples comme la base naturelle de tout système de chronologie égyptienne et il existe un monument qui établit complètement cette concordance, et offre en même temps une des confirmations les plus frappantes de l'histoire sacrée.

Le troisième livre des Rois (xiv, 25) et le second des Paralipomènes (xii, 2)rapportent que Shishak, roi d'Egypte, marcha contre Juda dans la cinquième année du règne de Roboam; il pilla le temple et réduisit le peuple en esclavage. Dans la grande Cour de Karnak on reconnaît, parmi un grand nombre de captifs, le roi des Juifs les mains liées sur le dos; il a le profil bien connu de la race juive, profil dans lequel M. de Paravey croit retrouver le type de figure attribué par la tradition à notre Sauveur. Mais, ce qui lève tous les doutes, c'est que, sur un bouclier qui porte ce personnage, on lit en hiéroglyphes son titre : *Roi des Juifs*. On peut dire qu'aucun monument découvert jusqu'à ce jour n'a donné une preuve aussi convaincante de l'authenticité de l'Ecriture-Sainte [1].

[1] A l'époque où M. Wiseman a terminé son ouvrage, M. Caillaud n'avait pas publié ses *Recherches sur les arts, etc., des anciens peuples de l'Egypte*, etc. Dans les planches nombreuses qui composent cet ouvrage, il aurait trouvé l'explication de plusieurs passages de l'Ecriture dans lesquels on fait allusion aux coutumes des Egyptiens, particulièrement sur la paille et le chaume que les Israélites étaient obligés de se procurer pour les travaux auxquels on les forçait (Exod. v, 6 , 7 , 12.), sur la manière de séparer la paille du grain qui venait d'être foulé (Ps. 1 , 4; Isaïe, 24; Math. iii, 12.) La manière de conserver le poisson, si abondant dans les rivières, explique les murmures des Hébreux dans le désert (Nomb. xi, 4 , 5 , 6.). L'usage d'arroser par des rigoles que l'on ouvre ou que l'on bouche avec le pied, éclaircit un passage du Deutéronome (xi, 10, 11) où l'on fait allusion à cette pratique. Les chevaux qu'on voit sur les monuments semblent appartenir à la belle race des Dongola, et Salomon a donc pu en faire venir pour monter sa cavalerie (II Paralipom. ix, 28). Tous les arts, indiqués jusque dans leurs moindres détails avec un soin si minutieux, sont une peinture vivante des mœurs de ces temps antiques : c'est ainsi que l'on voit filer le lin et fabriquer les étoffes, et jusqu'aux couleurs indiquées dans l'Exode (xxxv, 25). Mais un des exemples les plus remarquables, c'est l'explication du titre du Ps. 44 (*Eructavit*). Ce psaume est regardé par quelques auteurs comme un chant nuptial pour le mariage de Salomon avec une fille de Pharaon, bien qu'on admette généralement qu'il se rapporte prophétiquement à la grâce et à la majesté du royaume du Messie. On traduit ainsi le titre de ce psaume : Au chef musicien (pour être chanté) sur le Shoshanim *(Hexachorde)*, pour les enfants de Koré, Maschil, chant d'amour. Shoshanim signifie des lis *(lotus)*; or, les choristes des temples et des palais des rois avaient la tête ornée de lis (comme on le voit dans l'ouvrage de M. Caillaud); en leur qualité de suivantes de la princesse, c'était à elles qu'il appartenait de chanter l'ode d'hyménée. Les treizième et quatorzième versets contiennent la description des étoffes dont la fabrication se voit sur les monuments.

(Note du traducteur.)

Les études orientales sont l'objet des dixième et onzième discours, et comme ces études se partagent naturellement en deux branches, la littérature sacrée et la littérature profane, chacune devient l'objet d'un discours en particulier.

Ce serait en vain que dans l'espoir d'un plus grand succès on chercherait en faveur du Christianisme des preuves auxiliaires ou des documents confirmatifs de ses livres sacrés ailleurs que dans le pays où il a pris naissance : l'Orient est le berceau des nations; là, naquirent les espèces primitives, et là, elles se renouvelèrent après le déluge. Mais, dénué en apparence du pouvoir de donner à ses habitants le dernier développement de l'énergie intellectuelle, tandis qu'il leur prodigue la vie physique dans le plus haut degré de perfection, l'Orient les a engendrés et préparés de telle sorte que, soumis à des influences convenables, ils sont parvenus au dernier degré possible de civilisation, de lumières et de puissance.

Les nations de l'Asie ont un caractère de fixité inaltérable qu'on chercherait vainement chez aucun peuple de l'Europe; on ne pourrait se figurer la manière d'être des Européens, il y a deux siècles, par celle que l'on observe aujourd'hui. Mais en Orient nous trouvons les Chinois absolument tels que les représentent leurs plus anciennes traditions : les Mongols et les Turcomans, avec leurs maisons roulantes et leurs troupeaux errants, mènent la vie des anciens Scythes; le brahme fait les mêmes ablutions, et au même fleuve, comme ses ancêtres il y a deux mille ans; l'Arabe boit aux mêmes sources et suit les mêmes sentiers que le Juif à sa sortie d'Egypte. C'est donc dans ces contrées qu'il faut chercher tout ce qui rappelle l'histoire primitive de l'homme et l'explication des allusions contenues dans l'Ecriture-Sainte. Les matériaux sont tellement abondants pour cette partie de nos recherches, qu'il est nécessaire de les diviser en deux classes : la première comprendra les recherches *critiques*, et la seconde les recherches philologiques. Dans ce discours, on ne s'occupe que des études qui ont rapport au *texte* de l'Ecriture.

La science critique que les Allemands appellent l'Exégèse, est le fondement de ces recherches; elle remonte aux premiers siècles de l'Eglise : cette science s'enquiert des véritables mots de chaque texte pris séparément, puis examine les différences qui peuvent se trouver entre chaque texte. L'influence de cette étude sur les preuves en faveur du Christianisme est nécessairement très-grande; en voici des exemples : le verset 17 du psaume XXI a été l'occasion d'un grand nombre de dissertations; il s'agissait de savoir si le mot *cari* doit se lire de manière que la phrase signifie, selon les Septante, « ils ont percé mes mains et mes pieds » (mots prophétiques appliqués à Jésus-Christ), ou s'il faut lire avec les Juifs et les théologiens rationalistes : « Mes mains et mes pieds sont semblables à un lion. » Le nouveau Testament fournit encore plus d'exemples de l'importance de la critique. Indépendamment de l'éternelle querelle qui s'agite encore pour savoir si le célèbre verset des trois témoins (Jean I, v. 7) fait partie du texte original, ou si c'est une interpolation, le passage de Timoth. (III, 16) a soulevé une dispute bien plus grave. Il s'agit de savoir s'il faut lire : « Dieu apparut dans la chair, » ou « qui apparut dans la chair. » Toute la difficulté repose sur la barre transversale de la lettre grecque Θ; car le mot OS, *qui*, sera l'abréviation de *theos*, si l'O est barré. On a eu recours au microscope pour s'assurer de l'existence de la barre, et, à force d'être examinée et de passer de mains en mains, la barre et la lettre, tout a disparu; c'était sur un célèbre manuscrit que l'on s'exerçait ainsi, le manuscrit Alexandrin du musée britannique. Un manuscrit de Paris (*le Codex Ephrem*) présente la même incertitude dans la forme de cette même lettre.

Lorsque l'invention de l'imprimerie eut rendu le texte de la Bible accessible à tous, une discussion s'éleva sur son exactitude, et, voyant que dans quelques endroits le texte différait des versions, on soupçonna les Juifs d'avoir altéré leurs manuscrits; on prétendit même que les versions devaient être préférées au texte original. On s'occupa enfin sérieusement de l'examen des manuscrits, et il fut prouvé d'une manière évidente que les Juifs avaient conservé le volume sacré, pur de toute mutilation. Beaucoup de savants hommes se sont livrés à la recherche et à la collation des manuscrits : Michaëlis et le père Houbigant parurent les premiers dans cette carrière; mais ils furent bientôt dépassés par le savant Benjamin Kennicott. En 1680, il publia à Oxford sa grande Bible critique, fruit de dix ans de travaux, pendant lesquels il compulsa près de six cents manuscrits, qu'il alla chercher dans toutes

les parties de l'Europe : il trouva à Rome tout l'accueil et tous les
renseignements qu'il pouvait désirer ; ce qui dément l'assertion de
quelques auteurs, que l'Eglise ne voit pas avec plaisir la publication des textes originaux, à cause des différences qui peuvent
se trouver avec les versions reçues. Nous verrons tout à l'heure
quelle est la valeur de cette dernière supposition. L'homme le
plus étonnant pour sa persévérance et son habileté à se procurer
des manuscrits est certainement Jean-Bernard de Rossi, professeur
à Parme ; pauvre et modeste, il a trouvé le moyen, non pas seulement de lire, mais d'acquérir six cent quatre-vingts manuscrits
hébreux ; tandis que les plus célèbres bibliothèques de l'Europe
en possèdent à peine trente à quarante chacune. Cette riche et unique collection fait partie maintenant de la bibliothèque de Parme,
à qui Rossi l'a léguée par son testament.

Après avoir recueilli un aussi grand nombre de manuscrits, la
pensée dut venir de les examiner et de les comparer, afin de
reconnaître en quoi ils différaient soit entre eux soit avec les versions les plus accréditées : beaucoup de temps et de science ont
été prodigués dans ce long et pénible travail, et il est satisfaisant
de voir qu'on n'a pu rien découvrir qui ait jeté le moindre doute
sur aucun des passages considérés auparavant comme certains et
décisifs en faveur de quelque point important de la doctrine sacrée.
Les différences de texte laissent intactes les parties essentielles de
chaque phrase, et n'ont rapport qu'à des points d'une importance
secondaire, tels que l'insertion ou l'omission d'un article ou d'une
conjonction, l'exactitude plus ou moins grande d'une construction
grammaticale, et la forme plutôt que la substance des mots. Ces
résultats sont communs à l'un et à l'autre Testament. Eichhorn et
Kennicott sont d'accord sur ce point ; et dans ces dernières années,
un fait inattendu en a donné une nouvelle et frappante confirmation ; nous voulons parler du manuscrit que le docteur Buchanan
apporta en Europe, et dont se servaient les Juifs de race noire établis dans l'Inde de temps immémorial, et depuis des siècles séparés de leurs frères des autres parties du monde. C'est un fragment
d'un immense rouleau ; il contient une partie considérable du Pentateuque. M. Yeates l'a publié, et il résulte de son travail qu'il
n'existe pas entre les deux textes plus de quarante différences,
dont aucune n'a la moindre valeur ; elles ne concernent pour la

plupart que des lettres, telles que *jod* ou *vau*, que l'on peut omettre ou ajouter très-indifféremment.

Le réformateur, et à vrai dire le fondateur de la critique sacrée, est J.-J. Griesbach; c'est lui qui en a établi les principes régulateurs. Au moyen d'une recherche longue et laborieuse, il s'assura que tous les manuscrits connus peuvent se diviser en trois classes auxquelles il a donné le nom de *Recensions*, parce qu'il suppose qu'elles sont le produit d'éditions corrigées sur le texte dans différents pays; c'est pourquoi il leur donne les titres de *Recensions* d'Alexandrie, de l'Occident, et de Byzance. Tout manuscrit connu appartient à l'une de ces classes, et quoiqu'il puisse accidentellement s'écarter du type commun, il s'y rapporte quant à son ensemble. Scholz a enchéri sur Griesbach : après avoir voyagé dans toute l'Europe et dans tout l'Orient pour vérifier des manuscrits, il a publié en 1830 une édition critique dans laquelle il réduit les familles à deux, et rend ainsi encore plus facile l'application du principe du savant critique qui l'a précédé. Ainsi, l'on peut dire que la science critique a non-seulement renversé toute objection tirée des documents que nous possédions déjà, mais qu'elle nous a donné une entière sécurité contre tout ce qui pourrait encore être découvert.

En même temps qu'on s'occupait de la collation des manuscrits pour avoir un texte exact, on travaillait à la simplification de la grammaire qui devait en faciliter l'étude. La grammaire hébraïque a subi beaucoup de transformations en Europe; elle fut longtemps abandonnée exclusivement aux Juifs, et le savant Reuchlin ne put l'étudier qu'en payant à Rome les leçons d'un Juif, au prix d'une couronne d'or par heure. Aussi, jusqu'au milieu du dix-septième siècle, cette grammaire conserva tous les caractères distinctifs de l'école juive, toutes les minuties des points massorétiques; puis elle se perfectionna à mesure qu'on la compara aux langues *sémitiques* que l'on étudiait en même temps. Enfin Gesenius, en 1817, a publié une grammaire hébraïque complète, dans laquelle il a mis à profit toutes les découvertes de la philologie moderne; et c'est une chose importante, car l'influence de la grammaire sur l'interprétation d'un passage est de la plus grande portée. On va en juger. La prophétie la plus magnifique et la plus circonstanciée de l'ancien Testament avait été niée (Isaïe, ch.

LII et LIII); on se fondait sur l'examen grammatical de la valeur
du pronom *lamo* (lui, il), qu'on supposait être la clé du passage entier, et on alléguait une règle posée par le savant grammairien qui privait ce mot de la seule signification compatible avec
l'interprétation prophétique. Eh bien! cette règle, les recherches
des derniers grammairiens l'ont renversée, et la phrase a re-
pris le sens prophétique que lui donne l'Eglise. C'est Ewald
qui, par sa grammaire critique publiée en 1827, a rendu ce
service à la science.

Dès les premiers siècles de l'Eglise, on a cherché à interpréter
le sens de l'Ecriture; on y a procédé au moyen de principes et de
règles, et ainsi s'est formée la science *herméneutique*, ou l'interprétation allégorique des livres saints. Saint Ephrem, un des premiers Pères, fait souvent usage de cette interprétation, et tous
les Pères s'en sont plus ou moins servis. Cette science est aussi
progressive, et son avancement a fait disparaître des préventions
contre les premiers écrivains du Christianisme : c'est au point que
les Pères de l'Eglise, que dans le dernier siècle on traitait avec
tant de dédain, sont aujourd'hui considérés comme des auteurs
dont les écrits demandent toute l'attention de l'érudit et du philologue.

M. Wiseman fait ensuite connaître l'existence d'une école qui
s'est formée en Allemagne vers le milieu du dernier siècle, et que
l'on a nommée l'*école rationaliste* : son but était l'interprétation
libérale de l'Ecriture ; elle repoussait l'inspiration divine ; tout
miracle était présenté comme une allégorie, une allusion ou un
événement naturel revêtu de l'exagération orientale. Semler, qui
le premier répandit ces opinions, conclut qu'on ne peut exiger
d'aucun théologien protestant qu'il ait foi dans l'inspiration divine. Un autre auteur, Dewette, ne trouve de différence entre les
prophètes et les *voyants* des nations païennes que « parce que
ceux-ci manquaient de l'esprit de morale et de vérité qui caractérise le monothéisme, esprit qui purifiait et sanctionnait la prophétie hébraïque. »

La Providence a voulu que ces impiétés fussent combattues et
réfutées dans le pays même où elles avaient pris naissance. Hengstenberg, dans un ouvrage plein de savoir et de pénétration, a
démontré l'accomplissement des prophéties relatives au Christ. On

peut dire avec vérité qu'entre ses mains la même science qui, à son commencement, avait paru devoir ruiner la cause de la révélation, devient un des instruments les plus efficaces de son triomphe.

L'argument principal sur lequel s'appuyait cette école pour rejeter les deux premiers chapitres de saint Matthieu portait sur les citations de l'ancien Testament que l'on trouve dans ces deux chapitres, et qui sont précédées de ces formules : « Tout cela fut fait *pour accomplir ;* car *il a été écrit,* etc. » Eh bien ! les études orientales nous ont servi à prouver que ces formules sont usitées dans les langues de l'Asie, que les rabbins les ont souvent employées, et que même les auteurs arabes, encore aujourd'hui, font usage des citations du Koran avec la même formule. La manière victorieuse avec laquelle ont été réfutées les allégations des adversaires de l'inspiration des livres saints doit démontrer que tout texte produit par les catholiques pour défendre celles de leurs doctrines qu'ont attaquées les protestants supporte sans peine les sévères épreuves auxquelles la science moderne veut absolument soumettre tout passage qui donne lieu à contestation.

L'Ecriture-Sainte abonde en expressions et en allusions à des coutumes fort souvent mal comprises en Europe, et qui néanmoins sont encore usitées en Orient. Ainsi, dans la Genèse (XLIV, 5,15), il est parlé d'une coupe dont Joseph se servait pour ses prédictions : ce passage donna lieu autrefois à une objection si sérieuse, que des critiques proposèrent un changement dans le texte ou dans la traduction ; ils se fondaient sur ce qu'on n'avait jamais entendu parler d'augures obtenus par le moyen d'une coupe. L'étude des mœurs et des auteurs de l'Orient a fait découvrir que cette pratique existe encore aujourd'hui en Egypte, et même dans tout l'Orient et au Thibet. Au nombre des moyens divinatoires usités dans ce dernier pays, on cite le suivant : « Quelquefois ils regardent dans une jatte d'eau et y voient ce qui doit arriver. » Une autre méthode citée par saint Ephrem est celle de frapper les coupes et de prêter une oreille attentive aux sons qu'elles rendaient. Nous avons ainsi un nombre considérable d'explications d'un passage qui, il y a quelques années, paraissait inintelligible. En un mot, la recherche des coutumes et de l'état physique et moral de l'Orient ne cessera, tant qu'on s'y appliquera, de résoudre les difficultés et de jeter de nouvelles clartés sur les récits de l'Ecriture.

La philosophie de l'Orient a aussi contribué à l'élucidation de certains passages des Ecritures. Cette philosophie, comme on sait, reposait sur la croyance à deux pouvoirs opposés qui se combattent, le bien et le mal, et aussi aux émanations, principes intermédiaires entre la nature divine et la nature terrestre; elle employait des termes mystiques et secrets dont l'usage pénétra dans tout l'Orient, et qu'on retrouve chez les premières sectes du Christianisme. Son influence était répandue chez les Juifs au temps de notre Sauveur, et la secte des pharisiens surtout en suivait les doctrines mystérieuses. Ceci explique la forme un peu dure du reproche que Jésus adresse à Nicodème, lorsqu'il lui dit : « Vous êtes docteur en Israël, et vous ignorez ces choses! » En effet, l'expression *naître de nouveau* était celle dont se servaient les pharisiens pour désigner l'action de devenir prosélyte.

Le premier chapitre de l'évangile de saint Jean, si obscur, si difficile à comprendre, vient d'être considérablement éclairci par la découverte des livres d'une secte descendant des anciens gnostiques, établie dans le voisinage de Bassora : les membres de cette secte s'intitulent mendéens ou disciples de saint Jean (Baptiste), et on les connaît sous le nom de nazaréens, de sabéens, etc. Le professeur Norberg a publié, il y a peu d'années, leur livre sacré, le *Codex Adam* ou *Codex nazaraus*. Dans leur système, ils admettent des *Æons*, ou êtres émanés de Dieu, dont l'un est le *Verbe*, un autre le *seul engendré*, un autre la *lumière,* etc., etc. Saint Jean, pour renverser toutes ces opinions, établit que le Père n'a eu qu'un fils, et que ce fils est à la fois la *lumière*, le *Verbe*, et le *seul engendré*, et que toutes choses ont été faites par lui ; et comme les gnostiques admettaient que le baptême de Jean était supérieur à celui du Christ, parce que Jean lui était lui-même supérieur, saint Jean, dans son évangile, insiste sur l'infériorité de saint Jean-Baptiste; il nous dit qu'il n'était pas la lumière, mais un homme ordinaire, venu pour rendre témoignage à la lumière. Les livres sabéens expliquent pourquoi saint Jean employait ces expressions.

Une autre objection que les recherches modernes ont aidé à résoudre, est celle relative à la Samaritaine, qui déclare à Jésus qu'elle croit à l'arrivée prochaine d'un Messie, croyance que partageaient les habitants de la ville (saint Jean IV, xxv, 59-42). Or, les Samaritains ne reconnaissaient d'autres livres sacrés que les livres de Moïse, et leur haine religieuse contre les Juifs ne permet pas de supposer qu'ils eussent adopté leurs opinions; et le Pentateuque seul ne pouvait fournir de motifs pour une croyance si générale, car le passage du Deutéronome (xviii, 15) n'est pas interprété par les Samaritains comme se rapportant au Messie. Cependant les restes des Samaritains qui habitent maintenant Naplous (l'ancienne *Sichem*) ont conservé cette croyance au Messie, et la publication récente de leurs poëmes religieux démontre que cette tradition est chez eux de la plus haute antiquité.

On a longtemps cherché dans la philosophie orientale des armes contre l'Ecriture, et l'on s'appuyait sur la haute antiquité des védams de l'Inde, auprès desquels les livres de Moïse n'étaient que des ouvrages modernes. On a déjà vu comment l'ancienneté des connaissances astrologiques et de chronologie de ce peuple avait été réduite; par un procédé analogue, on est parvenu à déterminer l'époque approximative de ces livres, et Colebrooke la fixe à environ 1400 ans avant notre ère. La coutume qui oblige les femmes de la péninsule du Gange à s'immoler après la mort de leurs maris était en vigueur lors de la conquête du pays par Alexandre, suivant le témoignage des écrivains grecs. Mais les *Institutes* de Menu, ouvrage qui détermine les rites de toutes les cérémonies indiennes, ne parlent point de cette pratique devenue si importante depuis : ce livre est donc plus ancien que la conquête d'Alexandre. Or, les *Institutes* de Menu s'appuient sur les *védams*, et les citent à chaque instant en déclarant qu'ils ont été composés par Brahma. Leur date, comme on voit, peut se rapporter à l'époque fixée par Colebrooke. Mais l'auteur moderne qui a le mieux étudié le système brahminique est Windischmann, et les résultats qu'il obtint sont tels que, tout en attribuant une grande antiquité aux livres indiens, ces livres lui fournissent une confirmation évidente des faits rapportés dans la Bible. En effet, l'époque la plus ancienne de la philosophie des brahmes offre, selon lui, l'image exacte des temps des patriarches, et se trouve d'accord avec le Pentateuque. Parmi les livres attribués aux Indiens, il en est un, l'*Ezourvedam*, qui contient les doctrines essentielles du Christianisme : lorsque la traduction en parut en Europe, Voltaire et ses amis ne manquèrent pas de présenter cet ouvrage comme une preuve que les Chrétiens avaient emprunté leurs dogmes des païens. Eh bien ! on a découvert dans ces dernières années que l'*Ezour-Vedam* avait été composé en 1521 par un pieux missionnaire, dans le dessein de favoriser la propagation du Christianisme chez les Indiens.

On ne se contentait pas de chercher chez les Indiens l'origine des dogmes et des doctrines de la religion chrétienne, on voulait encore que son culte et ses cérémonies fussent une imitation du lamaïsme; et dans le fait, il est impossible de trouver une ressemblance plus frappante, même jusque dans les institutions monastiques; cependant, au lieu de supposer que le culte de Lama pouvait avoir été emprunté au culte catholique, on préféra imaginer le contraire. Il est aujourd'hui bien évident que le lamaïsme n'est qu'un Christianisme dégénéré, un reste des sectes syriennes qui ont autrefois pénétré dans ces parties reculées de l'Asie. Ce fait est mis hors de doute par deux documents, dont l'un est un fragment de l'Encyclopédie japonaise, lequel contient la véritable histoire de la hiérarchie lamaïque; et l'autre est une description du Thibet traduite du chinois en russe, puis traduite en francais et revue sur l'original par Klaproth. Il résulte de ces documents que le royaume spirituel du Thibet ne fut fondé qu'en 1260, par Koubilaï, fils de Gengis-Khan. Et à la même époque des missionnaires catholiques fréquentaient la cour de l'empereur, et un archevêque italien envoyé par Clément V établit son siége dans la capitale du Thibet, et y fit ériger une église. Il n'est donc pas étonnant que ce culte *réformé* du bouddhisme, qui se constituait alors, ait emprunté les cérémonies du culte chrétien, cérémonies déjà connues à la cour, puisque l'empereur avait plusieurs fois fait célébrer les saints mystères en sa présence.

On a pu remarquer, dans le coup-d'œil rapide que nous avons jeté sur les sciences, que c'est toujours lorsqu'elles étaient dans un état imparfait qu'on a cru pouvoir en tirer parti contre la religion, et qu'à mesure que les faits étaient mieux étudiés ou les sources mieux connues, les conclusions étaient diamétralement opposées à ce qu'elles avaient paru d'abord. La religion n'a donc véritablement qu'un ennemi, l'ignorance, et c'est cet ennemi que

c.

tout homme vraiment religieux doit s'attacher à combattre. Il
est du devoir de tout chrétien, des ecclésiastiques surtout, de
donner à l'étude tous les moments qu'ils pourront y consacrer. Les
Pères de l'Eglise sont unanimes sur la nécessité d'étudier les lettres, même profanes, dans la vue de répondre à toutes les objections ; mais aujourd'hui l'étude des lettres ne suffit plus, il faut
y joindre celle des sciences, aucune n'est à négliger, car nous
avons vu dans la suite de ces discours combien de sciences diverses ont été appelées en témoignage dans la grande cause de
la vérité. Travaillons donc tous avec une ardeur nouvelle, et
coopérons autant qu'il sera en nous à l'érection du palais des
sciences, au fronton duquel nous placerons la pierre antique dont
parle M. Wiseman, avec cette inscription sublime :

RELIGIO, VICISTI !

PRÉFACE DE L'AUTEUR.

—

Dans les discours suivants le lecteur ne pourra guère s'empêcher de remarquer un certain défaut d'harmonie entre les différentes parties, et je ne sais pas comment je pourrais mieux le justifier qu'en exposant brièvement la manière dont ils ont été composés et à quelle occasion. C'étaient d'abord des leçons pour un enseignement particulier, et faites par moi, à Rome, dans le collège anglais, que j'ai le bonheur de présider; je les regardais comme un cours d'introduction à l'étude de la théologie. A la demande de plusieurs amis, je me déterminai à les prononcer devant un autre auditoire; et pendant le carême de 1835, je les lus à une assemblée choisie et nombreuse dans les appartements de son éminence le cardinal Weld.

On comprendra aisément combien de modifications il a été nécessaire de leur faire subir pour cette seconde lecture, particulièrement comme je m'étais engagé dans mon prospectus à simplifier les sujets que j'allais traiter, de manière à les rendre intelligibles aux personnes qui n'en avaient aucune notion antérieure. D'après cela, plusieurs points qui n'ont été que légèrement touchés avaient été plus amplement développés dans l'esquisse originale , tandis que d'autres ont pris une extension qui n'aurait pas été nécessaire pour un auditoire académique possédant des connaissances scientifiques préliminaires. Dans le fait , la plus grande partie de ces discours fut écrite de nouveau à cette occasion.

Au nombre de mes auditeurs, je comptais des hommes dont la réputation dans les branches respectives de la littérature et des sciences pouvait m'intimider dans l'accomplissement d'une tâche aussi compliquée ; je les ai trouvés assidus à mes lectures et encourageants dans le jugement qu'ils en portaient. Ils témoignèrent le désir, déjà exprimé par la plupart de mes auditeurs, que ces discours fussent communiqués au public. Je suis venu en Angleterre en grande partie pour mettre cette idée à exécution ; mais alors un nouveau changement parut nécessaire pour rendre ce travail digne de l'impression.

En premier lieu, plusieurs des parties qui avaient été supprimées à la seconde lecture ont été rétablies, tandis que plusieurs détails élémentaires qui furent alors introduits ont été maintenus. J'ai désiré rendre l'ouvrage intéressant à différentes classes de lecteurs, et j'ai eu l'espoir que l'intercallation d'un petit nombre de sujets, plus exclusivement adressés aux savants, ne diminuerait pas pour le lecteur ordinaire l'intérêt que le plan général pourrait inspirer. Néanmoins il doit en résulter quelque désaccord , parce que quelques passages paraîtront s'adresser à un auditoire différent de celui auquel s'adressent la plupart des conférences.

La seconde cause de changement est peut-être plus plausible. Ma longue résidence à l'étranger m'avait privé des moyens de consulter plusieurs ouvrages traitant des sujets de ces discours; au point que, relativement aux livres anglais, je pourrais dire avec le poète :

> Quod si scriptorum non magna est copia apud me
>   Hoc fit quod Romæ vivimus, illa domus [1].

Or, la lecture de ces livres fut cause de quelques modifications dans les opinions que j'avais antérieurement adoptées; mais même quand un ouvrage a paru depuis que les discours ont été prononcés, j'ai cru convenable d'en faire mention plutôt que de l'omettre, par crainte d'être accusé d'avoir commis un anachronisme. En général, je sens que je n'ai eu ni le loisir ni l'occasion de les améliorer autant qu'ils auraient pu l'être, et que beaucoup d'autres ouvrages auraient pu être lus ou consultés par moi avec un grand avantage.

Donc, la forme dans laquelle mon humble production paraît devant le public est celle d'une troisième modification; et s'il est vrai, comme on le dit, que les secondes pensées ne sont pas les meilleu-

---

[1] Catullus ad Manlium, 33

res, mais bien les troisièmes qui corrigent les secondes, et les ramènent en partie aux impressions plus vives et plus naturelles que manifestaient les premières, je pourrai présenter ce récit succinct de ce que j'ai fait plutôt comme une recommandation que comme une excuse.

Mais je puis dire dans la sincérité de mon âme que le regard d'aucun lecteur, tout pénétrant qu'il soit, n'apercevra pas mieux que le mien les imperfections de mon ouvrage. Les sujets dont il traite sont variés, et ont été plutôt une diversion à des recherches d'une nature plus sévère que des objets d'une étude expresse. Je dois naturellement m'attendre que ses nombreuses fautes seront remarquées et peut-être sévèrement critiquées. Cependant j'aurai toujours le sentiment que la cause que je plaide peut bien étendre un peu de sa protection sur le moins digne de ses avocats, et me concilier la bienveillance de ceux qui l'aiment et la révèrent. Réussir en son nom serait certainement glorieux; mais la tentative dont les efforts dans ce cas n'ont pas été sans travail, ne peut pas être dépouillée de tout mérite; et j'accueillerai avec joie l'augure tiré par le lecteur indulgent, si, après avoir vu ce simple exposé, il m'adresse les mots du poète : « Grande est la cause, et grand est le but. Trois fois heureux si le succès appelle la récompense! mais l'intention et la tentative méritent aussi d'être honorées [1]. »

---

[1] Euripid. Rhes., act. I, v. 195.

DISCOURS.

PREMIER DISCOURS.

SUR L'ÉTUDE COMPARATIVE DES LANGUES.

—•—

PREMIÈRE PARTIE.

—

INTRODUCTION GÉNÉRALE.

RAPPORT DE CES DISCOURS AVEC LES PREUVES DU CHRISTIANISME. — MÉTHODE
QUE L'ON \ SUIVRA. — RÉSULTATS QUE L'ON PEUT ATTENDRE.

—

ETHNOGRAPHIE,

OU ÉTUDE COMPARATIVE DES LANGUES.

Histoire. — *Première période* : Efforts pour trouver la langue primitive, défaut dans
l'objet et les méthodes. — *Seconde période* : Collection de matériaux, listes de mots
et séries de *paters* ou oraisons dominicales. — *Troisième période* : Tentatives d'arrangement et de classification; Leibnitz, Hervas, Catherine II et Pallas, Adelung et
Vater. — Aspect dangereux de l'étude à cette période, d'après la multiplication
apparente de langues indépendantes. — Résultats. — *Premier*. Formation de familles, ou groupes étendus de langages en affinité intime par les mots et les formes
grammaticales. — Exemples tirés des familles indo-européenne, sémitique et malaye. — *Second*. Réduction progressive des langues supposées indépendantes, par
leur connexion avec les grandes familles : Ossète, arménien, celtique. — Revue du
système de sir W. Betham, doct. Prichard. — Récapitulation. — Remarques finales.

S'il nous était donné de contempler les œuvres de Dieu dans le
monde visible et dans le monde moral, non comme nous les voyons
maintenant par lambeaux et par fragments, mais combinées ensemble dans le grand plan de l'harmonie universelle; si notre esprit pouvait pénétrer dans chaque partie, en voir les rapports généraux, les relations particulières et l'appropriation, il ne peut y
avoir de doute que la religion, comme elle est établie par le Créa-

1

teur, ne parût entrer comme complément nécessaire dans le plan général, et s'y adapter tellement, que tout serait désorganisé et détruit si par quelque moyen on pouvait l'en tirer. Démontrer ainsi l'action religieuse pénétrant dans les parties les plus intimes de l'économie de la nature serait, sans aucun doute, le témoignage de l'ordre le plus élevé que l'on pourrait donner de la vérité de cette même religion. Mais voici la grande différence entre l'opération de la nature et celle de l'homme : la nature façonne et modèle toutes les parties de son ouvrage dans un même temps, tandis que l'homme ne peut s'appliquer à l'élaboration que d'une seule partie à la fois [1] ; de là il arrive que, dans toutes nos recherches, l'attention partielle et si nécessaire que nous sommes obligés de donner à chaque preuve, à chaque témoignage séparé, affaiblit considérablement l'effet de leur force collective. « Car, ainsi que l'a judicieusement remarqué l'illustre Bacon, l'harmonie de la science qui existe, quand chaque partie supporte l'autre, est et doit être la manière vraie et courte de réfuter et de supprimer toutes les objections de peu de valeur; mais d'un autre côté, si vous détachez chaque axiome un à un comme les bâtons d'un faisceau, vous pouvez aisément les attaquer, les plier ou les rompre, comme il vous plaira. »

Des préjugés que le temps a rendus vénérables ont beaucoup ajouté aux difficultés placées ainsi dans notre carrière par les limites de nos facultés. Pendant des siècles, plusieurs personnages ont regardé comme inutile et presque profane de chercher une alliance entre la théologie et les autres sciences. Plusieurs savants, dans leurs écrits, et beaucoup d'autres dans leurs discours, vont jusqu'à supposer qu'ils peuvent se permettre un dualisme d'opinions; ils en forment une catégorie qu'ils croient comme chrétiens, et une autre dont ils sont convaincus comme philosophes : l'un dira qu'il admet les livres saints et tout ce qu'ils contiennent,

---

[1] Quand un sculpteur taille et façonne une figure, il donne une forme seulement à la partie sur laquelle il travaille, et ne touche point au reste; mais la nature, au contraire, lorsqu'elle fait une fleur ou une créature vivante, engendre et produit tous les rudiments de toutes les parties dans un seul et même temps. — Bacon, de Augm. Scient., liv. VII.

mais cependant il soutiendra quelque système de chronologie et
d'histoire qui ne peut en aucune manière se concilier avec eux ;
celui-ci ne voit pas comment il est possible de faire accorder la
création mosaïque avec les découvertes de Cuvier ; un autre pense
que l'histoire de la dispersion est incompatible avec le nombre de
langages qui existent maintenant ; un dernier enfin croit qu'il est
extrêmement difficile d'expliquer l'origine de toute l'espèce humaine provenant d'une seule famille. Ainsi donc, loin de considérer la religion ou sa science, la théologie, comme ayant droit
de fraterniser avec les autres sciences, on suppose qu'elle se meut
dans un plan séparé, et conserve avec elles un parallélisme perpétuel qui les empêche de se rapprocher, et les prive ainsi d'un
mutuel support. Il n'est pas étonnant d'après cela que la théologie soit toujours considérée comme une étude purement sacerdotale et dénuée d'intérêt général, et qu'il soit impossible de donner
à ses recherches les charmes variés qui nous attirent vers les autres études scientifiques [1].

Ces réflexions et d'autres du même ordre m'ont engagé à entrer
dans la carrière que je parcours aujourd'hui : mon but est de ramener en quelque sorte la théologie dans le cercle des sciences,
en montrant combien elle est éclairée, soutenue et ornée par chacune d'elles. Je veux prouver que le philosophe s'inclinera avec
justice devant ses décisions, lorsqu'il aura l'assurance que les recherches qui l'occupent ne feront que confirmer ces mêmes décisions ; je ferai voir enfin la convergence des vérités révélées et des
vérités découvertes, et, bien qu'imparfaitement, je vous présenterai quelques peintures semblables à celles qu'Homère décrit sur
le bouclier de son héros : des choses et des mouvements célestes,
qui appartiennent à une sphère plus élevée, entourés d'une bor-
dure embellie par des représentations plus terrestres et plus ordinaires.

Je me propose donc, dans le cours des conférences auxquelles

[1] Pour juger la méthode inefficace par laquelle l'école éclectique
française essaie à la fois de séparer et de concilier la science et la révélation, voyez Damiron, Essai sur l'histoire de la philosophie en France ;
Bruxelles 1829, p. 471-474 ; ou Carové, der Saint-Simonismus und die
neuere Philosophie ; Leips. 1831, p. 42.

je vous ai invités, de montrer la correspondance entre les progrès de la science et le développement des preuves du Christianisme ; et, avant d'aller plus loin, qu'il me soit permis de fixer le terme et les limites de mes investigations. Par le simple exposé de mon sujet, on verra que je n'ai pas l'intention d'entrer dans le champ si bien cultivé de la théologie naturelle, ou d'appliquer les progrès de la science à renforcer la preuve, déjà acquise, d'une sage et toute-puissante Providence. C'est de la religion révélée seule que j'entends traiter, des témoignages que le Christianisme a reçus dans ses connexions sans nombre avec l'ordre de la nature et le cours des événements humains. Et quand j'emploie le mot témoignages, il faut le prendre dans son acception la plus générale et la plus étendue. Je remarque que tout ce qui tend à prouver la vérité de quelque passage, dans la Bible surtout, si à des yeux purement humains le récit paraît improbable ou inconciliable avec d'autres faits, tend aussi essentiellement à augmenter la somme de témoignages que le Christianisme possède, puisque ceci exige nécessairement l'authenticité de ce livre. Qu'une découverte quelconque, qu'une date, par exemple, peu importante, inexplicable jusqu'à ces derniers temps, se trouve être tout-à-fait exacte : outre la certitude qu'elle donne sur un point particulier, elle a un poids moral bien plus grand dans l'assurance et la sécurité qu'elle fait naître sur d'autres points. D'où il résulte qu'une longue recherche qui conduira à une découverte d'une importance médiocre, en apparence, doit se mesurer d'après son influence générale plutôt que par ses résultats immédiats.

Mais, ainsi qu'on l'a observé, tandis qu'il est de l'intérêt de ceux qui recherchent la vérité de généraliser leurs preuves autant que possible, et de se placer sur la base la plus large, ceux qui l'attaquent trouveront toujours plus de facilité à le faire par des objections particulières qui détruisent pièce à pièce. Et de leur part, telle a été la tactique qu'ils ont suivie. Chaque science individuelle a été mise à contribution, et plusieurs résultats partiels de chacune présentés séparément comme suffisants pour renverser les appuis du Christianisme. Ces tentatives réitérées sont un motif de plus pour rechercher quels sont les résultats réels de la science moderne. Il est vrai que la révélation chrétienne repose sur des arguments généraux que des objections particulières ne peuvent pas facilement ébranler. Il est vrai que ses preuves intrinsèques et extrinsèques consistent dans un nombre et une variété de considérations si fortement réunies ensemble qu'une attaque partielle sur un point est repoussée par tout le reste ; de manière que nous éprouvons plus de difficultés à supposer faux tout le système du Christianisme par suite d'une objection particulière, que nous n'en éprouvons à confesser notre incapacité à répondre, tout en restant attachés à la cause que l'on attaque.

Mais, bien que le chrétien peu instruit puisse ainsi empêcher sa conviction d'être ébranlée par des objections auxquelles il ne voit pas de réponse immédiate, il y a une manière de procéder plus satisfaisante, plus intéressante, et presque d'obligation pour ceux qui en ont le pouvoir : c'est d'aborder les objections franchement, de les examiner avec patience, et de les résoudre une à une ; et pour cela il ne faut négliger aucun des moyens à notre portée, de nous procurer et d'acquérir les connaissances nécessaires. Nous ne pouvons pas nous permettre de douter un moment d'un succès final et complet :

Causa jubet melior superos sperare secundos.

Si nous sommes fermement convaincus que Dieu est l'auteur de notre religion, aussi bien que de la nature, nous devons avoir l'intime persuasion que la comparaison de ses œuvres, dans ces deux ordres de choses, doit nécessairement donner un résultat uniforme. Une partie essentielle de ma tâche sera de montrer comment les mêmes sciences d'où l'on a tiré les objections contre la religion ont, en se perfectionnant, fourni les moyens de réfutation. Il en résulte que ma méthode de traiter chaque science, à une ou deux exceptions près, sera nécessairement historique. J'éviterai ainsi une difficulté importante, celle de supposer dans mes auditeurs une connaissance approfondie de tant de sujets différents. Au lieu de cela, je me flatte qu'en même temps que je ferai voir les services signalés rendus à la religion par les progrès des sciences, je présenterai une introduction courte et simple de leur histoire et de leurs principes.

Nous verrons de quelle manière l'enfance de chacune a fourni des objections contre la religion, à la grande joie des infidèles et à l'effroi des croyants ; de quelle manière on a détourné de ces études comme dangereuses ; et pourquoi, en proportion de leurs progrès, elles ont d'abord fait disparaître les difficultés tirées de leur état imparfait, et même les ont remplacées par des arguments en faveur de la religion. Et dès-lors nous aurons le droit de dire en concluant, qu'il est essentiellement dans l'intérêt de la religion d'encourager la culture des sciences et de la littérature, dans leurs diverses branches.

Dans l'arrangement des sujets que je vais traiter, en même temps que j'aurai égard à un certain ordre naturel de rapports, je m'efforcerai aussi de leur donner un intérêt toujours croissant. Et je crains presque d'avoir fait une erreur de tactique, en plaçant en première ligne la science dont je vais vous entretenir ; car elle est loin de présenter l'intérêt général de la plupart des sciences qui vont suivre ; quoique j'aie la confiance qu'elle justifiera pleinement tout ce que j'ai avancé dans ces remarques préliminaires, je veux dire l'*ethnographie*, ou la classification des nations d'après l'étude comparée des langues, science qui, on peut le dire, est née presque de nos jours

Cette science a été aussi appelée avec raison par les Français *linguistique*, ou l'étude du langage ; elle est aussi connue sous le nom de *philologie* comparative. Ces noms indiquent suffisamment les objets que l'on a en vue et la méthode de les étudier. Je ne m'arrêterai point à chercher d'autres définitions, et j'espère qu'à mesure que mon sujet se développera vous verrez toute l'étendue que cette science embrasse.

Je l'entreprends avec le sentiment intime des difficultés qui l'entourent ; c'est une science qui n'a pas encore trouvé d'historien, et qui possède à peine quelques ouvrages élémentaires : tellement qu'il m'a fallu chercher dans plusieurs auteurs les matériaux pour l'esquisse que je vais essayer de vous présenter. C'est véritablement par la simple histoire de cette science que nous aurons le plaisir de voir confirmer le récit que fait Moïse de la dispersion de l'espèce humaine.

Je n'ai pas besoin de rappeler à votre mémoire ce fragment de l'histoire des premiers temps : que le genre humain descendait d'une seule famille, parlait une seule langue ; qu'à l'occasion de la réunion des hommes pour un dessein qui ne s'accordait pas avec les vues de la Providence, le Tout-Puissant confondit leur langage, et introduisit parmi eux une variété de dialectes qui les força à une dispersion générale : tel est en raccourci le sommaire de l'histoire vénérable racontée dans le onzième chapitre de la Genèse.

Les commentateurs sur ce passage ont généralement considéré que cette confusion consistait non pas tant dans l'abolition de la langue commune, que dans l'introduction de modifications tellement variées, qu'elles auraient suffi pour effectuer la dispersion de la race humaine. Dans le fait, c'était seulement d'après cette hypothèse qu'on a pu se livrer à la longue et inutile recherche d'un langage primitif.

Mais l'ensemble de cette narration est traité par les adversaires de la révélation comme une fable ou un *mythe* [1]. Nous pouvons bien, en vérité, permettre aux philosophes de discuter certaines questions abstraites, comme de savoir si la parole pouvait avoir été l'invention graduelle de l'espèce humaine, ou doit avoir été un don librement accordé par Dieu, comme le docteur Johnson, Anton et M. de Bonald le soutiennent [2] ; ou bien n'avoir été ni un pur don, ni une invention, mais, suivant la récente théorie de G. Humboldt, un résultat nécessaire et spontané de l'organisation de l'homme [3]. Nous pourrions même leur permettre l'innocent

[1] « Le livre de la Genèse cachait, sous un *mythe* expressif et significatif, un problème qu'aucune philosophie n'a encore pu résoudre d'une manière satisfaisante. » Gesenius, Geschichte der Hebräischen sprache und schrift ; Leips. 1815, p. 13. Voyez la préface de Geddes, à sa traduction du Pentateuque, 1702, p. 11.

[2] Vie de Johnson par Boswell, prem. édit., vol. II, p. 447 ; R. G. Anton Ueber sprache in Rücksicht auf geschichte der menschen ; Gorlitz 1799, p. 31. Beattie's theory of language ; Lond. 1788, p. 95. Cette proposition est la base du système de M. de Bonald, et est vivement attaquée par Damiron, ubi sup., p. 224. Cousin, préface aux Nouvelles Considérations de Maine de Biran ; Paris 1834, page 15 ; et plusieurs autres.

[3] « La parole, d'après mon entière conviction, doit réellement être considérée comme inhérente à l'homme ; car si on la considère comme l'œuvre de son intellect dans la simplicité de sa connaissance native, c'est absolument inexplicable. Cette hypothèse est favorisée par la sup-

amusement de discuter si une pareille innovation a dû commencer par des substantifs, comme le pense le docteur Smith [1], ou par des interjections, comme le président de Brosses et Herder le conjecturent [2]. Aussi longtemps qu'une arène imaginaire sera ouverte pour les auteurs de pareilles découvertes, tant que nous parlerons avec le président d'enfants laissés à l'enseignement de la nature, ou, avec Soave, de deux sauvages abandonnés dans une île, le champ est ouvert, la dispute est sans danger.

Mais d'autres écrivains ont transporté leurs spéculations sur ce sujet dans le domaine de l'histoire : Maupertuis, par exemple, suppose que la race humaine n'a pas eu de langage, jusqu'à ce que ses différentes ramifications aient inventé des dialectes séparés [3]. Rousseau et Volney représentent l'homme comme le *mutum et turpe pecus* des anciens, « jeté, suivant les paroles du dernier, en quelque sorte par hasard sur une terre sauvage et isolée, orphelin, abandonné par la main inconnue qui l'a produit [4], » et découvrant les premiers éléments de la vie sociale d'après le principe et le procédé indiqués par le poète épicurien [5] :

---

position de plusieurs milliers de milliers d'années ; le langage n'a pu être inventé sans un type préexistant dans l'homme. » Après plusieurs remarques du plus haut intérêt, il continue en faisant observer qu'il ne faut cependant pas considérer le langage comme un don accordé tout formé à l'homme (*etwas fertig gegebenes*), mais comme quelque chose provenant de lui-même. *Ueber das vergleichendes Sprachstudium in beziehung auf die verschiedenen epochen der sprackentwickelung.* Dans les Mémoires de l'Académie royale des Sciences de Berlin, classe historique et philosophique, 1820-21 ; Berlin 1822, p. 247.

[1] Theory of moral sentiments. Edimb. 1813, vol. II, p. 364.

[2] Traité de la formation mécanique des langues. Paris 1763, t. II, p. 220. Herder, Nouveaux Mémoires de l'Académie royale des Sciences. Berlin 1783, p. 382.

[3] Dissertation sur les moyens dont les hommes se sont servis pour exprimer leurs idées. Histoire de l'Académie royale. Berlin 1756. p. 335.

[4] Ruines. Paris 1820, p. 36. Causes de l'inégalité entre les hommes; œuvres complètes. Paris 1826, p. 40.

[5] Lucret. liv. V, v. 1086 et seq.

Ergo si variei sensus animalia cogunt
Muta tamen quom sint, varias emittere voces;
Quanto mortaleis magis æquum est tum potuisse
Dissimileis aliâ, atque aliâ, res voce notare ?

Cette vue de l'origine du langage est encore assez fréquemment répétée de nos jours. Charles Nodier a publié dans le journal *le Temps*, en septembre 1833, une série d'articles sous le titre de *Notions élémentaires de linguistique*, dans lesquels il maintient que les langues sont l'ouvrage des facultés de l'homme agissant par leur propre énergie. Même des écrivains que l'on n'aurait jamais supposé avoir des opinions peu d'accord avec le récit de l'auteur inspiré paraissent quelquefois se laisser aller à la même imagination. [1]

Le marquis de Fortia d'Urban va plus loin; il nie tout à la fois et l'histoire de la dispersion comme elle est donnée par Moïse, et même l'inspiration des récits historiques de l'Ecriture [2]. Ainsi considérée, l'investigation semble attaquer l'authenticité des documents de Moïse touchant l'histoire primitive de l'homme. Il est alors de notre devoir d'examiner attentivement la branche des sciences même qui a fait naître ou corroboré de semblables objections, et nous apercevrons bientôt que plus elle a avancé vers la perfection et plus elle a confirmé la véracité de l'historien juif.

L'histoire de l'étude comparée des langues joue le même rôle dans les sciences morales que la chimie dans les recherches physiques. Pendant que cette dernière science était engagée à la poursuite stérile de la pierre philosophale, ou d'un remède pour toutes les maladies, les linguistes étaient livrés à des recherches non moins stériles pour trouver le langage primitif. Dans le cours de l'une et de l'autre recherche, plusieurs découvertes importantes et inattendues ont été faites sans aucun doute; mais ce n'est que depuis l'introduction dans ces sciences d'un principe d'investigation analytique que l'on a pu reconnaître la nature réelle des objets dont

[1] Par exemple, le docteur Murray. History of European languages. Edimb. 1823, vol. I, p. 28.

[2] Essai sur l'origine de l'Ecriture. Paris 1832, p. 10.

elles s'occupent respectivement, et les résultats obtenus ont été d'une toute autre valeur que tout ce que l'on avait entrevu à l'aide d'une pénible et laborieuse application.

Le désir de vérifier l'histoire de Moïse, ou l'ambition de connaître le langage communiqué d'abord par inspiration divine, fut le motif ou le but qui excitait la chimérique recherche des anciens linguistes; on disait que si on pouvait prouver qu'il existe une langue qui contienne en quelque sorte le germe de toutes les autres, et forme un centre dont tout le reste diffère visiblement, alors la confusion de Babel recevrait une confirmation frappante, car ce langage doit avoir été autrefois le langage commun de toute l'espèce humaine.

Mais ici un grand nombre de savants entra dans la carrière, et leurs prétentions opposées étaient présentées avec tant d'assurance ou de vraisemblance, qu'il fallut abandonner l'espoir de jamais arriver à une décision satisfaisante.

La langue celtique trouva un patron zélé dans le savant Perron [1]; les réclamations des Chinois étaient vivement défendues par Webb, et plusieurs autres écrivains [2], même de nos jours, car nous rencontrerons encore de pareils visionnaires; Don Pédro de Astarloa [3], Don Thomas de Sorreguieta [4], et l'abbé d'Iharce–Bidassouet-d'Arozteguy [5] ont pris les armes comme champions de

---

[1] Antiquité de la nation et de la langue des Celtes. Paris 1704.

[2] Essai sur la probabilité que le langage de la Chine est la langue primitive. Londres 1669. L'Antiquité de la Chine, ou Essai historique sur la probabilité que le langage de la Chine est la langue primitive. Londres 1678.

[3] Apologie de la langue basque, ou Essai critico-philosophique sur sa perfection et son antiquité sur toutes les langues connues. Madr. 1804.

[4] La semaine espagnole-basque, la seule en Europe et la plus ancienne du monde. Madrid 1804.

[5] Voyez son prospectus, publié par les journaux français en 1824. Son ouvrage a, je crois, paru depuis *.

* M. Wiseman a omis dans cette liste deux noms qui méritent d'y entrer, Larramendy et J.-B. Erro. Le premier a publié une grammaire basque sous le titre bizarre de *El imposible vencido*; et le second, qui depuis a été ministre, a fait paraître *El alfabeto primitivo*. Madrid 1806.　　　　　　(Note du traducteur.)

la langue basque, avec un succès égal à celui qu'obtint autrefois le très-érudit et très-lourd Goropius Becanus lorsqu'il présenta sa langue naturelle, le flamand, comme le langage du paradis terrestre [1]. Nonobstant ces ambitieuses prétentions, les langues sémitiques, comme on les appelle, c'est-à-dire les idiomes de l'Asie occidentale, parurent avoir le plus de chances; mais hélas! même ici il y avait rivalité entre les sœurs. Les abyssiniens se vantaient que leur langue était la souche principale d'où l'hébreu lui-même tirait son origine [2]. Toute une armée d'auteurs syriaques retraçait la filiation de leur langue en ligne directe d'Héber à Noé et Adam [3]. Mais l'hébreu était le prétendant qui réunissait le plus de suffrages en sa faveur. Depuis les *Antiquités* de Josèphe et les *Targums* ou les *Paraphrases chaldaïques* d'Onkelos et de Jérusalem [4], jusqu'à Anton en 1800 [5], Chrétiens et Juifs considéraient ses prétentions comme presque définitivement établies; et des auteurs du rang le plus élevé dans la littérature, tels que Juste-Lipse, Scaliger, Bochart et Vossius, ont fait dépendre la vérité de leurs théories de la certitude de cette opinion.

Le savant et judicieux Molitor cependant, lui qui a recueilli une collection immense de morceaux de littérature rabbinique, pour appuyer la démonstration de la religion catholique qu'il a embrassée, reconnaît que la tradition des Juifs qui fait de l'hébreu la langue des premiers patriarches, et même d'Adam, est inadmissible, prise dans son sens littéral; quoique, ajoute-t-il très-judicieusement, il suffise de reconnaître l'inspiration de la Bible, pour être forcé de confesser que le langage dans lequel elle est écrite est une image fidèle, bien que terrestre, de la langue du Paradis:

---

[1] Origines Antuerpianæ. Antw. 1569, p. 354 et seq.

[2] Voyez l'Avertissement de l'édition principale du nouveau Testament. Rome 1548.

[3] Assemani, dans sa Bibliotheca orientalis, tom. III, part. I, p. 314, a réuni leurs autorités. Ibn-Kaledoon, Massoudi, Haider-Razi et d'autres auteurs arabes soutiennent la même opinion. Voyez le savant Essai de Quatremère dans le nouveau Journal asiatique; mars 1835.

[4] Josephus, Archeolog., l. I, c. 1; Targumin, sur la Genèse, XI, 1.

[5] De Lingua primæva. Vittemb. 1800.

de même que l'homme, malgré sa chute, conserve quelques traces de sa grandeur originelle [1].

Tel était le point de vue vers lequel on dirigea d'abord l'étude comparée des langues : deux fautes essentielles peuvent se remarquer dans cette direction, et toutes deux proviennent de la manière étroite dont ceux qui ont cultivé cette science l'ont envisagée.

La première, c'est qu'à peine si l'on a reconnu la moindre affinité entre les langues, excepté la filiation. La descente collatérale d'une mère commune fut à peine soupçonnée : dès que deux langues avaient quelques points de ressemblance, on en concluait que l'une était la source de l'autre [2]. Ce mode de raisonnement est plus visible parmi les écrivains des dialectes sémitiques; mais il y en a aussi de curieux exemples dans les autres. Ainsi l'affinité entre le persan et l'allemand avait été de bonne heure aperçue par Juste-Lipse et Saumaise [3]; mais on ne put imaginer d'autre solution de ce problème, sinon que l'une est empruntée de l'autre. *Hodierna* (*lingua persica*), dit le savant David Wilkins, *ex multis Europæ et Orientis vocibus composita est, Lati-*

---

[1] Philosophie der Geschichte, Oder über die tradition. N'ayant pas dans ce moment l'original à ma disposition, je dois renvoyer à l'abrégé français, Philosophie de la tradition, par X. Quris. p. 211. Paris 1834.

[2] Le passage suivant d'un auteur dont je ne partage pas les opinions sur la plupart des points peut donner l'explication de ceci : « Il ne faut pas se représenter les peuples et les langues en lignes perpendiculaires... Il n'y a entre elles ni droit d'aînesse, ni primogéniture. Cette question qu'on entend faire : la langue A est-elle plus ancienne que la langue B? est puérile et tout aussi dénuée de sens que le sont ordinairement les controverses scolastiques touchant les langues mères. » Principes de l'étude comparative des langues, par le baron de Merian, p. 12. Paris 1828.

[3] Lipsius, Epist. ad Belgas. Antw. 1602-4. Salmasius, de Lingua hellanist., p. 378. On cite souvent Scaliger comme ayant observé cette ressemblance. (Voyez Wilkins, inf. cit.); mais, dans sa 228e lettre à Pontanus, il dit : « Nihil tam dissimile alii rei quam Teutonismus linguæ persicæ.

nis, *Germanicis et Græcis* [1]. Walton avait auparavant exprimé la même opinion comme tout-à-fait certaine : *Ut gens persica ipsa Græcorum, Italorum, Arabum, Tartarorumque colluvies est, ita lingua quoque ejus ex horum linguis est conflata* [2].

Ce principe a fait tomber l'habile et savant Reland dans une erreur encore plus curieuse sur le même sujet. Il a recueilli les mots indiens qu'on trouve dans les anciens auteurs, et a trouvé que plusieurs pouvaient s'expliquer par le persan. Même cette circonstance ne le conduisit pas à soupçonner de l'affinité entre les langues indienne et persanne. Mais comme il ne savait sur quoi s'appuyer pour employer l'expédient ordinaire, qui était de supposer qu'une langue avait donné naissance à l'autre, il lui fut impossible de trouver la solution du problème par aucun des principes alors connus ; et en conséquence, il conclut que les mots recueillis n'étaient point indiens, mais persans, et que les anciens s'étaient trompés en les donnant comme indiens [3]. Et même dans des temps plus modernes, l'abbé Denina ne sut trouver d'autre explication de l'affinité entre le grec et l'allemand [4] qu'en supposant que les anciens Germains étaient une colonie de l'Asie mineure ; ainsi nous pouvons vraiment nous écrier avec le poète :

> Hic quoque sunt igitur Graiæ, quis crederet, urbes
> Inter inhumanæ nomina barbariæ ;
> Huc quoque Mileto missi venere coloni,
> Inque Getis Graias constituere domos [5].

La seconde erreur, dans la méthode suivie pour cette étude,

[1] Préface du livre de Chamberlayne, *Oratio dominica*, p. 7. Amst. 1715.

[2] Prolégom. XVI, § 2.

[3] *De veteri lingua indica*; Dissertat. miscellan, tom. I, p. 209. Traject. ad Rhen. 1713. Voyez les corrections qu'en a faites le professeur Tyschen, Append. IV aux Recherches de Heeren, vol. II, p. 376. Oxford, 1833.

[4] Sur les causes de la différence des langues. Nouv. Mém. de l'Acad. roy. 1783, p. 542. Berlin 1785.

[5] Ovide, Trist. l. III, él. ix.

fut d'opérer presqu'entièrement par l'étymologie et non par la comparaison. Comme les auteurs dont j'ai parlé cherchaient à prouver la dérivation des autres langues de celle dont ils avaient embrassé la cause, ils se trouvaient naturellement réduits à cet expédient. Une similitude de mots ou de formes aurait seulement établi une affinité entre les langages où cela se rencontrait, et par conséquent il était préférable de trouver dans la langue favorite un prétendu mot original qui contenait en quelque sorte en lui-même le germe ou le sens du terme que l'on examinait, plutôt que de suivre la trace des affinités dans les langues de la même famille, ou même de condescendre à le faire dériver d'éléments évidents dans sa propre langue native. C'est ainsi que (si je m'en souviens bien) Jennings, quelque part dans ses *Antiquités judaïques*, fait dériver le mot grec *asulon*, *asylum*, de l'hébreu *ashl*, un *chêne*, ou un bosquet, en dépit de la simple étymologie qui en a été donnée par les anciens, *a priv.* et *sulao* formant ensemble la signification de *inviolable*. On pourrait avec autant de raison faire dériver le verbe anglais *to cut off* (*séparer*) du verbe syriaque *cataf*, qui signifie la même chose. Ces étymologies extraordinaires fourmillent encore de nos jours, dans des écrivains en réputation, qui réclament les prétendus droits de la langue hébraïque. Et cette méthode n'a pas été non plus négligée par d'autres auteurs. Becanus, par exemple, explique par le flamand tout nom qui se trouve dans l'histoire primitive de la Genèse, et découvrant dans sa propre langue la possibilité d'une analyse de ces noms, conclut d'une manière triomphante que ces mêmes noms ont été donnés dans cette langue. Qui peut douter un moment qu'Adam et Eve n'aient parlé le flamand ou le hollandais, quand nous saurons que le nom du premier homme se décompose en *Hat* (haine) et *Dam* (digue) parce qu'il était une digue opposée à la haine du serpent; et celui de sa compagne devient *E* (serment) et *Vat* (cuve) étant le réceptacle du serment ou de la promesse d'un rédempteur [1]? Mais revenons. Les défauts que j'ai signalés dans l'histoire des premiers temps de notre science étaient la conséquence naturelle des objets dont elle s'occupait. Il était nécessaire d'élargir à la fois la vue et le champ du philologue, avant de pou-

[1] Ubi sup., p. 539.

voir en attendre aucun bon résultat. Il était nécessaire de recommencer avec une nouvelle méthode et sans le dangereux esprit de système ; l'ensemble des faits était la base nécessaire d'une pareille amélioration. « Ici comme ailleurs, dit Abel Rémusat, on a commencé par bâtir des systèmes, au lieu de se borner à l'observation des faits [1]. »

Si les modernes avaient été obligés de commencer leurs études à ce premier point, plusieurs années se seraient écoulées avant de pouvoir atteindre la maturité, car la réunion des matériaux aurait occupé un temps considérable. Heureusement, cependant, les plus anciens écrivains ont fait quelque chose de ce côté, sans néanmoins avoir de projet bien arrêté. Les voyageurs, parmi beaucoup d'autres curiosités, ont apporté des listes de mots des contrées qu'ils venaient de visiter ; des missionnaires, avec des vues plus élevées, ont appris les langues des peuples qu'ils allaient convertir, et ont écrit des livres élémentaires pour leur instruction. Ces deux sources ont produit les collections nécessaires pour poursuivre l'étude comparée des langues.

Le premier voyageur qui ait pensé à enrichir ses récits de listes de mots étrangers fut le crédule et amusant Pigafetta, qui accompagna Magalhaens (Magellan) dans son premier voyage autour du monde. Pour clore son journal, il nous offre trois misérables vocabulaires, dont le premier appartient à la langue brésilienne ; le second, recueilli de la bouche du géant patagon qui joue un rôle si important dans son livre, est du Téhuel ; le troisième est de Tidore, une des îles Moluques [2]. Son exemple fut suivi par des navigateurs plus récents. Presque tous les voyageurs qui exploraient de nouveaux pays en recueillaient des renseignements plus complets que ceux déjà connus, et remportaient des documents de cette nature, bien que souvent sans choix et presque toujours sans exactitude [3]. Plusieurs de ces collections furent dé-

[1] Recherches sur les langues tartares. Paris 1820, p. 18.

[2] Primo vol., troisième édit. delle Navigationi et viaggi raccolti già da M. G. B. Ramuzio. Ven. 1563, p. 370. Dans le vocabulaire de Tidore, les mots relatifs à la religion sont arabes.

[3] Voyez Balbi, Introduction à l'atlas ethnographique du globe. Paris 1826, p. 27, et p. c du Disc. prélim.

posées dans des bibliothèques, et à des époques postérieures mises à profit par des savants. Le judicieux Reland, dont les travaux dans cette branche de littérature ont été beaucoup trop négligés, a publié, d'après des manuscrits de cette nature, conservés dans la bibliothèque de Leyde, des vocabulaires du malayalim, du chingalais (de Ceylan), du malabar, du japonais et du javanais. Il s'est aussi donné des soins particuliers pour se procurer par les voyageurs des mots de langues américaines [1]. De même les collections de Messerschmidt, faites pendant sa résidence de sept ans en Sibérie, et déposées dans la bibliothèque impériale de Saint-Pétersbourg, rendirent un service signalé à Klaproth pour compiler son *Asia polyglotta* [2].

Des livres de dévotion furent naturellement les premiers imprimés par les missionnaires pour l'usage des nations qu'ils convertissaient au Christianisme, et il est certain qu'ils devaient contenir l'Oraison dominicale. Ce fut par conséquent l'exemple le plus aisé à se procurer d'une variété de langues avec un modèle uniforme de comparaison. De petites collections en avaient été faites par Schildberger, Postel et Bibliander ; mais le naturaliste Gesner conçut le premier l'idée de les réunir comme le spécimen d'un catalogue des langues connues, et en 1555 il publia son *Mithridates*, mieux connu par l'édition plus étendue, mais moins exacte qu'en a donnée Waser [3]. Le mérite de ce petit ouvrage est d'avoir formé

---

[1] De linguis Insularum quarundam Orientalium; Dissert. miscell., p. 8; Traject. 1708, p. 57. Il ajoute de courtes listes des mots usités dans les îles Salomon, Cocas, Nouvelle-Guinée ; les îles de Moïse, Mos et Madagascar, et conclut, p. 137, que le malay est la base de toutes ces langues. Ceci, comme nous le verrons, a été positivement confirmé. De linguis americanis, *ibid.*

[2] Paris 1823, p. 8.

[3] Mithridates Gesneri, Gaspar Waserus recensuit et libello commentario illustravit. Tigur. 1610. Entre ces deux éditions, l'ouvrage fut publié à Rome, sans indication d'origine, comme Appendix à la Bibliotheca vaticana illustrata de F. Angelo Rocca ; Rome 1591, p. 291-376. L'auteur prétend avoir réuni les matériaux lui-même, p. 310-364; cependant il a copié tout l'ouvrage de Gesner, même avec ses fautes typographiques, et n'y a fait que quelques additions insignifiantes.

un noyau autour duquel sont venues se grouper des acquisitions postérieures, et quoique nous puissions sourire en le voyant placé à côté de son volumineux homonyme par Adelung et Waser, c'est avec plaisir que l'on voit, dans le petit dictionnaire de Gesner, l'origine de ce noble monument de l'esprit humain. Ici les langues sont arrangées par ordre alphabétique, mais la moitié sont mal placées ou mal décrites; et si je vous disais que le langage des dieux y est à son rang, parce qu'Homère s'est amusé d'une pareille fiction, vous jugeriez facilement du mérite critique de l'ouvrage. Cette collection et les subséquentes de Muller, Ludeke, Starck et autres, furent complètement éclipsées et dominées par les séries plus étendues de Wilkins et de Chamberlayne, publiées à Amsterdam dans les premières années du dernier siècle[1].

Cette date nous amène à une époque où la science, quelque imparfaits que ses principes soient restés encore longtemps, étendit au moins sa culture sur un plus vaste champ et varia le caractère de ses observations, de manière à préparer les voies pour de plus importantes découvertes. C'est peut-être là son moment critique relativement à l'ethnographie et à la religion.

Le nom de Leibnitz est le chaînon qui réunit les sciences à la période où nous sommes parvenus. Si nous avions à définir en un seul mot l'objet des études poursuivies par ce grand homme, nous ne pourrions le faire qu'en disant que c'était la *philosophie*. Mais ce serait une injustice pour sa réputation; car bien des savants réclament et obtiennent le titre de philosophes en jetant quelque nouvelle lumière sur une seule branche de la science. Le génie de Leibnitz était comme le prisme de son grand rival. Ce seul rayon en le traversant était réfracté en un millier de nuances variées, toutes claires, toutes brillantes, et rattachées par des dégradations presque insensibles, non pas d'ombre, mais de lumière. Dans ses écrits, nous suivons le rayon multiforme se jouant à travers tout le domaine de la science; examiné dans son esprit, nous découvrons toutes ses variétés dérivant d'un principe unique, un courant vif et animé de pensées philosophiques. Chez lui, les mathé-

[1] Oratio dominica in diversis omnium fere gentium linguis versa, editore S. Chamberlaynio. Amst. 1715. L'ouvrage est suivi de lettres du docteur Nicholson, de Leibnitz et de Wotton.

matiques et la philosophie morale, l'histoire et la philologie trouvèrent pour la première fois un asile commun ; et les personnes
même profondément versées dans chacune de ces sciences en particulier s'inclinaient devant l'autorité de l'homme qui possédait un
génie assez vaste pour les embrasser toutes, et les faire concourir à leur mutuel avantage.

D'un pareil homme nous pouvons attendre des améliorations
essentielles dans une science où la combinaison de connaissances
variées était particulièrement nécessaire. Telle était l'ethnographie,
et aussi c'est à Leibnitz qu'elle doit ces principes qui lui ont permis enfin de réclamer une place parmi les sciences. Bien que,
d'après quelques passages de ses écrits, on suppose qu'il a appuyé
les droits de l'hébreu à la primauté du langage, dans sa lettre
à Tenzel il rejetait ses prétentions [1]. Quoi qu'il en soit, autant que
la simple comparaison des mots peut s'étendre, il faut admettre
qu'il a proposé les premiers principes rationnels, et même qu'il
existe à peine une analogie, annoncée par les partisans du système
comparatif dans les temps modernes, qu'il n'ait énoncée quelque
part ; plusieurs de ses espérances se sont réalisées, et plusieurs de
ses conjectures se sont vérifiées.

Au lieu de restreindre l'étude des langues à l'inutile objet poursuivi par les premiers philologues, il aperçut et indiqua son utilité par rapport à l'histoire, pour suivre la trace des migrations
des premières nations, et pour pénétrer même au-delà des nuages
qui recouvrent leurs documents les plus anciens et les moins certains [2]. Cet agrandissement de vues a nécessairement produit une

---

[1] G. Leibnitz, opera omnia ; édit. Dut., tom. VI, p. 11, p. 232. Une
semblable opinion est exprimée dans une lettre qui lui est adressée par
Hermann van der Hardt, p. 235.

[2] « Je trouve que rien ne sert davantage à juger des connexions des
peuples que les langues. Par exemple, la langue des Abyssins nous fait
connaître qu'ils sont une colonie d'Arabes. » Lettre au Père Verjus, *ib.*
p. 227. « Quum nihil majorem ad antiquas populorum origines inda-
gandas lucem præbeat quam collatio linguarum, etc. » Desiderata circa
linguas populorum, *ib.* p. 228. Lacroze, Commerc. epist., tom. III,
p. 79. Lips. 1752 ; et Reland, ub. sup., p. 78, voient cette étude sous
le même point de vue.

variation de méthode. Bien qu'il ait pu par occasion, et comme amusement, se laisser aller à faire d'insignifiantes étymologies, Leibnitz vit bien que, pour étendre la sphère d'utilité qu'il voulait donner à cette science, il fallait établir des comparaisons entre les idiomes les plus séparés par leur position géographique. Il se plaint que les voyageurs ne mettaient pas assez de soin à rassembler des exemples de langage [1], et sa sagacité le conduisit à faire comprendre que ces exemples devraient être formés d'après une liste uniforme contenant les objets les plus simples et les plus élémentaires [2]. Il exhortait ses amis à réunir des mots en tables comparatives, à analyser le géorgien, et à confronter l'arménien avec le cophte, et l'albanais avec l'allemand et le latin [3]. L'attention qu'il donnait à ses recherches et la sagacité propre à son esprit lui firent conjecturer ce qui a été vérifié d'une manière curieuse par les recherches modernes. Par exemple, il soupçonnait qu'il pouvait y avoir affinité dans les mots du biscayen et du cophte, les langues de l'Espagne et de l'Egypte [4], conjecture qui, comme vous le verrez, a été mise à l'épreuve du calcul mathématique par feu le docteur Young.

J'ai fait remarquer, il y a un instant, que cette époque était le moment critique de l'étude qui nous occupe, relativement à la religion et même à l'ethnographie : la raison en est simple. L'ancien lien qui avait jusqu'alors maintenu les langues dans une affinité supposée, leur dérivation admise de l'hébreu, était rompu ou relâché et aucun autre ne lui était substitué. Les matériaux de

[1] « C'est un grand défaut que ceux qui font des descriptions des pays, et qui donnent des relations de voyages, oublient d'ajouter des essais des langues des peuples, car cela servirait pour en faire connaître les origines. » Monumenta varia inedita, ex Musæo. J. Feller, t. XI, p. 595. Jéna 1717.

[2] Desiderata, etc., ubi sup.

[3] Tom. V, p. 494.

[4] « S'il y avait beaucoup de mots basques dans le cophte, cela confirmerait une conjecture que j'ai touchée, que l'ancien espagnol et aquitanique pouvait être venu d'Afrique. Vous m'obligerez en marquant un nombre de ces mots cophto-basques. » Ib., p. 503 ; aussi tom. II, p. 219.

l'étude, d'où la science moderne devait jaillir dans ses belles proportions, étaient alors à un état de fusion sans forme ni connexion. Dans la recherche de nouveaux matériaux, chaque jour semblait découvrir un nouveau langage, indépendant de tous ceux déjà connus, et conséquemment augmenter la difficulté d'accorder les apparences avec le récit de Moïse [1].

Maintenant il ne suffirait plus de trouver un petit nombre de mots qui se ressembleraient un peu dans trois ou quatre langues, et de conclure à la commune origine de tous. Comme exemple de cette vieille manière, je citerai le mot *sac*, type ordinaire et favori des anciens étymologistes. Goropius Becanus, qu'il faut que je signale encore une fois comme le représentant de la vieille école, explique comment ce mot se trouve dans un si grand nombre de langues, en supposant qu'à Babel personne n'aurait oublié son *bissac*, n'importe ce qu'il eût laissé derrière lui. Cette belle imagination psychologique, il la corrobore par sa propre observation. Notre savant docteur fut un jour appelé pour visiter un Allemand atteint d'une fièvre cérébrale, qui s'était poignardé pendant un paroxisme de sa maladie; mais quoique souffrant des douleurs horribles, le patient ne voulut pas lui permettre d'approcher, ni aucun de ses confrères. « Le malheureux, dit-il, ne voyait pas que nous étions des médecins, prêts à faire disparaître son mal. » Néanmoins, malgré cette preuve manifeste de folie et de délire, il y avait un objet qu'il n'oubliait pas, et pour lequel sa raison n'était obscurcie par aucun nuage, c'était un *sac* d'argent qu'il avait sous son oreiller. « Il n'est donc pas étonnant, s'écrie notre philosophe, transportant adroitement son argument du contenu au contenant et de l'objet à son nom, il n'est pas étonnant qu'à Babel personne n'ait oublié le nom d'une pièce aussi intéressante [2]. » Cependant les nombreux exemples recueillis de ce mot sortent à peine de deux seules familles de langue, la sémitique et l'indo-européenne. C'est de la même manière que Court de Gébelin, le dernier qui ait maintenu le vieux système, tire souvent les conclu-

---

[1] On supposait généralement que le nombre des langues-mères ne pouvait être que d'environ 70. Voyez Hervas, Origine, formazione, meccanismo ed armonia degl' idiomi, p. 172, Cesena 1785.

[2] Ubi sup., p. 578.

sions les plus hasardées d'affinité universelle , en comparant entre eux des mots des différents dialectes sémitiques , ou teutoniques [1].

Cette manière d'argumenter allait être rejetée, et cependant on
n'avait aucun principe général pour mettre à sa place. Il n'y avait
qu'une méthode analytique qu'on pouvait admettre, par laquelle
les éléments grammaticaux du langage seraient , dans le détail, dé-
composés et comparés aussi bien que les mots, et aucune affinité
entre deux langues ne pourrait être admise sans subir une épreuve
très-rigide. Il semblait donc que plus les recherches auraient été
poussées loin , plus elles auraient envahi le terrain privilégié de
l'histoire inspirée.

On remarque aisément un embarras sur ce point, dans les ouvrages d'un auteur qui , vers la fin du dernier siècle, dépassa de
beaucoup tous ses devanciers, dans ses recherches laborieuses,
et en amassant des matériaux pour cette science intéressante. C'é-
tait l'infatigable et savant jésuite, D. Lorenzo Hervas y Pandura,
qui, dans une série d'ouvrages , la plupart faisant partie de son
Idea dell' universo, a offert au public une ample addition aux
recherches déjà écrites. Il avait, à la vérité, l'avantage d'appartenir à une société religieuse possédant dans son sein des hommes qui avaient voyagé et prêché dans toutes les parties du
monde. Non-seulement il reçut ainsi des renseignements personnels sur des langues peu connues, mais il put aussi se procurer plusieurs grammaires , vocabulaires ou documents à peine
connus en Europe. Avec ces matériaux sous la main, il publia,
d'année en année, à Césène [2], ses nombreux in-quarto sur les

[1] Monde primitif, vol. III, p. 30 et suiv. Paris 1775-81. A l'appui
de son premier principe : « Les langues ne sont que des dialectes d'une
seule. » Aussi p. 290 et suiv.

[2] Voici ses principaux ouvrages : Catalogo delle lingue conosciute e
notizia della loro affinità e diversità, 1784; Origine, formazione, meccanismo ed armonia degl' idiomi, 1785; Aritmetica delle nazioni, e di-
visione del tempo fra l'orientali, 1785. Celui-ci est un des plus intéressants et des plus remarquables parmi les ouvrages d'Hervas; on en
trouve un supplément à la fin du 20e volume de ses œuvres. Vocabola-
rio poliglotto con prolegomeni sopra più di 150 lingue, 1787. Saggio

langues, qui furent traduits et publiés par ses amis en Espagne [1].

Le grand mérite d'Hervas est son zèle infatigable et son activité à recueillir les matériaux; à peine si l'on trouve une tentative d'arrangement systématique dans ses ouvrages; on aperçoit plutôt un certain degré de confusion et un manque de jugement dans ses remarques. Il faut naturellement s'attendre à des erreurs chez un auteur qui parcourait un aussi vaste champ, et dans lequel il était souvent obligé de se tracer lui-même un chemin; mais il était si assidu, si soigneux pour assembler des documents, que, malgré la réserve avec laquelle on doit adopter ses résultats, l'ethnographe est encore aujourd'hui obligé d'explorer ses pages pour trouver des renseignements que des recherches ultérieures n'ont pas pu procurer ou augmenter. A chaque pas, cependant, il semble craindre que l'étude qui l'occupe ne puisse tourner au préjudice de la révélation. Il est évident qu'il est sous le poids d'une grande anxiété pour prouver le contraire; il commence quelques-uns de ses ouvrages et en termine d'autres par de longues et laborieuses dissertations sur ce sujet [2]. Mais sa manière de les traiter est diffuse et abstraite, et ses conclusions ne semblent pas découler aisément des faits qu'il apporte en témoignage. Les comparaisons des mots de différentes langues qu'il présente dans ce cas sont peu satisfaisantes; car il lui suffit de l'existence d'une lettre en commun, pour en conclure l'identité d'un mot entier [3].

Tandis que le midi de l'Europe favorisait ainsi les intérêts de cette science par les efforts d'un modeste et savant ecclésiastique; dans le nord elle était encouragée d'une manière plus brillante,

prattico delle lingue, 1787. Ce dernier contient l'Oraison dominicale en plus de 300 langues ou dialectes, avec des analyses grammaticales et des notes.

[1] Voyage en Espagne, par C. A. Fischer. Paris 1801, tom. II, p. 52. L'édition espagnole d'Hervás est beaucoup plus complète. Le Catalogo de las linguas de las naciones conocidas, Madrid 1800-5, est en six gros volumes in-8°.

[2] Saggio prattico; Origine, formazione, etc., p. 156 et suiv.

[3] Voyez pour des exemples: Origine, etc., p. 27, 29, 118, 128, 134; et Vocabul. polyg., p. 33 et suiv.

par la coopération personnelle et le patronage d'une impératrice. Parmi les nombreux titres littéraires de Catherine II, un des plus remarquables, bien que son biographe anglais n'en fasse mention nulle part, c'est d'avoir conçu, conduit et ensuite dirigé un grand ouvrage sur les langues comparées [1]. Toute justice lui a été rendue par Frédéric Adelung, dans un petit traité sur ce sujet. Nous y apprenons, d'après sa lettre à Zimmermann, qu'elle avait formé une liste de cent mots russes et les avait fait traduire en autant de langues qu'elle avait pu. Elle découvrit bientôt des affinités inattendues, et commença à tracer de sa propre main des tables comparatives. Le livre du docteur, *sur la solitude*, l'emporta sur cette œuvre aride, et elle s'adressa au naturaliste Pallas, auquel elle donna la commission de continuer l'ouvrage et de le mettre en état d'être publié [2]. Cette commission, nullement en rapport avec ses goûts ou ses études antérieures, lui fut imposée contre sa volonté, et conséquemment le résultat ne pouvait être que très-imparfait, et il le fut [3]. Sous le titre de *Linguarum totius orbis vocabularia comparativa, Augustissimæ curâ collectâ*, les deux premiers volumes parurent à Saint-Pétersbourg en 1787 et 1789. Ils contiennent seulement les langues de l'Europe et de l'Asie : le troisième n'a jamais été publié ; mais dans une seconde édition donnée par Jankiewitsch (1790-94), les dialectes de l'Afrique ont été ajoutés.

L'Europe, ainsi occupée à ses deux extrémités, reçut un secours considérable des parties les plus éloignées de l'Orient. Dans l'année 1784, la Société asiatique fut fondée à Calcutta ; et par son encou-

[1] Voyez Tooke, Vie de Catherine II, cinquième édit. Ni dans le chap. 13, ni dans le chap. 17, il ne parle des recherches de la czarine ou de Pallas sur ce point, quoique leurs productions littéraires y soient énumérées.

[2] Catherine der Grossen Verdienste um die Vergleichende Sprachkunde. Saint-Pétersb. 1815. Ce ne fut pas la première tentative faite en Russie pour propager cette science. Bacmeister, en 1773, publia dans le pays le prospectus d'un ouvrage semblable.

[3] Pallas, peu de temps avant sa mort, a raconté lui-même ce qui s'était passé à ce sujet. Voyez Klaproth, Asia polyglotta. Paris 1823, page 7.

ragement, les langues de l'est et du sud de l'Asie commencèrent à être cultivées ; on publia des grammaires et des dictionnaires de dialectes jusqu'alors presque inconnus. Le terme *langues orientales*, jusqu'à présent restreint aux idiomes sémitiques, prit dès lors une acception plus étendue ; le chinois, considéré auparavant comme un langage dont la conquête était presque impossible, commença à être étudié, jusqu'à ce que dernièrement il ait été dépouillé de ses difficultés par la sagacité et l'activité des orientalistes français ; et le sanskrit, plus spécialement le domaine des Anglais, a été cultivé par eux avec un grand succès, et de leurs mains il est passé dans celles des savants du continent.

Mais la justice m'oblige de dire que Rome a le mérite d'avoir la première pris au sérieux l'étude de la littérature indienne. John Werdin, mieux connu sous le nom de P. Paulin de saint Barthélemy, a publié, sous les auspices de la Propagande, une série d'ouvrages sur la grammaire sanskrite, et sur l'histoire, la mythologie et la religion des Indous. Il fut même pendant sa vie fort·mal traité par Anquetil Duperron et d'autres critiques français, mais vigoureusement défendu par les Adelung, ses compatriotes [1]. Abel Rémusat a depuis encore rendu justice à sa réputation, et remarqué qu'il a eu le regret de voir que tous ses travaux faits sans appui et sans être aidé de personne, étaient éclipsés par le concours combiné des membres de la Société de Calcutta [2]. Il est ensuite bon de remarquer que, bien loin qu'aucune alarme ait été excitée parmi les ecclésiastiques en Italie, à l'apparition de cette littérature nouvelle et profondément mystérieuse qui se développait devant eux, ils l'accueillirent comme l'annonce d'un accroissement important à la masse des preuves de la tradition antique. Ce sentiment est exprimé avec une insistance particulière par le P. Angelo Cortenoris, qui avait été longtemps missionnaire à Ava, dans une lettre adressée au généreux cardinal Borgia [3].

---

[1] Mithridates, vol. I, p. 134, et vol. IV, p. 56.

[2] Dans la Biographie universelle, vol. XII, p. 342, édit. Ven. 1828, et aussi dans les Nouveaux Mélanges asiatiques, t. II. Paris 1829, p. 305.

Datée d'Udine, 9 juin 1799, après avoir lu Amarasinha par le P. Paulin ; papiers Borgia, dans le musée de la Propagande, C.

Je parlerai encore seulement d'un ouvrage de plus, et je passerai de cette partie chronologique de mon sujet à l'exposition de quelques-uns de ses résultats. J'aurais dû peut-être déjà faire remarquer que, depuis l'époque de Chamberlayne, il y avait eu une série continuelle de publications contenant des collections de l'Oraison dominicale; la plus importante fut la publication d'Hervas. Dans chacune il y a peut-être quelque chose de neuf, mais chacune contient les erreurs des précédentes. Le plan était essentiellement défectueux comme moyen de faire voir le caractère des différentes langues, parce que la traduction d'une prière d'une forme si particulière peut être plus ou moins gênée dans plusieurs idiomes et ne pourrait jamais fournir une preuve aussi forte que le serait une composition originale faite par un homme du pays. Puis, ces collections étaient rangées par ordre alphabétique, et sans être accompagnées d'aucune explication philologique, ou ethnographique. En effet, au lieu de s'améliorer, le système ne fit que dégénérer, jusqu'à ce qu'enfin dans les mains de Fry, Marcel et Bodoni, ces publications devinrent de simples essais de luxe typographique et ne furent plus que des spécimen de l'habileté des imprimeurs à fondre et employer des alphabets étrangers. Un ouvrage, cependant, qui contient une de ces collections, forme une très honorable exception, et doit être compté, malgré ses imperfections, parmi les plus précieux et les plus beaux ouvrages d'ethnographie. Je veux parler du *Mithridates*, commencé par Jean Christophe Adelung, en 1806. Il mourut avant d'avoir publié le second volume, qui parut en 1809, par les soins du docteur J. Severinus Vater [1]. Les matériaux qui le composent furent principalement tirés des papiers d'Adelung et étendaient aux langues de l'Europe les recherches restreintes dans le premier volume aux langues de l'Asie; le troisième volume, sur les langues de l'Afrique et de l'Amérique, est entièrement dû à Vater, et parut par portions de 1812 à 1816. En 1817, cette précieuse compilation fut complétée par un volume supplémentaire contenant beaucoup d'additions importantes, par Vater et le jeune Adelung; outre un es-

[1] Le docteur Vater mourut le 28 mars 1826, à l'âge de cinquante-cinq ans. Quoiqu'il résidât à Konigsberg et Halle, le Mithridates fut en entier publié à Berlin.

2

sai très-intéressant sur le cantabre ou biscayen par le baron G. de Humboldt.

Dans cet ouvrage, on a abandonné la classification alphabétique, et les langues sont distribuées par groupes ou par plus grandes divisions, chacune avec son histoire et une description détaillée. On y trouve une liste des ouvrages utiles pour acquérir ou examiner ces langues, et on en donne des exemples, qui sont principalement l'Oraison dominicale. L'idée d'Adelung sur l'origine des langues est que l'espèce humaine peut les avoir inventées en différents pays [1]. L'arche de Noé et la tour de Babel ne sont d'aucune importance pour lui, car il n'a aucune hypothèse favorite à soutenir, et il paraît que dans son opinion le Paradis, d'où la race humaine est sortie, était le lieu d'où vint la génération existante; rejetant ainsi le fait d'une grande catastrophe qui aurait interrompu la succession historique des premiers temps de l'homme [2]. Nous n'avons pas pour le moment à nous occuper de ces opinions; elles ne sont point données par Adelung comme un résultat de ses importantes recherches.

Nous ne nous sommes occupés jusqu'à présent que de la partie historique de notre sujet, et qui nous a amenés précisément à notre époque. Vous avez alors droit d'exiger que, d'après l'engagement que j'ai pris, je vous expose l'état présent de la science et vous fasse voir que ses derniers développements confirment l'histoire de la dispersion de l'homme, rapportée dans l'Ecriture.

Vous avez vu comment, à la fin du dernier siècle, les langues sans nombre graduellement découvertes diminuaient de beaucoup les probabilités que l'espèce humaine eût jamais possédé un langage commun; et dans le même temps, certains rapports généralement admis, des analogies entre les idiomes déjà connus venant à se rompre, la philologie comparative semblait les dépouiller de toutes les preuves qu'elles eussent jamais été séparées d'une souche commune. Chaque nouvelle découverte semblait augmenter cette perplexité, et notre science doit avoir alors présenté à un observateur religieux l'apparence d'une étude qui s'éloignait

[1] Introduct., prem. part.; frag. p. 11.
[2] Introduct., Avant-propos, p. 11.

de plus en plus des saines doctrines, et ne faisait qu'encourager des spéculations audacieuses ou de dangereuses conjectures. Mais même à cette époque un rayon de lumière commençait à pénétrer ce chaos de matériaux amoncelés par les compilateurs ; et c'est même alors que fut fait le premier pas décisif vers une nouvelle organisation, en divisant ces matériaux en masses distinctes et homogènes : en continents, en quelque sorte, et en océans ;en éléments stables et circonscrits, et en éléments mobiles et variables dont la science est maintenant composée.

Les affinités, qui d'abord n'avaient été que vaguement aperçues, entre les langues séparées dans leur origine par l'histoire et la géographie, commencèrent alors à paraître certaines et bien déterminées. On trouva que des rapports nouveaux et importants existaient entre les langages, de manière à pouvoir combiner en grandes divisions ou groupes les idiomes de nations dont aucune autre recherche n'aurait pu faire voir la connexion. On trouva que les dialectes teutoniques recevaient une lumière considérable du langage persan ; que le latin avait des points de contact remarquables avec les idiomes russes et slavons, et que la théorie des verbes grecs en *phi* ne pouvait être bien comprise sans avoir recours à leurs parallèles dans la grammaire sanskrite ou indienne. Enfin il fut clairement démontré qu'un seule langue, dans l'acception essentielle de ce mot, s'étendait sur une portion considérable de l'Europe et de l'Asie, et traversant par une large zone de Ceylan à l'Islande, serrait par un lien d'unité les nations professant les religions les plus inconciliables, possédant les institutions les plus dissemblables et ne présentant presque aucune ressemblance de couleur et de physionomie. La langue, ou plutôt la famille de langues dont je viens d'esquisser la marche, a reçu le nom d'indo-européenne. Comme ce groupe est pour nous naturellement le plus intéressant et a été le plus cultivé, je le décrirai plus en détail, et pour les autres familles, je me restreindrai à quelques observations en passant. En effet, en traçant l'histoire de celui-ci, vous serez complètement en état de voir comment chaque nouvelle investigation sert de plus en plus à corriger les tendances dangereuses des premières périodes de notre science.

Les grands membres de cette famille sont le sanskrit, ou le langage ancien et sacré de l'Inde, le persan ancien et moderne, d'abord considéré comme un dialecte tartare [1], le teutonique avec ses divers dialectes, le slavon, le grec et le latin accompagné de ses nombreux dérivés. A ceux-ci, comme nous verrons en dernier lieu, il faut ajouter maintenant les dialectes celtiques. L'énumération que j'ai faite n'ayant pour but que d'embrasser seulement les langues d'abord admises dans cette espèce de confédération, en jetant les yeux sur la carte ethnographique que je vous présente, vous verrez d'un coup d'œil le territoire qu'elle occupe; c'est-à-dire la totalité de l'Europe, à l'exception seulement des espaces rétrécis où règne le biscayen, et de la famille finnoise, laquelle renferme le hongrois; de là elle s'étend sur une grande partie de l'Asie méridionale, çà et là interrompue par des groupes isolés. Il serait vraiment fatigant de vous énumérer les écrivains qui ont prouvé l'affinité existante entre les langues que j'ai nommées [2], ou entre deux ou plusieurs membres de ces mêmes familles. Il suffira, pour l'objet que nous nous proposons, d'expliquer plutôt les méthodes que l'on a suivies et les résultats qu'elles ont donnés.

Le premier et le plus évident de ces modes de procéder, et celui qui a d'abord conduit à ces intéressantes conclusions, est le mode dont j'ai souvent parlé : la comparaison des mots dans différentes langues. Plusieurs ouvrages ont donné des tables comparatives d'une grande étendue : celle du colonel Vans Kennedy comprend neuf cents mots communs au sanskrit et à d'autres langues [3]. Les mots que l'on a ainsi trouvé se ressembler l'un l'autre, dans différents idiomes, ne sont nullement de ceux qui auraient pu

[1] Paw, par exemple, fait mention de l'affinité entre l'allemand et le persan, « qui est un dialecte du tartare » Recherches philosophiques sur les Américains, vol. II, p. 3o3. Berlin 1770. « La langue persanne moderne est un dialecte corrompu de la tartare-mongole. » Hervas, Catalogo, p. 124.

[2] On peut voir une copieuse liste des auteurs qui ont écrit en faveur de ces difficultés dans le docteur Dorn : De l'affinité d'origine des langues persanne, teutone et greco-latine (en allemand), p. 91-120; Hamb. 1827, et aussi de ceux qui les ont combattues, p. 120-135.

[3] Recherches sur l'origine et l'affinité des principales langues de l'Europe et de l'Asie. Lond. 1828 (angl.), à la fin de l'ouvrage.

être communiqués par des relations subséquentes, mais expriment les premiers et les plus simples éléments du langage, des idées primaires, celles qui doivent avoir existé dès le commencement, et qui a peine changent jamais leurs dénominations. Pour ne pas citer les nombres, qui exigeraient d'être accompagnés de beaucoup d'observations, lorsque je prononce les mots suivants : *pader*, *mader*, *sunu*, *doghter*, *brader*, *man*, *vidhava* ou *juvan*, vous pourriez aisément supposer que je répète des mots de quelque langage européen ; cependant chacun de ces termes est ou sanskrit ou persan. Choisissons encore une autre classe de mots simples : *asti* (gr. *ostoun*) un os ; *denta*, une dent ; *eyumen* (zend), *the eye* (angl.), l'œil ; *brouwa* (all. *braue*), *eyebrow* (angl.), sourcils ; *nasa*, *nose* (angl.), le nez ; *lib*, *lip* (angl.) lèvre ; *karu*, (gr. *kair*), la main ; *genu*, le genou ; *ped*, le pied ; *hrti* (angl. *heart*), le cœur ; *jecur*, le foie ; *stara* (angl. *star*), une étoile ; *gela*, le froid ; *aghni* (lat. *ignis*), le feu ; *dhara* (lat. *terra*) ; *arrivi*, rivière ; *nau* (gr, *naus*), un navire ; *ghau* (ang. *cow*), vache ; *sarpam*, un serpent. On imaginerait aisément, en entendant ces mots, qu'ils appartiennent aux langues qui nous avoisinent ; ce sont cependant des termes tirés des langues asiatiques dont j'ai parlé, et on peut en vérité porter cette comparaison si loin, que des étymologistes entraînés par leur imagination, comme de Hammer, veulent tirer du persan jusqu'au mot purement anglais. *bed room* (chambre à lit) [1].

Mais cette coïncidence verbale n'aurait pas suffi pour satisfaire un grand nombre de philologues, si elle n'avait en temps convenable été suivie par une conformité encore plus importante dans la structure grammaticale de ces langues. Bopp fut le premier, en 1816, qui examina ce sujet avec quelque degré d'exactitude, et par une analyse scrupuleuse et pleine de sagacité du verbe sanskrit, comparé avec le système de conjugaison des autres membres de cette famille, détruisit jusqu'au dernier doute de leur affinité intime et primitive [2]. Depuis ce temps, il a poussé ses recher-

---

[1] Voyez les tables comparées dans presque chaque numéro du Wiener Jahrbücher, pendant plusieurs des années passées.

[2] Franz Bopp, sur le Système de conjugaison de la langue sanskrite, etc. Francfort 1816.

ches beaucoup plus loin, et commencé la publication d'un ouvrage plus étendu[1].

Par l'analyse des pronoms sanskrits, les éléments de ceux qui existent dans toutes les autres langues sont délivrés de leurs anomalies; le verbe substantif, qui en latin est composé de fragments que l'on peut reporter à deux racines différentes, les trouve ici l'une et l'autre existant sous une forme régulière; les conjugaisons grecques, avec leur mécanisme compliqué de voie moyenne, d'augments et de réduplications, se trouvent ici expliquées par diverses manières, qui il y a peu d'années auraient paru chimériques. Même notre propre langue (l'anglais) peut quelquefois recevoir une grande lumière de l'étude des membres éloignés de notre famille. Où rechercherons-nous, par exemple, la racine du comparatif anglais *better*, (meilleur)? ce n'est certainement pas dans son positif *good* (bon), ni dans les dialectes du teuton où la même anomalie existe. Mais dans le persan nous avons précisément le même comparatif *behter*, exactement avec la même signification et régulièrement formé de son positif *beh*, bon; exactement comme nous avons dans la même langue *badter* (pire), venant de *bad*, mauvais.

Ayant ainsi rapproché ces deux langues, je ne puis m'empêcher de témoigner quelque surprise des observations que contient sur ce sujet l'ouvrage recommandable du colonel Kennedy, auquel j'ai déjà renvoyé. Il dit, par exemple, que « le plus léger examen de la grammaire persanne suffit pour montrer qu'elle diffère radicalement de la grammaire allemande. Ni dans les mots, et par conséquent ni dans la structure grammaticale, l'allemand et le persan n'ont aucune affinité. » Je ne puis pas concevoir comment, après avoir parcouru l'ouvrage de Bopp, et encore moins après avoir lu une centaine de pages dans les deux langues, on peut nier l'affinité marquée entre leurs grammaires respectives. Je dois en même temps faire observer que, pour établir franchement une comparaison entre elles, nous ne devons pas simplement prendre l'allemand tel qu'il existe aujourd'hui, mais examiner ses formes plus anciennes, comme on les trouve exposées et prouvées dans la belle grammaire de Grimm. Là, nous découvrirons, par exem-

---

[1] Grammaire comparée du sanskrit, zend, grec, etc. Berlin 1833.

ple, des formes du verbe substantif ayant le rapport le plus intime avec la conjugaison persane. Mais, soixante pages plus loin,
le savant auteur nous fournit une réfutation suffisante d'une partie
de son assertion, lorsqu'il nous dit que l'on doit, en outre, remarquer que les seules langues dans lesquelles il existe des mots sanskrits sont le grec, le latin, le persan et le gothique, et aussi les
dialectes propres de l'Inde [1]. Certainement cette affinité reconnue
de deux langues avec une troisième, et qui les fait admettre dans
la famille dont l'autre est la souche, à cause de leur intime relation
avec elle, implique une connexion mutuelle entre elles toutes.
Dans un autre endroit [2], il semble nier toute espèce d'affinité entre les grammaires sanskrite et persane ; et, dans le passage que
j'ai cité, et encore ailleurs, il exclut clairement le slavon de cette
famille, bien que ses droits pour y être admis soient maintenant
généralement reconnus. Dans le cours de cet intéressant ouvrage,
il est certainement pénible de voir l'auteur si peu porté à rendre
justice au mérite de ses prédécesseurs; et la censure sévère qu'il a
exercée sur les autres a été assez naturellement la mesure de la
considération avec laquelle il a été traité dans toutes les revues de
l'Europe.

Vous voyez tout d'un coup, et j'aurai besoin de revenir sur
ce sujet, comment la formation de cette vaste famille diminue singulièrement le nombre des langages originaux et indépendants; et
d'autres grands *genres,* si je puis m'exprimer ainsi, ont été également bien déterminés. Il est inutile que je parle des langues sémitiques, car les rapports intimes entre les dialectes qui les forment, l'hébreu, le syro-chaldaïque, l'arabe et le gheez ou abyssinien, ont été reconnus depuis longtemps, et font l'objet d'une
autre science assez importante pour mériter plus tard un discours
particulier [3]. Mais le malay, comme on l'appelle généralement,
présente dans l'ethnographie moderne un résultat semblable à celui
de nos premières recherches. Selon Marsden et selon Crawfurd,
cette langue ou famille devrait plutôt être appelée polynésienne,
car le malay proprement dit en est seulement un dialecte, et pour-

[1] P. 157 et 206, et aussi p. 9.
[2] Page 187.
[3] Voyez le Discours sur les études sacrées orientales.

rait être nommé la *langue franque* de l'archipel indien. Dans toutes les langues composant ce groupe, il y a une grande tendance
à la forme monosyllabique, et à rejeter toute espèce d'inflexion, se
rapprochant ainsi du groupe voisin des langues transgangétiques,
avec lesquelles le docteur Leyden semble même les réunir. « Les
langues vulgaires indo-chinoises sur le continent, dit-il, semblent
dans leur structure originale être, ou purement monosyllabiques,
comme les dialectes parlés de la Chine ; ou elles inclinent tellement
vers cette classe, qu'on peut fortement soupçonner que le peu de
polysyllabes originaux qu'elles contiennent ont été, soit immédiatement dérivés du pali, soit formés de monosyllabes contractés. Ces
langues sont toutes prodigieusement variées par l'accentuation,
comme l'idiôme parlé de la Chine [1]. » Or, parmi ces dialectes, il
compte le bugis, le javanais, le malayu, le tagala, le batta, et
d'autres qui sont alliés non-seulement par les mots, mais par la
construction grammaticale [2]. Crawfurd, renfermant ses observations dans des limites plus étroites, arrive à la même conclusion.
Il considère le javanais comme renfermant le plus d'éléments du
langage qui forme la base de tous ceux de cette classe ; et il est
particulièrement appauvri dans les formes grammaticales [3], ce
que l'on peut dire également du dialecte malay [4] ; et lui aussi a
reconnu une si grande ressemblance, non-seulement de mots,
mais de structure, dans toutes les langues usitées partout dans
l'Archipel indien, qu'il n'hésite pas à les classer en une seule et
même famille. [5]. Marsden s'explique encore plus nettement, et reporte beaucoup plus loin les limites du groupe : « Outre le malay,
il y a, dit-il, une multitude de langues parlées à Sumatra, qui
cependant ont non-seulement une affinité manifeste entre elles,
mais aussi avec ce langage général que l'on trouve dominant et indigène dans toutes les îles de la mer orientale, depuis Madagas-

[1] Sur le langage et la littérature des nations indo-chinoises. Recherch.
asiat., vol. X, p. 162.

[2] Page 200.

[3] Histoire de l'Archipel indien (en angl.) Edimb. 1820; vol. II,
p. 5, 72, 78, 92, etc.

[4] Page 41.

[5] Page 78.

car jusqu'au point le plus éloigné des découvertes de Cook ; comprenant un plus grand espace qu'aucune langue, même la langue romaine, ait pu se vanter d'occuper. J'ai donné de cette connexion et de cette similitude des exemples, qu'on ne saurait disputer, dans une note que la Société des Antiquaires m'a fait l'honneur de publier dans son *Archéologie*, vol. II. Sur différents points, cette affinité a été plus ou moins altérée ou corrompue ; mais, entre les branches les plus dissemblables, une évidente identité de plusieurs mots radicaux se remarque ; et, dans quelques lieux très-éloignés l'un de l'autre, comme, par exemple, les Philippines et Madagascar, la déviation des mots est à peine plus forte que celle que l'on observe dans les dialectes des provinces voisines dans un même royaume [1]. » Ainsi, nous avons encore une immense famille qui s'étend sur une vaste portion du globe et comprend plusieurs dialectes qui, il y a peu d'années, étaient regardés comme indépendants ; et quoique, dans ma carte, j'aie conservé comme parfaitement distincts les deux groupes transgangétique et malay, il semblerait presque qu'on pourrait leur accorder quelque affinité.

Ce premier grand pas de la science ethnographique moderne vous paraîtra, j'en suis certain, d'une haute importance, quand vous la considérerez dans ses rapports avec les premiers temps de l'histoire de l'homme. Au lieu d'être dans la perplexité à cause de la multiplicité des langues, nous les avons maintenant réduites à un certain nombre de groupes considérables, comprenant chacun une grande variété de dialectes, que l'on croyait d'abord n'avoir aucune connexion ; de sorte que nous voyons, en quelque manière, une seule famille originairement en possession d'un idiome unique. Or, chaque pas successif a évidemment ajouté à cet avantage et diminué d'autant plus l'opposition apparente entre le nombre des langues et l'histoire de la dispersion. Car j'ai maintenant à vous faire voir comment des recherches ultérieures ont privé de nouveaux idiomes de leur indépendance supposée, et les ont forcés d'entrer dans des classes déjà établies, ou au moins ont découvert leur affinité avec des langues éloignées. Par exemple, Malte-Brun supposait, en 1812, que la marche de la famille indo-

[1] Histoire de Sumatra (en angl.) Lond. 1811, p. 200.

européenne devait être complètement arrêtée dans la région du Caucase par les langues qu'on y parlait, comme le géorgien et l'arménien qui, pour employer ses paroles, formaient là une famille et un groupe à part [1]. Mais Klaproth, par son *Voyage au Caucase*, a rendu indispensable de modifier beaucoup cette assertion; car il a prouvé, ou au moins rendu très-probable, que le langage d'une grande tribu, les Ossètes ou Alains, appartient à la grande famille dont j'ai fait mention [2]. Ensuite l'arménien, que Frédéric Schlegel avait d'abord considéré comme une espèce de langage intermédiaire, qui tenait en quelque sorte aux limites du groupe, plutôt qu'incorporé avec lui [3], Klaproth vient de prouver qu'il lui appartenait à bon droit, d'après un examen lexique et en même temps grammatical [4]. Le dialecte *afghan* ou *poushtou* a partagé le même sort [5].

Mais la plus grande accession que cette famille ait reçue, au moyen d'une étude active et judicieuse de l'analogie des langues, est sans contredit celle de la famille entière des idiomes des Celtes, qui, avec ses nombreux dialectes, n'est plus qu'une branche de l'indo-européenne. Balbi, dans son *Atlas ethnographique*, que je vous décrirai plus tard, a placé le celtique et le biscayen dans un seul tableau, non pas qu'il les considérât comme ayant rien en commun, mais parce qu'ils étaient en apparence en dehors de tous les idiomes qui les entourent. Le colonel Kennedy affirme hardiment que le celtique n'a aucun rapport avec les langues de l'Orient, soit en mots ou phrases, soit par la construction des sentences [6].

Mais un écrivain encore plus récent a discuté cette question avec toutes les formes de l'école abandonnée, et a entrepris d'examiner l'origine des nations celtiques par des procédés qui, sur le

---

[1] Précis de la géographie universelle, tom. II, p. 580.

[2] L'analyse de la langue des Ossètes fera voir qu'elle appartient à la souche médo-persanne. Voyage au mont Caucase et en Géorgie. Paris 1823, vol. II, p. 448 et 470.

[3] Sur la langue et la science des Indiens (en allem.). Heidelb. 1808, page 77.

[4] Asia polyglotta, p. 99.

[5] Asia polyglotta, p. 57.

[6] Ubi sup., p. 85.

continent , sont presque entièrement oubliés. Je veux parler de
l'ouvrage intitulé : *The Gael and the Cymbri* [1] (les Gaëls et les
Kimris). Il serait injuste de lui refuser l'éloge d'avoir fait preuve
de beaucoup de savoir et de recherches curieuses ; mais les deux
points ethnographiques qui y sont traités , la différence radicale
entre les langues du pays de Galles et l'Irlande, et l'origine phénicienne ou sémitique de cette dernière, sont discutés avec tout cet
étalage d'étymologies vaines et hasardées que depuis longtemps on
a rejetées de cette étude. Si nous désirons prouver que l'irlandais
est un dialecte du phénicien , le procédé est très-simple. Nous savons , d'après les sources les plus authentiques , que le phénicien
et l'hébreu sont deux dialectes de la même famille : que l'on compare donc la structure grammaticale de ces langues et celle de
l'irlandais , et le résultat donnera la solution du problème. Maintenant , au lieu de cette méthode si simple, voyez comme notre
auteur procède. Les noms de lieux sur la côte de l'Espagne et sur
d'autres ont été donnés par les Phéniciens : or, ces noms ont tous
une signification en irlandais ; donc le phénicien et l'irlandais sont
deux langues identiques. Il y a quelques années qu'un géographe
célèbre publia dans un journal français [2] un essai, dans lequel ,
par un procédé semblable, il faisait dériver de l'hébreu plusieurs
noms de lieux africains , afin d'établir leur origine phénicienne.
Klaproth , sous le nom danois de Kierulf , réfuta dans une lettre
ces étymologies, et en proposa deux nouvelles pour chaque nom,
l'une prise dans le turc et l'autre dans la langue russe [3]. Ceci peut
suffire pour faire voir combien ces procédés sont peu satisfaisants,
car l'auteur ne prend jamais la peine de prouver que le caractère
des lieux correspond à l'interprétation irlandaise de leurs noms. Il
serait fastidieux d'examiner ces étymologies en détail ; mais je ne
puis me défendre d'en prendre quelques exemples au hasard.
Quelques noms que nous connaissons pour phéniciens, et qui ,
dans leur langue, correspondent au caractère exact des lieux qu'ils
représentent , doivent passer par l'irlandais pour recevoir une

[1]. Par sir W. Betham. Dublin 1834 (en angl.).

[2] Nouvelles Annales des voyages. Février 1824.

[3] Dans un appendice à son Beleuchtung und Widerlegung der Fors-
chungen. Paris 1824.

nouvelle signification, qui pouvait tout aussi bien s'appliquer à un autre. Ainsi, *Tyr*, en phénicien *tzur*, un rocher, sens auquel l'Ecriture fait des allusions réitérées, est dérivé selon lui de *Tir*, pays ou cité ; et nous pourrions tout aussi bien le faire venir du chaldaïque *tzur*, un palais. *Palmyre* et *Tadmor*, qui sont exactement la traduction l'un de l'autre, et signifient la ville des palmiers, doit être absolument dérivé de mots irlandais, dont l'un signifie palais de plaisir [1], et l'autre, grande maison. *Cadiz* ou *Gadir*, comme on l'appelait d'abord, ne doit plus signifier, comme le mot phénicien l'indique graphiquement, l'île ou la péninsule, mais, d'après le mot irlandais *Cadaz*, qui ressemble seulement à la corruption moderne du nom, doit signifier *gloire* [2]. Encore, prenant une suite de noms de peuples et de lieux qui finissent par une commune terminaison adjective en *tani*, il les coupe en deux, et la terminaison devient le mot irlandais *tana*, contrée. Je pourrais aussi bien avoir recours au malay pour leur interprétation, car là aussi *tanah* signifie une contrée comme *tanah papuah*, la contrée des Papuas (Papous) [3].

Mais prenons encore un exemple : *Lacetani* signifie, suivant notre auteur, le pays de lait. Pourquoi donc de *lac*, lait, ne pas tirer, par une formation régulière, *lacetum*, comme *spinetum* ou *rosetum*, un lieu abondant en lait, et ainsi, encore par un ordre naturel, *lacetani*, les habitants de ce lieu ? Certainement, si nous devons faire de pareilles étymologies, celle-là n'est-elle pas plus régulière que l'irlandaise qui nous donne *lait*, lait, *o*, de, *tana*, contrée [4] ? Mais qu'il nous suffise de dire que les mots latins, basques et même espagnols subissent d'étranges transformations en irlandais, afin d'appuyer cette insoutenable hypothèse [5]. A l'é-

---

[1] Le mot *Palas* est manifestement identique avec *palais*; *Palatium*, le mont Palatin, alors la résidence des Césars et dès lors un palais. Comment les Phéniciens pouvaient-ils l'avoir?

[2] Pages 100, 104.

[3] Transact. de la Société royale asiat., vol. III, p. 1, 1831.

[4] Page 104.

[5] Par exemple, on nous dit que *llanes* vient de *lean*, plaine marécageuse ; tandis que *llano* en espagnol est la stricte représentation de *planus*, et signifie précisément la même chose. *Puenta rio de la (Rio*

gard de l'analyse grammaticale proposée dans cet ouvrage, pour prouver que le gallois et l'irlandais n'ont rien de commun, je dois dire que, malgré ses obscurités, elle a produit sur mon esprit exactement l'impression contraire, et me paraissait prouver, avant que j'eusse vu l'important ouvrage dont je vais parler, que l'un et l'autre appartenaient à une même famille, l'indo-européenne.

Je puis vous avoir paru plus sévère dans mes remarques, et avoir plus insisté sur ce livre que mon sujet ne l'exigeait; mais je dois avouer que j'ai été plus d'une fois très-humilié d'entendre blâmer nos ethnographes anglais, et de les voir placer bien au-dessous de la position avancée des philologues étrangers; et assurément, quand, après avoir lu les recherches savantes, judicieuses et complètes du baron G. de Humboldt, sur le basque, et les mêmes noms si défigurés dans le livre dont nous venons de parler; et qu'admirant les vrais principes philosophiques et philologiques qui l'ont guidé à chaque pas [1], nous prenons un ouvrage publié depuis le sien, et qui parcourt le même champ de recherches d'après un système d'étymologies imaginaires qui excite le rire et le mépris des linguistes du continent, il est difficile de ne pas éprouver un sensible regret que nous soyons ainsi exposés aux reproches de nos voisins, et que ce qu'ils ont déjà publié soit en apparence négligé ou dédaigné par nous. Quand nous sommes obligés de présenter comme notre plus grand ethnographe quelqu'un qui, comme le docteur Murray, a su allier la plus rare érudition avec les plus ridicules théories; qui, avec une connaissance profonde de plusieurs langues, soutient que toutes les langues de l'Europe prennent leur origine de neuf monosyllabes absurdes, qui expriment différentes sortes de coups [2]; quand un

de la puenta) vient, dit-on, de puinte, un point (encore d'origine indo-germanique), et non pas de l'espagnol puente, un pont. Cantabri veut dire têtes bien au-dessus! etc., p. 107, 109, tom. III.

[1] Dans son intéressant Essai de recherches sur les habitants primitifs de l'Espagne. Berlin 1821. Comparez la dérivation de W. Bertham, du mot asturias de as, torrent, et sir, pays (p. 106), avec la dissertation du savant allemand sur ce nom tel qu'on le trouve en Espagne et en Italie, p. 114.

[2] Ce sont: 1. ag, wag, hwag, 2. bag ou bwag, 3. dwag, 4. cwag,

3

philosophe, tenu en grande vénération par son école, aussi récemment qu'en 1827, parle de l'affinité du grec et du sanskrit comme d'une nouveauté bien étrange ; renvoie à une publication allemande de Francis Bopp et à un *Essai sur le langage et la philosophie des Indiens*, par le célèbre F. Schlegel, comme à des ouvrages qui nous sont entièrement inconnus, excepté par les extraits donnés dans une revue ; fait mention de Gébelin, de Desbrosses et de Leibnitz comme les meilleures autorités dans ces études, et emploie plusieurs pages pour essayer de prouver que le sanskrit est un *jargon* composé de grec et de latin, et le démontre par du mauvais *latin* et des *vers macaroniques* [1] ; quand un savant linguiste s'annonce pour prouver la conformité des langues de l'Europe avec celles de l'Orient, et que pour cela il fait une confusion continuelle des mots primitifs avec les dérivés, des anciens avec les modernes, des langues sémitiques et indo-européennes, donnant comme des termes arabes les mots *astrolabe* et *mélancolie*, que ce peuple a aussi bien que nous reçus des Grecs [2] ; quand enfin encore l'année dernière (1834) nous voyons un théologien, de quelque célébrité je crois, qui applique cette étude à l'histoire de Moïse, en ne tenant aucun compte de ses résultats modernes, et considérant le teutonique, le grec et le sémitique comme formant les trois principaux règnes ethnographiques, et nous disant « que la construction des trois grandes familles de langues, l'orientale, l'occidentale et la septentrionale, est actuellement si distincte, qu'une nouvelle merveille en découle ; c'est la parfaite compétence de chacune pour satisfaire à tous les besoins de communication entre les hommes [3] ; » et quand nous en voyons tant

---

5, *lag*, 6. *mag*, 7. *nag*, 8. *rag*, 9. *swag*. (Hist., etc., ut suprà, p. 31.) « A l'aide de ces neuf mots et de leurs composés, toutes les langues de l'Europe ont été formées. » Page 39.

[1] On trouvera toutes ces observations dans les Eléments de la philosophie de l'esprit humain, par Dugald Stewart, vol. III. Lond. 1827, p. 100, 137.

[2] De la conformité des langues de l'Europe, et particulièrement de l'anglaise, avec les langues orientales, par Stephen Weston. Londres 1802.

[3] Divine Providence, ou Les trois cercles de la révélation, par le rév.

d'autres parmi nous, qu'il serait trop long d'énumérer, s'attachant obstinément aux vieilles rêveries des étymologies hébraïques,

Trattando l'ombre come cosa salda ;

nous ne pouvons nous empêcher de sentir que le reproche qu'on nous adresse n'est que trop bien fondé, que nous avons négligé de nous tenir au courant du progrès de cette science sur le conti- nent ; et nous devons être profondément humiliés de voir qu'au lieu de nous amender, nous retombons dans la répétition de la même faute qui avait motivé l'accusation.

Mais, pour sortir de cette censure déplaisante, qui me répugne et à laquelle, j'espère, nous n'aurons pas besoin de recourir dans la suite de ces discours, je me reporte avec satisfaction sur un ou- vrage que je me sens heureux de pouvoir louer sans restriction : *Cairo de prosphoron en men ergo compon ieis* [1], et qui nous ramène au sujet dont cette digression nous a fort éloignés. Car vous aurez peut-être un peu oublié que nous disçutions jusqu'à quel point il pouvait convenir d'unir les dialectes celtiques à la grande famille indo-européenne. Cette question peut être mainte- nant considérée comme complétement résolue par l'estimable et in- téressant ouvrage du docteur Prichard, sur l'*Origine orientale des nations celtiques* [2]. Dans une publication antérieure, à la- quelle j'aurai plus tard occasion de renvoyer souvent, il s'est livré à une analyse particulière des noms de nombre et des verbes gal- lois, et il conclut que l'admission de cette langue dans la famille si souvent nommée aurait été concédée, si elle avait subi une inves- tigation aussi sévère que les autres langues de la part de person- nes compétentes pour former une opinion sur ses analogies [3]. Mais, dans son nouvel ouvrage, il a placé l'affinité du celtique

G. Croly. Lond. 1834, ch. 22, p. 3o1. Il ne saurait y avoir rien de plus inexact que la description qui suit ce passage sur ce qui caractérise en particulier chaque famille ainsi formée.

[1] Pindare, stanc. VIII, 82.

[2] Oxford 1831.

[3] Recherch. sur l'histoire physique de l'homme. Londres 1826, vol. II, p. 168, comp. p. 622.

avec les langues indo-européennes au-dessus de tous les doutes. D'a-
bord il a examiné les ressemblances lexiques, et fait voir que les
mots les plus simples, les mots primitifs, sont les mêmes dans les
deux langues, aussi bien que les noms de nombre et les racines
verbales élémentaires [1]. Vient ensuite une analyse détaillée du verbe,
faite de manière à montrer ses analogies avec les autres langues ;
et elles ne sont point dues à une coïncidence accidentelle, mais leur
structure interne est radicalement semblable. Le verbe substantif,
qui est analysé avec un soin particulier, présente avec le verbe
persan des analogies plus frappantes que peut-être aucun autre dialecte de la famille [2]. Mais le celtique n'est pas ainsi devenu un simple membre de la famille, il lui a apporté un puissant secours.
Car, par lui seulement peuvent être expliqués, d'une manière satisfaisante, les terminaisons des verbes des autres langues. Par
exemple, la troisième personne plurielle du latin, du persan, du
grec et du sanskrit, finit en *nt*, *nd*, *nti*, *nto*, et *nti* ou *nt*.
Or, supposant avec la plupart des grammairiens que ces inflexions
provenaient des pronoms des personnes respectives, c'est seulement dans le celtique que nous trouvons un pronom qui peut expliquer cette terminaison. Car là aussi la même personne finit en *nt*,
et ainsi correspond exactement, comme le font les autres, avec son
pronom *hwynt* ou *ynt* [3].

Cette circonstance donne certainement au gallois une place importante parmi les langues composant la grande famille. Il ne
faut pas cependant, à cause de cela, lui accorder un avantage non
mérité, ou le considérer comme plus rapproché de la souche originale. Car c'est encore un grand problème à résoudre que de déterminer l'ordre de filiation, s'il existe, ou les droits de primogéniture parmi les membres. Le sanskrit, au lieu d'être un jargon

---

[1] P. 36-88. Il est cependant bon d'observer que Jackel a fait voir
que tous les mots donnés par les anciens comme celtiques sont allemands.
De l'Origine germanique de la langue latine. Bresl. 1800, p. 11. Ceci
vient-il simplement de l'affinité de famille, ou de confusion chez les anciens, qui ne prenaient pas la peine d'étudier ce qu'ils appelaient les
langues barbares?

[2] Pages 171 et suiv.

[3] Pages 130, 138.

artificiel , comme le supposait le docteur Stewart, est considéré par la plupart des ethnographes comme la forme la plus ancienne et la plus pure ; le latin lui ressemble , à plusieurs égards , plus que le grec ; et pourtant Jackel a dernièrement entrepris de prouver qu'il est dérivé en passant par le teuton. Il a même tiré plusieurs exemples de mots latins dont la signification est incomplète, à moins de recourir à l'allemand ; comme *fenestra* , qui , par son correspondant *fenster*, remonte à *finster*, obscur, parce que, suivant lui , il signifiait ordinairement les volets ou persiennes ; et d'autres qui n'ont de racines que là , tels que *præsagire* et *sagus*, pour lesquels nous trouvons en allemand le verbe *sagen* , d'où *wahrsagen*, racine à laquelle on ne peut rien opposer [1]. Il ne faut cependant pas trop se laisser entraîner à ces théories, car une racine, d'abord commune aux deux langues, peut s'être perdue dans l'une et conservée dans l'autre , bien que toutes deux soient indépendantes dans leur filiation. Ainsi , nous sommes à chaque instant obligés de recourir à l'arabe pour des racines qui maintenant manquent en hébreu. Cependant personne ne voudrait conclure de là que l'arabe est l'origine de la langue hébraïque. Il n'y a que des analyses grammaticales faites avec soin qui puissent nous permettre de tirer des conclusions exactes sur ce sujet.

Tandis que la famille indo-européenne s'arrondit graduellement, en même temps qu'elle étend les limites de son territoire, et que le nombre de ses membres augmente journellement , d'autres langues, dont les connexions avec elle n'étaient pas connues autrefois , se sont trouvées alliées à d'autres , séparées par des distances considérables , d'une manière assez étroite pour former avec elles une famille commune.

Je me contenterai d'en citer un exemple en Europe. Vers la fin du dernier siècle, Sainovic , suivi par Gyamarthi , prouva que le hongrois , qui est placé comme une île entourée de langages indo-européens , appartient essentiellement à la famille finnoise ou oralienne [2], qui s'allonge en descendant, en quelque sorte, pour la

[1] Ubi sup. , p. 13.

[2] Sainovii , Demonstratio idioma Ungárorum et Lapponum idem esse. Copenh. 1770. Gyamarthi , Affinitas linguæ Hungaricæ cum linguis Fennicæ originis , grammaticè demonstrata. Gœtting 1799.

rejoindre à travers l'Esthonie et la Livonie [1]. En Afrique aussi, dont les dialectes n'ont comparativement été que peu étudiés, chaque nouvelle recherche fait reconnaître des connexions entre des tribus éparses sur un vaste territoire et souvent séparées par des nations intermédiaires : dans le nord, entre les langues parlées par les Berbers et les Tuariks, des Canaries à l'oasis de Siwa ; dans l'Afrique centrale, entre les dialectes des Fellatahs et des Foulas, qui occupent presque la totalité de l'intérieur ; dans le sud, parmi des tribus à travers tout le continent de la Cafrerie, et de Mozambique à l'Océan atlantique [2].

Mais il est temps de s'arrêter : d'abord jetons nos regards en arrière pour voir ce que nous avons gagné jusqu'ici, et par là pressentir les résultats plus intéressants qui nous occuperont à notre prochaine réunion. Nous avons donc vu le monde savant dans l'assoupissement, se contenter de l'hypothèse que le petit nombre de langues connues pouvaient toutes se réduire en une, et que cette langue unique était probablement l'hébreu. Eveillés par de nouvelles découvertes, qui mettaient en défaut cette facile apologie de l'histoire de Moïse, les savants sentirent la nécessité d'une science entièrement neuve, qui porterait son attention sur la classification des langues. D'abord on put croire que la jeune science était impatiente du joug, et ses premiers progrès paraissaient entièrement en désaccord avec les vérités les plus saines. Graduellement pourtant, les masses qui semblaient errer dans l'incertitude se réunirent, et, semblables aux jardins flottants du lac de Mexico, se combinèrent pour former des territoires compactes et étendus, susceptibles et dignes de la plus haute culture. En d'autres mots, les langues se groupèrent ensemble par diverses familles grandes et compactes, et ainsi se réduisit de beaucoup le nombre d'idiomes primitifs d'où les autres ont pris naissance. Et après cela, nous avons vu que chaque recherche successive, loin d'affaiblir cette méthode de simplification, n'a fait au contraire que la renforcer davantage, en ramenant toujours dans les limites des familles établies de nouvelles langues, considérées jusque-là comme indépendantes, ou formant de nouvelles familles de langues qui

[1] Voyez la carte ethnographique à la fin de ce volume.
[2] Prichard, ubi sup., p. 7.

promettaient peu ou point d'affinité. Tels sont les deux premiers résultats de cette science. Je réserve pour un autre jour les détails de ses progrès ultérieurs.

Mais , avant de terminer ce discours , je ne veux pas omettre quelques réflexions qu'a fait naître en moi l'espèce de revue que nous avons faite. Car, lorsque je considère combien d'hommes différents ont travaillé presque sans le savoir à produire les résultats que je vous ai exposés : l'un , sans aucun projet arrêté , se mettant en quête des analogies des langues ; un autre, sans savoir pourquoi, notant les dialectes des tribus barbares; un troisième , comparant, comme par amusement , les mots de diverses contrées ; quand je les vois tous agir ainsi , comme des fourmis, apportant chacun son petit tribut particulier, ou renversant quelque petit obstacle, se croisant et se recroisant l'un l'autre, comme s'ils étaient dans une confusion complète, et au grand détriment des projets de chacun ; cependant quand je découvre que de tout ceci résulte un plan d'une excessive régularité , rempli d'ordre et de beauté , il me semble voir là des marques d'un instinct plus élevé et d'une influence dirigeante placée au-dessus des conseils irréfléchis des hommes pour les amener à des fins grandes et utiles. Et pareille chose , je le crois , doit se rencontrer dans l'histoire de toute science véritable. Car , comme les jours plus chauds du printemps font prévoir que l'éclat d'un beau soleil d'été va bientôt se répandre sur la terre, de même certains esprits privilégiés , par quelque communication mystérieuse , prévoient toujours en quelque sorte, ou plutôt pressentent quelquefois à l'avance et annoncent l'approche de quelque grand et nouveau système de vérité. Ainsi fit Bacon pour la philosophie , Leibnitz pour notre science, et Platon pour une plus sainte manifestation. Alors se lèvent et viennent de tous côtés , nous ne savons comment , des ouvriers et de patients travailleurs , pareils à ceux qui jettent des fascines sous une fondation, ou qui placent des pierres par-dessus, ouvriers que personne ne prend pour les architectes ou les constructeurs de la maison, car ils ne savent et ne comprennent rien de ses plans ou de sa destination ; et cependant chaque pierre qu'ils placent s'ajuste parfaitement, et ajoute à l'utilité et à la beauté des parties. Et ainsi , de cette manière, par l'œuvre réunie de plusieurs, quoiqu'aucun plan n'ait été combiné, une science se trouve construite dans de belles proportions, paraît bien établie et à la place qui lui est propre parmi les autres sciences ; et à la fin elle devient en quelque sorte une partie continue de l'arrangement général des choses, une maxime dans la vérité universelle , et un ton ou un accord dans l'harmonie de la nature.

Or, je ne puis me persuader qu'il n'y ait pas un œil vigilant qui préside à cette direction des choses dissemblables vers une grande fin, lorsque je vois que cette fin est la confirmation de la parole de Dieu, ou plutôt le complément de cette apparente industrie humaine, et je dirai avec le poète :

> Lo motor primo a lui si volge lieto,
> Sovra tant' arte di natura, e spira
> Spiritu nuovo di virtù repleto
> Che ciò che truova attivo quivi, tira
> In sua sostanzia e fassi un' alma sola
> Che vive e sente, e sè in se rigira [1].

DANTE , Purg. XXV.

Non pas que Dieu approuve les erreurs et les folies de ceux qui poursuivent les recherches ; mais comme il fait tourner le mal de ce monde aux fins les plus saintes, et par-là développe quelquefois les plus magnifiques effets de sa divine Providence, de même il peut dominer et même guider les travaux mal intentionnés de plusieurs, et les disposer de telle manière qu'une nouvelle et brillante lumière en rejaillisse sur ses vérités, quand il le juge nécessaire.

C'est ainsi que je me propose de considérer la naissance et le développement de chaque nouvelle science comme entrant essentiellement dans l'ordre établi du gouvernement moral de Dieu ; comme l'apparition, de temps en temps, de nouvelles étoiles dans le firmament, apparition qui, d'après ce que nous disent les astronomes, doit être un événement préordonné dans les annales de

---

[1] Le principal moteur se complait à le regarder, s'applaudit de son art, lui inspire un esprit nouveau, rempli d'une vertu propre à unir à sa substance l'âme sensitive, et à former une âme unique, qui vit, qui sent et qui réfléchit sur ses propres actions. (Traduct. de M. Artaud.)

la création. Et si vous partagez ces idées, vous sentirez aussi comme moi qu'en traçant l'histoire d'une étude quelconque, nous ne cédons pas tant à une vaine curiosité, ou au plaisir de montrer les progrès de l'habileté de l'homme, qu'au désir de découvrir les voies admirables par lesquelles Dieu a graduellement enlevé le voile qui couvrait quelque science cachée, en soulevant d'abord un coin, puis un autre, jusqu'à ce que le voile ait entièrement disparu ; et vous aurez autant de plaisir que moi à étudier les moyens et les applications qui doivent en résulter, tant pour notre instruction que pour la gloire du Créateur.

SECOND DISCOURS.

SUR L'ÉTUDE COMPARATIVE DES LANGUES.

SECONDE PARTIE.

Bien que dans mon dernier discours, après vous avoir fait parcourir l'histoire abrégée de l'ethnographie philologique des siècles
passés , je vous aie ramenés à notre époque , et que j'aie entrepris de
vous faire connaître les travaux de plusieurs auteurs qui vivent
encore, cependant on peut me dire que je ne vous ai donné
qu'un prologue en quelque sorte, ou une introduction à la science
moderne et aux principes d'après lesquels on en poursuit l'étude ,
car telle était l'abondance des matières que mon plan embrassait ,
qu'après avoir abrégé autant que possible , je me vis dans l'alter-

native ou d'abuser de votre patience par un trop long discours,
ou de diviser mon sujet aux dépens de la clarté de son ensemble. J'ai donc choisi ce dernier parti qui rejetait les difficultés
de mon côté plutôt que sur ceux qui voulaient bien venir m'é-
couter :

> Contr' il piacer mio per piacerli
> Trassi dell' acqua non sazia la spugna.

De votre côté, je vous prie de rappeler à votre mémoire les
principaux points sur lesquels nous avons cru avoir des preuves
suffisantes ; et ces points, les voici : que l'étude comparée des langues
a fait découvrir une parenté entre plusieurs de ces langues qui,
jusque-là avaient été divisées, et qui les a fait réunir en groupes
étendus ou en familles ; tellement que des nations ou des tribus
couvrant de vastes contrées sont par cette étude reconnues comme
un seul peuple ; et que les recherches subséquentes tendent en
toute occasion à diminuer le nombre des langues indépendantes,
à élargir les limites de ces grandes provinces et à restreindre le
nombre des souches originelles, pour arriver le plus près possible au langage qu'on peut supposer s'être manifesté par une
cause soudaine parmi le petit nombre d'habitants du monde primitif.

Un autre point important qu'il faut déterminer est de savoir si
on peut découvrir quelque parenté entre les langues de différentes familles, de manière à en déduire qu'elles ont été autrefois
dans une relation plus intime qu'elles ne le sont à présent, en
d'autres termes, qu'elles descendent d'une souche commune. Mais
les recherches que l'on a dirigées sur ce point délicat et important
sont si intimement liées avec l'état présent de la science et les
écoles qu'elle renferme, qu'il devient absolument nécessaire d'interrompre notre marche et d'examiner l'état actuel de l'ethnographie philologique, si toutefois nous pouvons appeler une interruption ce qui entre essentiellement dans le dessein de notre premier
plan. Comme l'une de ces écoles accorde peu de valeur aux méthodes suivies par l'autre, et conséquemment aux résultats qu'elle
en obtient, il ne serait pas juste d'admettre ces résultats comme
s'ils n'étaient pas attaqués ; et je vous tromperais, si je les mettais

sous vos yeux comme des découvertes incontestées de la science; ou sans vous expliquer jusqu'à quel point on peut les considérer comme ayant atteint le but proposé. Je vais faire d'abord deux observations : premièrement, c'est que jusqu'au point où nous sommes arrivés tous les esprits sont d'accord, tellement que les résultats que je vous ai exposés sont placés tout à fait hors de doute; secondement, que vous n'avez rien perdu et qu'au contraire vous avez gagné par les principes plus sévères que l'une des deux écoles a adoptés.

Les principaux ethnographes des temps modernes peuvent se diviser en deux classes : une qui cherche l'affinité des langues dans leurs mots, l'autre dans leur grammaire; les méthodes peuvent respectivement s'appeler comparaison *lexique* et comparaison *grammaticale*. Les principaux partisans de la première méthode se trouvent surtout en France, en Angleterre et en Russie : on peut citer Klaproth, Balbi, Abel Remusat, Whiter, Vans Kennedy, Goulianoff, le jeune Adelung et Merian. En Allemagne, de Hammer et peut-être Frederick Schlegel peuvent être considérés comme appartenant à la même école. Le principe suivi par ces écrivains pourrait se résumer par la judicieuse observation de Klaproth, « que les mots sont l'étoffe ou la matière du langage, et que « la grammaire lui donne la forme ou la façon. »

Dans un ouvrage de feu Merian et que Klaproth a publié, nous trouvons clairement et systématiquement exposés tous les principes par lesquels lui et son école se conduisaient dans l'étude de la science, et les résultats qu'ils en avaient déduits [1]. L'autre classe est renfermée en grand partie en Allemagne et compte W. A. Schlegel et le Baron G. de Humboldt parmi ses chefs les plus distingués. Aucun n'a été plus explicite et plus énergique que le premier de ces écrivains en dénonçant les principes de l'autre école. « Viri dòcti (dit-il) in eo præcipue peccare mihi videntur, quod « ad similitudinem nonnullarum dictionum qualemcumque animum advertant, diversitatem rationis grammaticæ et universæ « indolis plane non curant. In origine ignota linguarum exploranda, ante omnia respici debet ratio grammatica; hæc enim a « majoribus ad posteros propagatur, separari autem a lingua cui

---

[1] Principes de l'étude comparative des langues. Paris 1828.

« ingenita est nequit, aut seorsum populis ita tradi ut verba
« linguæ vernaculæ retineant, formulas loquendi peregrinas re-
« cipiant [1]. » Nous avons ici, comme vous voyez, deux assertions très-importantes : d'abord que la grammaire est essentiellement un élément né d'une langue ; qu'une nouvelle grammaire ne peut pas être isolément imposée à un peuple ; mais que
s'il accepte les formes, il doit aussi adopter la matière du langage.

Ayant ainsi établi les opinions ou plutôt les principes de
ces deux écoles, je vais maintenant mettre sous vos yeux les
réflexions et les conclusions auxquelles j'ai été conduit en me
livrant à cette étude ; dans l'espoir qu'étant présentées avec la
défiance convenable, elles pourront encore être utiles pour
rapprocher la distance qui sépare les deux écoles que j'ai décrites.

Je dirai donc d'abord que les auteurs se trompent souvent quand
ils essaient d'analyser une langue dans la vue de déterminer sa
forme primitive. Rien n'est plus commun que de trouver dans
des écrivains très-judicieux l'idée qu'il y a dans les langues une
tendance à se développer et à s'améliorer ; de même que Horne
Tooke ou son adversaire, ils nous font reculer à l'époque où
chaque verbe auxiliaire avait son véritable sens [2] et où chaque
conjonction était un impératif. Murray aussi parle de l'état des
langues, lorsque les mots composés et les pronoms furent d'abord
inventés [3] ; et même il prétend, comme je vous l'ai dit dans notre dernière séance, faire remonter toutes les langues à un petit
nombre de monosyllabes absurdes et discordants. Je vais vous
donner un exemple qui expliquera complètement ma pensée. Si
nous analysons les langues sémitiques, spécialement l'hébreu, nous
pouvons aisément résoudre tout leur système de conjugaisons en
simples additions de pronoms, ajoutés à la forme la plus élémen-

---

[1] Biblioth. indienne, premier vol., troisième cahier. Bonn. 1822
(en allem.), p. 285, 287. Dans le premier numéro (1820), il s'exprime en termes encore plus forts

[2] Voyez, par exemple, Anti-Tooke, par Fearn. Londres 1824 (en
angl.), p. 244.

[3] Histoire, etc., vol. I, p. 41.

taire du verbe, et vous pouvez découvrir dans leurs mots des traces de racines monosyllabiques, au lieu de dissyllabiques qu'elles
présentent maintenant. Nous aurions ainsi un langage simple,
composé des mots les plus courts, totalement dénué d'inflexions,
et déterminant la valeur de ses éléments par leur position dans
la phrase : en d'autres termes, une langue qui, dans sa structure,
ressemblerait beaucoup au chinois. Considéré relativement à l'état
actuel de la famille, certainement ceci serait un état plus simple
ou primitif, d'après lequel on pourrait supposer que l'état présent
serait l'effet du développement graduel de plusieurs siècles ; et
dans le fait il y a eu beaucoup de savants qui ont pensé ainsi [1].
Or, cette opinion, qui, je le confesse, a été la mienne, je ne
puis plus la soutenir ; car jusqu'à présent l'expérience de plusieurs
milliers d'années ne nous apporte pas un seul exemple du développement spontané d'aucun langage. A quelque époque que nous
prenions une langue nous la trouvons complète, dans ses qualités essentielles et caractéristiques : elle peut recevoir plus de perfection, devenir plus riche, et d'une construction plus variée ;
mais ses propriétés distinctives, son principe vital, son âme, si je
puis l'appeler ainsi, paraît entièrement formée, et ne peut plus
changer. Si une altération a lieu, c'est seulement par la naissance
d'une nouvelle langue, sortant, comme le phénix, des cendres
d'une autre ; et même quand cette succession est arrivée, comme
de l'italien au latin, et de l'anglais à l'anglo-saxon, il y a un voile
mystérieux jeté sur ce changement ; ce dialecte semble s'envelopper
comme le ver à soie pour passer à l'état de chrysalide, et nous
ne le voyons que lorsqu'il éclot, quelquefois plus, quelquefois
moins beau, mais toujours complètement organisé et dès-lors immuable. Et même, en y regardant de près, nous verrons que ce
premier être contenait déjà en lui-même tout préparés les parties

---

[1] Le raisonnement sur lequel cette théorie repose est si clair pour
tous ceux qui connaissent ces langues, qu'il est seulement étonnant
qu'un plus grand nombre d'auteurs ne l'aient pas embrassé. Voyez Adelung, Mithridates, tom. I, p. 301. Klaproth, Observations sur les racines des langues sémitiques, à la fin des Principes de Merian, p. 209.
Je pourrais ajouter à ceux-ci l'autorité de savants hébraïsans comme
Michaëlis, Gesenius, Oberleitner, etc.

et les organes qui devaient un jour donner la forme et la vie à l'état qui succéderait [1].

A l'égard de leurs formes essentielles, ou plutôt de leur personnalité, et à leur principe d'identité, les deux langues que j'ai mentionnées sont aussi parfaites dans les plus anciens écrivains que dans les plus modernes. Je ne parle point des Dante ou des Guido; mais le Chaucer des Anglais a trouvé dans sa langue native un instrument aussi complet et aussi harmonieux pour ses chants que Woodsworth lui-même eût pu le désirer. Il en est de même de l'hébreu : dans les écrits de Moïse, comme dans les premiers fragments incorporés dans la Genèse, la structure essentielle du langage, est complète et en apparence n'est point susceptible, malgré ses imperfections manifestes, d'aucune amélioration ultérieure. L'égyptien antique, comme il est écrit en hiéroglyphes sur les plus anciens monuments, se retrouve après trois mille ans d'intervalle dans la liturgie copte, d'une parfaite identité, ainsi que vous le verrez établi par Lepsius. On observe la même chose en comparant les plus anciens écrivains avec les plus récents, soit Grecs, soit Romains. Et cela est surtout frappant chez les derniers, si nous considérons les occasions d'amélioration qu'ils ont eues par leur contact avec les premiers. Mais bien que la conquête de la Grèce ait établi chez les grossiers habitants du Latium la sculpture et la peinture, la poésie et l'histoire, les arts et les sciences; quoiqu'elle leur ait appris à arrondir les formes de leurs périodes, et à donner de la souplesse et de l'énergie à leur langage, cependant elle n'a jamais ajouté un temps ou une déclinaison à leur grammaire, une particule à leur dictionnaire, ou une lettre à leur alphabet.

Et dans le fait, nous pouvons poser en principe qu'aucune na-

[1] Ainsi une très-légère étude du latin, dans son déclin, nous montrera des mots maintenant de pur italien devenir communs, comme *pensare*, penser, dans les écrits de saint Grégoire, ou la préposition *de* pour le génitif. Ces formes étaient sans doute depuis longtemps communes parmi le vulgaire. Dans de grossières inscriptions sépulcrales, nous trouvons deux *SS* pour *X*, comme *BISSIT* pour *VIXIT*; même je me souviens d'un cas où ce verbe est écrit comme en italien (excepté le changement de *V* en *B*) *BISSE*.

tion, par le seul sentiment des défauts de son langage actuel, et dans des circonstances ordinaires, n'empruntera d'une autre et ne produira en elle-même aucun élément nouveau de langage. Autrement, comment arriverait-il que le chinois, tellement dénué de construction grammaticale, qu'il semble être la copie exacte des formes de la pensée exprimées en signes des sourds-muets [1], n'a jamais développé ce que nous considérons comme indispensable a l'intelligence de la parole? Pourquoi les langues sémitiques, après des milliers d'années de voisinage près d'autres familles, n'ont-elles jamais engendré un temps présent, ou des temps composés et des modes, dont l'absence rend si perplexe le sens de leurs discours et de leurs écrits; ou inventé quelques nouvelles conjonctions pour soulager la copulative *et* du fardeau d'exprimer toutes les relations possibles entre les parties du discours? et bien plus, comment se fait-il qu'après des siècles de contact avec des alphabets plus parfaits, et tout en avouant l'immense difficulté de n'avoir point de voyelles, ceux qui parlent cette langue n'ont pas réussi à y en introduire, et encore aujourd'hui ont recours à l'incommode expédient de ces points désagréables? La langue abyssinienne, l'unique qui ait tenté un changement, a seulement produit un alphabet syllabique moins naturel et plus compliqué, plein d'embarras et sujet à des erreurs innombrables. S'il y avait dans les langues quelque chose qui ressemblât à un développement naturel, certainement un si grand nombre de siècles l'aurait manifesté. Mais loin d'en être ainsi, c'est souvent dans ses premiers temps qu'une langue est plus parfaite. Et les recherches récen-

---

[1] Les sourds-muets ne peuvent pas être amenés à faire usage des gestes grammaticaux inventés pour eux par l'abbé Sicard, mais se contentent des simples signes d'idées, et ne déterminent la structure que par l'ordre naturel de leur enchaînement. Voyez de Gérando, De l'Éducation des sourds-muets. Paris 1827, tom. I, p. 580-588. Ce qui suit est la traduction littérale du *Pater* comme ils l'expriment par leurs signes : 1 *Notre*, 2 *Père*, 3 *Ciel*, 4 *en* (signe d'insertion), 5 *désire* (signe d'attirer ou tirer), 6 *votre* (vous), 7 *nom*, 8 *respect*, 9 *désire*, 10 *votre*, 11 (sur) *les âmes*, 12 *règne*, 13 (c'est-à-dire) *Providence*, 14 *arrive;* 15 *désire*, 16 *votre*, 17 *volonté*, 18 *faire*, 19 *ciel*, 20 *terre*, 21 *égalité* (de la même manière que), p. 589.

tes auxquelles j'ai si souvent renvoyé, faites par Grimm sur les formes primitives de la grammaire des dialectes germaniques, sont loin de prouver la tendance des langues à se perfectionner ; car plusieurs formes très-précieuses de cette grammaire ont disparu.

Ainsi il est donc tout-à-fait contre l'expérience de parler de l'état secondaire des langues, ou de supposer qu'il leur a fallu plusieurs centaines d'années pour arriver à un point donné de développement grammatical. Les langues ne naissent pas d'une graine ou d'un rejeton, par quelque procédé mystérieux de la nature ; elles sont jetées en un moule, mais un moule vivant, d'où elles se dégagent avec toutes leurs belles proportions ; et ce moule est l'esprit de l'homme, diversement modifié par les circonstances de ses rapports extérieurs. Ici encore je ne puis que regretter notre inhabileté à comprendre d'un coup d'œil les directions et les rapports des différentes sciences ; car, s'il paraît certain que des siècles ont été nécessaires pour amener les langues à l'état où nous les trouvons, d'autres recherches nous montreront que ces siècles n'ont jamais existé ; et nous serons ainsi conduits à reconnaître quelque puissance plastique, quelque influence incessamment dirigeante, qui pourrait faire tout-à-coup ce que la nature met des siècles à produire ; et le livre de la Genèse peut seul résoudre ce problème.

Quoique je puisse déjà vous avoir paru diffus sur ce sujet, je ne veux pas le quitter sans vous donner ce que je considère comme la plus forte confirmation de mes opinions, le jugement d'un homme bien regrettable, Guillaume de Humboldt. Ce linguiste, plus profond peut-être qu'aucun autre, joignait à un esprit de recherche analytique un fonds inépuisable de science ethnographique pratique, et, ce que peu d'autres ont fait, il employait l'étude des langues comme un moyen d'arriver à une connaissance plus parfaite des formes de la pensée et des procédés de l'amélioration intellectuelle. Et si c'était un sujet d'éloge pour un vaillant chevalier que de mourir revêtu de son armure ; s'il a été glorieux pour quelques orateurs de dire que leur éloquence n'a jamais brillé d'une clarté plus vive qu'au moment ou elle allait s'éteindre pour jamais, certainement on peut le louer encore plus d'avoir donné la meilleure preuve de la puissance calme de la pensée sur les infirmités de notre nature, et, au moment de mourir, d'avoir montré toute l'influence que le génie peut exercer sur la durée d'une vie longue et méditative. Car depuis longtemps il avait annoncé à ses amis l'intention de composer, comme son dernier codicile, un traité très-concis sur la philosophie du langage ; et dans les derniers mois de sa vie, réduit par la maladie à un si grand état de faiblesse qu'il ne pouvait tenir à la main ni livre ni plume, penché sur la table comme un homme courbé sous le poids des années, il semblait concentrer à l'intérieur ces facultés énergiques si variées qui, dans de meilleurs jours, le rendaient également propre aux méditations de la philosophie et aux travaux de l'homme d'état. C'est ainsi, disons nous, qu'il a dicté un ouvrage profond sur un sujet des plus difficiles, ouvrage qui, lorsqu'il sera publié, donnera au monde un noble exemple, non d'une passion qui domine la mort, mais d'une intelligence directrice qui y puise sa force. Lorsque d'après l'avis d'Abel Rémusat, il eut en peu de temps acquis la connaissance du chinois, il lui écrivit une lettre sur la nature des formes grammaticales. N'ayant pu me procurer cet ouvrage que longtemps après avoir écrit les réflexions que je viens de vous soumettre, j'ai éprouvé une grande satisfaction en y trouvant les mêmes vues, mais beaucoup plus philosophiquement exprimées. « Je ne regarde pas les formes grammaticales, dit-il, comme le fruit des progrès qu'une nation fait dans l'analyse de la pensée, mais plutôt comme un résultat de la manière dont une nation considère et traite sa langue [1]. » Il fait observer que dans les langues maya et betoi, deux langues américaines, il y a deux formes du verbe, une qui marque le temps, et l'autre simplement la relation entre l'attribut et le sujet. Ceci paraît très-philosophique ; cependant il remarque très-bien que « ces rapprochements peuvent servir à prouver que, lorsqu'on trouve de pareilles particularités dans les langues, il ne faut pas les attribuer à un esprit éminemment philosophique dans leurs inventeurs [2]. » Je prendrai la liberté de vous lire encore un extrait, parce qu'il exprime admirablement ce que j'ai désiré vous inculquer. « Je suis péné-

[1] Lettre à M. Abel Rémusat sur la nature des formes grammaticales, etc., par M. Guill. de Humboldt. Paris 1827, p. 13.

[2] Page 15.

tré de la conviction qu'il ne faut pas méconnaître cette force vraiment divine que recèlent les facultés humaines, ce génie créateur
des nations surtout dans l'état primitif où toutes les idées et même
les facultés de l'âme empruntent une force plus vive de la nouveauté
des impressions où l'homme peut pressentir des combinaisons
auxquelles il ne serait jamais arrivé par la marche lente et progressive de l'expérience. Ce génie créateur peut franchir les limites qui semblent prescrites au reste des mortels, et s'il est impossible de retracer sa marche, sa présence vivifiante n'en est
pas moins manifeste. Plutôt que de renoncer, dans l'explication de
l'origine des langues, à l'influence de cette cause puissante et
première, et de leur assigner à toutes une marche uniforme et
mécanique qui les traînerait pas à pas depuis le commencement
le plus grossier, jusqu'à leur perfectionnement, j'embrasserais l'o-
pinion de ceux qui rapportent l'origine des langues à une révélation immédiate de la Divinité. Ils reconnaissent au moins l'étincelle divine qui luit à travers tous les idiomes, même les plus imparfaits et les moins cultivés [1]. » Ainsi donc cet ethnographe
distingué convient que les langues n'atteignent pas leur développement particulier, comme on l'appelle mal à propos, par
de lents degrés, mais le reçoivent de quelque énergie inconnue
de l'esprit humain; à moins que nous ne supposions que ce
développement, comme le premier langage, nous soit venu d'en
haut.

Ayant ainsi refusé aux langues le pouvoir de se produire d'elles-
mêmes, ainsi que de changer leur structure grammaticale dans
des circonstances ordinaires; et considérant ceci non-seulement
comme la forme extérieure du langage, mais aussi comme son
élément le plus essentiel, il sera bien de rechercher jusqu'à quel
point Schlegel est exact, lorsqu'il prétend que dans aucune circonstance une pareille modification ne peut avoir lieu; et je prendrai la liberté de dire que quelques exemples semblent nous donner le droit de maintenir que, sous l'action prolongée d'influences
particulières, une langue peut subir des altérations telles, que
ses mots appartiendront à une classe et sa grammaire à une autre.

[1] Page 55; comparez p. 51. Voyez aussi la citation dans le premier
Discours, p. 11, note.

Il est vrai que dans ce cas un nouveau langage se formera, différent de l'un et de l'autre de ses parents; mais encore se séparera-t-il de celui qui l'a précédé par l'adoption de nouvelles formes grammaticales. Ainsi, Schlegel lui-même accorde que l'anglo-saxon a perdu sa grammaire par la conquête normande [1]. Et ne pouvons-nous pas dire que l'italien est sorti du latin plus par l'adoption d'un nouveau système grammatical que par aucun changement dans les mots? Car si vous comparez deux ouvrages quelconques dans les deux langues, vous trouverez à peine quelque différence dans les verbes et les noms; mais vous trouverez des articles empruntés aux pronoms, une perte totale de cas et par conséquent point de déclinaisons, et les verbes conjugués presqu'entièrement par des auxiliaires dans la voie active et entièrement privés d'un passif proprement dit. Ce sont ces altérations, en effet, qui lui donnent le droit d'être considéré comme une nouvelle langue. Il est vrai que, dans ce cas, la langue n'est pas allée hors de sa propre famille pour chercher les types de ses variations; car ces particularités se trouvent également dans d'autres idiomes de la classe indo-européenne, comme l'allemand et le persan; mais il n'en est pas moins vrai que le changement est très-grand, et rallie le nouveau langage à une autre subdivision qui forme une extrémité de la famille, tandis que le latin se trouve presque à l'extrémité opposée.

L'ancien pehlwi ou pahlavi présente, d'après quelques linguistes, un semblable exemple; car sir William Jones a observé que ses mots sont sémitiques, mais sa grammaire indo-européenne [2]; c'est pour cela que Balbi l'a placé dans son tableau des langues sémitiques. Le docteur Dorn admet le fait en partie, mais il nie les conséquences; il suppose que les mots sémitiques se sont glissés dans la langue par le commerce avec les nations araméennes environnantes [3]. Un autre exemple curieux d'un semblable phénomène se rencontre dans le kawi, langue de l'Archipel indien, et sur laquelle M. Crawfurd s'exprime ainsi : « Si je devais présenter une opinion relativement à l'histoire du kawi, je dirais que

[1] De studio etym., ubi sup., p. 284.

[2] Asiatic researches, vol. II, éd. de Calcutta, p. 52.

[3] Ueber die Werwandschaft, etc., p. 44.

c'est le sanskrit privé de ses inflexions, ayant à leur place les prépositions et les verbes auxiliaires des dialectes vulgaires de Java. Nous pouvons aisément supposer que les Brahmes, natifs de cette île, séparés du pays de leurs ancêtres, ont, par insouciance ou ignorance, essayé de se débarrasser des inflexions difficiles et complexes du sanskrit, par les mêmes raisons que les barbares ont altéré le grec et le latin et en ont formé le moderne romaïque ou italien. [1]

Peut-être aussi on peut trouver un autre exemple dans les langues tartares, dans lesquelles un savant érudit voit des traces d'une semblable déviation du type original dans leur construction grammaticale. « Depuis l'extrémité de l'Asie, dit Abel Remusat, on ignore entièrement l'art de conjuguer les verbes; ou du moins, les participes et les gérondifs jouent un principal rôle dans les idiomes tongous et mongols, où la distinction des personnes est inconnue. Les Turcs orientaux en offrent les premiers quelques traces; mais le peu d'usage qu'ils en font semble attester la préexistence d'un système plus simple. Enfin, ceux des Turcs qui touchaient autrefois la race gothique dans les contrées qui séparent l'Ilich et le Jaïk, qui l'ont repoussée ensuite et bientôt poursuivie jusqu'en Europe, ont, de plus que les Turcs, quelque chose qui leur est commun avec les nations gothiques, la conjugaison par le moyen des verbes auxiliaires; et malgré cette addition qui semble étrangère à leur langue, celle-ci conserve quelque chose du mécanisme gêné des idiomes sans conjugaison [2] « Enfin, un autre exemple peut se tirer de l'amharique, et je l'exposerai dans les termes d'un habile écrivain, imprimés dans un nouvel ouvrage périodique, qui mérite de grands encouragements : « Tout ce qu'on vient d'exposer a pour but de faire voir que la question

---

[1] Sur l'existence de la religion hindoue dans l'île de Beli. Asiat. research., tom. XIII. Calcutta 1821, p. 161. Dans un autre ouvrage, M. Crawford exprime son opinion sous une forme un peu modifiée : « L'opinion que je suis porté à me former de ce singulier langage est que ce n'est point une langue étrangère introduite dans l'île, mais le langage écrit des prêtres. » Hist. of the ind. Archipelago. Edimb. 1820, vol. II, p. 18.

[2] Recherches sur les langues tartares. Paris 1820, tom. I, p. 306.

a besoin d'être considérée à fond, savoir si des langues ne peuvent pas s'emprunter mutuellement leurs pronoms et leurs inflexions tandis que tout le matériel reste dans son état primitif..... Et vraiment, la langue amharique que l'on supposait d'abord un dialecte du gheez (abyssinien), puis du sémitique, est présentée par les plus récents ethnographes comme de généalogie africaine, et imitant seulement les inflexions sémitiques [1]. »

Voilà des exemples de langues qui sortent même de leurs propres familles pour avoir une structure et des formes grammaticales. Séparées par la plus grande distance, des langues manifestent quelquefois la plus extraordinaire coïncidence dans leur grammaire, et cependant on ne suppose pas qu'elles aient aucune affinité. Par exemple, le biscayen présente plusieurs analogies curieuses avec divers dialectes de l'Amérique, comme de manquer précisément des mêmes lettres, la tendance à combiner les mêmes consonnes, et une complication semblable dans le système des conjugaisons, formées par l'insertion de syllabes exprimant diverses modifications du verbe simple; et sous ce dernier rapport, il ressemble aussi au dialecte du sud-ouest de l'Afrique [2]. Cependant Humboldt, dans le même moment où il nie que des mots semblables soient suffisants pour accorder une commune origine à différentes langues, et tout en rapportant les points de ressemblance que je viens d'exposer, est loin de conclure qu'il faille admettre aucune affinité entre ces idiomes; mais au contraire il dit : « Des particularités grammaticales de cette nature m'ont toujours paru démontrer plutôt les degrés de la civilisation que l'affinité dans les langages [3]. »

Pour nous résumer sur cette matière, il me paraît que, tandis que d'un côté ceux qui comparent les mots ont porté leurs conclusions beaucoup trop loin, le savant Schlegel a aussi été emporté par son indignation contre eux, lorsqu'il nous dit que l'emploi commun d'un *a* privatif prouve plus pour l'affinité du grec et du

[1] On comparative Philology, dans le journal intitulé : West of England Journal n° 3 ; juillet 1835, p. 94.

[2] Balbi, Tableau des langues de l'Afrique.

[3] Prüfung der Untersuchung über die Urbewohner Hispaniens, p. 175, c. p. 109.

sanskrit que quelques centaines de mots [1]. Humboldt, qui n'est pas moins partisan de la déférence supérieure due à la ressemblance grammaticale, accorde cependant une importance convenable aux affinités verbales, dans une courte, mais savante exposition de ses vues sur cette étude [2].

Je proposerai donc une règle pour examiner les affinités verbales, afin d'en conclure la parenté entre les langues, de prévenir les méthodes arbitraires suivies par l'école *lexique*, et de nous rapprocher des vœux plus modérés de l'autre école; la voici : C'est de ne point prendre de mots appartenant à une ou deux langues de différentes familles, et, d'après leur ressemblance qui peut être accidentelle ou communiquée, de tirer des conclusions qu'on appliquerait aux familles entières, auxquelles ces langues appartiennent respectivement; mais de comparer ensemble des mots dont l'acception est simple et de primitive nécessité, *qui parcourent les familles entières*, et en sont, pour ainsi dire, les aborigènes. Par exemple, le nom de nombre *six* est en sanskrit *shash* ; en persan, *shesh* ; en latin, *sex* ; en allemand, *sechs*. Ceci est par conséquent un mot qui appartient strictement à la famille entière, mais il appartient également à la famille sémitique tout entière ; car, dans l'hébreu, son type le plus pur, nous avons *shesh*, et il se trouve modifié dans les autres dialectes d'après les règles qui déterminent toujours les mutations des lettres. De plus, *sept*, *seven* (en anglais), est en sanskrit, *saptan* ; en vieux teuton, *sibun*. En comparant ce mot avec son correspondant dans les langues sémitiques, nous avons *shevang*, en hébreu; *sheba't*, en arabe. *Un* est également en sanskrit, *aika* ; en persan *yak* ; en hébreu, *echad* ; et ainsi des autres dialectes. Le mot *keras*, si on le trouvait seulement en grec, pourrait être regardé comme un dérivé de l'hébreu ou du phénicien, *keren* ; mais cette opinion semble devoir être rejetée, quand on trouve que ce mot parcourt les membres de la famille qui ne peuvent pas l'avoir emprunté de là, comme le latin *cornu* et l'allemand *horn*. Et même le mot la-

[1] Ubi supr.

[2] Essai sur les meilleurs moyens de déterminer les affinités des langues orientales, par le baron Guill. de Humboldt, dans les Transactions de la Soc. roy. asiat., 1830, p. 214 et 215.

lin ne peut pas être dérivé du grec, car l'insertion de la lettre *n*, qui le rapproche de plus près du sémitique, ne peut pas être accidentelle ; et surtout comme on retrouve cette même lettre dans le mot allemand, que l'on ne peut pas soupçonner de rapport, soit avec l'hébreu, soit avec le grec. Cependant ce mot, trouvé ainsi dans plusieurs membres de cette famille, est aussi universel dans la famille sémitique, où l'on voit en syriaque, *karno*, et l'arabe *keren*. De même, il ne paraît pas qu'il y ait de raison de mettre en doute la pure origine sanskrite du mot *ama*, mère ; et cependant il est essentiellement sémitique ; *em*, en hébreu, et *omma*, en arabe, qui ont la même signification, aussi bien que *ama*, en biscayen, et qu'on trouve dans l'espagnol pour dire une nourrice. Ces exemples suffisent pour expliquer ma règle. Ils présentent des cas dans lesquels des mots se retrouvent dans tous ou presque tous les membres de deux familles, tellement que l'on peut les considérer comme primitifs ou essentiels dans l'une et dans l'autre. Et c'est seulement dans des cas comme ceux-ci que j'admettrais qu'une comparaison des mots suffit pour démontrer une affinité entre des langues. Lors donc qu'un *lexicon*, tel que celui de Parkhurst, fait dériver un mot anglais d'une racine hébraïque, je rejette d'abord l'étymologie comme sans fondement ; quand c'est un mot grec qu'il fait dériver ainsi, je l'admets comme possible, parce qu'il peut avoir été communiqué par les relations avec les Phéniciens ; mais il ne prouve rien quant à la dérivation. Si, comme dans les exemples précédents, deux ou plusieurs de ces langues ont le même mot primitif, et qu'il revienne encore dans divers dialectes sémitiques, je l'admets comme ayant certaine importance pour la formation de cette chaîne mystérieuse qui rattachait toutes les langues les unes aux autres, à quelque période des premiers âges du monde.

Ceci nous conduit à une autre recherche importante. Quel nombre de mots, trouvés ressemblants dans différentes langues, nous donne le droit de conclure que ces mêmes langues ont une commune origine ? Ce point a été le sujet d'un calcul mathématique très-curieux par le docteur Young, et qui, à ma connaissance, n'a encore pénétré dans aucun ouvrage d'ethnographie ; c'est probablement parce qu'il se trouve inséré dans un essai sur des sujets qui n'ont aucun rapport avec cette étude. Après avoir donné ses diverses formules, il conclut ainsi : « Il paraît qu'on ne pourrait rien conclure relativement au degré de parenté entre deux langues de la coïncidence de sens d'un mot unique qui se rencontrerait dans ces deux langues, et que les chances seraient trois contre un que deux mots ne concorderaient pas ; mais si trois mots paraissent identiques, il y aurait alors plus de dix contre un qu'ils doivent être dérivés, dans l'un et dans l'autre cas, de quelque langue mère, ou introduits de quelque autre manière ; six mots donneraient plus de dix-sept cents chances contre une, et huit, près de dix mille ; tellement que, dans de semblables cas, la probabilité diffère très-peu d'une certitude absolue. Dans le biscayen, par exemple, ou l'ancien langage de l'Espagne, nous trouvons dans le vocabulaire qui accompagne l'élégant essai du baron G. de Humboldt, les mots *beria*, nouveau ; *ora*, un chien ; *guchi*, petit ; *ogia*, pain ; *otzoa*, un loup, d'où l'espagnol *onza* ; et *zarzi* (ou, comme l'écrit Lacroze, *shashpi*), sept. Or, dans l'ancien égyptien, nouveau, c'est *beri* ; un chien, *whor* ; petit, *kudchi* ; pain, *oik* ; un loup, *ounsh* ; et sept, *shashf*. Et si nous considérons ces mots comme suffisamment identiques pour admettre que l'on puisse calculer d'après eux, les chances seront plus de mille contre un qu'à quelque période très-éloignée une colonie égyptienne s'est établie en Espagne ; car aucun des dialectes des nations voisines n'a conservé de traces d'avoir été l'intermédiaire par lequel ces mots auraient été transmis. ¹. »

Cette conclusion est sans doute trop précisée et trop hardie ; car ces ressemblances, en les admettant réelles, peuvent suffisamment s'expliquer par la supposition que les deux langages ont eu dans l'origine un même point de départ, et ont conservé chacun de leur côté quelques fragments d'une langue primitive qui leur était commune. Cependant, pour ceux qui poursuivent ce système de comparaison, les résultats généraux de ce calcul mathématique doivent être extrêmement intéressants ; d'autant qu'il semble prouver qu'un nombre de mots très-limité, s'ils sont réellement semblables et d'un caractère tel qu'ils n'aient pas pu être communi-

---

¹ Remarks on the reduction of experiments of the pendulum. Philosoph. Transact., vol. CIX, pour 1819, p. 70.

qués par des relations récentes, suffit pour établir une affinité entre deux langues.

Venons donc enfin aux conséquences de cette longue recherche, qui était nécessaire pour comprendre la valeur respective des résultats que je vais vous exposer. Je n'ai guère besoin de vous dire que les partisans du système lexique, ou de la comparaison verbale, trouvent plus facilement des analogies entre des langages parlés par des nations situées à de grandes distances les unes des autres, et ne possédant aucune connexion historique. Ainsi le biscayen, que nous avons vu le docteur Young comparer à l'égyptien, a été de la même manière confronté par Klaproth avec les langues sémitiques, et il a tiré des deux un nombre de mots qui paraissent ou sont réellement semblables [1]. Il a également adressé une lettre à Champollion, dans laquelle il indique plusieurs curieuses coïncidences verbales entre le copte et des langues très-éloignées, particulièrement celles qui se parlent entre l'Oby et le Wolga [2]. Mais j'aurai occasion de parler bientôt de ses travaux assidus dans cette partie de la science.

Les deux familles qui offrent les plus grandes facilités pour examiner la connexion entre des langages de caractères totalement différents, sont sans contredit celles dont vous avez si souvent entendu parler, l'indo-européenne et la sémitique; car nous connaissons mieux leurs membres divers que ceux d'aucune autre famille; de là vient que beaucoup de tentatives ont été faites pour les mettre en contact. Mais, pour avoir négligé la règle que j'ai proposée, de s'assurer de l'originalité des mots que l'on compare dans les deux familles, en regardant s'ils pénètrent dans la totalité, ou seulement dans une partie de leurs branches, il est arrivé que trop souvent le résultat n'a pas été satisfaisant. Par exemple, le docteur Prichard, dans une liste comparative qu'il a donnée [3], ne me paraît pas avoir suffisamment examiné, soit le caractère primitif des mots, soit leur présence dans la famille entière. Ainsi, il compare le mot hébreu *yain*, avec le latin *vinum*; nous pourrions ajouter le grec *oïnon*, et la comparaison est

[1] Mémoires relatifs à l'Asie. Paris 1824. tom. I, p. 214.
[2] Ibid., p. 205.
[3] Eastern origin of the Celtic nations, p. 192.

probablement exacte. Mais comme il est plus que vraisemblable
que la culture de la vigne et la fabrication du vin sont venues de
l'Est à l'Ouest, et appartenaient dans les temps les plus reculés
aux nations sémitiques, alors nous pouvons supposer que le nom
a accompagné la chose ; et ainsi ce serait un nom emprunté. Il compare encore le latin *lingua,* langue, avec l'hébreu *loang,* avaler.
Outre que la connexion entre ces deux idées n'est pas probable en
étymologie, le mot *lingua* est particulier au latin dans la famille
indo-européenne ; mais il devient un mot de famille, si nous observons ce que dit Marius Victorinus, « que les anciens disaient
dingua au lieu de *lingua* [1]. » Le mot ainsi restitué à sa forme primitive entre en affinité avec l'allemand, *zunge,* et perd toute sa
ressemblance avec le verbe sémitique.

J'ai donc donné quelques exemples de ce que je considère comme les comparaisons verbales les plus satisfaisantes entre les deux
familles, lorsque j'ai posé la règle qui doit diriger dans ces recherches ; mais je voudrais, en outre, vous faire concevoir qu'il y a
des points dans le caractère grammatical des deux familles, qui
comportent une comparaison plus détaillée qu'on ne l'a entrepris
jusqu'ici. Il me serait difficile d'expliquer ma pensée sur ce sujet,
sans entrer dans une analyse comparative, minutieuse et compliquée, à peine intelligible sans la connaissance des langues, et peu
ou point intéressante pour une grande partie de mon auditoire. [2].
Je dirai donc seulement que je suis convaincu que nous trouverons entre les familles une affinité grammaticale plus intime que
nous ne sommes d'abord portés à le soupçonner ; et c'est avec
plaisir que je fais mention d'un ouvrage qui, vraisemblablement,
ouvrira un nouveau champ aux recherches des savants, et indi-
quera de nouveaux points d'affinité entre ces familles, et beaucoup d'autres ; je veux parler de la *Paléographie* du docteur
Lepsius, comme un moyen d'examiner les langues, qu'il a appliqué au sanskrit. Cet ouvrage a été publié l'année dernière (1834),

[1] « Novensiles sive per *l* sive per *d* scribendum : communionem enim
habuerunt litteræ hæc apud antiquos, ut dinguam et linguam, et dacri-
mis et lacrimis. » Marii Victorini, Grammatici et rhetoris, de orthogra-
phia. Ap. Pet. Sanctand. Lugd. 1584, p. 32, comp. p. 14.

[2] J'ai ajouté une note sur ce sujet à la fin de ce volume.

et est rempli des recherches les plus curieuses et les plus originales. Au moyen de ce nouvel élément, il a établi plusieurs ressemblances très-ingénieuses et très-frappantes entre le sanskrit et l'hébreu, de manière à ne laisser aucun doute, selon son expression, sur l'existence, dans les deux langues, d'un germe commun, quoique non développé [1].

Encouragé par ses succès dans cette occasion, on lui conseilla de s'appliquer à l'étude du copte, afin de découvrir, s'il était possible, ses relations avec d'autres langues; car, jusqu'à présent, cet idiome avait été considéré comme isolé et indépendant. Par la générosité qui caractérise les gouvernements de l'Allemagne, chaque fois qu'il s'agit des intérêts de la littérature, on l'a mis en état de poursuivre ses recherches, et elles ont été couronnées d'un succès complet. C'est à la bienveillance de la personne savante qui lui a suggéré l'idée de les entreprendre, que je dois de pouvoir vous en présenter les résultats, jusqu'à une époque très-récente. La première lettre dont j'ai traduit les extraits qui suivent est datée de Paris, le 20 janvier de la présente année (1835), et adressée au chevalier Bunsen :

« Mes études égyptiennes et coptes avancent bien ; elles m'ont donné des résultats par lesquels j'ai été agréablement surpris, et dont l'intérêt plus universel pour l'histoire des langues devient tous les jours plus évident. Ce qui m'a d'abord un peu alarmé, était la complète solitude linguistique dans laquelle le copte semblait placé, et le peu d'apparence qu'il y aurait que je pusse jamais en tirer aucun secours pour mes recherches sur les antiquités égyptiennes. En même temps, je dois confesser que les démonstrations historiques de Quatremère sur l'origine de la langue égyptienne (qui, à vrai dire, sont indépendantes de la langue même) avaient laissé dans mon esprit plusieurs doutes insolubles,

---

[1] Palæographie als Mittel fur die Sprachforschung zunachst am sanskrit nachgewiesen. Berlin 1834, p. 23. Une coïncidence remarquable entre les deux langues, est la manière de considérer le *resch* (*r*) évidemment comme une voyelle, dans les règles relatives aux points hébraïques, précisément comme dans le sanskrit la lettre *R*. N'ayant plus à ma disposition l'ouvrage de Lepsius, je ne me souviens pas s'il insiste sur cette ressemblance.

quant à l'identité des idiomes égyptien et copte. Maintenant j'ai découvert dans l'essence du langage même, non-seulement qu'il n'y a aucune apparence quelconque d'un changement grammatical, et qu'il possède peut-être à un plus haut degré ce principe de stabilité qui caractérise les dialectes sémitiques, mais encore qu'il a conservé dans sa formation des traces d'une plus haute antiquité qu'aucune langue indo-germanique ou sémitique que je connaisse; et ces traces se trouveront, d'une manière inattendue, importantes même pour ces deux familles. En même temps, on ne peut pas appeler le copte, sémitique ou indo-germanique; il a sa propre formation particulière, et cependant sa parenté fondamentale avec ces deux familles ne peut être méconnue. Son degré de culture est à peu près le même que celui des langues sémitiques, et par conséquent la parenté est ici plus manifeste. Le progrès indiqué par vous du langage syllabique, passant à l'alphabétique, est aussi un élément très-important pour le copte.

« Les racines des pronoms sont une des parties du discours, qui semble avoir agi des premières sur la formation du langage, et l'avoir influencé à un degré considérable. J'insiste beaucoup sur la comparaison de ces racines avec les formations pronominales sémitiques et indo-germaniques. Comparons, par exemple, pour un moment, les affixes des pronoms personnels en copte et en hébreu, afin de voir la relation entre la formation de l'une et de l'autre :

	ma mer	*notre mer*	*ta mer m.*	*ta mer f.*
Héb.	jam-mi	jam-nu	jam-ka	jam-k (i)
Copt.	jom-i ·	jom-n	jom-k	jom-ti

	votre mer	*sa mer m.*	*sa mer f.*	*leur mer*
Héb.	jam-kem (ken)	jam-(o)-hu	jam-hâ (-t)	jam-m-u
Copt,	jom-ten	jom-f	jom-s	jom-u [1].

Je suis à présent occupé à préparer la publication du specimen d'une grammaire copte, et à rendre ainsi compte de la nouvelle

[1] Je prendrai la liberté d'ajouter quelques remarques: 1° La ressemblance dans la première personne du singulier est complète, parce que

4.

direction que j'ai donnée à mes études. Cependant je donnerai d'abord une partie comparative qui sera fondée principalement sur les racines pronominales, et assurera à la langue copte le terrain sur lequel elle s'est élevée, et marquera sa place parmi les autres langues mieux conservées. La partie nouvelle et spéciale de sa formation, cette partie qui donne à chaque langue son individualité propre, sera ainsi rattachée d'une manière plus commode pour l'auteur et pour le lecteur, avec l'autre partie plus ancienne par laquelle elle s'allie avec d'autres dialectes. Quelques parties importantes de ma grammaire copte sont déjà finies en substance ; et ce n'est pas, après tout, une tâche si difficile que de répandre un peu de lumière sur ce qui auparavant était dans les plus profondes ténèbres.

« J'ai été porté à donner une attention particulière aux noms de nombre que j'ai trouvés d'une ressemblance remarquable avec les figures qui indiquent leurs nombres respectifs. Ce qui m'a frappé encore plus, c'est que les nombres indo-germaniques et sémitiques s'accordent exactement, même dans les détails, avec le système égyptien ; qu'en outre, les chiffres sanskrits sont essentiellement égyptiens ; et que tout ceci se trouve bien plus clairement et dans un plus grand degré de proximité de son origine naturelle dans l'égyptien. Les figures numériques me paraissent décidément avoir passé de l'Egypte dans l'Inde, d'où elles ont été transportées par les Arabes, qui même encore leur donnent le nom d'indiennes, par la même raison que nous les appellons arabes, parce que nous les avons reçues de ces peuples. L'accord remarquable des nombres dans le copte, le sémitique et l'indo-germanique,

la reduplication de *m*, dans l'exemple choisi, est accidentelle, par la raison qu'on suppose qu'il est dérivé du vieux mot inusité *imm* (*yamann*) tellement que l'affixe est simplement *i*, comme dans le copte. 2° La différence dans la seconde personne du singulier féminin est aussi plus apparente que réelle, d'autant plus que l'hébreu, dans les secondes personnes, s'éloigne de l'affixe suggérée par l'analogie *ta*, *ti*, ou *tem*, *ten*, et prend un *c* au lieu du *t*. Le copte éclaircit cette difficulté en conservant dans cette circonstance les affixes régulières, tandis que dans le masculin il imite l'hébreu dans ses changements. 3° Il est évident que cette remarque s'applique également à la seconde personne du pluriel.

et leur dérivation facile à démontrer, principalement dans l'égyptien, des trois racines pronominales, et de leur connexion l'une avec l'autre, à la manière des chiffres, me conduira à entrer dans une discussion plus étendue sur cet important sujet.

« Enfin, un des principaux points qui m'ont occupé est la liaison incontestable entre l'alphabet sémitique et les alphabets démotiques, et conséquemment hiéroglyphiques des Egyptiens. Ce qui embarrasse en grande partie les recherches sur la prononciation du copte sont les caractères grecs qui furent adoptés dans le second ou le troisième siècle; alors plusieurs des distinctions les plus délicates, qui sans doute existaient dans l'ancienne paléographie, furent nécessairement abandonnées. En même temps la prononciation de la langue copte, qui d'abord, à cause de l'extraordinaire accumulation de voyelles et d'autres particularités, me paraissait complètement dans le chaos, est devenue claire pour moi; spécialement depuis que j'ai fait des recherches plus approfondies sur les accents qui, dans les grammaires, sont considérés comme peu essentiels, et sont en général donnés très-incorrectement dans les ouvrages publiés. Mais j'ai maintenant quelques manuscrits, qu'on m'a prêtés, de la Bibliothèque, qui m'ont fourni, sur ce sujet, des lumières complètement nouvelles. »

Le second extrait que je vais mettre sous vos yeux est d'une lettre datée du 14 du mois dernier (février 1835) :

« .... J'ai pensé qu'il serait peut-être mieux de rédiger et d'envoyer à l'Académie mon essai sur les noms et les signes des nombres, desquels, ainsi que de leurs rapports intéressants, je crois avoir incontestablement trouvé la clé dans les chiffres égyptiens et dans les noms de nombre coptes. Ce sera prêt au plus tard dans une semaine; et les résultats me paraissent parfaitement clairs et satisfaisants, d'autant plus qu'ils expliquent l'énigme dont la solution a été essayée si souvent, mais avec peu de succès, relativement au sens de ces anciennes racines numérales; et cela, non-seulement en ce qui regarde le copte, mais aussi pour les langues sémitiques et indo-germaniques; et cette découverte placera le cycle entier de ces dialectes dans une harmonie remarquable l'un avec l'autre; ce qui, à mon avis, peut être d'une grande importance pour les branches élevées de la linguistique comparative. »

Les conclusions à tirer de ces intéressants documents doivent être évidentes pour tout le monde. Nous nous sommes assurés que l'ancien égyptien, maintenant identifié entièrement avec le copte, ne peut plus être considéré comme un langage isolé, dénué de relations avec ceux qui l'entourent, mais qu'il présente des points extraordinaires de contact avec les deux grandes familles si souvent mentionnées; non, à la vérité, suffisamment distincts pour le faire admettre dans l'une ou l'autre classe; mais cependant suffisamment définis et enracinés dans la constitution essentielle du langage, pour empêcher qu'on ne les considère comme accidentels ou comme une greffe récente qu'on y aurait faite. Les effets de ce caractère intermédiaire sont, d'après l'expression de Lepsius, de grouper ensemble dans une harmonie remarquable ce cycle de langages; tellement qu'au lieu de considérer plus longtemps comme complètement isolées les familles sémitique ou indo-européenne, ou d'être forcés de chercher un petit nombre de coïncidences verbales entre elles, nous pouvons maintenant les considérer comme enchaînées l'une à l'autre, et par des points de contact actuels et par l'interposition du copte, dans une mystérieuse affinité, basée sur la structure essentielle et les formes les plus nécessaires de ces trois langages.

Maintenant jetons un coup-d'œil sur les recherches ultérieures auxquelles ces découvertes doivent conduire un esprit porté à la réflexion. Comment, par exemple, de pareils intermédiaires se sont-ils formés? Est-ce de l'un et de l'autre de ces volumineux groupes qui n'en formaient originairement qu'un seul, tellement qu'en se séparant, comme des masses fendues en deux par quelque convulsion naturelle, de plus petits fragments détachés en éclats de l'un et de l'autre restent entre eux, conservant le grain particulier et les qualités de chacun, de manière à marquer les points de leur union primitive? ou tous ensemble doivent-ils être considérés comme des rejetons d'une souche commune, dont les variétés sont le résultat de circonstances maintenant inconnues et dépendantes de lois probablement sans action aujourd'hui? Choisissez l'hypothèse que vous voudrez, ou plutôt imaginez le résultat qu'il vous plaira et qui soit la conséquence probable de ces découvertes et de leur future extension, et vous arriverez nécessairement à l'union, à la communauté de ces grandes familles ou groupes, formant cette union en partie entre elles seules, et en partie comme les structures polygonales des anciens, par le moyen de plus petits fragments auxquels la Providence a permis de s'assimiler avec ces groupes.

Et ce qui de plus est digne de remarque, c'est que l'école la plus sévère, celle qui semblait exiger une démonstration d'affinité, trop rigide pour être jamais praticable hors des limites d'une famille, a, dans le fait, découvert cette affinité entre les familles elles-mêmes, sans laisser aucune argutie soutenable contre ce fait important. Car ceci doit clore tout ce qu'on peut attendre de cette étude, tant qu'il s'agit de principes; tout ce qui reste maintenant à désirer est leur application ultérieure, et de porter le même procédé sur d'autres groupes en apparence séparés du reste.

Arrivés jusqu'ici, jetons pour un moment nos regards en arrière pour voir la connexité de notre étude avec les livres sacrés. D'après la simple esquisse historique que je vous ai tracée, il paraît que le premier mouvement était plus propre à inspirer des alarmes que de la confiance; d'autant plus que par-là se trouvait brisée la grande chaîne que l'on supposait autrefois le lien de toutes les langues entre elles. Et pendant quelque temps le mouvement continua, de plus en plus divisant et démembrant, et par conséquent, selon toute apparence, toujours élargissant la brèche entre la science et l'histoire sacrée. En suivant le progrès, on commença à découvrir de nouvelles affinités où l'on en soupçonnait le moins : jusqu'à ce que par degrés plusieurs langages commencèrent à se grouper et à se classer en grandes familles auxquelles on reconnut une origine commune. Alors de nouvelles recherches diminuèrent graduellement le nombre des langues indépendantes, et étendirent, par conséquent, les limites du terrain des plus grandes masses. A la fin, quand ce champ paraissait presque épuisé, une nouvelle classe de recherches a réussi, autant qu'on l'a essayée, à prouver des affinités extraordinaires entre ces familles; affinités existant dans le caractère même et l'essence de chaque langue, tellement qu'aucune d'elles n'aurait jamais pu exister sans ces éléments, sur lesquels était fondée la ressemblance. Or, comme ceci exclut toute idée que l'une ait pu faire des emprunts à l'autre, comme ils ne peuvent pas avoir pris naissance dans chacune par un procédé indépendant, et comme les différences radicales parmi les langues défendent de les considérer comme des dialectes ou des rejetons l'une de l'autre, nous sommes amenés forcément à cette conclusion que, d'un côté, ces langages doivent avoir été originairement réunis en un seul, d'où ils ont tiré ces éléments communs et essentiels à chacun d'eux ; et, d'un autre côté, que la séparation entre eux qui a détruit d'autres éléments de ressemblance, non moins importants, ne peut pas avoir pour cause une séparation graduelle ou un développement individuel ; car ces deux cas nous les avons exclus depuis longtemps ; mais cette cause est une force active, violente, extraordinaire, suffisant seule pour concilier les apparences de conflit, et pour expliquer d'un même coup les ressemblances et les différences. Il serait difficile, il me semble, de dire quel degré de plus pourrait exiger le sceptique le plus insatiable ou le plus déraisonnable, pour amener les résultats de la science en concordance intime avec le récit de l'Ecriture.

Mais, pour compléter l'histoire de cette étude, je ne dois pas omettre de parler des écrits, et de rapporter les opinions de plusieurs auteurs, qui n'ont pas suivi la ligne de démonstration que j'ai parcourue jusqu'à présent, quoique leurs noms aient été cités dans l'occasion. Je mettrai devant vous, en conséquence, leurs conclusions positives ; et ainsi, vous faisant voir combien ils m'appuient dans les conséquences que j'ai déduites de leurs recherches, je les diviserai en deux classes, et la première contiendra ceux qui s'accordent à reconnaître l'unité originaire de tout le langage humain.

Le savant Alexandre de Humboldt, auquel nous devons tant de précieux renseignements sur les langues et les monuments de l'Amérique, s'exprime ainsi sur ce point intéressant : « Quelque isolés que certains langages puissent d'abord paraître, quelque singuliers que soient leurs caprices et leurs idiomes, tous ont une analogie entre eux ; et leurs nombreux rapports s'apercevront plus facilement à proportion que l'histoire philosophique des nations et l'étude des langues approcheront de la perfection [1]. »

Sur ce point important, un témoignage des plus décisifs fut donné par l'Académie de Saint-Pétersbourg, dans le cinquième

[1] Ap. Klaproth, Asia polyglotta, p. vi.

volume de ses Mémoires [1]. Ce corps savant était probablement dans cette partie de ses travaux sous l'influence du comte Goulianoff, qui était enthousiaste de l'unité des langues, quoique seulement démontrée par la simple similarité des mots. Il a lui-même suffisamment exposé ses vues dans son Discours sur l'étude fondamentale des langues, dont je vais extraire un passage : « La succession des faits antérieurs à l'histoire, en s'effaçant avec les siècles, semble nuire à l'évidence du fait essentiel, savoir celui de la fraternité des peuples. Or, ce fait, le plus intéressant pour l'homme qui pense, s'établirait implicitement par le rapprochement des langues anciennes et modernes, considérées sous leur aspect originaire. Et si jamais quelque conception philosophique venait multiplier encore les berceaux du genre humain, l'identité des langues serait toujours là pour détruire le prestige ; et cette autorité ramènerait, je pense, l'esprit le plus prévenu [2]. »

Une année après cette publication, il distribua le prospectus d'un ouvrage qui devait prouver l'unité des langues [3]. La décision de l'Académie fut tout-à-fait sans réserve sur ce point ; car, après de longues recherches, elle appuya la conclusion que toutes les langues peuvent être considérées comme les dialectes d'un langage maintenant perdu.

Dans la même classe d'écrivains il faut compter le conseiller d'état Mérian, qui a adopté la même conclusion, bien qu'il ne l'ait pas positivement établie dans son grand ouvrage le *Tripartitum*. Cet ouvrage est en quatre volumes in-folio, publiés à Vienne entre 1820 et 1823, et contient des tableaux comparatifs principalement de mots russes et allemands, mais avec une masse additionnelle de matériaux informes tirés de toutes les autres langues. Pour faire des comparaisons de mots, l'ouvrage a sans doute une valeur considérable ; mais on doit avouer qu'il faut feuilleter page à page avant de trouver quelque chose qui ressemble à une affinité raisonnable entre des langues de différentes familles. Quoi qu'il en soit, la conclusion de sa première continuation, ou de son second vo-

[1] Bulletin universel, vol. I, section 7, p. 380.

[2] Discours sur l'étude fondamentale des langues. Paris 1822, p. 31.

[3] Le titre de l'ouvrage devait être : Étude de l'homme dans la manifestation de ses facultés.

lume, déclare suffisamment ses sentiments sur le point qui nous occupe, car voici comme il s'exprime : « Ceux qui doutent de l'unité du langage, après avoir parcouru Whiter, peuvent lire Goulianoff [1].

De la même école est Jules Klaproth, dont j'ai déjà cité le nom plusieurs fois. Il y a peu d'auteurs auxquels on doive autant de documents curieux sur les langues et la littérature de la plupart des nations de l'Asie, et la géographie de contrées qui nous étaient très-peu connues. Il faut cependant avouer que c'est un écrivain hardi, dont les assertions doivent être reçues avec quelque réserve; il aurait été d'ailleurs très-difficile de réunir une exactitude parfaite avec le caractère varié de ses recherches. Son grand ouvrage sur l'affinité des langues, *Asia polyglotta*, publié à Paris en 1823, consiste en un gros volume in-quarto de texte avec un atlas in-folio de tableaux comparatifs. Dans cet ouvrage, il ne dissimule pas son défaut de croyance dans l'histoire biblique de la dispersion : « C'est, nous dit-il, comme plusieurs autres choses dans les écrits de l'Asie occidentale, un simple conte fondé sur le nom significatif de Babylone [2]. » Il suppose que l'espèce humaine a échappé au déluge sur différents points, en grimpant sur les hautes montagnes; et il considère que de là les familles de la race humaine se sont ensuite propagées, comme d'autant de centres différents, dans le Caucase, l'Himalaya, et les monts Altaï. Nonobstant ces opinions de si fâcheux augure, ses résultats sont d'une stricte concordance avec l'histoire sacrée. Il se flatte que, dans ses ouvrages, « l'affinité universelle des langues est placée dans un jour si vif, que tout le monde doit la considérer comme complètement démontrée. Ceci, ajoute-t-il, n'est explicable dans aucune autre hypothèse qu'en admettant que des fragments d'un langage primitif existent encore dans toutes les langues de l'ancien et du nouveau monde [3]. » Et je pense qu'on doit avouer que, dans les nombreuses listes comparatives qu'il donne pour chaque langue, quoique plusieurs

---

[1] Tripartitum, seu de analogia linguarum libellus, continuatio. Vienne 1822, p. 585. L'ouvrage de Wither, auquel il fait allusion, est l'Etymologicum universale.

[2] Asia polyglotta, s. 40, comp. s. 41.

[3] Asia polyglotta, préface, s. 9.

exemples soient légèrement choisis ou imaginaires, on découvre des ressemblances en si grande quantité, qu'il justifie pleinement l'application du calcul du docteur Young, si on accorde quelque valeur au théorème de celui-ci.

Avec un plus grand plaisir encore je vais rapporter le sentiment de Frédéric Schlegel, que nous regrettons, auquel notre siècle doit plus que nos derniers neveux ne pourront acquitter, sentiment nouveau, si vif et si pur de l'art dans ses plus belles applications. Il tenta au moins de tourner l'attention de la philosophie sur l'intérieur de l'âme, et de combiner les éléments les plus sacrés de sa puissance spirituelle avec les résultats de la science humaine; et il découvrit une Inde plus riche que celle que Vasco de Gama ouvrit à l'Europe, dont la valeur n'est pas dans ses marchandises, ses perles et son or barbare, mais dans des régions de sciences inconnues, dans des mines de sagesse longtemps inexploitées, dans des trésors de science symbolique profondément enfouis, et dans des monuments longtemps cachés de traditions primitives et vénérables.

Dans l'ouvrage qui a le premier attiré les regards de l'Europe sur ces objets imposants (son petit Traité, publié en 1808, sur la langue et la science des Indiens), il expose clairement son opinion touchant l'unité originaire de tout langage. Il rejette avec indignation l'idée que le langage fut l'invention de l'homme dans son état sauvage et inculte, et amené à une perfection graduelle par le travail ou l'expérience de générations successives. Il le considère, au contraire, comme un tout, avec ses racines et sa structure, sa prononciation et son caractère d'écriture ¹, qui n'était pas

---

¹ Cette idée que l'écriture est un art primitif et une partie essentielle du langage, pris dans son sens le plus complet, n'appartient pas seulement à Schlegel : sans mentionner la tentative de Court de Gébelin pour prouver l'unité de tous les alphabets (Monde primitif, à la fin du tome III), ou les comparaisons encore plus savantes et plus ingénieuses données par Paravey (Essai sur l'origine unique et hiéroglyphique des chiffres et des lettres de tous les peuples. Paris 1826), je citerai seulement deux auteurs qui ont partagé cette opinion. Herder remarque que « les alphabets des peuples présentent une analogie encore plus frappante; elle est telle, qu'à bien approfondir les choses il n'y a proprement

hiéroglyphique, mais consistait en signes exprimant exactement les sons qui composaient ces premières paroles. Il ne parle pas, il est vrai, du langage comme donné à l'homme par une communication supérieure ; mais il croit que l'esprit humain a été tellement organisé qu'il a dû nécessairement produire, dès qu'il a paru, cette structure si bien ordonnée, si belle et dont il suppose par-là l'unité et l'indivisibilité [1].

Et son opinion n'a point changé par ses études postérieures ; au contraire, dans son bel ouvrage, le dernier qu'il ait fait, pour lui le chant du cygne, *cycnea vox et oratio*, et qui, comme on l'a si bien observé, a clos sa carrière philosophique par une expression de doute [2] ; car la mort l'a surpris veillant à la clarté de sa lampe sur les grands intérêts de la vertu, et de même que le meurtrier d'Archimède, elle lui refusa le temps de résoudre son problème : dans sa *Philosophie du Discours*, il considère le langage comme un don particulier de l'homme, et conséquemment unique dans son origine. Je ne puis m'empêcher d'en citer un passage :

« Avec nos sens actuels et nos organes, il nous est aussi impossible de nous former l'idée la plus éloignée de cette parole que le premier homme possédait avant qu'il eût perdu sa puissance originelle, sa perfection et sa dignité, qu'il nous le serait de raisonner sur ces discours mystérieux, par le moyen desquels les

---

qu'un alphabet. » Nouveaux Mémoires de l'Acad. roy., année 1781, p. 413. Le baron G. de Humboldt paraît admettre la même opinion dans la conclusion de son Essai sur l'origine des formes grammaticales. Berlin 1823 (en allem.).

[1] Sprache und Weisheit der Indier, liv. I, ch. 5, s. 64, comp. s. 60. Ces sentiments, exprimés avec cette véhémente éloquence qui distingue toutes les spéculations philosophiques de leur auteur, ont été sévèrement commentés par F. Wülner, dans son intéressant ouvrage : Sur l'Origine et la signification primitive des formes du langage. Munster 1831, p. 27 (en allem.). Cet auteur déduit tout le langage des formes interjectionnelles, p. 4.

[2] Leçons philosophiques, particulièrement sur la philosophie du langage et des mots. Wien. 1830 (en allem.). L'auteur expira en écrivant la dixième leçon : le dernier mot de son manuscrit est *aber*, mais.

esprits immortels envoient sur les ailes de la lumière leurs pensées à travers l'espace immense des cieux ; ou de ces mots ineffa-
bles pour des êtres créés qui, dans l'intérieur impénétrable de la
Divinité, sont proférés, où, comme l'exprime l'hymne sacré, l'a-
bîme appelle l'abîme, autrement la plénitude de l'amour sans fin
unie à l'éternelle majesté. Lorsque de ces hauteurs inaccessibles
nous redescendons à nous-mêmes et au premier homme tel qu'il
était réellement, la narration simple par laquelle nous apprenons
de ce livre, qui contient nos premiers documents, que Dieu a enseigné à l'homme à parler, même si nous n'allons pas au-delà de
ce sens si simple, cette narration, dis-je, se trouvera d'accord
avec ce que nous sentons naturellement. Car comment en pourrait-il être autrement, et comment aucune autre impression pourrait-elle avoir lieu, quand nous considérons la part que Dieu y a
prise, celle d'un père qui enseigne à son fils les premiers rudiments
du langage. Mais sous ce sens si simple se trouve caché, comme
dans tout ce livre mystérieux, un autre sens d'une signification
beaucoup plus profonde. Le nom de quelque chose ou de quelqu'être vivant que ce soit, même comme il est nommé en Dieu et
désigné de toute éternité, renferme en lui-même l'idée essentielle de
son être le plus intime, la clé de son existence, la puissance décisive
pour lui de l'être ou du non-être ; c'est ainsi qu'il est employé dans
le discours sacré, où, en outre, il est uni à l'idée du Verbe, dans
un sens plus saint et plus élevé. D'après ce sens plus profond et
cette intelligence, cette narration enseigne et signifie, comme je
l'ai déjà fait remarquer, qu'avec le langage confié, communiqué
et parlé immédiatement par Dieu à l'homme, il fut en même temps,
et par ce moyen, installé comme gouverneur et roi de la nature,
ou, plus exactement encore, comme l'envoyé de Dieu au milieu
de cette création terrestre ; et dans l'acomplissement des devoirs
de cette dignité consistait sa dictinction originelle [1].

Notre première conclusion tirée des écrits des ethnographes modernes, est donc que le langage des hommes a été originairement
unique ; revenons maintenant à la seconde, qui la confirmera plei-

---

[1] Page 70. Peut-être cette idée est-elle empruntée de Herder, Philo·
sophie de l'Histoire. Lond. 1800, p. 89, bien qu'il ne mentionne en cet
endroit que la faculté de parler, et point le langage.

nement. Comment ce langage unique se divisa-t-il en un si grand nombre d'autres si étrangement différents?

Je vous donnerai d'abord l'opinion de Herder, et afin qu'on ne le soupçonne pas d'être un témoin partial, je préviens que dans cette même page que je vais citer il prend soin de nous informer qu'il considère l'histoire de Babel « comme un fragment poétique dans le style oriental. » Il nous dit donc, dès l'abord, que comme la race humaine est un tout progressif, dont les parties sont intimement unies, de même le langage doit former aussi un tout également uni, issu d'une commune origine... » Ceci posé, continue-t-il, il y a une grande probabilité que la race humaine, et aussi son langage, remonte à une souche commune, à un premier homme, et point à plusieurs dispersés dans différentes parties du monde. » Il développe cette proposition et l'appuie par des recherches grammaticales sur la structure des langues. Ses conclusions cependant ne s'arrêtent pas là ; il affirme avec assurance que, d'après l'examen des langues, il est clair que la séparation de l'espèce humaine doit avoir été violente : non pas en vérité que les hommes aient changé volontairement leur langage, mais ils ont été violemment et soudainement séparés les uns des autres [1].

C'était pour démontrer la même conclusion que M. Sharon Turner lut, en 1824 et 1825, à la Société royale de littérature de Londres une série d'essais sur ce sujet. Le savant auteur entreprit une analyse très-détaillée des éléments primitif du langage, et conclut que les nombreuses apparences d'attraction et de répulsion entre les langues ne laissaient d'autre alternative pour les expliquer que l'adoption de quelque hypothèse, analogue à l'événement dont le récit est déposé dans la Genèse. Mais je n'insisterai pas davantage sur son témoignage, le seul auquel je me sois référé dans cette science, tiré d'un auteur qui défend expressément la narration de l'Ecriture [2].

---

[1] Ubi sup., Mémoires de l'Acad. roy. Berlin, p. 411-413.

[2] Ces Essais sont imprimés dans les Transactions de la Société royale de littérature, vol. I, prem. partie. Londres 1827, p. 17-106. Il y a plusieurs inexactitudes dans les exemples rapportés dans ce travail, d'ailleurs très-soigné ; et l'auteur emploie un système philologique qui ne soutiendra pas les épreuves universellement admises par les linguistes

Plus d'une fois j'ai eu l'occasion de citer les opinions du savant Abel Rémusat, un homme que l'on peut justement considérer comme ayant fait revivre la littérature chinoise qu'il a rendue facile, et qui possédait à la fois une connaissance profonde des langues de l'Asie orientale, et un esprit éminemment philosophique. Sa mémoire sera toujours pour moi intimement associée à l'intérêt que j'éprouve pour cette science; car lorsque j'étais jeune, j'ai eu le plaisir de l'entendre savamment discourir sur ces matières avec d'autres hommes savants comme lui et qui aussi comme lui ne sont plus.

> E quale il cicognin che leva l'ala
> Per voglia di volar, e non s'attenta
> D'abbandonar lo nido, e giù la cala;
> Tal era io con voglia accesa e spenta
> Di dimandar, venendo in fino all' atto
> Che fa colui ch' a dicer s'argomenta [1].
>
> DANTE, *Purg.* XXV.

Son ouvrage sur les langues tartares, quoique non achevé, est une mine de rares renseignements sur plusieurs points, indépendamment de son objet principal, et l'on distingue dans tout son contenu ce pouvoir de simplification, de résolution analytique, qui semble avoir été une de ses facultés spéciales. Dans le discours préliminaire, étendu et diversifié, il a clairement exposé ses sentiments touchant la concordance de l'ethnographie philologique avec la narration sacrée. Car après s'être étendu sur la manière dont les études linguistiques pourraient être dirigées vers l'histoire, il conclut : « C'est alors que nous pourrions déterminer avec précision ce qui, d'après le langage d'un peuple, aurait été son origine,

du continent. Il ne parle nullement de la division des familles généralement reconnue; le même mot, orthographié différemment peut-être par des écrivains de pays divers, est plusieurs fois répété; il en donne même quelques-uns qui n'existent pas dans le langage cité.

[1] « Tel que le petit de la cigogne, qui soulève ses ailes, excité par le désir de voler, et les abaisse parce qu'il n'ose pas quitter le nid; tel avec une volonté ferme et interrompue j'arrivais jusqu'à produire le mouvement de celui qui se dispose à parler. » (Trad. de M. Artaud.)

avec quelles nations il aurait été allié, quel était le caractère de
cette alliance, et à quelle souche elle se rattache; au moins jusqu'à l'époque où cesse l'histoire profane, et où nous pourrions
trouver dans les langages cette confusion qui leur a donné naissance à tous, et que tant de vains efforts n'ont pu expliquer. [1] »

Mais dans le fait, si une fois nous admettons l'unité originaire
du langage, nous pourrons à peine rendre compte de ses divisions
subséquentes sans quelque phénomène semblable. Ceci a été remarqué par le savant et judicieux Niébuhr, dans une de ces ex-
cursions que nous trouvons par hasard dans son livre, et qui indiquent toujours la merveilleuse diversité de ses études, parmi
lesquelles il faut placer particulièrement notre science. Et je cite
d'autant plus volontiers le passage suivant, parce que dans la première édition la plus connue, je crois, en Angleterre par l'habile
traduction qui fut faite de l'ouvrage aussitôt son apparition, une
opinion très-différente occupe sa place. « Cette erreur, dit-il dans
la troisième édition, a échappé à l'attention des anciens, probablement parce qu'ils admettaient plusieurs races primitives de l'espèce humaine. Ceux qui les nient et remontent à un couple unique
doivent supposer un miracle pour expliquer l'existence d'idiomes
de structures différentes ; et pour ces langues qui diffèrent par leurs
racines et d'autres qualités essentielles, il faut admettre le prodige
de la confusion des langues. L'admission d'un semblable miracle
n'offense point la raison ; car, puisque les restes de l'ancien monde
nous démontrent évidemment qu'avant celui-ci un autre ordre de
choses existait, il est très-croyable qu'il a duré dans son entier depuis son commencement, et qu'à quelque période il a subi un changement essentiel [2]. Et à cette remarque nous pouvons ajouter que
si pour nous rendre compte de tant de langages divers, nous devons avoir recours à tant de races indépendantes, nous serons conduits à la nécessité d'en admettre, non pas un petit nombre dans
les parties éloignées du globe, mais autant qu'il y a à présent d'i-
diomes qui paraissent n'avoir aucune liaison entre eux, c'est-à-dire

[1] Recherches sur les langues tartares, vol. I, p. IX.

[2] Nieburh's Rœmische Geschichte, troisième édit., prem. part., s.
60. Comparez la traduction anglaise de 1828, p. 44. Il est agréable de
voir ces changements, malgré la déclaration de l'auteur, p. XII.

plusieurs centaines : conséquence nullement philosophique dans son principe, car elle nous conduit tout d'un coup à la solution extrême d'un phénomène constant; et encore moins philosophique dans son application, car nous devons alors multiplier les races presque en raison inverse des nombres qui les composent, puisque les plus petites tribus et les populations sauvages les plus subdivisées présentent de la manière la plus marquée des différencés remarquables dans leur langage. Il suivrait de là que l'intérieur de l'Afrique, ou les régions inexplorées de l'Australie, pourraient contenir plus de races que l'Europe ou l'Asie entières. Mais nous aurons bientôt plus à dire sur ce sujet.

Je conclurai les témoignages des ethnographes par celui de Balbi, l'actif et savant auteur de *l'Atlas ethnographique du globe :* cet ouvrage consiste en cartes ou mappemondes dans lesquelles les langues sont classées d'après leurs *règles* ethnographiques, comme il les appelle, qui sont suivis de tableaux comparatifs des mots élémentaires de chaque langage connu. Le volume d'introduction qui accompagne cet atlas contient une vaste collection de renseignements précieux et intéressants, sur les principes généraux de la science. En compilant cet ouvrage, Balbi a mis à profit non-seulement tout ce qui était déjà connu du public, mais il a été puissamment aidé par les plus habiles ethnographes de Paris. Il doit donc être intéressant de connaître l'impression produite sur l'esprit d'un auteur qui a ainsi parcouru le champ entier de la science ethnographique et a recueilli l'opinion de ceux qui avaient consacré leur vie à sa culture. D'après mes rapports personnels avec lui, je puis dire qu'il est loin de penser que les recherches des linguistes aient en aucune façon la moindre tendance à attaquer la véracité de l'historien sacré. Et il n'a pas omis de consigner cette opinion dans son ouvrage, car, dans la première mappemonde, il s'exprime ainsi : « Jusqu'à présent aucun monument soit historique, soit astronomique, n'a pu prouver que les livres de Moïse fussent faux ; mais, au contraire, ils sont d'accord de la manière la plus remarquable avec les résultats obtenus par les plus savants philologues et les plus profonds géomètres [1].

[1] Atlas ethnographique du globe, par Adrien Balbi. Paris 1826. Première Mappemonde ethnogr.

Ainsi donc, tel paraît être le double résultat de cette étude, d'abord peut-être une dangereuse recherche, mais qui prête maintenant un appui précieux et de plus en plus fort aux narrations de l'Ecriture. Les langues se forment graduellement en groupes, et ces groupes tendant journellement à se rapprocher et à réclamer une parenté mutuelle, offrent assurément la meilleure preuve d'un premier et unique point de départ, et servent à diviser la race humaine en certaines grandes familles caractéristiques, dont les divisions subséquentes entrent dans le domaine de l'histoire. Semblable à ces masses groupées mais désunies que les géologues considèrent comme les ruines des montagnes primitives, nous voyons dans les dialectes variés du globe les débris d'un vaste monument appartenant à l'ancien monde [1]. L'exacte régularité de leurs angles en plusieurs parties, ces veines d'aspect semblable dont on peut suivre la trace de l'un à l'autre, indiquent que ces fragments ont été autrefois réunis de manière à former un tout; tandis que les lignes nettes et abruptes des points de séparation prouvent que ce n'est point par une séparation graduelle ou par une action lente et continue qu'ils ont été désunis, mais que quelque convulsion violente les a fendus et séparés. Eh bien, vous avez vu que des conclusions tout aussi positives ont été tirées par les plus savants ethnographes.

Il y a encore une branche de notre science qui semble en dehors de tout ce que nous avons éclairci jusqu'ici, et qu'il serait cependant injuste de passer sous silence. Toute l'histoire de ces études, autant que j'ai pu vous la donner, paraît s'appliquer presque exclusivement à l'ancien monde, où la civilisation doit avoir beaucoup fait pour assimiler des formes et amalgamer des dialectes, tandis que dans l'intérieur de l'Afrique, et d'une manière encore plus frappante dans l'hémisphère occidental, la théorie du langage semble refuser de se soumettre aux principes que nous avons établis, et la variété infinie des langues enveloppe d'un pénible mystère l'origine de la population.

Le nombre des dialectes que parlent ces naturels de l'Amérique est presque incroyable. Choisissez une contrée de l'ancien monde

[1] Voyez d'Aubuisson, Traité de Géognosie. Strasb. 1827, tom. I, p. 227.

où vous croirez qu'il y a le plus de langues parlées, et prenez au hasard un espace égal de terrain dans quelque district de l'Amérique peuplé par des naturels; ce dernier point donnera assurément le plus grand nombre de langues différentes [1]. J'ai été moi-même témoin d'une anxiété telle sur ce sujet, chez des personnes d'un profond savoir et d'une grande intelligence, qu'elles refusaient de donner crédit aux assertions de Humboldt, relativement au nombre des langues de l'Amérique, plutôt que d'admettre ce qu'elles regardaient comme une objection insurmontable contre le récit de l'Ecriture. Car nous ne pouvons supposer que chacune de ces tribus, parlant un langage totalement inintelligible à ses voisins, soit descendue en droite ligne d'une famille formée lors de la dispersion; sans parler de l'anomalie étrange que, sortant de familles humaines ainsi formées, une si prodigieuse multitude de tribus et aussi insignifiantes aient pu, dans leur dispersion, atteindre une pareille distance. Il n'est point étonnant alors que les incrédules du dernier siècle aient pris une méthode plus courte de résoudre ce problème, en assurant que l'Amérique avait eu sa propre population indépendante de celle de l'ancien continent [2]. Ici encore les amis de la religion se présentèrent, et comme il est arrivé trop souvent, avec des hypothèses à peine ébauchées et des théories sans fondement, sur l'origine de la population américaine et les moyens par lesquels elle était parvenue dans ces régions. Campomanes se fit le patron des Carthaginois, Kircher et Huet des Egyptiens, de Guignes des Huns, sir William Jones des Indiens, et plusieurs antiquaires américains des dix tribus d'Israël.

Nous avons maintenant à examiner quelle lumière l'ethnographie a pu jeter sur cette question, et jusqu'où les solutions qu'elle donne s'accordent avec les résultats satisfaisants obtenus dans d'autres contrées du globe. Le premier pas pour établir une connexité entre les habitants des deux continents fut tenté par les partisans de ce que nous avons appelé l'école lexique, et consistait à comparer les mots des dialectes américains avec des termes pris dans les nations du nord et de l'est de l'Asie. Smith Barton

[1] Voyez Humboldt, Essai politique sur la Nouvelle-Espagne. Paris 1825, tom. II, p. 252.

[2] Voyez Bullet, Réponses critiques. Besançon 1819, vol. II, p. 51.

fut le premier qui fit cette tentative, et son travail fut incorporé, sous une forme très-étendue, dans un Essai que Vater publia d'abord en 1810 et republia ensuite dans son *Mithridates* [1]. Je vais donner le résultat de leurs travaux avec les propres paroles d'un juge compétent. « Des recherches faites avec la plus scrupuleuse exactitude, en suivant une méthode qui n'avait pas encore été employée dans l'étude de l'étymologie, ont prouvé l'existence de quelques mots communs aux vocabulaires des deux continents. Dans quatre-vingt-trois langues américaines examinées par Barton et Vater, on trouve cent soixante-dix mots dont les racines paraissent les mêmes ; et il est facile de voir que cette analogie ne peut-être accidentelle, puisqu'elle ne repose pas purement sur l'harmonie imitative, ou sur cette conformité d'organes qui produit une identité presque parfaite dans les premiers sons articulés par les enfants. De ces cent soixante-dix mots qui ont cette analogie, trois cinquièmes ressemblent au mantchou, au tongouse, au mongol et au samoyède ; et deux cinquièmes se trouvent dans les langues celtique et tchoude, biscayenne, cophte et congo. Ces mots ont été trouvés en comparant la totalité des langues américaines avec la totalité de celles de l'ancien monde ; car jusqu'à présent nous ne connaissons aucun idiome américain qui paraisse avoir une correspondance exclusive avec aucune des langues de l'Asie, de l'Afrique ou de l'Europe [2].

Malte-Brun essaya d'avancer un pas plus loin, et d'établir ce qu'il appelle une connexion géographique entre les langues américaines et asiatiques. Après une investigation scrupuleuse, voici ses conclusions : Que des tribus alliées avec les familles finnoises, ostiaque, permienne et caucasienne, passant le long des bords de la mer Glaciale, et traversant le détroit de Behring, se sont répandues en différentes directions vers le Groënland et le Chili ; que d'autres tribus appartenant aux Japonais, aux Chinois et aux Kouriliens, suivant le long de la côte, pénétrèrent dans le Mexique [3] et qu'une autre colonie en relation avec les Tongouses, les

---

[1] Untersuchung über Amerikas Bevolkerung aus dem alten Continente. Leips. 1810. — Mithrid. 3, ch. 2, abth., p. 340.

[2] A. de Humboldt, Vue des Cordillières ; trad. angl, vol. I, p. 19.

[3] M. de Humboldt pense que les Toltèques (ou Aztèques) qui ont

Mantchous et les Mongols a suivi les chaînes de montagnes des deux continents et atteint la même destination. Outre ces grandes émigrations, il suppose que beaucoup de petites y ont transporté un certain nombre de mots malais, javanais et même africains [1]. Quelques limitées que puissent paraître des comparaisons ainsi faites, elles ont été admises, ainsi que vous l'avez vu, par le savant voyageur que j'ai cité, et aussi par Balbi, comme prouvant assez dans les langues des deux continents une ressemblance trop marquée pour être accidentelle.

Néanmoins j'avouerai que je considère ces résultats comme de peu d'importance, tant parce que les ressemblances sont assez légères et trop anormales pour être d'une grande utilité, que parce que les auteurs eux-mêmes qui les donnent ne considèrent ces migrations que comme de simples additions à une population déjà existante, et purement comme des agents modificateurs de la formation ou de l'altération des langages indigènes [2]. Ces résultats n'ont donc, en les admettant pour vrais, que cette seule importance : c'est qu'ils nous autorisent à conjecturer que la population originaire est parvenue dans l'hémisphère occidental par la même route que les émigrations subséquentes ont tenue. De là je ne suis pas surpris qu'une tentative semblable, faite encore plus récemment par Siebold, pour rattacher les Japonais aux Moscas ou Mouyscas, grande nation américaine entre Maracaïbo et Rio de la Hache, ait été jugée insoutenable par le comité nommé en 1829 pour l'examiner au nom de la Société asiatique de Paris [3].

Mais il y a des conclusions tirées par la science ethnographique

colonisé le Mexique étaient les Hiongnoos, que les annales chinoises disent avoir émigré sous Puno et s'être perdus dans le nord de la Sibérie. Essai politique, p. 350. Voyez aussi Paravey, Mémoire sur l'origine japonaise, arabe et basque des peuples du plateau de Bogota. Paris 1835.

[1] Tableau de l'enchaînement géographique des langues américaines et asiatiques. Géograph. univ, Paris 1821, tom. V, p. 227, comp., p. 211.

[2] Vater, p. 338; Malte Brun, p. 212.

[3] Mémoire relatif à l'origine des Japonais, nouveau journal asiatique; juin 1829, p. 400.

de l'observation de phénomènes généraux et particuliers qui portent bien plus matériellement sur ce point, et ont complètement
fait disparaître toutes les difficultés provenant de la multiplicité
des langues américaines. Et d'abord, l'examen de la structure
commune à toutes les langues américaines n'a pas permis de douter qu'elles ne formassent toute une famille individuelle, unie dans
toutes ses parties par le plus essentiel de tous les liens, l'analogie
grammaticale. Cette analogie n'est point d'une espèce vague et indéfinie, mais elle est très-complexe et comprend les parties les plus
nécessaires et les plus élémentaires de la grammaire; car elle consiste spécialement en des méthodes particulières de modifier par
la conjugaison la signification et les rapports des verbes au moyen
de l'insertion de syllabes; et cette forme a engagé G. de Humboldt à donner aux langues américaines un nom de famille comme
formant leurs conjugaisons par ce qu'il appelait l'*agglutination*.
Et cette analogie n'est pas seulement partielle, mais elle s'étend
sur les deux grandes divisions du nouveau monde et donne un
air de famille aux langues parlées sous la zone torride, et au pôle
arctique, par les tribus les plus sauvages ou les plus civilisées.
« Cette merveilleuse uniformité, dit un écrivain, dans la manière
particulière de former les conjugaisons des verbes, d'une extrémité de l'Amérique à l'autre, favorise singulièrement la supposition d'un peuple primitif qui a formé la souche commune de toutes
les nations indigènes de l'Amérique [1]. » Un autre remarque que
la conclusion la plus naturelle à laquelle nous puissions arriver,
en voyant une affinité si extraordinaire entre des langues séparées
par tant de centaines de lieues, est qu'il faut admettre « un centre
commun de civilisation d'où toutes ont divergé [2]. »

Secondement, plus on donne d'attention à l'étude des langues
américaines, plus on les trouve assujetties aux lois des autres familles, tellement que cette grande et unique famille tend chaque
jour à se subdiviser en groupes considérables, ayant entre eux des
affinités plus intimes qu'avec la grande division, dont, à leur tour,
ils forment une partie. Ainsi les missionnaires ont observé de bonne
heure que certaines langues pouvaient être considérées comme la

---

[1] Malte-Brun, p. 217, comp. p. 213.
[2] Vater, p. 329.

clé d'autres dialectes, de manière que quand on les possédait on entendait promptement les autres. Cette remarque a été, je m'en souviens, faite quelque part par Hervas, et des recherches subséquentes l'ont amplement confirmée. Aussi Balbi, dans son tableau des langues américaines, a-t-il pu les diviser en certaines grandes sections renfermant chacune de nombreuses dépendances.

Ainsi donc voilà l'objection que l'on faisait à l'unité des nations américaines, tirée de la multiplicité de leurs langues, détruite d'une manière satisfaisante par l'étude même qui l'avait fait naître, et en même temps la difficulté que l'on en tirait, que ces nations pussent appartenir à la souche commune des habitants de l'ancien monde. Mais la collection et la comparaison des faits rattachés aux recherches linguistiques me conduit à un dernier résultat également satisfaisant ; car vous verrez que nous aurons encore à rendre compte de la dissemblance des dialectes parlés par des nations ou des tribus limitrophes et composées d'un petit nombre d'individus. Or, on a observé que ce phénomène n'est nullement particulier à l'Amérique, mais commun à tous les pays non civilisés. Si nous n'avions d'autre *criterium* d'unité d'origine que le langage, nous éprouverions peut-être quelque difficulté dans l'examen de ce point. Mais une autre science dont nous traiterons la prochaine fois, et qui confirmera admirablement les conclusions que je tire maintenant, peut établir des caractères par lesquels les relations entre tribus, formant unité de race, peuvent être aisément déterminées. Et pourtant on trouve que dans des cas où l'on ne peut pas douter que des hordes sauvages n'aient été originairement réunies, il s'est élevé parmi elles une variété de dialectes si complète et si multipliée, qu'on n'y peut découvrir que peu ou point d'affinité. Et de là nous tirons, en quelque sorte, une règle, que l'état sauvage qui isole les familles et les tribus, où le bras de chacun est toujours levé contre son voisin, a essentiellement l'influence toute contraire de la civilisation, dont les tendances sociales sont de réunir ; cet état introduit nécessairement une jalouse diversité, et des idiomes inintelligibles dans les jargons qui assurent l'indépendance des différentes hordes.

Nulle part cette puissance de désunion n'a été plus attentivement examinée que parmi les tribus de la Polynésie. « Les Papous ou nègres orientaux, dit le docteur Leyden, semblent tous divisés en petits états , ou plutôt sociétés , qui ont très-peu de rapports l'un avec l'autre. De là leur langage est brisé en une multitude de dialectes, qui, par la suite du temps, par séparation, accident ou corruption orale, ont presque perdu toute ressemblance [1]. » « Les langues, dit M. Crawford, suivent le même progrès. Dans l'état sauvage elles sont en grand nombre, dans la société perfectionnée peu nombreuses : l'état du langage sur le continent américain offre une démonstration convaincante de ce fait, et il ne s'explique pas d'une manière moins satisfaisante dans les langues des îles indiennes. Les races noires qui habitent les montagnes de la péninsule malaye, dans l'état le plus bas et le plus abject de l'existence sociale, quoique numériquement peu nombreuses, sont divisées en une grande quantité de tribus distinctes, parlant autant de langues différentes. Parmi la population éparse et grossière de l'île de Timor, on ne croit pas qu'on parle moins de quarante dialectes différents. Dans les îles de Ende et de Flores nous avons aussi une multitude d'idiomes , et parmi la population cannibale de Borneo , il n'est pas improbable qu'on parle plusieurs centaines de langues [2]. » Les mêmes faits s'observent chez les tribus d'Australie qui appartiennent à la même race, si on examine la liste des mots particuliers à chaque tribu , que le capitaine King nous a donnée [3]. La plus grande dissemblance existe entre eux; quelques-uns, cependant , comme les équivalents d'*œil*, se retrouvent dans tous ces dialectes, et il arrive aussi, comme dans les mots qui répondent à *chevelure*, que des tribus en contact immédiat diffèrent essentiellement et qu'on les trouve s'accorder avec ceux d'îles fort éloignées. Or, si ces causes agissent ainsi ailleurs, elles doivent être bien plus puissantes en Amérique; car là, comme l'a très-bien observé Humbold, « la configuration du sol, la vigueur de la végétation, l'appréhension des montagnards, entre les tropiques, de s'exposer à la chaleur brûlante des plaines, sont des obstacles à la communication, et contribuent à l'étonnante variété des dialectes américains. Cette variété, à ce qu'on a observé, est

---

[1] Asiatic researches , vol. X , p. 162.

[2] Hist. of the Ind. Archipel. , vol. II, p. 79.

[3] Narrative of a survey of the Intertropical and Western coasts of Australia; 1826, vol. II, append.

plus restreinte dans les savannes et dans les forêts du Nord, qui sont aisément traversées par le chasseur, sur les bords des grandes rivières, le long des côtes de l'Océan, et dans chaque contrée où les Incas avaient établi leur théocratie par la force des armes [1]. »

Ainsi donc, je pense que, dans cette branche de ses recherches, on trouvera que l'ethnographie a aussi rempli sa tâche, d'abord en réduisant le nombre immense de dialectes américains à une seule famille, puis en expliquant par analogie leur multiplicité extraordinaire. Mais comme le plan de ces discours, dont je vous ai tracé l'esquisse, ne me ramènera plus sur cette intéressante partie du globe, je mettrai votre intelligence un peu plus à contribution pour examiner les preuves de l'affiliation entre les habitants des deux mondes, de manière à suppléer au défaut de la connaissance ethnographique de leurs idiomes.

Premièrement, nous avons les traditions des Américains eux-mêmes qui les représentent comme un peuple émigrant, venant du nord-ouest et se dirigeant vers le sud. Les Toltèques, puis les sept tribus, comme on les appelle, les Tchetchenèques et les Aztèques, sont tous représentés dans l'histoire mexicaine comme des nations successives arrivant à Anahuac ou Mexico. Dans les peintures hiéroglyphiques représentant les migrations de ce dernier peuple, on le voit selon Boturini, traversant la mer, probablement le golfe de Californie, circonstance qui ne peut pas laisser de doute relativement à la route qu'ils suivaient. Ces traditions racontent en outre l'arrivée de colons plus récents, qui avancèrent grandement la civilisation de ces contrées. Manco-Capac est le plus célèbre parmi eux, comme fondateur de la dynastie et de la religion des Incas. Un écrivain, ne suivant que son imagination, s'est emparé de cette circonstance, et en a tiré une histoire complète d'une conquête du Pérou et du Mexique par les Mongols [2].

---

[1] Views of the Cordilleras, vol. I, p. 17.

[2] Ranking, Recherches historiques sur la conquête du Pérou et du Mexique, etc., dans le treizième siècle, par les Mongols, accompagnés d'éléphants. Lond. 1827 (en angl.). L'esprit de système fait de temps à autre tomber l'ingénieux auteur dans des erreurs : ainsi, p. 419, il invoque l'autorité de Humboldt pour une inscription tartare que l'on

Il suppose que Manco-Capac était le fils de Kublai, l'empereur mongol, petit-fils de Genghiskhan, qui fut envoyé par son père avec une flotte contre le Japon. Une tempête dispersa la flotte, tellement qu'il ne put plus regagner son pays, et cet auteur imagine que les navires furent chassés par les vents sur la côte d'Amérique, où le commandant s'était établi comme chef. Tout ingénieux que ceci soit et même probable, les preuves que l'on fournit pour l'établir sont loin d'être satisfaisantes. On peut sans doute trouver beaucoup d'analogies entre les Péruviens et les Mongols, mais on peut facilement les faire venir d'autres sources. Cependant les données chronologiques, la nature de la religion qu'ils établirent et les monuments qu'ils érigèrent, ne laissent pas la liberté de douter que le Thibet ou la Tartarie ne fût la contrée originaire d'où est sortie l'émigration de Manco-Capac.

Secondement, la computation du temps chez les Américains présente une coïncidence trop marquée, dans une méthode purement arbitraire, avec celle de l'Asie orientale, pour être tout-à-fait accidentelle. La division du temps en grands cycles d'années, subdivisés en plus petites portions, dont chacune porte un nom particulier, est, avec de légères différences, le plan adopté chez les Chinois, les Japonais, les Kalmoucks, les Mongols et les Mantchoux, aussi bien que parmi les Toltèques, les Aztèques et d'autres nations américaines; et le caractère de leurs méthodes respectives est précisément le même, particulièrement si l'on compare celles des Mexicains et des Japonais. Mais la comparaison du zodiaque, comme il existe chez les Thibétains, les Mongols et les Japonais, avec les noms donnés par cette nation américaine aux jours du mois, satisfera, je le pense, les plus incrédules. Les signes identiques sont le tigre, le lièvre, le serpent, le singe, le chien et un oiseau; de chacun desquels il est clair qu'aucune aptitude naturelle ne pouvait en avoir suggéré l'adoption sur les deux continents. Cette étrange coïncidence est encore augmentée par le fait curieux que plusieurs des signes mexicains, qui manquent dans le zodiaque tartare, se trouvent dans les Shastras hindous exactement dans les positions correspondantes. Et

dit se trouver dans la baie de Norranganset, tandis que Humboldt rejette l'histoire comme plus que douteuse;

ceux-ci ne sont pas moins arbitraires que les premiers : c'est une maison, une canne (à sucre), un couteau, et trois empreintes de pied [1] ; mais, pour traiter ce sujet convenablement, il serait nécessaire d'entrer dans des détails plus circonstanciés.

Enfin, si tout le reste venait à nous manquer, les traditions précises, transmises avec tant de sollicitude par les Américains, sur l'histoire primitive de l'homme, sur le déluge et la dispersion, si exactement conformes avec celles de l'ancien monde, doivent éloigner toute hésitation relativement à leur origine. Les Aztèques, les Mittèques, les Tlascaltèques et d'autres nations, avaient des peintures sans nombre sur ces derniers événements. Tezpi ou Coxcox, comme on appelle le Noé américain, est représenté dans une arche flottant sur les eaux, et avec lui sa femme, ses enfants, plusieurs animaux et différentes espèces de grains. Quand les eaux se retirèrent, Tezpi envoya un vautour, qui, trouvant à se nourrir sur les corps des animaux noyés, ne revint pas. Après que l'expérience répétée avec plusieurs autres oiseaux eut manqué, l'oiseau-mouche revint à la fin portant une branche verte à son petit bec. Dans les mêmes peintures hiéroglyphiques, la dispersion de l'espèce humaine est ainsi représentée. Les premiers hommes après le déluge étaient muets; et on voit une colombe perchée sur un arbre donnant à chacun une langue. La conséquence de cela fut que les familles, au nombre de quinze, se dispersèrent en différentes directions [2]. Cette coïncidence, qui me rappelle que ce n'est là qu'une digression, serait seule suffisante pour établir un chaînon de connexion intime entre les nations des deux continents. Mais, dans le fait, les ressemblances entre ces traditions sont si nombreuses, si extraordinaires et tellement circonstanciées, que, dans un ouvrage, dont je dois dire quelques mots, deux longues et savantes dissertations ont été insérées pour prouver que les Juifs d'abord et ensuite les Chrétiens ont colonisé l'Amérique [3]. L'ouvrage auquel je fais allusion est la collection vraiment royale

[1] Voyez les planches comparatives, etc., dans le tom. II des Vues des Cordillières (en angl.).

[2] Humboldt, ib., p. 65, 66.

[3] Les Antiquités de Mexico, publiées par A. Aglio, vol. VI, p. 232, 409 et 420.

des monuments mexicains, publiée par lord Kingsborough ; c'est
un trésor de matériaux pour ceux qui se vouent à cette étude. Il
paraît impossible de parcourir ces magnifiques volumes sans être
frappé du caractère varié de l'art qu'ils exposent aux regards. Les
figures hiéroglyphiques représentant la forme humaine accroupie
ou dans des proportions difformes n'ont rien de commun avec les
reliefs sculptés. Ici nous voyons de grandes figures posées dans
des attitudes guerrières ; là, des femmes assises les jambes croisées
sur des monstres à double tête, avec leurs enfants dans leurs
bras, leur cou orné de rangs de perles, leur tête couronnée par
une coiffure conique élevée, surmontée quelquefois d'animaux ;
dans un autre endroit nous trouvons la tortue, emblème sacré de
l'Inde ; dans un autre, nous voyons le serpent se roulant autour
de l'arbre, ou des hommes que des monstres informes menacent
d'avaler ; tellement que nous nous imaginons examiner les sculptures de quelque caverne indienne ou ancienne pagode [1]. Et j'a-
jouterai que le type des physionomies, dans ces sculptures, n'est
en aucune façon américaine, mais rappelle fortement à l'esprit la
première manière indienne. Ensuite nous avons une autre classe
de monuments, également distincte, et qui semble s'harmoniser
avec l'art égyptien. Nous avons des pyramides construites sur le
même modèle, et qui paraissent destinées au même objet. Nous
avons des figures aux vêtements serrés, de manière que seulement les pieds en bas et les mains de chaque côté paraissent,
comme dans les statues égyptiennes ; tandis que la coiffure entoure
la tête et descend de chaque côté, poussant en avant d'énormes
oreilles ; outre d'autres figures agenouillées où cette toilette est
encore plus marquée, tellement que, comme l'observait E. Q. Visconti, elles pourraient avoir été copiées d'après le portique de
Dendera, dont les chapiteaux leur ressemblent exactement. Dans
les figures de cette classe aussi, la physionomie n'est nullement la
même que dans la première, mais d'un caractère plus approprié
au style de l'art [2].

[1] Voyez vol. IV, prem. part., fig. 20, 36 ; 27, 28, 32 ; Specimens
de sculptures mexicaines, en la possession de M. Latour Allard, à Paris,
fig. 15, part. III, fig. 8.

[2] Voyez ib., part. I, fig. 1 et suiv. 48, M. de Latour, fig. 8. 14, etc.

Qui nous expliquera cette énigme ? qui nous dira si ces ressemblances sont accidentelles, ou produites par une communication *actuelle* ? Assurément ceci est encore le pays du mystère, entouré de nuages ; beaucoup d'études sont encore nécesaires pour éclaircir les anomalies, concilier les contradictions, et placer notre savoir sur une base plus stable. Nous ne pouvons même surmonter les difficultés de cette nature qui se rapprochent de nos temps ; par exemple, expliquer comment, ainsi que Muratori l'a prouvé, le bois de Brésil était au nombre des marchandises payant un droit aux portes de Modène en 1506, ou comment la carte d'Andrea Bianco, conservée dans la bibliothèque de saint Marc à Venise, et construite en 1436, peut placer une île dans l'Atlantique avec le nom même de *Brasile*. Combien avons-nous plus de difficultés à combattre, quand nous entreprenons de débrouiller le chaos des documents primitifs, ou de reconstruire une histoire des premiers temps avec quelques fragments de monuments épars !

Et je remarquerai en coneluant qu'il y a plusieurs autres problèmes dans l'histoire des langues qui entrent dans les mystères de la nature, et dont la solution est enveloppée dans ces lois cachées de sa constitution qui l'enchaînent à l'ordonnance morale du monde. Car, pourrait-on demander, comment se fait-il que des langues se sont produites si aisément dans les premiers âges, qui jusqu'à présent n'ont point subi de changements ; ou plutôt comment leurs premières familles furent-elles si tôt divisées en dialectes essentiellement fixés et indépendants, tandis qu'avec le progrès des siècles l'espèce humaine n'a pu former guère que des dialectes de ceux-ci, des idiomes provinciaux, ou des dérivations manifestes ayant à peine au-delà quelque force de production ? Car c'est dans une très-courte période après la dispersion que le sanskrit, le grec et le latin, ou au moins la langue dont il descend, doivent avoir reçu leurs formes caractéristiques si marquées ; et dans la famille sémitique la séparation doit s'être faite également dès l'origine. Mais nous pourrions aussi bien demander pourquoi le chêne, à peu de distance de ses racines, pousse au dehors des branches robustes et gigantesques, dont chacune paraît assez grosse pour former un autre arbre et avoir à lui en propre sa masse de branchages, avec sa couronne annuelle de jeunes pousses, tandis que plus haut il ne peut plus produire qu'une génération moins vigoureuse, débile, et où la force pro-créatrice paraît presque épuisée. Et vraiment il y a une sève dans les nations aussi bien que dans les arbres, un énergique pouvoir intérieur toujours tendant à s'élever, et tirant de nou-velles forces des plus simples institutions, des plus pures vertus, et de la plus saine morale. Aussi longtemps que ces qualités for-ment le sol dans lequel un peuple est en quelque sorte profon-dément enraciné, ses facultés sont presque sans bornes ; mais à mesure que ce sol s'altère ou s'épuise, la nation s'affaiblit et tombe. Certes, il y avait dans l'esprit humain une vigueur sur-naturelle comparée à la nôtre, quand la poésie d'Homère compo-sait les chants des rapsodes ambulants ; quand des chefs-pasteurs, comme Abraham, pouvaient voyager de nation en nation, et même s'associer avec leurs rois ; et quand un peuple enfant pouvait ima-giner et exécuter des monuments comme les pyramides d'Egypte.

Et si nous pouvons parler ainsi des nations, que dirons-nous de l'espèce humaine entière, quand toute son énergie était en quelque sorte concentrée dans le petit nombre de ses premiers pères ; quand les enfants de Noé, éloignés de quelques généra-tions seulement des traditions et des leçons d'Eden, et possédant la sagesse accumulée des patriarches aux longs jours, étaient merveilleusement préparés pour recevoir ces impressions étranges et nouvelles que devait produire en eux un monde qui venait d'é-clore dans toute sa nouveauté, et lorsqu'eux-mêmes, eux, race également nouvelle, aux prises, d'un côté, avec les ravages du dernier désastre, et de l'autre, avec l'exubérance de production qui en résultait, doivent avoir ressenti une énergie sans bornes dans la pensée et l'action, une rapidité de conception, une ri-chesse d'imagination et une puissance d'exécution correspondant à la crise, et telles que les générations postérieures n'en pouvaient jamais éprouver le besoin. Et pour des esprits soumis à de telles impressions, excités par de pareils sentiments non modifiés, et si énergiquement forcés de tenir compte de leur action, le premier langage produit doit avoir reçu une impression, un caractère plus hardi et plus indélébile que les temps postérieurs n'auraient pu le communiquer, lorsque les premiers ressorts de cette action vigoureuse se sont affaiblis ou ont cessé d'agir.

Mais nous ne devons pas, je pense, imaginer que la divine Providence, en distribuant à différentes familles humaines le don sacré de la parole, n'ait eu d'autre but que la dispersion matérielle de la race humaine, ou de leur accorder des formes variées d'élocution; il y avait là sans aucun doute une fin plus profonde et plus importante, la répartition entre les nations des facultés intellectuelles. Car le langage est si évidemment le pouvoir réel, et, pour ainsi parler, l'incarnation de la pensée, que nous pouvons presque aussi facilement imaginer une âme sans un corps, que nos pensées non revêtues des formes de leur expression extérieure. Il suit de là que ces organes des conceptions de l'esprit doivent à leur tour modeler, contrôler et modifier son caractère particulier, tellement que l'esprit d'une nation doit nécessairement correspondre au langage qu'elle possède.

La famille sémitique, privée de particules et de formes grammaticales propres à exprimer les relations des choses, raidie par une construction qui ne plie point et confinée par la dépendance des mots qui proviennent des racines verbales, aux idées d'action extérieure, ne pouvait conduire l'esprit à des idées abstraites; c'est pourquoi ses dialectes ont toujours été employés à de simples narrations historiques, à la poésie la plus exquise, où de simples impressions, des sensations, sont décrites dans la succession la plus rapide; tandis que pas une école de philosophie nationale ne s'est élevée dans cette famille, et aucun élément de pensée métaphysique n'apparaît dans leurs plus sublimes compositions. De là vient que les plus profondes révélations de la religion, les plus imposantes énonciations des prophètes, les plus sages leçons de vertu, sont en hébreu revêtues d'images prises dans la nature extérieure. Et sous ce rapport, l'auteur du Koran a nécessairement suivi la même voie.

Mais la famille européenne a reçu en partage, dans son langage, une merveilleuse souplesse pour exprimer les relations intérieures et extérieures des choses, par la flexion de ses noms, les temps conditionnels ou indéfinis de ses verbes; par sa tendance à faire ou adopter des particules sans nombre, mais principalement par cette faculté puissante et presque illimitée de comparer des mots; à quoi il faut joindre la facilité de varier et d'intervertir la construction, et la faculté de transporter immédiatement et complète-

ment la force des mots d'une signification matérielle à une représentation purement intellectuelle. Ainsi, tandis que le génie y
trouve un instrument propre pour exprimer ses conceptions les
plus élevées, il n'est pas moins puissant dans les mains du philosophe ; c'est dans lui et par lui que se sont élevés ces divers
systèmes qui, dans l'Inde antique, dans la Grèce et dans la moderne Germanie, ont tenté de sonder les profondeurs de l'entendement humain ; d'analyser jusque dans leurs éléments primitifs
les formes de nos idées [1].

Et ne voyez-vous pas dans tout ceci quelque chose qui sert à
des desseins encore plus nobles, lorsque ces réflexions vous ramènent à considérer l'ordre observé par Dieu dans la manifestation
de sa religion? Car aussi longtemps que ses révélations devaient
être plutôt conservées que propagées, tant que ses vérités se rapportaient principalement à l'histoire de l'homme et à ses devoirs
les plus simples envers Dieu ; quand sa loi consistait plutôt en pré-
ceptes d'observances extérieures qu'en restrictions intérieures ;
tant que la direction était déterminée plutôt par l'agence mystérieuse des voyants qui lisaient dans l'avenir, que par une règle
établie ou une loi inaltérable, le système entier de la religion était
déposé entre les mains de cette famille humaine, dont le caractère intellectuel et le langage étaient admirablement conformés
pour s'en tenir avec ténacité aux simples traditions des anciens
jours, pour décrire tout ce qui était à l'extérieur de l'homme, et
se prêter le plus efficacement à l'imposant ministère de la mission
du prophète.

Mais un important changement n'est pas plutôt introduit dans

[1] Comme application de ces remarques, je puis dire que de notre
temps la philosophie transcendentale pouvait à peine prendre naissance
ailleurs qu'en Allemagne, dont la langue possède les traits caractéristiques de la famille plus qu'aucune autre, et qui peut le plus aisément
permettre ou suggérer d'employer subjectivement le pronom de la première personne, ce qui serait une violence trop grande dans les autres
langues de l'Europe pour qu'elles l'aient d'abord imaginée. En latin, par
exemple, où il n'y a point d'articles, il est presque impossible de l'exprimer ; et personne, ne connaissant que cette langue, n'aurait pu concevoir une pareille idée.

les fondements de sa révélation et dans les facultés auxquelles il s'adresse, qu'une translation correspondante a manifestement lieu dans la famille à laquelle son administration et sa principale direction sont évidemment confiées. La religion maintenant destinée pour la totalité du monde et pour chaque individu de la race humaine, exigeant en conséquence des témoignages plus variés pour répondre aux besoins et satisfaire aux ardents désirs de chaque tribu, de chaque pays, de chaque âge ; la religion, dis-je, est remise aux mains « d'autres ouvriers » dont la puissance plus profonde de pensée, dont l'impulsion toujours ardente à la recherche pourrait plus aisément découvrir et mettre en lumière ses inépuisables beautés ; qui étudieraient ses rapports avec les vérités de différents ordres, avec chaque système différent des dispensations de Dieu, produisant ainsi toujours de nouveaux motifs de conviction et de nouveaux sujets de louange. Et de cette manière, la sagesse divine, tandis qu'elle a fait la substance de la religion une et immuable, a cependant, en quelque manière, attaché ses témoignages et ses preuves à la roue toujours mouvante des efforts de l'homme, et les a mêlés avec les autres motifs de ses plus pressants désirs, afin que chaque pas fait à la poursuite des saines études et d'une humble investigation leur donne une nouvelle avance et une position variée, sur lesquelles un esprit réfléchi puisse s'arrêter avec une admiration toujours croissante. Et comment ceci est-il arrivé pour la science de l'ethnographie ? j'espère que vous l'avez vu clairement.

TROISIÈME DISCOURS.

SUR L'HISTOIRE NATURELLE DE LA RACE HUMAINE.

PREMIÈRE PARTIE.

Histoire de cette science. — Division des familles humaines parmi les Grecs. — Classification d'Aristote. — Que sont les Égyptiens? — Preuves qu'ils représentent la race nègre; les Scythes et les Thraces sont des tribus germaniques et mongoles. — Écrivains récents. — Système de Camper expliqué; ses difficultés. — Système de classification de Blumenbach. — Division en trois familles primaires et deux secondaires; premièrement, par la forme du crâne; secondement, par la couleur, la chevelure et l'iris. — Distribution géographique des familles. — Distribution entre les Tartares et les Mongols. Travaux du docteur Prichard. — Opposants à l'unité de la race humaine : Virey, Desmoulins, Bory de Saint-Vincent; théorie de Lamarck. — RÉSULTATS. — I. Examen éloigné du sujet par l'analogie des plantes et des animaux. — Exemples de variétés dans ceux-ci, d'un caractère semblable à celles qu'on observe dans l'homme. — II. Examen direct des phénomènes sur une moindre échelle. — Tendance d'une famille à produire des variétés possédant les traits caractéristiques d'une autre. — Exemples de particularités plus extraordinaires se produisant parmi les hommes. — Réflexions sur l'identité des sentiments moraux de toutes les races, comme applicable à la preuve de leur commune origine.

Si saint Paul nous avertit d'éviter de nous embarrasser l'esprit de vaines et inutiles généalogies, on pourrait croire que l'étude à laquelle nous allons nous livrer appartient à cette classe prohibée. Car, assurément, la tentation de suivre à la trace la marche et l'origine de chaque variété de l'espèce humaine, en remontant à un père commun, doit sembler une tâche presque désespérée, quand nous considérons combien l'investigation qu'elle exige a été embrouillée de questions nombreuses et compliquées par les expositions contradictoires des écrivains, et par le conflit des principes d'après lesquels on s'est conduit dans cette recherche. Cependant le succès des résultats obtenus dans la science que nous venons de discuter peut nous encourager à entreprendre l'examen de la science voisine, l'histoire de la race humaine. On peut dire,

en vérité , que leurs objets sont presque tous les mêmes, au point
qu'on pourrait leur donner un nom commun descriptif de leur
objet , avec une épithète distinctive qui indiquerait le procédé
qu'elle suit pour atteindre cet objet ; et si la première était appelée avec raison *Ethnographie philologique*, celle-ci ne serait
peut-être pas mal nommée *Ethnographie physiognomonique*.

La première nous a déjà amenés à cette conclusion satisfaisante, que, autant que ces langues , dans leurs situations respectives , peuvent dans ce cas servir de témoignage, la race humaine
tout entière ne formait originairement qu'une famille, ou , d'après
le langage de l'écrivain sacré , toute la terre était : *labii unius et
sermonum eorumdem*. Mais, si de grandes difficultés ont dû être
surmontées pour justifier cette assertion de l'Ecriture, à cause de
la grande variété d'idiomes qui maintenant divisent les tribus de
la terre, une difficulté plus grande et plus compliquée reste encore à combattre , en ce qu'elle attaque plus directement l'unité
de la race humaine et son origine d'une souche unique. Cette difficulté consiste dans la considération de ces différences physiques
qui distinguent la forme humaine dans diverses régions du globe.

La parole de Dieu a toujours considéré l'humanité tout entière
comme descendant d'un père unique; et le grand mystère de la
rédemption repose sur la croyance que tous les hommes ont péché
dans leur père commun. Supposez différentes créations d'hommes
sans rapports entre elles , et le profond mystère du péché originel
et le mystère glorieux de la rédemption sont effacés à jamais du
livre de la religion. N'est-il pas alors important de réfuter les raisonnements de ceux qui soutiennent qu'il est impossible de réduire à une seule espèce les variétés multiples des familles humaines , ou de les ramener à un père commun ; ou de ceux qui se
présentent avec l'assertion que l'histoire naturelle a établi des
divisions si profondément tranchées entre les caractères physiques
de différentes nations, que jamais l'une n'a pu sortir de l'autre ,
et que l'on ne saurait concevoir aucune action de causes, soit ins-
tantanées ou progressives, qui puissent jamais avoir converti la
forme et la couleur d'un Européen en celle d'un nègre, ou fait
que l'Ethiopien ait changé sa peau et produit la race asiatique ?
Et comment parvenir à cette réfutation ? Assurément par aucun
autre moyen que celui que je vous ai déjà suggéré, et que j'ai

6

l'intention souvent encore de vous inculquer et de vous démontrer par des exemples. C'est par l'étude approfondie de cette même science qui a engendré l'objection ; par la réunion de témoignages encore plus forts que ceux qui ont déjà été produits, et par une classification bien ordonnée de phénomènes, d'où l'on peut tirer des conclusions satisfaisantes.

Conformément à mes engagements, je commence cette tâche aujourd'hui. Je procéderai d'abord par une vue historique de la science, insistant, peut-être plus que mon plan ne semble comporter, sur les premiers temps de son histoire, par des motifs que l'on devinera aisément. J'essaierai ensuite de classer et d'arranger les conclusions que l'étude de l'état actuel de la science peut avec justice nous autoriser à tirer, en les appuyant des preuves additionnelles que j'ai pu recueillir, et alors je vous laisserai comparer ces conclusions avec l'histoire de la race humaine qui nous est rapportée dans la Genèse.

La mention de ce livre sacré rappelle à mon esprit, et avec regret, un passage que je ne puis passer sous silence, parce qu'il est en quelque sorte un préliminaire au sujet même dont je vais parler, et qu'il présente une contradiction directe avec ce que je viens de dire. « Le récit mosaïque, dit un savant écrivain, n'explique pas clairement que les habitants du monde descendent d'Adam et d'Eve. D'ailleurs l'inspiration entière ou partielle des différents écrits compris dans l'ancien Testament a été et est encore mise en doute par plusieurs personnes, y compris de savants théologiens, ainsi que des hébraïsans et des orientalistes très-distingués... Aux fondements du doute relatif à l'inspiration, et qui s'appuient sur l'examen des diverses narrations, sur la connaissance de l'original et d'autres langues orientales, et sur l'opposition inconciliable entre les passions et les sentiments attribués par Moïse à la Divinité, et cette religion de paix et d'amour développée par les évangélistes, j'ai seulement à ajouter que la présentation de tous les animaux amenés devant Adam dans une première circonstance, et subséquemment leur réunion dans l'arche, sont des faits zoologiquement impossibles, si l'on doit les entendre des habitants vivants du monde entier. » La première assertion de cette citation est appuyée dans une note en rapportant les passages où il est dit : « Dieu créa l'homme mâle et femelle ; » et encore (chap. V) : « Au jour que Dieu créa l'homme, il le créa mâle et femelle. » L'auteur suppose que ces passages se rapportent à une création différente de celle d'Eve [1]. C'est avec chagrin que je vais commenter ce passage, parce que son auteur, j'en suis assuré, ne soutient plus les opinions qu'il a si imprudemment exprimées ; mais la valeur de l'ouvrage en lui-même, comme une grande collection de faits importants liés ensemble par de très-savantes observations, continuera à lui donner de l'autorité et à lui assurer la lecture de la jeunesse. Par conséquent je vais essayer de faire quelques remarques sur la partie théologique de l'argument. Les conclusions de l'auteur, d'après l'investigation de la science, sont parfaitement d'accord avec le récit inspiré ; il est donc doublement regrettable qu'il soit sorti de sa ligne pour montrer que l'opinion contraire pouvait être soutenue malgré ce que l'Ecriture enseigne. On ne devait peut-être pas attendre de lui qu'il connaîtrait les travaux des théologiens, mais l'appel qu'il leur fait nous donne le droit d'examiner leurs opinions. Or, prenant un des interprètes les plus hardis et les plus téméraires que la moderne Germanie ait produits, nous trouvons que même cet interprète justifie les textes cités par notre auteur de toute accusation de contradiction. Je veux parler d'Eichhorn, qui, d'après des bases purement philologiques, croit avoir prouvé d'une manière satisfaisante ce qu'Astruc avait conjecturé dans le dernier siècle, que le livre de la Genèse est composé de plusieurs documents distincts que Moïse a évidemment incorporés dans son ouvrage, faciles à distinguer, non-seulement par leur forme définie et complète, mais par l'usage de certains mots particuliers, comme, par exemple, le mot *Jehovah*, qui est entièrement absent de l'un et se retrouve invariablement dans l'autre. Ainsi le premier chapitre, dans lequel on dit : « Dieu créa l'homme mâle et femelle, » sans nous donner les détails de cette création, désigne toujours le Tout-Puissant par le nom *Elohim*, ou simplement Dieu. Mais le quatrième verset du second chapitre commence manifestement un nouveau récit ; c'est un document ayant un titre particulier : « Voici les générations du ciel et de la terre ; » en d'autres mots : « Ceci est l'histoire de la création du

[1] Discours sur la physiologie, la zoologie et l'histoire naturelle de l'homme. Lond. 1819, p. 240 (en angl.).

ciel et de la terre ', » entrant dans les détails du paradis et de la
création de l'homme, et facile à distinguer d'un bout à l'autre par
l'usage constant du titre *Jehovah*, jusqu'à ce qu'il finisse au quatrième chapitre. Dans le cinquième, nous voyons le retour du
même document qu'on a vu dans le premier chapitre, ou autrement un autre, dans lequel *Jehovah* n'est point employé, et où de
nouveau on dit que l'homme a été créé mâle et femelle. Or, ceci
étant l'hypothèse ou le système du *très-savant théologien* qui rejette l'inspiration, par là ce théologien ne renverse pas moins la
déduction scripturale d'une création à part de l'homme, outre
celle d'Adam; car on fait voir que les textes cités sont seulement
des descriptions différentes du même événement. Ce n'est pas ici
le lieu de s'engager dans la réfutation des autres objections contre l'inspiration tirées de « l'examen des diverses narrations, de la
connaissance de la langue originale et des autres langues orientales, et de l'opposition inconciliable » entre le Dieu de Moïse et la
religion chrétienne; car il n'est peut-être pas très-clair dans quel
sens doivent être pris les mots du savant écrivain. Ayant pris
moi-même quelque peine pour acquérir la connaissance de la
« langue originale et des autres langues orientales », en tant
qu'applicables à l'étude de l'Ecriture, je n'ai point découvert
qu'aucun « fondement de doute relatif à l'inspiration » soit res-
sorti de cette connaissance. Mais passons à une occupation plus
agréable.

Les divisions les plus tranchées de la race humaine sont si
frappantes à l'œil, qu'il était impossible qu'elles échappassent à
l'observation des anciens. Personne, par exemple, ne pouvait
éviter d'être frappé de la différence dans les traits, la couleur et
la chevelure entre un Européen et un nègre. Aristote paraît avoir
constaté la classification qui prévalait de son temps, et dans les
temps antérieurs, lorsqu'il nous dit que les anciens physionomistes
décidaient du caractère d'une personne par la ressemblance de
ses traits avec ceux des nations qui différaient par l'aspect des

---

¹ Tous ceux qui s'occupent de la science de l'Ecriture connaissent la
correspondance de ces deux expressions, des histoires étant appelées généalogies à cause qu'elles ont pour préface de semblables documents.
Gen. VI, 9; saint Matth., I, 1.

manières, comme les Egyptiens, les Thraces et les Scythes [1],
Comme ces races ou plutôt leurs traits caractéristiques doivent se
considérer comparativement à une autre, sans doute la forme
grecque, de laquelle, prise comme type, elles différaient de diverses manières, nous trouvons là une division de l'espèce humaine
en quatre classes distinctes, ou quatre races, comme nous les appelons maintenant. Aucune tentative, autant que je puis le savoir, n'a été faite pour examiner ce point plus attentivement, et
cependant il n'est pas sans importance. Car, outre qu'il nous
donne ainsi la vraie fondation, ou le premier pas dans l'histoire
d'une science, augmentant chaque jour d'intérêt et d'importance,
nous pouvons peut-être recueillir quelques faits utiles pour examiner les changements que le temps a introduits chez les nations
occupant des régions particulières; et par ces raisons, même au
risque de dévier pour un moment de la forme peu scientifique
que je désire conserver à ces discours, je vais entrer avec quelque
étendue dans la discussion.

La première race, ou la première classe d'hommes distinctement caractérisée, que d'après les anciens physionomistes Aristote
mentionne ici, est la race égyptienne. Il ne peut y avoir de doute
que sous ce nom il entend parler de la race nègre; car, outre l'impossibilité qu'il ait omis cette race, en parlant des variétés de l'espèce humaine, dans un autre endroit il confond les deux, lorsqu'il dit que « les personnes qui ont le teint très-foncé sont aussi
timides et se rapportent aux races égyptienne et éthiopienne [2].
De plus, dans une autre occasion, il se demande pourquoi les
Egyptiens et les Ethiopiens ont les jambes crochues et les pieds
déformés? A quoi il répond que cela provient probablement de la
même cause qui donne aux uns et aux autres des cheveux laineux,
savoir la chaleur du climat [3].

Ici se présente une recherche intéressante et compliquée : les
anciens Egyptiens étaient-ils en réalité tellement formés d'après le
type nègre qu'on pouvait les confondre l'un avec l'autre? Le témoignage d'Aristote est sans contredit d'une grande force en faveur

[1] Physiognomonie, cap. 1, opp. Paris 1619, tom. I, p, 1169.
[2] Physiognomonie, cap. VI, p. 1180.
[3] Problem.. sect. XIV, tom. II, p. 750.

6.

de l'affirmative, et il le devient doublement par l'assentiment de la plupart des classiques, spécialement celui de l'exact et pénétrant Hérodote. Car, parlant des habitants de la Colchide, il dit qu'il est prouvé qu'ils descendent des Egyptiens, *choti melanchroes eisi caï oulotriches* [1], parce qu'ils sont noirs et ont la tête laineuse. Ici, comme dans le philosophe, nous avons les deux traits caractéristiques les plus définis de la race nègre attribués aux Egyptiens.

Blumenbach, dont j'aurai souvent occasion de citer le nom avec éloge, a manifestement une théorie favorite relativement à la physionomie des Egyptiens. Dans sa précieuse *Décade de Cranes*, il commença à insinuer qu'il est impossible de ne pas supposer de variété dans le type national pendant tant de siècles d'embaumement [2]. En 1808, il exprima plus clairement son opinion, que les monuments démontrent l'existence de trois formes ou physionomies distinctes chez les anciens habitants de l'Egypte [3]. Trois ans plus tard, il se livra pleinement à cette recherche et donna les monuments qui, dans sa pensée, soutenaient son hypothèse. Il considère que le premier s'approche du modèle nègre, le second de l'hindou, et le troisième du berber, ou tête égyptienne ordinaire [4]. Mais je pense qu'un observateur sans préjugé ne le suivra pas aussi loin. La première tête n'a rien de commun avec la race noire, mais c'est seulement une représentation plus grossière du type égyptien. La seconde n'est que sa purification mythologique ou idéale. Pour appuyer ce système sur des monuments, il paraît manquer deux choses : premièrement, c'est qu'au lieu de représentations uniques, qu'on peut appeler sporadiques ou accidentelles, il aurait fallu indiquer des classes de monuments où les différents caractères sont conservés, car des déviations imprévues, des exceptions dans le cours ordinaire des choses, se retrouvent dans

[1] Lib. II, § cxv, tom. I, p. 157, éd. Lond. 1824.

[2] Decas collectionis suæ craniorum diversorum gentium illustrata. Gœtting 1790, p. 14.

[3] Specimen historiæ naturalis antiquæ artis operibus illustratæ. Ib. 1808, p. 11.

[4] Beitræge zur Naturgeschichte, 2 ter, ib. 1811; Dreyerley national physiognomonie unter den alten Ægyptern, p. 130.

toutes les lois ; secondement, il faudrait pouvoir rétablir quelque relation chronologique entre les différentes classes, de manière
à prouver que le changement qu'il suppose est arrivé à différentes
époques dans les traits nationaux. Ni l'un ni l'autre de ces points
n'a cependant été examiné.

Tout ce qui nous reste des Egyptiens est en opposition avec les
assertions des classiques que j'ai cités. Car, quant à la couleur
et aux cheveux, on ne peut les représenter plus clairement qu'ils
le sont sur les monuments. Nous voyons toujours le corps des
natifs teint en rouge ou basané, avec de longs cheveux flottants,
quand la coiffure permet de les voir, tandis que nous voyons souvent les nègres représentés à côté d'eux d'une couleur noir de
jaïet, les cheveux crépus, et des traits parfaitement nègres, précisément comme ils sont encore aujourd'hui dans la réalité [1]. Mais
nous avons des monuments encore plus précieux que les représentations peintes sur les murailles, ce sont les momies elles-mêmes,
dont les crânes, comme l'observe M. Lawrence, ont invariablement la forme européenne sans aucune trace de celle du nègre [2].
Et quant aux cheveux, nous pouvons donner comme une description générale le récit de M. Villoteau sur les cheveux d'une
momie ouverte sous sa direction : « Les cheveux étaient noirs.....
biens plantés, longs et divisés en nattes retroussées sur la
tête [3]. »

Il n'est pas aisé de concilier le conflit des résultats tirés des
écrivains et des monuments, et il n'est pas étonnant que de savants hommes aient différé beaucoup d'opinion sur ce sujet. La
meilleure solution, selon moi, serait de dire que l'Egypte était
le pays où les Grecs voyaient plus facilement les habitants de l'intérieur de l'Afrique, dont un grand nombre sans doute affluaient
là pour s'y établir, ou servaient dans l'armée comme tributaires
ou contingent des provinces, ainsi que cela s'est fait dans ces
derniers temps ; et ainsi les écrivains ne les connaissant que
dans le seul pays où ils les voyaient, les considérèrent comme

[1] Voyez les figures coloriées dans les Voyages de Hoskins en Ethiopie.
[2] Leçons, p. 345.
[3] Ap. de Sacy. relation de l'Égypte, par Abd-Allatif. Paris 1810,
p. 269.

une partie de la population indigène. Une sorte d'hypothèse de cette nature doit être adoptée, afin de pouvoir concilier les écrivains entre eux ; car Ammien-Marcellin écrit que les Egyptiens étaient seulement foncés et noirâtres : *Homines Ægyptii plerumque subfusculi sunt et atrati* [1]. » Toujours cependant reste-t il certain que, par la variété égyptienne qu'il place tout d'abord parmi celles de l'espèce humaine, Aristote entendait la race noire ou les Nègres.

Les Scythes viennent ensuite sur la liste ; et Hippocrate également les décrit comme ayant des signes caractéristiques communs à toutes leurs tribus excepté une, non moins marqués et non moins distincts d'un côté que ceux des Egyptiens du côté opposé [2]. Quoique l'ancienne Scythie comprit le pays, maintenant peuplé en grande partie par des tribus appartenant à ce qu'on appelle la race mongole, à laquelle les anciens Scythes ressemblaient beaucoup par leur manière de vie nomade, nous ne pouvons supposer même un moment que des écrivains comme Aristote et Hippocrate eussent regardé une race basanée ou olivâtre comme une variété contrastant avec les Grecs, dans un sens opposé à celle des Nègres. On ne peut pas douter que les Scythes dont parle Aristote dans sa classification des races humaines ne fussent les tribus germaniques qui étaient éparses sur la totalité de la Scythie. Cette contrée, décrite par Hérodote, n'est pas, comme la Scythie de Ptolémée, réduite à l'Asie septentrionale, mais comprenait aussi la Dacie, la Mœsie et tout les pays au nord de la Thrace [3]. Or, on ne peut pas mettre en question que les habitants de ces régions ne fussent Germains ; car, indépendamment de leurs représentations sur les monuments, les descriptions qu'en donne Ovide pendant son exil présentent tous les traits des anciens Germains. Ainsi leur chevelure est décrite comme étant jaune ou blonde :

[1] Lib. xxir. In fine, in scriptor. Hist. rom. Heidelberg 1743, t. II, p. 518.

[2] De aere, locis et aquis, éd Genèv. 1657, tom. I, p. 291.

[3] Voyez lib. iv, § xcix, p. 327.

Hic mea cui recitem nisi flavis scripta Corallis,
   Quasque alias gentes barbarus Ister habet [1] ?

Et comme n'étant jamais coupée :

Mixta sit hæc (gens) quamvis inter Graiosque Getasque,
   A male pacatis plus trahit ora Getis,
Vox fera, trux vultus, verissima Martis imago,
   Non coma, non ulla barba resecta manu [2].

Ovide aussi, il est inutile de le remarquer, parle, presque à chaque page, du lieu de son exil comme étant la Scythie.

Mais jusque-là nous avions à peine besoin de preuves; il est beaucoup plus important de remarquer qu'Hérodote, avec son exactitude habituelle, a clairement distingué deux races comme occupant les vastes régions de la Scythie asiatique, la germanique, suivant l'ancienne classification, et la mongole; car il nous dit qu'au-dessus des Sarmates, et comme Breiger le fait très-bien observer, conséquemment vers le territoire d'Astrakan, sur le Jaïk [3], vivait une tribu appelée les Budini, « nation grande et nombreuse avec des yeux extrêmement bleus et les cheveux rouges [4]. » Nous avons donc ici une tribu scythe, avec tous les traits caractéristiques attribués par les anciens aux nations germaniques [5]. Mais dans un autre endroit Hérodote décrit les Agrippæi,

---

[1] Epist. de Ponto, lib. IV, ép. II, 37. Les Coralli semblent devoir se confondre avec les Gètes, en comparant, ép. VIII, 83, avec X, 2. Un étymologiste à imagination pourrait les regarder comme les ancêtres des Kouriles.

[2] Trist. lib. V, éleg. VII, 11. — Lucain, lib. I, parlant d'une tribu germanique, dit :

Et vos crinigeros bellis arcere Chaycos.

[3] Commentatio de difficilioribus quibusdam Asiæ Herodotæ: en tête de l'édition citée, p. CLXXXIV.

[4] Melpom., § CVIII, tom. I, p. 827. ce § XXI, p. 292.

[5] Corringius les a réunis dans l'ouvrage : De habitus corporum Ger-

qui n'étaient pas moins Scythes, et avec des traits tout-à-fait différents. « On dit, écrit-il, qu'ils sont chauves de naissance, tant mâles que femelles, avec le nez aplati et le menton allongé [1]. » « Ils sont, ajoute-t-il, parfaitement doux et inoffensifs dans leurs manières. » Or, en comparant ces signes avec ceux qui caractérisent la race mongole, on voit tout d'un coup combien Hérodote est exact, et nous reconnaîtrons avec certitude que la race nomade qui aujourd'hui habite les régions septentrionales de l'Asie les occupait déjà de son temps. Blumenbach nous donne les marques suivantes comme distinctives de la famille mongole : nez aplati, *nasus simus*, correspondant au *simoi* d'Hérodote, et un menton assez proéminent, *mentum prominulum, gueneion megalon* [2]. Mais que dirons-nous de la calvitie de naissance ? Faut-il prendre cela pour une fable, voyant que le père de l'histoire profane, si judicieux d'ailleurs, et dont l'exactitude est confirmée par chaque nouvelle recherche, prend soin d'accompagner son assertion d'une expression de doute ? *Legomenoi*, dit-il, *einai pantes phalacroi*. « on dit qu'ils sont tous chauves. » Je pourrais répondre que Blumenbach, dans un autre endroit, décrivant la chevelure de différentes races, applique à celle des Mongols l'épithète, *rarus*, rare, ou comme l'exprime Virey, *clair-semé* [3]. Mais je pense que cette difficulté est encore mieux résolue par ce que Pallas rapporte des Kalmoucks : « Ils rasent la tête à leurs enfants mâles, dès la plus tendre enfance ; » et plus loin : « Les hommes ont tous la tête rasée [4]. » Par cette coutume remarquable nous pouvons expliquer comment Hérodote, parlant des Agrippæi, ne les désigne souvent par aucun autre nom que la nation chauve, *phalacroi toutoi* [5].

manorum antiqui et novi causis, liber singularis. Francfort 1727, avec un volumineux commentaire par Burgraff, p. 29-100.

[1] Ibr § xxxiii, p. 293.

[2] De generis humani varietate nativa. Gœtting 1795, p. 179.

[3] Ib. p. 166. Virey, hist. nat. du genre humain. Bruxelles 1827, vol. I, p. 411.

[4] Voyages en différentes provinces de l'empire de Russie. Paris 1788, tom. I, p. 502, 503.

[5] Ubi sup., § xxiv-xxv, p. 293 et suiv.

Ce mélange de tribus aura probablement été cause de la confusion que l'on observe quelquefois dans les anciens auteurs, lorsqu'ils caractérisent les Scythes ; car ils mêlent ensemble des traits
qui ne semblent pas pouvoir appartenir à la même race, mais
qu'ils auront pris aux deux parties de la population. Tel au moins
paraît être le cas dans les deux principaux auteurs physiogno-
moniques de l'antiquité, Adamantius et Polémon. Je ne m'atta-
cherai qu'au premier, car le second n'est que son copiste. Adamantius, donc, qui déclare suivre Aristote, parle à son imitation
des Scythes et des Éthiopiens comme des extrêmes de la race humaine [1]. Or, dans un autre endroit, il nous donne les signes caractéristiques des nations vivant près du nord, et des peuples de
la zone torride, voulant désigner probablement ceux qu'il avait
d'abord appelés Scythes et Éthiopiens. Au sujet des premiers, il dit:
Généralement parlant, ces gens du nord sont bien formés, *xan-
thiques (jaunes)*, aux cheveux blonds et soyeux, les yeux
bleus et le nez aplati, de grosses jambes, des chairs flasques et de
gros ventres [2]. Il est évident que cette description s'applique en
grande partie à quelque nation germanique, à l'exception du nez
plat, des chairs flasques, et de l'obésité qui semblent avoir été
empruntés à la description de quelque tribu mongole, quoique
ces derniers caractères ne pussent s'appliquer qu'à un petit nombre, comme les Kirghis et les Baskirs [3].

Cette dispersion des tribus germaniques sur toute la surface de
la Scythie me paraît un fait très-intéressant ; et après avoir ainsi
essayé d'en retrouver la trace à l'aide des auteurs grecs, ce fut
une grande satisfaction pour moi de voir ce même fait confirmé
par un orientaliste que nous regrettons, d'après des sources d'une
nature différente. « Quelque paradoxale que puisse paraître cette
assertion, dit Abel Rémusat, je pense qu'on prouvera que la famille des nations gothiques a occupé autrefois une grande partie
de la Tartarie ; que quelques-unes de ses branches habitaient la

[1] Physiogn., tom. I. Scriptores physiognom. veteres. Altemb. 1780,
p. 318. Polemon, ib. p. 173. Adamantius, cependant, distingue là
clairement les traits des Égyptiens de ceux des Éthiopiens.

[2] Lib. II, § XXIII, p. 409; Polemon, lib. I, § III, p. 131.

[3] Pallas, ubi sup., p. 496.

Transoxane, et même s'étendaient jusqu'aux monts Altaï ; qu'ils furent bien connus des peuples de l'Asie orientale, lesquels ne pouvaient manquer d'être frappés de la singularité que présentaient leur langage, leur chevelure claire, leurs yeux bleus et leur teint blanc ; traits singulièrement remarquables au milieu d'hommes basanés, au teint foncé avec des yeux bruns et les cheveux noirs, qui à la fin ont occupé ces mêmes lieux. Lorsque j'aurai donné les preuves que j'ai rassemblées, on verra si mon assertion est trop téméraire [1]. » Ces preuves, il n'a pas vécu assez, je crois, pour les publier ; mais le savant et sage Ritter à débrouillé de la manière la plus satisfaisante l'histoire compliquée de la population de l'Asie centrale, si inextricable par la confusion des noms transférés d'une nation à une autre. Il considère les tribus de la race indo-européenne ou indo-germanique comme les premiers habitants du plateau central de l'Asie, que les auteurs chinois représentent avec les cheveux rouges et les yeux bleus. Dans le second siècle avant Jésus-Christ, quelques débris, qui avaient été chassés vers l'ouest par les Hiongnu, étaient encore en force sur les rives du lac Balkush et de la rivière Ili, sous le nom de Ui-siun ou U-siun ; mais s'étant affaiblis par la suite, ils furent chassés à l'ouest dans le quatrième siècle et probablement furent entraînés par le grand courant de l'inondation venue du nord et qui commençait à se mouvoir vers le sud [2].

Mais ce que je désire principalement conclure de cette longue digression, c'est qu'au moyen de ce mélange de tribus parmi les Scythes, nous ne pouvons douter que ce ne fût la famille germanique qu'Aristote et Hippocrate avaient en vue, quand ils décrivaient les Scythes comme différant des Grecs par la blancheur de leur teint, autant que les Éthiopiens en différaient par leur couleur foncée. Et dans le fait les auteurs latins, auxquels les Germains étaient plus familièrement connus qu'aux Grecs, les mettent en contraste avec les Éthiopiens, comme si les deux formaient les extrémités opposées de la famille humaine. La couleur de l'Éthiopien ne paraît pas étrange parmi ses compatriotes, pas

[1] Recherches sur les langues tartares, p. xiv.
[2] Die Erdkunde in Verhæltniss zur Natur, und zur Geschichte des Meschen-2 th. II, Buch. Asien, I band. Berlin, p. 431-435.

plus que les cheveux rouges relevés en nœuds n'est une particularité parmi les Germains [1]. » Martial dit de la même manière :

> Crinibus in nodum tortis venere Sicambri
> Atque aliter tortis crinibus Æthiopes [2].

Les Thraces sont la troisième race d'hommes énumérée par
Aristote. Il est, je pense, encore plus difficile de décider qui il
entend caractériser par ce nom, bien qu'il soit évident qu'il doit
entendre une nation ayant quelque particularité distinctive dans
la couleur et les traits, suffisante pour qu'on la reconnaisse lorsqu'elle se trouve mélangée avec les autres races déjà décrites. Ceci
nous mènerait naturellement à conjecturer que, dans sa classification, les Thraces correspondent à la race olive ou mongole, la
seule qu'il puisse avoir connue et qui ne se trouve point placée
dans son énumération. Je suis confirmé dans cette conjecture par
les considérations suivantes :

Premièrement, comme Aristote est guidé principalement par la
couleur dans sa distribution de l'espèce humaine en races, et que
les deux classes que nous avons examinées nous donnent les extrêmes, celle-ci doit représenter une couleur intermédiaire, différente cependant de la carnation grecque. Mais il y a dans Julius
Firmicus un passage négligé par les commentateurs d'Aristote,
qui nous donne la même division ternaire avec les couleurs de
chaque race. « En premier lieu, dit-il, parlant des caractères et
des couleurs des hommes, ils s'accordent en disant : Si, par l'influence pénétrante des astres, les caractères et les carnations
des hommes sont distribués, et si la course des corps célestes,
par une certaine espèce de savante peinture, forme les linéaments
des corps mortels, c'est-à-dire si la lune fait les hommes blancs,
Mars les rouges, et Saturne les noirs, comment arrive-t-il qu'en
Ethiopie tous les hommes naissent noirs, en Germanie blancs, et
rouges dans la Thrace [3] ? » Il semblerait, d'après ce passage, que

---

[1] De Ira, l. III, c. xxvi.
[2] Spectacul., lib., épig. III.
[3] « Primum itaque de moribus hominum coloribusque conveniunt di-

7

la couleur olive ou cuivrée était le trait caractéristique de la famille thrace, et conséquemment qu'elle correspondait à ce que nous appelons maintenant la race mongole.

Secondement, Homère a décrit les Thraces comme *acrocomoi* [1], ou n'ayant de cheveux que sur le sommet de la tête. Ceci semble opposé à la description qu'on nous donne de la mode des Grecs ou des Germains, qui se glorifiaient de leurs chevelures longues et touffues; mais c'est un caractère marqué du costume des Kalmoucks, chez lesquels, comme chez plusieurs autres nations mongoles, la tête est rasée et seulement une touffe ou une mèche de cheveux est laissée sur le sommet [2].

Troisièmement, nous pouvons corroborer cette conjecture d'un autre passage d'Aristote, où il remarque qu'une nation parmi les Thraces est tellement grossière, que dans son arithmétique elle ne va pas au-delà du nombre quatre [3]. On peut déduire de cette assertion que les Thraces ne formaient pas une seule nation, mais une collection de tribus; ensuite je remarquerai qu'une semblable ignorance s'est retrouvée, dit-on, chez des peuples de race mongole, comme par exemple les Kamstchatkadales. En vérité, il est difficile de supposer que des tribus pélasges ou germaniques que l'on prouve, par la conformité de leur numération avec celle des tribus de l'Asie méridionale, ne s'être séparées d'elles qu'après que ce système a été établi, et qu'une certaine civilisation était en vigueur; il est difficile de supposer, dis-je, que ces tribus aient pu tomber dans un pareil état de barbarie.

Je pourrais ajouter d'autres réflexions, telles que la suprématie du *shamanisme* dans la religion de la Thessalie, et l'origine de l'équitation attribuée dans la fable à la même contrée; et ces

centes : Si stellarum mixturis mores hominibus, coloresque distribuuntur, et quasi quodam picturæ genere, atque artificio, stellarum cursus mortalium corporum lineamenta componunt; hoc est, si Luna fecit candidos, Mars rubros, Saturnus nigros, cur omnes in Æthiopia nigri, m Germania candidi, in Thracia rubri procreantur? » Astronomicon, lib. I, c. 1. éd. Basil. 1551, p. 3.

[1] Iliade, v. 533.
[2] Pallas, ubi sup., p. 502.
    Problem., sect. xv, 3, tom. II, p. 753.

deux points indiquent un rapport de parenté avec la race qui occupe maintenant le nord et le centre de l'Asie. Il n'est pas nécessaire que je fasse observer que les limites entre cette contrée et la Thrace ont été si mal définies, que les anciens les ont souvent négligées et n'en ont pas tenu compte. Il est donc probable qu'il se mêla à la population de la Thrace des tribus errantes de la race olive ou cuivrée, qu'Aristote et Julius Firmicus ont très justement placées dans une classe distincte.

Mais je me suis arrêté trop longtemps sur cette première période de l'histoire de notre science, entraîné par la solitude du sentier que j'ai parcouru ; et je n'ose pas me flatter que, dans cette circonstance au moins, j'aie vérifié l'opinion du poëte : *ta macra ton smicrón logón epeprosthen esti, cai saphe mállon cluein* [1].

Pendant plusieurs siècles la même classification évidente de l'espèce humaine, fondée sur la couleur prédominante dans différentes parties du monde, fut suivie sans beaucoup de distinction; tellement qu'on pouvait considérer l'espèce humaine, divisée comme la terre qu'elle habitait, en trois classes ou zones : les très-blancs occupant les régions plus froides, les noirs possédant la zone torride, et les hommes blonds au teint animé habitant la région tempérée. Telle, par exemple, est la division adoptée par l'historien arabe Abulpharaj [2]. Dans le dernier siècle, ce simple arrangement fut modifié et prit la forme d'un système compliqué, en conséquence de la découverte de plusieurs nuances intermédiaires dans la couleur des nations, qu'on ne pouvait pas facilement introduire dans cette triple division. Leibnitz, Linnée, Buffon, Kant, Hunter, Zimmermann, Meiners, Klugel et d'autres, proposèrent différentes classifications basées sur le même principe, qui étant aujourd'hui universellement rejetées, n'offrent que peu d'intérêt et ne sont pas faciles à retenir.

Le premier qui ait proposé une nouvelle base pour cette importante étude fut le gouverneur Pownall, qui, bien qu'il adoptât la couleur comme le fondement de sa classification, cependant suggéra la nécessité de prendre en considération la forme du crâne

[1] Euripid., Orest. 640.
[2] Historia dynastiarum. Oxf. 1663, p. 3.

dans les diverses familles humaines [1]. Mais Camper a le mérite
d'avoir le premier imaginé une règle par laquelle les têtes des
nations peuvent mutuellement se comparer, de manière à donner
des résultats définitifs et caractéristiques.

Camper a été favorisé par des avantages particuliers pour cette
entreprise; car il réunissait deux sciences rarement cultivées par
le même individu : une connaissance parfaite et pratique de l'art
et de grandes connaissances en physiologie et en anatomie comparée. Il voyait avec quelle imperfection les meilleurs artistes qu'il
copiait avaient saisi les traits et la forme du nègre; cela le conduisit à examiner quelles étaient les particularités essentielles de cette
configuration [2]. Alors il étendit ses recherches aux têtes des autres
races, et il découvrit, comme il supposait, un canon ou règle par
laquelle ces têtes pouvaient être mesurées avec des résultats certains et réguliers. Cette règle consiste en ce qu'il appelle la ligne
faciale, et il l'appliquait de la manière suivante : Le crâne est vu
de profil, et d'abord on tire une ligne depuis le trou de l'oreille
(*meatus auditorius*) jusqu'à la base des narines; ensuite une
seconde, du point le plus proéminent du front à l'extrémité de la
mâchoire supérieure ou point où les dents prennent racine (la
saillie alvéolaire de l'os maxillaire supérieur.). Il est évident qu'un
angle se formera à l'intersection de ces deux lignes, et la mesure
de cet angle, ou, en d'autres mots, l'inclinaison de la ligne tirée
du sourcil à la mâchoire, donne ce qu'on appelle la ligne faciale,
et forme dans le système de Camper le caractère spécifique de
chaque famille humaine [3]. Par l'inspection des planches (pl. 1)
on aperçoit aisément l'application de cette règle. On voit que
l'angle facial dans *l'orang*, espèce qui approche le plus de la
forme humaine, est d'environ 58 degrés (fig. 1), que dans le
nègre et le Kalmouck la mesure est de 70° (fig. 2), et dans l'Européen de 80° (fig. 5). Les anciens, qui sans aucun doute s'a-
perçurent que l'augmentation de l'angle était en proportion avec

[1] New collection of voyages. Lond. 1767, vol. II, p. 273.

[2] Dissertation physiq. de M. Pierre Camper, sur les différences réelles
que présentent les traits du visage chez les hommes de différents
pays, etc. Utrecht 1791, p. 3.

[3] Ib. p. 35.

l'avancement dans l'échelle intellectuelle, dépassèrent la ligne que l'on trouve dans la nature; et dans leurs ouvrages les plus sublimes ils se sont aventurés à donner au front une saillie proéminente en surplomb, qui augmente l'angle facial jusqu'à 95 et même 110° [1]. Ce fait a été positivement nié par Blumenbach : il dit que toutes les représentations de l'art ancien où se trouve un angle semblable ne sont point des copies exactes [2]. Mais je pense que quiconque examinera les têtes de Jupiter dans le Muséum du Vatican, particulièrement le buste dans la grande salle circulaire, ou les têtes plus mutilées des marbres d'Elgin, sera d'avis que Camper a raison sous ce rapport.

Blumenbach présente de plus sérieuses objections au système de mesure adopté par Camper, car celui-ci laisse beaucoup de vague en fixant l'origine de ses lignes ; mais sa principale objection à cette manière de mesurer, c'est qu'elle est totalement inapplicable à ces races ou familles, dont les marques les plus distinctives consistent dans la largeur du crâne, plutôt que dans la projection de sa partie supérieure [3].

C'est à la sagacité et à la persévérance de ce physiologiste que nous devons le système de classification presque universellement suivi à présent, et les principes d'après lesquels on l'a établi. Son Muséum contient la collection la plus complète qui existe de crânes appartenant aux membres de presque chaque nation du globe. Non content des résultats que lui a donnés leur étude, il a recueilli dans chaque branche de l'histoire naturelle et dans chaque partie de la littérature tout ce qui peut jeter un nouveau jour sur l'histoire de la race humaine et rendre compte des variétés qu'elle contient. Ses ouvrages sont, par le fait, un magasin dans lequel tous doivent puiser, et les plus volumineux ouvrages sur cette science qui ont paru depuis, n'ont fait et ne pouvaient faire guère plus

---

[1] Voyez la planche II de Camper, fig, 3 et 4, et p. 42 et 55. L'art romain emploie le plus petit de ces deux angles, et l'art grec le plus grand.

[2] Specimen historiæ naturalis antiquæ artis operibus illustratæ. Gœtting 1808, p. 13.

[3] De generis humani varietate nativa. Gœtting 1795, p. 200.

que de confirmer, par un témoignage additionnel, ce qu'il avait prouvé à l'avance.

La classification de Blumenbach est déterminée en premier lieu par la forme du crâne, et secondement par la couleur des cheveux, de la peau et de l'iris.

Il peut vous sembler d'abord qu'il est nécessaire de connaître l'anatomie ou la construction du crâne pour comprendre exactement son système. Ce n'est cependant pas ici le cas : car un petit nombre d'observations, avec un dessin devant vous, nous donnera toute la science dont nous avons besoin sur ce sujet. Vous n'avez seulement qu'à donner votre attention aux particularités suivantes : la tête ou le crâne, quand on regarde d'en-haut, présente une forme plus ou moins ovale, doucement arrondie à l'arrière, mais rugueuse et moins régulière en avant à cause des os de la face. Si nous examinons le crâne et la face, nous verrons qu'ils se projettent à différents degrés et peuvent se diviser en trois portions : d'abord le front qui peut être plus ou moins déprimé, ensuite les os du nez, et au-dessous de ceux-ci les machoires avec leurs dents respectives. Il faut aussi donner une attention particulière à la manière dont l'os *malaire*, ou de la *pommette*, s'ajuste avec le *temporal* ou os des oreilles, par le moyen d'une arcade appelée zygomatique, tellement formée que de forts muscles peuvent passer par-dessous et aller s'attacher à la mâchoire inférieure (voy. fig. 5).

Or, la règle de Blumenbach consiste précisément à voir le crâne comme je l'ai décrit, et à faire attention aux particularités que j'ai indiquées. Il le place dans sa position naturelle sur une table, la partie postérieure vers le spectateur, et alors regardant de haut et d'aplomb, les formes relatives et les proportions des parties ainsi visibles lui donnent ce qu'il appelle la règle verticale ou *norma verticalis*. En suivant cette idée, il divise la race humaine tout entière en trois familles principales avec deux intermédiaires. Des trois grandes divisions, il appelle la première caucasienne ou centrale, la seconde éthiopienne, et la troisième mongole ou deux variétés extrêmes. En examinant les dessins faits d'après ses ouvrages, vous apercevrez à l'instant les différences caractéristiques de ces familles. Dans la caucasienne, ou comme d'autres l'ont appelée, la variété circassienne (fig. 4.), la forme générale du crâne est plus symétrique, les arcades zygomatiques rentrent dans la ligne du trait extérieur général, les os des joues et des mâchoires sont entièrement cachés par la plus grande proéminence du front. Les deux autres familles s'éloignent de ce type dans les directions opposées, le Nègre est plus long et plus étroit, le Mongol d'une excessive largeur. Dans le crâne du Nègre (fig. 5.) vous remarquerez la forte compression latérale de la partie antérieure du crâne, au moyen de laquelle les arcades zygomatiques, bien que très aplaties elles-mêmes, font cependant une forte saillie au-delà; et vous remarquerez que la partie inférieure du visage se prolonge tellement au-delà de la partie supérieure, que non-seulement les os des joues, mais la totalité des mâchoires et même les dents, sont visibles en regardant d'en haut. La surface générale du crâne est aussi allongée et comprimée d'une manière remarquable.

Le crâne mongol se distingue par la largeur extraordinaire de la face, dans laquelle l'arcade zygomatique est complètement détachée de la circonférence générale, non pas tant, comme le nègre, à cause de quelque dépression dans cette partie de la tête, que par l'énorme proéminence latérale de l'os des joues, lesquelles étant en même temps aplaties, donnent une expression particulière à la face mongole. Le front est aussi très déprimé et la mâchoire supérieure protubérante, de manière à être visible quand on la regarde dans une direction verticale (fig. 6).

Entre la variété caucasienne et chacune des deux autres, il existe une classe intermédiaire possédant jusqu'à un certain degré les caractères distinctifs des deux extrêmes, et formant une transition entre le centre et elles. La classe entre la famille caucasienne et les Nègres est la race malaye, et le chaînon entre cette première famille et la mongole se compose de la variété américaine.

Outre cette grande et première distinction caractéristique, il y en a d'autres d'une nature secondaire, mais non moins faciles à reconnaitre; elles consistent dans le teint, la chevelure et les yeux des différentes races. Les trois familles principales sont distinguées par autant de couleurs différentes. La famille caucasienne a le teint blanc, la nègre, noir, et la mongole est olive

ou jaune ; les races intermédiaires ont aussi des nuances intermédiaires, les Américains sont cuivrés et les Malays basanés,
tannés.

La couleur des cheveux et de l'iris suit celle de la peau d'une
manière suffisamment évidente, même dans la race blonde ou
caucasienne, à laquelle nous appartenons ; des personnes avec le
teint très-blond ou très-vif ont toujours les cheveux roux ou de
couleur claire, avec les yeux bleus ou d'une nuance légère ; et
l'on a appelé cette nuance la variété *xantique* de la race blanche.
Dans les personnes à peau brune les cheveux sont invariablement
noirs et les yeux plus foncés ; et l'on appelle ceux-ci la variété
mélanique. Cette conformité de couleur dans les différentes parties était bien connue des anciens, qui l'observaient strictement
dans leurs descriptions des personnes. Ainsi, Ausone, dans son
Idylle sur Bissala, qui appartenait à la première classe, dit en
parlant d'elle :

> Germana maneret
> Ut facies, oculos cærula, flava comis.

Et, dans un autre fragment, il lui attribue le teint correspondant :

> Pumiceas confunde rosas, et lilia misce
> Quique erit ex illis color aeris ipse sit oris [1]

De même Horace décrit un jeune garçon de la seconde variété :

> Et Lycum nigris oculis, nigroque.
> Crine decorum [2].

D'après ces remarques vous comprendrez aisément que, dans les
deux races mongole et nègre, chez lesquelles la peau est foncée,
les cheveux doivent être noirs et les yeux foncés. La chevelure
aussi, outre sa couleur, a un caractère particulier dans chaque
race ; dans la race blanche elle est flexible, flottante, modérément
épaisse et douce au toucher ; chez le Nègre, très-épaisse, forte,

[1] Idylle vii, 9, et fragm. annex.
[2] Od., lib. I, 32.

courte, laineuse et crépue; chez le Mongol, raide, rare et droite.

Dans chacune de ces races, il s'élève par hasard et de temps en temps une variété dont il faut parler, et qui paraît, dans l'espèce humaine au moins, indiquer un état morbide. Je veux parler des *Albinos*, ou des personnes chez lesquelles la peau est d'un blanc éblouissant, avec des cheveux très-fins et presque sans couleur, et les yeux rouges, lesquels sont d'une très-grande sensibilité et ne peuvent supporter que très-peu de lumière. De là vient l'opinion vulgaire qui suppose qu'ils voient dans l'obscurité; ils sont aussi en général très-faibles de santé et d'intelligence. On en trouve dans tous les pays; dans une ville à peu de distance de Rome, une famille très-respectable a plusieurs enfants appartenant à cette classe. Abdallatiph, médecin arabe d'une grande sagacité, parle d'un Albinos qu'il a vu chez les Coptes, comme d'une curiosité naturelle [1]. M. Crawfurd jette du discrédit sur la description que fait Sonnerat des Papous de la Nouvelle-Guinée, parce qu'il dit que leur chevelure est d'un noir brillant ou d'un rouge ardent [2]. Sonnerat, néanmoins, semble avoir eu en vue quelque Albinos, dont les cheveux, parmi les Nègres, prennent une couleur briquetée rougeâtre; même en Afrique, parmi les races les plus foncées en couleur, cette variété est loin d'être rare, et forme, par cette raison, un bien plus grand contraste, par sa blancheur de neige, avec la teinte d'ébène de ses voisins [3].

Je ne m'arrêterai pas à d'autres marques distinctives de ces races humaines, mais de moindre importance, telles que la direction des dents, la stature et la forme du corps; et je vais vous tracer les limites géographiques de chaque grande famille.

La caucasienne comprend toutes les nations de l'Europe, excepté les Lapons, les Finlandais ou Finnois, et les Hongrois; les habi-

---

[1] «Au nombre des merveilles de la nature de ce temps, on doit compter un enfant qui est né avec les cheveux blancs, qui ne ressemblaient pas à la couleur grise de la vieillesse, mais approchaient plutôt du rouge.» De mirabil. Ægypti. Oxon. 1800, p. 278.

[2] Ubi sup., p. 27.

[3] Voyez une description détaillée d'un Nègre blanc du Sénégal, dans la Description de la Nigritie, par M. P. D. P. Amst. 1789, p. 60.

tants de l'Asie occidentale, en y comprenant l'Arabie, la Perse, et en remontant aussi haut que l'Oby, la mer Caspienne et le Gange ; et les habitants du nord de l'Afrique.

La race nègre comprend tout le reste des habitants de la partie du globe que nous venons de nommer.

La race mongole embrasse toutes les nations de l'Asie qui ne sont point comprises dans les variétés caucasienne ou malaye, et s'approprie les tribus européennes exclues par la première, aussi bien que les Esquimaux de l'Amérique septentrionale.

La race malaye comprend les indigènes de la péninsule de Malacca, de l'Australie et de la Polynésie, désignés en ethnographie par le nom de tribus de Papous.

Finalement la famille américaine renferme tous les aborigènes du nouveau Monde, excepté les Esquimaux.

Je dois faire observer qu'il existe beaucoup de confusion et de perplexité, relativement au nom et à l'étendue de ce que, d'après Blumenbach, j'ai appelé la race mongole. Cet écrivain donne plusieurs raisons pour rejeter le vieux nom de *Tartar*, qui est cependant encore employé par plusieurs auteurs. Il n'est pas aisé, dans le fait, de débrouiller la généalogie des tribus qui ont été si confusément désignées sous les deux noms, ni de fixer les délimitations des différentes races dans lesquelles elles se perdent. Je vais pourtant essayer d'éclaircir ce point autant qu'il me sera possible. Les Turcs sont souvent appelés Tartars, et quelquefois Mongols. Les Mantchous sont également soumis à une classification très-vague.

Historiquement, les Turcs, les Tartars et les Mongols sont des nations parfaitement distinctes. Suivant Ritter, qui certainement a profondément examiné toutes les questions de géographie historique, la première de ces nations, sous le nom de Hiong-Nu, occupait tout le nord de la Chine. Ils se séparèrent en deux royaumes, dans le premier siècle de notre ère; ils disparaissent de l'histoire dans le quatrième, et recouvrent leur domination dans le siècle suivant ; plus tard, ils furent emportés par le pouvoir irrésistible de Tschingis-Khan, « et reçurent ainsi le nom de Tartars, » qu'ils considèrent comme un reproche. Les Tartars, ou Ta-ta, comme les appellent les historiens chinois, et les Mongols, étaient aussi des nations distinctes, ou plutôt peut-être des tribus d'une seule nation; leur origine, selon Abulghazi [1] , venant de deux frères qui portaient ces noms. Dans le onzième siècle, ils formaient deux des quatre tribus établies dans les monts Inschan, près de la rivière Hoang-ho.. Tschingis-Khan étant né d'un père mongol et d'une mère ta-ta, réunit les deux tribus, et donna à la nation ainsi formée le nom de Mongols; mais ses principaux officiers et ses nobles étant Tartars, ils étaient plus généralement connus sous ce nom, qui est communément employé dans l'histoire populaire [2].

Philologiquement considérés, ils sont placés dans la même classe par Abel Rémusat, qui a consacré une grande partie de sa vie à l'étude de leurs langages. Dans son ouvrage classique sur ces peuples, il comprend sous ce nom de Mongols les Turcs, les Tartars, les Mantchous et les Mongols, qu'il considère seulement comme une branche des Tartars [3]. De même Klaproth et Balbi classent la langue de ces nations dans la même division générale [4].

Physiognomoniquement examinés, il y a, comme je l'ai déjà remarqué, une différence considérable dans les opinions. Ceux que nous appelons maintenant Turcs, ou les Osmanlis, appartiennent incontestablement à la race caucasienne, ainsi que les Turcomans ou les tribus errantes du nord de la Perse. Selon Virey, les Tartars, sous le point de vue physiognomonique, appartiennent à la même famille que les Mongols, dont ils forment seulement une division [5]. Lacépède est extrêmement confus sur ce point; il unit d'abord les Turcs et les Lapons en une seule famille, avec la plus grande partie des Tartars, comme membres de la race caucasienne; il rejette ensuite dans une autre famille « les Tartars [6], proprement

---

[1] Histoire des Mongols, p. 27.

[2] Erdkunde in Verhältniss zur Natur und zur Geschichte des Menschen; 2 th. II Buch, Asien, I Band, p. 241-284. Le docteur Prichard considère les Turcs et les Tartares comme formant historiquement une seule race. Researches, vol. II, p. 283.

[3] Recherches, etc., Discours prélimin., p. 37.

[4] Klaproth, Asia polyglotta, p. 255. Balbi, Atlas ethnog., nº VIII.

[5] Ubi sup., p. 413.

[6] Dict. des sciences naturelles, tom. XXI, art. Homme, p. 385

appelés les Mongols. » Blumenbach distingue clairement les deux, reportant les Tartars à la famille caucasienne, quoiqu'il reconnaisse que par les Kirghis ils rentrent insensiblement dans la variété mongole. Le docteur Prichard fait la même distinction, mais suppose que cette ressemblance n'arrive jamais sans une intermixtion de sang [1]. C'est aussi, à ce qu'il semble, l'opinion de Pallas, qui remarque que « les Mongols n'ont rien de commun avec les Tartars, excepté leur vie errante ou nomade, et quelque ressemblance de langage. Les Mongols, continue-t-il, diffèrent autant des Tartars que les Nègres des Maures, pour les coutumes, les institutions et les traits; » mais il reconnaît également que les Mongols, par leurs émigrations et leurs guerres, ont communiqué leurs traits aux tribus tartars ci-devant nommées et à d'autres [2]. Cette digression explicative concernant ces nations ne nous sera pas inutile dans ce que j'aurai plus tard à discuter. J'aurai, au contraire, besoin d'y renvoyer pour appuyer de très-importantes conclusions.

Avant de quitter cette portion historique de mon sujet, il serait injuste de ne pas faire mention d'un auteur anglais qui a très-habilement et très-savamment réuni en un seul ouvrage tous les faits historiques et physiques qui peuvent, de quelque manière que ce soit, répandre la lumière sur l'histoire naturelle de l'espèce humaine. Il examine distinctement chaque nation ou famille de nation, et il s'efforce, d'après les observations des voyageurs et des historiens, d'en suivre les traces en remontant jusqu'aux lieux de leur origine, et de les rattacher aux tribus de leur parenté. Il est peut-être aussi le premier écrivain qui ait tenté de rallier cette science aux recherches philologiques qui ont fait le sujet de mon dernier discours. Si j'avais quelque chose à blâmer, ce serait : 1° que le savant auteur ne tire pas des conclusions assez spéciales et assez décisives de la masse de faits qu'il a rassemblés; 2° que la partie préliminaire ou introductive de l'ouvrage est tellement séparée des données particulières auxquelles les principes doivent être appliqués, qu'un lecteur qui n'accordera à ce livre qu'une attention seulement ordinaire ne saisira pas facile-

---

[1] De gener. humani variet, p. 306. Researches, ib.

[2] Ubi sup., p. 486.

ment les conclusions importantes que cet ouvrage doit suggérer. Il sera néanmoins difficile à qui que ce soit de traiter ce thème dans l'avenir, sans être redevable au docteur Prichard de la plus grande partie de ses matériaux.

Ayant ainsi énuméré les auteurs et expliqué les systèmes qui m'ont paru les plus dignes de votre attention et qui se rangent du côté de la vérité, il est de toute justice de faire connaître nos antagonistes, et sous quel point de vue ils considèrent cette science. Ils se trouvent principalement parmi les naturalistes français, qui malheureusement sont encore, en partie au moins, sous le joug des théories sceptiques du siècle dernier. Voltaire, dans le fait, fut un des premiers à remarquer qu'il n'y a qu'un aveugle qui puisse douter que les blancs, les Nègres, les Albinos, les Hottentots, les Lapons, les Chinois et les Américains ne soient des races entièrement distinctes [1]. Desmoulins, dans un essai qui, à l'honneur de l'Académie des sciences, fut rejeté par ce corps savant, affirme l'existence de onze familles indépendantes dans la race humaine [2]. M. Bory de Saint-Vincent va encore plus loin, et augmente le nombre des races jusqu'à quinze, et qui se subdivisent encore considérablement. Ainsi la famille adamique, ou les descendants d'Adam, constitue seulement la seconde division de l'espèce arabique de l'homme, le *homo arabicus ;* tandis que les Anglais appartiennent à la variété teutonique de la race germanique, qui n'est encore que la quatrième fraction du *gens bracata* ou famille portant culottes, dans la race japhétique, le *homo japheticus*. Cette variété se divise en la classe qu'on vient de dire et une autre un peu plus élégamment dénommée, savoir le *gens togata*, ou famille portant manteau [3].

Virey appartient à la même école, quoique ses ouvrages soient même plus révoltants par la manière légère et frivole avec laquelle il discute d'un bout à l'autre les points les plus délicats de la mo-

---

[1] Histoire de Russie sous Pierre-le-Grand, ch. I.

[2] Histoire naturelle des races humaines.

[3] Dict. classiq. d'hist. naturelle, tom. VIII Paris 1825, p. 293 et 487. L'homme japhétique n'est lui-même qu'une division de la léiotrique, ou race à cheveux courts. L'unité d'origine des quinze races est rejetée, p. 331.

rale et de la religion. Il ne se contente pas d'attribuer au Nègre une origine différente de celle des Européens, il s'avance presque jusqu'à soupçonner une certaine fraternité entre les Hottentots et les Babouins [1]. Mais, sur ce sujet, Lamarck va beaucoup plus loin, et prétend indiquer les pas par lesquels la nature procède ou a procédé dans des temps antérieurs, pour développer graduellement une classe d'êtres d'une autre classe précédente, de façon à établir une chaîne graduée, non de chaînons simultanés, mais successifs, et ainsi produire à la fin l'espèce humaine, par une métamorphose, inverse à la vérité, mais non moins merveilleuse que celle dont nous lisons le récit dans la fable. Les deux volumes de sa *Philosophie zoologique* sont entièrement destinés à appuyer cette dégradante théorie : le premier, pour prouver comment l'organisation corporelle de l'homme surgit d'une modification accidentelle quoique naturelle du singe; le second, pour montrer que les prérogatives de l'esprit humain ne sont que l'extension des facultés dont jouissent les brutes, et seulement diffèrent en quantité pour le pouvoir de raisonner [2]. D'après des bases faibles et mal établies, Lamarck s'arroge le droit de dire que, parce que nous voyons dans la nature une gradation existante d'êtres organisés, il doit aussi y avoir eu un développement successif par lequel les animaux d'une classe pouvaient s'élever à une autre; d'autant plus qu'un animal quelconque étant forcé par ses besoins à des habitudes nouvelles ou particulières, acquiert par le fait la variation d'organisation nécessaire pour les accomplir, bien que des générations doivent persévérer à les exercer,

[1] Op. cit., tom. II, p. 157.
[2] Philosophie zoologique, ou Exposition des considérations relatives à l'histoire naturelle des animaux; par J.-B. Lamarck. Paris 1830. Voyez tom. II, p. 445. Je puis faire observer ici que Steffens nie tout-à-fait l'existence d'une échelle graduée des êtres; d'autant plus que suivant lui, pour l'appuyer, les animaux les plus inférieurs devraient venir immédiatement après la plante la plus parfaite, tandis que les chaînons entre les deux ordres possèdent les qualités les plus inférieures de l'un et de l'autre, tels que les polypes, les infusoires, les algues, etc., dont l'organisation, soit qu'on la rapporte au règne végétal ou au règne animal, est au plus bas degré de l'échelle. Anthropologie, II. Buch, p. 6.

avant que l'effet soit perceptible. Ainsi, par exemple, un oiseau, forcé par ses besoins d'aller à l'eau, nage ou marche seulement dans les endroits peu profonds, et ses successeurs font de même ; dans le cours de plusieurs générations, les efforts qu'il fait pour étendre les doigts de ses pattes y font pousser une membrane, et le voilà devenu un oiseau aquatique dans toutes les règles ; ou il étend ses membres pour pouvoir marcher dans les eaux plus profondes, et graduellement ses jambes se prolongent comme celles de la grue ou du flammant [1]. Ces deux actions combinées, de nouveaux besoins, et la tendance de la nature à les satisfaire, ont conspiré pour faire sortir l'homme du singe. Une race de ceux-ci, probablement l'orang d'Angola, pour quelque raison dont on a perdu le souvenir, a perdu l'habitude de grimper sur les arbres et de saisir avec les mains de derrière aussi bien qu'avec celles de devant. Après avoir ainsi marché sur le sol pendant plusieurs générations, leurs membres postérieurs se sont ainsi modifiés en une forme plus appropriée à leurs habitudes, et les pieds ont paru, et par là ces animaux acquirent graduellement l'habitude de marcher droit. Ils n'eurent pas besoin plus longtemps de leurs mâchoires pour recueillir les fruits ou pour se battre entre eux, ils pouvaient pour cela disposer de leurs pieds de devant devenus des mains ; et de là, par degrés, leur museau se raccourcit et leur visage devint plus vertical. Avançant encore un pas dans cette route de l'*humanisation*, leur grimace se réduisit à un sourire gracieux, et leur bredouillement se développa en sons articulés. Pour conclure, il dit : « Telles seraient les réflexions que l'on pourrait faire, si l'homme n'était distingué des animaux que par le caractère de son organisation seulement, et si son origine n'était pas différente de la leur [2]. » Malheureusement son second volume ne contient aucune autre preuve que l'homme ait eu une origine différente [3]. J'ai à peine besoin de vous arrêter pour com-

[1] T. I, p. 249. « Si quelques oiseaux qui nagent, dit-il, ont de longs cols, comme le cygne et l'oie, cela vient de leur coutume de plonger la tête dans l'eau pour pêcher. » Pourquoi alors, peut-on demander, la même habitude n'a-t-elle pas produit le même effet dans le canard ?

[2] Page 357.

[3] Dans le tom. II des Considérations sur les êtres organisés, publiées

battre ce système. Je me contenterai de remarquer que l'expérience de plusieurs milliers d'années l'a suffisamment réfuté. Comment se fait-il que l'on ne découvre aucun exemple de semblables développements, comme le prétend Lamarck, pendant cette longue période d'observation ? L'abeille a travaillé avec ardeur et sans interruption dans l'art de faire son agréable produit depuis les jours d'Aristote ; la fourmi n'a cessé de construire ses labyrinthes depuis que Salomon recommandait son exemple ; mais, depuis le temps qu'elles furent décrites par le philosophe et le sage, jusqu'aux belles recherches des Hubers, nous sommes certains qu'elles n'ont acquis aucune nouvelle perception ou un nouvel organe pour améliorer leurs travaux. L'Egypte qui, comme l'a très-bien fait observer la savante commission des naturalistes français, nous a conservé un muséum d'histoire naturelle, nonseulement dans ses peintures, mais dans les momies de ses animaux, nous présente chaque espèce, après trois mille ans, parfaitement identique avec celles d'aujourd'hui. A quels efforts l'homme ne s'est-il pas livré et ne se livre-t-il pas encore plus spécialement de nos jours, pour découvrir de nouvelles ressources, de nouvelles forces mécaniques, et pour donner un champ plus vaste à l'usage de ses sens ! Et cependant, hélas ! aucun nouveau membre ne nous a poussé, pas un seul organe ne s'est plus développé; aucun canal de perception ne s'ouvre pour nous donner l'espoir qu'après plusieurs milliers d'années nous atteindrons un plus haut degré de l'échelle de l'amélioration progressive, ou que nous nous éloignerons de quelques pas de plus de notre consanguinité avec le singe babillard [1]. Il importe maintenant de procéder de l'histoire et des principes de cette étude, à ses découvertes et à ses résultats. Pour nous faire connaître ceuxci et leur portée sur ce que la religion nous enseigne relative-

---

en 1802 par Delamethrie, on trouve que si nous avons un nez allongé, c'est que la race de singes dont nous descendons avait un rhume de cerveau.   (*Note du traducteur.*)

[1] Voyez une réfutation complète du système de Lamarck dans les Principes de Géologie de Lyell, vol. II, p. 18. Lond. 1830. Lamarck, néanmoins, nie que sa théorie soit en rien affectée par les animaux trouvés en Egypte, tom. I, p. 70.

ment à l'origine de l'homme , je suivrai ce qui me paraît la méthode la plus simple et la plus efficace. Je rassemblerai ces résultats en un abrégé sur ce sujet, en réunissant les observations et les découvertes des auteurs modernes , entremêlées avec les faits que j'ai moi-même recueillis , et en communiquant librement mes propres réflexions. Par ce moyen , j'espère vous mettre en possession de tout ce qui peut vous intéresser sur ce sujet important , mais non encore parfaitement éclairci.

Le grand problème à résoudre est : Comment les variétés que nous avons vues ont-elles pu se développer dans l'espèce humaine ? Cela s'est-il opéré par un changement soudain, qui a modifié quelque portion d'une grande famille pour en former une autre ; ou devons-nous supposer une graduelle *dégradation*, comme disent les naturalistes, en vertu de laquelle quelques nations ou familles ont passé graduellement par des nuances successives d'un extrême à l'autre ? Et dans l'un et l'autre cas, quelle doit être la souche commune ? Il faut convenir que l'état présent de la science ne nous autorise pas à décider expressément en faveur de l'une ou de l'autre hypothèse, ni par cette raison même à discuter la dernière conséquence. Mais, indépendamment de cela, la science est arrivée assez loin pour ne laisser raisonnablement lieu à aucun doute sur la commune origine de chaque race.

Car, je pense que nous pouvons dire, après avoir promené nos regards sur tout ce qui a été fait dans cette science encore dans l'enfance , que les points suivants qui embrassent tous les éléments du problème ont été établis d'une manière satisfaisante. Premièrement, que les variétés accidentelles, ou, comme on les appelle, sporadiques, peuvent se développer dans une race, tendant à y produire les caractères d'une autre ; secondement, que ces variétés peuvent se perpétuer ; troisièmement, que le climat , la nourriture, la civilisation , etc., peuvent fortement influencer la production de semblables variétés, ou au moins les rendre fixes, caractéristiques et perpétuelles. Je dis que ces points étant prouvés, embrassent tous les éléments du problème proposé, qui est : « Les variétés telles que nous les voyons maintenant dans la race humaine *peuvent-elles* avoir pris naissance d'un seul tronc ? » Car, si ceci est démontré, nous aurons enlevé la base sur laquelle s'appuient les adversaires de la révélation pour nier l'unité d'origine qu'elle enseigne. Et d'ailleurs, chaque amateur de la saine philosophie préférera, si elle est admissible, l'hypothèse la plus simple à la plus complexe. En traitant ces différents points, il sera presque impossible de les tenir complétement isolés, particulièrement les deux premiers; mais il ne résultera, j'espère, aucun inconvénient, quand même ils viendraient à se mêler entre eux.

Avant d'aborder directement cette recherche, disons que le terrain est en général préparé par les écrivains qui ont traité de cette science, en examinant les lois que la nature a suivies relativement aux êtres inférieurs de la création. Pour commencer, par exemple, avec les plantes, chaque observation nous conduit de plus en plus à la conclusion, que chaque espèce prend son origine de quelque centre commun d'où elle s'est graduellement propagée. Les observations faites par Humboldt et Bonpland dans l'Amérique du Sud, par Pursh dans les. Etats-Unis et par Brown à la Nouvelle-Hollande, ont fourni à Decandolle des matériaux suffisants pour entreprendre avec succès une distribution géographique des plantes, en montrant le centre d'où chacune a probablement procédé. Il a énuméré vingt provinces botaniques, comme il les appelle, habitées par des plantes indigènes ou aborigènes. Il n'est donc pas étonnant que, quand l'Amérique a été d'abord découverte, on n'ait pas trouvé une seule plante qui fût connue dans l'ancien Monde, excepté celles dont les semences ont pu être transportées à travers les eaux de l'Océan. Dans les Etats-Unis, sur 2,891 espèces de plantes, 385 seulement se retrouvent dans le nord de l'Europe; et sur 4,100 espèces découvertes à la Nouvelle-Hollande, on n'en trouve que 166 communes à nos contrées, et de celles-ci plusieurs ont été introduites par les colons [1]. Ceci fait voir à l'instant la tendance de la nature à la simplicité et à l'unité dans l'origine des choses ; tandis que les variétés qui surgissent

---

[1] Voyez dans Lyell un très-bon chapitre sur ce sujet, tom. II, p, 66, et Prichard, tom. I, c. ii, sect. 2, p. 23. Pour les points de ressemblance dans l'organisation des plantes et des animaux, voyez la Dissertation de Camper sur ce sujet : Oratio de analogia inter animalia et stirpes. Gœtting 1764.

dans le monde végétal , sous l'influence des circonstances extérieures , démontrent l'existence d'une influence modifiante dont
l'action est constante.

Mais l'analogie entre les animaux et l'homme est plus rapprochée et plus applicable. L'organisation physique des deux classes
des êtres animés est tellement semblable ; les lois par lesquelles
leurs individus et leurs races sont conservés sont si identiques ;
leur sujétion aux lois des influences morbides , aux opérations des
causes naturelles , et sous les différents noms de domesticité et de
civilisation , à l'action des combinaisons artificielles , est si analogue, que nous avons presque le droit d'arguer de la modification
actuelle de l'un à la modification possible de l'autre.

Maintenant il est certain , il est évident que les animaux que l'on
reconnaît former une espèce se divisent , dans des circonstances
particulières , en variétés aussi distinctes que celles que l'on observe dans l'espèce humaine. Par exemple , quant à la forme du
crâne, ceux du mâtin et de la levrette Italienne diffèrent l'un de
l'autre beaucoup plus que ceux de l'Européen et du Nègre ; et cependant on ne pourra pas donner un critérium de l'espèce sans
y comprendre les deux extrêmes entre lesquels une chaîne de
gradation intermédiaire peut clairement se dérouler. Le crâne du
sanglier aussi , comme l'a fait observer Blumenbach, ne diffère pas
moins de celui du cochon domestique, son descendant indubita-
ble , que ceux de deux races humaines quelconques ne diffèrent
entre elles [1]. Dans chaque espèce de bétail domestique, on trouve
des variétés aussi frappantes.

Le changement de couleur et de structure des cheveux n'est pas
moins ordinaire et moins remarquable. En Guinée, selon Beckman,
toutes les volailles et les chiens également sont aussi noirs que les
habitants [2]. Le bœuf de la campagne de Rome est invariablement
gris , tandis que, dans quelques autres parties de l'Italie, le bétail
est généralement rouge ; les cochons et les moutons du pays sont
presque tous noirs , tandis qu'en Angleterre le blanc est la couleur prédominante. En Corse, les chevaux , les chiens et les autres
animaux deviennent agréablement tachetés. Plusieurs écrivains ont

[1] Op. cit. p. 80.
[2] Voyage to and from Borneo. Lond. 1748, p. 14.

attribué à de certaines rivières la propriété de donner une couleur au bétail qui vit sur ses bords. Ainsi Vitruve remarque que les rivières de Béotie, et le Xante, près de Troie, donnaient une couleur jaune à leurs troupeaux, d'où la rivière Xanthe a pris son nom [1]. M. Stewart Rose, dans ses *Lettres du nord de l'Italie,* dit que même aujourd'hui une semblable propriété est attribuée au Pô [2]. Et plusieurs de vous se rappelleront probablement les blancs troupeaux des bords du beau Clitumnus, comme le décrit le poète :

> Hinc albi, Clitumne, greges, et maxima taurus
> Victima, sœpe tuo perfusi flumine sacro,
> Romanos ad templa Deum duxere triomphos [3].

La texture du poil subit des changements analogues. Vainement on a tenté de produire de la laine dans les Antilles, parce que les troupeaux que l'on y transporte perdent leur laine et se couvrent de crin ou de poil [4]. La même chose arrive dans d'autres climats chauds. « Les moutons, en Guinée, dit Smith, ont si peu de ressemblance avec ceux d'Europe, qu'un étranger, à moins qu'il

---

[1] « Sunt enim Beotiæ flumina Cephysus, et Melas, Leucaniæ, Crathis, Trojæ Xanthus, etc... Cum pecora suis temporibus anni parantur ad conceptionem partus, per id tempus adiguntur eo quotidie potum, ex eoque, quamvis sint alba, procreant aliis locis leucophæa, aliis pulla, aliis coracino colore. Igitur quoniam in Trojanis proxime flumen armento rufa, et pecora leucophæa nascuntur, ideo id flumen Ilienses Xanthum appellavisse dicuntur. » Architect. l. VIII, c. III, p. 162, édit. de Lact.; Amst. 1649. Dans les notes à ce passage sont ajoutées des autorités confirmatives de Pline, Théophraste, Strabon, etc. Quelques-unes sont évidemment des fables. Aristote, de Historia animal., l. III, donne la même étymologie de la rivière Xanthe.

[2] Lettres du nord de l'Italie. Lond. 1819, vol. I, p. 23. L'idée des indigènes est que non-seulement les bêtes du pays sont blanches (ou pour 'parler plus exactement couleur de crème), mais que même les bœufs étrangers revêtissent la même livrée en buvant les eaux du Pô.

[3] Virg., Georg. II, 146.

[4] Prichard, ib. p. 226.

ne les entende béler, pourrait à peine dire à quelle espèce d'animal ils appartiennent, car ils sont couverts seulement d'un poil brun clair ou noir comme des chiens ; » tellement qu'un écrivain plein d'imagination a fait la remarque que, « ici, le monde semble renversé, car les moutons ont du poil, et les hommes ont de la laine [1]. » Un semblable phénomène a eu lieu dans la contrée autour d'Angora, où presque chaque animal, moutons, chèvres, lapins et chats, sont couverts d'un long poil soyeux, si célèbre dans les manufactures de l'Orient. D'autres animaux sont sujets à ce changement, car l'évêque Héber nous apprend « que les chiens et les chevaux, conduits de l'Inde dans les montagnes, sont bientôt couverts de laine comme la chèvre à duvet de châle de ces climats [2].

Et si nous examinons la forme générale et la structure des animaux, nous verrons ces deux choses sujettes aux plus grandes variations. Aucun animal ne montre cela plus clairement que le bœuf, parce que sur aucun autre l'art et la domesticité n'ont été essayés de tant de manières. Quel contraste n'y a-t-il pas entre l'animal à longues cornes, lent, massif, qui traverse les rues de Rome, avec le bœuf à petite tête et aux membres agiles, dont le fermier anglais fait si grand cas ! Suivant Bosman, « les chiens européens dégénèrent promptement à un singulier degré, à la Côte-d'Or ; leurs oreilles deviennent longues et droites comme celles du renard, vers la couleur duquel ils inclinent également, tellement qu'en trois ou quatre ans ils deviennent très-laids, et, au bout d'autant de générations, ils cessent d'aboyer, et ne font plus entendre qu'un hurlement ou un glapissement. » Barbot dit également que « les chiens du pays sont très-laids, ressemblant beaucoup à nos renards avec de longues oreilles droites ; leurs queues sont longues, minces et pointues par le bout sans aucun poil, ayant seulement la peau nue et lisse, tachetée ou unie ; ils n'aboient jamais, seulement ils hurlent. Les noirs les appellent *cabre de matto*, qui, en portugais, signifie une chèvre sau-

[1] Smith. New voyage to Guinea. Lond. 1745, p. 147. New general collection of voyages and travels ; vol. II. Lond. 1745, p. 711.

[2] Narrative of a journey through the upper provinces of India; deux. édit. Lond. 1828, vol. II, p. 219.

vage ; ils les mangent et en estiment la chair plus que celle du mouton ¹. » Ainsi il paraît que le climat ou d'autres circonstances locales ont, dans ce cas, l'effet de réduire, en peu de générations, une espèce d'animaux amenés d'un autre pays, à la même condition que la race native, tellement qu'elle perd toute ressemblance avec sa souche primitive, et en devient totalement distincte. Le chameau présente également un exemple de modifications extraordinaires. « Dans quelques caravanes que nous avons rencontrées, dit un voyageur moderne, il y avait des chameaux d'une espèce beaucoup plus grande qu'aucune que j'aie vue auparavant, et aussi différents du chameau d'Arabie dans leurs formes et leurs proportions, qu'un mâtin l'est d'une levrette. Ces chameaux avaient de grosses têtes et le cou épais d'où pendait un poil brun foncé, long et rude ; leurs jambes étaient courtes et les jointures épaisses ; le corps et les hanches étaient arrondis et charnues ; néanmoins, à partir du sol, ils étaient d'un pied plus hauts que les chameaux ordinaires du désert d'Arabie ². » Et, parlant de cet animal, je puis faire observer que son grand signe caractéristique, la proéminence sur son dos, qui est doublée dans la variété bactrienne, est considérée par quelques naturalistes comme une déviation accidentelle du type primitif ; ils supposent qu'elle provient d'une matière sébacée , de graisse, déposée dans le tissu cellulaire du dos par suite de l'action continue de la chaleur, exactement comme la bosse du zébu ou bœuf indien , ou la queue des moutons de Barbarie et de Syrie, ou la formation analogue qu'on voit sur les reins des Hottentots Bosjman.

Ces exemples, dans lesquels j'ai plutôt cherché à ajouter à ceux réunis par d'autres que de répéter ce qui a déjà été dit, prouvent que des variétés sporadiques ou accidentelles peuvent non-seulement se reproduire, mais, ce qui rentre plus dans notre sujet, peuvent encore se propager parmi les animaux. Et il ne serait pas difficile de multiplier des exemples sur ce dernier fait ; car la grande dissémination des animaux albinos, comme les lapins blancs, ou les chevaux couleur de crème, qui en toute probabilité sont ve-

---

¹ New collection of voyages, etc., p. 712.

² Travels in Assyria, Media and Persia ; par J. S. Buckingham, deuxième édit. Lond. 1830, vol. I, p. 241.

nus originairement de maladie, prouve combien il est facile à ces
variétés accidentelles de se reproduire. Mais le docteur Prichard
donne un exemple qui est très-remarquable, celui d'une race de
moutons élevée depuis peu d'années en Angleterre, et connue
sous le nom de *Ancon* ou race de loutre. Elle naquit d'une variété
accidentelle, ou, pour mieux dire, d'une difformité dans un animal qui a communiqué ses singularités si complètement à sa pro-
géniture, que la race est finalement établie et promet d'être perpétuelle ; et dans le fait, on l'estime beaucoup à cause du peu de
longueur de ses jambes qui ne lui permet pas de franchir les barrières dont les champs sont entourés [1]. Il est bien connu aussi
que l'espèce qui fournit l'énorme bœuf de Durham a été produite
artificiellement en la croisant avec les individus qui semblaient
réunir le plus de points de perfection de toute espèce ; la base
était le Kyloe ou petite race des Highlands, et tout le bétail qui
arrive à quelque dimension extraordinaire est allié à cette race.

Les raisonnements sanctionnés par ces faits présentent une
grande base d'analogie applicable à l'espèce humaine ; et il n'est
pas aisé non plus de voir pourquoi des variétés aussi grandes
n'auraient pas pu se produire et se transmettre par descendance
parmi les hommes comme parmi les animaux inférieurs. Car,
nous l'avons vu, il paraît certain que des diversités, affectant également la forme du crâne, la couleur et la texture des poils, et
la forme générale du corps, proviennent parmi les animaux d'une
seule souche ; en outre il paraît prouvé que des différences de
cette nature peuvent surgir originairement de quelque variété accidentelle, qui à cause de circonstances particulières devient fixe
et caractéristique, et transmissible par descendance. Ne pouvons-
nous pas alors considérer comme très-probable que dans l'espèce
humaine les mêmes causes peuvent opérer similairement et produire
des effets non moins durables ? Et comme les variations de cet ordre
qui paraissent dans notre espèce ne s'éloignent pas plus l'une de
l'autre que celles que nous avons notées dans la création des brutes, elles n'exigent pas pour s'en rendre compte, de recourir à
une cause plus violente ou plus extraordinaire. Mais approchons

[1] Vol. II, p. 550.

de plus près le point de la difficulté, et mettons sérieusement la main à l'œuvre.

Il me paratt donc clair que, dans chaque famille ou race de l'espèce humaine, il s'est produit par hasard des variétés tendant à établir dans cette famille les caractères de quelque autre. Par exemple, les cheveux rouges paraissent exclusivement être l'apanage de la famille caucasienne; cependant des individus existent dans presque toutes les variétés connues avec cette particularité. Charlevoix l'a observée parmi les Esquimaux, Sonnerat parmi les Papous, Wallis parmi les O'Tahitiens, et Lopez parmi les Nègres [1]; cela n'est pas plus surprenant que de trouver parmi nous des individus avec les cheveux frisés; et je crois que ceux qui ont fait attention à ces choses auront souvent observé dans ces personnes une tendance vers quelque autre trait caractéristique de la famille éthiopienne, comme un teint foncé et des lèvres épaisses. Dans les spécimens des crânes publiés par Blumenbach et provenant de son muséum, il y a celui d'un Lithuanien, qui vu de profil pourrait être pris pour un crâne de Nègre [2]; mais le plus curieux exemple que j'aie rencontré de cette tendance sporadique à produire dans une race humaine les traits caractéristiques d'une autre, est dans un voyageur récent, qui le premier a exploré le Hauran ou district au-delà du Jourdain; il écrit ce qui suit : « La famille qui réside ici (à Abu-el-Beady), ayant charge du sanctuaire, était remarquable en ceci : à l'exception du père seulement, toute la famille avait les traits nègres, une couleur noir foncé et des cheveux crépus. Je pensai d'abord que ceci devait résulter de ce qu'ils provenaient d'une mère négresse, comme on trouve quelquefois des femmes de cette couleur parmi les Arabes, soit comme femmes légitimes ou comme concubines; mais en même temps je ne pouvais douter, d'après ma propre observation, que le chef actuel de la famille ne fut un Arabe de pure race, de sang non mélangé. On m'assura aussi que les hommes et les femmes de la génération présente et des générations antérieures étaient tous Arabes purs par mariages et descendances, et qu'on n'avait jamais connu de nègres comme femme ou esclave dans l'histoire de la famille. C'est

---

[1] Blumenbach, p. 169.
[2] Decades craniorum; dec. 3 , et pl. xxii, p. 6.

certainement une particularité bien remarquable des Arabes qui
habitent la vallée du Jourdain de les voir avec des traits plus apla-
tis, la peau plus noire et les cheveux plus rudes qu'aucune autre tribu ; particularité qu'il faut attribuer, je pense, à la chaleur
constante et intense de cette région, plutôt qu'à aucune autre
cause [1]. » Si tous les faits et les circonstances que l'on trouve ici
sont regardés comme suffisamment établis, nous avons certainement un exemple bien frappant d'individus d'une famille qui approchent des caractères distinctifs d'une autre, caractères qui se
transmettent par descendance.

Il y a vraiment des exemples de variétés beaucoup plus tranchées
et beaucoup plus étranges qui naissent chez les hommes, que celles qui constituent les traits caractéristiques et spécifiques d'une
race ; et elles se transmettent du père au fils ; variétés qui
auraient rendu le problème qui nous occupe beaucoup plus difficile à résoudre qu'il n'est à présent, si elles avaient surgi dans
quelque quartier éloigné du globe, et se fussent étendues sur une
population un peu considérable. La plus remarquable est sans aucun doute celle qui a été suivie pendant trois générations dans la
famille de Lambert, connu généralement sous le nom de *l'homme
porc-épic*. L'auteur de cette race extraordinaire fut, étant jeune
garçon, montré par son père en 1731 ; il venait du voisinage
d'Euston-Hall dans le Suffolk. M. Machin, cette même année, le
décrivit dans les *Transactions philosophiques*, comme ayant le
corps couvert de verrues grosses comme de la ficelle et d'un pouce
et demi de long : toutefois il ne donne pas le nom de l'individu [2].
En 1756 il se fit voir de nouveau sous le même titre, et fut décrit par M. Backer dans une notice présentée comme supplément
à la première de M. Machin. Mais le plus important, c'est qu'ayant
alors quarante ans, il avait eu six enfants, qui tous à la même
époque, neuf semaines après la naissance, avaient présenté les
mêmes singularités ; et le seul qui survécut, garçon de huit ans,
se faisait voir avec son père. M. Backer donne une figure de la
main du fils, comme M. Machin avait donné celle de la main du

---

[1] Buckingham, Travels among the arab tribes. London 1825, p. 14.

[2] Sur un cas peu commun d'une maladie de la peau ; par John Machin. Phil. transact., vol. XVII, pour 1731-2, p. 299.

père [1]. En 1802, les enfants de ce garçon étaient promenés dans l'Allemagne par un sieur Joanny, lequel prétendait que ces enfants appartenaient à une race trouvée à la Nouvelle-Hollande ou dans quelque autre pays très-éloigné. Le docteur Tilesius, cependant, les examina très-scrupuleusement, et publia la description la plus exacte que nous ayons de cette singulière famille, avec les figures en pied des deux frères, John qui avait 21 ans et Richard qui en avait 13 [2]. Leur père, le garçon de la notice de M. Backer, vivait encore, et était garde-chasse de lord Huntingfield à Heaveningham-Hall dans le Suffolk. Quand on leur fit voir le dessin qui représentait la main de leur père, ils la reconnurent tous deux à cause d'un bouton d'une forme particulière qu'il y avait au poignet de la chemise [3]. La description de Tilesius, depuis la page 30 jusqu'à la fin, est très-détaillée et correspond exactement avec celles données antérieurement. La totalité du corps, excepté la paume des mains, la plante des pieds et le visage, était couverte d'une quantité d'excroissances cornées, d'un rouge brun, dures, élastiques, d'environ un demi-pouce de long, et bruissaient l'une contre l'autre lorsqu'on les frottait avec la main. Je ne sais à quoi je puis mieux comparer l'apparence de ce singulier tégument comme la donne Tilésius dans ses planches, qu'à une collection de prismes basaltiques quelques-uns plus longs, quelques-uns plus courts, comme ils sont généralement groupés dans la nature. Tous les ans ces excroissances cornées tombaient, et leur chute était toujours accompagnée de quelque degré de malaise, elles cédaient aussi à l'action du mercure qui avait été essayé dans ce but, mais dans l'un et dans l'autre cas tout revenait dans très-peu de temps [4]. Les conclusions que tire M. Backer de ce phénomène extraordinaire sont très-justes, et ont encore un plus grand poids maintenant qu'il s'est reproduit dans une autre génération et dans deux cas distincts : « Il paraît donc, dit-il, hors

[1] Ib. vol. XLIX, p. 21.

[2] Ausfurliche Beschreibung und Abbildung der beiden so genannten Stachelschweinmenschen, aus den bekannten, engelishen Familie Lambert, Altenburg. 1802, in-fol.

[3] Page 4.

[4] Philosoph. Transact., vol. XLIX, p, 22.

de doute, qu'une race particulière peut être propagée par cet homme, ayant une peau rugueuse ou recouverte comme la sienne ; et si cela arrivait et que l'origine accidentelle fût oubliée, il n'est pas impossible qu'on pût regarder cette race comme une espèce d'homme différente. Cette considération nous conduirait presque à imaginer que l'espèce humaine a été produite d'un seul et unique tronc, la peau noire des nègres, et plusieurs autres différences de même nature, pouvant aussi, en toute possibilité, être dues originairement à quelque cause accidentelle [1]. »

Une autre variété plus commune, qui prévaut dans des familles entières, consiste en doigts surnuméraires. Dans l'ancienne Rome on les désignait par un nom particulier, et les *Sedigiti* sont mentionnés par Pline et d'autres auteurs importants. Sir A. Carlisle a soigneusement tracé l'histoire d'une semblable famille pendant quatre générations. Son nom était Colburn, et la singularité fut apportée dans la famille par le bisaïeul du plus jeune enfant que l'on examinait ; cela n'était pas régulier, et se remarquait chez quelques enfants seulement dans chaque génération. Maupertuis parle d'un autre exemple en Allemagne ; et un célèbre chirurgien à Berlin, Jacob Ruhe, appartenait à une famille qui avait cette singularité par le côté maternel [2].

Nous avons donc prouvé, au point où nous sommes arrivés, tant par l'analogie que par des exemples directs, premièrement, qu'il y a une tendance perpétuelle, je pourrais dire un effort dans la nature, pour faire naître dans notre espèce des variétés, souvent d'un caractère très-extraordinaire, quelquefois approchant, d'une manière marquée, des caractères distinctifs particuliers et spécifiques d'une race différente de celle dans laquelle naissent ces variétés ; et secondement, qu'elles peuvent se communiquer du père au fils par des générations successives. Un témoignage ainsi obtenu est d'une grande présomption que les différentes familles ou races parmi les hommes peuvent devoir leur origine à quelque occurrence semblable, à l'apparition accidentelle d'une variété qui a commencé sous l'influence de circonstances favora-

[1] Philosoph. Transact., ibid.
[2] Transact. Philosoph., vol. CIV, 1814, part. I, p. 94. Prichard, vol. II, p, 537.

bles, l'isolement par exemple de la famille dans laquelle cette variété s'est montrée, et les inter-mariages qui en ont été la conséquence l'ont enfin fixée et rendue indestructible dans les générations
qui se sont succédé.

Mais, demanderez-vous, avons-nous quelques exemples de nations entières, qui se soient ainsi changées; ou, en d'autres termes,
avons-nous quelque exemple que ces déductions aient opéré sur
une grande échelle? Répondre à cette question serait, vous l'a-
vouerez, en finir tout d'un coup avec les difficultés du sujet; et
je ne sais où je pourrais mieux interrompre la recherche dans laquelle nous sommes engagés, qu'au point que nous venons d'atteindre.

En traitant de cette science nous sommes malheureusement privés de l'usage d'une série d'arguments qui ont une grande influence sur ses résultats, ces ressemblances morales entre les hommes de différente race, qui pourraient à peine se rencontrer parmi
les créatures d'origine indépendante. J'ai entièrement omis, comme
inutiles, les discussions habituelle des zoologues et des physiolo-
gistes sur ce qui est suffisant ou nécessaire pour constituer la distinction des races; car je pense que laissant de côté la technologie
d'une pareille recherche comme inutile au but que nous nous
proposons, nous avons toute raison de considérer comme d'espèces différentes des animaux dans lesquels nous découvrons des
mœurs et des caractères, si je puis ainsi parler, d'une nature totalement différente. Le loup et l'agneau ne sont pas plus distingués
l'un de l'autre par leur enveloppe extérieure et leurs physionomies différentes, que par le contraste entre leurs dispositions. Et
si ceci vous paraissait ressembler à une comparaison d'extrêmes,
je dirais que la rude férocité du loup, les ruses et les détours du
renard, l'aggression en commun et tumultueuse du premier, et
les larcins solitaires de l'autre, servent plus clairement à les classer dans notre esprit que la différence de leurs formes. Maintenant, si nous considérons l'homme dans les degrés les plus dissemblables de la vie sociale, quelque abruti ou quelque cultivé
qu'il soit, il est certain que nous trouverons un rapprochement
de sentiment, une similitude d'affection et une facilité à se modifier qui prouvent clairement que la faculté correspondante à l'instinct des animaux est identique dans la race entière. Les Mohawks

et les Osages, les habitants des îles Sandwich ou des îles Pellew, par un commerce de quelques mois avec les Européens, spécialement quand ils sont venus dans nos contrées, ont appris à se conformer aux usages de la vie comme nous les entendons, et ont formé des attachements, contracté des amitiés de la nature la plus tendre avec des hommes d'une autre race. La différence d'organisation dans les animaux est toujours liée avec la différence dans leurs caractères. Le sillon qu'un muscle quelconque imprime sur les os du lion indique ses habitudes et sa nature. Le plus petit os dans l'antilope est en rapport avec la timide disposition de l'animal et sa promptitude à fuir. Mais dans l'homme, soit que pendant plusieurs générations il ait passé ses jours dans un demi-sommeil accroupi dans l'angle d'un divan, comme un indolent Asiatique, ou que, comme le chasseur américain, il ait pendant des siècles, par des chasses sans relâche, poursuivi le daim dans des forêts primitives, il n'y a rien dans son organisation qui manifeste que par l'habitude ou l'éducation il n'ait pu changer une occupation pour l'autre : rien ne prouve que la nature l'ait destiné pour l'un ou l'autre état.

Au contraire, la similitude des attributs moraux, le pouvoir permanent des affections domestiques, la disposition à fonder et à maintenir des intérêts mutuels, le sentiment général sur ce qui touche à la propriété et les méthodes de la protéger, nonobstant les déviations accidentelles, l'accord sur les points essentiels du code de la morale, et plus que tout cela le don sacré de la parole, qui donne entière sécurité pour la perpétuité de tous les autres signes caractéristiques de l'humanité, prouvent que les hommes, quelque part qu'ils soient établis, quelque dégradés qu'ils puissent paraître maintenant, étaient certainement destinés pour le même état, et par conséquent ont dû originairement s'y trouver placés. Et cette considération doit être sûrement d'un grand poids pour démontrer dans l'homme une identité d'origine, comme une considération parallèle l'a fait pour les autres animaux.

Ce raisonnement est, comme de raison, opposé à la théorie vulgaire des philosophes ordinaires; savoir, que le progrès des hommes est de la barbarie à la civilisation, et que le sauvage doit être comme le type originel de la nature humaine, dont nous nous sommes éloignés par des efforts graduels. Mais le raisonnement que j'ai suivi, cette réflexion que la nature, ou plutôt son auteur, place ses créatures dans l'état pour lequel il les a destinées, que si l'homme a été formé avec un corps et doué d'un esprit pour une vie sociale et domestique, il ne peut pas plus avoir été jeté originairement dans une forêt ou un désert, que le coquillage marin ne peut avoir d'abord été produit sur le sommet des montagnes, ou l'éléphant créé parmi les glaçons du pôle : cette réflexion doit nous convaincre que l'état sauvage n'est autre chose qu'une dégradation, un éloignement de la destinée originaire et de la position primitive de l'homme. Tel est le point de vue adopté par le savant Frédérick Schlegel, dans un ouvrage de grand mérite, et qu'à ma grande satisfaction, un respectable et savant écrivain de mes amis a enfin présenté à mes compatriotes dans leur propre langue ; et j'espère qu'il recevra assez d'encouragement dans son entreprise pour l'engager à compléter sa tâche en traduisant les derniers ouvrages de ce philosophe.

« Lorsque l'homme, dit-il, se fut une fois séparé de la vertu, aucune limite déterminée ne put être assignée à sa dégradation, ni jusqu'où il pouvait successivement descendre, et se ravaler même au niveau de la brute ; car, comme par son origine il était essentiellement libre, il était en conséquence capable de changement et même très-flexible dans ses facultés organiques. Nous devons adopter ce principe comme le seul fil qui puisse nous guider dans nos recherches, en partant du Nègre, qui, autant par sa force corporelle et son agilité que par son caractère docile et en général excellent, est loin d'occuper le plus bas degré dans l'échelle de l'humanité ; jusqu'au monstrueux Patagon, au Peskwerais presque imbécile, et à l'horrible cannibale de la Nouvelle-Zélande, dont la seule image suffit pour exciter l'horreur dans celui qui le regarde. Ainsi, loin de chercher, comme Rousseau et ses disciples, la vraie origine de l'espèce humaine et les véritables fondements du contrat social dans la condition même des meilleurs et des plus nobles sauvages, nous n'y verrons au contraire qu'un état de dégénérescence et de dégradation [1].

Ceci, assurément, est plus consolant pour l'humanité que les

---

[1] Philosophy of history, trad. par J. B. Robertson. Lond. 1835, vol. I, p. 48, 49.

théories dégradantes de Virey ou de Lamarck, et cependant il s'y trouve aussi quelque légère amertume d'humiliation. Car, s'il était révoltant de penser que notre noble nature ne serait rien de plus que le perfectionnement de la malice du singe, ce n'est pas non plus sans quelque honte ou quelque chagrin que nous voyons cette nature, quelque part que ce soit, tombée et dégradée de sa beauté originelle, au point que des hommes aient pu trouver plausible de soutenir cette odieuse affinité. Cependant ceci peut nous servir à mettre un frein à l'orgueil qu'excite trop souvent la supériorité de notre civilisation, en rappelant à notre esprit que si nous et le plus abruti des sauvages sommes de la même famille, nous sommes comme eux d'une humble origine, mais eux et nous, nous sommes appelés à la plus sublime destinée, et selon les paroles du divin poëte, nous sommes également.

> ..... Vermi
> Nati a formar l'angelica farfalla
> Che vola alla giustizia senza schermi [1].

Pour l'être complexe de l'homme, il semble naturel et nécessaire qu'il y ait quelque composition de cette sorte, quelque pareil plan d'existence, par lesquels la double alliance de l'homme avec deux mondes, l'un supérieur et l'autre inférieur, puisse se manifester; quelque variété d'état telle, qu'elle prouve l'existence de puissance en conflit : de l'une qui le fait tendre en haut par le développement de ses facultés, et d'une autre qui le pousse vers

---

[1] Voici la stance entière :

> O superbi cristiani, miseri lassi
> Che della virtù della mente infermi,
> Fidanza avete ne' ritrosi passi;
> Non vi accorgete voi che noi siam vermi
> Nati a formar l'angelica farfalla
> Che vola alla giustizia senza schermi *?
>
> PURGAT. X.

* O Chrétiens superbes, faibles et misérables, séduits par une vue égarée, vous avez confiance dans des pas qui vous éloignent de la vraie route : ne vous apercevez-vous point que nous sommes des vermisseaux, nés pour former un papillon angélique qui vole à la justice divine, qu'on ne peut tromper ? (*Trad. de M. Artaud.*).

les jouissances de la vie purement animale. Car, pour conclure avec les paroles éloquentes d'un vrai philosophe chrétien, « l'homme se présente comme une individualité vivante, composée de nature et d'esprit, d'un être extérieur et d'un intérieur, de nécessité et de liberté ; à lui-même un mystère, au monde des esprits un objet de profonde pensée, le plus parfait témoignage de la toute-puissance, de la sagesse et de l'amour de Dieu. Entièrement voilé par sa nature corporelle, il voit Dieu comme dans l'éloignement, et est aussi certain de son existence que l'esprit céleste, le fils de la révélation et le héros de la foi, faible et cependant fort, pauvre et pourtant possesseur du plus haut empire de l'amour divin [1]. »

[1] Pabst, Der Mensch und seine Geschichte. Vienne 1830, p. 50.

QUATRIÈME DISCOURS.

SUR L'HISTOIRE NATURELLE DE LA RACE HUMAINE.

———

SECONDE PARTIE.

RÉSULTATS. — Application de l'Ethnographie linguistique à cette étude — Preuve que des nations dont les langues indiquent une commune origine ont dévié du type de famille : dans la race mongole et dans la caucasienne. — Origine de la race nègre : le climat est une cause insuffisante. — Collection de faits pour prouver la possibilité du changement de couleur jusqu'au noir : les Abyssiniens, les Arabes Souakin, les Congos, les Foulahs, etc. — Exemple apparent d'un état existant de transition. Objections répondues. — Effets de la civilisation : Selluks, Mongols, Germains. — Modification et suspension de causes autrefois en action. — Connexions des différentes races : division interne en nuances graduées, différence dans chacune ; Polynésiens, Malays, habitants de l'Italie. — Du type de l'art national. — Réflexions applicables aux preuves du Christianisme, relativement à l'authenticité de l'Évangile et à la perfection du caractère de notre Sauveur.

Dans mon dernier discours, je me suis contenté des analogies qui semblaient porter sur le sujet de nos recherches, et j'ai essayé de prouver, d'abord par les phénomènes parallèles dans les classes inférieures de la création organique, et par les déviations observées accidentellement dans notre propre espèce, qu'il existait une très-grande probabilité que toutes les variétés qui se trouvent dans l'espèce humaine ont toutes été produites par une souche commune ; et je vous ai promis que dans la présente réunion nous traiterions cette question directement et l'examinerions à fond ; je désire donc prouver qu'une transition doit, dans un temps ou dans un autre, avoir eu lieu dans des nations entières d'une famille à une autre. Et, pour remplir ce but ; nous devons nous aider d'un nouveau moyen de vérification que nos deux premières conférences vous ont fait connaître : l'étude comparée des langues.

Je suppose que personne n'a encore mis en doute, ni probablement ne le fera jamais, que des nations qui parlent des langues qui ont une grande affinité entre elles doivent, de manière ou d'autre, avoir été originairement unies. Même ceux qui nient l'o-

rigine commune de la race humaine accordent que l'identité ou la
similitude, et particulièrement une grande affinité grammaticale
de langage, entre des nations, quoique distantes, ne peut être
le résultat du hasard, mais prouve quelque connexion réelle d'o-
rigine ou une parenté primitive. Ceci est de soi-même évident,
même quand il n'aurait pas été mathématiquement démontré par
le docteur Young, comme je vous l'ai fait voir précédemment;
car les liens de parenté que j'ai mis sous vos yeux, entre quelques
langages, le sanskrit, par exemple, et le grec, ne peuvent en
aucune manière être le résultat d'un accident. De là nous devons
conclure que si deux nations parlent et ont parlé des dialectes de
la même langue, autant que l'histoire peut remonter, ces nations
ont eu une origine commune; à moins qu'on ne puisse faire voir
que l'une des deux a changé sa langue, hypothèse qui, pour se
soutenir, exige toujours les témoignages les plus évidents. Car l'expérience prouve la ténacité extraordinaire avec laquelle les plus
petites peuplades maintiennent leur langage originel. Les *Setti
Comuni*, petite colonie allemande établie de temps immémorial
dans le nord de l'Italie; les Grecs de la *Piana dei Greci*, près
de Palerme; les drapiers flamands dans le pays de Galles, établis
là depuis plusieurs siècles, tous ont conservé les dialectes plus ou
moins purs de la langue-mère, et ils fournissent autant de preuves de la difficulté qu'il y a à déraciner un langage.

Ayant ainsi établi un élément fixe et inaltérable, il nous donne
un moyen d'éprouver si l'autre est resté sans changement, ou,
pour parler plus simplement, si l'identité de langage prouve avec
certitude que deux nations n'en ont formé qu'une originairement,
et que cependant elles diffèrent aujourd'hui l'une de l'autre dans
les signes caractéristiques physiques, à un tel point qu'on peut les
classer dans des races différentes; il est donc certain que les signes
caractéristiques sont susceptibles de changement, car l'une des nations doit avoir perdu son type primitif. Or, je pense que l'on
peut prouver que les limites de la double classification des hommes
suivant le langage et suivant la forme des traits ne coïncident plus
depuis longtemps; et comme ces deux choses ont dû se suivre en
concurrence autrefois, et que la forme du langage est restée invariable, nous devons conclure que l'autre a subi un changement.
Même je pense que nous pourrons aller encore plus loin; car, tan-

dis qu'aucun exemple n'a encore été offert et ne le sera jamais, ni ne peut l'être, d'un peuple quelconque qui, soit par transition graduelle ou par impulsion volontaire, ait transféré son langage d'une famille à une autre, nous pourrons peut-être surprendre la nature dans son autre ordre de classification, au moment où elle effectue une transition d'une famille à une autre, en découvrant des exemples d'un état intermédiaire entre deux familles quelconques, ou des procédés par lesquels cet état s'est produit.

En traitant de l'affinité des langages, j'ai indiqué une connexion remarquable, solidement démontrée, entre le hongrois et les langues du nord de l'Europe, le finnois, le laponien et l'esthonien; et un coup-d'œil sur la carte ethnographique vous fera voir comment il est placé, semblable à ces portions de couches isolées que les géologues considèrent comme détachées de la grande *formation* à laquelle ils appartiennent réellement. Mais cette parenté s'étend encore plus loin et se rallie aux Tchermisses, aux Votiaks, aux Ostiaks, plus convenablement appelés As-Jachs et Permiens, tribus qui habitent maintenant les rives de l'Oby et même des parties encore plus dans l'est de la Sibérie [1]. Mais, tandis que personne ne doute que toutes ces tribus ne forment qu'une famille, leurs traits physiques sont singulièrement distincts. Ils sont tous, à la vérité, remarquables par leur très-petite stature; mais pendant que plusieurs de ces tribus ouraliennes ou tschudes, comme les Lapons, les Tchermisses, les Woguls et les Hongrois, ont les cheveux noirs et les yeux bruns; d'autres, comme les Finnois, les Permiens et les As-Jachs, ont tous, d'après Doborowsky, les cheveux rouges et les yeux bleus [2]. Et ce qui aussi est digne d'observation, c'est que toutes ces tribus appartiennent à la famille mongole de Blumenbach. Aussi trouvons-nous les signes caractéristiques de cette famille d'autant moins marqués à mesure que nous nous éloignons de son siége principal, et ceux de la branche germanique de la famille caucasienne deviennent prédominants à mesure que nous approchons de son centre géographique. Ici donc, assurément,

---

[1] Ces langues forment la famille ouralienne dans l'Ethnographie de Balbi. Atlas ethnogr., nº xv. Voyez la carte ethnographique dans ce volume.

[2] Prichard, vol. II, p. 226.

une portion où l'autre de la famille doit avoir varié de son type primitif, de manière à franchir, jusqu'à un certain degré, les limites de la race à laquelle on peut supposer qu'elle a appartenu.

On pourrait peut-être, retrouver la trace d'un autre changement dans la même famille. Vous vous souvenez sans doute que, dans notre dernière entrevue, je suis entré dans une explication assez détaillée sur les rapports qui existent entre les Tartars et les Mongols, et je vous ai fait observer que les meilleurs écrivains et les plus modernes sur la classification des langues, Abel Rémusat, Balbi, Klaproth et Pallas, placent les deux langues dans la même famille. Je fis observer aussi que leurs propres traditions les représentent comme descendants de deux frères, et que, dans le onzième siècle, ils formèrent deux tribus de quatre réunies en corps de nation. Tout ceci semblerait assurément indiquer une commune origine aussi loin qu'on peut remonter par des arguments historiques, traditionnels ou philologiques. Et cependant on ne peut révoquer en doute que les extrêmes des deux nations ou familles ne soient aussi dissemblables que possible, et que les Tartars n'appartiennent à la race caucasienne [1]. On a dit quelquefois que les Turcs doivent leurs belles formes et leurs belles figures au grand mélange de sang circassien introduit par les esclaves de ce pays qu'ils prennent pour femmes. Mais cette théorie, qui a été appliquée dans d'autres cas semblables, peut à peine se soutenir, si nous considérons qu'un pareil mélange de sang étranger ne peut jamais atteindre la grande masse de la nation, mais doit être restreinte aux riches qui seuls pourraient ressentir l'effet de cette cause. Je vous ferai voir plus tard que des siècles accumulés d'inter-mariages n'ont pas pu effacer les traits caractéristiques des deux nations qui anciennement occupaient l'Italie. Mais, outre cela, nous pouvons faire observer que les Osmanlis ou Turcs présentaient les mêmes traits avant que la spécieuse raison que l'on indique puisse avoir été mise en pratique d'une manière très-active [2].

[1] Voyez page 185.

[2] Au moins si nous supposons que la coutume n'a commencé qu'après la consolidation de la puissance turque. Un ancien historien décrit ainsi Mahomet le Grand, premier empereur des Turcs : « Son teint étai

Mais, il y a plus; j'ai fait observer déjà que quelques tribus tartares, comme les Kirghis, se rapprochent du type mongole assez près pour former une sorte de lien intermédiaire entre les deux. Le docteur Prichard attribue encore ceci à des inter-mariages; mais il serait, je pense, très difficile d'établir l'existence de cette cause.

Blumenbach, dans sa *Collection de crânes*, a donné celui d'un Tartare Yakout qui a tous les caractères de la race mongole [1]. Ceci peut être un cas individuel; mais Dobell semble admettre que cette tribu de Tartares s'approche un peu des Mongols. Car il remarque que l'on peut présenter des preuves d'une certaine crédibilité qu'ils descendent des Mongols, mais leur origine la plus probable est tartare... Les traits d'un Yakout et toute l'expression de sa physionomie appartiennent plus à la race mongole qu'à la tartare [2].

La race à laquelle nous appartenons présente un phénomène semblable. Quelle que soit l'hypothèse que nous nous déterminions à adopter, la prédominence d'un langage essentiellement le même de l'Inde à l'Islande prouve que les nations qui le parlent ont une commune origine. Cependant les habitants de la péninsule indienne diffèrent de nous par la forme et la couleur, assez matériellement pour être classés dans une autre race. Klaproth, pour se rendre compte de cette circonstance, imagine que les nations indo-germaniques se sont sauvées du déluge sur deux chaînes de montagnes, l'Himmalaya et le Caucase. De la première, selon lui, descendirent les Indiens au sud, et les Goths au nord; de l'autre vinrent les Mèdes, les Perses et les Pélasges. Il suppose alors que la couleur rembrunie des Indiens a été produite par

celui des Tartares, olivâtre, blème, et il avait un air de mélancolie, comme la plupart de ses prédécesseurs les rois othomans; son regard et son aspect étaient sévères; les yeux perçants, couverts et même un peu enfoncés dans la tête, et le nez si grand et si recourbé qu'il touchait presque la lèvre supérieure. » Knolles, Hist. des Turcs, cinquième édit., p. 433.

[1] Decad. 1. Cranior., pl. xv, p. 10.

[2] Voyages dans le Kamtchatka et la Sibérie. Lond. 1830, vol. I, p. 13, 14.

le mélange avec une race noirâtre qui se trouvait là avant eux et qui avait échappé au même fléau sur les montagnes du Malabar [1]. Mais tout ceci est une pure conjecture, sans le plus léger fondement, soit dans l'histoire ou la tradition locale. Et ceci a été simplement inventé pour échapper à la difficulté, qui se résout plus facilement en admettant qu'une nation peut assez changer de signes caractéristiques, pour passer dans une famille différente de celle à laquelle son langage prouve qu'elle a primitivement appartenu.

Ces exemples cependant ne vous feront nullement penser que les deux extrêmes, les blancs et les noirs, puissent jamais avoir été une seule et même race; car le rouge ou le cuivré ne peuvent pas se considérer comme des points intermédiaires, et nous devons chercher des exemples de transition directe d'un extrême à l'autre; et ceci est assurément le nœud le plus difficile que nous ayions à délier dans le cours de notre recherche. Je ne parlerai pas des grandes discussions soutenues par plusieurs savants relativement à la couleur primitive de la race humaine; plusieurs, comme Labat, pensent qu'elle était rouge [2]; soit à cause que le nom du premier homme, en hébreu, désigne cette couleur; ou, comme l'évêque Héber le conjecture, parce que les animaux non apprivoisés tendent généralement vers cette nuance [3]. Blumenbach suppose que la couleur originaire était blanche; et si je me hasardais à donner un argument en faveur de cette opinion, je dirais que chaque déviation de cette teinte porte la marque d'un excès ou d'une affection morbide. Alpin a prouvé que le siége de la couleur du Nègre n'est pas dans la peau extérieure, qui est chez lui aussi incolore que chez nous; mais dans le tissu délicat situé au-dessous, et connu en anatomie sous le nom de corps réticulaire de Malpighi [4]. Ce tissu, chez le Nègre, est le siège d'une matière colorante très foncée; dans les Albinos, ce même tissu est rempli, dit-on, d'utricules contenant une substance blanche

[1] Asia polyglotta, p. 43.

[2] Voyez Labat, Nouvelle relation de l'Afrique. Paris 1728, tom. II, p. 287.

[3] Ubi sup., vol. I, p. 69.

[4] De sede et causa coloris Æthiopum. Lond. 1738.

qui leur donne leur couleur particulière; quoique Buzzi, dans sa notice de l'examen d'un Albinos après la mort, dise qu'il n'a trouvé de traces d'aucun tissu [1]. Il paraîtrait donc que le blanc, placé entre ces deux déviations contraires, serait l'état naturel ou normal.

Les anciens adoptèrent le simple expédient d'attribuer la couleur des Nègres à l'action du soleil. Le climat, considéré sous le rapport des degrés progressifs de chaleur, a une influence sur la nuance de la peau; et c'est vrai jusqu'à ce point que nous observons une certaine proportion entre l'une et l'autre. Généralement parlant, les races les plus blanches sont celles qui avoisinent le pôle de plus près, et les plus noires sont plus sous l'influence de la chaleur tropicale; et, entre ces deux extrêmes, nous pouvons suivre la trace de plusieurs degrés intermédiaires, comme du Danois au Français; après lesquels peuvent venir l'Espagnol ou l'Italien, puis le Maure et ainsi le Nègre [2]. Mais cette tentative pour établir une chaîne de gradation dans la couleur rencontre deux sérieuses difficultés à combattre. Premièrement, dans tous ces degrés, la teinte est trop évidemment le résultat d'une action extérieure sur la peau, et dont les effets peuvent être modérés ou suspendus par des précautions contre la chaleur. Les femmes moresques qui se tiennent dans la maison sont presque tout-à-fait blanches : mais l'enfant nègre commence à devenir noir au bout de dix jours, quelque soin que l'on prenne de le garantir de la chaleur; par conséquent, dans le premier cas, l'action est purement extérieure, tandis que dans l'autre elle consiste dans le développement de quelque principe interne. Secondement, en opposition directe avec cette théorie qui considère les différents degrés de coloration de la peau comme une série de transitions du blanc au noir, apparaissent des faits qui étonnent : c'est que la même race conserve sa nuance, sans variation sensible, sous les latitudes les plus distantes; et que, sous la même latitude, les variétés les plus singulières se présentent en apparence dans la

[1] Opere scelte. Milan 1784, tom. VII, p. 11.

[2] Telle paraît être l'opinion soutenue par le docteur Hunter : Disputatio inauguralis quædam de hominum varietatibus, et harum causis exponens. Edimb. 1775, p. 26.

même race. Les Américains offrent un exemple des plus remarquables du premier cas : soit sur les bords glacés des lacs du Canada ou dans les plaines brûlantes des Pampas de la péninsule méridionale, à peine peut-on découvrir une ombre de différence dans le teint des indigènes, la même couleur cuivrée distingue toutes les tribus. Pour le second cas, nous trouvons dans l'Orient des exemples non moins frappants.

L'évêque Héber, en décrivant sa première entrée à Calcutta, s'exprime ainsi : « La grande variété de couleurs chez les natifs m'a beaucoup frappé ; dans la foule qui nous entourait, quelques individus étaient noirs comme des Nègres, d'autres simplement cuivrés, et d'autres pas beaucoup plus foncés que les Tunisiens que j'ai vus à Liverpool. M. Mill, le principal du collège Bishop, qui était venu à ma rencontre, et qui avait vu beaucoup plus d'Indiens qu'aucun Européen, me dit qu'il ne pouvait pas s'expliquer cette différence, qui est générale dans tout le pays, et partout aussi frappante. Ce n'est pas purement l'exposition au soleil, car cette variété de teinte est visible chez les pêcheurs qui sont tous également nus. Et cela ne dépend pas non plus de la caste ; puisqu'il y a des Brahmines de très-haute caste qui sont noirs, tandis que les Parias sont blancs comparativement [1]. » Cette dernière observation, si l'on peut l'admettre complètement, est d'une grande importance. Car, comme nous le verrons dans une autre occasion, Heeren et d'autres, guidés par la division en castes, ont imaginé que l'Inde avait été peuplée par deux nations distinctes, dont l'une ayant conquis l'autre, l'a réduite à un état d'infériorité et de dépendance ; hypothèse qui serait complètement démontrée, si une différence de couleur était manifeste entre les hautes et les basses castes.

Jusqu'ici, vous le voyez, j'ai seulement jeté des doutes sur les procédés imaginés pour expliquer la couleur noire des Nègres : car bien que je pense qu'elle dépend du climat, il est certain qu'on n'a encore découvert aucune théorie pour expliquer son origine. Notre science est encore dans l'enfance, et nous devons nous contenter de recueillir des faits et d'en faire jaillir les conséquences naturelles. C'est donc aux faits que nous en appelons, et ils suf-

[1] Vol. I, p. 9.

firont pour prouver qu'un pareil changement peut avoir eu lieu, bien que nous ne sachions pas si c'est par accident ou par une déviation graduelle.

Les indigènes de l'Abyssinie sont complètement noirs, et cependant il est certain que par leur origine ils appartiennent à la famille sémitique et par conséquent à une race blanche; leur langage n'est qu'un dialecte de cette classe, et le nom même de la nation indique qu'elle a traversé la mer Rouge. C'est de là que dans l'Ecriture le terme *Cush* s'applique également à eux et aux habitants de l'autre rive; et ni par les traits, ni par les formes du crâne, ils n'ont la moindre ressemblance avec le Nègre. Vous pouvez facilement vous assurer soit par des portraits, soit par des individus vivants, qu'excepté la couleur, leur visage est parfaitement européen. Ici donc un changement a eu lieu, bien que nous ne sachions comment.

Un autre exemple, encore plus frappant, nous est fourni par l'exact et intelligent voyageur Burckhardt : la ville de Souakin, située sur la côte africaine de la mer Rouge plus bas que la Mecque, contient une population mixte, formée d'abord de Bédouins et d'Arabes, y compris les descendants des anciens Turcs; et ensuite du peuple de la ville, composé soit d'Arabes de la côte opposée, soit de Turcs d'origine moderne [1]. Voici ce qu'il dit des deux classes : la première, les Hadherebe ou Bedouins de Souakin, ont exactement les mêmes traits, la langue et le costume des Bédouins nubiens. En général, leurs traits ont de la beauté et de l'expression; leur barbe est rare et courte, leur couleur est du brun le plus foncé, approchant du noir, mais dans la physionomie ils n'ont rien du caractère nègre [2]. Les autres qui descendent tous des colons venus de Mosoul, Hadramout, etc., et des Turcs envoyés là par Sélim lors de sa conquête de l'Egypte, ont subi le même changement. « La race actuelle, dit Burckhardt, a les traits et les manières africaines et ne peut sous aucun rapport se distinguer des Hadherebe [3]. » Nous avons donc ici deux nations distinctes, des

---

[1] Voyage en Nubie; deuxième édit., p. 391 (en angl.)

[2] Page 395.

[3] Page 391, comme les Hadherebe n'ont point, suivant la première

Arabes et des Turcs, qui dans l'espace de peu de siècles sont devenues noires en Afrique, quoique blanches dans leur origine.

Le capitaine Tuckey, parlant des natifs du Congo, dit qu'ils sont évidemment une nation mélangée, n'ayant point de physionomie nationale et plusieurs ont entièrement les traits des Européens méridionaux. On pourrait conjecturer que ceci vient de leur alliance avec les Portugais, et cependant il y a très-peu de mulâtres parmi eux [1]. Cette dernière observation détruit complètement la première conjecture, quand même on l'admettrait sous d'autres rapports; car la physionomie de toute une nation ne peut jamais avoir été entièrement changée par quelques nouveaux venus. Nous trouvons dans les observations générales sur le voyage du capitaine Tuckey, recueillies par les savants et les officiers qui l'ont accompagné, que les traits des Congos, quoique très-rapprochés de ceux des tribus nègres, ne sont ni si fortement prononcés ni si noirs que ceux des Africains en général. On les représente non-seulement comme plus agréables, mais aussi comme ayant une apparence de grande simplicité et d'innocence [2]. »

Il y a plusieurs nations non-seulement le long de la côte, mais dans le cœur même de l'Afrique centrale, qui sont d'un noir luisant, sans un signe de trait nègre. Parmi elles sont les Foulahs, que Park décrit comme « n'étant pas noirs, mais d'une couleur basanée, tannée, qui est plus claire et plus jaune dans des états que dans d'autres. Ils ont des traits et des cheveux doux et soyeux sans les lèvres épaisses ou la laine crépue, communes à d'autres tribus [3]. » Jobson les peint « d'une couleur de tan, » avec de longs cheveux noirs, pas à beaucoup près frisés comme ceux des Nègres [4]. M. Moore, parlant des Yoloffs, dit « qu'ils sont beaucoup plus noirs et plus beaux que les Mandingues ou les Flups, n'ayant

---

citation, la physionomie nègre, je suppose que par traits nous devons entendre la couleur seulement.

[1] Narrative of an expedition te explore the river Zaire. Lond. 1818, p. 196.

[2] Ibid., p. 374.

[3] Sumner's, Records of creation, deuxième édit., vol. 1, p. 380.

[4] New general collection of voyages; ut sup., p. 262.

pas le nez large et les lèvres épaisses qui distinguent ces nations, et qu'aucun des habitants de ces contrées ne peut se comparer aux Yoloffs pour la noirceur de la peau et la beauté des traits. » L'écrivain auquel j'emprunte cette citation ajoute que les voyageurs ne distinguent pas toujours avec la même exactitude que M. Moore les Yoloffs des Mandingues, et d'autres noirs au nez épaté, parmi lesquels ils sont mêlés; et dans un autre endroit, parlant des Mandingues, il dit « qu'ils sont aussi remarquables par leurs lèvres épaisses et leur nez aplati que les Yoloffs et les Foulahs le sont par la beauté de leurs traits [1]. » Or, ceci est en contradiction complète avec les récits de voyageurs plus récents; car Caillié décrit ainsi les habitants de Timbuctoo : « Ils sont de taille ordinaire, bien faits, droits et marchant d'un pas ferme ; leur couleur est d'un beau noir foncé; leur nez est un peu plus aquilin que ceux des Mandingues, et comme eux ils ont les lèvres minces et les yeux noirs [2]. » Cette contradiction est néanmoins de peu d'importance; car de toutes manières, il est évident que la couleur n'a pas une connexion nécessaire avec les traits du Nègre, mais qu'il existe deux races et deux variétés également noires, appartenant à deux familles différentes, distinguées par le signe caractéristique plus important de la forme du crâne et des traits. Blumenbach, à la vérité, a remarqué en termes vagues l'existence de ces deux classes en Afrique, l'une nègre sous tous les rapports, l'autre noire, et avec de beaux traits parfaitement européens, mais il les appelle tous indistinctement Éthiopiens, et n'a rien posé pour une classification distincte [3].

Cette différence, si je ne me trompe, paraîtra peut-être plus remarquable dans une autre observation. Je crois qu'en général nous trouverons que ces tribus que l'on décrit comme n'ayant pas les traits nègres, mais seulement une couleur noire, sont élevées dans la civilisation d'un degré de plus que leurs voisins et professent quelque religion qui réclame une révélation, comme les Abyssiniens un christianisme corrompu; les naturels du Congo, quelques restes d'idées analogues, et tous les autres la religion de

[1] Ibid., p. 255, 266.
[2] Travels through central Africa. Lond. 1830, vol. II, p. 61.
[3] Decas Cranior., I, p. 23.

Mahomet ; tandis que ceux qui ont les signes caractéristiques du Nègre dans tout leur développement, comme les Dahométiens, les Caffres ou les Hottentots, sont au degré le plus bas de la dégradation physique et morale, et professent quelque misérable système de fétichisme ou d'idolâtrie. Maintenant si la phrénologie a quelque fondement, et même ses plus chauds opposants doivent, je pense, admettre à son égard l'axiôme de Bossuet que « toute erreur est une vérité dont on a abusé, » la dépression du front et la compression des tempes qui sont les marques distinctives du Nègre, dans le système de Blumenbach, seraient précisément l'indication de cette condition dégradée. Et nous aurons ainsi deux causes distinctes : les traits dépendraient de la civilisation, et la couleur principalement du climat.

Car, relativement à l'influence de ce dernier, si l'on considère la circonstance extraordinaire que *chaque* nation, quelle que soit sa variété, que l'on trouve sous le climat de la zone torride en Afrique, prenant le climat dans son sens le plus étendu, et y comprenant la nature des pays habités, que ces nations, dis-je, aient chacune d'elles revêtu la noire livrée du soleil, est un fait qui semble autoriser la conclusion que ce signe caractéristique doit s'attribuer à la région qu'elles habitent toutes. L'effet peut bien ne pas provenir de l'action extérieure, directe, des rayons solaires ; mais, comme Le Cat, Camper et Lawrence [1] ont prouvé que la peau de l'Européen le plus blanc peut, dans certaines circonstances, devenir aussi noire que celle d'un Nègre, sur la totalité ou une grande partie du corps, de même nous pouvons supposer que le principe qui cause ce changement, et qui est évidemment inhérent aux blancs, peut, sous l'influence d'un climat particulier, être mis en activité et rendu perpétuel par la descendance.

Et avant de quitter le sol de l'Afrique, je vous donnerai un exemple de ce que l'on pourrait peut-être considérer comme un état de transition. Burckhardt a décrit la population sauvage de Mahass

---

[1] Le Cat, Traité de la couleur de la peau humaine. Amst., p. 130. Camper, Dissertat. Physiq., p. 16. Lawrence, Lectures on Physiology, etc., p. 522. C'est un phénomène observé plus généralement chez les femmes pendant la gestation.

comme ayant des signes caractéristiques intermédiaires entre ceux des Nègres et des Nubiens : « Quant à la couleur, ils sont complètement noirs, leurs lèvres sont comme celles des Nègres, mais non pas le nez ni l'os des joues[1]. »

En opposition à ces faits, on peut à la vérité en présenter d'autres qui sont souvent vulgairement cités. On observe que les descendants des Français, des Anglais et des Portugais, qui se sont autrefois établis sur la côte d'Afrique, n'ont éprouvé aucun changement après plusieurs générations, et que dans l'Amérique septentrionale les Nègres, après plusieurs siècles, sont toujours Nègres[2]. Et pour ajouter un nouvel exemple, Burckhardt fait deux fois mention des descendants des soldats bosniaques, laissés par Sélim en Nubie, qui ont encore conservé les traits de leur pays natal, quoiqu'ils en aient oublié la langue.

Beaucoup de ces faits, même tous, peuvent être vrais ; mais qu'est-ce que cela prouve quand on les compare à ceux que j'ai cités ? Seulement que le mode d'agir des causes ne nous est pas encore connu ; que nous ne pouvons découvrir la loi en vertu de laquelle la nature opère ; qu'il y a deux séries de faits, l'une et l'autre véritables ; mais ne se détruisant pas mutuellement. Je désire seulement faire voir que l'observation des philosophes modernes tend à démontrer qu'un pareil changement *peut* avoir lieu, mais non qu'il *doive* avoir lieu. Un exemple suffit pour prouver la première assertion, tandis que la démonstration de la seconde pourrait en exiger quelques milliers.

Mais examinons cette objection avec plus de détail. Nous savons à n'en pas douter que, dans quelques parties de l'Inde, les descendants des Européens qui s'y sont établis depuis longtemps ont totalement changé de couleur ; bien que, comme de raison, leurs traits soient restés les mêmes. « Il est remarquable cependant, dit un auteur que j'ai déjà souvent cité, que, sans exception, toutes ces classes d'hommes (Persans, Grecs, Tartares, Turcs et Arabes), après un petit nombre de générations, même sans alliance réciproque avec les Hindous, prennent la teinte olive foncée, s'approchant beaucoup du Nègre, et qui semble naturelle au climat.

[1] Ubi sup., p. 53.
[2] Descript. de la Nigritie ; ut sup., p. 56. Labat, tom. II, p. 255.

9.

Les Portugais nés dans le pays ne s'unissent qu'entre eux seulement, ou, s'ils le peuvent, avec des Européens. Eh bien! ces Portugais, pendant une résidence de trois cents ans dans l'Inde, sont devenus aussi noirs que des Caffres. Certainement ceci est d'un grand poids pour combattre l'assertion que l'on pose quelquefois que le climat seul ne suffit pas pour expliquer la différence entre le Nègre et l'Européen. Il est vrai qu'il y a chez les Nègres d'autres particularités que les Indiens n'ont pas, et pour lesquelles les colons portugais ne montrent aucun symptôme d'approximation... Mais si la chaleur produit un changement, d'autres particularités du climat peuvent produire d'autres changements additionnels, et quand de semblables particularités opèrent pendant trois ou quatre mille ans, il n'est pas aisé de fixer une limite à leur puissance [1]. » Ce raisonnement est, à la vérité, défectueux, d'autant que les traits des Nègres étaient fixés dès la période reculée des jours d'Hérodote ou d'Homère, ou même beaucoup plus anciennement, comme on le voit sur les monuments égyptiens; et le climat ne rend pas raison des cas que j'ai rapportés de tribus vivant sous la même latitude, sur le même sol, et qui ont des signes caractéristiques totalement différents. Mais néanmoins le fait contenu dans ce passage est précieux, en ce qu'il indique qu'une transition est possible de la couleur blanche à la noire.

De la même manière, Long, dans son *Histoire de la Jamaïque*, et Edwards, dans son *Histoire des Antilles*, ont tous deux remarqué que les crânes des colons blancs établis dans ces îles diffèrent sensiblement pour la forme de ceux d'Europe, et s'approchent de la configuration d'origine américaine. Le docteur Prichard assure également, d'après de graves autorités, qu'à la troisième génération les esclaves qui, aux Etats-Unis, sont attachés au service de la maison, ont le nez moins déprimé, la bouche et les lèvres moins saillantes; et en même temps leur chevelure devient plus longue à chaque génération successive. Les esclaves qui travaillent aux champs, au contraire, conservent beaucoup plus longtemps leur forme originaire [2]. Caldani a rapporté un exemple d'un cordon-

[1] Heber's narrative; vol. I, p. 68.
[2] Vol. II, p. 565.

nier nègre qui, ayant été amené très jeune à Venise, avait subi une telle modification dans sa couleur, qu'il n'était pas plus foncé qu'un Européen affecté d'une légère jaunisse; et dans ce cas, il parle d'après son observation personnelle [1].

La remarque importante que je viens de citer du docteur Prichard est d'un haut intérêt, et sera, je n'en doute pas, confirmée de plus en plus par des observations exactes. Elle me ramène à la considération de l'influence exercée par la civilisation sur les caractères essentiels d'une race. Cuvier a fait observer que la servitude ou la domesticité était le plus puissant agent qu'on ait encore découvert pour produire des modifications chez les animaux, et la plus grande variété obtenue jusqu'à présent l'a été par ce moyen [2]. La civilisation est ce qui approche le plus de cet agent dans l'homme, et doit même être plus forte, à cause de son influence morale. Il n'y a point de doute que le genre de vie, les aliments, les aises et le degré d'intelligence et d'éducation dont on jouit ne produisent un effet puissant et permanent sur des nations de même origine. Un voyageur moderne en Syrie a remarqué la différence qui existe entre les Bédouins et les Fellahs du Hauran. Les premiers ou les Arabes nomades, toujours exposés aux accidents et aux fatigues d'une vie errante et active, ont des formes sveltes, la face petite et la barbe peu garnie. Les autres, ou les Arabes sédentaires, sont gros et robustes, ont une barbe touffue, mais manquent de ce regard perçant de leurs frères du désert. Et cependant on ne peut pas mettre en question que ces deux classes ne soient en réalité une seule nation, parlant la même langue et habitant le même climat. Qui cause donc la différence entre eux? Sans aucun doute leur genre de vie; car cet exact observateur ajoute que jusqu'à l'âge de seize ans rien ne les distingue [3]. Dans

[1] Institut. physiolog. auctore L. M. Ven. 1786, p. 151.

[2] Dans son Discours préliminaire. Voyez aussi Blumenbach, dans son chapitre intitulé : Ausartung des vollkommensten aller Hausthière, des Menschen, dans l'ouvrage Beytrage zur Natur geschichte, part. I, Goetting. 1700, p. 47.

[3] Burckhardt, Travels in Syria. N'ayant pas sous la main l'édition anglaise, je traduis d'après la version allemande. Weimar 1823, part. I, p. 456.

un autre ouvrage, il dit qu'une égale disparité peut se remarquer dans leurs dispositions [1].

M. Jackson fait la même observation sur les Arabes qui habitent les villes dans le royaume de Maroc et les Bédouins qui vivent sous les tentes. « Les Sellouks de Haha, dit-il, se distinguent par la physionomie des Arabes des plaines, et même des Sellouks de Susa, bien que par le langage, les coutumes et la manière de vivre ils ressemblent aux derniers [2]. » Et même, parmi les Bédouins, Volney a remarqué qu'on pouvait apercevoir une différence entre le peuple et ses chefs, les scheikhs ou princes, qui se nourrissant mieux, sont plus grands, plus robustes et ont meilleure mine que leurs plus pauvres sujets, lesquels vivent avec six onces de nourriture par jour [3]. Une distinction semblable a été remarquée par Forster à O'Taïti. « Les gens du peuple, dit-il, qui sont exposés à l'air et au soleil, qui exercent leurs forces à cultiver la terre, à pêcher, à ramer, à construire des maisons et des canots, et sont limités dans leur nourriture, sont plus noirs, leurs cheveux sont plus laineux, plus crépus ; leurs corps de petite stature et amaigris. Mais leurs chefs, les Arcas, ont un aspect très-différent. La couleur de leur peau est moins basanée que celle des Espagnols, et moins cuivrée que celle des Américains ; elle est d'une nuance plus claire que celle du plus beau teint d'un habitant des îles de l'Inde. A partir de ce teint, nous avons toutes les nuances intermédiaires jusqu'au brun vif, tendant au noir. Quelques-uns ont la chevelure jaunâtre, brune, ou couleur de sable [4]. » Kotzebue et d'autres navigateurs modernes ont fait la même observation ; mais il paraît clair que les Yeris, ou race noble de Sandwich et des autres îles de la polynésie, sont réellement une tribu distincte du reste du peuple [5].

[1] Notes on the Bedouins and Wahabres. Lond. 1830, p. 104.

[2] An account of the empire of Morocco. Lond. 1811, p. 18.

[3] Voyage en Egypte et en Syrie. Paris 1787, tom. I, p. 357.

[4] Observations faites pendant un long voyage autour du monde. Lond. 1778, p. 229. Voyez aussi les Voyages du Fils autour du monde, 177, vol. I, p. 305.

[5] Kotzebue, Nouveau voyage autour du monde. Lond. 1830, vol. II, p. 58.

Pallas et Klaproth ont l'un et l'autre exprimé l'opinion que le teint des Mongols dépend beaucoup des habitudes de cette race. Les enfants et les femmes sont d'une blancheur remarquable. La fumée et l'exposition au soleil donnent aux hommes leur teinte jaune [1]. Quoiqu'il y ait beaucoup à reprocher à cette hypothèse, elle peut servir à appeler l'attention sur la portée que les habitudes et la civilisation peuvent avoir sur les signes caractéristiques des différentes races. D'après le même point de vue, je ferai observer l'altération remarquable qui a eu lieu dans la famille germanique. Car nous avons vu que ses traits étaient autrefois si marqués, qu'on la constitua comme une des grandes divisions la plus fortement caractérisée de l'espèce humaine, formant aux yeux des Grecs un contraste parfait avec la couleur foncée des Ethiopiens. Et cependant ces marques distinctives, si elles ne sont pas totalement effacées, sont devenues si légères qu'on peut à peine les discerner : sans doute par l'influence de la civilisation et l'assimilation des mœurs de cette nation avec celles d'autres appartenant à la même famille.

Peut-être que la démonstration la plus extraordinaire de l'influence permanente des habitudes ou des manières d'être sur les différentes races peut se tirer de la forme des dents. Blumenbach a remarqué que les dents de l'homme indiquent manifestement qu'il est un animal omnivore. Mais chez quelques nations, probablement par l'usage d'un aliment qui exigeait une grande mastication, les incisives sont devenues émoussées et arrondies, et les dents canines ne se distinguent plus des molaires. C'est le cas pour beaucoup, et peut-être pour la plupart des momies égyptiennes; de même que pour les Groënlandais et les Esquimaux, qui mangent leur viande sans la faire cuire et avec des contorsions de mâchoire extraordinaires [2].

Ces exemples peuvent suffire pour faire voir quelle force existe dans la différence des habitudes; car la nature, tendant constamment à adapter ses lois aux circonstances particulières dans lesquelles l'harmonie générale n'est point troublée, semble, après

[1] Pallas, ubi sup. Klaproth, Voyage au Caucase, tom. I, p. 73.
[2] De generis humani varietate, p 27, 224.

quelque temps, perpétuer les variétés produites par cette cause
accidentelle.

Je passe sous silence, comme étant de nature à vous intéresser
très-peu, plusieurs autres objections ou observations tirées de la
physiologie [1]; je vais donc, sans aller plus avant, résumer, aussi

[1] J'exposerai seulement en note un argument, et comme échantillon
des étranges expédients auxquels ont recours les écrivains qui ont traité
ces sujets, et parce que je ne sache pas que personne ait pris la peine
d'y répondre. J'ai en vue l'objection de Virey à l'unité de race, tirée
des observations d'ailleurs très-exactes de Fabricius, sur le *pediculus
nigritarum*, nom scientifique donné à l'insecte parasite du Nègre,
comme spécifiquement distinct de tous les autres : tellement que suivant
lui, la race noire, que cet insecte accompagne, doit également avoir
été distincte dès le commencement. (Tome I, p. 391.) En réponse à
cela, je me contenterai de dire qu'il y a d'autres exemples de nature
semblable où il est impossible d'expliquer l'existence de certaines classes
d'insectes avant que la chose qui leur sert de demeure et d'aliment ait
elle-même existé. Par exemple, le *tinea* ou la teigne qui attaque la laine
peignée, et n'y touche jamais lorsqu'elle est en *suint*; où existait l'a-
nimal avant qu'il y eut de la laine lavée et peignée? Devons-nous considérer la laine lavée ou non lavée comme deux espèces différentes,
parce que le même animal ne peut pas vivre sur l'une et l'autre? La
larve du *oinopota cellaris* ne peut vivre ailleurs que dans le vin ou la
bière ; un autre insecte décrit par Réaumur dédaigne tous les aliments,
excepté le chocolat. (Voyez Kirby et Spence, Introd. to Entomology,
quatrième édit., vol. I, p. 384, 388.) Comment et où vivaient ces
petites créatures, avant que ce qui est maintenant leur nourriture exclusive fût manufacturé? car personne ne supposera qu'on ait jamais
trouvé ces substances préparées à l'avance par les mains de la nature.
Ces cas sont exactement de la même nature que celui que l'on a ob-
jecté; mais il y a un exemple parfaitement semblable d'un insecte qui
cause une maladie au cochon domestique, mais qui ne se trouve jamais
sur le cochon sauvage, quoiqu'il soit bien reconnu que celui-ci est l'origine de l'autre. Voyez Blumenbach, Beytrage zur Natur geschichte,
part. I, p. 30. Voyez aussi quelques remarques curieuses sur ce sujet
par Tilesius, dans les Mémoires de l'Académie des Sciences de Saint-
Pétersbourg, tom. V, 1815, p. 402.

brièvement qu'il sera possible, les résultats de notre étude. J'ai essayé de réunir et de mettre sous vos yeux ce que je considère comme des résultats généralement admis, tout imparfaits qu'ils soient encore. Nous avons vu qu'il était bien établi, premièrement que parmi les animaux reconnus pour être d'une seule espèce, il s'est formé des variétés comme dans la race humaine, et non moins diverses l'une par rapport à l'autre; secondement, que dans la race humaine la nature tend à produire dans une race des variétés qui se rapprochent des signes caractéristiques des autres; troisièmement, que les variétés sporadiques de l'espèce la plus extraordinaire peuvent se propager par la descendance; quatrièmement, que nous trouvons dans les langages et les signes caractéristiques des grands corps ou des nations entières des preuves suffisantes de leur transition d'une race à une autre; cinquièmement, que bien que l'origine de la race noire soit encore enveloppée de mystères, cependant on a recueilli suffisamment de faits pour prouver la possibilité qu'elle soit descendue d'une autre, surtout si, par addition à l'action de la chaleur, nous admettons celle des causes morales agissant incessamment sur l'organisation physique.

Et ici je remarquerai que nous jugeons souvent du passé avec précipitation et injustice, en nous appuyant des causes maintenant en action. Il est très-vrai que la nature est constante et régulière dans ses opérations; mais si, dans le court espace de notre expérience ou celle des observateurs précédents, aucune variation n'a pu être notée dans l'uniformité de ses œuvres, c'est que le petit segment du cycle de sa durée, sur lequel eux et nous avons voyagé, n'est qu'une ligne droite, un élément infinitésimal, dont la courbe ne peut s'apercevoir qu'en la rapportant à une plus longue portion de sa circonférence. L'histoire du monde doit facilement nous convaincre qu'indépendamment des lois partielles que nous connaissons, il y en a eu auparavant d'autres plus actives dont l'action est maintenant suspendue et cachée. Il y eut des époques, dans la limite des temps mythologiques, où les volcans exerçaient leur furie dans presque chaque chaîne de montagnes, où des lacs se desséchaient ou apparaissaient subitement dans plusieurs vallées; où des mers rompirent leurs barrières et créèrent de nouvelles îles, ou ont abandonné leurs lits et agrandi

d'anciens continents ; lorsque enfin il y avait une puissance de
production et d'organisation sur une grande et magnifique échelle,
quand la nature semblait employée non pas purement à la réno-
vation annuelle des plantes et des insectes, mais à la production
de siècle en siècle des éléments plus vastes et plus considérables
de sa sphère ; lorsque sa tâche ne se bornait pas à émailler les
prairies au printemps ou à découper les côtes par l'action lente,
mais incessante des courants et des marées ; mais lorsqu'elle opé-
rait dans les grands laboratoires de la terre, soulevant les montagnes et déplaçant les mers, et donnant ainsi au monde ses grands
traits à jamais indélébiles. Et comment pouvoir expliquer cela, si
ce n'est en supposant dans la nature une double action : l'une, régulière dès le commencement et uniforme jusqu'à la fin ; l'autre,
une puissance mystérieuse au mouvement lent, qui, bien que se
mouvant dans le même plan, le parcourt par un mouvement imperceptible, proportionné au besoin de la totalité du système ? Et
dans d'autres cas, mais sur une plus petite échelle, tel paraît être
le cours de la nature. Dans l'enfance, la circulation du sang, les
opérations de l'absorption et de la digestion, toutes les fonctions
de la vie sont les mêmes que dans l'homme, avec des variations
seulement relatives au degré d'activité ; ces fonctions commencent
avec l'être, et sont régulières pendant toute sa durée. Mais, dans
les premiers temps, il y a en outre une vertu plastique opérant
en nous, que l'on ne peut faire remonter à aucune loi de nécessité,
qui n'a point de dépendance évidente du cours général des puissances vitales ordinaires, qui donne la croissance et la solidité
aux membres, la forme caractéristique aux traits, le développement graduel et la force aux muscles ; puis, selon toute apparence, tombe dans l'inertie et cesse d'agir, jusqu'à ce que la
vieillesse semble encore une fois rappeler ces lois extraordinaires à
l'activité, pour effacer l'impression et détruire l'œuvre de leurs
opérations primitives. Et de même nous devons reconnaître que,
dans l'enfance du monde, outre l'ordre régulier d'un cours constant et journalier, des causes nécessaires pour produire des effets
grands et permanents peuvent avoir eu une puissance maintenant
devenue inutile, et qui, par conséquent, ne s'exerce plus ; nous
devons reconnaître, dis-je, qu'il y avait une tendance à imprimer
des traits plus marqués sur la terre et ses habitants ; à produire

des contrées en même temps que leur végétation, et des races aussi bien que des individus.

On peut certainement découvrir encore des exemples de la double action d'une même cause sur une plus petite et une plus grande échelle. Une maladie épidémique, par exemple, outre son action particulière sur les individus, décrit une course semblable en rapport seulement avec les grandes populations ou aggrégations d'hommes, ou même l'espèce humaine tout entière; d'abord légère dans son apparition subite, elle augmente ensuite; puis, par une gradation contraire, cède à la nature ou à l'art, s'épuise d'elle-même et disparaît; c'est même au point que, dans la crise ou la période où elle est le plus fatale, le sort de chaque malade paraîtra dépendre plutôt de quelque loi mystérieuse qui le rattache à la population attaquée, que des circonstances individuelles de son cas particulier. Et nous pouvons dire que, d'une manière à peu près semblable, le cours annuel et journalier de la nature, qui paraît si identique dans toute son étendue, n'est cependant que l'élément d'une plus longue période à la fin de laquelle une action maintenant assez petite pour être invisible, paraîtra grande et importante par l'aggrégation de ses effets, et semblera avoir été produite par des lois cachées pour nous aujourd'hui dans le mécanisme compliqué de l'univers.

Et pour appuyer encore plus les exemples que j'ai déjà donnés, quand quelque partie de l'organisme humain a été assez profondément altérée pour que la puissance qui agissait dans l'enfance redevienne indispensable, bien que suspendue en apparence, il y a des ressources secrètes qui ravivent son action; tellement que si quelque portion de tissu osseux a été enlevée, on voit de nouveau pour le reproduire se développer cette trame merveilleuse qui, comme une cristallisation, tend ses fils de pointe en pointe, et ensuite applique en travers une texture ferme et solide, représentant exactement ce qui avait eu lieu dans l'enfance plusieurs années auparavant. Et aussi de même nous voyons que, lorsque, par des circonstances accidentelles, la nature est ramenée à sa condition primitive, elle reprend aussi son action primitive et remet en vigueur les lois qu'elle avait tenues en suspens. La production des bancs de corail qui, dans l'Océan-Pacifique, finit par former des îles, lesquelles bientôt reçoivent une population de quelques points éloignés , nous montre dans ces dernières limites, où elle semble avoir reculé ses puissances créatrices, comment elle a dans le principe préparé de nouvelles habitations pour l'homme. L'étonnante proportion dans laquelle les habitants augmentent, dans de semblables occasions , bien au delà des calculs de la statistique moderne, prouve quelle puissante énergie elle exerce quand elle a besoin de propager la race humaine. Une île , d'abord occupée par quelques naufragés anglais en 1589, et découverte par un navire hollandais en 1667, se trouvait, dit-on , peuplée après quatre-vingts ans par 12,000 âmes, tous descendants de quatre mères [1]. Acosta , écrivant l'histoire de la Nouvelle-Espagne, cent ans après sa découverte, nous dit « qu'il y avait, même depuis longtemps , des hommes qui possédaient 70,000 ou même 100,000 moutons, et que même alors il y en avait plusieurs qui en avaient autant; ce qui en Europe serait considéré comme de grandes richesses, mais qui là était seulement une fortune modérée. » Et cependant aucun de ces animaux n'existait dans le pays avant sa découverte , et la race s'était propagée seulement par les animaux qu'avaient apportés les Espagnols. On peut dire la même chose des bêtes à cornes ; car, telle était leur multiplication , de son temps, qu'on les voyait errantes par milliers dans les plaines et sur les montagnes d'Hispaniola (Saint-Domingue) ; elles étaient la propriété de quiconque voulait les chasser, en leur coupant le jarret avec de longs couteaux nommés en espagnol *desjarretoderas*, et cette chasse était si avantageuse, qu'en 1586 la flotte emporta de cette île 35,444 cuirs, et de la Nouvelle-Espagne 64,350; ce qui indique une augmentation tout-à-fait au-delà des calculs ordinaires.

De tels exemples, auxquels je pourrais en ajouter beaucoup d'autres, semblent manifester l'existence des secrètes ressources de la nature qu'elle ne met jamais en action , excepté dans son enfance. Et il ne peut sûrement pas être anti-philosophique de supposer que des impressions destinées à être caractéristiques et permanentes étaient alors plus aisément communiquées et gravées d'une manière plus indélébile. Nous n'avons pas besoin, avec Carové, d'avoir recours à l'hypothèse que la couleur noire du Nè-

[1] Bullet, réponses critiques. Besanç. 1819, vol. III, p. 45.

gre était placée sur Caïn, et qu'elle s'était continuée après le déluge dans la famille de Japhet, qu'il suppose s'être marié dans
cette race [1]. L'admission d'une semblable hypothèse ne nous ferait
pas gagner beaucoup, car nous aurions toujours à chercher la
raison de la couleur des Américains et des Malays; mais il est
beaucoup plus simple d'admettre qu'un individu ou une famille,
placés dans des circonstances favorables, peuvent avoir donné
naissance à des singularités qui, en conséquence de mariages ré-
ciproques et de l'action continue des mêmes circonstances, peuvent
être devenues permanentes.

Mais voilà que nous nous permettons aussi des conjectures, je
suis prêt à l'avouer; car bien qu'on en ait assez pour prouver
que notre science peut déjà réfuter toutes les objections solides
contre l'unité de race dans l'espèce humaine; bien que les faits reconnus que j'ai mis sous vos yeux puissent démontrer qu'il n'est
pas impossible qu'une famille ait pris naissance d'une autre; cependant nous devons confesser que les méthodes par lesquelles la
nature a procédé sont encore un mystère; tellement que le philosophe doit se contenter de confesser honnêtement : *Ouk oïd' akri-
bós eikaisai démèn para* [2].

Et on ne peut rejeter comme téméraires et insoutenables de pareilles conjectures, aussi longtemps que le fait dont elles cherchent à rendre compte est certain et incontestable. Et je clorrai
les recherches sur ce sujet en récapitulant encore une fois les
connexions de différentes races, et les nuances insensibles par
lesquelles elles semblent se fondre l'une dans l'autre.

La race blanche, que naturellement je considère comme la race
centrale, se rallie aux Mongols par les Finnois et les Asjachs, qui
ont son teint, sa chevelure et la couleur de son iris; également
par les Tartars, qui passent insensiblement par les Kirghis et les
Yakouts dans la race mongole; et troisièmement par les Hindous,
qui communiquent avec nous au moyen de la langue sanskrite.

[1] Kosmorama, eine Reihe von Studien zur orientirung in Natur, etc.
Francf. 1831, p. 65. Il suppose vraiment qu'ils sont une race mélangée,
entre les Sethites représentés par Sem, et les Caïnites continués dans
Japhet.

[2] Eurip. Rhes., act. II, 280.

Elle est en rapport avec la race nègre par les Abyssiniens, qui ont un langage sémitique et des traits européens, et par les Arabes de Souakin qui ressemblent aux Nubiens ; puis viennent les naturels de Mahass, ensuite les Foulahs et les Mandingues, et ainsi en avançant jusqu'aux Congos, les Nègres complets et les Hottentots ; ces derniers sont ensuite intimement alliés avec les montagnards de Madagascar, et ceux-ci aux habitants de la Cochinchine, des îles Molucques et des Philippines, dans toutes lesquelles on trouve une race de noirs montagnards à tête laineuse, et différant par le langage des autres naturels. Ceux-ci ensuite se rattachent aux indigènes de la Nouvelle-Hollande, de la Nouvelle-Calédonie, et des Nouvelles Hébrides, qui eux-mêmes sont liés par la similitude des costumes, de la religion, et en partie des traits physiques avec ceux de la Nouvelle-Zélande, et d'autres naturels de la Polynésie ; et ainsi, par une dégradation insensible des teintes, nous retournons presque aux familles asiatiques.

La population de ces îles mérite une attention toute particulière. J'ai fait observer que, dans toutes les îles sans nombre de la Polynésie, on distingue deux tribus ou familles différentes. Forster, dans le fait, établit ce point d'une manière incontestable. Tandis que les habitants d'O'Taïti, de la Nouvelle-Zélande, des Marquises, et îles des Amis et de la Société ne parlent que des dialectes de la même langue, comme il le prouve par ses tables comparatives, ceux des Nouvelles-Hébrides, spécialement Mallicolo, Nouvelle-Calédonie et Tanna, parlent des dialectes barbares, tout-à-fait distincts et, selon toute apparence, sans liaison entre eux ; leurs signes caractéristiques physiques sont également très-différents, et les rapprochent, comme je l'ai annoncé, des Nègres des îles occidentales. Mais ce que je désire principalement de faire remarquer, c'est comment les tribus appartenant à la première classe, dont l'unité ne peut pas être niée, ont varié, d'un côté, dans leur forme et leur couleur dans une limite aussi immensément reculée ; et comment ceux de l'autre race se sont également et à un tel degré éloignés de leur type originel, que les deux se sont fondues ensemble au point de pouvoir à peine les distinguer, si ce n'est par leur langage. « Chacune de ces races, dit le docteur Forster, se divise encore en plusieurs variétés qui forment la dégradation vers l'autre race ; tellement que l'on trouve quelques individus de la première race aussi noirs et aussi sveltes que ceux de la seconde ; et, dans cette seconde race, il y a des hommes robustes aux formes athlétiques, qui peuvent presque aller de pair avec les premiers [1]. » Ainsi, dans la même race, tandis que quelques-uns se distinguent à peine d'une tribu nègre et se rattachent par des chaînes que rien ne peut rompre aux Nègres d'Afrique, d'autres s'en éloignent assez pour se rapprocher des naturels de l'Europe, aussi bien par la couleur que par la symétrie des formes tant du corps que de la tête. Et dans ces gradations, nous suivons la trace d'une échelle correspondante de civilisation. « Les naturels de quelques-unes des îles de la mer du Sud, dit M. Lawrence, parlant de la forme du crâne, peuvent à peine se distinguer des Européens par la figure et la tête. » Et plus loin : « Les habitants de ces îles, depuis la Nouvelle-Zélande vers l'ouest jusqu'à l'île de Pâques, contiennent une race d'une organisation et de qualités beaucoup meilleures. Pour la couleur et les traits, plusieurs d'entre eux approchent de la variété caucasienne, et personne ne les surpasse pour la symétrie des formes, la taille et la force [2]. » Le docteur Prichard raisonne avec une grande sagacité sur cette gradation dans l'intérieur de la race ou de la famille. « Si, dit-il, nous comparons ces races (les Papous et les Polynésiens), elles semblent nous fournir une preuve suffisante que les diversités physiques les plus distantes que présente la forme humaine dans différentes nations, peuvent et doivent provenir d'une souche commune; elles nous fournissent le moyen de présenter des faits actuels comme exemple de ces déviations. Nous ne pouvons pas, à la vérité, remonter toute l'échelle à la fois, mais nous pouvons par degrés, en parcourir toute l'étendue. Si un petit nombre de naturels de la Nouvelle-Hollande, de la couleur la plus claire, étaient séparés du reste de la nation et placés seuls dans une île, ils formeraient une race moins foncée en couleur que les habitants de la Nouvelle-Zélande. Par des circonstances favorables, cette souche ne dévierait-elle pas en des nuances encore plus légères,

[1] Observations, etc., p. 228. Voyez la table comparative, p. 284. Il y a plusieurs coïncidences importantes, cependant, entre les dialectes des deux familles, aussi bien que de l'un et de l'autre avec le malay.

[2] Lectures on physiology, p. 382, 591.

comme ont fait la race de la Nouvelle-Zélande ou sa parente des
Iles de la Société [1] ? » Je ne dois pas oublier une coutume singulière répandue non-seulement dans toutes ces îles, mais parmi
les Hottentots en Afrique, les Guaranos du Paraguay, et les Cali-
forniens de l'Amérique : c'est l'amputation du petit doigt d'une
main ou des deux, en signe de deuil pour la mort d'un parent [2] ;
coutume tellement singulière, que nous pouvons à peine concevoir qu'elle se soit établie spontanément dans des parties du
globe aussi distantes.

L'existence de semblables variations, presque d'un extrême à
l'autre dans la même race, n'est pas particulière à ces tribus. Les
Malays offrent une variété semblable. « Le teint, dit M. Crawfurd,
est généralement brun, mais s'altère un peu dans différentes tribus. Ni le climat, ni les habitudes des gens ne semblent y être
pour rien. Les races les plus claires sont généralement vers l'ouest ;
mais quelques-unes, comme les Batteks de Sumatra, habitent sous
l'équateur même. Les Javanais, qui vivent dans l'abondance, sont
parmi les peuples les plus foncés de l'archipel indien ; les malheureux Dayacks ou les cannibales de Bornéo, parmi les moins
colorés [3]. » Cette difficulté de rendre compte de semblables diversités est plutôt favorable qu'opposée aux conséquences que nous
avons tirées ; car le fait étant ainsi établi, que, dans une race connue pour être une, de pareilles variétés se sont produites, la difficulté de les faire remonter à une cause uniforme montre seulement
qu'il y a des forces que nous n'avons pas encore découvertes, ou
une complication de causes dont nous n'avons pas encore pu combiner les éléments, dans les proportions déterminées pour comprendre leurs actions. Et plus nous étendrons la puissance de la
nature au-delà des limites de notre entendement, plus il nous
sera aisé de justifier la manifestation de phénomènes inexpli-
cables.

Dans la famille à laquelle nous appartenons, la même série de
modifications existe ; nous y trouvons des variétés qui, pour n'ê-
tre pas aussi fortement prononcées, n'en sont pas moins indélé-

[1] Vol. I, p. 488.
[2] Forster (G.), Voyage round the world, vol. I, p. 435.
[3] History of the Indian Archipelago, vol. I, p. 19.

biles ; cependant personne ne voudrait soutenir que chacune provient d'une source indépendante. Un Juif est encore aujourd'hui très-facile à distinguer des Européens qui l'entourent, bien que le peintre West et d'autres artistes éminents aient trouvé impossible de le caractériser par quelque trait distinctif et particulier [1]. Je pourrais également mentionner ici les Bohémiens comme un exemple d'une tribu qui, par son langage, prouve qu'elle est d'origine indienne, et a perdu beaucoup de sa configuration originelle, et particulièrement la couleur olive de son pays, en vivant sous d'autres climats. Mais les tribus germaniques peuvent encore, par les traits, se distinguer des Grecs, et ceux-ci ensuite de

> The celtic race
> Of different language, form and face;
> A various race of man [2].

comme leur barde du Nord les a quelquefois appelés. C'est en vain qu'on voudrait fondre ensemble ces subdivisions par une union civile ou morale; elles continueront de même que les eaux réunies du Rhône et de la Saône à couler ensemble comme un seul fleuve, mais avec des courants distincts et reconnaissables.

Ainsi les variétés, même les plus légères, une fois produites, ne s'effacent jamais ; et cependant il ne s'ensuit pas qu'elles soient des marques d'une origine indépendante. Même des familles particulières peuvent se les transmettre ; la maison impériale de Hapsbourg a son trait caractéristique. Mais d'où vient cette indébilité, maintenue par des procédés naturels, de variétés introduites aussi par des procédés naturels ? Ceci semblerait un des mystères de la nature : nous pouvons bien la forcer d'imprimer son cachet sur les choses, mais nous ne savons plus comment l'enlever. Semblable au disciple mal instruit du magicien, si bien décrit par le poëte allemand, l'homme possède souvent le charme par lequel il peut forcer la nature d'opérer, mais il ne connaît pas encore celui qui peut l'obliger à se désister de son action.

[1] Voyez Camper, Dissertation physique, p. 31.
[2] « La race celtique différant par le langage, la forme et le visage; une race d'homme variée. »

Le pays et la ville dans lesquels nous sommes maintenant sug-
gèrent une application de ce que nous venons de discuter à des recherches aussi utiles qu'amusantes. Le docteur Edwars, dans un
ouvrage français, sur les *Caractères physiologiques des races
humaines, considérées dans leur rapport avec l'histoire*, a
donné un avis très-intéressant sur le mode de conduire cette recherche [1]. Il fut frappé, dans quelque marché du midi de la
France, de voir deux caractères distincts dans les têtes des habitants de la campagne, chacun pouvant se rapporter à un type individuel, et il donna une attention particulière à la prédominence de l'un ou de l'autre, dans son voyage en Italie ; et partout
il a observé que l'un des deux l'emportait sur l'autre. Il considère
l'un comme le type gaulois, l'autre comme le romain. Comme modèle du premier, il propose la figure du Dante, trop bien connue
de tous mes auditeurs pour exiger une description. Je suis certain que personne ne peut faire attention aux physionomies qui
prédominent en différentes parties de l'Italie, sans remarquer combien cette forme revient souvent en Toscane et dans la Haute-Italie,
tandis qu'à Rome et dans les provinces méridionales elle se rencontre très-rarement. Il ne donne cependant aucun type de la tête
romaine. Pour le trouver, il ne faut pas nous laisser guider par les
représentations populaires. Il y a quelques quartiers de Rome où
l'on suppose que l'on trouve encore les restes des anciens habitants,
et les voyageurs ont souvent écrit que la physionomie de la population au-delà du Tibre, les Transtévérins, ressemble exactement
à celle des soldats romains que l'on voit sur la colonne Trajane ou
d'autres monuments anciens.

En supposant ceux-ci suffisamment distincts ou suffisamment
bien copiés, pour permettre de faire une pareille comparaison, je
dirais que c'est le plus mauvais de tous les *criterium* possibles. Car
la plus légère connaissance de l'art romain prouvera à chacun que
sur les monuments historiques, où il ne s'agit pas de portraits,
toutes les figures sont formées sur le modèle grec, et ne peuvent
rien enseigner de certain sur la physionomie des anciens habitants.
Mais examinez les sarcophages sur lesquels les bustes des morts
sont sculptés en relief ou se détachent de leurs statues couchées

[1] Paris 1839.

sur le couvercle, ou même examinez la série des bustes des empereurs au Capitole, et vous ne pouvez manquer de découvrir un type frappant, essentiellement le même depuis l'image couronnée de la tombe de Scipion jusqu'à Trajan ou Vespasien, consistant en une grosse tête aplatie, un front bas et large ; un visage', dans la jeunesse, massif et rond, plus tard, plein et carré ; un col court et épais, et une corpulence robuste et trapue ; type totalement en désaccord avec ce que l'on regarde en général comme la physionomie romaine. Et nous n'avons pas besoin d'aller plus loin pour trouver leurs descendants, nous les rencontrons tous les jours dans les rues, principalement parmi les bourgeois ou la classe moyenne, la plus invariable portion de toute population. Le contraste entre les véritables traits des Romains, et leur type, idéal adopté dans l'art, n'est nulle part, peut-être, aussi facile à observer que dans les sculptures de l'arc de Titus. Les divers soldats représentés de chaque côté du monument sont si exactement semblables l'un à l'autre, que, s'ils n'étaient pas sculptés en pierre, nous pourrions supposer qu'ils ont tous été jetés dans le même moule. Le profil entier, particulièrement dans la bouche entr'ouverte, indique un patron ou modèle dont l'artiste ne pouvait pas s'éloigner. Mais l'empereur dans son charriot contraste avec ceux-ci de la manière la plus forte ; toute sa personne est formée sur un autre type ; et, bien que ses traits soient entièrement effacés ; il reste assez de contour extérieur pour indiquer la face pleine et massive et la tête volumineuse d'un vrai Romain.

Ces remarques doivent nous engager à une grande réserve en jugeant des formes caractéristiques d'après des ouvrages appartenant aux classes supérieures de l'art. Aucune nation ne possède longtemps l'art de représenter les objets sans se former un idéal, un type abstrait ; et il faut nécessairement user d'une double précaution quand les arts et leurs types sont empruntés du dehors. Même les Egyptiens avaient leur beauté idéale aussi bien que les Grecs, et Champollion, au grand étonnement des purs classiques en fait d'art, parlait souvent avec transport de l'élégance des traits et de la forme dans quelques statues égyptiennes ; et il doit avoir paru dans le vrai, aux yeux de ceux qui considéraient ces statues comme la perfection des principes par lesquels se guide le génie d'un peuple, se tenant nécessairement dans la limite du type na-

10

tional des formes vivantes, ce qui le conduisit à l'une des plus anciennes manifestations de l'art. C'est pour n'avoir pas donné une attention suffisante à ces considérations que Blumenbach, comme on l'a vu dans mon dernier discours, imagina qu'il devait y avoir eu en Egypte différentes races d'hommes; attendu que les échantillons solitaires qu'il présente de diverses physionomies semblent seulement indiquer la différence entre une grossière époque de style et une plus idéale. Dans une autre occasion, il paraît être tombé dans une erreur semblable [1]; les têtes que l'on voit sur les tétradachmes athéniens n'ont rien de commun, selon lui, avec les ouvrages du siècle de Périclès, et se rapprochent par les traits du modèle égyptien. Mais si, d'un autre côté, nous les comparons avec les marbres d'Egine [2], nous découvrirons une ressemblance frappante de caractère; on voit sur ces figures cette direction du regard et cette expression de sourire si particulière à ces premiers ouvrages. Cependant personne ne soupçonnera qu'ils soient autre chose que des types grecs; et, quelque éloignés qu'ils soient des ouvrages parfaits d'une époque plus récente, ils indiquent avec quelle promptitude une règle uniforme, un modèle, s'introduit dans l'art et devient son principe nécessaire. Cockerell a remarqué que, dans les marbres d'Egine, « un canon, une règle de proportion et un système d'expression anatomique peuvent s'observer partout [3]; » et Thiersch approuve l'observation de Wagner, que bien que, sous d'autres rapports, l'art se soit perfectionné et que toutes les grâces de la forme fussent introduites dans cette école, les physionomies sont restées les mêmes [4]. C'est ainsi, en effet, que non-seulement dans l'école d'Egine, mais dans toutes les autres écoles de la Grèce, depuis les esquisses rapides

[1] Specimen histor. naturalis antiquæ artis operibus illustratæ. Gœtting. 1808, p. 11.

[2] La collection des statues qui ornaient le temple de Jupiter Panhellenius, dans l'île d'Egine; et qui, restaurées de la manière la plus savante par Thorwaldsen à Rome, forment le principal ornement du splendide glyptothèque de Munich.

[3] Dans le Journal of science and the arts; vol, VI, 1819, p. 338.

[4] Ueber die Epochen der bildenden Cunst unter den Griechen, 2° dissertat. Munich 1819; p. 59.

tracées sur les vases grecs ou étrusques, comme on les appelle, jusqu'aux sculptures du Parthénon, il y a évidemment une règle ou principe idéal du beau, sur lequel on ne peut jamais se méprendre; et il n'y a pas de doute que la forme abstraite était dérivée des formes nationales, dont elle peut être considérée comme la représentation purifiée. Et ainsi, à quelques égards, où l'art est indigène et national, il peut servir indirectement à nous représenter, même dans des figures héroïques et mythologiques, le caractère spécial du peuple.

Après nous être laissé entraîner si loin, pas à pas, du sujet de notre recherche, permettez-moi d'aller encore un peu plus loin pour trouver une application morale que ces remarques ont suggérée, et qui peut-être pourra nous ramener à notre thème. Comme aucune nation ou race d'hommes ne peut jamais avoir été chercher ailleurs que dans les traits physiques qui la caractérisent son type idéal de perfection dans la beauté des formes; comme l'Egyptien ne pouvait jamais, par aucune abstraction, avoir conçu aucun style de l'art dans lequel la couleur, la forme et les traits de sa divinité seraient purement européens; ni le Grec avoir donné à son héros la teinte basanée, l'œil rétréci et les lèvres saillantes de l'Egyptien, car cela aurait paru une difformité à l'un et à l'autre; ainsi, ni l'un ni l'autre, ni les hommes d'aucune nation, ne pourraient s'être figuré à eux-mêmes un type idéal ou canon de perfection dans le caractère, qui ne provînt pas de ce qui, pour eux, semblait très-beau et très-parfait. Un Hindou ne peut concevoir la sainteté de son brahmine qu'en lui supposant en perfection l'abstinence, le silence, l'austérité et l'exactitude minutieuse à remplir chaque pratique même oiseuse; toutes vertus qu'il admire, à différents degrés, dans ses modèles vivants. Le Socrate de Platon, cette perfection du caractère philosophique, est composé d'éléments parfaitement grecs, c'est un résumé de toutes les vertus que son école jugeait nécessaires pour l'ornement du sage.

Or, ce qui m'a souvent paru la plus forte preuve intrinsèque d'une autorité supérieure imprimée à l'histoire de l'Evangile, c'est que le caractère saint et parfait qu'il peint, non-seulement diffère de tous les types de perfection morale que ceux qui ont écrit ce livre avaient la possibilité de concevoir, mais au contraire y est expressément opposé. Nous avons dans les écrits des rabbins d'amples matériaux pour construire le modèle d'un parfait instituteur juif; nous avons les maximes et les actions de Hillel, de Gamaliel et de Rabbi Samuel, toutes peut-être en grande partie imaginaires, mais toutes portant l'empreinte des idées nationales, toutes formées d'après une règle de perfection imaginaire. Et cependant rien ne peut être plus éloigné que leurs pensées, leurs principes, leurs actions et leur caractère ne le sont de ceux de notre Rédempteur. Amateurs de controverse querelleuse et de captieux paradoxes, défenseurs jaloux des principes exclusifs de leur nation, partisans zélés et entêtés du maintien de la moindre virgule de la loi, tandis que par des sophismes ils s'éloignent de la loi : tels sont la plupart de ces grands hommes, l'exacte contre-partie et l'image réfléchie de ces scribes et de ces pharisiens qui sont réprouvés sans retour, comme une contradiction manifeste des principes de l'Evangile.

Comment est-il arrivé que des hommes sans instruction aient imaginé de représenter un caractère qui s'éloigne à tous égards de leur type national, en désaccord avec tous ces traits que la coutume, l'éducation, le patriotisme, la religion et la nature semblaient avoir consacré comme le plus beau de tous? Et la difficulté de considérer un semblable caractère comme l'invention de l'homme, ainsi que l'on a eu l'impiété de l'imaginer, est encore augmentée en observant comment des écrivains rapportant des faits différents, comme saint Matthieu et saint Jean, nous conduisent à la même conception et à la même représentation. Il me semble cependant qu'en ceci nous trouvons une clé pour résoudre toutes les difficultés ; car, si l'on commandait à deux artistes de produire une figure qui donnerait un corps à leurs idées de parfaite beauté, et que tous les deux montrassent leur ouvrage, dont la forme fût prise également sur des types et des modèles très-différents de tout ce qui avait été connu jusqu'alors dans le pays, et qu'en même temps ces deux figures se ressemblassent parfaitement, je suis sûr qu'un pareil fait, s'il était consigné, paraîtrait presque incroyable, excepté dans la supposition que l'un et l'autre artiste auraient copié le même original.

Tel, par conséquent, doit être le cas ici ; les évangélistes aussi doivent avoir copié le modèle vivant qu'ils représentent, et l'accord des traits moraux qu'ils lui donnent ne peut provenir que de l'exactitude avec laquelle ils les ont respectivement dessinés. Mais ceci ne fait qu'augmenter notre mystérieux étonnement ; car assurément il n'était pas comme le reste des hommes, celui qui pouvait ainsi se distinguer par le caractère de tout ce qui était reconnu comme le plus parfait et le plus admirable par tous ceux qui l'entouraient et par tous ceux qui l'avaient enseigné ; qui, tandis qu'il se plaçait si fort au-dessus de toutes les idées nationales, de perfection morale, cependant n'empruntait rien du grec, de l'indien, de l'égyptien ou du romain ; qui, lorsqu'il n'avait ainsi rien de commun avec aucun type de caractère connu, avec aucune loi de perfection établie, puisse paraître à chacun comme le type de l'excellence qu'il aimait particulièrement [1]. Et en vérité, quand nous voyons comme il a été suivi par les Grecs, quoiqu'il n'ait fondé aucune secte parmi les leurs ; révéré par le brahmine, bien qu'il lui soit prêché par des hommes de la caste des pêcheurs ; adoré par l'homme rouge du Canada, quoique appartenant à la race pâle qu'il déteste; nous ne pouvons que le considérer comme destiné à renverser toute distinction de couleur, de forme, de figure et de costumes ; destiné à former en lui-même le type de l'unité auquel se rallient tous les fils d'Adam, et nous donne, dans la possibilité de cette convergence morale, la plus forte preuve que l'espèce humaine, toute variée qu'elle soit, est essentiellement une.

---

[1] Euripid. Iphigen. 559.

CINQUIÈME DISCOURS.

SUR LES SCIENCES NATURELLES.

————✦————

PREMIÈRE PARTIE.

« Dans tous les arts, dit l'aimable philosophe Fronton, je crois qu'il vaut mieux être entièrement ignorant, ne rien savoir, que d'être à demi-instruit, ou à demi-habile. La philosophie aussi, dit-on, est dans le même cas ; il vaut mieux n'y avoir jamais pensé que de s'en être occupé partiellement ; d'autant plus, qu'on devient plus enclin au mal lorsqu'on s'arrête sur le portique de la science et qu'on s'en retourne au lieu d'avancer plus loin [1]. » Rien

—————

[1] Omnium artium, ut ego arbitror, imperitum et indoctum esse præstat quam semiperitum et semidoctum. Philosophiæ quoque disciplinas ajunt satius esse numquam attigisse quam leviter et primoribus ut dici-

ne m'a mieux prouvé l'exactitude de ces observations que le rapport entre les sciences naturelles et la religion révélée. C'est là la malice des hommes superficiels qui, n'ayant pas eu la patience ou le courage de pénétrer dans le sanctuaire de la nature, ont, d'après ses lois mal observées, présenté des objections contre les vérités révélées. S'ils avaient hardiment avancé, ils auraient découvert, comme dans les cavernes-temples de l'Inde et de l'Idumée, que les profondeurs qui servent à cacher ses plus sombres mystères peuvent d'autant plutôt se changer en lieux les plus propices pour une profonde adoration.

Les sciences naturelles dont nous allons maintenant traiter se rattachent ordinairement à la religion, en formant la base de ce qu'on appelle la *théologie naturelle*; c'est-à-dire en donnant une solide démonstration de la bonté et de la sagesse de Dieu dans les ouvrages de la création, en faisant ainsi apercevoir l'existence d'une Providence régulatrice dans la construction et la direction de l'univers. La nature même du cours de conférences que j'ai essayé de suivre avec vous me défend de m'occuper de ce sujet; et même si le défaut de matériaux suffisants pour mon entreprise m'avait engagé à parcourir ce terrain, j'en aurais été détourné par la manière détaillée et intéressante, autant que savante et habile, avec laquelle cette branche de la science religieuse vient d'être traitée dans les publications connues sous le nom de *Bridgewater treatises*. Si donc, nous nous renfermons, selon notre engagement, dans la recherche des rapports entre la science et la religion révélée, nous trouverons que l'étude qui a fait le dernier sujet de notre dernier discours peut très-naturellement nous conduire à l'examen de l'alliance, s'il en existe une, entre les découvertes philosophiques et les faits rapportés dans les pages inspirées. Car nous pouvons dire avec vérité qu'en essayant d'établir l'unité de la race humaine, nous nous sommes trouvés entraînés par une variété de spéculations physiologiques, et que nous avons eu à débrouiller l'action des causes naturelles sur l'organisation physique de l'homme. Ceci semblerait devoir nous conduire dans le domaine

tur labiis delibasse; eosque provenire malitiosissimos, qui in vestibulo artis observati, prius inde averterint quam intraverint. Ad M. Cœs., lib. IV, ep. 3. Romæ 1823, p. 94.

de la médecine; et, quelque étrange que cela puisse paraître, c'est par le moyen de cette étude que je prétends vous conduire aux sciences naturelles.

Vous demanderez probablement quelle lumière les progrès de la médecine peuvent répandre sur les vérités de la religion. Pas beaucoup, peut-être, si nous considérons cette science comme une agrégation de principes variant selon les écoles, comme une succession de théories toujours en conflit entre elles, et souvent ne se rapportant à aucune explication des doctrines sacrées. Mais dans des cas particuliers, dans l'examen de faits individuels, où la science a été invoquée par les adversaires de la révélation, une discussion plus approfondie et plus savante, basée exclusivement sur des principes scientifiques, a complété l'œuvre de la réfutation beaucoup plus efficacement et d'une manière plus explicite que la théologie seule n'aurait pu le faire. Je choisirai un exemple dans lequel une observation médicale superficielle avait conduit à la dénégation d'une partie importante des preuves du Christianisme, qu'ensuite un savoir plus solide a complètement défendues.

Je dois cependant, comme prémisses, faire quelques observations qui peuvent s'appliquer à d'autres cas, dans des conférences futures, ainsi que dans celle où nous sommes engagés. Est-il utile, on demandera peut-être, est-il convenable de mettre sous vos yeux des objections qui ne vous ont jamais été présentées et auxquelles vous n'avez peut-être jamais pensé, contre des vérités solennelles et sacrées? Ne serait-il pas mieux d'éloigner de mon sujet des explications qui vous feront connaître des discussions irréligieuses, ou des assertions impies, répandues dans des pays étrangers, mais totalement exclues du vôtre? Si je m'adressais à une assemblée illétrée, ou que ces discours fussent destinés à l'instruction de personnes qui n'auraient pas voyagé, je ne dirai pas hors de leur pays, mais hors de leur propre littérature, j'avoue que je pourrais être porté à éviter la discussion de ces dangereuses recherches. Et de même, si le philosophisme rationaliste du continent était doué de cette sorte de séduction qui met sous le charme l'imagination légère, ou saisit l'investigateur imprudent et superficiel, je croirais de mon devoir de fermer, au lieu d'ouvrir, toute avenue qui pourrait conduire à ces jardins enchantés. Mais le cas est bien différent sous les deux rapports. Car, en premier lieu, tout le monde sait en général que de pareilles opinions, tout étranges et folles qu'elles sont, ont été soutenues par les prétendus philosophes de la France et de l'Allemagne : et toute personne qui a une connaissance même superficielle de la littérature de ces deux pays depuis les cinquante dernières années, est familiarisée avec les noms de ceux qui ont mis la main à cette œuvre impie. Or, je pense qu'il y a plus de danger dans l'impression vague qui nous dit que des hommes savants et habiles ont rejeté le Christianisme comme inconciliable avec leurs découvertes scientifiques ou leurs méditations, que dans l'examen particulier des fondements sur lesquels ils fondaient leur incrédulité. Un habile critique a fait la remarque qu'il était fâcheux que les écrits de Julien l'Apostat fussent perdus, parce qu'il aurait été intéressant de voir ce qu'un homme aussi savant et aussi spirituel pouvait objecter contre le Christianisme. Ces conjectures et ces regrets sont mille fois plus dangereux, que les ouvrages eux-mêmes ne pourraient en tout cas l'avoir été; car, d'après ce que nous connaissons des raisonnements de Julien, conservés par saint Cyrille, il paraît clairement que ses objections étaient très-frivoles. Ainsi, quand je vous expose les objections des prétendus esprits forts, objections que vous connaissez déjà, et avec elles les réponses nettes par lesquelles elles ont été combattues et repoussées, j'espère que j'aurai diminué, au lieu de l'augmenter, l'inquiétude que produit souvent l'ombre vague et indéfinie de l'appréhension d'un danger. Et je n'ai point la crainte que ce que je dirai puisse exciter chez personne la triste curiosité des recherches dangereuses, car les auteurs auxquels j'aurai le plus à faire sont tels, qu'ils exigent qu'on soit un savant dans toute l'étendue de l'expression pour pouvoir les aborder, et qu'il faut un motif, bon ou mauvais, plus sérieux que la curiosité, pour répondre de la persévérance dans leur lecture.

Ces prémisses ainsi posées, je reviens à faire observer que le point auquel je faisais allusion comme étant attaqué par des critiques superficiels et sous le point de vue médical, n'est rien moins que la vérité de la résurrection de notre Sauveur. Vous concevrez naturellement que, de même que saint Paul regarde ce fait comme un des principaux fondements de notre foi, sans lequel sa prédication serait vaine, les ennemis du Christianisme, dans les temps anciens et modernes, n'ont négligé aucun moyen pour ébranler cette pierre fondamentale de notre croyance. Chaque contradiction apparente dans les récits des apôtres a été saisie avec empressement pour attaquer cette vérité ; mais la méthode la plus directe que l'on ait employée dans les premiers siècles et de nos jours, a été d'essayer d'élever des doutes sur la mort de notre Sauveur. D'après la sollicitude avec laquelle saint Jean semble insister sur les derniers événements de la vie de Jésus-Christ, et les assurances réitérées par lesquelles il déclare avoir été témoin lui-même qu'on lui a percé le côté [1], il paraît évident que déjà de son temps cet événement important et solennel avait été mis en doute. Je ne m'arrêterai pas même un moment sur les blasphèmes grossiers et révoltants de quelques écrivains du dernier siècle, dont l'impiété et l'absence de tous sentiments ont été jusqu'à ce point d'accuser notre Rédempteur d'avoir feint de mourir sur la croix ; une impiété aussi monstrueuse porte avec elle sa réfutation par sa propre absurdité [2]. Mais les incrédules modernes, qui ne veulent pas s'aventurer à nier la vertu et la sainteté du Christ, tandis qu'ils réduisent ses miracles à des événements purement naturels, ont choisi une manière plus adroite d'expliquer sa résurrection, en imaginant que, d'après leurs principes physiologiques, il ne pouvait pas être mort sur la croix, mais doit en avoir été descendu étant dans un état d'asphyxie. Paulus, Dam et d'autres, adoptent cette opinion et la soutiennent par beaucoup de raisonnements spécieux. Il est certain, disent-ils, que suivant le témoignage de Josèphe et d'autres anciens auteurs, des personnes crucifiées vivaient sur la croix pendant trois ou même neuf jours ; et ainsi nous voyons que les deux qui furent crucifiés en même temps que notre Sauveur n'étaient pas encore morts le soir ; et que Pilate ne voulait pas croire qu'il eût expiré si tôt, sans le témoignage précis du centurion [3]. Mais d'un autre côté, rien n'est plus probable

---

[1] Jean xix, 84.85, ch. i, Jean, vol. VIII. Voyez la Lettre de l'évêque de Salisbury au révérend T. Benyon, 1829, p. 26.

[2] Pour la réfutation de cette impiété, voyez Süskind Magazin fur Christliches dogmatik. 9 cah. ; p. 158.

[3] Voyez Juste-Lipse, de Cruce, lib. II, c. 12. Josèphe contre Appion, p. 1031.

que la fatigue, l'angoisse mentale et la perte de sang auront produit l'épuisement, la syncope ou l'évanouissement ; et dans cet état
notre divin maître est mis à la disposition de ses fidèles amis, qui
pansent ses plaies avec des aromates et le laissent reposer tranquillement dans une chambre sépulcrale bien retirée. Là il se réveille
bientôt de son évanouissement et va trouver ses amis. Quant à la
vigilance de ses plus ardents ennemis, on dit qu'il y a d'autres
exemples où elle a été éludée : comme saint Paul qui fut laissé
pour mort après avoir été lapidé à Lystre, ou saint Sébastien qui
fut guéri par les Chrétiens après avoir été percé de traits. Le coup
de lance qui a percé le côté de notre Sauveur est complètement mis
de côté, en disant que le verbe employé dans le texte grec, *nut-*
tein, signifie plutôt piquer ou blesser superficiellement que percer
le corps. Ainsi, d'après eux, rien de ce qui arrive dans l'histoire
de la passion n'explique la mort.

Si les théologiens avaient été abandonnés à eux-mêmes pour répondre à ce raisonnement spécieux et superficiel, nul doute que
leur propre science n'eût été complètement suffisante pour une
pareille tâche. Ils auraient indiqué des erreurs dans l'exposé, et
une trop grande liberté dans les hypothèses de ces écrivains qui
seules suffisaient pour les réfuter et les confondre pleinement. Mais
il était beaucoup plus à propos que la science même qui avait été
enrôlée pour combattre la religion fût mise en avant pour rejeter
loin d'elle l'odieuse imputation, et se chargeât finalement de réfuter les objections que l'on prétendait tirer de ses propres principes.

Plusieurs auteurs éminents se sont occupés de la physiologie de
la passion de notre Seigneur, si nous pouvons nous exprimer ainsi,
et cela avant que cette manière de l'attaquer eût été mise en pratique, tels furent Scheuchzer, Mead, Bartholinus, Volger, Triller,
Richter et Eschenbach. Mais une investigation plus complète et plus
scientifique a été faite depuis par les deux Gruner, père et fils,
dont le dernier écrivit d'abord sous la direction et par le conseil de
son père. Ces différents auteurs ont réuni tout ce que les analogies
médicales pouvaient fournir pour prouver le caractère des souffrances de notre Sauveur et la réalité de sa mort.

Ils ont montré que les tourments du crucifiement en eux-mêmes étaient épouvantables ; non-seulement par l'action des blessu

res extérieures et la posture pénible du corps, ou même par la gangrène qui doit être le résultat de l'exposition au soleil et à la chaleur, mais aussi par les effets de cette position sur la circulation et les autres fonctions de la vie. La pression sur l'artère principale ou l'aorte doit, suivant Richter, avoir empêché le libre cours du sang, et en la mettant hors d'état de recevoir tout ce qui était fourni par le ventricule gauche du cœur, doit avoir empêché le sang de faire son retour des poumons. Par ces circonstances, une congestion et un effort doivent s'être produits dans le ventricule droit, « plus intolérable qu'aucune douleur et que la mort elle-même. » Puis il ajoute : « Les veines et les artères pulmonaires et les autres autour du cœur et de la poitrine, par l'abondance du sang qui y affluait et s'y accumulait, doivent avoir ajouté de terribles souffrances corporelles à l'angoisse de l'esprit produite par l'accablant fardeau de nos péchés [1]. » Mais cette souffrance générale produit une impression relative sur différents individus ; et comme l'observe très-bien Charles Gruner, son effet sur deux voleurs robustes et endurcis, sortis tout fraîchement de prison, doit naturellement avoir été très-différent que sur notre Sauveur, dont la forme et le tempérament étaient d'un caractère tout opposé, qui avait passé la précédente nuit dans les tortures et les fatigues, sans aucun repos ; qui avait lutté avec une agonie mortelle jusqu'à ce qu'un des plus rares phénomènes se manifestât, une sueur de sang ; qui doit avoir senti au plus haut degré d'intensité toute l'aggravation mentale de son supplice, sa honte et son ignominie, et la détresse de sa sainte mère et d'un petit nombre d'amis fidèles [2]. Et à ces réflexions il pourrait en ajouter d'autres, telles que notre Sauveur était évidemment plus affaibli que d'autres personnes dans des circonstances semblables, puisqu'il n'était pas assez fort pour porter sa croix, comme étaient toujours en état de le faire les criminels que l'on conduisait au supplice. Et si les hommes auxquels nous répondons supposent qu'il n'a fait seulement que s'évanouir par épuisement, ils n'ont manifestement pas le droit de

[1] Georg. G. Richteri, Dissertationes quatuor medicæ. Gœtting. 1775, p. 57.

[2] Car. Frid. Gruneri, Commentatio antiquaria medica de J. Ch. morte vera non simulata. Hal. 1805, p. 30-36.

prononcer d'après d'autres cas, puisque dans ceux-ci cet épuisement n'a pas eu lieu. Le jeune Gruner entre avec détail dans toutes les plus petites circonstances de la passion, il les examine comme objets de médecine légale, et s'occupe particulièrement de la blessure occasionnée par le coup de lance du soldat. Il fait voir qu'il est probable que la blessure était du côté gauche et dirigée de bas en haut transversalement; il démontre qu'un pareil coup porté par le bras robuste d'un soldat romain, avec une courte lance, car la croix n'était pas beaucoup élevée de terre, doit en toute hypothèse avoir occasionné une blessure mortelle [1]. Il suppose que jusqu'à ce moment notre Sauveur avait encore conservé un souffle de vie; parce qu'autrement le sang n'aurait pas coulé, et parce que le grand cri qu'il proféra est le symptôme d'une syncope provenant d'une trop grande congestion du sang dans le cœur. Mais d'après l'épanchement de sang et d'eau qu'il suppose venir de la cavité de la poitrine, cette blessure doit, selon lui, avoir été nécessairement fatale [2]. Son père, Christian Gruner, suit les mêmes traces et répond sur tous les points aux objections d'un adversaire anonyme. Il fait voir que les mots dont saint Jean fait usage pour exprimer la blessure occasionnée par le coup de lance sont souvent employés pour indiquer une blessure mortelle [3]; il prouve

[1] Pages 40-45.

[2] Page 37. Tirinus et d'autres commentateurs, aussi bien que plusieurs médecins, Gruner, Bartholinus, Triller et Eschenbach, supposent que cette eau était la lymphe du péricarde. Vogler, Physiologia historiæ passionis, Helmst. 1693, p. 44, suppose que c'était le sérum séparé du sang. Mais, d'après la manière dont saint Jean rapporte cette effusion mystique, et d'après le sentiment unanime de toute l'antiquité, nous devons admettre ici quelque chose de plus qu'un simple événement physique : Richter observe que le flux abondant de sang et d'eau, « non ut in mortuis fieri solet, lentum et grumosum, sed calentem adhuc et flexilem tamquam ex calentissimo misericordiæ fonte, » doit être considéré comme surnaturel et profondément symbolique (p. 52).

[3] Vindiciæ mortis Jesu Christi veræ; ibid., p. 77 et seq. Une considération qui n'a été indiquée par aucun de ces auteurs me semble décider le point de la profondeur de la plaie, et met hors de doute qu'elle ne peut pas avoir été superficielle, mais doit avoir pénétré dans la cavité.

que même en supposant que la mort du Christ n'ait été d'abord qu'apparente, l'atteinte d'une blessure même légère aurait été fatale, parce que dans la syncope ou l'évanouissement, toute saignée serait considérée comme devant avoir ce résultat [1]; et qu'enfin, loin que les épices et les aromates employés à l'embaumement dans la chambre close de la tombe soient appropriés à l'état d'une personne évanouie, ce serait le plus sûr moyen de rendre réelle la mort apparente, car ils produiraient l'asphyxie [2]. A ceci nous pouvons ajouter l'observation d'Eschenbach, qu'il n'y a point d'exemple bien authentique qu'une syncope ait duré plus d'un jour, tandis qu'ici elle doit en avoir duré trois [3]; et aussi que même cette période n'aurait pas été suffisante pour rendre la force et la santé à un corps qui aurait souffert les déchirantes tortures d'un crucifiement et l'influence affaiblissante d'une syncope par perte de sang.

Je ne puis omettre à cette occasion un cas qui peut confirmer quelques-unes des précédentes observations, d'autant que l'écrit dont je vais parler n'ayant jamais été traduit dans aucune des langues de l'Europe, il n'est pas probable qu'il tombe sous la main de plusieurs lecteurs qui mettent de l'intérêt à ces sortes de recherches. J'ai en vue une notice sur un Mamelouck crucifié, ou serviteur turc, d'après un manuscrit arabe, intitulé : *La prairie des fleurs ou la suave odeur*. L'auteur, après avoir cité ses au-

---

Notre-Seigneur distingue les blessures de ses mains de celle de son côté, en invitant Thomas à mesurer les premières avec le doigt, et la dernière avec la main. (Jean xx, 27.) Celle-ci par conséquent doit avoir été de la longueur de deux ou trois doigts extérieurement. Mais, pour qu'une lance dont la pointe allongée s'élargit très-doucement puisse faire une incision d'une pareille largeur, il faut que quatre ou cinq pouces au moins aient pénétré dans le corps, supposition tout-à-fait incompatible avec une blessure superficielle. Naturellement ce raisonnement s'adresse à ceux qui admettent l'histoire entière de la passion et les apparitions subséquentes de Notre Seigneur, mais nient sa mort véritable; et tels sont les adversaires des Gruner.

[1] Page 67.
[2] Page 70, Charl. Gruner, p. 38.
[3] Scriptura medico-biblica ; Rostoch, 1779, p. 123.

torités, comme c'est l'usage dans les histoires arabes, continué ainsi : « On dit qu'il avait tué son maître, pour une raison ou l'autre, et il fut crucifié sur les bords de la rivière Barada, sous le château de Damas, avec la face tournée vers l'Orient. Ses mains, ses bras et ses pieds étaient cloués, et il resta ainsi depuis midi du vendredi jusqu'à pareille heure du dimanche, et il mourut. Il était remarquable pour sa force et sa bravoure. Il avait combattu, ainsi que son maître, dans la guerre sacrée d'Ascalon, où il tua un grand nombre de Francs ; et lorsqu'il était encore très-jeune il avait tué un lion. Plusieurs choses extraordinaires sont arrivées lorsqu'on le cloua, comme de s'être livré sans résistance pour être exécuté ; et sans se plaindre il étendit ses mains qui furent clouées, et ensuite ses pieds ; lui pendant ce temps-là regardait, et ne laissa échapper aucun gémissement, ni ne changea de visage ou remua les membres. » Ainsi, nous voyons un homme dans la force de l'âge, remarquable pour sa vigueur et sa force, endurci aux fatigues de la guerre, et même si fort, qu'on nous dit dans une autre partie de la narration qu'il remua les pieds quoique cloués, et qu'il ébranla les clous au point que, s'ils n'avaient pas été bien enfoncés dans le bois, il aurait pu les arracher. » Et cependant il ne put pas endurer les souffrances plus de quarante-huit heures. Mais la plus intéressante circonstance dans cette notice, et la confirmation du récit de l'Ecriture que j'avais principalement en vue, est le fait que je ne crois pas avoir été rapporté par aucun auteur ancien décrivant ce supplice, que le plus grand tourment enduré par cet homme était celui de la soif, précisément comme il est dit dans l'histoire de l'Evangile [1]. Car le narrateur arabe continue ainsi : « J'ai appris ceci de quelqu'un qui en avait été témoin, et il resta ainsi jusqu'à ce qu'il mourût, patient et silencieux, sans aucune lamentation, mais regardant autour de lui, à droite et à gauche, le peuple qui l'entourait. Et il demanda de l'eau, et il ne lui en fut point donné ; et le cœur du peuple était mû de compassion pour lui, et avait pitié de l'une des créatures de Dieu qui bien jeune encore souffrait une aussi cruelle épreuve. En même temps l'eau coulait autour de lui, il la regar-

---

[1] Jean xix, 28. Le fait même de la boisson préparée d'avance prouve cette circonstance.

dait et en désirait ardemment une goutte..... Il se plaignit de la
soif tout le premier jour, puis garda le silence, car Dieu lui avait
donné de la force ¹. »

Ce que j'ai dit peut suffire pour faire voir comment nos voisins
du continent ont dirigé leurs études médicales pour la justification
et l'explication de la parole de Dieu. Il y a plusieurs points dignes
d'une pareille attention ; plusieurs qui récompenseraient très-bien
les efforts d'un médecin habile qui se sentirait le désir de consacrer
une partie de ses connaissances et de son expérience à la défense
ou à l'ornement de la religion. Je vais indiquer un de ces points
qui me paraît inviter à une semblable étude, et je sais que j'ai
l'honneur de compter dans mon auditoire plus d'une personne qui
pourrait avec succès entreprendre cette tâche. Le sujet que j'ai en
vue est l'essai fait par Eichhorn pour expliquer par des considérations naturelles et médicales la cécité soudaine de saint Paul,
allant à Damas, et se guérissant par le ministère d'Ananie. Il a
recueilli un nombre de cas de médecine dans l'intention de prouver que ce n'était qu'une simple amaurose, causée par un éclair,
et guérissable par les moyens les plus simples, et même l'imposi-
tion des mains sur la tête ². Il est évident que cette hypothèse,
absurde autant qu'impie, peut se combattre facilement ; car, même
la circonstance rapportée, qu'Ananie dit à Paul qu'il était venu
pour lui rendre la vue, prouve qu'il ne comptait pas sur des re-
mèdes naturels ; et admettant qu'une amaurose puisse être accidentellement guérie par des moyens aussi simples, le plus habile
oculiste ne voudrait pas s'aventurer à prédire leur efficacité ou
s'en reposer sur leur vertu. Mais en même temps il serait plus
satisfaisant de voir cette histoire justifiée, comme indubitablement
elle peut l'être, par la science même, au moyen de laquelle on

---

¹ Kosegarten, Chrestomatia Arabica. Lips. 1828, p. 63-65. Il y a
une petite circonstance rapportée dans le cours de cette narration qui
peut servir à expliquer ce qui est relatif à la chevelure d'Absalon, 2
Sam. xɪv, 26, en observant que, suivant une opinion, le poids est une
autre expression pour la valeur : « Il était le plus beau des jeunes gens
et d'une très-belle figure, et avait les plus longs cheveux, dont la valeur était de quelques milliers de drachmes. »

² Dans son Allgemeine Bibliotheck, vol. III, p. 13 et suiv.

l'attaque, et d'avoir quelque chose d'écrit pour réfuter Eichhorn
dans sa dénégation de ce miracle, de la même nature que nous
l'avons vu déjà fait, en opposition aux blasphèmes de Schuster et
de Paulus.

Il ne serait pas difficile de trouver des points de contact entre
la science dont je viens de traiter et celle dans laquelle je vais entrer, je veux dire la géologie. La chimie, par exemple, qui présente plusieurs analogies avec l'une et l'autre, pourrait nous fournir diverses applications très-intéressantes. Mais je les passerai sous
silence, tant à cause qu'elles sont probablement mieux connues,
que parce que l'abondance des matériaux qui se présentent devant
nous ne nous laisserait pas de loisir pour des sujets moins importants. Je me hâte donc, pour vous faire parcourir d'une vue aussi
rapide que je pourrai les rapports entre la géologie et l'histoire
sacrée.

La géologie peut véritablement s'appeler la science des antiquités de la nature. Quelque jeune et belle que cette puissance puisse
nous paraître, toujours vigoureuse dans toutes ses opérations,
bien que sa beauté et son énergie puissent sembler exemptes de
tout symptôme de décadence, cependant elle a aussi ses anciens
temps, ses premiers jours de rudes combats et d'efforts opiniâtres,
puis ses époques de repos et de calme et d'opérations régulières.
Et les légendes de toutes ces périodes, elle les a écrites sur des
monuments sans nombre, répandues sur toutes les régions illimi-
tées de son immense empire, en caractères que la science de
l'homme a appris à déchiffrer. Elle a ses pyramides dans des montagnes d'origine contestée, qui s'élèvent sur chaque continent; ses
immenses aquéducs dans les rivières majestueuses qui passent sur
des contrées entières, s'enfonçant par moments dans les profondeurs
de la terre, ou par un cours paisible allant se perdre dans les
réservoirs des vastes mers. Elle a aussi ses signaux, ses bornes et
ses monuments, pour marquer les temps et les lieux de ses victoires sur l'art humain, ou ses défaites par une énergie plus forte
que la sienne : ses camées et ses gemmes sont les impressions d'insectes ou de plantes sur des lames de pierres; et nous venons tout
à l'heure de découvrir ses cimetières ou *columbaria*, dans ces
curieuses cavernes où les ossements des générations primitives gi-
sent ensevelis et embaumés par sa main conservatrice, avec des

témoignages de l'époque où vécurent les animaux et de la manière
dont ils moururent. Et même au-delà de ces temps, nous pouvons
remonter à ses monuments cyclopéens, ses siècles fabuleux de

Gorgons and hydras, and chimeras dire [1],

quand les énormes *sauriens* et les *mégathères* aux proportions
gigantesques apparaissaient sur les terres et les mers; et à notre
grand étonnement, nous trouvons que tout ce qu'un rêve pénible
a pu nous faire imaginer de formes bizarres est reproduit en empreintes positives sur des monuments irréfragables.

La géologie est de toutes les sciences celle qui a le plus subi
l'influence de l'imagination ou des affections de l'homme; aucune
n'a offert une matière plus ample aux théories idéales et aux systèmes fragiles, quoique brillants, bâtis dans les vues les plus opposées. Et énumérant les diverses théories de la terre, comme
on les appelle, qui ont été imaginées pendant ces deux derniers siècles, nous pouvons convenablement les diviser en trois classes.

La première embrasserait celles qui admettent la cosmogonie
mosaïque, ou la création et le déluge, comme des points démontrés, et ont d'abord conduit leurs études dans la vue de concilier
les apparences actuelles avec ces événements. Dans les premiers
ouvrages de cette classe et des autres, il y a naturellement plus
d'imagination ou d'esprit que de solidité ou de recherche. Les
plus anciens théoristes méritent à peine qu'on s'y arrête. Burnet,
Woodward, Whiston, Hooke, et plusieurs autres, peuvent mériter
des éloges pour leur zèle dans la cause de la religion, mais
n'en peuvent pas recevoir beaucoup pour les services réels qu'ils
lui ont rendus. Rien n'était plus facile que de montrer comment
le monde fut créé dans le commencement, et comment il fut détruit par un déluge, quand tous les agents employés étaient de
pures suppositions ou des fictions de l'imagination de l'auteur.
Burnet supposa qu'une croûte fragile avait formé la surface originaire de la terre, et que vers l'époque du déluge un changement imaginaire, qui a été suffisamment réfuté par les astronomes
modernes, délivra de leur frêle enveloppe les eaux emprisonnées,

[1] Gorgones et hydres, et chimères terribles.

qui alors inondèrent la terre. Whiston fut encore plus poétique. Il
supposa que notre terre avait erré çà et là pendant des siècles à
travers l'espace,

> A wandering mass of shapeles flame
> A pathless comet [1].

BYRON.

jusqu'à la période de la création mosaïque où sa course fut tracée,
et elle sortit de cet état errant pour commencer les paisibles révolutions d'une planète. Mais alors qu'est-il arrivé si tôt pour l'interrompre dans sa carrière régulière, lors du déluge? Une autre
comète voisine lancée par la divine vengeance sur le monde méchant,

> . Down again
> Into the void the outcast world descended,
> Wheeling and thundering on : its troubled seas
> Were churned into a spray, and whizzing, flurred
> Around it like a dew [2].

HOGG.

Dans cet état, la comète tomba sur notre petit globe, l'enleva
dans son atmosphère aqueuse, le noya et le brisa.

En vérité, de pareilles théories qui faisaient dire à Voltaire, dans
sa manière caustique, « que les philosophes se mettaient sans cérémonie à la place de Dieu, détruisant et renouvelant le monde
à leur fantaisie, » de pareilles théories, disons-nous, blessent profondément au lieu de corroborer la cause de la religion. Car,
selon la remarque de De la Bèche, quand une rivière devient im-
pétueuse dans son cours et menace d'inonder le pays, ce sont les
ponts que les hommes ont jetés dessus pour la passer en sûreté,
ou les canaux qu'ils en ont fait dériver pour quelque but utile, qui
causent une dangereuse accumulation des eaux, et en leur oppo-

[1] Une masse errante de flammes informe, une comète sans orbite.
[2] Rapidement lancé dans l'espace, le monde banni descendait, toujours tournant et tonnant ; ses mers troublées furent barattées en écume,
et avec sifflement s'élancèrent et l'entourèrent comme une rosée.

sant une frêle barrière, leur donnent lorsqu'elle est rompue une terrible accélération de courant [1]; et de même nous pouvons dire ici que les moyens artificiels que l'on a employés pour passer sans inconvénients sur ce que l'on regardait comme les dangers de cette étude, et pour l'appliquer à une fin utile, ont plutôt donné à ces dangers une plus grande importance; et, comme le fait très-bien observer le docteur Knight, lorsque par les progrès de la science tout cela fut renversé, il parut en résulter quelque défaveur pour les sujets que l'on prétendait expliquer ainsi [2].

Je n'ai pas le désir de parler des auteurs vivants. Je pourrais paraître répandre le blâme sur des travaux dirigés par un amour zélé de la religion et avec les intentions les plus désintéressées. Mais je suis certain que la cause de la religion est mal servie par des théories mal conçues, ou la dénégation de faits souvent démontrés. J'aurai à faire allusion, bien que d'une manière courte, aux vives attaques faites par M. Granville Penn, sur les découvertes et les observations du docteur Buckland, relatives aux fossiles anté-diluviens des cavernes à ossements. Il est impossible de n'être pas frappé de la manière avec laquelle il s'empare des circonstances secondaires et des conséquences peu importantes, pour nier, par ce moyen, les résultats les plus remarquables. M. Fairholme suit à peu près la même voie : par exemple, avant que les observations aient été bien discutées, quelques géologues avaient considéré le *mastodonte* comme appartenant à l'Amérique; la découverte des ossements de cet animal en Europe suffit, selon lui, pour renverser tout le système des animaux fossiles [3]. « Si nous disions qu'il y a des espèces d'animaux éteintes parce

---

[1] Manuel de géologie, troisième édit., 1833, p. 65 (en angl.).

[2] Facts and observations towards forming a new theory of the earth. Edimb. 1819, p. 262. Voyez aussi Conybeare et Phillips, Outline of the geology of England. Lond. 1822, et p. xlix; et la correspondance particulière entre M. le docteur Teller et J. A. Deluc. Han. 1803, p. 161.

[3] « Nous savons qu'en Amérique les restes, tant des mastodontes que des mammouths, sont constamment découverts dans les mêmes terrains. Cette circonstance suffirait seule pour détruire toute la théorie des géologues qui confinent le mastodonte à l'Amérique. » Vue générale de la géologie de l'Écriture. Lond. 1838, p. 368 (en angl.).

que les ossements des *sauriens* ou les squelettes capricieux des *pterodactyles* n'ont point d'analogues dans le monde moderne connu, cela ne paraît pas concluant, parce que nous n'avons pas encore exploré toutes les rivières de l'intérieur de l'Afrique, et conséquemment nous ne pouvons dire si ces animaux n'existent pas dans leur voisinage [1]. »

Mais tandis que nous sommes sur ce sujet, et que nous parlons des auteurs qui rejettent tous les faits et les principes géologiques, et cependant prétendent concilier la géologie avec l'histoire de Moïse; qui reprochent sévèrement aux géologues de vouloir établir une théorie de leur science tandis que pour eux-mêmes ils s'en forment *deux*, une tirée de la géologie et une autre de l'ouvrage inspiré, je ne puis passer sous silence un auteur qui, peut-être de tous le plus visionnaire, soit par la déclamation, soit en dénaturant les faits particulièrement par la fausseté de son raisonnement, attaque cette science comme essentiellement anti-chrétienne et désigne tous les géologues étrangers à l'anathème des vrais croyants, je veux parler du livre du docteur Croly, intitulé : la *divine Providence*, ouvrage dans lequel il prétend que le Christianisme était sans démonstration, jusqu'à ce que l'auteur eût découvert le merveilleux parallélisme entre Abel et les Vaudois, Enoch et la Bible « (les deux témoins en habit de pénitence!) » Constantin et Moïse, les reliques des apôtres et les deux veaux d'or, Esdras et Luther, Néhémie et l'électeur de Saxe [2]. Certainement un pareil visionnaire, et qui, en outre, a eu assez de courage pour ajouter une autre théorie en l'air aux fragments épars des interprétations apocalyptiques précédentes, devrait avoir hésité un moment avant de se moquer d'une science à cause des systèmes multipliés imaginés par ceux qui la cultivent. Il faudrait beaucoup de temps et plus que l'ouvrage n'en mérite pour détailler les diverses inexactitudes philologiques et physiques que renferment les déclamations de cet écrivain [3], pour exposer les vues fausses qu'il

---

[1] Page 366.

[2] La divine Providence ou les trois cycles de la révélation. Londres 1834. Voyez la préface pour ces étranges comparaisons, pages 570, 571, 581, etc.

[3] Par exemple, p. 95, le docteur Croly, après Granville Penn, nie

donne de la tendance de la géologie, spécialement sur le continent [1], pour réfuter particulièrement l'injuste et injustifiable critique qu'il présente des vues et des raisonnements du savant docteur Buckland. On peut facilement accuser d'irréligion une classe
entière d'hommes ou des écrivains isolés; de nos jours, cela ressemble aux vagues clameurs de trahison ou de suspicion qui,
dans les temps de révolution, feraient tomber sans examen l'indignation ou la vengeance sur le plus innocent; et je ne sais pas
s'il y a une pire espèce de calomnie que celle qui s'efforce de fixer
le plus odieux des stigmates sur quelqu'un qui oserait penser autrement que nous sur des matières indifférentes.

que les jours de la création puissent signifier autre chose que l'espace
de vingt-quatre heures; parce que, parmi d'autres raisons, le mot hébreu *yom* vient du verbe *yama* (ferbuit). Il n'existe point de pareil
verbe en hébreu (consultez le *Lexicon* de Winer, p. 406), et s'il y était
il ne pourrait être la racine de l'autre mot. Il y a en arabe un verbe
qui en approche, *yama* (ferbuit *dies*) « le *jour* était chaud. » Mais certainement le terme de *jour* ne peut, dans aucune langue, être dérivé de
l'idée d'un *jour chaud*. Pour prouver que le mot *jour* ne pouvait pas signifier symboliquement un plus long terme, parce que littéralement il
signifie la période de lumière, « le temps entre deux couchers de soleil »
est indubitablement une erreur de logique : vous pourriez aussi bien dire
que le mot *nuit* ne peut signifier la mort, parce qu'il indique le temps
entre le lever et le coucher du soleil. Je ne plaide pas pour la prolonga-
tion des jours en périodes; mais je pense qu'il est très mal d'appeler
infidèles des hommes qui le font, lorsqu'on n'a à leur opposer que des
arguments erronés et sans aucune portée. Les termes employés pour exprimer que le soleil s'est arrêté sont tout aussi littéraux et ont le même
sens que ceux employés dans l'histoire de la création; cependant personne n'hésite à les prendre au figuré, parce que nous y sommes forcés
par les lois démontrées de la physique.

[1] Le docteur Croly affecte toujours de parler contre la théologie *étrangère;* et même, dans une note, il lui oppose comme contraste la conduite de la société géologique de Londres, p. 108. Et cependant il devrait savoir que tous les éminents géologues d'Angleterre sont d'accord
sur les opinions qu'il dénonce si sévèrement, savoir les grandes révolutions antérieures à celle du déluge.

Mais, si nous éprouvons le désir de parler sévèrement de ceux qui ont bâti des systèmes sans fondement, mais avec de bons motifs au moins, nous ne devons pas oublier qu'une autre classe aussi a été coupable d'extravagances non moins grandes et même beaucoup plus grandes, et sans pouvoir donner les mêmes raisons pour atténuer la censure; je veux parler de ceux dont les théories ont été posées en opposition directe aux livres inspirés. Le dernier siècle en a produit beaucoup en France; et un en particulier qui, si ce n'était pas son intention, était au moins regardé par ses nombreux admirateurs comme opposé à la narration de Moïse. Il s'agit de Buffon qui, dans ses célèbres *Epoques de la nature*, publiées en 1774, répéta et expliqua une *Théorie de la terre*, qu'il avait donnée vingt-six ans auparavant [1]. Tout ce qu'une imagination brillante, le charme du style et un ton de conviction pouvaient faire en faveur d'une théorie, fut fait pour celle-ci. « Il s'avança, dit Howard, non plus pour donner quelque conjecture hardie sur la formation et la théorie de l'univers, mais avec de prétendues preuves en main pour démontrer non-seulement la possibilité, mais sur plusieurs points la vérité nécessaire de ses premières assertions. Ce n'était plus dans le style d'un homme qui offre ses conjectures au monde, mais avec le ton dogmatique et doctoral de quelqu'un parfaitement sûr de ce qu'il avance [2]. La base de sa théorie était que la terre avait été originairement une masse incandescente, échauffée à un degré presqu'incroyable, et qu'elle s'était graduellement refroidie jusqu'à nos jours, et qu'à chaque progrès convenable de ce refroidissement, elle produisit les plantes et les animaux appropriés à chaque degré de chaleur. » Il n'est pas nécessaire d'entrer en explication sur les dissensions qui existent maintenant concernant les principes de cette théorie, savoir, si le refroidissement graduel continue toujours. M. Arago maintient, d'après l'observation, que l'accord exact des climats,

---

[1] Rousseau était au nombre de ceux qui plaçaient le système de Buffon en opposition au récit de l'Ecriture, et il lui donnait la préférence. Voyez Deluc, Discours préliminaire de ses lettres sur l'histoire physique de la terre. Paris 1798, p. cx.

[2] Howard, pensées sur la structure du globe. Lond. 1797, p. 286 (en angl.).

autant que nous pouvons raisonner, entre les temps anciens et les modernes, ne permet pas d'admettre cette supposition, et il argumente en s'appuyant d'éléments qu'un philosophe français du temps de Buffon se serait à peine décidé à employer, sans consentir à encourir le ridicule de passer pour trop crédule; car les livres de Moïse à la main, il montre qu'en Palestine les saisons correspondent maintenant exactement à ce qu'elles étaient dans ces temps-là, quant à l'ordre de la succession et à la puissance de production, et il en conclut qu'il n'est pas possible qu'il soit arrivé aucun changement dans le climat [1]. On pourrait peut-être objecter à ce raisonnement qu'un changement graduel de climat, par degrés presqu'imperceptibles excepté à longs intervalles, pourrait produire une modification correspondante dans les habitudes des plantes et des végétaux, si l'on peut parler ainsi. Une question qui se lie à ce sujet et influe d'une manière particulière sur les faits de la géologie est la question de la chaleur centrale qui a été traitée avec une grande exactitude mathématique et beaucoup de savoir par Fourrier et M. Poisson : le premier soutenait l'existence d'une chaleur rayonnante dans l'intérieur de la terre; l'autre tout en admettant les faits de l'expérience, nie les conclusions. Mais toute discussion sur cette question nous éloignerait trop du sujet que nous traitons.

Depuis l'époque de Buffon, les systèmes se sont élevés les uns à côté des autres, semblables aux colonnes mouvantes du désert, s'avançant en front de bataille menaçant; mais comme elles, ce n'était que du sable. Et, bien qu'en 1806 l'institut de France comptât plus de quatre-vingts théories de cette espèce hostiles aux Ecritures sacrées, aucune d'elles n'est restée debout jusqu'à ce jour et ne mérite qu'on s'en occupe.

La troisième et la plus importante classe des géologues comprend ceux qui, sans positivememt construire des théories, se sont contentés de recueillir des phénomènes, de les classer et de les comparer. Et dans ce sens, qui est le vrai, la géologie doit à l'Italie son origine et son principal développement. Brocchi, dans le discours préliminaire de sa *Conchiologie fossile subapennine*, a rendu complète justice à son pays en énumérant une série d'écrivains

[1] Ann. du bur. de longit. pour 1834.

géologues, traitant principalement des fossiles, telle qu'aucune autre contrée n'en peut produire une pareille. Il serait fastidieux de les nommer, quoique, par la suite, j'aurai occasion de parler de quelques-unes de leurs amusantes spéculations. Qu'il suffise, pour le présent, de dire que dans tous leurs ouvrages se décèle la crainte de pousser les conclusions trop loin; il y perce une sorte d'appréhension que, si on tirait de leurs opinions des conséquences trop hardies, ils pourraient se trouver en désaccord avec des vérités plus importantes. Il en résulte un malaise dont les ouvrages de Moro, Vallisnieri et Generelli, donnent amplement la preuve.

Il ne faut pas néanmoins croire que dans cette même classe soient compris des écrivains *indifférents*, quant à l'influence de leur science sur la religion; au contraire, il faut y placer ses plus zélés champions et ceux qui l'ont servie le plus efficacement, bien qu'ils se soient soigneusement abstenus de construire aucune théorie formelle de la terre. Ainsi Deluc, qui dans le cours d'une très-longue vie n'a jamais perdu de vue le texte de l'Ecriture, a été un homme très-précieux pour la collection et la comparaison des faits. Les recherches de Dolomieu, Cuvier, Buckland et d'autres sans nombre, dont vous connaîtrez les opinions en temps convenable, n'ont été dirigées par aucun esprit de système, et cependant se sont trouvées très-favorables à la cause de la vérité.

Tant que la science est dans les mains d'hommes ainsi persuadés de la certitude de ces faits si grands et si influents, qui sont déposés dans les pages du récit sacré de l'histoire primitive du monde, assurément les écrivains que j'ai cités comme hostiles à l'investigation de cette étude ont peu de raison de craindre. Aussi longtemps en vérité que les phénomènes sont simplement rapportés, et qu'on en tire seulement les conséquences naturelles et évidentes, on ne doit pas craindre que les résultats se trouvent contraires à la religion. Bien plus sage était le conseil de Gamaliel, et tout-à-fait applicable à ceux qui s'opposent à ces recherches : « Ne vous occupez pas de ces hommes; laissez-les tranquilles; car si l'œuvre vient de ces hommes, elle se réduira à rien; si elle vient de Dieu, vous ne pouvez la détruire [1] ». Si les

[1] Actes V, 38, 39.

représentations qu'ils ont données de la nature sont des fictions de leur imagination, elles ne tiendront pas contre le progrès de la science; si c'est vraiment la peinture des œuvres de Dieu, elle se trouvera facilement d'accord avec ses manifestations révélées.

Avant d'entrer directement dans les plus grandes conclusions de cette science, je m'arrêterai pour noter un exemple d'une de ces objections populaires tirée par un raisonnement spécieux de faits mal observés, qui pendant un temps répétée encore et encore a fini par produire une impression assez considérable. Brydone, dans son *Voyage en Sicile*, écrit ainsi : « Que dirons-nous d'un puits qu'ils ont creusé près de Jaci à une grande profondeur ? On a percé à travers sept couches de lave distinctes l'une au-dessus de l'autre, dont les surfaces étaient parallèles et la plupart couvertes d'un lit épais de belle et riche terre végétale. Maintenant, dit-il (le chanoine Recupero), l'éruption qui a formé la plus inférieure de ces laves, si nous nous permettons de raisonner par analogie (c'est-à-dire accordons deux mille ans pour qu'une couche de lave se couvre de terre végétale), cette lave donc doit avoir coulé de la montagne il y a au moins quatorze mille ans. Recupero me dit qu'il est très-embarrassé par ces découvertes, en écrivant l'histoire de la montagne; et que Moïse pèse sur lui comme un plomb et arrête son zèle pour faire des recherches, car il ne peut réellement pas, en conscience, faire la montagne aussi jeune que le prophète fait le monde. Que pensez-vous de ces sentiments dans un théologien catholique ? L'évêque qui est fermement orthodoxe, car l'évêché est excellent, l'a déjà averti d'être sur ses gardes, et de ne pas avoir la prétention de mieux savoir l'histoire naturelle que Moïse; ni d'avoir la présomption de rien introduire qui puisse le moins contredire l'autorité sacrée [1]. »

Il est difficile de dire par où il faut commencer pour répondre à cet absurde récit, soit par les erreurs scientifiques, soit par les crimes contre la bonne morale qu'il entasse ensemble. Quelques auteurs crurent à cette histoire, et accordèrent au chanoine les honneurs d'une profonde expérience et de savoir dans ces matiè-

[1] A Tour trough Sicily and Malta. Lond. 1773, vol. I, p. 131.

res, et furent séduits par la première partie de l'histoire : d'autres, comme le docteur Watson, tout en rejetant le raisonnement exposé, n'épargnèrent pas le pauvre ecclésiastique, ni son évêque, pour leur conduite respective [1]. Ils avaient tort les uns et les autres, car, en premier lieu, il ne faut pas deux mille ans ni deux cents pour couvrir une lave avec ce que d'ignorants observateurs prendront pour de la terre; secondement, les strates de Jaci Réale ne sont pas couverts de terre végétale; troisièmement, le chanoine Recupero n'a jamais proféré ce que Brydone lui met dans la bouche, ni tiré de pareilles conséquences.

Le premier point a été mis hors de doute par un savant observateur qui a relevé les côtes de Sicile par ordre du gouvernement anglais. « La méthode, dit le capitaine Smyth, d'estimer l'âge des laves par le progrès subséquent de la végétation est fondée sur une théorie erronée; car ce progrès dépend de leur situation locale, de leur porosité et de leurs parties constituantes; et on ne doit pas donner plus de confiance aux couches alternatives de lave et de terre, car une pluie de cendres, assistée par l'infiltration des eaux, a bientôt formé une couche de terre qui ressemble à de l'argile. Plusieurs des masses volcaniques des îles Éoliennes, qui ont existé hors de la portée de l'histoire, sont encore sans une feuille de verdure; tandis que d'autres dans diverses parties et qui n'ont guères plus de deux cents ans de date sont chargées de végétation spontanée. La même chose peut s'observer sur deux laves de l'Etna proches l'une de l'autre : car l'une, de 1536, est encore noire et aride, tandis que celle de 1636 est couverte de chênes, d'arbres à fruits et de vignes [2]. » Sir William Hamilton a fait la même remarque sur les courants de laves qui ont recouvert Herculanum, dont l'époque de destruction est si bien marquée dans

[1] « Je n'ajouterai pas plus sur ce sujet, sinon que l'évêque du diocèse ne s'avançait pas trop, dans son conseil au chanoine Recupero, de prendre garde de ne pas faire sa montagne plus jeune que Moïse; quoiqu'il eût été tout aussi bien de lui fermer la bouche avec une raison, que de le bâillonner par la crainte d'une censure ecclésiastique. » Two apologies, 1816, p. 156.

[2] Memoir on Sicily and its Islands. Lond. 1821, p. 124. Voyez aussi Knight, Facts and Observations, p. 264.

l'histoire. « La matière qui recouvre l'ancienne ville d'Herculanum, dit-il, n'est pas le produit d'une seule éruption ; car il y a
des marques évidentes que la matière de six éruptions a pris son
cours sur celle qui recouvre immédiatement la ville et qui a été
la cause de sa destruction. Ces strates sont ou de lave ou de scories, avec des veines de bon sol entre deux [1]. »

Les deux autres points ont été suffisamment éclaircis par Dolomieu, qui justifia la réputation du chanoine, et en même temps
s'assura par son observation personnelle qu'aucune terre végétale
quelconque n'existe entre les lits de lave de Jaci-Réale. Voici ses
paroles : « Le chanoine Recupero ne mérite ni les louanges qui ont
été données à sa science, ni les doutes que l'on a élevés contre
son orthodoxie. Il mourut sans aucun autre chagrin que celui que
lui avait causé l'ouvrage de Brydone. Il ne pouvait comprendre à
quelle fin cet étranger, qu'il avait bien accueilli, pouvait chercher à exciter des soupçons sur l'orthodoxie de ses croyances. Cet
homme simple, qui était très-religieux et attaché à la foi de ses
pères, était loin d'admettre comme un témoignage contre le livre de la *Genèse* de prétendus faits qui sont faux, mais dont on n'aurait pu rien conclure, quand même ils eussent été vrais. La terre
végétale entre les lits de lave n'existe pas ; et les terres argileuses
qui s'y trouvent quelquefois peuvent y être arrivées par des moyens
tout-à-fait indépendants de l'antiquité de l'Etna [2]. » A cette réfutation qui ne laisse rien à désirer, je veux seulement ajouter, d'a-
près ma connaissance personnelle, qu'il n'est pas exact, comme
Swineburne le dit, que Recupero ait été privé de son bénéfice et
encore persécuté par suite de l'exposé de Brydone. La réputation du chanoine était trop bien établie dans son pays pour
qu'une semblable calomnie pût l'atteindre, et dans le fait, après
sa publication, il reçut une pension du gouvernement, dont
il a joui jusqu'à sa mort [3]. Vous verrez plus loin, lorsqu'il
en sera question, que, même si de la terre végétale avait existé
entre plusieurs couches successives de lave, on n'en pourrait rien
conclure quant à la période de l'ordre actuel des choses.

[1] Philosophical transactions, vol. LXI, p. 7.
[2] Mémoires sur les îles Ponces. Paris 1788, p. 471.
[3] Journal des savants, 1788, p. 457.

Cependant nous ne pouvons trop sévèrement censurer le mauvais procédé du calomniateur, qui reconnaissait ainsi la bienveillance qu'on lui avait montrée par une accusation sans fondement, tendant nécessairement à appeler le soupçon et peut-être la ruine sur la personne qu'il nommait son ami. Et ceci peut en même temps servir d'exemple pour se préserver des théories irréfléchies et mal conçues dans lesquelles un observateur superficiel et ignorant peut être entraîné et en entraîner d'autres encore.

Et après un si long préambule nous arrivons maintenant à examiner de quelle manière les doctrines géologiques peuvent influer sur les Ecritures, et jusqu'à quel point les phénomènes, observés par des hommes sur l'exactitude desquels on peut compter, sont d'accord avec l'histoire sacrée.

Le premier point de contact entre cette science et l'histoire de Moïse est la création du monde. Le docteur Sumner énumère ainsi en peu de mots les questions dans lesquelles les rapports entre l'un et l'autre peuvent être discutés : « Le récit de la Genèse peut être brièvement résumé en ces trois articles : premièrement, que Dieu était le créateur originel de toutes choses ; secondement, que la formation du globe que nous habitons, la totalité de ses matériaux étaient dans un état de chaos et de confusion ; et troisièmement, qu'à une période qui n'excède pas 5,000 ans (5,400), soit que l'on adopte la chronologie des Hébreux ou des Septante, ce qui importe peu, toute la terre subit une puissante catastrophe, dans laquelle elle fut complètement inondée, par l'action immédiate de la Divinité[1]. »

Quelques auteurs ont tenté de lire les jours de la création, en suivant pas à pas les phénomènes que présente actuellement le monde, et de donner une histoire de chaque production successive, depuis la lumière jusqu'à l'homme, comme on les retrouve sur la face du globe. Tout cela, bien que louable dans son objet, n'est certainement pas satisfaisant dans ses résultats. La première portion de ma tâche sera donc plutôt négative que positive ; je tâcherai de vous faire voir que les étonnantes découvertes de la science moderne ne contredisent en aucune fa-

[1] Records of creation, vol. II, p. 344.

çon le récit de Moïse et ne sont point en désaccord avec les faits rapportés par l'écrivain sacré.

Et, en premier lieu, le géologue moderne doit reconnaître et reconnaît en effet l'exactitude de l'assertion, qu'au moment où toutes choses furent faites, la terre doit avoir été dans un état de confusion complette, en d'autres termes, que les éléments qui plus tard devaient se combiner et former l'arrangement actuel du globe, doivent avoir été totalement troublés et probablement dans un état de conflit et de réaction. Ce que la durée de cette confusion a été, l'aspect particulier qu'elle présentait, si c'était un désordre suivi et sans modification ou interrompu par des intervalles de paix et de repos, d'existence animale ou végétale, l'Ecriture l'a caché à notre connaissance, mais en même temps elle n'a rien dit pour décourager l'investigation qui pourrait nous conduire à quelque hypothèse sur ce sujet. Et même il semblerait que cette période indéfinie a été mentionnée exprès pour laisser carrière à la méditation et à l'imagination de l'homme. Les paroles n'expriment pas simplement une pause momentanée entre le premier fait de la création, et la production de la lumière; car la forme grammaticale du verbe, le participe, par lequel l'esprit de Dieu, l'énergie créatrice, est représenté couvrant l'abîme, et lui communiquant la vertu productrice, exprime naturellement une action continue et nullement une action passagère. L'ordre même observé dans la création des six jours, qui se rapporte à la disposition présente des choses, semble indiquer que la puissance divine aimait à se manifester par des développement graduels, s'élevant en quelque sorte avec mesure de l'inanimé à l'organisé, de l'insensible à l'instinctif, de l'irrationnel à l'homme. Et quelle répugnance y a-t-il à supposer que, depuis la première création de l'informe embryon de ce monde si beau, jusqu'à ce qu'il eut été revêtu de tous ses ornements et proportionné aux besoins et aux habitudes de l'homme, la Providence puisse avoir voulu conserver une gradation analogue, au moyen de laquelle la vie aurait progressivement avancé vers la perfection et dans sa puissance intérieure et dans ses instruments extérieurs? Si les phénomènes découverts par la géologie manifestaient l'existence d'un pareil plan, qui oserait dire qu'il ne s'accorde pas dans la plus stricte analogie avec les voies de Dieu dans la loi physique et morale de ce monde! ou qui assurera que ce plan contredit la parole sacrée, puisque pour cette période indéfinie dans laquelle l'œuvre du développement graduel est placé, nous sommes dans une complette obscurité, à moins que nous ne supposions avec un personnage éminent dans l'Eglise qu'il est fait allusion à ces révolutions primitives, c'est-à-dire ces destructions et reproductions, dans le premier chapitre de l'Ecclésiaste [1]; ou qu'avec d'autres nous ne prenions dans le sens littéral les passages où il est dit que *des mondes* ont été créés [2].

Il est vraiment singulier que toutes les anciennes cosmogonies s'accordent pour suggérer la même idée, et conserver la tradition d'une première série de révolutions par lesquelles le monde fut détruit et renouvelé. Les *Institutes de Menou*, l'ouvrage indien qui approche le plus près du récit de l'Ecriture touchant la création, disent : « Il y a des créations aussi et des destructions de mondes sans nombre ; l'Etre suprême accomplit tout cela avec autant de facilité que si c'était un jeu, répétant sans cesse ses créations dans la vue de répandre le bonheur [3]. » Les Birmans ont des traditions de même genre, et le système de leurs diverses destructions du monde par le feu et l'eau se trouvent dans l'intéressant ouvrage de San-Germano, traduit par le docteur Tandy, mon ami [4]. Les Egyptiens aussi ont également consacré leur opinion par leur grand cycle ou période sothiatique.

Mais je crois beaucoup plus important et plus intéressant de faire observer que les premiers Pères de l'Eglise chrétienne paraissent avoir eu exactement les mêmes vues, car saint Grégoire de Naziance, d'après saint Justin, martyr, suppose une période indéfinie entre la création et le premier arrangement régulier de toutes choses [5]. Saint Basile, saint Césaire et Origène sont beaucoup

[1] Ricerche sulla geologia ; Roveretto, 1824, p. 63.

[2] Heb. I, 2. De même un des titres de Dieu, dans le Koran, est le Seigneur des mondes, Sura. I.

[3] Institutes of Hindu Laws. Lond, 1825, ch. 1, n. 80, p. 13, comp., n. 57, 74, etc.

[4] A Description of the Burmese empire, imprimée pour la fondation des traductions orientales. Rome 1833, p. 29.

[5] Orat. II, tom. I, p. 51, ed. Bened.

plus formels, car ils expliquent la création de la lumière antérieurement à celle du soleil, en supposant que ce luminaire avait
à la vérité existé auparavant, mais que ses rayons ne pouvaient
pénétrer jusqu'à la terre par la densité de l'atmosphère pendant
le chaos : et cette atmosphère fut assez raréfiée le premier jour
pour permettre la transmission des rayons du soleil, sans qu'on
pût encore distinguer son disque, qui ne fut complettement manifesté que le troisième jour[1]. M. N. Boubée adopte cette hypothèse comme entièrement conforme à la théorie du feu central,
et par conséquent à la dissolution de substances dans l'atmosphère
qui se sont précipitées à mesure que le *milieu* dissolvant se re-
froidissait[2]. Et si le docteur Croly est si indigné contre quelques géologues, parce qu'ils considèrent les jours de la création
comme des périodes indéfinies, à cause que dans son étymologie
le mot employé signifie « le temps entre deux couchers du soleil, » que dira-t-il d'Origène qui, dans le passage dont j'ai
parlé, s'écrie : « Qui, ayant du sens, peut penser que le premier, le second et le troisième jour furent sans soleil, ni lune,
ni étoiles? » Assurément, « le temps entre deux couchers de
soleil » serait une grande anomalie, s'il n'y avait pas de soleil.

En faisant ces remarques, je ne suis point guidé par une prédilection personnelle pour aucun système, je n'ai aucun droit
au titre de géologue : j'ai étudié cette science plus dans son histoire que dans ses principes pratiques, plutôt pour surveiller sa
portée relativement à des recherches toutes religieuses que dans
aucun espoir de jamais l'appliquer personnellement. Je vais vous
donner une autre méthode, par laquelle d'habiles géologues pensent qu'ils prouvent la belle harmonie de cette science avec l'E-
criture. Je ne prétends pas, et ce serait présomption à moi de le
prétendre, juger entre les deux ou prononcer sur les raisons que
chacun peut produire; mais je tiens à faire voir que l'espace ne
manque pas, sans toucher à la foi, pour tout ce que la géolo-

[1] S. Basile, Hexœmer; Hom. 2. Paris 1618, p. 23. S. Cæsarius,
dial. 1, Biblioth. Pat., Gallandi. Ven. 1770, tom. VI, p. 37. Origen.
Periarch., lib. IV, c. 16, tom. I, p. 174, ed. Bened.

[2] Géologie élémentaire à la portée de tout le monde. Paris 1833,
p. 37.

gie moderne pense avoir le droit de demander. Je désire montrer, et les autorités que je viens de citer me rassurent de ce côté, que tout ce qui a été réclamé ou exposé par cette science a été autrefois accordé par les grands génies du Christianisme primitif, lesquels assurément n'auraient pas sacrifié un iota de la vérité de l'Écriture.

Mais, vous me demanderez : Qu'est-ce qui rend nécessaire ou utile de supposer ainsi quelque période intermédiaire entre l'acte de la création, et la disposition des choses créées telles qu'elles existent maintenant? Conformément à mon plan, il est de mon devoir d'expliquer ce point; et je vais essayer de le faire avec toute la brièveté et la simplicité possibles. Depuis peu d'années, par divers rapprochements, un élément nouveau et très-important a été introduit dans les observations géologiques, savoir : la découverte et la comparaison des fragments fossiles. Chacun de mes auditeurs est déjà sans doute instruit que, dans plusieurs parties du monde, des ossements énormes ont été trouvés, que l'on avait coutume d'attribuer aux éléphants, à un mammouth, comme on l'appelait, d'après un mot sibérien qui désigne un animal souterrain fabuleux. Outre ces restes et d'autres semblables, de vastes accumulations de coquillages et des empreintes de poissons sur la pierre, comme à Monte Bolca, ont été découvertes dans tous les temps et dans tous les pays. On était dans l'usage de rapporter toutes ces choses au déluge, et on citait en témoignage que les eaux avaient couvert le globe entier et détruit toute vie terrestre, en même temps qu'elles avaient déposé les productions maritimes sur les continents. Mais, peut-être, vous me croirez à peine quand je vous dirai que, pendant plusieurs années, la plus vive controverse fut soutenue dans ce pays-ci, en Italie, sur la question de savoir si ces coquillages étaient de véritables coquillages réels, et avaient autrefois renfermé un animal, ou n'étaient que des productions naturelles, formées par ce qu'on appelait la puissance plastique de la nature, imitant des formes réelles. Agricola, suivi par le judicieux André Mattiole, affirma qu'une certaine matière grasse, mise en fermentation par la chaleur, produisait les formes fossiles [1]. Mercati, en 1574, soutint

---

[1] « Agricola sognava in Germania, che alla formazione di questi corpi

énergiquement que les coquillages fossiles dont la collection fut placée au Vatican par Sixte-Quint étaient simplement des pierres qui avaient reçu leur configuration par l'influence des corps célestes [1] ; et le célèbre médecin Falloppe assurait que les coquillages étaient formés, partout où on les trouvait, « par les mouvements tumultueux des exhalaisons terrestres. » Et même ce savant auteur était si contraire à toute idée de dépôts, qu'il soutenait hardiment que l'amas de fragments de poteries qui forme le singulier monticule connu de vous tous sous le nom de *monte Testaceo*, était formé de productions naturelles, jeux de la nature, qui le disputent aux ouvrages de l'homme [2]. Tels étaient les embarras auxquels ces hommes zélés autant qu'habiles se trouvaient réduits pour expliquer les phénomènes qu'ils avaient observés.

A mesure que l'on apporta plus d'attention à l'examen de l'ordre et des couches dans lesquels on trouvait ces restes d'animaux, on s'aperçut qu'il y avait un rapport entre l'un et l'autre. On observa encore que plusieurs de ces restes étaient ensevelis dans des situations où l'action du déluge, si violente ou étendue qu'on voudra la supposer, n'a pu jamais se faire sentir. Car nous devons admettre que cette action s'est exercée à la surface de la terre, et a laissé des signes d'un travail de trouble et de destruction, tandis que ces restes d'animaux se trouvent au-dessous des stratifications qui forment l'écorce extérieure de la terre ; et ces couches reposent sur eux avec tous les symptômes d'un dépôt graduel et tranquille. Ensuite, si nous considérons les deux observations sur la même ligne, et si nous supposons que le tout ait été

---

fosse concorsa non so qual matéria pingue, messa in fermento dal calore. Andrea Mattioli addotto in Italia i medesimi pregiudizii. » Brocchi, Conchiologia fossile subapennina ; tom. I. Milan 1814, p. 5.

[1] « Egli niega che le conchiglie lapidefatte sieno vere conchiglie e dopo un lunghissimo discorse, sulla materia, e sulla forma sostanziale, conchiude che sono pietre in cotal guisa configurate dall' influenza dei corpi celesti. » Ib., p. 8.

[2] « Concepisce più facilmente che le chiocciole impietrite sieno state generate sul luogo, dalla fermentazione, o pure, che abbiano acquistato quella forma, mediante il movimento verticoso delle esalazioni terrestri.» Ib., p. 6.

déposé par le déluge, alors nous devrions trouver tout dans une
confusion complète ; tandis qu'au contraire nous trouvons que la
couche la plus basse, par exemple, présente une classe particulière
de fossiles ; puis, ceux qui sont superposés sont encore assez uniformes, quoique dans plusieurs cas ils diffèrent des dépôts inférieurs, et ainsi en avançant vers la surface. Cette symétrie dans
le mode de déposition pour chaque couche, tandis qu'elle diffère
de la précédente, suppose une succession d'actions exercées sur
divers matériaux, et point une catastrophe convulsive et violente.
Mais cette conclusion paraît devoir être mise hors de doute par
la découverte encore plus inattendue, que, tandis que, dans les
couches de terre meuble, et partout où le déluge est supposé avoir
laissé des traces, nous trouvons des ossements d'animaux appartenant à des genres encore existants ; parmi les fossiles plus profondément ensevelis, rien de semblable ne se découvre. Au contraire, les squelettes nous représentent des monstres, soit qu'on
les considère dans leurs dimensions ou dans leurs formes ; des
monstres tels qu'ils n'ont pas même d'analogues dans les espèces
vivantes, et qu'ils paraissent avoir été incompatibles avec la co-
existence de la race humaine.

Cette dernière considération demande quelques explications,
parce qu'elle conduira ceux qui n'ont pas donné beaucoup d'attention à cette science jusqu'à la connaissance de ses découvertes récentes. Ces personnes s'étonneront peut-être comment, à l'inspection de quelques fragments d'os, on peut former un jugement sur
les animaux auxquels ils appartenaient. Il y a quelques années, le
problème aurait paru absurde de reconstruire un animal d'après
un de ses os ; et cependant nous pouvons vous dire avec vérité
qu'il a été complètement résolu. Il n'est peut-être pas nécessaire
de remarquer que telle est la perfection de l'individualité de chaque animal, que chaque os, presque chaque dent, est suffisamment caractéristique pour déterminer la forme de l'individu. L'é-
tude approfondie de ces variétés et les résultats analogues auxquels elle conduit furent les bases sur lesquelles Cuvier, que nous
regretterons toujours, fit reposer l'édifice merveilleux de cette
nouvelle science. Les habitudes ou les facultés des animaux, comme
j'ai déjà eu occasion de le remarquer, impriment leurs particularités
sur chaque portion de leurs formes : l'animal carnivore n'est pas

seulement ainsi dans ses dents ou ses griffes ; chaque muscle doit être proportionné à la force et à l'agilité qu'exige sa manière de vivre, et chaque muscle creuse une cavité correspondante dans l'os qu'il enserre ou sous lequel il passe. Rien n'est plus curieux que les analogies convaincantes, bien qu'inattendues, par lesquelles Cuvier confirme sa théorie ; car il fait voir un rapport constant et toujours proportionné entre des parties qui ne paraissent avoir aucune connexité, tels que les pieds ou les dents.

Cependant, lorsqu'il commença à appliquer les principes de l'anatomie comparée aux fragments d'os extraits des carrières de Montmartre, il découvrit bientôt qu'on ne pouvait les rapporter à aucune espèce vivante sur la surface du globe. Mais les principes scientifiques qui le guidaient étaient si certains, qu'il répartit aisément ces ossements entre différents animaux, suivant leurs dimensions et leur structure diverse, et il prononça qu'ils représentaient des animaux de la classe des *pachydermes* ou à peau épaisse, et très-rapprochés du tapir. Il distingua deux genres, et découvrit même plusieurs subdivisions auxquelles il donna des noms appropriés. Il donna aux deux genres les noms de *paléotherium* ou ancien animal, et *anaplotherium* ou désarmé, parce que l'un était distingué de l'autre par le manque de défenses. Et ces résultats ne doivent pas être considérés comme de simples conjectures ; car, lorsqu'il est arrivé qu'après avoir construit d'après ces analogies la charpente osseuse d'un animal, on en a rencontré le squelette entier ou quelque partie que l'on ne possédait pas, on a trouvé que Cuvier avait eu constamment raison dans ses suppositions, et je ne pense pas que, dans un seul cas, on ait eu besoin de modifier la recomposition de l'animal faite d'après ses conjectures [1].

Dans quelques occasions les naturalistes ont été assez heureux pour découvrir, dans un état assez complet, la dépouille de ces

[1] Voyez ses principes dans l'Extrait d'un ouvrage sur les espèces de quadrupèdes dont on a trouvé les ossements dans l'intérieur de la terre, p. 4 ; dans son Discours préliminaire, Recherches sur les ossements fossiles, vol. I, p. 58, publié aussi séparément. Voyez encore, vol. III, p. 9 et suiv., pour les procédés suivis dans la création, comme il l'appelle, de ces nouveaux genres.

monstres des anciens temps, pour n'avoir pas besoin de recourir au procédé dont j'ai parlé. L'Espagne, par exemple, a été de bonne heure en possession du squelette presque complet du *megatherium*, comme on l'appelle maintenant. Il fut envoyé de Buenos-Ayres, en 1789, par le marquis de Loreto; il fut déposé dans le Cabinet de Madrid, et des dessins en furent publiés par J.-B. Bru. D'autres fragments, et même une portion considérable des ossements du même animal, ont été depuis apportés en Angleterre par M. Parish, et présentés par lui au Collège royal de Chirurgie, et heureusement ils servent en grande partie à remplir les lacunes du fragment qui est à Madrid [1]. Nous avons aussi un animal avec la tête et les épaules du paresseux, et cependant avec les membres et les pieds ressemblant à ceux de l'armadille et du fourmillier; mais en même temps il doit avoir égalé les éléphants de la plus haute taille; car il avait treize pieds de long et neuf de haut.

Mais plus étranges encore sont les classes d'animaux alliés aux *sauriens* (les lézards); les énormes dimensions et les formes presque chimériques de quelques-uns seraient à peine conçues par l'imagination. Le *megalosaurus*, comme l'a justement nommé le docteur Buckland, avait au moins trente pieds de long, et même à juger d'après l'échantillon trouvé dans la forêt de Tilgate, dans le Sussex, il paraît, toute réduction faite, avoir atteint la longueur effrayante de soixante à soixante-dix pieds [2]. L'*ichthyosaurus* ou lézard-poisson, quand il fut découvert en partie, présentait de si étranges anomalies, que l'on pouvait à peine supposer que ses membres appartinssent au même animal. Ce ne fut qu'après des découvertes répétées que Conybeare et De la Bèche produisirent un animal avec la tête d'un lézard, le corps d'un poisson, et quatre rames au lieu de pattes. Les dimensions de quelques-uns de ces monstres doivent avoir été énormes, d'après les spécimens que l'on voit au Muséum britannique. Mais le plus fantastique de tous est le *plesiosaurus*, ou, comme on l'a

---

[1] Voyez une planche indiquant les parties fournies par chaque échantillon, dans les Transactions géologiques, nouvelle série III, 1835, planche XLIV, avec une description détaillée par M. Clife, p. 437.

[2] Ibid., vol. I, 1825, p. 391.

appelé plus convenablement, *enaliosaurus*, lézard-marin, qui ,
aux caractères déjà reconnus dans les autres , joint un col plus
long que celui d'aucun cygne, à l'extrémité duquel est une très-
petite tête [1]. Enfin, pour ne pas nous arrêter plus longtemps
à des exemples de ce genre, un autre animal bien plus extraordinaire , et je pourrais dire presque fabuleux , a été découvert , auquel Cuvier a donné le nom de *ptérodactyle*, après avoir déterminé ses caractères d'après un dessin de Collini; et il eut la satisfaction de voir ensuite sa décision confirmée par la découverte de
plusieurs spécimens. Il déclare cet animal le plus étrange de l'ancien monde ; car il a le corps d'un reptile ou d'un lézard, avec
de très-longues pattes, évidemment formées comme celles de la
chauve-souris, pour étendre une membrane au moyen de laquelle il pouvait voler ; un long bec armé de dents aigües; et il
doit avoir été recouvert, non de poils ni de plumes, mais d'é-
cailles [2].

Ces exemples, entre plusieurs, peuvent suffire pour nous faire
voir que les espèces d'animaux ensevelis dans la pierre calcaire ,
ou dans d'autres rochers, n'ont aucun type correspondant dans
le monde actuel ; et que si nous les opposons aux genres existants
que l'on trouve dans des couches plus superficielles , nous serons
forcés de conclure qu'ils n'ont pas été détruits par la même révolution qui a enlevé les derniers de la surface de la terre, pour être
renouvelés par les couples conservés en vertu de l'ordre de Dieu.

Quelques naturalistes, malgré les avantages que nos géologues
ont su tirer des fossiles, même dans la comparaison des couches
minéralogiques , ont persisté à vouloir les exclure de la géologie,
comme étrangers à la science [3]. Mais il est impossible de fermer
les yeux à la nouvelle lumière que ces découvertes ont répandue
sur cette étude, et par conséquent de négliger la considération des
rapports que la science, ainsi agrandie, présente avec les récits
de l'Ecriture. C'est au point que , quoique notre conclusion puisse

[1] Voyez Transactions géologiques, vol. I, p. 43-103.

[2] Ossements fossiles, vol. IV, p. 36; vol. V, part. II , p. 379. De la
Bèche, dans les Transactions géologiques, vol. III, p. 217.

[3] Comme le docteur Mac Culloch , dans son Système de géologie avec
la théorie de la terre. Lond. 1831, vol. I, p. 430 (en angl.).

paraître négative, je la crois cependant très-importante ; car le premier point dans la connexion d'une science avec la révélation, après qu'elle a passé la période des théories informes et contradictoires, est que son résultat ne soit point en opposition avec la révélation. Et ceci, dans le fait, est une confirmation positive. Car, ainsi que je le démontrerai plus amplement dans les conclusions de mon dernier discours, la manière victorieuse avec laquelle les récits de l'Ecriture, soumis à l'examen des recherches les plus diverses, défient les plus habiles d'y découvrir aucune erreur, forme, par l'accumulation d'exemples variés, une des preuves positives les plus fortes de leur inattaquable véracité. Ainsi, dans le cas qui nous occupe, si l'Ecriture n'avait admis aucun intervalle entre la création et l'organisation de l'univers, mais si elle avait déclaré que c'étaient des actes simultanés ou immédiatement consécutifs, nous eussions peut-être éprouvé de la perplexité pour concilier ses assertions avec les découvertes modernes. Mais lorsqu'au lieu de cela elle laisse un intervalle indéterminé entre les deux, et que même elle nous enseigne qu'il y a eu un état de confusion et de conflit, de vide et de ténèbres, et qu'elle montre l'absence d'un bassin convenable pour la mer, qui ainsi couvrait d'abord une partie de la terre, puis l'autre; nous pouvons dire véritablement que le géologue lit dans ce peu de lignes l'histoire de la terre, telle que ses monuments l'ont établie. Cette histoire, la voici : Une série d'éruptions, d'élévations et de déchirements ; des irruptions soudaines de l'élément indompté, emportant dans la tombe des générations successives d'animaux amphibies; un abaissement subit des eaux, calme, mais inattendu, saisissant dans leurs divers lits des myriades d'habitants aquatiques [1]; des alternatives de terre et de mer, et de lacs d'eau douce; une atmosphère obscurcie par d'épaisses vapeurs d'acide carbonique, qui, absorbées graduellement par les eaux, produisirent ces masses si fort étendues des formations calcaires, jusqu'à ce qu'enfin arriva la dernière révolution préparatoire pour notre création, quand la terre alors suffisamment préparée pour cette admirable diversité que Dieu voulait lui accorder, ou pour produire ces points d'arrêt,

[1] Voyez ce point traité d'une très-belle manière par De la Bèche, Researches into theoretical Geology. Lond. 1834, ch. XII, p. 242.

ces barrières que ses conseils prévoyants avaient déterminé, l'œuvre de ruine fut suspendue, jusqu'au jour d'un plus grand désastre; et la terre demeura dans cet état d'inertie et de mort dont elle fut délivrée par la reproduction de la lumière et l'œuvre subséquente des six jours de la création.

Mais nous pouvons bien dire, je pense, que même sur ce premier point de notre investigation géologique, la science est allée plus loin que je n'ai indiqué. Car je pense que nous sommes en bonne voie pour découvrir dans les causes qui ont produit la forme présente de la terre, et en même temps ont fait approcher de plus près de la méthode progressive, manifestée dans l'ordre connu des œuvres de Dieu, une si belle simplicité d'action, qu'elle confirme, si on peut employer cette expression, tout ce que le Seigneur a exposé dans sa parole sacrée.

Car, lorsque j'ai parlé de révolutions successives, de destructions et de reproductions, je n'ai pas entendu une simple série de changements sans liaison entre eux, mais au contraire l'action constante d'une cause unique, produisant les plus complètes variations, suivant des lois établies. Et ceci, je puis le dire, est ce que la géologie moderne tend à démontrer. J'ai précédemment touché en passant le sujet de la chaleur centrale, ou l'existence dans l'intérieur de la terre d'un principe de cet ordre; soit qu'il provienne de l'état primitif du globe ou de quelque autre source, peu importe. La plupart d'entre vous, à qui les scènes d'action volcaniques sont familières, savent que cette chaleur centrale n'a plus assez d'intensité pour effectuer de violentes révolutions sur notre globe; son action actuelle peut être grande, comparée à des contrées particulières; mais elle est très-faible, si on la compare aux efforts primitifs. De nos jours des îles ont été formées et englouties ensuite, des collines se sont soulevées, les cônes des montagnes ont été rompus et renversés; la mer a changé ses limites, et des champs fertiles ont été convertis en lieux de stérilité et de désolation. Supposons que cette force agisse sur une échelle gigantesque, non plus sur un district, mais sur le monde entier, faisant éruption tantôt d'un côté et tantôt d'un autre; d'effrayantes convulsions ont dû en être l'effet; les fractures ont dû être bien plus épouvantables, et des montagnes ont été soulevées au lieu de collines, de la même manière que le Monte-Rosso que l'Etna a fait élever en 1669, et la mer peut avoir envahi des pays entiers au lieu de quelques portions de côtes.

Les observations des géologues sont assez nombreuses pour prouver l'action de quelque force semblable de la manière que je l'ai décrite. Léopold de Buch a le premier prouvé que les montagnes, au lieu d'être les portions les plus immuables et les plus solides de la structure du globe, et existant antérieurement aux matériaux qui reposent sur leurs flancs, les ont au contraire traversés en s'élevant, poussées par l'action d'une force venant d'en bas. M. Elie de Beaumont a généralisé l'observation à un tel degré, qu'on peut le considérer comme le fondateur de la théorie. Vous en comprendrez facilement une simple démonstration. Si les diverses couches placées sur le flanc d'une montagne, et qui sont nécessairement le résultat de précipitations d'une solution aqueuse, au lieu de reposer horizontalement, comme de pareilles précipitations doivent se faire, et conséquemment coupant les côtés de la montagne par un angle, comme dans la figure (*a* étant la section de la montagne, et *bb* les couches environnantes),

se trouvaient au contraire placées parallèlement à ces mêmes côtés, de cette manière :

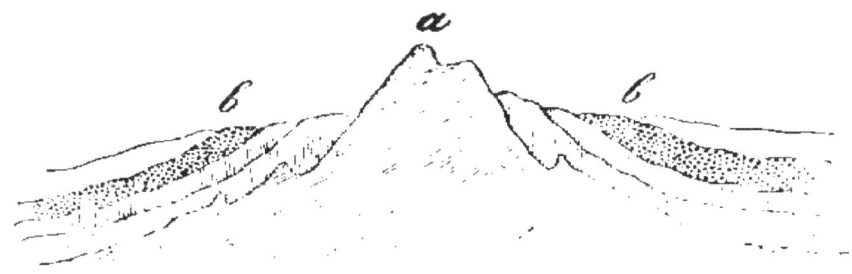

12.

il est évident que la montagne doit avoir été poussée de bas en haut à travers les couches déjà déposées. M. de Beaumont, en comparant les diverses couches ainsi perforées en quelque sorte par chaque chaîne de montagnes, avec celles qui reposent dans l'ordre horizontal, comme si elles avaient été précipitées après l'immersion de la montagne, essaie de déterminer, dans la série des révolutions des premiers temps, la période où chacune de ces montagnes fut soulevée. Chaque *système de montagnes*, comme il les appelle, a produit ou accompagné quelque grande catastrophe, qui, jusqu'à un certain degré, a détruit l'ordre existant alors [1]. Ce système des géologues français a été confirmé et adopté par les hommes de science de notre pays. Le professeur Sedgwick et M. Murchison remarquent, sur les phénomènes qu'on observe dans l'île d'Arran, qu'il semble prouvé que les grandes dislocations des couches secondaires ont été produites par le soulèvement du granit, dans lequel cas les forces soulevantes doivent avoir agi quelque temps après la précipitation et la consolidation du nouveau grès rouge [2]. Mais De la Bèche est clairement d'opinion que ces soulèvements successifs qui indiquent les convulsions qui ont troublé l'action tranquille des dépôts de sédiment peuvent être encore simplifiés en les rapportant à une seule cause, qui est la force d'une grande chaleur centrale, rompant diversement la croûte de la terre, soit par le progrès de la réfrigération, comme il le suppose [3], ou par l'action volcanique, comme l'imagine l'auteur de la théorie.

Or, il me semble que cette théorie, par son admirable unité de cause et d'action, est dans une parfaite harmonie avec tout ce que nous connaissons des méthodes mises en usage par la divine Providence, qui établit une loi, puis la laisse agir; tellement que

[1] Revue française, mai 1830, p. 55. Voyez aussi ses communications manuscrites à De la Bèche, dans son Manuel, p. 481 et suiv. Carlo Gemmelaro nous informe qu'au congrès scientifique de Stuttgard, en 1834, il lut une note pour proposer une modification à cette théorie, en restreignant le soulèvement des chaînes à de petits espaces. Relazione sul di lui viaggio a Stuttgard; Cataniæ 1835, p. 12.

[2] Geolog. transactions, vol. III, p. 34.

[3] Researches, p. 39.

le boursoufflement d'une chaîne de montagnes est l'effet, en temps prescrit, de causes constantes dans leur loi, quoique irrégulières dans leur action ; exactement de la même manière que la germination nouvelle est la conséquence annuelle de la même action de la chaleur sur la plante. Mais cette théorie semble en outre s'accorder de la manière la plus précise avec l'exposition expresse ou les explications des phénomènes de la création, telles qu'elles sont contenues dans les livres saints. D'après ces livres, nous apprenons que, pour renfermer l'Océan dans son lit, « *les montagnes s'élèvent* et les vallées s'abaissent dans le lieu que Dieu leur a destiné ; il les a placées comme une barrière qu'elles (les eaux) ne franchiront pas, et elles ne reviendront pas pour couvrir la terre [1]. » Il est parlé encore de la formation des montagnes comme distincte de celle de la terre : « Avant que les montagnes fussent produites ou que la terre fût née. [2]. » Un autre passage remarquable semble décrire graphiquement les effets de ce principe dévorant : « Le feu sera allumé dans ma colère, et il brûlera jusqu'au plus bas de l'abîme (le fond de l'enfer) ; il dévorera la terre et tout ce qu'elle produit, et consumera les fondements des montagnes [3]. » Dans cette description, comme dans la plupart de celles qui exaltent soit la gloire, la puissance, la magnificence ou la justice de l'Etre-Suprême, les figures sont probablement tirées de ses œuvres réelles, comme l'évêque Lowth l'a amplement démontré.

Mais les découvertes des géologues modernes ont aussi, comme je l'ai déjà fait entendre, établi une série progressive dans la production de différentes races d'animaux, qui se trouve évidemment en accord avec le plan manifesté dans les six jours de la création. Et, en vérité, ce rapprochement entre la géologie et la création a paru tellement frappant à quelques personnes, qu'elles ont abandonné la méthode que j'ai employée pour concilier le récit des livres saints avec la science moderne, et elles ont soutenu que l'harmonie entre les faits et la description inspirée est beaucoup plus parfaite que je ne l'ai assuré. Si vous n'admettez pas leur hypothèse, vous aurez au moins l'occasion de voir que « la géologie

[1] Ps. civ, 8, 9.
[2] Ps. xc, 2.
[3] Deutér. xxxi, 22.

étrangère » n'a aucun désir de détruire ou de contester la narration de Moïse.

Le docteur Buckland observe avec vérité que de savants hommes,
d'après des bases tout-à-fait distinctes de la géologie, ont soutenu
que les jours de la création signifiaient de longues périodes indéfinies [1]. Sur la vraisemblance de cette supposition, je n'ai rien à
dire ; philologiquement ou critiquement parlant, je n'aperçois
aucune objection à faire ; mais je ne la crois pas absolument nécessaire. Cependant, en admettant cette hypothèse, que tout ce que
la science moderne exige lui est accordé dans l'espace intermédiaire entre la création et l'organisation actuelle de la terre, toujours est-il que quelque période plus longue qu'un jour pourrait
être nécessaire, si nous supposons que les lois de la nature ont
été abandonnées à leur cours ordinaire ; car alors il aurait fallu
un plus long intervalle, pour que les plantes aient pu se couvrir
de fleurs et de fruits, et croître jusqu'à leur parfait développement, lorsque l'homme a été placé au milieu d'elles. Mais il a pu
plaire à Dieu de les faire paraître tout-à-coup, dès le premier
instant de leur naissance, dans toute leur grandeur et leur
beauté.

Cuvier a remarqué le premier que, dans les animaux fossiles du
monde primitif, il y a un développement graduel d'organisation,
tellement que les strates les plus inférieurs contiennent les animaux les plus imparfaits, mollusques et testacés ; puis ensuite
viennent les crocodiles, les sauriens et les poissons ; et les derniers de tous, les quadrupèdes, commençant par les espèces
éteintes dont j'ai parlé [2]. M. Lyell, peut-être justement, nie
l'exactitude de la conséquence que l'on a souvent tirée de ce résultat, « qu'il y a un développement progressif de la vie organique depuis les formes les plus simples jusqu'aux plus compliquées [3] ; » d'autant plus que la découverte d'un poisson ou des
ossements d'un saurien parmi les coquilles suffit pour déranger
l'échelle. Mais cette observation ne blesse en rien ce que je vais
vous exposer, puisque chaque examen subséquent tend à confir-

[1] Vindiciæ geologicæ. Oxford 1820, p. 32.
[2] Discours préliminaire, p. 68.
[3] Principes de Géologie, vol. I, p. 145.

mer cette succession d'animaux, autant que je puis le savoir. Par exemple, dans la classification détaillée et par tableaux des fossiles organiques de Sussex, donnée par M. Mantell, nous trouvons dans les dépôts d'alluvion le cerf et autres animaux semblables ; et dans le diluvium, le cheval, le bœuf et l'éléphant ; après ceux-ci, et creusant plus bas, nous avons des poissons, des coquilles, et dans quelques formations, des tortues et les différents sauriens que j'ai déjà décrits. Les ossements de ce qu'il supposait d'abord être un oiseau ont été découverts ; mais le professeur Buckland pense qu'il est plus probable qu'ils appartiennent à un ptérodactyle ou à un lézard volant [1].

Partant de ces prémisses, les auteurs auxquels j'ai fait allusion supposent que les jours de la création indiquent de plus longues périodes, et par conséquent indéfinies, pendant lesquelles existaient un certain nombre d'êtres animés. Et il faut observer que la disposition des fragments fossiles dans ces couches correspond exactement à l'ordre dans lequel leurs classes respectives ont été produites d'après le récit de l'Écriture. Un écrivain anonyme a publié l'année dernière une table comparative de cette conformité, suivant d'un côté l'excellent ouvrage de Humboldt sur la superposition des roches, et de l'autre, la succession admise des fossiles organiques. Dans les roches les plus basses, primitives, ou, comme on les appelle avec plus de raison, roches non stratifiées, aussi bien que dans les parties les plus basses des stratifiées, nous ne trouvons aucune trace quelconque de vie végétale ou animale ; ensuite nous trouvons des plantes mêlées aux poissons, mais plus spécialement avec des coquilles et des mollusques, comme dans le groupe de la *grauwacke*, indiquant ainsi que la mer fut la première où la vie se manifesta lorsqu'elle produisit ses habitants ; la très-grande abondance des classes inférieures, telles que *les coquilles, les mollusques*, etc., semble indiquer leur existence comme ayant été antérieure à celle des animaux plus parfaits vivant dans le même élément. Viennent ensuite les reptiles et ces monstrueux animaux rampants déjà décrits, et qui communiquent avec les habitants de l'air par le lézard-volant ; et ils sont avec

[1] Geolog. transact., vol. III, p. 200, 216. Comparez Buckland, p. 220.

raison classés par l'écrivain sacré parmi les productions marines. Puis enfin la terre engendre aussi la vie, et en conséquence nous trouvons dans leur ordre les quadrupèdes, mais d'espèces cependant qui pour la plupart n'existent plus. On les trouve seulement dans les dernières couches supérieures à celles où reposent les plus grands reptiles marins, telle que la formation d'eau douce dans le bassin de Paris. Puis enfin viennent les lits de terrains meubles dans lesquels, comme je vous le ferai voir plus au long dans notre prochain discours, existent les squelettes des genres qui maintenant habitent la terre. On trouve dans chaque classe de ces fossiles des marques suffisantes pour prouver qu'elles ont été privées de l'existence par quelque grande catastrophe [1].

Cette hypothèse, et la tentative de mettre d'accord l'historien des premiers temps avec le philosophe moderne, peut paraître manquer de la précision requise pour établir un parallélisme aussi circonstancié. Quoi qu'il en soit, cela servira à justifier les amis de cette science du reproche d'être indifférents sur le rapport que leurs résultats peuvent avoir avec des autorités plus sacrées. Et j'ajouterai que plusieurs écrivains, parmi ceux du continent, sont loin de dédaigner les vérités de la Bible ; au contraire, ils expriment une profonde vénération pour ce livre et leur admiration pour l'esprit qui l'a dicté, en voyant comment leurs recherches scientifiques paraissent en confirmer le contenu.

« Nous ne pouvons trop remarquer, dit Demerson, cet ordre admirable parfaitement d'accord avec les plus saines notions qui forment la base de la géologie positive. Quel hommage ne devons-nous pas à l'historien inspiré [2] ! » — « Ici, s'écrie Boubée, se présente une considération dont il serait difficile de ne pas être frappé ; puisqu'un livre écrit à une époque où les sciences naturelles étaient si peu éclairées renferme cependant en quelques lignes le sommaire des conséquences les plus remarquables, auxquelles il ne pouvait être possible d'arriver qu'après les immenses progrès amenés dans la science par le dix-huitième et le dix-neuvième siècles ; puisque ces conclusions se trouvent en rapport avec

---

[1] Annales de philosoph. chrét. Aug. 1834, p. 132.

[2] La Géologie enseignée en vingt-deux leçons, ou Histoire naturelle du globe terrestre. Paris 1829, p. 408-471.

les faits qui n'étaient ni connus, ni même soupçonnés à cette époque, qui ne l'avaient jamais été jusqu'à nos jours, et que les philosophes de tous les temps ont toujours considérés contradictoirement et sous des points de vue toujours erronés ; puisqu'enfin ce livre, si supérieur à son siècle sous le rapport de la science, lui est également supérieur sous le rapport de la morale et de la philosophie naturelle, on est obligé d'admettre qu'il y a dans ce livre quelque chose de supérieur à l'homme, quelque chose qu'il ne voit pas, qu'il ne conçoit pas, mais qui le presse irrésistiblement [1]. »

. Les deux ouvrages que je cite sont d'un caractère élémentaire et populaire, écrits avec l'intention d'instruire la jeunesse et les personnes peu instruites, en leur faisant connaître les premiers éléments de la science ; et c'est à cause de cela que je les cite plus volontiers, parce qu'ils servent à faire voir que la tendance de cette étude, sur le continent, loin d'être vers l'incrédulité, est plutôt dirigée vers la confirmation et même la démonstration du christianisme ; et que les géologues étrangers, au lieu d'apprendre à leurs élèves à mépriser les livres sacrés, comme inconciliables avec leurs nouvelles recherches, s'efforcent au contraire de réunir de nouveaux motifs de respect et d'admiration dans les résultats de leurs découvertes. Aux noms déjà cités j'en puis ajouter d'autres, comme d'Aubusson, Chaubard, Bertrand, dont l'ouvrage récemment traduit en anglais a eu six ou sept éditions en France ; et Margerin, qui, dans l'esquisse de son cours, inséré dans le programme de l'Université catholique, s'est montré éminemment chrétien.

Ces observations sont doublement satisfaisantes quand nous considérons le pays qui les voit naître, lequel pendant de longues années a fourni à l'Europe des matériaux informes présentés à des esprits irréfléchis comme des objections contre la religion. Mais à ceux qui connaissent l'esprit meilleur qui fermente maintenant dans le sang ardent de plusieurs de ces jeunes gens, qui éprouvent l'énergie du vrai patriotisme et le saint désir d'effacer cette tache de l'écusson de leur pays, et de l'élever autant par la nouvelle gloire qu'il répandra sur la cause de la religion, qu'il avait en-

[1] Geolog. populaire. Paris 1833, p. 66.

couru de blâme lorsqu'il en était l'ennemi ; à ceux qui connaissent la ligue sacrée existant tacitement entre plusieurs pour dévouer leur savoir et leurs facultés à la défense, à l'illustration et au triomphe de la religion, guidés avec sûreté par l'Eglise à laquelle ils obéissent ; à ceux qui ont connaissance de ces faits, les autorités que j'ai citées ne sont que de légères manifestations d'un sentiment très-répandu, des feuilles isolées qui s'élèvent à la surface des eaux pour indiquer la riche et abondante moisson cachée dans leurs profondeurs.

Et sûrement il doit être agréable de voir ainsi une science classée d'abord, et peut-être avec justice, parmi les plus pernicieuses pour la foi, devenir encore une fois un de ses appuis ; de la voir maintenant, après tant d'années employées à courir de théorie en théorie ou plutôt de vision en vision, revenir de nouveau au lieu où elle prit naissance et à l'autel où elle avait présenté ses premières et simples offrandes ; elle n'est plus, comme lorsqu'elle s'éloigna d'abord, une enfant obstinée, toujours rêvant et dénuée de tout ; mais elle revient avec la dignité d'une matrone et une démarche sacerdotale, le sein rempli de dons bien acquis, pour les déposer sur le foyer sacré. Car c'est la religion qui, comme vous l'avez vu au commencement de ce discours, a donné naissance à la géologie, elle est revenue de niveau au sanctuaire ; et de quelle manière, c'est ce que nous exposerons dans le prochain discours.

SIXIÈME DISCOURS.

SUR LES SCIENCES NATURELLES.

———•—•———

SECONDE PARTIE.

Si en voyage nous parcourons avec quelque rapidité une route unie et agréable, les objets qui nous entourent de plus près sembleront aller dans une direction contraire à la nôtre, et se mouvoir du côté opposé à celui où nous allons. Et ces objets sont la plupart des ouvrages de la main de l'homme, peut-être les haies vives qu'il a plantées, ou les chaumières et les maisons qu'il a bâties. Mais si nous portons la vue plus loin, et que nous fixions nos regards sur les œuvres de la nature, sur les montagnes énormes qui ceignent l'horizon, ou sur les nuages majestueux qui nagent dans l'océan du ciel, nous verrons qu'ils voyagent avec nous, dans notre direction, et que leur course tend en avant, de même que la nôtre. Et il en est ainsi, il me semble, dans notre pèlerinage à la recherche de la vérité. Les hommes nous ont circonvenus avec les plantations de leurs propres mains, ou avec les conceptions de leur intelligence; et si nous les examinons à mesure que nous avançons, nous semblerons en quelque sorte en opposition et en contradiction avec les réalités des choses. Mais élevons nos regards au-dessus et au-delà de ces créations nouvelles et mortelles, contemplons et interrogeons la nature elle-même dans ses ouvrages

15

primitifs et permanents, nous trouverons par leur moyen qu'elle suit la même route que nous, et se dirige vers l'objet de nos désirs. Assurément la science de la géologie nous a déjà donné quelques preuves qu'aussi longtemps que les hommes amoncelèrent les systèmes, ils furent un obstacle pour ceux qui auraient volontiers avancé vers la découverte des vérités sacrées; mais que lorsque les phénomènes de la nature furent sincèrement interrogés et exposés avec simplicité, ils conduisirent manifestement vers les conclusions désirées. Mais arrivant maintenant au second point que j'ai indiqué auparavant, et qui suppose un contact entre les recherches sacrées et profanes, je veux dire le déluge, j'espère que vous trouverez l'utilité de cette science plus clairement démontrée. Il est évident que si quelques traces des premiers événements peuvent se découvrir sur la terre, il faut nécessairement que la dernière catastrophe qui s'est passée à sa surface ait laissé les marques les plus claires de ses ravages. Le peu de durée du déluge et la nature convulsive de son action destructive n'a pas donné assez de temps pour la lente opération des dépôts successifs, mais doit au contraire avoir laissé des traces d'une puissance de destruction plutôt que de formation; de dislocation, de dérangement, de transport et d'une tendance à excaver et à sillonner plutôt qu'à être un agent d'aggrégation et d'assimilation. Nous devrions espérer pouvoir suivre la trace de son cours, comme nous suivons dans l'été celle d'un torrent d'hiver, plus facilement que nous ne découvrons le lit d'un lac desséché; par les fragments qu'un pareil courant a arrachés de ses rives, par l'action corrosive qu'il exerçait sur les flancs des montagnes, par l'accumulation des matériaux désaggrégés, sur les points où ses tourbillons, ses tournoiements étaient le plus forts, peut-être par des dépouilles plus précieuses, par les fragments de plantes et d'animaux, qu'en franchissant ses limites ordinaires il a entraînés de leur place naturelle dans le gouffre de ses eaux. L'universalité de son action aurait produit une telle uniformité dans ses effets, qu'on les retrouve identiques dans des points séparés l'un de l'autre par des distances considérables; tellement que le *torrent-Océan*, se précipitant par l'ouverture des écluses de l'abîme, aurait laissé la marque de ses ravages dans la même direction sur le continent de l'Amérique et sur celui de l'Europe. Il doit être sans contredit très-difficile de fixer l'époque d'un pareil fléau sur des contrées que plusieurs siècles de végétation ont recouvertes du produit annuel de décomposition; que la main de l'homme a labourées ou travaillées de toutes manières; que l'action corrosive ou destructive du temps a aplanies et déguisées, et qu'une série de catastrophes locales ont de temps en temps matériellement dérangées. Cependant, malgré toutes ces causes d'altération, il peut y avoir des signes indicatifs de temps, soit dans l'état des ruines laissées par la dernière dévastation, soit dans les effets de forces progressives qui ne peuvent dater que de ce moment-là, et qui, au moins, suffiraient pour guider dans un calcul approximatif de l'époque de ces événements.

En examinant quelle lumière la géologie moderne a répandue sur ces trois points, l'existence, l'unité et la date d'un déluge, ou dévastation de notre globe par l'eau, je prendrai principalement pour texte le sommaire donné en peu de lignes par le docteur Buckland pour la conclusion de ses *Vindiciæ geologicæ*, et ensuite répété dans ses *Reliquiæ diluvianæ* [1]. Dans le fait, c'est cet ouvrage que j'aurai particulièrement en vue dans l'exposition abrégée que je vais essayer de vous faire, de ce que la géologie moderne a décidé relativement aux témoignages physiques de cette catastrophe.

Le premier phénomène qui, on peut le dire, a été attentivement observé et proposé comme preuve d'une inondation soudaine et complète, comme le suppose un déluge, est ce qu'on connaît dans les ouvrages modernes sous le nom de *vallées de dénudation*. Catcott, dans son ouvrage sur le déluge, fut le premier à en parler; mais on les a examinées depuis avec plus d'attention et d'exactitude. On entend par ce nom des vallées creusées entre des collines, dont les couches se correspondent exactement, tellement que la vallée a été évidemment excavée dans leur masse. Pour exprimer ceci par un exemple familier : si vous découvriez parmi les ruines de cette ville des fragments de murailles, revenant par intervalles, situées sur la même ligne; et si, par un examen plus attentif, vous vous assuriez que les différentes portions furent bâties avec les mêmes matériaux, précisément dans le même ordre, tel que, par exemple, des rangées de briques, de travertin et de

---

[1] Vindiciæ, p. 36. Reliquiæ, p. 226. Lond. 1823.

tufs calcaires, se succédant l'une à l'autre à intervalles égaux dans toute l'étendue et avec des dimensions correspondantes, assurément vous conclueriez que les différents fragments ont originairement formé une muraille continue, et que les brêches qu'on y remarque sont le résultat de la violence ou du temps. Précisément le même raisonnement nous fera conclure que les vallées qui ont manifestement coupé les collines en deux ont été excavées par une force capable de produire un pareil effet. Le docteur Buckland a examiné ce phénomène avec fruit sur la côte de Devon et de Dorset, dont il a donné des planches explicatives. D'après ces planches, et aussi d'après sa description, il paraît que la côte entière est coupée par des vallées s'ouvrant sur la mer et qui divisent les couches des collines de manière à ce qu'on reconnaît leur correspondance parfaite. Sur les côtés de ces vallées on voit des accumulations de gravier, déposées évidemment sur les pentes des collines et au bas de la gorge par la force qui a creusé l'excavation. Ce ne peut avoir été aucun agent opérant actuellement, car aucune rivière ne coule dans la plupart de ces vallées, et dans le gravier déposé on trouve des restes d'animaux, tels qu'une inondation soudaine aurait pu les détruire dans l'ordre actuel de la création [1]. Des exemples semblables pourraient être produits d'après les travaux d'autres géologues.

Je puis rapporter à cette classe de preuves un autre fait singulier qu'il semble qu'on peut attribuer à l'action dévastatrice des eaux sur les flancs des montagnes. Je veux parler de ces énormes masses de granite ou d'autres roches dures, qui semblent détachées et comme isolées des montagnes voisines. Le mont Cervin, dans le Valais, présente une pyramide de 5,000 pieds d'élévation sur les plus hautes Alpes. Saussure en parle ainsi : « Quelque partisan zélé que je sois de la cristallisation, il m'est impossible de croire qu'un semblable obélisque soit sorti directement sous cette forme des mains de la nature : la matière qui l'entourait a été brisée, enlevée, et on ne voit, dans les environs, rien que d'autres aiguilles, qui, comme celle-ci, s'élèvent du sol d'une manière abrupte, et aussi comme elle ont les côtés dénudés par une action violente. » A Greffenstein, en Saxe, on trouve un nombre

[1] Reliquiæ, p. 247. Geolog. transact. Vol. 1, p. 96.

considérable de prismes granitiques, s'élevant sur une plaine à la hauteur de 100 pieds et au-dessus. Chacun de ces prismes est à son tour divisé par des fissures horizontales et autant de blocs, et ils font naître l'idée d'une grande masse de granite dont les parties les plus tendres ont été violemment arrachées [1].

Une autre classe de phénomènes qui présente des résultats analogues peut se comprendre avec raison dans le groupe que De la Bèche appelle *groupe des blocs erratiques*. Le docteur Buckland avait proposé avant une distinction entre les terrains *d'alluvion* et de *diluvium* : il entendait par les premiers ces dépôts que les marées, les rivières, ou d'autres causes existantes forment par leur action ordinaire ; et par le *diluvium*, ceux qui semblent dus à l'action d'une cause plus puissante que celles qui sont maintenant en activité, telle qu'une vaste et soudaine inondation. Les parties constituantes de cette classe peuvent se réduire à deux : d'abord les dépôts de sable ou de gravier où l'eau n'agit pas maintenant, et ne pourrait pas avoir facilement agi dans l'ordre actuel des choses ; et secondement, ces plus grandes masses variant depuis quelques pouces de diamètre jusqu'au poids de plusieurs tonneaux, et qui sont connues sous le nom technique de *cailloux roulés* (en anglais *boulder stones*). Quand ils sont de petite dimension, ils sont généralement mêlés au gravier ; mais souvent ils surprennent par leurs masses énormes, et se trouvent seuls isolés sur le flanc d'une montagne, de manière à vérifier la belle description du poète :

> As a huge stone is sometimes seen to lie
> Couched on the bald top of an eminence,
> Wonder to all who do the same espy,
> By what means it could hither come, or whence;
> So that it seems a thing indued with sense,
> Like a sea-beast crawled forth, that on a shelf
> Of rock or sand reposeth, there to sun itself [2].
>
> WORDSWORTH.

---

[1] Saussure, Voyage dans les Alpes, t. IV, p. 414. Ure, New system of Geology. Lond. 1829, p. 370.

[2] Comme on voit quelquefois une énorme pierre couchée sur le som-

De la Bêche a donné une attention particulière aux circonstances dans lesquelles les dépôts de gravier se trouvent, et il montre qu'elles sont incompatibles avec la théorie que des causes actuelles puissent les produire. Ainsi, nous trouvons souvent que des strates ont été rompus et ont formé ce que l'on appelle une *faille*, sur laquelle le gravier transporté repose en dépôt tranquille et non brouillé, faisant ainsi voir qu'il a été déposé là par une action différente de celle qui a causé la fracture des couches. De même, chaque fois qu'il a été possible d'examiner le terrain sous ces dépôts, on trouve que les roches, quelque dures qu'elles soient, ont été creusées en sillons, comme si un immense courant entraînant des masses pesantes avait passé sur leur surface. Il raisonne ainsi sur ces faits : « Nos limites ne nous permettent pas de plus grands détails qui exigeraient des cartes nécessaires, mais appuieraient l'hypothèse que des masses d'eau ont passé sur la terre. Nous renfermant dans l'examen d'un seul district, on remarquera que les dislocations sont beaucoup plus considérables, et les *failles* produites évidemment par une seule fracture beaucoup plus étendues que ne pourraient le faire les tremblements de terre modernes. Il n'est donc pas anti-philosophique d'inférer qu'une plus grande force, rompant et faisant vibrer les roches, aurait imprimé un mouvement plus violent à une grande masse et que les vagues lancées sur la terre, ou agissant sur le fond des mers, auraient eu une élévation et une puissance de détruire et d'enlever proportionnées à la force perturbatrice employée.

« Il s'élève ensuite une autre question : Existe-t-il d'autres marques que des masses d'eau aient passé sur la terre? A ceci on peut répondre que les formes des vallées sont arrondies et adoucies d'une manière que n'aurait pu produire aucune complication de causes météoriques, que l'on pourrait imaginer; que de nombreuses vallées se trouvent dans la ligne des *failles*, et que le

met aride d'une éminence, tous ceux qui l'aperçoivent s'émerveillent comment elle a pu arriver là, et d'où; tellement qu'elle paraît comme une chose douée de sens, un animal marin qui s'est traîné hors de l'eau, qui, sur une corniche de pierre ou de sable, se repose pour recevoir le soleil.

détritus est dispersé d'une façon à ne pouvoir être expliquée par l'action actuelle des eaux purement atmosphériques [1]. »

Le docteur Buckland a suivi avec beaucoup de soin la trace des cailloux quartzeux, depuis le Warwickshire et l'Oxfordshire, jusqu'à Londres, de manière à ne laisser aucun doute qu'ils ont été entraînés par une violente irruption des eaux, dans la direction du nord au sud. Car lorsque nous les rencontrons pour la première fois dans le voisinage de Birmingham et de Lichfield, ils forment des lits énormes subordonnés au grès rouge. De là ils ont été balayés en descendant principalement le long des vallées de l'Evenlode et de la Tamise, mêlés avec des fragments de roches qu'on trouve dans le Yorkshire et le Lincolnshire, mais nulle part in situ près des lieux où les cailloux se trouvent maintenant. La quantité diminue à mesure que l'on s'éloigne du lit originaire, tellement que dans les sablonnières de Hyde-Parc et de Kensington, ils sont moins abondants qu'à Oxford. Mais ces cailloux roulés se trouvant aussi sur les hauteurs qui bordent les vallées, il semblerait qu'on en peut naturellement conclure que la cause qui les a amenés là est la même qui a excavé les vallées; bien que suivant la supposition du savant professeur, c'est dans la retraite des eaux plutôt que dans leur premier influx que cela a eu lieu. Une seule action, qui suffit ainsi pour produire tous les effets, donne certainement une base très-solide à l'hypothèse de ce savant [2].

De la Bèche a trouvé au sommet de la colline du grand Haldon, élevé d'environ 800 pieds au-dessus du niveau de la mer, des fragments de roches qui doivent être provenus des niveaux inférieurs. « J'ai trouvé là, dit-il, des monceaux de porphyre rouge quartzifère, de grès rouge compacte, et de roche siliceuse, compacte aussi, qui ne sont pas rares dans la Grauwacke du voisinage, où toutes ces roches se trouvent à des niveaux plus bas que le sommet du Haldon, et où certainement ils ne peuvent pas avoir été charriés par les pluies ou les rivières, à moins de supposer que ces dernières ne remontent les collines. » Le docteur Buckland a recueilli

---

[1] Page 184. Dans la première édition, le savant auteur est plus explicite, car il emploie le mot *déluge* dans le commencement du second paragraphe, où on lit maintenant *des masses d'eau*.

[2] Reliquiæ, p. 249.

dans le comté de Durham, à peu de milles de Darlington, des
cailloux de plus de vingt variétés de serpentine et de schiste, qu'on
ne trouve nulle part plus près que dans le district des lacs de
Cumberland; et un bloc de granite ne peut pas être venu d'aucun
lieu plus près que Shap près de Penrith. De semblables blocs se
trouvent aussi sur la plaine élevée de Sedgfield, dans le sud-est
de Durham. Le point le plus rapproché d'où ces blocs et ces cailloux peuvent provenir est le district des lacs de Cumberland, dont
ils sont séparés par les hauteurs de Stainmoor; et si l'on trouve
trop de difficulté à supposer qu'ils soient venus de là, on n'a
que le choix de leur donner une origine norwégienne, et d'admettre qu'ils ont été transportés à travers la mer actuelle. M. Conybeare a remarqué qu'il ne serait pas difficile de recueillir une
série géologique presque complète des roches de l'Angleterre, dans
le voisinage de Marhet-Harborough, ou dans la vallée de Ships-
ton-on-Stour, avec les fragments et les cailloux roulés que l'on
trouve dans ces endroits. Le professeur Sedgwich a observé que
les cailloux roulés qui accompagnent le détritus ou le gravier en
Cumberland, doivent venir de Dumfriesshire et conséquemment
avoir traversé le Frith ou baie de Solway. La découverte de M. Phi-
lips est encore plus frappante, savoir que le *diluvium* de Holderness contient des fragments de roches non-seulement de Durham,
Cumberland et du nord du Yorkshire, mais même de la Norwège;
et de semblables fragments de roches norwégiennes existent, dit-
on, dans les îles Shetland. Le même écrivain nous expose un
singulier phénomène de la même espèce. Dans la vallée de Warl,
le substratum de schiste est couvert par une couche calcaire, au
sommet de laquelle, à une hauteur de 50 ou de 100 pieds, nous
trouvons d'énormes blocs de schistes, transportés en grande abondance; et plus loin sur les falaises à une élévation de 150 pieds,
les blocs sont encore plus nombreux. Ils paraissent avoir été chassés sur un point particulier par un courant vers le nord, et ensuite charriés sur la surface du calcaire[1]. » Tellement que nous
avons un dépôt évident de calcaire sur du schiste, et ensuite une
translation violente de blocs de cette même roche sur la surface du
dépôt.

[1] Geol. transact. Vol. III, p. 13.

On observe sur le continent précisément les mêmes apparences. En Suède et en Russie, on trouve de grands blocs que tout annonce avoir été transportés du nord au sud ; le comte Rasoumowsky remarque que ceux qu'on voit entre Saint-Pétesbourg et Moscou viennent de Scandinavie et sont disposés en ligne du nord-est au sud-ouest. Les blocs erratiques, depuis la Dwina jusqu'au Niémen, sont attribués, par le professeur Pusch, à la Finlande, au lac Onéga et à l'Esthonie ; ceux de la Prusse orientale et de partie de la Pologne appartiennent à trois variétés, qui toutes se trouvent dans les environs d'Abo en Finlande. En Amérique, il en est de même ; le docteur Bigsby, décrivant l'aspect géologique du lac Huron, remarque que « les rives et le lit du lac Huron paraissent avoir été soumis à l'action d'une irruption violente des eaux et de matières flottantes venant du nord. L'existence de ce flot impétueux est prouvée non-seulement par l'état d'érosion de la surface sur la grande terre du nord et les îles éparses de la chaîne manitouline, mais par les immenses dépôts de sable et les masses de roches roulées que l'on trouve en monceaux sur chaque plateau, tant sur le continent que dans les îles ; puisque ces fragments sont presque exclusivement primitifs, et sont dans plusieurs cas identiques avec les roches primitives, *in situ*, sur la côte septentrionale ; et comme, en outre, le pays au sud et à l'ouest est de formation secondaire jusqu'à une grande distance, la direction de ce grand courant du nord au sud paraît bien attestée [1]. »

Il est juste, cependant, de noter l'hypothèse soutenue avec tant d'esprit et de savoir par quelques géologues modernes très-habiles, que tous ces phénomènes peuvent s'expliquer par des causes actuellement agissantes. Fuchsel fut le premier qui présenta cette assertion, que l'on peut dire avoir plus tard formé la base de la théorie de Hutton. Celle-ci, comme plusieurs autres sectes philosophiques, doit sa célébrité plus aux disciples qu'au fondateur ; et Playfair et Lyell ont certainement fait pour la soutenir tout ce qu'une vaste accumulation de faits intéressants et une suite de raisonnements des plus ingénieux pouvaient effectuer. Il faut reconnaître que ce dernier, en particulier, a ajouté immensément à la collection d'observations géologiques. Selon cette théorie tou-

[1] Geolog. transact. Vol. I, p. 205.

tes les vallées ont été excavées par les rivières ou les ruisseaux qui les parcourent; tout ce qui exige une force convulsive est attribué aux tremblements de terre du caractère et de l'étendue dont nous sommes encore témoins; tout transport de roches ou de gravier peut avoir été effectué par les marées, les rivières, les torrents, ou les glaces flottantes. Les auteurs que j'ai cités, et beaucoup d'autres qui sont éminents dans la science, sont naturellement opposés à cette théorie. Brongniart, par exemple, en réfute cette partie qui attribue à l'eau une assez grande force de division pour que des vallons profonds et des ravines aient été ainsi formés par l'action d'un faible courant qui aurait rongé le roc pour se faire un lit. La riche végétation des mousses sur la surface des rochers, au niveau de l'eau et même au-dessous, prouve que la roche sur laquelle elles poussent n'est pas constamment enlevée par le courant; car s'il en était ainsi, elles seraient aussi constamment entraînées avec le dur sol auquel elles s'attachent. Le Nil et l'Orénoque, malgré l'immense force que leur donne leur volume, lorsqu'ils rencontrent une barrière de rochers qui interceptent leurs cours [1], loin de l'user par leur frottement, l'enduisent seulement d'un riche vernis brun d'une nature particulière. Greenough a observé que l'action des rivières tend plutôt à remplir qu'à excaver les vallées, d'autant qu'elles élèvent plutôt leur lit, qu'elles ne se creusent des canaux plus profonds; car l'observation a prouvé, en creusant des puits sur leurs bords, que le dépôt de sédiment descend plus bas que le lit de la rivière. « L'action des rivières, continue-t-il, doit consister soit à remplir, soit à creuser, mais ne peut pas faire les deux à la fois. Si leur action consiste à excaver, elles n'ont pas formé ces lits de gravier; si c'est à remplir, elles n'ont point excavé la vallée [2]. » Le transport des graviers et des cailloux roulés à de si immenses distances et de si grandes hauteurs ne peut pas davantage s'expliquer par les causes existantes; car on a observé que même les rivières, à moins qu'elles ne soient très-fortes, ne charrient pas leurs cailloux à une grande

---

[1] Dictionn. des Sciences naturelles, vol. XIV, p. 55.

[2] Critical examination of the first principles of Geology. Lond. 1819, p. 139.

distance, puisque différentes parties de leurs cours se trouvent pavées de cailloux de diverses sortes. On a calculé que pour qu'un torrent des Alpes pût entraîner quelques-uns des blocs épars au pied de cette chaîne de montagnes, on doit lui donner une inclinaison telle que sa source se trouverait placée au-dessus de la ligne des neiges perpétuelles. Le bloc erratique appelé Pierre-à-Martin, contient 10,296 pieds cubes de granit ; un autre à Neufchatel pèse 58,000 quintaux ; à Lage, il y a un bloc de granit appelé Johannis-Stein (la Pierre de Jean), de vingt-quatre pieds de diamètre. Un énorme bloc erratique, sur la côte d'Appin, dans l'Argyleshire, en Ecosse, a été décrit par M. Maxwell ; c'est un composé granitique d'une forme irrégulière, mais ayant ses angles arrondis ; il a une circonférence verticale de quarante-deux pieds, et une horizontale de trente-huit. D'autres blocs granitiques, en grand nombre, se trouvent en différentes parties de l'Ecosse ; mais il n'y a point dans le pays de granit *in situ* d'où ils puissent provenir [1].

Avant de quitter ce sujet des blocs erratiques, je ne dois pas omettre de parler de la singulière apparence qu'ils présentent dans les Alpes ; ils ont été examinés particulièrement par Elie de Beaumont, et plus récemment par De la Bèche. Leur position est précisément celle que nous pourrions supposer que leur donnerait l'impulsion d'un immense courant d'eau se précipitant à travers les vallées et emportant avec lui des fragments des montagnes près desquelles il passe, et remplissant des cavités entières avec les ruines qu'il entraîne. Lorsqu'un escarpement ou quelque proéminence de terrain obstrue sa course, il dépose une plus grande accumulation de matériaux. Les blocs sont d'autant plus gros qu'on les trouve plus près de la place d'où ils ont pu être arrachés, tandis qu'ils diminuent de volume et sont plus usés par le frottement à mesure qu'ils s'éloignent.

Le géologue que j'ai suivi de si près dans son exposé se demande jusqu'à quel point la dispersion des blocs des Alpes peut être contemporaine du transport supposé des fragments erratiques de la Scandinavie? Il répond, après un avertissement préliminaire, « que dans les deux cas les blocs paraissent jusqu'à un

[1] Geolog. transact., vol. III, p. 488.

certain point superficiels, et ne sont recouverts par aucun dépôt qui aurait pu nous fournir quelques données relativement à leur différence d'âge, et qu'il est possible qu'une grande élévation des Alpes et la distribution des blocs des deux côtés de la chaîne puissent avoir été contemporaines, ou à peu près, d'une convulsion dans le Nord. » Dans un autre ouvrage, il amène plus amplement la distinction entre ces deux grandes distributions de blocs erratiques, celle des Alpes et celle du Nord, qu'il pense qu'on peut attribuer toutes deux à une période comparativement récente. « Quel espace de temps, dit-il, a pu séparer les deux accumulations de ces blocs, c'est ce que nous ne savons pas ; mais nous sommes certains que ces époques géologiques de l'une et de l'autre doivent être très-récentes, puisque toutes les deux reposent sur des roches qui elles-mêmes ont peu d'antiquité relative. » Ensuite il infère des phénomènes observés en Europe et en Amérique, que quelque cause ayant son origine dans les régions polaires s'est développée de manière à produire cette dispersion de matière solide, sur une certaine portion de la surface de la terre. Nous ne connaissons que l'eau en mouvement capable de produire un pareil effet [1]. Cet auteur pense que la même simple cause proposée par M. Elie de Beaumont, pour expliquer toutes les précédentes révolutions sur la surface de la terre, peut également expliquer cette dernière. Une élévation du sol sous les mers polaires chasserait l'Océan dans le sud par-dessus les continents, avec une force proportionnée à l'intensité de son action.

Ici, je dois encore une fois faire remarquer que nous avons une autre preuve que, bien loin que la tendance de plusieurs géologues du continent soit vers l'incrédulité, ils s'efforcent au contraire d'arranger leur hypothèse de telle manière que la narration de l'Ecriture puisse y trouver place, et que leur solution du grand problème géologique puisse en partie être vérifiée, parce qu'elle comprend le grand fait historique rapporté par l'historien sacré. Car Elie de Beaumont remarque, en concluant ses *Recherches* [2], que l'élévation d'une chaîne de montagnes, tandis qu'elle produit sur les pays situés dans son voisinage immédiat les violents effets

---

[1] De la Bèche, p. 194.
[2] Researches in theoretical Geology, p. 390.

qu'il a décrits, causerait dans les régions plus éloignées une violente agitation des mers et un dérangement dans leur niveau : événements comparables à l'inondation soudaine et passagère dont nous trouvons l'indication avec une date presqu'uniforme dans les archives de toutes les nations. » Il ajoute alors dans une note, « qu'en considérant cet événement historique comme étant simplement la dernière révolution sur la surface du globe, il serait porté à supposer que les Andes furent soulevées à cette époque ; et par ce soulèvement on peut expliquer tous les effets concurremment nécessaires pour produire un déluge [1]. »

J'arrive maintenant à un autre sujet également grand et beaucoup plus intéressant, que je n'aborde qu'avec hésitation, à cause des hypothèses variées et des opinions contradictoires qui s'y rattachent. Je veux parler des débris d'animaux découverts dans les différentes parties du monde et dans des circonstances extrêmement variées. J'ai fait observer précédemment que dans les couches supérieures ou plus meubles, telles que nous pouvons les supposer déposées pendant une submersion temporaire de la terre sous les eaux poussées comme un torrent violent et impétueux ; que dans ces couches, dis-je, on trouve des ossements ou des corps d'animaux appartenant la plupart des cas à des genres encore existants, quoique d'espèces, quelquefois, un peu différentes. Jugeant par analogie nous pourrions conclure qu'ils ont été déposés dans leurs situations présentes par la dernière convulsion qui a agité le globe, puisqu'il n'y a point de traces qu'ils en aient subi aucune autre ; et il semble à peine possible de douter que l'eau n'ait été l'agent employé pour les conserver d'une manière aussi remarquable.

On peut considérer ce sujet comme épuisé par le docteur Buckland, jusqu'à l'époque de la publication de son ouvrage sur les débris *diluviens* ; et les découvertes faites, depuis son livre, d'ensevelissements plus récents, semblent, sauf quelques exceptions dont je vais parler, présenter seulement des répétitions de phénomènes qu'il a observés et confirmés dans plusieurs de ses conclusions.

Les restes d'animaux découverts à la superficie peuvent se

[1] Ubi sup, et Annales des sciences naturelles, t. XIV, p. 232.

classer en trois divisions : premièrement, ceux qu'on trouve entiers, ou à peu près, dans les régions du Nord, auxquels il faut joindre ceux dont la situation semblable ne peut s'expliquer que par une hypothèse également semblable; secondement, ceux qu'on trouve dans des cavernes; troisièmement, ceux qui existent dans ce qu'on appelle *brèche osseuse*, ou mêlés de gravier ou de détritus dans les fissures des roches.

Dans la première classe nous pouvons comprendre d'abord les cadavres d'éléphants et de rhinocéros trouvés dans la glace, ou plus exactement, dans la boue gelée des latitudes septentrionales. En 1799, Schumachoff, chef tangouse, remarqua une masse informe dans la glace, sur la péninsule de Tamsel, à l'embouchure de la Lena : en 1804, elle se détacha et tomba sur le sable. Il se trouva que c'était un éléphant, si entier, que les chiens et même les hommes mangèrent de sa chair. Les défenses furent coupées et vendues, et le squelette avec un peu de poil fut transporté au Muséum impérial de Pétersbourg, où il est encore conservé. Un rhinocéros décrit par Pallas, en 1770, et découvert dans la boue glacée, sur les bords du Vituji, était aussi avec sa peau garnie de poil [1]. L'expédition du capitaine Beechey, dans le nord de l'Asie, a fait connaître beaucoup de faits pareils; car les ossements de ces deux espèces d'animaux se trouvent en nombre considérable enclavés dans du sable glacé [2]. Les animaux que l'on trouve ainsi sont considérés comme appartenant à des espèces différentes de celles qui existent aujourd'hui, principalement à cause du poil dont ils sont recouverts. Peut-être, cependant, la variété ne va pas beaucoup au-delà de ce qu'on remarque dans des animaux bien connus, lesquels, dans quelques pays, ont la peau entièrement ou presque dénudée, tandis que dans d'autres pays ils sont velus; tel est le chien, dont l'espèce glabre est bien connue. M. Fairholme a cité un passage de la notice de l'évêque Héber, qui indique que des éléphants couverts de poil existent encore aujourd'hui dans l'Inde, et il soutient que l'expérience prouve la tendance de l'éléphant à devenir velu dans des climats plus

[1] Mémoires de l'Acad. impér. de Saint-Pétersbourg, v. VII.
[2] Voyez l'essai sur ce sujet, par le professeur Buckland, à la fin de l'ouvrage du capit. Beechey.

froids. Quoi qu'il en soit, laissant ce point de côte, on ne peut
douter que ces animaux doivent avoir été surpris par quelque catastrophe soudaine ou une inondation qui les a détruits et ensevelis dans un seul et même moment. Il est tout-à-fait étranger à notre sujet de nous enquérir si ces animaux habitaient le pays où
ils se trouvent maintenant enterrés ; et, s'il en est ainsi, comment
ils pouvaient vivre dans un climat aussi froid ; ou si, d'un autre
côté, le climat n'a pas subi un changement. Il paraît, à la vérité,
très-probable qu'ils vécurent et moururent aux lieux où ils sont
maintenant gisants, au lieu d'y avoir été transportés ; et que le
climat a subi une modification telle que sa température n'est plus
convenable pour des animaux qui, auparavant, pouvaient non-
seulement le supporter, mais encore trouver dans la végétation
leur nourriture nécessaire. Ce changement aussi doit avoir été si
soudain, au moins selon toute apparence, que la décomposition
n'a pas eu lieu, et le froid doit avoir gelé les animaux presqu'aussitôt après leur mort. Comment tout ceci est-il arrivé ? La solution,
dans ce cas, est du domaine du système et de la conjecture ; mais
assurément tous ces faits se concilient très-bien avec l'idée d'un
fléau, destiné non-seulement à faire disparaître toute vie de dessus la terre, mais aussi à compléter la malédiction originelle, en
causant des modifications au climat ou aux autres agents qui in-
fluaient sur la vitalité, de manière que l'immense longévité de
l'espèce humaine pût se réduire, de la longue période de la vie
antédiluvienne, au terme plus raccourci de la vie patriarchale.

Quelles que soient les difficultés qui peuvent rester sans solution dans la classe des phénomènes que j'ai expliqués, il est évident que loin d'être en opposition avec le caractère de la dernière
grande révolution, ils paraissent au contraire bien plus explica-
bles, en l'admettant, que par une autre hypothèse. Et, à ce sujet, Pallas avoue que « jusqu'à ce qu'il eût exploré ces parties et
qu'il eût vu des mouvements aussi étonnants, il n'avait jamais
été persuadé de la vérité du déluge [1].

La seconde classe, comprenant les ossements des animaux conservés dans les cavernes, possède un plus haut degré d'intérêt
que la première. J'excéderais de beaucoup les limites dans les-

---

[1] Essai sur la formation des montagnes.

quelles je dois me renfermer, si je voulais énumérer tous les lieux
où se trouvent ces sépulcres de l'ancien Monde, tant en Angleterre que sur le continent; je vais donc me contenter de vous en
donner une idée générale d'après l'exacte description de Buckland.
Celle qui la première a excité l'attention générale est à Kirkdale, dans
le Yorkshire. Elle fut découverte dans une carrière en 1821, et
présentait une très-petite ouverture à travers laquelle on était obligé
de ramper. Le sol était couvert à la surface de stalagmite ou de
dépôt calcaire formé par l'eau qui égouttait de la voûte. Sous cette
croûte supérieure était un riche terreau ou une boue durcie, où
étaient incrustés les os d'une grande variété d'animaux et d'oiseaux. La plus grande partie des dents appartenait au genre hyène,
et on y trouvait des échantillons indiquant tous les âges. Il faut y
ajouter des os d'éléphant, de rhinocéros, d'ours, de loup, de
cheval, de lièvre, de rat d'eau, de pigeon, d'alouette, etc. Indépendamment des autres preuves que cette caverne a été le repaire
de hyènes pendant plusieurs générations, les os, presque sans
exception, sont rompus, réduits en poussière, sauf quelques os
solides et durs qui ont pu résister à l'action de la dent. Et, dans
le fait, on retrouve la trace des dents sur plusieurs des os, et qui
correspondait exactement avec les dents de hyènes découvertes
dans la caverne. En comparant ces traces avec les habitudes actuelles de ces animaux, en examinant l'étendue et le caractère de
l'accumulation, et tenant compte de la position et des accessoires
de la caverne, le docteur Buckland tire cette intéressante conclusion, que ce lieu doit avoir été pendant des siècles un repaire de
hyènes qui y entraînaient les os des animaux qu'ils avaient tués,
et là les rongeaient à loisir, et qu'une irruption des eaux a charrié
dans la caverne le sédiment dans lequel ils sont maintenant ensevelis, et qui les a préservés de la destruction. Une pareille conclusion s'accorde exactement avec le caractère du déluge [1]. On peut
considérer cette description comme applicable en général aux plus
célèbres de ces cavernes, telles que celles de Torquay, Gailenreuth,
Küloch, etc.; bien qu'il faille observer que, dans les cavernes de
l'Allemagne, ce sont principalement les os d'ours qui prédominent.

[1] Reliquiæ, p. 1-51.

Les faits exposés par le docteur Buckland sont admis par tout le monde comme ayant été observés avec une scrupuleuse exactitude et discutés avec une parfaite impartialité ; son raisonnement, cependant, et ses conclusions, n'ont pas échappé à la critique. M. Granville Penn, en particulier, a attaqué l'ensemble de l'explication d'une manière très-ingénieuse et très-serrée. Il soutient que les os doivent avoir été transportés dans la caverne par le courant qui les enleva dans le voisinage, et les poussa de force dans l'étroite ouverture de la montagne. Mais, comme il est d'accord sur les points les plus importants, en ce qu'il regarde ceci comme une forte preuve du déluge, il n'est pas nécessaire d'examiner ses arguments. Il suffira de dire que les géologues n'ont pas été convaincus par ses raisons, et que Cuvier, Brongniart et d'autres ont continué d'admettre l'explication de Buckland.

Mais il y a une autre question plus importante, qui peut-être ne pouvait pas être aussi aisément résolue, quand le savant professeur publia son intéressante découverte. A-t-on trouvé des ossements humains, tellement mêlés avec les débris d'animaux, que nous puissions en conclure que l'homme a été sujet à la même catastrophe qui les a enlevés à l'existence ? Certainement, les cas qu'il a pu observer étaient de nature à justifier la conclusion à laquelle il est arrivé, que, partout où des ossements humains ont été découverts, mêlés à ceux des animaux, c'est à une époque postérieure qu'ils avaient été introduits dans la caverne. Mais il paraît que, dans un ou deux cas, les circonstances diffèrent un peu des exemples cités.

La cave de Durfort, dans le Jura, fut visitée la première fois par M. d'Hombres Firmas, en 1795 ; mais cependant il n'a rien publié à ce sujet qu'il ne l'ait examinée de nouveau, vingt-cinq ans plus tard. Son essai parut sous le titre de *Notice sur des ossements humains fossiles*. En 1823, M. Marcel de Serres en publia un compte plus détaillé. La caverne est située dans une montagne calcaire, environ 3000 pieds au-dessus du niveau de la mer, et on y entre par un puits perpendiculaire de 20 pieds de profondeur. En entrant dans la caverne [1] par ce puits et par un pas-

---

[1] Granville Penn, Comparative estimate of the mineral and Mosaïcal Geologies ; 2ᵉ édit. 1825, vol. II, p. 394.

sage étroit, il y a un espace de trois pieds en carré contenant des ossements humains, incorporés dans une pâte calcaire comme les débris de Kirkdale.

Mais une observation encore plus exacte, accompagnée des mêmes résultats, a été faite par M. Marcel de Serres, sur les ossements trouvés dans le calcaire tertiaire à Pondres et Souvignargues, dans le département de l'Hérault. Là, M. de Cristolles a découvert des os humains et de la poterie mêlés à des débris de rhinocéros, ours, hyène, et plusieurs autres animaux. Ils étaient ensevelis dans la boue durcie et des fragments de la roche calcaire du voisinage. Sous cette accumulation, de treize pieds d'épaisseur en quelques endroits, se trouvait le sol primitif de la caverne. Par une analyse rigoureuse, on a trouvé que ces ossements ne contenaient plus de matière animale, de même que les os de hyène qui les accompagnaient. Ils sont les uns et les autres fragiles, et adhèrent aussi fortement à la langue. Pour s'assurer de ce point, MM. de Serres et Ballard comparèrent ces os avec ceux tirés d'un sarcophage gaulois, et que l'on supposait avoir été enterrés depuis 1400 ans; le résultat fut que les os fossiles doivent être bien plus anciens [1].

Dans ce cas, cependant, la découverte de la poterie rend possible la supposition que les os humains ont été introduits postérieurement. Car, tandis que, d'un côté, nous ne pouvons pas admettre que l'homme ait occupé la caverne en compagnie de hyènes, de l'autre, nous ne pouvons imaginer que ces animaux, tout en s'abandonnant à leur goût pour ronger les os, même aux dépens de l'homme, auraient introduit de la poterie dans leur réduit ou essayé leurs dents sur elle. Donc, un accident ou un dessein prémédité peut avoir enseveli quelque habitant plus récent du voisinage, dans la tombe plus ancienne des bêtes féroces; bien qu'il nous reste à expliquer comment ces os d'homme peuvent se trouver pétris dans la même pâte que les autres. Dans l'une et l'autre hypothèse, cependant, nous avons une preuve évidente qu'une révolution violente causée par une irruption soudaine des eaux a détruit les animaux qui habitaient les parties septentrionales de l'Europe, et les phénomènes analogues dans les parties

[1] Lyell, vol. II, p. 225.

méridionales , corrobores par de semblables découvertes en Asie et
en Amérique , indiquent que son influence s'étend encore plus
loin. Au milieu du dernier siècle , quelques ossements humains
furent , dit-on , trouvés incrustés dans une roche très-dure, et regardés comme un témoignage d'une action diluvienne [1].

La troisième classe de débris animaux dont j'ai parlé, consiste
en *brèches osseuses* , comme on les appelle , qui se trouvent généralement dans les fissures des roches, ou même dans les grandes
cavernes. Elles sont formées d'os fortement cimentés ensemble et
avec des fragments des roches environnantes. De la Bèche a examiné attentivement celle que l'on trouve dans le voisinage de Nice,
et le docteur Buckland a recueilli des détails particuliers sur celle
découverte à Gibraltar. [2] Cette espèce d'incorporation est généralement considérée comme ayant différentes dates , dans différentes
circonstances ; mais quelques-unes , peut-être , doivent être regardées comme contemporaines , dans leur formation, des autres dépôts que j'ai décrits.

Et je termine ici la première partie de mon argument ou plutôt
de mon exposition , en ce qui concerne les plus récentes conclusions de la géologie, au sujet de la dernière révolution qui a troublé la surface de la terre. Mais , avant d'aller plus loin, je dois résoudre une difficulté qu'on peut facilement élever. Il y a beaucoup
et de très-savants géologues qui attribuent divers phénomènes que
j'ai décrits à des révolutions plus anciennes que le grand cataclysme ou déluge décrit dans l'Ecriture ; même quelques écrivains
d'un sens droit et profond distinguent le déluge géologique de
l'historique , qu'ils considèrent seulement comme une inondation
particulière [3] , et attribuent au premier toutes les apparences que
j'ai expliquées.

A ces réflexions je répondrais diversement. D'abord je dirais que

[1] Notice curieuse et détaillée de quelques squelettes humains découverts dans une ancienne tombe , traduite du français ; et aussi un récit
circonstancié de quelques corps humains pétrifiés trouvés en février dernier placés debout dans une roche. Lond. 1760 (en anglais.) Voyez la
lettre à la fin de l'ouvrage.

[2] Geolog. transact. , vol. III , p. 173. Reliquiæ , p. 156.

[3] Boubée, p. 43-203.

la découverte des ossements humains doit, en dernière analyse, décider ce point ; car, si l'on peut prouver qu'ils existent dans des situations semblables, ou dans les mêmes circonstances que ceux des animaux des cavernes, nous devons admettre que la cause de leur destruction est la catastrophe que décrit l'histoire. Car, si celle-ci, soit sacrée ou profane, représente les hommes et les animaux comme également privés de l'existence par une irruption des eaux, et si la géologie présente précisément les effets d'une semblable catastrophe, et donne par là une preuve qu'aucune révolution plus récente n'a eu lieu, il serait tout-à-fait anti-philosophique de disjoindre les deux ; car le concours de leur témoignage est comme celui d'un document écrit, avec une médaille ou un monument, exactement comme l'arc-de-triomphe qui rappelle la victoire de Titus sur les Juifs, par la représentation de leurs dépouilles, bien que sans date, sera toujours, par un homme instruit, rapporté à la conquête décrite avec tant de détail par Josèphe.

Mais supposons qu'on puisse prouver que tous les phénomènes que j'ai décrits appartiennent à une ère antérieure, devrais-je avoir du regret de la découverte ? Très-assurément non ; car je ne craindrai jamais et par conséquent je ne regretterai jamais les progrès faits dans le chemin de la science. S'il était possible de découvrir un système exact de chronologie géologique, et de démontrer que quelques-uns des phénomènes décrits appartiennent à une période plus éloignée, je les abandonnerais sans chercher à les défendre ; parfaitement assuré d'abord que rien ne peut être prouvé qui soit hostile aux livres sacrés ; et ensuite, qu'une semblable destruction des preuves que nous avons cherché à établir ne serait qu'un préliminaire à la substitution d'autres beaucoup plus décisives. Qui regrette, par exemple, que le *homo diluvii testis*, ou l'homme témoin du déluge, de Scheuchzer, se soit trouvé n'être seulement qu'une partie d'un animal du genre des salamandres? Lui, en vérité, le croyait une preuve des plus importantes ; mais certes, aucun ami de la vérité ne peut être fâché de la découverte, ou regretter que ce témoignage isolé ait été remplacé par les faits coordonnés que j'ai réunis. « La religion chrétienne, dit Fontenelle, n'a eu besoin dans aucun temps de fausses preuves pour soutenir sa cause, et c'est plus que jamais le cas à présent, par le soin que les grands hommes de ce siècle ont pris de l'établir sur ses vrais fondements, avec une plus grande force que les anciens ne l'avaient fait. Nous devons être remplis d'une telle confiance dans notre religion, qu'elle nous fasse rejeter les faux avantages qu'une autre cause pourrait ne pas négliger [1]. » Quoi que nous puissions penser des opinions de cet écrivain, son jugement sur notre sincérité dans la confiance que nous avons en notre cause est parfaitement exact. J'ajouterai, en outre, que je ne suis qu'historien pour cette science et les autres, considérées dans leurs rapports avec les preuves du Christianisme; j'ai seulement à constater en général les opinions des hommes instruits dans leurs études respectives, comparant le passé avec le présent. Le terrain change constamment sous nos pieds; et nous devons être contents d'une science quelconque, si l'expérience prouve que son développement progressif est favorable à une sainte cause.

Nous arrivons maintenant à la question intéressante, savoir, jusqu'à quel point les phénomènes géologiques tendent à prouver que la catastrophe a été unique, en d'autres mots, si des observations récentes nous conduisent à supposer une multitude d'inondations locales ou un seul grand fléau dans une magnifique et imposante proportion. Or, pour répondre à cette question, je dirai que les apparences indiquent la dernière supposition.

Car, en premier lieu, vous ne pouvez pas avoir manqué de remarquer que, dans l'esquisse que je vous ai tracée de la course parcourue par les blocs erratiques et d'autres matières entraînées, ils présentent une direction presque uniforme du nord au sud. Les cailloux roulés de Durham et de Yorkshire viennent du Cumberland; ceux du Cumberland, de l'Ecosse; ceux de l'Ecosse, de la Norwège. Des cailloux du même pays se trouvent à Holderness, la vallée de la Tamise en est garnie, et nous les offre disposés en forme de lits de torrents, à partir de Birmingham. La même chose existe sur le continent; car les blocs erratiques de l'Allemagne et de la Pologne peuvent se suivre jusqu'en Suède et en Norwège. Brongniart a également remarqué qu'ils se dirigeaient en lignes parallèles du nord au sud, variant légèrement quelquefois dans leur direction, mais toujours, dans l'ensemble, présen-

[1] Hist. des Oracles, p. 4, édit. d'Amst. 1687.

tant l'apparence d'avoir été entraînés du nord par un courant irrésistible. Vous vous rappellerez aussi que les observations du
docteur Bigsby, en Amérique, lui ont fait voir que le détritus
venait toujours de points plus éloignés vers le nord. La même direction paraît exister à la Jamaïque, car De la Bèche a observé que
la grande plaine de Liguana, sur laquelle est situé Kingston, « est
entièrement composée de gravier diluvien, consistant principalement en détritus des montagnes de Saint-André et de Port-Royal,
et produit évidemment par ces causes qui ne sont plus en activité ; mais enlevé de ces montagnes de la même manière et probablement à la même époque que les nombreux lits de gravier européen, qui résultent de la destruction partielle des roches européennes. » Or, ces montagnes sont au nord de la plaine. De plus
encore, la plaine de Vere et du bas Clarendon est diluvienne, et
ses matériaux paraissent sortis des régions trappéennes, parmi les
montagnes de Saint-Jean et de Clarendon, qui sont situées vers le
nord [1].

Cette coïncidence de direction dans la course suivie par le courant de l'Océan en des parties du monde si éloignées l'une de l'autre, soit que nous mesurions leur distance du nord au sud, ou de
l'est à l'ouest, paraît indiquer clairement l'opération d'une course
uniforme. Car si nous supposons que la mer ait fait irruption sur
la terre à différentes époques, cela pourrait avoir été une fois la
Baltique, par exemple, une autre fois la méditerranée, puis l'Atlantique ; et, dans chaque cas, la direction du fléau, indiquée
par ses traces, aurait naturellement varié. Tandis que maintenant,
non-seulement l'admission d'un tel déluge est l'explication la plus
simple et par conséquent la plus philosophique de ces phénomènes
constants et uniformes, mais une variété de semblables catastrophes peut à peine s'admettre sans supposer que chacune aura détruit ou troublé les effets de la précédente ; tellement que nous
devrions avoir des lignes croisées de matières transportées et des
directions variées dans les masses roulées, de manière à déranger
tous les calculs. Cependant rien de semblable n'a été découvert
dans les régions explorées jusqu'à présent, et par conséquent une

[1] On the Geology of Jamaica. Geolog. transact., vol. II, pag. 182-184.

science bien établie doit conclure que la cause a été unique. Et ce raisonnement ne pourrait pas beaucoup être argué de faux, quand même des recherches subséquentes dans des contrées plus éloignées conduiraient à des résultats différents. Car nous devons naturellement supposer que d'autres océans, outre l'Océan septentrional, peuvent avoir eu leurs écluses lâchées sur la terre pour produire sa grande et dernière purification, et, par leur action, les lignes des masses emportées tendraient vers une autre direction.

Si le trajet des matériaux transportés indique une direction uniforme, nous pouvons attendre que la route sur laquelle ils ont voyagé doit être usée d'une manière correspondante. Le premier qui ait remarqué cette apparence est, comme je l'ai déjà dit, sir James Hall, qui observa que, dans le voisinage d'Edimbourg, les roches portent l'empreinte d'ornières ou de lignes creusées, selon toute apparence, par le passage de masses pesantes en roulant, et dans la direction de l'est à l'ouest. M. Murchison a décrit avec détail des apparences de même sorte dans le district de Brora, Sutherlandshire. « J'ai remarqué dans un premier écrit, dit M. Murchison, que ces collines doivent probablement leur origine à la dénudation ; cette supposition est maintenant confirmée par la découverte sur la surface d'une innombrable quantité de sillons parallèles et de creux irréguliers plus ou moins profonds, tels enfin qu'ils ne peuvent avoir été produits par aucune autre opération que par le mouvement impétueux de fragments de roches emportés par quelque courant très-puissant. Les sillons et les creux paraissent avoir été faits par des pierres de toutes dimensions, et conservent un parallélisme général dans la direction du nord-ouest au sud-ouest, sauf l'exception assez rare de lignes qui dévient légèrement, probablement à cause des petites pierres jetées avec force contre les grosses par l'action du courant [1]. » Cette coïncidence est certainement remarquable, et ne laisse guère lieu de mettre en doute l'unité de la cause qui a produit des résultats si uniformes [2].

[1] Geol. transact. vol. II, p. 357.

[2] Depuis l'impression de l'ouvrage de M. Wiseman on a fait en Suède des découvertes qui confirment pleinement les observations qu'on vient

Je n'insisterai pas sur la coïncidence des autres circonstances, comme la conformité de distribution dans le diluvium et de ses débris organiques dans différentes parties du monde ; car les remarques que j'ai déjà faites suffiront pour vous faire voir que les probabilités sont grandement en faveur d'une seule et unique cause qui a suffi à tout. Et je ne vous retiendrai pas non plus sur une autre conclusion importante, résultant manifestement de tout ce qui a été dit, que la dernière inondation n'était pas, comme celle que l'on suppose l'avoir précédée, une longue immersion sous la mer, mais seulement un flot temporaire et passager exactement comme le décrit l'Écriture. D'après l'aspect des cavernes à ossements, il paraît qu'avant l'inondation la terre était en partie au moins la même qu'à présent ; et il paraît qu'elle n'est restée sous l'eau que pendant une période très-limitée, d'après l'absence de ces dépôts qui supposent une dissolution, car son sédiment est composé de matériaux libres, des graviers, des brèches et des débris mêlés, tels qu'une rivière ou la mer, sur une échelle gigantesque, peuvent être supposés les avoir d'abord enlevés, puis laissés derrière elles.

Nous venons enfin à une autre question encore plus intéressante. La géologie a-t-elle quelque donnée pour pouvoir apprécier avec une précision convenable l'époque de cette dernière révolution ? A ceci je pense que nous pouvons répondre en sûreté, et quelques-unes des autorités citées le disent expressément, que l'impression générale et même vague, si vous voulez, produite sur des observateurs exacts par les faits géologiques, est que le dernier fléau est d'une date comparativement moderne. La surface de la terre présente l'apparence d'avoir été en quelque sorte tout récemment modelée, et les effets des causes actuellement en activité paraissent peu importants, à moins qu'on ne les restrei-

de lire. M. Sefstrom a retrouvé, près de Stockholm et dans la Westgothie, les sillons creusés dans la pierre des montagnes par l'action de l'immense courant diluvien. Il calcule que la masse de cailloux emportés par les eaux avait environ une hauteur de quinze cents pieds ; car on ne trouve plus de sillons sur les montagnes qui surpassent cette élévation. Voyez Annalen der chemie de Poggendorff, t. XXXVIII, p. 614.

(*Note du traducteur.*)

gne à une période très-limitée. Ainsi, si nous examinons l'insigni-
fiante accumulation de fragments ou de débris qui entourent le
pied des hautes chaines de montagnes, ou le peu de progrès fait
par les rivières pour combler les lacs à travers lesquels elles passent, malgré le limon qu'elles déposent journellement et d'heure
en heure, nous sommes irrésistiblement forcés de reconnaître que
quelques milliers d'années suffisent amplement pour se rendre
compte de l'état présent des choses.

Mais une tentative a été faite pour conduire cette investigation
avec une exactitude beaucoup plus approximative ; c'est en mesurant les effets périodiques de ces causes dont j'ai parlé incidem-
ment, de manière à déterminer avec quelque précision la longueur
du temps qui s'est écoulé depuis qu'elles ont commencé à agir.
De Luc est le premier qui se soit donné quelques soins pour observer et recueillir ces données auxquelles il donnait le nom de
chronomètres. Il a, à la vérité, été sévèrement traité pour cette
tentative par les écrivains d'une école opposée [1] ; et néanmoins il
est de toute justice de faire observer que ses conclusions, et même
en grande partie leurs prémisses, furent adoptées par Cuvier, dont
peu de personnes essaieront d'attaquer la sagacité et l'immense
science géologique. C'est donc comme étant admis par lui, plutôt
que proposé par l'autre, que je vais brièvement vous exposer la
série de preuves adoptées dans son système. Les résultats généraux que l'on veut en déduire, sont : premièrement, que les continents actuels n'indiquent rien qui ressemble à l'existence presque indéfinie, supposée ou exigée par les partisans des causes
actuellement en activité ; secondement, que toutes les fois qu'on
peut obtenir une période de temps exacte et définie, elle coïncide
presque avec celle que Moïse assigne pour l'existence de l'ordre
actuel des choses. Considérant l'immense distance de temps vers
laquelle nous devons rétrograder, il doit y avoir des différences
considérables entre les diverses dates ; mais elles ne sont pas plus
grandes que celles que présentent les tables chronologiques de
diverses nations, ou même celles d'une nation, données par différents auteurs.

Une méthode pour essayer d'arriver à la date de notre dernière

[1] Lyell, vol. I, p. 224-300.

révolution est de mesurer l'augmentation des deltas des rivières, ou autrement le terrain gagné sur la mer à l'embouchure des rivières par le dépôt graduel de terre et de boue qu'elles entraînent avec elles dans leur cours. En examinant l'histoire, nous pouvons, à une date donnée, déterminer la distance à la mer de la tête du delta, et calculer ainsi exactement l'augmentation annuelle. En comparant cet espace avec l'étendue totale du territoire qui doit son existence à la rivière, nous pourrions estimer depuis combien de temps elle coule dans son lit actuel. Mais jusqu'à présent ces mesures ont été prises vaguement, et conséquemment on n'a guère gagné rien de plus qu'une conclusion négative opposée aux siècles sans nombre exigés par quelques géologues. Ainsi, l'avancement du delta du Nil est très-sensible, car la ville de Rosette, qui, il y a mille ans, était située sur le bord de la mer, en est maintenant éloignée de deux lieues. Selon Demaillet, le cap qui est en avant de la ville s'est prolongé d'une demi-lieue en vingt-cinq ans; mais ceci doit avoir été un cas fort extraordinaire. Cependant il n'est pas nécessaire de supposer une si immense longueur de temps pour fixer la date du commencement de cette formation. Le delta du Rhône, comme Astruc l'a prouvé, en comparant son état présent avec les récits de Pline et de Pomponius Mela, a augmenté de neuf milles depuis l'ère chrétienne. Celui du Pô a été examiné scientifiquement par M. de Prony, par ordre du gouvernement français. La plupart d'entre vous connaissent probablement les hautes digues entre lesquelles coule cette rivière; et cet ingénieur s'est assuré que le niveau du fleuve est plus élevé que les toits des maisons de Ferrare, et qu'il a gagné six mille toises sur la mer depuis 1604, ou à raison de cent cinquante pieds par an. De là, il est arrivé que la ville d'Adria, qui autrefois a donné son nom à l'Adriatique, est reculée de la mer de dix-huit milles. Ces exemples ne nous permettent pas d'accorder une très-longue période à l'action de ces rivières. Un fleuve qui entraîne avec lui des dépôts si énormes, que leur augmentation annuelle peut presque s'appeler visible, ne peut pas avoir exigé tant de milliers d'années pour atteindre son niveau actuel [1].

---

[1] Cuvier, Discours prélimin., troisième édit. Paris 1824, p. 144. De

Selon Gervais de la Prise, la retraite de la mer, ou l'extension de la terre par les dépôts de l'Orne, peut se mesurer exactement par des monuments érigés à différentes époques connues, et on trouve en résultat qu'il ne peut y avoir plus de six mille ans que ces dépôts ont commencé à se former [1].

Un chronomètre plus intéressant est celui des *dunes*. Par ce terme on entend des monceaux de sable, qui d'abord accumulés sur le rivage sont ensuite, par l'action des vents, poussés sur les terres cultivées pour les désoler et les détruire. Elles s'élèvent souvent à des hauteurs presque incroyables, et chassent devant elles les étangs d'eau de pluie, dont elles empêchent complètement l'écoulement vers la mer. De Luc a donné une attention particulière à celles de la côte de Cornouailles, et en a décrit plusieurs avec beaucoup de détail. Ainsi, une dans le voisinage de Padstow menaçait d'engloutir l'église, qu'elle recouvrait complètement jusqu'au faîte, de sorte que tout accès aurait été impossible, si ce n'est que la porte s'est trouvée à l'extrémité opposée. Plusieurs maisons avaient déjà, et de mémoire d'homme, été ensevelies sous le sable [2]. En Irlande, ces sables menaçants ne sont pas moins destructeurs. La vaste plaine sablonneuse de Rosapenna, sur la côte de Donegal, était, il n'y a guère plus de cinquante ans, un beau domaine appartenant à lord Boyne. Il n'y a que quelques années que le toit du château était encore un peu au-dessus du sol, tellement que les paysans descendaient dans les salles comme dans un souterrain; maintenant il n'en reste pas le plus léger vestige. Mais aucune partie de l'Europe ne souffre autant de ce fléau dévastateur que le département des Landes, en France. Dans sa course irrésistible, il a enterré des plaines fertiles et de hautes forêts; non-seulement des maisons, mais des villages entiers, mentionnés dans des documents, ont été recouverts sans espoir de jamais les retrouver. En 1802, les étangs envahirent cinq fermes de grande valeur; et il y a maintenant, ou il y avait au moins, il y a quelques années, des villages menacés de destruction par ces sables

Luc, Lettre à M. Blumenbach, p. 246. Abrégé de géologie. Paris 1816, p. 97.

[1] Accord du livre de la Genèse avec la géologie. Caen 1803, p. 74.

[2] Abrégé, p. 102.

ambulants. Quand Cuvier écrivait, un de ces villages, appelé Mimisoa, luttait depuis vingt ans contre une dune de soixante pieds de haut, avec peu de succès.

M. Bremontier a étudié ce phénomène avec une attention particulière dans le but de soumettre ces lois au calcul. Il s'est assuré que ces dunes avancent de soixante à soixante-douze pieds par an [1] ; et alors, mesurant l'entier espace qu'elles ont parcouru, il conclut qu'il n'y a pas beaucoup plus de quatre mille ans qu'elles ont dû commencer à se mouvoir. De Luc était déjà arrivé à la même conclusion en mesurant les dunes de la Hollande, où les dates des digues lui fournissaient le moyen de déterminer leurs progrès avec une exactitude historique [2].

Je ne ferais que répéter les mêmes conclusions, si je vous détaillais ses recherches sur l'accroissement de la tourbe ou l'accumulation des détritus à la base des montagnes, sur la croissance et l'empiétement des glaciers et les phénomènes qui les accompagnent [3] ; je me contenterai, en conséquence, de rappeler les opi-

[1] Cuvier, p. 161. Voyez d'Aubuisson, Traité de géognosie. Strasb. 1819, vol. II, p. 468.

[2] Abrégé, p. 100.

[3] Cuvier, p. 162. Knight, Facts and observations, p. 216. De Luc, Traité élémentaire de géologie. Paris 1809, p. 129; Abrégé, p. 116-134. Correspondance particulière entre M. le docteur Teller et J.-A. De Luc. Hanov. 1803, p. 161. Un géologue français, parlant des accumulations de détritus amenés par les glaciers, déposés où ils fondent, et connues en français sous le nom de *Murèmes*, termine ainsi : « Leur formation dépendant de causes périodiques et à peu près constantes, il n'est pas difficile de calculer le temps nécessaire pour leur donner le volume que nous leur connaissons ; et comme il est certain qu'ils datent depuis le commencement de l'ordre actuel des choses, ils nous fournissent une nouvelle méthode pour arriver à une connaissance approximative du temps qui s'est écoulé depuis le dernier cataclysme. Ce calcul nous conduit encore au même résultat et nous donne cinq ou six mille ans au plus comme l'âge de notre monde. » Il continue alors, de la même manière que Cuvier, à faire voir avec quelle exactitude ces faits s'accordent avec les écrits de Moïse, aussi bien qu'avec les annales de toute

nions d'éminents observateurs des faits généraux de la géologie, en faveur de ses conclusions.

« Cette observation, dit Saussure, parlant des éboulements de roches des glaciers de Chamouny, qui s'accorde avec plusieurs autres que je ferai plus tard, donne lieu de penser, avec M. de Luc, que l'état actuel de notre globe n'est pas aussi ancien que quelques philosophes l'ont imaginé [1]. »

Dolomieu écrit de même : « Je veux défendre une autre vérité qui me paraît incontestable, sur laquelle les ouvrages de M. de Luc m'ont éclairé, et de laquelle je crois voir des preuves dans chaque page de l'histoire de l'homme, et partout où des faits naturels sont consignés. Je dirai donc, avec M. de Luc, que l'état actuel de nos continents n'est pas très-ancien [2]. »

Cuvier a non-seulement donné son assentiment à ces conclusions, mais les a exprimées en ces termes beaucoup plus positifs : « C'est dans le fait, dit-il, un des résultats, quoique inattendus, de toute bonne recherche géologique, que la dernière révolution qui a tourmenté la surface du globe n'est pas très-ancienne. » Et, dans un autre endroit, il ajoute : « Je pense donc, avec MM. de Luc et Dolomieu, que s'il y a quelque chose de démontré en géologie, c'est que la surface de notre globe a été la victime d'une grande et soudaine révolution, dont la date ne peut pas remonter beaucoup plus haut que cinq ou six mille ans [3] » Et permettez-moi de faire observer que Cuvier insinue assez clairement qu'il ne s'est pas laissé influencer dans ses recherches par aucun désir de justifier l'histoire de Moïse [4].

J'espère en avoir dit assez maintenant pour vous convaincre de la tendance moderne de cette science, et je ne doute pas que le traité du docteur Buckland, qui doit paraître dans la collection de Bridgewater, quoique écrit dans l'intention de faire voir les rapports de cette science avec la théologie naturelle, répandra ce-

autre ancienne nation. Docteur Bertrand, Révolutions du globe, trad. angl., 1835, p. 269.

[1] Voyage dans les Alpes, § 625.
[2] Journal de physique. Paris 1792, part. I, p 42.
[3] Discours, p. 139-282.
[4] Page 152.

pendant de nouvelles lumières sur les sujets que j'ai discutés. Je ne puis m'empêcher d'exprimer ici le désir que l'étude de la géologie puisse bientôt entrer dans le cours d'éducation aussi complètement que les autres sciences physiques. C'est lorsque la mémoire est jeune et la curiosité active, que les noms des objets sont le plus aisément saisis, de manière à être pour toujours retenus. Presque tous les districts fourniront des formations propres à l'étude de cette science, et les recherches qu'elle demande, exigeant une observation constante et variée, sont un motif et un stimulant pour prendre un exercice qui servira à la fois à l'affermissement de la santé et au développement de l'intelligence.

Plusieurs personnes, je le sais, ont l'idée qu'une connaissance trop précise des opérations de la nature affaiblit en grande partie ce sentiment d'enthousiasme et de poésie qu'excite la contemplation de ses productions, et fait ainsi prédominer en nous une froide disposition à analyser les choses, au lieu de l'admiration qu'elles devraient inspirer. Cependant je ne sais pas comment cela pourrait être si ce n'est par quelque défaut dans la méthode d'enseigner ces sciences. Il n'y a pas de raison pour qu'un géologue ne soit pas ravi en extase lorsqu'il atteint le sommet d'une montagne, et, avec l'œil d'un poète, promène d'abord ses regards sur la scène magnifique d'une vallée des Alpes, avant qu'il descende pour étudier et classer les diverses roches qui limitent son vaste horizon. Comment l'intelligence de la manière d'opérer de la nature pourrait-elle nous empêcher de voir et de sentir la beauté des résultats de son travail? Au contraire, il semblerait que l'une doit être naturellement la contre-partie de l'autre. L'habile musicien, en jetant les yeux sur la partition écrite, débrouille en un moment les mouvements capricieux, donne à chaque note sa puissance harmonique, et les combine tellement dans son esprit, qu'il perçoit plus de musique par les yeux que n'en peut comprendre l'auditeur ignorant, lorsqu'il entend ce qui avait été écrit transformé en sons mélodieux; et de même, l'homme instruit dans les lois de la nature juge ses apparences extérieures par des règles tellement sûres, qu'elles lui donnent de ses perfections une perception plus vraie que celle que le simple observateur peut jamais atteindre. A un œil non exercé, le tissu qui sort du métier paraîtra d'une grande beauté et les dessins d'un ordre parfait, tandis que le mécanisme qui l'a produit paraîtra de la confusion par la complication des rouages et des poulies; cependant c'est là nécessairement le type de ce qui a été produit, et l'artisan expérimenté y lira peut-être avec une admiration égale toutes les beautés du patron qu'il doit reproduire. Et de la même manière, le savant naturaliste, d'après sa connaissance des procédés de la nature, peut construire dans son esprit tous ces objets et toutes ces scènes admirables que les autres ne peuvent imaginer, à moins qu'ils ne les aient réellement contemplées. En observant la manière dont les blocs erratiques sont disposés dans les gorges et sur les flancs des Alpes méridionales, le géologue doit avoir été conduit à former dans son intelligence une peinture plus neuve et plus vraie que l'imagination d'un poète n'aurait pu la concevoir, de la course poursuivie par la terrible inondation qui se répandit sur elles, déchira leurs flancs, et, dans son effrayant triomphe, emporta leurs rudes dépouilles dans les plaines de l'Italie. La contemplation des effets volcaniques par un œil scientifique, qui peut distinguer les masses lancées par l'explosion et les scories mouvantes du torrent enflammé, et peut noter, comme à Glen-Tilt, la manière étrange et incompréhensible dont le plus pur granit, réduit en un fluide vitrifié, a percé à travers les rocs superposés, et s'est injecté dans leurs veines; ensuite l'appréciation exacte des causes proportionnées à de si puissants effets, feront naître, nous pouvons le supposer, l'idée la plus sublime de l'action du puissant élément sous lequel notre globe est encore condamné à passer.

On voit qu'il serait impossible d'adopter pour chaque branche des sciences naturelles la marche que nous avons suivie pour celles que nous avons en quelque sorte mises en contact avec les études sacrées; et même il ne serait pas nécessaire de le faire, car il y a une manière de les rendre toutes utiles aux intérêts de la religion, en les considérant comme les canaux appropriés par lesquels doivent arriver à notre entendement une perception et un sentiment véritable des perfections divines; comme un miroir dans lequel on peut le mieux contempler les formes corporifiées de chacun des grands et admirables attributs de l'Être-Suprême, et comme l'empreinte du grand sceau de la création, sur lequel ont été gravés par une main divine les caractères mystiques de la plus profonde sagesse, les *charmes* tout puissants d'un pouvoir productif, et les emblêmes les plus expressifs d'un amour qui embrasse et conserve tout.

Le graveur, quand il a un peu creusé sa pierre, en tire une empreinte avec de la cire molle, et bien qu'il trouve que la figure n'est pas parfaite, il n'est pas découragé; et, tant qu'il aperçoit qu'à chaque fois il approche plus près du type qu'il a eu en vue, il se remet toujours à sa pénible tâche; ainsi, quand nous ne trouvons pas du premier coup que nous portions sur nous l'empreinte claire et profonde de ce glorieux cachet, nous ne devons pas craindre de continuer nos travaux, mais avancer toujours, nous efforçant d'approcher de plus en plus près pour atteindre à une parfaite représentation. Peu d'années se passeront probablement avant que ne se découvrent de nouveaux arguments pour les grands faits dont nous avons parlé, et qui réduiront à peu de valeur tout ce que vous avez entendu. Ceux qui viendront après nous souriront, peut-être, au peu de compréhension accordé à notre siècle sur la nature et ses opérations. Nous devons nous contenter, dans notre science imparfaite, des efforts que nous avons faits pour en obtenir une plus complète.

Car si les œuvres de Dieu sont la vraie, quoique faible image de lui-même, elles doivent en quelque sorte participer à son immensité; et comme la contemplation de sa beauté sans voile sera l'aliment éternel et toujours désiré des esprits incorporels, ainsi pouvons-nous dire qu'une proportion de même ordre a été observée entre l'examen de son image réflétée dans ses œuvres et les facultés de notre condition présente; d'autant plus que nous y trouvons matière pour une méditation toujours plus profonde, pour des découvertes plus nombreuses et pour une admiration toujours plus sainte. Et ainsi Dieu, ne pouvant donner aux beautés de son ouvrage cette infinité qui est réservée aux attributs qu'il manifeste, lui a accordé la qualité qui peut le mieux suppléer cette infinité et la représenter; car, en rendant progressive la connaissance que nous en pouvons acquérir, il a rendu ces beautés inépuisables.

SEPTIÈME DISCOURS.

SUR L'HISTOIRE PRIMITIVE.

PREMIÈRE PARTIE.

Après avoir ainsi reconnu, autant du moins qu'il nous était possible, l'époque où fut construit et orné en premier lieu ce théâtre sur lequel se sont passés toutes les grandes scènes de la vie humaine, il pourrait sembler superflu d'interroger ceux qui y ont figuré, et d'apprendre d'eux quand a commencé ce drame immense de guerre et de paix, de barbarie et de civilisation, de vices grossiers et de nobles vertus. Car, la nature, que jusqu'ici nous avons seule consultée, n'a ni l'orgueil, ni le désir, ni le pouvoir de se peindre elle-même autrement qu'elle n'est en réalité. Tandis que, si nous demandons aux nations les plus anciennes quand elles s'élevèrent et quand elle firent le premier pas dans la carrière de leur système social, nous entendrons se soulever pour nous répondre une multitude de mesquines ambitions, de préjugés et de prétentions jalouses; et alors, entre nous et la vérité, se placera comme un brouillard l'ignorance volontaire ou traditionnelle qui enveloppera nos recherches de mystère et d'incertitude, et nous livrera, loin de nous guider sur la route, au danger constant des plus graves erreurs.

Bien plus, il y a eu des investigateurs savants et judicieux qui, s'étant proposé un but spécial dans leurs recherches, se sont eux-mêmes laissés égarer par ses fausses lumières, qui ont admis comme de l'histoire ce qui n'était que de la fable mythologique, ont établi leurs calculs sur des dates entièrement fictives, et, n'accordant pas même aux livres hébreux le caractère d'autorité qu'ils ne refusent point aux Vedas de l'Inde ou à la liste des rois Egyptiens, ont avec la plus inconséquente légèreté condamné les livres saints, parce qu'ils leur ont paru au premier coup-d'œil ne pas s'accorder avec les annales des autres nations. Par bonheur cependant, nous avons découvert des méthodes qu'ils ne connurent point; nous avons appris à contrôler l'histoire des peuples dès les premiers moments de leur naissance; nous nous sommes habitués à scruter, avec le zèle infatigable du jurisconsulte, de vieux documents à demi rongés par les siècles et à en découvrir le mérite ou à en signaler les défauts; nous avons perdu le goût des investigations railleuses et de cette frivolité d'examen qui donne à un trait d'esprit la valeur d'un argument; nous avons appris à suivre une marche plus solennelle et plus sage dans nos progrès vers toutes les parties de la science, à préférer le réel au brillant, le fait à la théorie, et une comparaison patiente et laborieuse à de vagues analogies.

Cette préférence dont j'ai parlé et que donnent des hommes instruits et capables à un document quel qu'il soit, venu des terres lointaines, sur ceux que le Christianisme a reçus du peuple juif, cette préférence est assurément l'un de ces faits en si grand nombre, lesquels combinés entre eux établissent un phénomène remarquable de l'esprit humain : l'amour extravagant de tout ce qui sort de l'ordinaire dans les choses placées au-delà de notre atteinte, et le désir de déprécier ce qui est en notre possession. J'ai chez moi un manuscrit arabe, qui a pour objet, entre autres matières diverses qui y sont traitées, de rendre compte des cités principales du monde. Naturellement Rome ne pouvait être exclue d'une semblable énumération. Mais ni la fabuleuse cité du romancier le plus visionnaire, ni la splendeur fictive de l'Iram d'Orient, ni les rêves d'imagination du plus téméraire faiseur d'utopies, n'offrirent jamais l'exemple d'un mépris pour les possibilités de la vie réelle comparable à celui qui résulte de cette description de l'éternelle cité. On la représente comme ayant une longueur de soixante ou quatre-vingt milles, à travers laquelle coule le fleuve majestueux appelé le Romulus ; sur ce fleuve on admire plusieurs centaines de ponts en airain, construits de telle manière qu'on les enlève à l'approche de l'ennemi. Les portes de la ville sont nombreuses et toutes de la même matière. On fait la peinture minutieuse des églises, de leurs dimensions et des richesses qu'elles contiennent ; malheureusement on omet dans le nombre l'église de saint Pierre. L'auteur a noté avec le plus grand soin la quantité des portes d'airain et des portes d'argent ; il dit combien de colonnes en marbre, combien en argent, combien en or, on trouve dans chacune de ces églises. Eh bien ! quelqu'absurde que tout ceci puisse paraître, c'est peu de chose auprès de ce que des Européens, hommes du monde et de savoir, se sont permis, quand pour la première fois ils ont tracé le tableau historique et scientifique des nations d'Orient, alors peu connues parmi nous. Là se trouvaient des calculs astronomiques du caractère le plus raffiné, exigeant des observations faites à des époques séparées l'une de l'autre par des distances inappréciables ; on y remarquait des périodes ou cycles de temps nécessairement formés alors que l'état des cieux était plus jeune qu'à présent d'un nombre infini de siècles ; c'étaient des livres manifestement écrits plusieurs milliers d'années avant que l'Occident eût donné le moindre signe de vie ; des monuments érigés nombre de siècles avant que le déluge eût balayé la surface entière de la terre ; enfin c'étaient de longues listes de rois et même de dynasties parfaitement conservées dans les annales des nations et qui doivent remonter bien au-delà de l'époque assignée à la création du monde par les livres de Moïse, si modernes en comparaison.

Que sont devenues aujourd'hui toutes ces merveilles ! Vous, hommes d'expérience, vous pouvez traduire en formes réelles et vulgaires les visions brillantes de l'Arabe : vous transformez le puissant fleuve Romulus en cette petite rivière à l'eau jaunâtre appelée le Tibre, les portes d'airain en péristyles de bois, l'or et l'argent en pierre et en marbre, et peut-être dans l'une de vos promenades du matin vous avez fait le tour de la cité incommensurable. Alors je me flatte que vous traiterez de même les visions tout aussi peu fondées du philosophisme romancier. Quand nous

aurons visité aujourd'hui et à notre prochaine réunion les pays
où l'on prétend qu'ont existé ces prodiges de science et de littérature, vous vous convaincrez, j'en suis bien sûr, que ces terres lointaines sont, comme les autres, confinées dans de certaines limites de durée, que le courant de leurs traditions entraîne
avec soi la quantité ordinaire de fange et de décombres, que ces
matériaux précieux dont on nous dit que leurs monuments et
leurs temples étaient composés, ne différaient point de cette substance en laquelle toutes choses humaines doivent consister. Mais
dans l'un et l'autre cas, ce qui était important n'a pas été aperçu.
L'Arabe n'était point assez civilisé pour comprendre les ressources de l'art que nous possédons chez nous, ressources qui ont
infiniment plus de prix que des portes d'argent ou des colonnes
d'or, et les présomptueux philosophes du dernier siècle furent
trop aveugles ou plutôt trop aveuglés pour reconnaître la ri-
chesse véritable que l'Orient offrait à leurs recherches, c'est-
à-dire la confirmation des vérités primitives, l'éclat jeté sur
les saintes investigations, et la carrière de connaissances eth-
nologiques et morales qui s'ouvrait devant eux dans cette contrée.

Néanmoins les objets dont je vais traiter sont en opposition
avec ce que j'ai dit sur la tendance des hommes à mépriser ce
qu'ils ont dans la main et à s'exagérer la valeur de ce qui est loin
d'eux. Car, tandis que parmi nous cette étrange propension semble exister, tandis que la moindre découverte en contradiction
avec les Ecritures est saisie par quelques hommes avec tant d'empressement (nous aurons encore de ceci un grand nombre d'exemples, si les précédents discours n'en ont pas fourni assez), tandis
qu'une importance contre nature est attribuée à toute chose venant
au jour qui semble heurter quelque assertion du texte sacré, les
nations d'Orient s'attachent si scrupuleusement à leurs livres religieux et rejettent avec tant d'opiniâtreté chaque fait qui peut les
démentir ; les Chinois, les Indiens et les anciens Egyptiens ont
adhéré toujours si étroitement à l'exactitude infaillible de leurs
annales respectives, que nous devons expliquer, autrement que
par une cause naturelle, cette facilité avec laquelle nous voyons
que les nôtres sont abandonnées si souvent. En vérité, je crois
que si les livres de Moïse, au lieu d'avoir été conservés par des

Chrétiens, avaient été découverts pour la première fois parmi les Juifs de la Chine, ou que le docteur Buchanan les eût rencontrés chez ceux du Malabar [1], ils auraient été reçus comme des trésors de connaissances historiques et philosophiques, par les mêmes hommes qui, en d'autres circonstances, ont dirigé contre eux le dédain et le blasphème.

Mon intention n'est pas de parcourir une route que les anciens écrivains ont déjà dépouillée de son intérêt, d'examiner l'antiquité des Chaldéens ou des Assyriens, et les objections qu'ont fait naître dans les premiers temps les fragments tirés de Bérose et de Sanchoniathon. Ils appartiennent, ces fragments, à la simple chronologie; on n'y trouve pas une parcelle d'intérêt historique. Nombre d'écrivains populaires en ont fait usage, et l'on peut dire qu'à présent ils sont dédaignés de l'école qui autrefois leur supposait quelque valeur. C'est pourquoi je me dirigerai sur-le-champ vers le pays dont la primitive histoire possède les titres les plus forts à notre attention, et qui nous offrira la plus frappante démonstration du principe que j'ai principalement en vue dans la série de ces discours.

On dirait que la péninsule de l'Inde est un champ que la Providence a spécialement livré à la culture de nos compatriotes; elle doit avoir pour nous un intérêt particulier. Rien d'ailleurs de plus heureux ne pouvait arriver pour la satisfaction des besoins de l'esprit humain que la découverte des richesses littéraires de cette contrée. Le goût Européen, que les convulsions politiques et religieuses des seizième et dix-septième siècles avaient conduit à chercher un aliment et un plaisir dans les souvenirs des anciennes doctrines classiques, commençait à se fatiguer de cette nourriture délicate, mais sans variétés; la foule des nouveaux écrivains enfantés par la jeune presse avait cessé de lui fournir des provisions fraîches; chaque manuscrit avait été lu et vérifié, chaque lettre contestable était devenue le thème de controverses savantes; nous soupirions, si l'on peut ainsi dire, pour quelque chose de complètement original qui pût ranimer et mettre de nouveau en exercice notre appétit languissant. L'Arabie et la Perse avaient été sous ce rapport l'objet d'infructueux essais. Le maho-

[1] Des copies du Pentateuque y ont été trouvées en effet.

15

métisme pesait comme un cauchemar sur toute leur littérature religieuse, leur exquise poésie était trop sensuelle pour satisfaire
aux besoins intellectuels de l'Europe civilisée, leur histoire était
trop bornée, trop moderne, et trop connue déjà par sa connexité
avec la nôtre, pour exciter en nous un intérêt bien puissant.
Mais quelles que fussent nos prévisions à l'égard de l'Inde, elles
ont été plus que surpassées. Là nous avons été admis sur-le-champ
aux sources véritables de l'ancienne philosophie, introduits dans
les laboratoires de ces opinions diverses qui ont formé les écoles
de l'Occident et placés près du berceau de notre race, de ce berceau autour duquel les premiers accents de notre langage sont
conservés encore dans leur simplicité. Là, nous avons approché
l'oracle et le sanctuaire de toute l'ancienne théogonie payenne,
nous avons pénétré dans l'asile le plus secret, le plus intime de
toute doctrine mystique, de toute religion symbolique. C'est là
que chaque chose porte le cachet de sa pureté et de sa simplicité
primitive ; nous sentons là, soit que nous examinions les méditations philosophiques des sages, soit que nous remontions jusqu'à
leur origine les annales mythologiques du pays, que nous avons
sous les yeux, les œuvres d'un génie naturel et l'ensemble fidèle
des traditions nationales.

Toutefois ne permettons pas à nos impressions de nous entraîner
trop loin ; ne nous laissons pas éblouir par la nouveauté de la
scène jusqu'au point de nous exagérer ses beautés véritables. De
même que le naturaliste, en contemplant les gigantesques forêts
d'Afrique ou d'Amérique, pourrait, en les comparant à la mes-
quine stature de nos arbres, supposer que, s'il a fallu au chêne des
centaines d'années pour atteindre sa hauteur, ces forêts colossales ont dû être plantées dans le sol depuis un nombre incalculable de siècles, de même le philosophe serait amené à conclure
qu'un espace de temps indéfini à dû être nécessaire pour la croissance et la consolidation des systèmes de science trouvés dans l'Inde
antérieurement à l'apparition de la philosophie en Occident. Ici
d'autres éléments que la durée des âges doivent être pris en considération. D'un côté, il faut apprécier la fertilité vigoureuse du
sol et la féconde chaleur du climat ; de l'autre, l'action complexe
des influences physiques et morales, résultat d'un établissement
formé de bonne heure dans une contrée favorable à leur déve-

loppement, l'heureuse préservation des traditions primordiales, et le paisible état des esprits au milieu des objets qui les disposent à la contemplation.

Je crains d'avoir permis à mes pensées de s'égarer ainsi de réflexion en réflexion, avant qu'un sujet plus important et plus substantiel ait d'abord reçu de moi l'attention qu'il mérite et à laquelle vous vous attendez. Je vais donc sur-le-champ me mettre à l'œuvre. Aujourd'hui je n'ai pas à m'occuper des Indiens en ce qui concerne leur littérature, c'est uniquement de leur histoire qu'il s'agit. Et ce travail, je le diviserai en deux parties. Je tracerai d'abord le tableau historique de l'enquête dirigée sur l'ancienneté de leurs connaissances scientifiques, principalement en astronomie, car ce dernier point a été l'un des plus alarmants sujets traités par les hommes hostiles à la religion. Ensuite je ferai pour vous une rapide esquisse des recherches faites dans leurs annales et des résultats qu'on a obtenus en s'efforçant de dissiper les doutes et les obscurités de leur histoire politique.

Le premier savant de réputation qui attribua aux découvertes astronomiques des Indous une antiquité surnaturelle fut l'infortuné Bailly. Pendant sa vie, il posséda, au moins parmi les mathématiciens peu exercés, un renom brillant; mais il fut infecté de tous les défauts de son époque : il aimait les hypothèses étranges et téméraires, magnifiquement soutenues par des arguments ingénieux et variés. « Il n'écrivit pas pour les hommes de savoir, a dit Delambre, il aspirait à une renommée plus étendue. Il céda au plaisir d'associer son nom à celui de Voltaire; il ressuscita la vieille fable de l'Atlantis; il eut un bon nombre de lecteurs, et ce fut ce qui causa sa ruine. Le succès de son premier paradoxe le conduisit à en créer d'autres. Il inventa sa *nation éteinte* et son *astronomie perfectionnée dans les temps mythologiques;* il appuya toute chose ensuite sur cette idée de prédilection, et ne se montra pas fort scrupuleux dans le choix des moyens destinés à donner une couleur favorable à son hypothèse [1]. »

Dans son histoire de l'astronomie ancienne il produisit la théorie dor' .l est ici question. Par l'analyse des formules astronomiques   Indous, connues comme elles pouvaient l'être alors au

[1] Astronomie du moyen-âge, 1209, p. xxxiv.

moyèn des renseignements imparfaits donnés par Le Gentil, il fut amené à conclure qu'elles étaient fondées sur des observations réelles, mais que l'état présent et le caractère des Indiens ne nous permettaient pas de les considérer comme des découvertes originales, appartenant à ce peuple.

Conséquemment, l'astronomie actuelle de l'Inde ne se compose, aux yeux de Bailly, que des fragments et des débris d'un système de science plus ancien et beaucoup plus parfait. En ajoutant à ces conjectures quelques autres d'un genre différent basées sur des suppositions, des allégories et de vagues aperçus, il établit sa célèbre théorie suivant laquelle une nation qui a depuis longtemps disparu du monde existait, il y a nombre de siècles, dans le nord de l'Asie; et de cette source serait provenu tout le savoir qui s'est rencontré dans la péninsule méridionale. « Les Indiens, dit Bailly formaient, dans mon opinion, une nation pleinement constituée dès l'année 3885 avant Jésus-Christ. Ceci est la date réduite de leurs dynasties. Il est étonnant, ajoute-t-il ailleurs, qu'on trouve chez les Brahmanes des tables astronomiques dont l'ancienneté est de cinq ou six mille ans [1]. » Je veux vous donner un exemple de la manière de raisonner de Bailly, quand il cherche à établir l'origine septentrionale des connaissances astronomiques. « Les Chinois, dit-on, ont un temple que l'on croit dédié aux étoiles du nord, et on l'appelle le palais de la grande lumière. Il ne contient point de statues, mais seulement une draperie enrichie de broderies sur laquelle on a inscrit : A l'esprit du Dieu Petou. Les Petous, dit Bailly, sont, au dire de Magelhaens, les étoiles du nord. »

Mais ce temple n'a-t-il pu être dédié à *l'aurora borealis?* Il semble que le nom de « palais de la grande lumière » fortifierait cette conjecture. Pourquoi les chinois auraient-ils fait une divinité des étoiles du nord, plutôt que de celles de tout autre point du ciel? Elles n'ont rien de remarquable, tandis que le phénomène de *l'aurora borealis*, ces cercles, ces rayons, ces torrents de lumière semblent avoir en eux quelque chose de divin. Cette conjecture est en même temps confirmée par une autre de M. Mairan, savoir, que l'Olympus était le siége des dieux de la Grèce, parce

[1] Histoire de l'astronomie ancienne. Paris 1775, p. 107; 115.

que cette montagne paraissait surtout environnée des clartés septentrionales. Mais *l'aurora borealis* n'est point du tout remarquable en Chine : car, en trente-deux ans, le P. Parennin ne fut
jamais témoin d'un phénomène qui méritât ce nom. Ainsi nous
voyons, conclut Bailly, dans cette espèce d'adoration rendue aux
clartés du nord et aux étoiles du nord (ici les deux objets, pris
l'un pour l'autre précédemment, sont artificieusement réunis),
une trace frappante de la superstition d'une époque primitive, et
une présomption que les Chinois étaient établis autrefois sous un
ciel plus septentrional, où le phénomène de *l'aurora borealis,*
étant plus développé et plus fréquent, doit avoir produit une impression plus vive [1] ! »

Est-ce là de la science ou du roman? Est-ce. de l'histoire ou
une vision? Voltaire lui-même, avec tout son amour pour ce
qui était hardi et nouveau, ne put digérer cette création du nouveau peuple et cette origine attribuée à l'astronomie, science qui,
au dire du monde entier, doit avoir exigé des cieux brillants et
de doux climats, dans un pays de neiges presque continuelles et
de montagnes brumeuses. Il adressa à Bailly plusieurs lettres,
écrites avec cette légèreté de ton et cette insouciance de la vérité
ou de la fausseté du sujet en discussion, qui caractérise chacun
de ses ouvrages. Tout ce dont il se montre jaloux, c'est de défendre les Brahmanes qu'il avait pris sous sa protection spéciale, et
de ne point sacrifier ses doctrines favorites à lui, sur l'antiquité
historique des Indiens. « Rien ne nous est jamais venu de la
Scythie, écrit-il, si ce n'est des tigres qui ont dévoré nos agneaux.
Quelques-uns de ces tigres, il est vrai, se sont occupés d'astronomie, dans les loisirs qu'ils se sont donnés après avoir ravagé
l'Inde ; mais devons-nous supposer que ces tigres sont sortis de
leurs repaires avec des cadrans et des astrolabes? Qui a jamais entendu dire qu'aucun philosophe grec ait été chercher la science
dans le pays de Gog et Magog [2]. » Dans ses réponses, Bailly entre pleinement dans l'explication des bases de sa théorie. Il est,
je dois l'avouer, très-fatigant de lire les compliments exagérés qu'il
adresse au professeur superficiel de l'incrédulité religieuse. « Les

[1] Page 101.
[2] Lettres sur l'origine des sciences. Londres et Paris 1777.

Brahmes, répondit-il aux observations de Voltaire, seraient vraiment fiers s'ils savaient qu'ils possèdent un tel apologiste. Plus éclairé qu'ils ne peuvent jamais l'avoir été, vous possédez la réputation dont ils jouissaient dans l'antiquité. Les hommes vont maintenant à Ferney, comme autrefois à Benarès; mais Pythagore aurait été mieux instruit par vous, car le Tacite, l'Euripide et l'Homère du siècle, vaut à lui seul toute cette ancienne académie. » — « Si les chants immortels du barde grec n'existaient plus, écrit-il dans un autre endroit, M. de Voltaire, après avoir décrit les combats et les triomphes du bon Henri, aurait compris comment Homère écrivit l'Iliade et mérita sa renommée [1]. » Mais passant sur ces flatteries nauséabondes, je dirai seulement que, dans cet ouvrage, Bailly résume et présente sous une forme plus populaire les arguments exposés dans son ouvrage scientifique, en faveur de son peuple primitif, source de toute science humaine.

Il n'était pas encore satisfait; il entreprit la tâche plus formidable de vérifier mathématiquement les calculs Indiens, et de réduire à l'épreuve de rigides formules, les connaissances astronomiques et les résultats contenus dans les rapports des voyageurs et des missionnaires. Il serait étranger à mon plan, et à peine intéressant pour vous, de le suivre pas à pas dans cette laborieuse entreprise. Je me contenterai de vous donner une légère idée de sa méthode et de ses résultats.

On a publié en Europe trois suites de tables astronomiques; une d'elles a évidemment été empruntée à une autre des trois, et c'est pourquoi Bailly la rejette. Les deux autres portent des dates différentes : l'une, l'an 1491 de notre ère; l'autre, 3192 ans avant notre ère. Bailly s'occupe ensuite de démontrer qu'il est absolument improbable que les Indiens aient emprunté ces dates des autres nations, parce qu'ils en diffèrent essentiellement dans leur supputation chronologique. Il conclut que ces deux époques doivent avoir été fixées d'après des observations certaines; d'autant plus que le rapport qu'on y donne sur l'état des corps célestes est exact dans chacune. Les positions du soleil et de la lune sont indiquées, pour la période primitive, avec une précision qu'on

[1] Pages 16-207.

ne pourrait obtenir aujourd'hui, en calculant d'après nos meilleures tables; il y est fait mention d'une conjonction de toutes
les planètes, et les tables de Cassini prouvent qu'une pareille
conjonction eut lieu vers ce même temps, quoique Vénus ne
fut pas du nombre [1]. Toutes ces particularités, que j'ai rap-
portées sans aucune prétention scientifique, semblent établies
d'après un rigoureux calcul, dans le cours de l'ouvrage de
Bailly.

Telle était la théorie spécieuse de cet homme infortuné. Dans
son premier ouvrage, il avait imaginé que les recherches scientifiques de la nation éteinte étaient antédiluviennes, et que les Indiens, les Chaldéens et d'autres étaient les races qui avaient hé-
rité des fragments épars de la science primitive, après le grand
cataclysme [2]. Dans ce dernier ouvrage, pourtant, il ne s'occupe
nullement de cette hypothèse; l'astronomie de l'Inde y est traitée
comme une invention indigène, ou, du moins, Bailly se contente
d'essayer de prouver que la date supposée des premières observations astronomiques faites dans l'Inde doit être correcte. Cependant il trouva bientôt parmi ses savants compatriotes un adversaire fort capable de réfuter sa théorie romanesque. Delambre,
dans son *Histoire de l'Astronomie ancienne*, fut nécessairement conduit à traiter des observations qui étaient supposées faites par les Hindous; et sans entrer dans aucun examen approfondi
et mathématique des connaissances et des formules si vantées par
son collègue de l'Académie, il découvrit une à une les inexactitudes commises par ce dernier dans la position de la question, et
ce qu'il y avait d'arbitraire dans l'adoption de la date, base de
ces inexactitudes. Il démontre qu'il n'y a pas de raison sur terre
pour admettre la vérité des observations astronomiques des Hindous;
mais il approuve les solutions données par les écrivains anglais
dont je vais parler [3].

Nous devons convenir que le ton sur lequel Delambre réfute
Bailly ne serait guère propre à satisfaire un admirateur des rêves

---

[1] Traité de l'astronomie indienne et orientale. Paris 1787, p. 20 et
suiv.

[2] Histoire de l'astronomie, p. 89.

[3] Histoire de l'astronomie ancienne, p. 400 et suiv.

de ce dernier. Car, d'un bout à l'autre, il montre peu de respect pour la science ou pour le caractère de ce philosophe ; et il met constamment en doute, non-seulement l'exactitude de ses inductions mathématiques, mais encore la rectitude de ses propositions. Ce fut dans notre pays que Bailly trouva un champion disposé à le défendre. Entre l'époque où il a écrit, et le temps où Delambre l'a réfuté, de grandes lumières, comme je l'ai donné à entendre, avaient été jetées sur cette question : la publication d'une collection précieuse de traités mathématiques indiens, par M. Colebrooke, fournit l'occasion à la revue d'Edimbourg de vanter l'antiquité de la science des Hindous et de censurer la conduite de Delambre. L'occasion, il faut l'avouer, était étrange ; car l'ouvrage de Colebrooke offre des raisons assez fortes et assez plausibles pour supposer l'origine comparativement moderne des mathématiques dans l'Inde. Il nous donne, dans les savantes notes et explications de son discours préliminaire, une liste fournie par les astronomes du Ujjayani au docteur Hunter, de leurs plus célèbres écrivains en astronomie ; le plus ancien de ces écrivains est Varaha-Mihira, qu'ils placent au troisième siècle de l'ère chrétienne. Mais on ne connaît rien de lui, tandis qu'un autre astronome du même nom est très-célèbre, et celui-ci, Colebrooke nous le montre comme ayant vécu, ainsi qu'il est rapporté dans la table du docteur Hunter, vers la fin du sixième siècle. Il cite, il est vrai, des traités plus anciens appelés les cinq Siddhantas ; mais il existe encore, relativement à ces traités, un espace de temps assez considérable pour qu'ils aient vu le jour et même vieilli avant l'époque du second Vahara-Mihira, et cela sans qu'il soit besoin de remonter à une antiquité fort extraordinaire [1]. De même, Brahmegupta, un des plus anciens écrivains en mathématiques qui soient connus et auquel M. Colebrooke a emprunté quelques traités dans sa collection, ne peut être considéré comme antérieur au septième siècle ; il y a plus : ce pénétrant et judicieux orientaliste, après avoir exposé les motifs qui donnent à croire qu'Aryabhatta est le père et l'inventeur de l'algèbre chez les Hindous, arrive à traiter

[1] Algèbre avec arithmétique et mesurage, tirés du sanskrit. Lond. 1817. Mais voyez Revue hist. de l'astronomie des Hindous, par Bentley. Lond. 1825.

de son ancienneté, et il conclut qu'il florissait « vers le cinquième siècle de l'ère chrétienne et peut-être dans un temps plus reculé. » Il se trouvait presque ainsi le contemporain de Diophante; quoique M. Colebrooke pense qu'il était supérieur au mathématicien grec, en ce qu'il avait pour résoudre les équations compliquées une méthode que l'autre ne possédait pas [1]. Ces décisions et ces aveux d'un juge aussi compétent que Colebrooke ne pouvaient constituer une base solide à l'opinion qui veut que les Hindous aient droit à une grande antiquité dans la science astronomique. Mais le critique de la revue, admettant tous ces faits, assure hardiment qu'il ne nous faut en aucune façon considérer Aryabhatta comme l'inventeur de sa méthode, qu'on doit admettre que plusieurs siècles ont dû s'écouler entre la première invention de cette méthode et les perfectionnements qu'elle a reçus [2]. Quoique ce critique avoue que Bailly était inexact, faute de connaissances locales et par sa trop grande confiance dans les sources où il puisait, comme aussi par l'esprit de système qui l'entraînait, il persiste à soutenir que non-seulement l'antériorité originelle de la science des Hindous est tout-à-fait prouvée par la publication de M. Colebrooke, mais encore que tout le monde doit maintenant reconnaître que la science actuelle n'est qu'un débris de celle qui florissait dans la péninsule indienne, alors que le sanskrit était une langue vivante; ou peut-être « quelque mère-langue, encore plus ancienne, jeta-t-elle ces racines qui ont pénétré plus ou moins profondément dans les langues particulières de tant de nations nombreuses et lointaines qui couvrent l'Orient et l'Occident [3]. » Conclusion qui nous ferait remonter bien au-delà des bornes de l'histoire, et presque au point que Bailly aurait désiré.

Comme le nom de Delambre était mentionné avec une sorte de malignité, et qu'on l'accusait même d'une injuste sévérité envers la mémoire de son collègue de l'Académie, le savant astronome ne perdit pas de temps pour répondre aux arguments aussi bien qu'à la censure du critique, et une occasion lui en fut offerte par la publication de son ouvrage sur l'astronomie du moyen âge.

[1] Page 10.
[2] Revue d'Edimbourg, t. XXXIX, p. 143.
[3] Page 163.

Dans le discours préliminaire, il examine en détail les différents
sujets proposés à l'admiration du lecteur par le critique anonyme,
et il conclut que, bien que l'on soit parvenu à démontrer que les
Indiens avaient acquis un certain degré d'habileté dans la solution
de problèmes algébriques plus ingénieux qu'utiles, on n'a pas encore prouvé qu'ils aient rien possédé qui approchât d'une connaissance correcte et positive de l'astronomie [1].

Comme je me suis arrêté longtemps sur les opinions de Delambre, il ne serait pas juste de passer sous silence la rencontre des
mêmes opinions dans un autre célèbre historien de la science des
mathématiques, lequel écrivit aussi à une époque où la France
était encore plus sous l'influence de cette école philosophique à
laquelle Bailly s'était malheureusement attaché. Je veux parler de
Montucla, qui, avec la plus grande impartialité, s'impose la tâche d'examiner les raisons données par Bailly, pour établir l'excessive antiquité de l'astronomie chez les Hindous. Il analyse, par
exemple, la grande période de Cali-Yuga, embrassant 4,320,000
années, et trouve que si on la divise par 24,000 elle donne pour
quotient 180 ; ce qui porte à soupçonner que cette période n'est
que la moitié d'une autre composant le produit de 24,000 divisé
par 360. Or, comme les Arabes pensent que 24,000 années constituent la période dans le cours de laquelle les étoiles fixes, par
leur mouvement progressif, doivent accomplir une révolution
entière, il semblerait que les Indiens, s'emparant de cette idée,
firent leur grande période équivalente à une année de 360 jours,
longueur primitive de l'année, dont chaque jour est témoin
d'une révolution complète des corps célestes. Montucla confirme son assertion en l'appuyant de supputations semblables faites par les Arabes, et elle lui sert de motif entr'autres raisons,
pour conclure que l'astronomie indienne, loin de pouvoir se vanter d'une antiquité aussi merveilleuse que l'avait imaginé son infortuné compatriote, fut empruntée des peuples de l'Asie occidentale [2].

Mais il convient d'examiner les travaux de nos compatriotes dans
cette branche de l'histoire astronomique. M. Davis est le premier,

[1] Histoire de l'astronomie du moyen âge. Paris 1819, p. 37.
[2] Hist. des mathém. Paris, n° 7, tome I, p. 429.

comme l'a remarqué Colebrooke, qui ait donné un tableau exact de l'astronomie des Hindous, d'après leurs propres traités. Montucla avait dit que le Surya-Syddhanta, ouvrage astronomique, supposé le fruit de l'inspiration divine, serait une acquisition précieuse; « mais, ajoutait-il, qui forcera jamais ces hommes mystérieux à en donner communication [1]? » C'est précisément de ce même ouvrage que M. Davis a tiré ses matériaux, et il déclare que les brahmes ne lui ont témoigné aucune répugnance, soit pour le lui communiquer, soit pour l'aider à le comprendre. L'objet de ses recherches était simplement de découvrir la méthode et les formules par lesquelles les Indiens calculent leurs éclipses, et dès-lors il peut sembler qu'il ne jettera que peu ou point de lumière sur le sujet de notre recherche. Cependant il est manifeste, d'après ces remarques préliminaires, qu'il considère les époques éloignées que les Hindous ont adoptées pour bases ou point de départ de leurs calculs, comme ayant été adoptées arbitrairement, au moyen d'une supputation rétrograde, et non déterminée, ainsi que l'imaginait Bailly, d'après des observations positives [2].

On doit cependant reconnaître que M. Bentley a étudié sérieusement et avec succès cet ouvrage, et d'autres non moins importants de l'astronomie indienne, dans l'intention de déterminer la véritable antiquité de cette science; et c'est par ses recherches, qui embrassent un long espace de temps, que je terminerai cette partie de ma tâche. Son premier essai sur ce sujet parut dans le sixième volume des *Recherches sur l'Asie*. Il peut être divisé en deux parties. Dans la première, il examine les systèmes astronomiques des Indiens, et démontre combien un Européen qui les ignorerait pourrait aisément tomber dans des erreurs graves, lorsqu'il voudrait leur assigner une date. Il s'occupe ensuite de rechercher avec soin la date du Surya-Siddhanta, auquel les brahmes donnent modestement une ancienneté de plusieurs millions d'années. « La manière la plus correcte et la plus certaine de rechercher l'antiquité des ouvrages astronomiques indiens, écrit-il, est de comparer leurs calculs, sur les positions et les mouvements

[1] Page 443.
[2] Recherches sur l'Asie, tom. II, p. 228, éd. Calcutta.

des planètes, avec ceux tirés des tables européennes les plus exactes. Car il est clair que tout astronome, quel que soit son système, ou réel ou artificiel, doit tâcher de donner la véritable position des planètes au moment où il écrit, et il le doit, au moins autant qu'il le peut, ou que le permet la nature de son système ; autrement son travail serait entièrement inutile. Ainsi donc, les positions et les mouvements du soleil, de la lune et des planètes, à toute époque quelconque, se trouvant établis par des calculs tirés de quelque ancien système indien, et, d'une autre part, leurs positions et leurs mouvements à la même époque se trouvant établis d'après les tables européennes les plus correctes, nous pouvons déterminer l'époque antérieure où leurs positions respectives étaient précisément les mêmes [1]. » M. Bentley fait ensuite l'application de cette méthode si simple. Il prend sa date, d'un côté, d'après le traité indien, et de l'autre, d'après les tables de Lalande, et en calculant le nombre d'années à retrancher du traité indien, il découvre que des périodes diverses de 600, 700 et 800 'ans ont dû s'écouler depuis le temps où ce traité fut composé. Non content de cela, M. Bentley donne de fortes raisons pour conclure que l'auteur est Varaha, dont on sait que le disciple, Sotanund, vivait il y a environ 700 ans, époque correspondante à la date moyenne déduite par ses calculs du Surya-Siddhanta même [2].

La revue périodique que j'ai déjà citée, comme ayant si vivement défendu les théories imaginaires de Bailly, ne faisait par là que continuer l'examen, entrepris dans son premier numéro, des travaux de M. Bentley. A l'attaque sévère et raisonnée qu'elle dirigea contre lui, ce dernier répondit avec force et clarté dans le 8ᵉ volume des *Recherches* [3] ; mais je ne m'y arrêterai pas, parce que l'auteur a depuis donné une explication plus étendue, plus correcte, et beaucoup plus importante de ses idées. C'est de ce dernier travail que je vais parler.

Dans l'année même où M. Bentley publiait son *Examen historique de l'Astronomie indienne*, le savant Ideler se plaignait

---

[1] Page 564.

[2] Page 573. Ceci, cependant, a été rejeté par M. Colebrooke, dans son Algèbre.

[3] Pages 193 et suiv.

à Berlin que personne ne se fût encore trouvé qui réunit une connaissance suffisante de la langue sanskrite et de l'astronomie [1]. En cette occasion, cependant, ces deux conditions semblent avoir été combinées dans le même homme, avec la force de volonté, le zèle et l'étude nécessaires pour l'exécution de cette difficile entreprise; et probablement la sévérité avec laquelle l'auteur avait été traité lors de sa première tentative l'excita à continuer sa tâche, et ne fit qu'accélérer des recherches qu'elle était destinée à entraver.

Dans cet ouvrage, Bentley, après une préface dans laquelle il confirme par de nouveaux calculs ses premières assertions à l'égard du Surya-Siddhanta, traite méthodiquement des différentes époques qui doivent servir à diviser l'histoire de l'astronomie indienne. Il établit huit périodes ou âges différents, et tâche de déterminer et de fixer chacun d'eux par une date astronomique. La première opération, dans tout système d'astronomie, doit être la division du ciel, sans laquelle toute classification serait impraticable. La plus ancienne division indienne est la division en stations lunaires, autrefois au nombre de vingt-huit, maintenant de vingt-sept. L'histoire place cette opération entre l'année 1528 et l'année 1375 avant Jésus-Christ, et la date astronomique citée comme contemporaine se rapporte exactement à cette période. Car l'indication des points occupés alors par le système céleste sur la ligne des équinoxes et sur celle des solstices, fournit pour résultat l'année 1426 avant Jésus-Christ [2]. Or, si ce calcul est exact, nous avons, sans aucun doute, une date entièrement vraisemblable, pour fixer l'époque où les Hindous firent cette première opération astronomique. M. Bentley place l'observation rapportée ensuite onze cent quatre-vingt-un ans avant l'ère chrétienne : quand le soleil et la lune se trouvèrent en conjonction, et que les astronomes reconnurent que les colures avaient dévié de 3° 20 de la position qu'ils occupaient lors de la première observation. Le tout consiste à donner aux mois les noms qui leur sont propres ; c'est ainsi qu'on parvient à déterminer une époque.

[1] Handbuch der Math. und Technischen chron. Berlin 1825, t. I, p. 5.

[2] Page 4.

L'ère ensuite la plus importante, ère déterminée par la date astronomique qu'elle fait supposer, est le siècle de Rama, dont les exploits forment le thème le plus glorieux de la poésie indienne. Le Ramayana, ou poëme épique qui célèbre ce roi, donne une description immense de la position des planètes à sa naissance et au moment où il atteignait sa vingt-unième année. Le résultat de cette description est, que l'état du système céleste n'a pu être tel que vers l'année 961 avant Jésus-Christ [1]. Je ferai remarquer qu'il y a aussi, dans l'histoire de Rama, un passage qui correspond dans tous ses détails avec le combat des dieux et des géants décrit dans la mythologie grecque.

Je ne suivrai pas M. Bentley dans la dernière partie de son travail, parce que tout ce que nous pouvons raisonnablement désirer, nous l'avons trouvé dans la première partie. Il nous importe peu que les Hindous aient fait remonter l'existence de leurs astronomes à une absurde antiquité, et qu'ils prétendent que Garga et Parasara ont vécu et écrit 3,100 ans avant Jésus-Christ ; quand il peut être prouvé que leur science astronomique ne commença ses observations que plusieurs siècles plus tard. Mais il est juste de dire que la date du Vasishta Siddhanta et du Surga-Siddhanta, que les Hindous avaient coutume de faire remonter à un ou deux millions d'années, ne s'élève pas, d'après les calculs de M. Bentley au-delà du dixième ou du onzième siècle de l'ère chrétienne.

Il existe une légende d'une grande importance, dont cet écrivain tâche de déterminer l'époque, par un calcul astronomique, c'est l'histoire de Krishna, l'Apollon indien. Dans les légendes du pays, il est représenté comme un Avatar, ou incarnation de la Divinité. A sa naissance, des chœurs de Devantas chantèrent des hymnes à sa louange, tandis que des bergers entouraient son berceau ; il fallait cacher sa naissance au tyran Causa, à qui il avait été prédit que cet enfant causerait sa perte. L'enfant se sauva avec ses parents au-delà des côtes de l'Yamoune. Pendant quelque temps il vécut dans l'obscurité, puis il commença sa vie publique, et se distingua par sa valeur et sa bienfaisance ; il immolait les tyrans et protégeait les pauvres ; il lavait les pieds des brahmes et prêchait la doctrine la plus parfaite ; mais à la fin la puissance

---

[1] Page 15.

de ses enrremis prévalut : il fut, suivant une tradition, cloué à un arbre par une flèche, et prédit, avant de mourir, les maux qui arriveraient dans le Cali-Yuga, ou mauvais âge du monde, trente-six ans après sa mort [1]. Pouvons-nous être surpris que les ennemis du Christianisme se soient emparés de cette légende, comme contenant le texte originel de notre histoire évangélique ? Le nom de Christ et Krishna, corrompus par quelques-uns en Kristna, furent déclarés identiques, et les nombreuses similitudes qui se trouvaient entre leurs histoires furent considérées comme trop clairement définies pour permettre de douter que tous deux ne fussent un seul et même personnage [2]. La facilité avec laquelle les premiers explorateurs des lettres indiennes se laissèrent entraîner, par leur enthousiasme, à attribuer une antiquité extravagante à tout ce qu'ils rencontraient, vint favoriser ces assertions. Sir W. Jones, qui était considéré comme une autorité infaillible en de telles matières, et dont le jugement mérite assurément considération, avait affirmé qu'il était certain « que le nom de Krishna, et les traits généraux de son histoire, étaient bien antérieurs à la vie de notre Sauveur, et probablement au temps d'Homère. » Puis, reconnaissant l'impossibilité de tant de coïncidences accidentelles dans les deux vies ou les deux histoires, il suppose que les points de ressemblance moins importants furent, dans des temps plus modernes, ajoutés à la légende première d'après des Evangiles falsifiés [3]. Maurice, pareillement, reconnaît l'antiquité de la légende, et aborde les difficultés d'une façon encore moins propre à servir un adversaire du Christianisme, car il la considère comme le reste d'une ancienne tradition primitive, concernant la venue future d'un rédempteur qui, en effet, devait être un Avatar, ou incarnation de la Divinité [4].

C'est donc à l'examen de l'époque à laquelle vivait ce héros di-

[1] Voyez cette légende dans Paulinus à saint Bartholomæus, Systema Brahmanium. Rome 1802, pages 146 et suiv.; Religion de l'antiquité, de Creuzer, par Guigniaud, tom. I. Paris 1825, p. 205.

[2] Ruines, ou Méditations sur les révol. des empires, par Volney. Paris 1820, p. 267,

[3] Recherches sur l'Asie, tom. I, p. 273.

[4] Hist de l'Hindostan. Lond. 1824, tom. II, p. 225.

vin que M. Bentley a appliqué ses calculs astronomiques. Il a
cherché sans relâche, dans les relations qui le concernaient, quelque date qui pût servir de base pour déterminer l'époque de sa
vie; et après avoir trouvé ces relations trop insignifiantes, quoique l'histoire portât que le célèbre astronome Garga avait assisté
à sa naissance et avait décrit l'état des cieux à ce moment solennel, M. Bentley fut assez heureux pour se procurer le Janampatra de Krishna, qui contient la position des planètes à la naissance du demi-dieu. D'après la supputation basée sur les tables
européennes, réduites au méridien d'Ujein, il paraît que les cieux
ne peuvent avoir offert l'état décrit dans le Janampatra que le
7 août de l'an 600 de notre ère [1]. M. Bentley conclut donc que
cette légende fut une habile imitation du Christianisme, forgée
par les brahmes, dans le dessein prémédité d'empêcher les naturels du pays d'embrasser la nouvelle religion qui avait commencé
à pénétrer jusqu'aux limites les plus reculées de l'Orient.

Il arrivera probablement que bien des personnes ne seront pas
d'accord avec cet écrivain sur quelques-unes de ses opinions, et
je dois dire que, sans preuves plus positives, je ne puis aller
aussi loin que lui sur quelques points particuliers; néanmoins,
quant à la démonstration qu'il donne du peu d'ancienneté de la
date qu'il faut assigner aux observations et aux ouvrages des Hindous sur l'astronomie, il mérite certainement les suffrages des
meilleurs mathématiciens modernes. Sans parler de Delambre, qui
considérait son travail sur l'époque du Surya-Siddhanta comme
entièrement satisfaisant, nous avons l'opinion de Schaubach, qui
soutient que toute la science des Hindous en astronomie leur est
venue des Arabes, et que par conséquent elle appartient plutôt à
la science moderne qu'à l'ancienne [2]. Laplace, dont le nom sera
sans doute mis par tout astronome de nos temps bien au-dessus
de Bailly, dont on a exagéré le mérite, de Bailly dont il était
l'ami et le chaud admirateur, s'exprime ainsi à ce sujet : « L'origine de l'astronomie dans la Perse et dans l'Inde est maintenant
perdue, comme chez toutes les autres nations, dans l'obscurité

[1] Page 3.
[2] Dans la Monatliche corresp., par le baron de Zach.; février et mars
1813.

de leur histoire ancienne. Les tables des Indiens supposent des connaissances très-avancées en astronomie ; mais il y a tout lieu de croire que ces tables ne peuvent réclamer une très-haute antiquité. En ceci je m'éloigne à regret de l'opinion d'un illustre et malheureux ami. » Cette expression montre clairement que ce ne fut par aucun penchant pour notre cause que Laplace se prononça contre les prétentions de l'astronomie sanskrite. Après ces remarques, il passe à un examen détaillé de la question que certes j'ai bien souvent posée, savoir : si les observations qui ont servi de base aux calculs des tables indiennes, et qui sont datées de 1491, et de 3102 ans avant l'ère chrétienne, furent jamais réellement faites ; et il conclut qu'elles ne l'ont pas été, et que les tables ne furent basées sur aucune observation véritable, attendu que les conjonctions qu'elles supposent ne peuvent avoir eu lieu. » C'est ce qui résulte encore, ajoute-t-il, des mouvements moyens que ces tables assignent à la lune, par rapport à son périgée, à ses nœuds et au soleil ; mouvements qui, plus rapides que suivant Ptolémée, indiquent que les tables dont il s'agit sont postérieures à cet astronome. Car nous voyons, d'après la théorie de la gravitation universelle, que ces trois mouvements s'accélèrent de siècle en siècle. Ainsi, les résultats de cette théorie, si importante pour l'astronomie lunaire, servent aussi à éclaircir la chronologie [1]. A ces témoignages nous pouvons ajouter celui du docteur Maskelyne, communiqué à M. Bentley en personne [2], celui d'Heeren [3], de Cuvier [4], et de Klaproth, qui s'exprime en ces termes : « Les tables astronomiques des Hindous, auxquelles on avait attribué une antiquité prodigieuse, ont été construites dans le septième siècle de l'ère vulgaire, et ont été postérieurement reportées par des calculs à une époque antérieure [5]. »

D'après ces autorités confirmatives, ajoutées aux opinions déjà citées et antérieures des mathématiciens français, nous pouvons

[1] Exposition du système du monde, sixième édition. Bruxelles 1827, p. 427.

[2] Préface, page 25.

[3] Ideen über die politik, quatrième édit., p. 142.

[4] Cuvier, Discours prélimin., in-8. Paris 1825, p. 238.

[5] Mémoires relatifs à l'Asie, Paris 1824, p. 397.

raisonnablement douter qu'un autre champion s'élève pour défendre l'extrême antiquité de la science astronomique des Indiens. Il
sera difficile, en tous cas, de rétablir une telle prétention, et de
la faire remonter assez haut pour qu'elle puisse menacer d'un
conflit la chronologie de Moïse. Il existe d'autres branches des
connaissances indiennes qui peuvent également vous paraître dignes d'investigations, par exemple, la date des écrits sacrés et
philosophiques, auxquels plusieurs savants ont attribué une antiquité si absurde, il y a quelques années; mais comme mon intention est, suivant ma promesse, de consacrer un discours spécial
à la littérature orientale, je réserverai pour ce discours ce qui me
paraît le plus important sur ce sujet. Ainsi, je passerai de l'astronomie à l'histoire des Indiens, et je verrai si celle-ci peut en aucune façon, et plus que l'astronomie, prétendre rivaliser d'ancienneté avec les faits rapportés dans le Pentateuque.

On devait naturellement supposer que l'orgueil national, qui
avait fait assigner une antiquité extravagante à l'origine de la
science, avait en même temps suggéré l'idée d'une antiquité correspondante pour les gouvernements sous lesquels cette science
avait lui. Une fiction supposait nécessairement l'autre. Et quand
les nations orientales se mettent à donner une ancienneté fabuleuse à leur origine et à leur histoire primitive, elles ne s'arrêtent
pas à des bagatelles, et ne se laissent pas intimider par notre règle européenne, qui veut qu'on tienne compte des probabilités.
Un million d'années est aussi vite inventé qu'un millier, et il n'est
besoin que d'un très-petit nombre de rois pour remplir cet immense espace de leurs règnes, si vous accordez à ces règnes la
modeste quantité de douze douzaines de siècles pour chacun. Et
vos lecteurs croiront le tout, si vous pouvez leur faire franchir
seulement le premier pas, c'est-à-dire si vous pouvez leur faire
croire que ces rois ont été les descendants du soleil et de la lune,
ou qu'ils ont quelque autre origine céleste. Nous ne pouvons
vraiment nous empêcher de plaindre ceux qui ont été entraînés à
croire de pareilles absurdités; je pense toutefois que nous devons
plaindre aussi ceux qui ont essayé d'analyser la masse de fables
qui nous est présentée par l'histoire indienne, et de s'emparer
des rares parcelles de vérité qui sont enfouies dans ce chaos.

En cela, comme dans la plupart des autres recherches sur

l'Inde, sir W. Jones ouvrit la marche. Il prit pour base de ses explorations la liste généalogique des rois, extraite du Puranas, par le Pundit Rhadacanta; et il entreprit la tâche de débrouiller leur histoire, bien résolu à ne se laisser entraîner par aucune considération, quelque importante qu'elle fût, vers une décision que l'équité n'approuverait pas. « Ne m'attachant, écrit-il, à aucun système, étant aussi disposé à rejeter l'histoire de Moïse, si l'on prouve qu'elle est erronée, qu'à la croire, si elle est confirmée par un raisonnement droit et par une incontestable évidence, je vais mettre sous vos yeux un précis de la chronologie indienne, extrait des livres sanskrits [1]. » Cependant sir Jones découvrit bientôt qu'il avait affaire aux races divines dont nous avons parlé, et que ces races étaient exemptes des lois qui limitent la durée des dynasties mortelles. Peu intimidé par cette découverte effrayante, qui aurait désespéré un investigateur moins fervent et moins laborieux, il tâche d'expliquer les absurdités et de concilier les contradictions; il trace des tables des rois et leur assigne des dates, suivant les conjectures les plus plausibles qu'il puisse former. Voici ses propres paroles sur le résultat de ces infructueux travaux : « Nous avons donné, conclut-il, une esquisse de l'histoire des Indiens, dans toute la longue durée qu'on peut justement lui assigner; et nous avons remonté sur les traces de l'empire indien jusqu'à plus de trois mille huit cents ans au-delà de notre époque [2]. » Adoptant même, d'après un investigateur très-partial, l'antiquité jusqu'à laquelle on peut, avec une apparence de raison, faire remonter les annales de l'Indostan, nous ne voyons pas de gouvernement établi dans ce pays avant les deux mille ans qui ont précédé l'ère chrétienne, c'est-à-dire avant l'âge d'Abraham, durant lequel, selon la Genèse, l'Egypte possédait une dynastie constituée, et la Phénicie une littérature et un commerce florissant.

Sir W. Jones fut suivi par M. Wilfort. Ce dernier tâcha d'introduire une apparence d'ordre dans les dynasties de Maghada, dont le tableau se trouve dans le Puranas [3]. Hamilton lui succéda

[1] De la chronologie des Hindous. Recherches sur l'Asie, tome II, page 2.

[2] Page 145.

[3] Des rois du Maghada. Recherches sur l'Asie, tom. IX, p. 82.

dans le même travail [1] ; mais ces deux patients investigateurs se trouvèrent à chaque pas arrêtés par des méprises volontaires, ou par les plus étonnantes contradictions. Le premier de ces écrivains nous montre, par un triste exemple, jusqu'où peuvent aller les fraudes des Pundits, et nous donne conséquemment la mesure de la confiance que nous devons leur accorder dans les passages de leurs livres où ils voudraient nous faire croire à une antiquité déraisonnable. M. Wilfort nous dit qu'un homme dévoué, employé par lui à grands frais pour l'aider dans ses travaux, n'hésita pas à effacer et à changer des passages dans les livres les plus sacrés de sa religion; et quand ce même homme pensait que ses extraits pourraient être collationnés sur les livres, il allait jusqu'à composer des milliers de vers pour empêcher la découverte de sa fraude [2]. M Wilfort reconnut, à l'égard du sujet qui nous occupe, que ces saints hommes de l'Inde ne faisaient aucun scrupule d'inventer des noms et de les insérer entre ceux de héros plus célèbres; il ajoute qu'ils justifiaient leur conduite en disant que telle avait toujours été la coutume de leurs prédécesseurs. Donc, après avoir fait tous les retranchements et toutes les concessions convenables, nous ne trouverons que de bien mauvais matériaux pour construire une histoire qui présente quelque caractère de certitude ou même de probabilité. Les deux auteurs que j'ai nommés ne nous ont donné, en définitive, qu'une série de rois dont l'existence n'est attestée par aucune autre preuve que des poëmes et des fables.

« Dans ce cas, dit un écrivain plein de sagacité, lequel cependant est plutôt porté à s'exagérer qu'à déprécier l'antiquité de la littérature des Hindous, ces dynasties ne font pas plus autorité que les générations des héros et des rois parmi les Hellènes; et ces tables tiennent le même rang dans la mythologie indienne que celles d'Apollodore dans la mythologie grecque. Nous ne pouvons espérer d'y rencontrer aucune histoire critique ou chronologique; c'est une histoire composée par des poètes et conservée par des poètes, et par conséquent poétique, sans être pour cela

---

[1] Généalogie des Hindous, extrait de leurs livres sacrés. Edimbourg 1819.

[2] Rech. sur l'Asie, tom. VIII, p. 250.

entièrement composée de fictions [1]. » « La chronique et l'histoire
des Hindous, écrit un autre, sont en général aussi poétiques et
aussi idéales que leur géographie. Chez ce peuple, l'imagination
l'emporte sur toute autre faculté [2]. » En effet, Klaproth place le
commencement de la véritable chronologie indienne dans le dou-
zième siècle de notre ère [3].

Heeren s'est néanmoins donné beaucoup de peine pour remonter jusqu'aux premières institutions des Hindous, et pour reconstruire leur premier état politique. Il prouve dans le plus grand
détail que la caste des brahmes est une nation ou tribu différente
des habitants de la péninsule; et prenant ce peuple au siége de
son établissement dans les montagnes du nord, il le suit à travers la ligne de temples qu'il a tracée dans sa marche jusqu'au
sud. Il cite l'autorité de quelques voyageurs pour prouver que les
brahmes ont le teint plus clair que les hommes des autres castes,
assertion qui, vous vous le rappellerez, est en contradiction avec
celle d'autres voyageurs que je vous ai cités en traitant des variétés de l'espèce humaine. Pourtant, je ne vois aucune forte objection à élever contre cette hypothèse, qui semble seule donner la
solution du pouvoir absolu des brahmes sur la masse de la nation [4]. Et après tout, quoique ceci suppose une période de temps
très-reculée (car les plus anciens récits sur l'Inde montrent déjà
ce système gouvernemental profondément enraciné à leur époque),
nous n'en obtenons pas davantage de résultat définitif.

La guerre entre les Coros et les Pandos, les Grecs et les Troyens
de la poésie sanskrite, paraît, dans sa base historique, offrir à
Heeren la preuve d'une organisation politique très-ancienne dans
les régions du Gange. Mais encore n'avons-nous jusque-là qu'une
grande antiquité, sans aucune époque chronologique décisive; et,
à l'égard de cette guerre, il est bon de remarquer qu'elle est si
essentiellement liée à l'histoire de Krishna, que, si la théorie de
M. Bentley est exacte sur ce dernier point, l'autre événement

---

[1] Heeren, ubi sup., p. 242.

[2] Guigniant, sur Creuzer, ubi sup., tome I, deuxième partie, p. 585.

[3] Ubi sup., p. 412.

[4] Ubi sup., p. 257.

doit partager le même sort et être considéré comme une invention moderne.

Au reste, Heeren s'attache patiemment à mettre en ordre et à concilier les divers fragments qui restent des annales primitives ; il cherche à découvrir quels furent les premiers états et les premières dynasties qui en eurent le gouvernement ; mais les résultats auxquels il arrive, après son long travail, à travers lequel je n'ai aucun désir de vous conduire, sont tels que le plus timide croyant ne doit point s'en alarmer. « D'après toutes les considérations précédentes, écrit-il, nous pouvons conclure que la région du Gange a été le siège de royaumes importants et de villes florissantes, plusieurs siècles et probablement 2,000 ans avant Jésus-Christ [1]. » Voici ses conclusions : « Au lieu de six mille ans avant Alexandre, date adoptée par quelques écrivains, sur la foi d'Arrian, au lieu des millions d'années supputées d'après les fables des brahmes, nous trouvons, comme Jones et d'autres l'ont conjecturé, que le temps d'Abraham est l'époque historique la plus ancienne d'une organisation politique dans l'Inde. »

Après vous avoir ainsi et assez longuement conduits à travers les histoires qui depuis quarante ans ont été faites sur la chronologie des Indiens, ce serait une grave omission, et en outre une violence faite à mes affections, de passer sous silence et de ne pas apprécier selon leur mérite les travaux d'un homme que j'ai l'honneur de compter parmi mes auditeurs, et dont on eût pu croire que la présence m'empêcherait de signaler les découvertes. Je suis certain que personne ne parcourra les deux magnifiques volumes sur les *Annales des antiquités de Rajasthan* [2], sans reconnaître que leur auteur est parvenu à ajouter, à des recherches épuisées en apparence, un fonds de nouveaux matériaux auxquels s'unit une sagacité supérieure, qui a jeté de grandes lumières non-seulement sur le sujet qui nous occupe maintenant, mais aussi sur ceux qui l'ont précédé. Et si nous descendons vers les temps plus rapprochés, il a certainement été assez heureux pour trouver

[1] Page 272.

[2] Par le lieutenant-colonel James Tod. Londres, tom. I, 1829 ; t. II, 1832. Depuis que ces discours ont été prononcés, la mort a ravi à notre littérature cet homme aussi aimable que savant et infatigable.

à fouiller un vaste terrain encore inexploré dans les pays dont il a le premier écrit l'histoire. Il a été ainsi à même de combiner (et bien peu d'autres avant lui avaient eu ce privilège) de nouveaux événements avec un nouveau théâtre ; le drame varié d'une histoire à peine connue, avec une scène embellie de la parure la plus splendide que puisse procurer la nature, et des monuments les plus somptueux que l'art oriental y pourrait ajouter. Soit que nous considérions la partie géographique, historique, ou artistique des additions faites à nos connaissances sur l'Inde par la publication de cet ouvrage, soit que nous considérions l'intérêt de la narration en elle-même, nous pouvons en toute sûreté, je pense, ranger cet écrit parmi les plus estimables et les plus beaux qui aient paru sur la littérature orientale.

Le colonel Tod a certainement surpassé tous ses prédécesseurs dans la rectification et la mise en ordre des listes des dynasties indiennes. Il démontre qu'il existe une conformité générale entre les généalogies produites par Jones, Bentley et Wilfort, et celles que lui-même a tirées de différentes sources. Et comme il y a assez de différences entre ces généalogies pour garantir qu'elles proviennent d'originaux divers, il conclut, non sans beaucoup d'apparence, qu'elles sont fondées sur quelque vérité. Les deux races principales, comme je l'ai déjà fait observer, sont celles du soleil et de la lune, et il est à remarquer que les deux lignes présentent à peu près le même nombre de rois. Ainsi, en prenant Bouddha pour le régénérateur du genre humain après le déluge, fait qui ne paraît pas impossible, puisque c'est Bouddha qui commence la lignée lunaire des princes, nous aurions, suivant les tables généalogiques, « cinquante-cinq princes depuis Bouddha jusqu'à Krishna et Youdistra (je rapporte les propres expressions du colonel Tod); » et en admettant le moyen terme de vingt ans pour chaque règne, nous trouverions une période de 1,100 ans, laquelle étant ajoutée à une autre pareille, calculée de cette époque jusqu'à Vicramaditya, qui régna 56 ans avant Jésus-Christ, laquelle, dis-je, m'autoriserait à placer l'établissement dans l'Inde proprement dite de ces deux grandes races, distinctivement appelées, l'une race de Soorya, l'autre de Chandra, vers 2,256 ans avant l'ère chrétienne. C'est à cette époque, néanmoins un peu plus tard, que, suivant l'opinion générale, les monarchies égyptienne, chinoise et assyrienne se sont établies, et c'était environ un siècle et demi après ce grand événement, le déluge [1]. Jusque-là, assurément, il n'y a rien qui nous puisse causer le moindre embarras; si nous prenons la chronologie des Septante, que plusieurs modernes sont disposés à suivre, nous trouvons même un espace de temps plus considérable entre le grand fléau et l'époque assignée ici à l'établissement de ces dynasties royales. Ce qui peut servir à confirmer ce calcul, c'est l'uniformité d'autres résultats obtenus par l'emploi d'un procédé semblable.

Mais la découverte la plus frappante, et assurément la plus précieuse du colonel Tod dans les annales des Hindous, est le rapport historique qu'il semble avoir établi entre les Indiens primitifs et les tribus de l'ouest, tribus qui, nous l'avons déjà vu, paraissent avoir une origine commune, si l'on s'en rapporte aux témoignages de la philologie comparative. Cet écrivain prouve d'abord que les Hindous eux-mêmes placent le berceau de leur nation vers l'ouest, et probablement dans la région du Caucase. A différentes époques, ces tribus, qui restèrent dans cette partie de l'Asie, et qui avaient reçu le nom de Scythes, semblent être devenus les usurpateurs des nouveaux établissements de leurs frères, et avoir considérablement modifié les mœurs et la religion des Indiens, en même temps qu'elles donnèrent naissance à quelques familles de rois, qui ont pris rang parmi les plus distinguées. Nous avons parlé d'une irruption de ces tribus dans l'Inde, environ six cents ans avant Jésus-Christ, irruption presque contemporaine d'une invasion semblable, partie du même lieu, et qui se répandit dans l'Asie mineure, dans le nord de l'Europe et dans l'Orient jusqu'à la Bactriane, où elle renversa la domination des Grecs. On doit retrouver les anciens Gètes dans les Jits de l'Inde moderne. Ils sont répandus dans le pays qui s'étend depuis les montagnes de Joud jusqu'aux rives de Mékran, et suivent encore le même genre de vie nomade qu'ils menaient dans leurs latitudes plus septentrionales. Les Asi de l'histoire ancienne sont probablement la race Aswa des Indiens [2]. Après avoir établi ces ressemblances de noms, le savant écrivain découvre de tels points

[1] Tom. I, p. 37.
[2] Page 63.

de similitude entre les habitants du Nord et les habitants actuels du Rajasthan, dans l'habillement, la théogonie, les coutumes guerrières, les formes religieuses et les coutumes civiles, qu'il ne laisse subsister aucun doute raisonnable sur l'affinité de ces deux races [1]. Doit-on prétendre que les ressemblances dont il s'agit proviennent d'une invasion subséquente, ou faut-il y voir les restes d'une affinité primitive, c'est, je pense, ce qui peut fournir matière à une ample discussion. J'ai des raisons de douter que quelques-unes des étymologies puissent être bien défendues ; et je crains que dans plusieurs cas la ressemblance de nom ne soit pas assez confirmée par la date historique, pour que nous puissions conclure, en toute sûreté, que les objets sont identiques. Néanmoins toutes ces considérations sont d'une importance secondaire ; mon savant ami en a fait assez pour me convaincre des rapports primitifs qui existent entre les tribus occupant encore la Scandinavie, et celles qui n'ont pas cessé de dominer dans l'Inde ; et ceci nous fournira matière à plusieurs réflexions.

Car vous remarquerez comment, en plus d'une occasion, indépendamment de mon but principal, celui de découvrir le fruit des recherches scientifiques dont les vérités sacrées ont été l'objet, j'ai tâché d'appeler votre attention sur la lumière qu'une étude jette nécessairement sur une autre. Aussi je désire que vous observiez à présent combien nos premières recherches semblent s'éclairer vivement de ces dernières qui sont tout-à-fait différentes, à l'exception de ce point, cependant, qu'elles servent de confirmation encore plus complète de la vérité des saintes Ecritures déjà attestée par les autres. Chaque nouveau pas dans l'étude comparative des langues nous a démontré d'une manière de plus en plus positive que le genre humain formait dans l'origine une seule famille ; et l'étude de l'histoire primitive des nations, jointe à l'observation de leurs mœurs, de leur religion et de leurs coutumes, nous amène précisément à la même conclusion. Et ceci ne se borne pas seulement aux membres de la même famille territoriale, tels que les Germains et les Indiens ; car le colonel Tod a réellement signalé des coïncidences si curieuses entre l'origine à laquelle prétendent les Mongols et les Chinois, et les annales fabuleuses et

---

[1] Pages 65-80.

primitives des Indiens, que ces coïncidences semblent, en ce qui touche la recherche historique de leur origine commune, nous placer à peu près dans la même position que le font les découvertes de Lepsius et autres à l'égard des recherches ethnographiques; c'est-à-dire qu'elles laissent entrevoir la possibilité de démontrer que des familles d'hommes, entièrement séparées aujourd'hui par des langages différents, n'ont été originellement qu'une seule et même famille. Dans chaque science, peut-être, n'a-t-on fait qu'un seul pas, mais il a été fait avec tant de succès, qu'on en peut espérer des découvertes encore plus amples et plus satisfaisantes. Et si l'origine commune de ces nations peut être historiquement établie, nous aurons acquis une forte preuve qu'il a fallu l'action de quelque cause grande et inconnue, pour donner à chacune d'elles un langage si essentiellement distinct.

De plus, par les recherches dont il s'agit, il nous est encore mieux prouvé que le climat ou quelque autre cause peut changer l'extérieur et la physionomie d'un peuple. Car, en adoptant l'hypothèse du savant écrivain dans toute son étendue, en supposant que la race qui occupe maintenant le Rajasthan soit une tribu du nord qui en sortit pour l'envahir, 600 ans avant Jésus-Christ, et que cette tribu ne fut qu'une portion de la même nation qui, vers la même époque s'empara du Jutland, il nous est démontré que deux colonies de la même tribu peuvent, dans le cours de quelques siècles, avoir acquis les caractères physiques les plus différents: l'une ayant les cheveux blonds et la peau blanche des Danois, l'autre, la couleur brune des Indiens. Au reste, n'allons pas si loin; supposons seulement que les ressemblances de noms et de mœurs soient des traces d'une affinité primitive, nous pouvons encore tirer de cette hypothèse une conclusion qui ne différera de l'autre qu'à cause d'une sorte d'incertitude dans la comparaison des dates, et dire que les Gètes de la Scythie donnèrent naissance aux races les plus blondes de la nation du Caucase, tandis que les Gètes de l'Hindoustan ont fourni les hommes les plus bruns du Mongol. Cette réflexion aussi contribuera beaucoup à renverser l'hypothèse d'Heeren, quant à l'existence de deux races différentes dans la péninsule indienne, races distinctes aujourd'hui par la différence de couleur, et qui constituent les brahmes et les castes inférieures.

La ressemblance complète entre les systèmes fabuleux de l'Inde, de la Grèce et de la Scandinavie, ressemblance qui se fait voir, non-seulement dans les caractères et les attributs de leurs divinités respectives, mais encore dans leurs noms et dans les moindres circonstances de leurs légendes, est une découverte qui appartient à la première histoire des études de ce genre. Sir W. Jones, Wilfort, et d'autres, dans la dernière génération, ont amplement démontré ce point. Le dernier nommé de ces écrivains a aussi renouvelé avec le soin le plus attentif et le plus laborieux l'ancienne hypothèse, suivant laquelle il existait une affinité étroite entre les adorateurs du Nil et ceux du Gange ; mais malheureusement les circonstances que j'ai déjà détaillées, à l'égard de cet auteur, ont refroidi l'intérêt qu'autrement ses recherches auraient dû exciter. Cependant le colonel Tod a ajouté plusieurs points intéressants de ressemblance à ceux que nous possédions déjà, entre les fables des deux pays. Je me contenterai de citer sa description de la fête de Goure [1], célébrée avec une grande solennité à Mewar, et les remarques qu'il y a jointes en forme de commentaires. Ici nous trouvons donc encore de nouvelles raisons pour soupçonner qu'une affinité existe entre deux nations qui appartiennent à différentes familles, selon les divisions philologiques.

Cette accumulation croissante de preuves en faveur de l'origine commune des nations, tirées de recherches qui n'étaient aucunement dirigées vers cette découverte, doit grandement fortifier notre confiance dans l'utilité d'une étude quelconque, lorsqu'on la met scrupuleusement en harmonie avec les sciences qui s'en rapprochent, et qu'on la fait avancer avec celles-ci d'un pas égal.

Après avoir vu la chronologie de l'Inde réduite de la sorte à des limites raisonnables, après avoir lu dans son histoire primitive les nouvelles analogies découvertes entre son origine et celles des autres nations, il ne reste rien qui doive plus longtemps nous retenir parmi les habitants de l'Asie. Aucun autre peuple de ce continent n'a donné lieu à des recherches aussi assidues ; en partie, parce qu'aucun n'offre des matériaux d'un intérêt capable d'exciter au même point le zèle des savants, et, en partie, parce que

[1] Page 570.

nos relations avec l'Inde nous ont donné plus d'occasions de cultiver la langue dans laquelle l'histoire de ce pays a été écrite. Toutefois, pour ne pas manquer de courtoisie envers les autres nations, et afin qu'on ne puisse croire que leurs annales ne sont pas aussi faciles à traiter que celles que j'ai discutées, je vous donnerai en peu de mots l'opinion d'un ou de deux écrivains qui ont, de notre temps, pris la peine de débrouiller leurs chronologies primitives.

Klaproth, dans son essai réimprimé plusieurs fois par lui, sous des formes et dans des langues différentes, a tâché de fixer le commencement de l'histoire douteuse des différentes nations de l'Asie, en suivant principalement leurs propres historiens [1]. Son travail a été bref quant aux royaumes mahométans, royaumes dont toute l'histoire ancienne se compose de ce qu'ils empruntent de Moïse, ou de ce qu'ils greffent sur quelque souche juive. Les annales persannes elles-mêmes peuvent à peine remonter au-delà de l'avénement des Sassanides au trône, en 227. Cyrus y est représenté comme un personnage héroïque ou fabuleux. Avant lui, nous avons la dynastie des Pishdadiens, ère purement fabuleuse [2]; et c'est un sujet de discussion parmi les savants, de savoir si Gustasp, contemporain de Zerdhust, ou Zoroastre, est l'Hystaspe de l'histoire, ou un souverain contemporain de Ninus [3], ou enfin le Cyaxare des Mèdes [4].

Dans la même catégorie rentrent à peu près ces nations chrétiennes, dont l'histoire, comparativement moderne, a été écrite par le clergé, l'historien nécessaire d'un peuple dont la civilisation est peu avancée encore. Ces nations devaient naturellement rejeter les traditions indigestes et fabuleuses qui forment l'histoire primitive des populations païennes, et repousser l'idée de leur ressembler

---

[1] Examen des historiens asiatiques, publié d'abord dans le Journal asiatique, septembre et novembre 1823; réimprimé ensuite dans ses Mémoires relatifs à l'Asie, tom. I, p. 389, auxquels je renverrai dans le texte. L'essai reparut dans son Asie polyglotte, p. 1-18.

[2] Hyde, de Religione veterum Persarum, p. 312.

[3] Volney, Rech. nouv. sur l'hist. ancienne. Paris 1822, p. 283.

[4] L'opinion préférée par Tychsen, Comment. soc. Gœtting, t. II, p. 112.

par une descendance commune de divinités impures et impies ;
elles devaient tâcher de substituer à de pareilles traditions celles
que les écrits révélés offraient en remplacement. Nous voyons que
les Géorgiens et les Arméniens se trouvent effectivement dans ce
cas. Le première partie de leurs annales est tirée de la Bible; ils
s'efforcent de découvrir leurs ancêtres dans cet immense arsenal
de l'histoire primitive, le livre de la Genèse. Ils remplissent ensuite
un long espace avec des récits empruntés à des historiens étrangers ; et enfin ils rattachent à ces récits leurs mesquines traditions, trop modernes pour alarmer la susceptibilité la plus délicate, au sujet de la révélation. L'époque la plus reculée à laquelle
puisse atteindre chez eux le moindre fait méritant d'être appelé
historique, se trouve, suivant Klaproth, deux ou trois siècles
avant Jésus-Christ [1].

Il nous reste encore à nous occuper de la Chine, et cette contrée assurément doit être exceptée des remarques que j'ai faites.
Elle possède une littérature nationale d'une grande antiquité, et
elle prétend être la première nation du globe. Nous savons tous
aussi que ses annales remontent à une antiquité formidable, et il
est naturel qu'on s'attende à nous voir examiner ses prétentions
avec autant de soin que nous en avons mis à vérifier celles de sa
rivale dans l'Inde. Je me contenterai néanmoins de vous présenter
en peu de mots les conclusions déduites par Klaproth, de l'étude
de ses écrivains, étude à laquelle il s'est principalement livré ; et
je puis vous assurer que vous aurez les décisions d'un juge qui
n'est aucunement disposé à seconder nos désirs, en dépréciant les
titres de gloire des Chinois.

Selon lui, le plus ancien historien de la Chine fut son célèbre
philosophe et moraliste Confucius. On dit qu'il a tracé les annales
de son pays qui sont connues sous le nom de Chuking, depuis le
temps d'Yao jusqu'à l'époque où il a vécu. On suppose que Confucius vivait environ 4 ou 500 ans avant Jésus-Christ ; et l'ère de
Yao est placée 2357 ans avant la même époque. Ainsi donc, plus
de deux mille ans séparent le premier historien des premiers événements qu'il rapporte. Mais cette antiquité, quelque reculée qu'elle
fût, ne satisfaisait pas l'orgueil des Chinois; des historiens plus ré-

---

[1] Page 412.

16.

cents ont placé d'autres règnes avant celui de Yao, et les ont fait remonter jusqu'à la vénérable antiquité de trois millions deux cent soixante six mille ans avant Jésus-Christ.

Afin que vous puissiez apprécier plus exactement l'authenticité des annales chinoises, je ne dois pas oublier de vous faire remarquer que, 200 ans après la mort de Confucius, l'empereur Chi-Hoanti, de la dynastie de Tsin, proscrivit les ouvrages de ce philosophe et ordonna que toutes les copies en fussent anéanties. Le Chu-King, cependant, fut retranscrit sous la dynastie suivante de Han, sous la dictée d'un vieillard, dont la mémoire l'avait fidèlement retenu. Telle est donc l'origine de la science historique en Chine; et, en dépit de tout le respect dû au grand moraliste de l'Orient, et bien qu'il déclare n'avoir écrit que d'après des matériaux déjà existants, Klaproth n'hésite pas à nier l'existence de toute certitude historique dans le céleste empire, antérieurement à l'année 752 avant Jésus-Christ, époque voisine de la fondation de Rome, et alors que la littérature hébraïque était déjà sur son déclin [1].

Les Japonais, en fait de science historique, ne sont que les copistes des Chinois. Eux aussi prétendent à leurs millions d'années avant l'ère chrétienne. Mais la première partie de leurs annales est purement mythologique; la seconde nous présente les dynasties chinoises comme régnant dans le Japon; et ce n'est que vers l'avénement des Daïri au trône, 660 ans avant Jésus-Christ, qu'on peut ajouter quelque foi à leurs annales [2].

En jetant un coup d'œil en arrière sur la chronologie des différentes nations dont j'ai traité, on ne peut s'empêcher d'être frappé de cette remarque, que toute tentative faite pour assigner à aucune d'elles un système de chronologie contraire à l'autorité des livres de Moïse, a échoué. La plupart même de ces nations, quand nous avons accordé une existence réelle aux parties les plus dou-

[1] Abel Remusat est disposé à faire remonter l'histoire des Chinois à deux mille deux cents ans avant Jésus-Christ, et toute tradition plausible jusqu'à deux mille six cent trente sept ans. Cette antiquité même ne présente rien de formidable à la croyance chrétienne. Nouveaux mélanges asiatiques, tom. I, p. 61. Paris 1829.

[2] Page 402.

teuses de leur histoire, ne nous rejettent pas à une époque antérieure à celle que l'Ecriture assigne à l'existence d'empires puissants dans l'Afrique orientale, et d'états conquérants sur les côtes occidentales de l'Asie.

Le savant Windischmann, que je nomme avec orgueil mon ami, range aussi parmi les temps incertains la période entière de l'histoire chinoise que Klaproth a classée de cette sorte; il démontre la concordance de cette époque avec une autre forme de supputation, tirée des cycles d'années adoptées par les Chinois; et le résultat de ce travail est un rapport d'une évidence suffisante entre la date assignée à la fondation de l'empire céleste par Fo-Hi ou Tu-Chi, que quelques-uns même ont supposé être Noé, entre cette date, dis-je, l'époque du déluge, selon le Pentateuque samaritain, et le commencement du Cali-Yuga indien ou âge de fer [1]. Le philosophe Schlegel non-seulement partage cette opinion, mais il croit aussi avec Abel Remusat, que les caractères écrits des Chinois doivent avoir 4000 ans d'antiquité; ce qui, observe-t-il, en ferait remonter l'origine à trois ou quatre générations après le déluge, selon l'ère vulgaire; estimation qui certainement n'est pas exagérée [2].

Même dans l'Inde, vous avez vu des auteurs, comme le colonel Tod, suivre en tous points les tables chronologiques du pays, et cependant arriver presque exactement à la même époque pour le commencement de son histoire. Assurément une pareille coïncidence doit avoir force de preuve pour les esprits les plus obstinés; elle doit les convaincre que quelque grande et insurmontable barrière doit s'être élevée entre les nations et toutes les traditions primitives qu'on puisse appeler certaines, quoique néanmoins cette barrière ait laissé passer quelques faibles lueurs de souvenir quant à l'état originel et à la condition plus heureuse de la race humaine. Une soudaine catastrophe, par laquelle le genre humain fut en grande partie, mais non totalement détruit, nous offre la solution la plus naturelle de toutes les difficultés historiques; et le concours des témoignages que nous avons sur ce grand phénomène

[1] Die philosophie, 1 th. 1 Abtheil, Bonn. 1827.
[2] Philosophie de l'histoire, tome I, page 106, traduction de Robertson.

physique, joint à l'aveu tacite des nations les plus vaines de leur antiquité, doit assurément garantir de toute attaque cette partie de notre histoire révélée.

Il existe encore une nation dont l'histoire est peut-être plus intéressante qu'aucune de celles dont nous avons traité; mais elle nous fournira des matières suffisantes pour une autre réunion.

HUITIÈME DISCOURS.

SUR L'HISTOIRE PRIMITIVE.

— ⋆ —

SECONDE PARTIE.

Quittant le sol de l'Asie, où nous avons erré dernièrement, sol
fertile en toute science, et varié par tous les degrés de culture morale, depuis le nomade inquiet ou le rude montagnard, jusqu'au
Persan fastueux ou l'élégant Ionien, nous avons maintenant à jeter
les yeux sur un pays où la nature semble avoir imprimé le sceau
de la désolation physique et morale. Un seul point, qui paie la
dette de l'Afrique entière, a été le siége d'une civilisation indigène,
d'une dynastie nationale, et d'un ordre local de monuments. La
position géographique de la vallée du Nil semble faite exprès pour
en séparer les habitants des possesseurs dégradés du désert, et les
unir aux régions plus favorisées de l'Orient.

En tout temps cette nation extraordinaire a mérité l'intérêt et
l'attention des savants. Son origine semblait avoir été un problème pour elle-même, et conséquemment devait l'être pour tout le
monde. Les mystérieuses allégories de son culte, l'obscure sublimité de sa morale, et, par-dessus tout, l'énigme impénétrable
des inscriptions qui couvrent ses monuments, jetaient un voile

mythologique sur son histoire. Les savants s'en approchaient, comme si, dans les faits les plus évidents, ils eussent à déchiffrer une inscription hiéroglyphique ; et nous étions portés à considérer les Egyptiens comme un peuple qui, même dans ses temps plus modernes, conservant la teinte obscure et les traits vagues et confus d'une haute antiquité, pouvait, en conséquence, se vanter d'une existence qui remontait bien au-delà de la portée de tout calcul. Nous étions presque tentés de les croire, alors qu'il nous disaient que leurs premiers monarques étaient les dieux du reste du monde.

Quand, après tant de siècles d'obscurité et d'incertitude, nous voyons revivre l'histoire perdue de ce peuple, et que nous la voyons prendre place auprès de celle des autres anciens empires ; quand nous lisons les inscriptions de ses rois, rappelant leurs faits et leurs qualités souveraines, et que nous considérons leurs monuments avec l'intelligence entière des événements qu'ils rappellent, l'impression n'est guère moins frappante pour un esprit éclairé que celle qu'éprouverait le voyageur, si, parcourant en silence les catacombes de Thèbes, il voyait ces cadavres, que l'habileté de l'embaumeur a depuis tant de siècles sauvés de la corruption, briser tout-à-coup leurs bandelettes, et s'élancer ressuscités de leurs niches.

Tandis qu'une telle obscurité enveloppait l'histoire de l'Egypte, il n'est pas étonnant que les adversaires de la religion se soient retranchés derrière ces ténèbres comme dans une position fortifiée, et qu'à la faveur de cet abri ils aient attaqué la religion avec tant d'ardeur. Ils rassemblèrent les fragments épars des annales de l'Egypte, précisément comme Isis rassembla les membres déchirés d'Osiris, et ils tâchèrent de reconstruire, en les réunissant, leur idole favorite, une chronologie de siècles innombrables, tout-à-fait incompatible avec celle de Moïse. Volney n'hésita pas à placer la formation de colléges sacerdotaux en Egypte, treize mille trois cents ans avant Jésus-Christ, en appelant cette époque la seconde période de l'histoire de ce peuple. Même la troisième période, pendant laquelle il suppose que fut bâti le temple d'Esneh, remonterait à quatre mille six cents ans avant notre ère, c'est-à-dire à peu près vers le temps que nous regardons comme celui de la création ! Au reste, ce sont les monuments mystérieux de l'Egypte qui ont fourni à ces assaillants les retranchements les plus utiles. Ils

en appelaient au témoignage de ces colossales images à demi-ense-
velies, et de ces temples aujourd'hui transformés en souterrains,
pour démontrer l'antiquité d'origine et de civilisation de la nation
qui les avait érigés ; ils en appelaient à ses ruines astronomiques
pour attester l'habileté, mûrie par des siècles d'observation, de
ceux qui en avaient tracé les signes. Par-dessus tout ils voyaient,
dans les inscriptions hiéroglyphiques, les dates vénérables des
temps où avaient régné des souverains déifiés longtemps avant les
jours modernes de Moïse et d'Abraham ; ils montraient en triomphe les caractères mystérieux qu'une invisible main avait tracés
sur ces murs antiques ; ils prétendaient qu'un Daniel seul manquait pour les déchiffrer et pour montrer ainsi que les preuves du
Christianisme avaient été pesées et trouvées trop légères. Vain
triomphe ! les temples de l'Egypte ont enfin répondu à cet appel,
dans un langage plus intelligible que les incrédules n'auraient pu
le supposer ; car un Daniel s'est trouvé pour cette étude, où il
fallait autant de sagacité que de persévérance. Après que la succession des prêtres égyptiens eût été si longtemps interrompue, Young
et Champollion ont revêtu la robe de lin de l'hiérophante ; et les
monuments du Nil, différents de la redoutable image de Saïs, se
sont laissés dévoiler par leurs mains, sans autres conséquences
que les avantages salutaires et consolants recueillis de leur travail.

L'histoire de la découverte à laquelle je fais allusion n'est peut-
être pas difficile à faire comprendre ; mais il n'est certainement pas
aisé d'accorder ici à chacun des compétiteurs la part qui lui revient. Il y a eu de très-grands pas faits par d'habiles antiquaires
avant que l'annonce d'un système complet d'écriture hiéroglyphique vînt comme une soudaine lueur éclater en Europe. Il est plus
que probable que Champollion ne serait pas aisément parvenu à ce
point d'une importance si haute, si la route n'eût été tracée avant
lui ; mais pourtant, le progrès qu'il fit tout à coup, son hardi passage des conjectures et des applications éparses de ses devanciers
à un système général applicable en même temps à tous les cas ; et
plus encore, l'intérêt public que sa découverte attira sur cette
étude, en la faisant passer des mains de quelques savants dans
la littérature générale du jour, sont des titres qu'il lui est bien
permis de faire valoir à l'honneur d'avoir découvert ou fait revivre la science hiéroglyphique.

Dans le dernier siècle, Warburton, et après lui Zoéga, avaient conjecturé que les hiéroglyphes représentaient des lettres réelles ; mais ni l'un ni l'autre ne pouvait prétendre avoir établi cette opinion par aucune observation pratique. Dans le fait, on ne savait même pas exactement quelle était la langue de l'ancienne Egypte. Selon Jablonski, il semblait extrêmement probable qu'elle était la même que le cophte, langue aujourd'hui en usage parmi les prêtres du même pays ; car, d'après cette langue, il avait suffisamment expliqué les noms et les mots égyptiens qui se trouvent dans l'ancien Testament[1]. Mais, s'il existait à ce sujet quelque doute, il fut complètement dissipé par le savant Quatremère, dans son intéressant ouvrage sur la langue et la littérature de l'Egypte[2]. Dans cet ouvrage, l'identité ou du moins l'étroite affinité des langues anciennes et modernes fut amplement démontrée. Un grand obstacle à l'explication des antiques inscriptions égyptiennes était donc écarté, puisqu'on les supposait composées de caractères alphabétiques. Il est juste ici de faire observer qu'avant la découverte qui vint obscurcir la gloire qu'il aurait autrement recueillie de ses premières recherches, Champollion fut un des premiers et des plus assidus à rechercher dans la littérature cophte des lumières et des renseignements sur la géographie et l'histoire de l'ancienne Egypte[3].

Lorsqu'on connaît, ou qu'on peut conjecturer, soit en réalité, soit au moyen de conjectures probables, la langue dans laquelle des inscriptions sont écrites, il y a des règles certaines pour les rendre en caractères intelligibles. La grande difficulté est de savoir par où commencer ; car le premier pas doit être conjectural. Il en était ainsi, par exemple, des inscriptions de Persépolis, en tête desquelles se trouvait ou une flèche, ou un clou, ou un coin, et qui avaient tourmenté le monde savant depuis qu'elles avaient été pour la première fois publiées par Niebuhr, jusqu'au moment où elles furent presque simultanément déchiffrées par Saint-Martin, à Paris, et par Grotefend, à Vienne. Le procédé suivi par le premier était extrêmement simple et clair. Il supposait que l'idiôme

[1] Opuscula quibus lingua et antiquitas Ægyptiorum. Lugd. Bat. 1804.
[2] Recherches sur la langue et la littérature de l'Egypte. Paris 1808.
[3] L'Egypte sous les Pharaons. Paris 1814.

était persan, et l'idiôme ancien se trouve suffisamment dans le moderne et dans le zend pour lui avoir procuré une sorte de levier avec lequel il pût commencer son travail. Il choisit une inscription évidemment historique par sa forme et le lieu qu'elle occupait ; et supposant que, dans toute inscription de ce genre, si elle était en l'honneur d'un monarque persan, le titre de *roi des rois* devait se trouver, il tourna son attention vers deux mots ou groupes de lettres placées ensemble et extrêmement semblables ; avec cette exception que la terminaison de l'un deux était assez différente pour donner lieu de supposer qu'il était le pluriel de l'autre. Ayant acquis par ce moyen la connaissance des lettres qui composaient ces deux mots, il en fit l'application à un nom propre qui leur ressemblait beaucoup, et se mit ainsi en possession du nom de Xerxès, lequel, en réalité, a de la ressemblance dans le son avec l'ancien titre persan de roi [1]. Les prémisses furent ainsi posées ; et, en faisant l'application des lettres graduellement découvertes à d'autres mots où elles se trouvaient jointes à des lettres inconnues, celles-ci à leur tour cédèrent aux recherches de Saint-Martin, et le mirent en possession de son alphabet.

Le procédé suivi dans l'examen et la découverte des hiéroglyphes fut précisément le même. La difficulté, comme je l'ai déjà fait entendre, était de savoir par où commencer ; heureusement une conjecture plausible qui, ainsi que dans l'autre cas, se trouva bien fondée, donna des bases au système entier de la découverte. Vous aurez sans doute observé que, sur tous les monuments égyptiens, certains groupes d'hiéroglyphes sont renfermés dans un cadre oblong ou parallélogramme, avec des coins arrondis. On avait longtemps supposé, non sans apparence de probabilité, que ces hiéroglyphes ainsi séparés exprimaient des noms propres ; et il ne manquait rien pour commencer à cet égard le travail ; car les noms propres n'ont jamais pu être exprimés dans aucune langue par des emblèmes ; ils doivent être, d'une ou d'autre façon, composés de caractères phonétiques, c'est-à-dire exprimant un son. Il en est ainsi même chez les Chinois, où la langue est idéographique, c'est-à-dire représentative des objets ou des idées ; cette langue est cependant réduite à la nécessité d'adopter un système

[1] Journal asiatique, tom. II, 1833, p. 75-79.

différent pour les mots qui ne représentent ni un objet, ni une idée, mais seulement une combinaison artificielle de sons, désignant une personne ou un lieu. Si donc il était une fois possible de connaître un seul nom contenu dans l'un de ces cadres, la décomposition de ce nom, réduit à ses éléments primitifs, c'est-à-dire aux lettres, devait fournir le noyau d'un alphabet qui pouvait être facilement étendu.

Tout ce raisonnement est fort simple, et quoique, en le détaillant, je vous fasse jeter un regard en arrière sur les faits et leurs conséquences, plutôt que je ne vous présente une suite de démonstrations distinctement et systématiquement préparées d'avance, ce raisonnement, dis-je, peut servir à vous montrer par quels progrès sûrs et bien constatés l'investigation entière a procédé. Assurément ces progrès ne furent pas le travail d'un seul homme ou d'un seul pays; mais loin qu'aucune rivalité ou aucune jalousie ait divisé les savants des deux côtés du détroit sur la question de savoir à qui appartenaient les découvertes de chacun d'eux dans l'écriture hiéroglyphique, ce doit être, selon moi, un sujet de félicitations de voir comment deux nations, après avoir combattu courageusement pour conquérir les antiques dépouilles de l'Egypte, se sont entendues avec un si louable esprit de paix et de bonne harmonie pour faire ressortir l'importance et l'éclat de ces découvertes. Si le fragment mutilé de la pierre de Rosette a été pour nous un trophée militaire, il a été pour nos voisins le monument d'une conquête plus glorieuse sur les ténébreux mystères d'un art qui se cachait à tous les yeux.

Cette pierre célèbre est à présent un bloc irrégulier de basalte, poli d'un côté; elle peut être considérée comme la pierre fondamentale d'une étude importante; car tous les progrès qu'on y a faits doivent leur origine et leur force aux premiers éléments de science que la pierre de Rosette a fournis. Cette masse presque informe, qui, il y a quelques années, aurait été jetée à l'écart dans le garde-meuble du muséum, est maintenant un des monuments les plus précieux de notre collection nationale. Elle fut découverte dans l'origine par l'expédition française, en creusant les fondations d'un fort près de Rosette. Elle contient trois inscriptions, une en grec, une autre en caractères hiéroglyphiques, et la troisième dans un alphabet intermédiaire, lequel, dans la légende grecque, est appelé *Euchorial.* [*]. Il était évident, d'après cela, que chaque inscription contenait à peu près le même sens, et que chacune était probablement une version des autres. Il y avait donc quelque espoir d'une découverte à faire dans l'inconnu, dès qu'il se trouvait joint, comme par une équation, avec le connu. L'inscription grecque contient des noms propres, les autres en doivent contenir aussi ; mais, au premier abord, probablement parce que la tâche était considérée comme inutile, l'inscription hiéroglyphique obtint à peine quelque attention des savants, qui s'appliquèrent plutôt à l'étude de l'inscription *euchoriale* ou *démotique,* comme elle a été appelée depuis. Peut-être devrais-je faire observer que l'idiôme ainsi nommé était le dialecte vulgaire de l'Egypte, le cophte ; et que l'alphabet usité pour ce dialecte est linéaire, formé cependant, et sans aucun doute, de l'alphabet hiéroglyphique.

L'illustre Sylvestre de Sacy fit le premier une découverte intéressante à ce sujet : il remarqua que les lettres ou les symboles usités pour exprimer les noms propres, dans les caractères *démotiques,* étaient combinés de manière à présenter l'apparence de lettres ; et, en comparant différents mots, dans lesquels les mêmes sons se retrouvaient, il vit qu'ils étaient représentés par la même figure, et il parvint ainsi à en extraire les éléments d'un alphabet démotique, qui fut ensuite expliqué et étendu par Akerblad à Rome, et par le docteur Young en Angleterre. Toutes ces recherches et ces découvertes partielles furent faites dès 1814, et ne forment nullement l'histoire de l'écriture démotique de l'Egypte. Le docteur Young, qui mérite véritablement le titre de père de cette partie des études égyptiennes, les poussa presque jusqu'à la formation complète de l'alphabet vulgaire ; il fut aidé dans ses recherches par certaines combinaisons de circonstances des plus extraordinaires.

Ainsi, par exemple, une copie du manuscrit démotique, apportée en Europe par Casati, lui fut remise par M. Champollion, à

---

[*] Cette coutume d'inscriptions polyglottes, destinées seulement à un pays qui pouvait être fréquenté par des étrangers, éclaircit et explique les raisons de Pilate pour commander qu'une inscription en trois langues fût placée au-dessus de la croix de notre Sauveur.

Paris, en 1822, attendu qu'elle paraissait avoir une grande ressemblance avec le préambule de la pierre de Rosette. Champollion
avait déjà déchiffré les noms des témoins qui avaient signé ce manuscrit, lequel semblait être un contrat. Les choses s'arrangèrent
de sorte qu'après le retour du docteur Young en Angleterre,
M. Grey mit encore à sa disposition un papyrus grec, qu'il avait
acheté à Thèbes, avec d'autres écrits tracés en caractères égyptiens.
Sans perdre un moment, le docteur Young s'occupa d'explorer ce
trésor, et, pour me servir de son expression même, il pouvait à
peine croire qu'il fût éveillé et dans son état de bon sens, quand il
découvrit que le papyrus n'était pas moins qu'une traduction de
ce même manuscrit qu'il s'était procuré à Paris. Il portait le titre
de : *Copie d'un écrit égyptien.* « Je ne pus alors, dit-il, faire
autrement que penser qu'il avait fallu un hasard des plus extraordinaires pour mettre en ma possession un document dont
l'existence d'abord n'était guère probable, et qui, en outre, ne
devait pas naturellement demeurer intact durant tout un intervalle de près de deux mille ans, et cela afin de servir un jour à
m'éclairer ; mais que cette même traduction ait été apportée saine
et sauve en Europe, en Angleterre, et précisément à moi, au moment où j'avais besoin de la posséder, pour expliquer l'original
que j'étudiais alors et que je n'avais aucun espoir fondé de parvenir à comprendre entièrement, voilà sans doute un concours
de circonstances qui, en d'autres temps, eût été considéré comme
offrant la preuve complète que j'étais un sorcier égyptien [1]. » Au
reste, j'ai suivi plus loin qu'il n'était nécessaire l'histoire de cette
branche secondaire des découvertes sur l'Egypte, branche toutefois intéressante par l'influence qu'elle a eue sur le déchiffrement

---

[1] Détail de quelques découvertes récentes dans l'écriture hiéroglyphique. Lond. 1823, p. 58. Un écrivain ajoute encore une circonstance
à l'étrange coïncidence de faits citée dans le texte, en assurant que les
deux documents étaient des copies d'une inscription en deux langues de
la collection de Drovetti, que, par un manque de courtoisie peu habi-
tuel en Italie, on ne lui avait pas permis de copier. Voyez les Discours
du marquis de Spineto, sur les éléments des hiéroglyphes. Lond. 1829,
p. 68. Mais le docteur Young ne parle pas du tout de cette coïncidence
encore plus étonnante.

des inscriptions hiéroglyphiques. En cette occasion aussi, le docteur Young fit décidément le premier pas, quelque imparfait qu'on puisse le considérer. Il conjectura que les cadres qui se trouvaient dans l'inscription de Rosette renfermaient le nom de Ptolémée, et qu'un autre, où se voyait un groupe auquel était joint ce que lui-même considérait justement comme le signe du féminin, contenait celui de Bérénice. Cette supposition était fondée; mais il faut convenir que le principe sur lequel elle s'appuyait pouvait à peine être appelé un premier pas vers les découvertes de Champollion; car le docteur Young fait observer lui-même qu'il considérait chaque hiéroglyphe comme un signe syllabique, représentant une consonne avec sa voyelle; système qui serait tombé à la première tentative faite pour le vérifier. Et les deux noms que renfermait l'inscription, il les lisait ainsi : *Ptolemeas* et *Bireniken*, et non, comme ils ont été lus depuis plus correctement, *Ptolmes* et *Brneks* [1]. Le docteur Young semble cependant avoir des droits à quelque chose de plus que le mérite d'avoir cherché pratiquement le moyen d'arriver à la découverte d'un alphabet hiéroglyphique, puisque ce fut cette tentative qui, peut-être, excita les efforts plus heureux de Champollion.

Si l'avantage d'avoir fait le premier pas a été ainsi contesté, le second n'a pas moins été un objet de prétentions rivales; il eut lieu de la manière suivante. Dans l'île de Philæ, située vers la source du Nil, un obélisque fut trouvé, puis transporté en Angleterre; on y voyait deux cartouches ou cadres joints ensemble et contenant des hiéroglyphes : l'un d'eux présentait sans aucun changement le groupe déjà expliqué, dans la pierre de Rosette, par le nom de Ptolémée; l'autre contenait évidemment un nom composé en partie des mêmes lettres, suivies du signe du genre féminin. Cet obélisque avait été dans l'origine placé sur une base portant une inscription grecque, où se trouvait une demande adressée par les prêtres d'Isis à Ptolémée et à Cléopâtre; elle parlait d'un monument à élever à tous les deux [2]. Il y avait par

[1] Précis du système hiéroglyphique des anciens Egyptiens. Paris 1824, p. 31.

[2] Cette inscription a été expliquée par Letronne, dans un savant essai qui a pour titre : Eclaircissements sur une inscription grecque, etc.

conséquent lieu de supposer que l'obélisque portait ces deux noms
conjointement, et l'observation prouva que les trois lettres qui
leur étaient communes, *P*, *T* et *L*, étaient représentées dans le
nom féminin par des signes semblables à ceux qui les désignaient
dans le nom du roi. Il ne pouvait donc y avoir aucun doute raisonnable à élever quant à ce second nom, lequel mit les savants
investigateurs en possession des autres lettres qui entrent dans sa
composition. Champollion réclama cette découverte entière comme
lui appartenant exclusivement [1]. M. Bankes cependant soutient
qu'il avait auparavant déchiffré le nom de Cléopâtre; il tâche de
démontrer comment Champollion doit avoir été instruit de cette
découverte. Bankes prétend qu'il était arrivé à remarquer que,
lorsque deux figures se présentent réunies dans quelque temple,
elles se reproduisent ainsi partout. Or, sur le portique du temple
de Diospolis Parva est une inscription grecque en l'honneur de
Cléopâtre et de Ptolémée, seul exemple où le nom de la femme
précède l'autre; il en est de même dans le reste du temple, son
effigie est toujours placée avant celle du roi. Sur cette dernière
on remarque le même groupe hiéroglyphique que le docteur Young
a expliqué par le nom de Ptolémée dans la pierre de Rosette; et
c'est pourquoi M. Bankes supposait avec vraisemblance que l'inscription trouvée sur l'autre effigie exprime le nom de la reine Cléopâtre : il affirmait de plus que, sur l'obélisque et sur le temple
de Philæ, monuments dont les inscriptions grecques nous apprennent qu'ils furent dédiés à ces deux mêmes souverains, on trouvait de semblables groupes hiéroglyphiques. Cela le conduisit à
conclure positivement que l'un, désignant Ptolémée, l'autre devait
contenir le nom de la reine; et, comme ces circonstances étaient
consignées par lui au crayon sur la gravure de son obélisque,
qu'il présenta à l'Institut; comme elles avaient pu seules fournir
un point d'appui aux conjectures de Champollion, qui renvoyait à
cette même gravure, M. Bankes [2] et les amis de M. Bankes décidèrent

Paris 1822. L'inscription a été copiée par le laborieux et exact Cailliaud.

[1] Lettre à M. Dacier. Paris 1822, p. 6.

[2] Essai sur le système phonétique des hiéroglyphes du docteur Young
et de M. Champollion, par Salt. Lond. 1825, p. 7, note.

que cette découverte importante dans les recherches hiéroglyphiques devait être attribuée à ce dernier.

Quand ces mesures préliminaires eurent été prises, la tâche devint facile en comparaison, et Champollion, qui avait d'abord pensé que son système ne pourrait s'appliquer qu'à la lecture des noms grecs et latins, exprimés en caractères hiéroglyphiques, vit bientôt que les noms plus anciens cédaient à ce procédé, et que les dynasties successives des Pharaons et des monarques persans, qui avaient gouverné en Egypte, avaient aussi retracé léurs noms, leurs titres et leurs exploits au moyen des mêmes caractères [1]. Ce fut après que ses recherches eurent atteint ce point, qu'on put dire qu'elles possédaient une utilité réelle pour l'histoire, et qu'elles pouvaient aider à débrouiller les difficultés compliquées des anciennes annales. Mais, avant de tracer l'histoire des résultats de ces recherches, il faut que je m'arrête pour expliquer le système qu'elles produisirent.

Il existe plusieurs passages épars dans les anciens écrivains relativement aux écrits hiéroglyphiques des Egyptiens ; mais il s'en trouvait un qui semblait traiter le sujet avec un soin plus minutieux. Il est renfermé dans ce vaste répertoire de science philosophique, les *Stromates* de saint Clément d'Alexandrie ; mais il est tellement entouré de difficultés impénétrables, qu'on peut dire plutôt qu'il a été expliqué par ces découvertes modernes, qu'il ne leur a tracé la route qu'elles ont suivie ; néanmoins il leur a rendu un service essentiel en affermissant beaucoup ce qui doit être considéré comme la base sur laquelle s'appuient leurs résultats, savoir la manière dont les lettres alphabétiques étaient employées par les Egyptiens. Quand ce passage fut examiné, après la découverte de Champollion, on vit qu'il établissait ce point fondamental, qui n'avait pas été soupçonné par les investigateurs plus anciens ; on vit de plus qu'il expliquait le mélange varié d'écriture alphabétique et d'écriture symbolique, usité en Egypte d'une façon exactement correspondante à ce que nous en retrouvons sur les monuments. Il résulte de ce passage, traduit et commenté par Letronne, que les Egyptiens se servaient de trois sortes d'écriture : l'*épistolographique*, ou écriture courante, l'*hiérati-*

---

[1] Précis du système, etc., p. 2.

que, ou caractères employés par les prêtres, et l'*hiéroglyphique*, ou caractères monumentaux. Nous avons des exemples suffisants des deux premières écritures : l'une constitue les caractères *démotiques* ou *euchorials*, dont j'ai déjà parlé ; la seconde, une espèce d'écriture hiéroglyphique abrégée, dans laquelle une esquisse grossière représente les figures, et qu'on trouve sur les manuscrits qui accompagnent les momies ; la troisième, qui est la plus importante, est composée, selon saint Clément, premièrement, de lettres alphabétiques ; secondement, de signes symboliques, qui sont eux-mêmes de trois sortes, savoir : ou la représentation des objets, ou celle des idées métaphoriques tirées de ces objets, comme lorsque le courage est représenté par un lion ; ou enfin seulement de signes énigmatiques ou arbitraires [1]. Maintenant l'observation a entièrement confirmé toutes ces particularités ; car, même sur la pierre de Rosette, il a été remarqué que, lorsqu'un objet était indiqué en grec, les hiéroglyphes en présentaient une peinture et figuraient soit une statue, soit un temple, soit un homme. En d'autres occasions, les objets sont représentés par des emblèmes qu'on doit considérer comme entièrement arbitraires ; ainsi, Osiris par un trône et un œil, et un fils par un oiseau ressemblant beaucoup à une oie.

Qu'il suffise de dire que de nouvelles découvertes ont graduellement étendu et peut-être presque complété l'alphabet égyptien ; car nous possédons la clé de tous les noms propres, et nous pouvons même, non pas, il est vrai, avec une égale certitude, déchiffrer d'autres textes hiéroglyphiques. Pour les noms propres, l'application de cette méthode est si simple, qu'on peut dire que chacun de vous possède les moyens de la vérifier. En effet, vous n'avez qu'à vous rendre au capitole ou au Vatican, avec l'alphabet de Champollion, vous y pourrez essayer votre habileté sur les noms propres qui se trouvent dans toutes les inscriptions égyptiennes.

Le sort de cette brillante découverte fut semblable à celui qu'ont

[1]. Précis, p. 330. Voyez aussi le passage dans l'Essai du marquis de Fortia d'Urban, sur les trois systèmes d'écriture des Egyptiens. Paris 1833, page 10. Le passage de saint Clément se trouve dans les Stromates, liv. V.

éprouvé la géologie et les autres sciences. A peine fut-elle annoncée en Europe, que des esprits timides prirent l'alarme et la condamnèrent comme tendant à conduire les hommes à des investigations dangereuses. On craignait apparemment que l'histoire primitive de l'Egypte, ainsi mise au jour, ne fut employée comme l'avait été celle des Chaldéens et des Assyriens dans le dernier siècle, à combattre les annales de Moïse. Mais Rosellini, qui le premier publia cette découverte en Italie, comme il a contribué aussi à la perfectionner, fit observer avec raison que le même cri de réprobation s'était élevé contre chaque découverte importante. Ceux qui le profèrent, ajoute-t-il, rendent peu de justice à la vérité en se montrant si craintifs pour elle. « Cette vérité est fondée sur des bases éternelles; la malice humaine ne peut la réfuter, ni les siècles la détruire; et si même des hommes éminents par leur piété et leur savoir admettent le nouveau système, que peut en redouter la révélation [1] ? » En effet, le saint pontife, qui siégeait alors dans la chaire de saint-Pierre, exprima à Champollion sa confiance que la découverte dont il s'agit rendrait un grand service à la religion [2]. En dépit de ce haut témoignage d'approbation, l'opposition a continué depuis, et, j'ai regret de le dire, avec une sorte d'animosité personnelle et de censure malveillante, qui ne sembleraient guère devoir se rencontrer parmi des esprits justes occupés d'études littéraires [3].

Peut-être l'attaque la mieux conduite contre le système, car elle est dépouillée des sentiments que je viens de blâmer, en même temps qu'on la voit substituer au système quelque chose de meilleur, est celle qu'a faite dernièrement l'abbé comte de Ro-

---

[1] Dans son abrégé, en italien, des Lettres de Champollion au duc de Blacas.

[2] Bulletin universel, septième section, tome IV, page 6. Paris 1826.

[3] Je ne parlerai pas des essais divers par Riccardi; mais le savant professeur Lanci a été particulièrement zélé dans sa résistance. Il écrit : « Elle s'évanouira, la crainte que le nouveau système hiéroglyphique puisse jamais obscurcir en aucune partie cette histoire, qui seule mérite la vénération universelle. » Observations sur le bas-relief phénico-égyptien. Rom. 1825, p. 47. Voyez la réponse de Champollion dans les Mémoires romains de l'antiquité; 1825, append., p. 10.

17.

biano : il signale ingénieusement les parties faibles du système hiéroglyphique, particulièrement en ce qui touche l'écriture démotique ; il entre avec succès dans une analyse patiente du texte démotique qui se trouve sur la pierre de Rosette ; il le compare avec le grec, et il conclut avec une grande apparence de raison, d'abord, que l'un n'est pas une traduction littérale ou très-exacte de l'autre ; ensuite, que rien n'a été et vraisemblablement ne sera fait pour prouver l'identité des phrases ainsi découvertes avec des mots cophtes correspondants [1]. L'abbé Robiano pense lui-même que la langue égyptienne est d'origine sémitique ; et, dans cette hypothèse, il tâche d'expliquer une ou deux inscriptions à l'aide de la langue hébraïque [2]. Cette tentative, quoique ingénieuse et savante, ne me semble pas avoir réussi. Mais je ne crois pas nécessaire de suivre les arguments de ce savant ecclésiastique, parce que je ne vois, dans aucune théorie qu'il ait avancée, rien de relatif à la seule partie du système qui soit intéressante pour notre recherche actuelle, c'est-à-dire le moyen de déchiffrer les noms propres.

Une des premières applications que Champollion fit de sa découverte, se trouve dans la tentative de rétablir les séries des rois égyptiens. La table d'Abydos [3] lui avait donné une liste des prénoms, et l'examen des monuments le conduisait à connaître les noms des rois à qui ils avaient appartenus. Ces noms se rapportaient assez exactement à la dix-huitième dynastie, contenue dans les listes des rois citées, d'après le prêtre égyptien Manéthon, par Eusèbe, par Syncellus et par Africanus. Champollion, au moyen de la combinaison de ces deux documents, tâcha de tracer l'histoire de l'Egypte. Comme le muséum de Turin lui avait fourni la plus grande partie de ses matériaux, il communiqua les résultats de son travail dans des lettres sur cette magnifique collection, adressées à son Mécène, le duc de Blacas [4]. M. Champollion-

[1] Etudes sur l'écriture, les hiéroglyphes et la langue de l'Egypte. Paris 1834.

[2] Page 43.

[3] Précis du système, p. 241.

[4] Lettres à M. le duc de Blacas relatives au Musée royal égyptien de Turin, première lettre. Paris 1824.

Figeac, son parent, déjà connu par un savant ouvrage sur les Lagides, ajouta en forme d'appendice à chacune des lettres une dissertation chronologique, ayant pour objet de concilier les différences qui se trouvent dans les citations tirées de Manéthon par les écrivains anciens.

Il était naturel de penser qu'on en viendrait bientôt à une comparaison entre la chronologie ainsi établie et la chronologie de l'Écriture; cette fois la tâche fut entreprise par les amis, et non, comme précédemment, par les ennemis de la révélation. L'esprit de malignité, qui sur la fin du dernier siècle avait souvent poussé des hommes habiles et instruits à diriger toute la force de leur génie et plusieurs années de profondes recherches vers le renversement de l'histoire sacrée, cet esprit, dis-je, n'existait plus, ou du moins il avait changé son plan d'attaque.

Le premier qui parut dans l'arène fut M. Charles Coquerel, ecclésiastique protestant à Amsterdam. Dans une brochure de quelques pages, publiée en 1825, il comparait les deux chronologies et signalait les avantages que l'une tirait de l'autre [1].

Je crois avoir eu l'honneur d'entrer en lice le second. En débrouillant la chronologie égyptienne, Champollion-Figeac jugea nécessaire, dans une occasion, d'abandonner ses guides ordinaires et d'adopter le nombre d'années attribué à Horus par un seul document, la traduction arménienne de la chronique d'Eusèbe. Je fus assez heureux pour découvrir sur les marges d'un manuscrit du Vatican un fragment syriaque qui contenait positivement la même opinion, et en le publiant, j'en profitai pour esquisser une comparaison entre les chronologies sacrée et égyptienne. Je ne fus cependant à même de connaître la brochure de Coquerel que plusieurs années après.

En 1829, d'habiles et diligentes recherches sur ce sujet furent publiées par M. Greppo, vicaire-général du diocèse de Belley; elles avaient pour titre : « Essai sur le système hiéroglyphique de M. Champollion le jeune, et sur les avantages qu'il offre à la critique sacrée. » Après une exposition claire et facile du système de Cham-

---

[1] Lettre à M. Charles Coquerel, sur le système hiéroglyphique de M. Champollion, considéré dans ses rapports avec l'Écriture Sainte, par A. L. Coquerel. Amst. 1825.

pollion, et quelques remarques sur plusieurs ressemblances philologiques que ce système semble avoir avec l'ancienne littérature hébraïque, l'auteur passe à une analyse minutieuse des chronologies biblique et égyptienne, et il s'attache à découvrir dans la dernière chacun des Pharaons cités par l'Ecriture.

La même année, parut en France, toujours sur ce sujet, un ouvrage intitulé : *Des dynasties égyptiennes*, par M. Bovet, ancien archevêque de Toulouse. Le parallèle qu'il établit entre les deux chronologies est beaucoup plus détaillé que celui de M. Greppo; mais sur quelques points, notamment dans sa tentative pour retrouver les Hyk-Shos, ou *rois pasteurs*, dans les livres Juifs, il ne me semble pas aussi judicieux. M. Bovet paraît imbu de cette opinion émise avant la révolution, par Boulanger et Guérin du Rocher, qu'une grande partie des annales anciennes ne contient que l'histoire du peuple Juif. Du reste, tous ces auteurs ont entrepris la même tâche, celle de démontrer quelle admirable confirmation l'histoire et la chronologie sacrées ont reçue des dernières découvertes faites dans la science hiéroglyphique d'Egypte.

Mais en même temps de grands progrès ont eu lieu dans l'histoire des dynasties égyptiennes; on les doit à des personnes qui ont étudié sur les lieux mêmes. MM. Burton et Wilkinson, ce dernier revenu seulement depuis quelques mois, restèrent plusieurs années en Egypte, copiant, gravant et expliquant les anciens monuments du pays. Le *Recueil hiéroglyphique* de Burton fut lithographié au Caire; le *Traité hiéroglyphique* de Wilkinson, contenant le Panthéon égyptien et la suite des Pharaons, fut publié à Malte en 1828; et comme ils ont paru dans des lieux éloignés, je crois que ces ouvrages n'ont pas été connus comme ils méritaient de l'être. Le livre de Burton est précieux pour nos études, ne fût-ce que par l'exactitude de ses dessins, surtout celui de la table d'Abydos. L'ouvrage de Wilkinson contient plusieurs découvertes intéressantes et applicables à l'explication de l'Ecriture; j'y aurai plus d'une fois recours.

Cependant tous les ouvrages précédents ont été éclipsés par la magnifique et judicieuse publication qui est maintenant sous presse à Pise, et que dirige le professeur Rosellini : il était le compagnon de Champollion dans l'expédition qui fut envoyée, à frais communs, par les gouvernements français et toscan. La mort de Champollion fit tomber la tâche entière de la publication entre les mains de Rosellini ; mais la façon dont ce dernier s'en acquitte ne laisse rien à regretter : les monuments des rois ont déjà paru, et deux volumes de texte en contiennent l'explication d'après les historiens et d'autres monuments.

Avant de vous démontrer par des exemples l'avantage que la chronologie sacrée et l'authenticité de l'Ecriture-Sainte ont tiré de cette science moderne, il faut que je vous mette sous les yeux un document des plus intéressants, et qui se rapporte à nos recherches. La partie chronologique des lettres adressées au duc de Blacas fut entièrement l'ouvrage de Champollion-Figeac, comme je l'ai déjà fait observer ; mais cet auteur de la grande découverte, quoique ses principes soient reconnus entièrement orthodoxes, n'a jamais rien publié qui tendît à prouver la conformité de sa chronologie avec celle de l'Ecriture. J'ai le plaisir de vous communiquer une de ses lettres originales qui est en ma possession, et dans laquelle non-seulement il repousse avec indignation l'accusation portée contre lui, que ses études aient pu tendre, même indirectement, à attaquer l'histoire sainte, mais encore s'attache à montrer avec quelle exactitude les deux histoires se prêtent un mutuel soutien. Je vais vous lire cet intéressant document dans l'original ; il est daté de Paris, le 23 mai 1827 :

« J'aurai l'honneur de vous adresser sous peu de jours une brochure contenant le résumé de nos découvertes historiques et chronologiques. C'est l'indication sommaire des dates certaines que portent tous les monuments existant en Egypte, et sur lesquels doit désormais se fonder la véritable chronologie égyptienne.

« MM. de San Quintino et Lanci trouveront là une réponse péremptoire à leurs calomnies, puisque j'y démontre qu'aucun monument égyptien n'est réellement antérieur à l'an 2200 avant notre ère. C'est certainement une très-haute antiquité, mais elle n'offre rien de contraire aux traditions sacrées, et j'ose dire même qu'elle les confirme sur tous les points. C'est en effet en adoptant la chronologie et la succession des rois, données par les monuments Egyptiens, que l'histoire égyptienne concorde admirablement avec les livres saints. Ainsi, par exemple, Abraham arriva en Egypte vers 1900, c'est-à-dire sous les *rois pasteurs*. Des rois de race égyptienne n'auraient point permis à un étranger d'entrer dans leur pays; c'est également sous un roi pasteur que Joseph est ministre en Egypte et y établit ses frères, ce qui n'eût pu avoir lieu sous des rois de race égyptienne. Le chef de la dynastie des Diospolitains, dite la dix-huitième, est le *rex novus qui ignorabat Joseph* de l'Ecriture-Sainte, lequel, étant de race égyptienne, ne devait point connaître Joseph, ministre des rois usurpateurs; c'est celui qui réduisit les Hébreux en esclavage. La captivité dura autant que la dix-huitième dynastie; et ce fut sous Ramsés V, dit Aménophis, au commencement du quinzième siècle que Moïse délivra les Hébreux. Ceci se passait dans l'adolescence de Sésostris, qui succéda immédiatement à son père et fit ses conquêtes en Asie pendant que Moïse et Israël erraient pendant quarante ans dans le désert. *C'est pour cela que les livres saints ne doivent point parler de ce grand conquérant.* Tous les autres rois d'Egypte nommés dans la Bible se retrouvent sur les monuments égyptiens, dans le même ordre de succession et aux époques précises où les livres saints les placent. J'ajouterai même que la Bible en écrit mieux les véritables noms que ne l'ont fait les historiens grecs. Je serais curieux de savoir ce qu'auront à répondre ceux qui ont malicieusement avancé que les études égyptiennes tendent à altérer la croyance dans les documents historiques fournis par les livres de Moïse. L'application de ma découverte vient, au contraire, invinciblement à leur appui.

« Je compose dans ce moment-ci le texte explicatif des *obélisques de Rome,* que sa sainteté a daigné faire graver à ses frais. C'est un vrai service qu'elle rend à la science, et je serais heureux que vous voulussiez bien mettre à ses pieds l'hommage de ma reconnaissance profonde. »

Mais il est plus que temps de vous exposer les résultats de ces travaux combinés; et toujours soigneux de choisir dans les plus récents et les meilleurs écrivains, je parcourrai les rapports qui existent entre l'histoire sacrée et l'histoire d'Egypte, tels qu'ils sont indiqués dans les parties de l'ouvrage de Rosellini, afin de vous montrer quelles nouvelles lumières, quelle éclatante confirmation l'histoire sacrée a reçue de ces recherches, et combien étaient peu fondées les alarmes de ceux qui s'appliquèrent les premiers à les combattre. Je dois d'abord vous faire observer que Rosellini considère la chronologie de l'Ecriture comme la base nécessaire de tous ses calculs; et qu'il veut même rejeter toutes les parties de l'histoire primitive de l'Egypte qui ne peuvent entrer dans les limites prescrites par la Genèse [1].

Le premier point dans l'Ecriture sur lequel les travaux de Rosellini aient jeté une nouvelle lumière est l'origine et la signification du titre de Pharaon, quoiqu'on puisse dire qu'il ait été mis sur la voie par nos savants compatriotes Wilkinson et le major Félix. Au moyen de plusieurs analogies entre les lettres égyptiennes et hébraïques, il prouve que ce titre est identique avec celui de *Phra* ou *Phre*, le soleil, lequel précède les noms des rois sur les tombeaux [2]. Remontant à une époque plus ancienne, nous trouvons une coïncidence extraordinaire entre les faits rapportés dans l'histoire de Joseph et l'état de l'Egypte à l'époque où lui et sa famille y entrèrent. Il est rapporté, dans les livres de la Genèse, que Joseph, présentant son père et ses frères à Pharaon, eut soin de lui dire qu'ils étaient des bergers et que leur profession consistait à nourrir des bestiaux, ajoutant qu'ils avaient amené avec eux leurs brebis et leurs bœufs [3]. Mais, dans les instructions qu'il donne à ses parents, il semble exister avec ceci une contradiction extraordinaire : « Quand Pharaon viendra vous visiter, et dira : Quelle est votre occupation? vous répondrez : L'industrie de tes serviteurs a été pour nous et nos pères, depuis notre enfance jusqu'à présent, de nourrir des bestiaux. Vous direz cela, afin que vous demeuriez dans la terre de Gessen; car les Egyptiens ont en abomination tous les pasteurs de brebis [4]. On se demande pourquoi Joseph attache tant d'importance à ce que ses parents disent à Pharaon que tous les membres de leur famille sont des pasteurs de brebis, puisque tous les pasteurs de brebis étaient en abomination chez les Egyptiens. Une circonstance explique cette apparente contradiction : c'est que, lorsque Joseph était en Egypte, la plus grande partie de ce royaume se trouvait

---

[1] Monuments de l'Egypte et de la Nubie, tom. I, p. 3.

[2] Page 117.

[3] Genèse XLVI, 33, 34; XLVII, 1.

[4] Genèse XLVI, 34; XLVII, 6, 2.

sous la domination des Hyk-Shos, ou *rois pasteurs*, race étrangère, probablement d'origine Scythe, qui s'était emparée du pays. Ainsi, il nous est à la fois expliqué comment des étrangers, dont les Egyptiens étaient si jaloux, avaient pu être admis au pouvoir ; comment le roi devait même être satisfait que des nouveaux venus occupassent une étendue considérable de son territoire, et comment leur état de bergers, circonstance odieuse au peuple conquis, les rendait plus agréables à un souverain dont la famille suivait la même profession. Champollion suppose que ces Hyk-Shos sont représentés par les figures peintes sur les semelles des pantoufles égyptiennes, en signe de mépris [1]. Cette situation politique de l'Egypte nous explique aussi plus aisément les mesures prises par Joseph, durant la famine, pour mettre ce pays et les habitants sous une dépendance féodale envers leur souverain [2]. Et, avant de quitter cette époque, je dois vous faire observer que le nom de *Sauveur du monde*, donné à Joseph, a été clairement expliqué par Rosellini d'après la langue égyptienne.

Après la mort de Joseph, l'Ecriture nous dit qu'un roi survint, qui ne connaissait point Joseph. Cette expression formelle pourrait difficilement s'appliquer à un descendant direct d'un monarque qui avait reçu de lui tant de bienfaits ; cela nous conduirait plutôt à supposer qu'une nouvelle dynastie, ennemie de la précédente, s'était emparée du trône. « L'Ecriture, dit saint Jacques d'Edesse, ne veut pas parler d'un Pharaon particulier quand elle dit *un nouveau roi ;* mais de toute la dynastie de cette génération [3]. »

Or, il en est exactement ainsi, car, quelques années plus tard les Hyk-Shos, ou rois pasteurs, qui correspondent à la dix-septième dynastie égyptienne, furent chassés de l'Egypte par Amosis nommé Amenophtiph sur les monuments égyptiens, et qui fut le fondateur de la dix-huitième dynastie ou dynastie diospolitaine. Il devait naturellement refuser de reconnaître les services de Joseph et considérer tous les membres de sa famille comme ses en-

---

[1] Champollion, première lettre, p. 57, 53.
[2] Rosellini, ibid., p. 180.
[3] Cod. Vat. Syr. 104, fol. 44.

nemis. De la sorte aussi nous comprenons ses craintes qu'ils ne se joignissent aux ennemis de l'Egypte, si quelque guerre venait à éclater [1]; car les Hyk-Shos, après leur expulsion, continuèrent longtemps de harceler les Egyptiens pour tenter de recouvrer le pouvoir qu'ils avaient perdu [2]. L'oppression fut naturellement le moyen employé pour affaiblir d'abord et détruire ensuite la population hébraïque. On se servit des enfants d'Israël pour bâtir les villes de l'Egypte. Il a été observé par Champollion que plusieurs des édifices érigés sous la dix-huitième dynastie sont élevés sur les ruines de monuments plus anciens, qui avaient évidemment été détruits [3]. Cette circonstance, outre l'absence de monuments d'une époque plus reculée dans les parties de l'Egypte qui furent occupées par les Hyk-Shos, confirme le témoignage des historiens, et démontre que ces usurpateurs abattirent les monuments élevés par les rois indigènes. Ainsi les restaurateurs de la royauté légitime trouvèrent occasion d'employer ceux qu'ils considéraient comme les alliés de leurs ennemis à réparer les injures qu'ils en avaient reçues. Les magnifiques édifices de Karnak, Luxor et Medinet-Abu appartiennent à cette époque. En même temps nous avons le témoignage exprès de Diodore de Sicile ; cet historien rapporte que les rois d'Egypte se vantaient qu'aucun Egyptien n'avait mis la main à ces ouvrages, et que des étrangers seuls avaient été contraints à les faire [4].

Ce fut, selon Rosellini, sous un roi de cette dynastie, celle de Ramsès, que les enfants d'Israël sortirent de l'Egypte. La narration de l'Écriture représente cet événement comme lié avec la mort d'un Pharaon, et de même le calcul chronologique adopté par

[1] Exod. 1, 10.
[2] Rosellini, p. 291.
[3] Champollion, deuxième lettre, p. 7, 10, 17.
[4] 14. Tom. II, p. 445, éd. d'Havercamp. — Lib. I, 66, éd. Wesseling. J'omets ici l'opinion avancée autrefois par Josèphe et d'autres, et répétée par des écrivains modernes, que les rois-pasteurs n'étaient autres que les enfants d'Israël. Cette opinion paraît aujourd'hui tout-à-fait dénuée de fondement, et il est peu probable qu'elle trouve des partisans. Les Hyk-Shos, tels que les représentent les monuments, ont les traits, la couleur et les autres marques distinctives des tribus scythes.

Rosellini le ferait coïncider avec la dernière année du règne de ce monarque [1].

Une difficulté sérieuse nous attend ici. Les historiens anciens parlent de Sésostris comme d'un puissant conquérant sorti de l'Égypte, côtoyant la Palestine et soumettant à son sceptre des nations innombrables. L'Écriture ne parle pas une seule fois de cette grande invasion, qui doit avoir traversé le pays habité par les Israélites. Ce silence a été, contre l'histoire sacrée, un sujet d'accusation; on l'a considéré comme une omission assez grave pour compromettre l'authenticité du livre saint. Pendant longtemps on supposa que le Séthos Ægyptus de Manéthon ne faisait qu'un avec le Sésostris d'Hérodote. Champollion lui-même, faute de documents suffisants, était tombé dans l'erreur sur ce point; mais il changea depuis d'opinion. Rosellini a pris de grandes peines pour établir qu'il s'agit de deux rois distincts, et, par cette découverte, il lève entièrement toute difficulté; il prouve que le grand conquérant, Ramsés Séthos Ægyptus, personnage tout-à-fait différent de Ramsés Sésostris, ou du Sesoosis d'Hérodote et de Diodore, était le souverain qui commanda cette fameuse expédition, et qui fonda la dix-neuvième dynastie égyptienne. Comme les Israélites avaient quitté l'Égypte peu de temps avant la fin de la dix-huitième dynastie, les exploits de ce conquérant et son passage à travers la Palestine eurent lieu justement pendant les quarante années que les Israélites mirent à errer dans le désert; il suit, en outre, que ses conquêtes ne purent avoir aucune influence sur l'état de ce peuple, et que, par conséquent, il n'était pas nécessaire d'en parler dans les annales hébraïques [2].

Il existe un monument curieux et très-digne d'intérêt, qui se

[1] Comme l'Écriture parle, avec une sorte d'emphase poétique, plutôt de la destruction de l'armée de Pharaon que de la mort du monarque, quelques écrivains, tels que Wilkinson (p. 4, remarq. à la fin des mat. hiérogl.), et Greppo, que je ne puis citer en ce moment, soutiennent qu'il n'est pas besoin de supposer nécessairement que la mort d'un roi doive coïncider avec la sortie d'Égypte. Dans le système de Rosellini, cette différence d'avec l'interprétation reçue n'est pas nécessaire.

[2] Rosellini, p. 305.

rattache à cette explication, et qui, pendant un certain temps a été un sujet de discussion parmi ceux de nos antiquaires qui ont étudié les monuments romains. Hérodote rapporte que le célèbre conquérant Sésostris marqua la route qu'il suivit par un grand nombre de monuments, dont cet historien lui-même a vu quelques-uns en Palestine, et dont quelques autres existaient en Ionie [1]. Maundrell fut le premier à remarquer « quelques étranges figures d'hommes taillées dans le roc, en demi-relief, et de grandeur naturelle, » sur la montagne qui domine le gué du fleuve Lycus, ou Nahr-el-Kelb, non loin de Beirut.

Champollion, dans son *Précis*, signale ce monument comme égyptien et comme appartenant à l'époque de Ramsès ou de Sésostris. Il paraît qu'il fit cette supposition d'après une esquisse tracée par M. Bankes; mais une plus ancienne, ouvrage de M. Wise, avait également conduit sir W. Gell à la découverte du héros que le monument représente. M. Levinge, à la prière de sir William, l'examina et décida que l'inscription hiéroglyphique était entièrement détruite [2]. M. Lajard publia en outre une notice, d'après une esquisse faite par MM. Guys; mais il tourna principalement son attention vers les bas-reliefs persans qui sont sur le même roc. Depuis, il a recueilli tous les renseignements que put lui procurer M. Callier, qui cependant n'avait aucun dessin pour expliquer sa propre description. M. Bonomi a longtemps approfondi ce sujet intéressant, et ses observations, ainsi que les dessins qui les accompagnent et qu'a publiés M. Landseer, laissent peu à désirer.

Il paraît que, sur le côté de la route qui passe le long d'une montagne bordée par le Lycus, on trouve dix monuments anciens : deux de ces monuments sont comparativement d'un intérêt moindre, puisque l'un est une inscription arabe, et l'autre une inscription latine; toutes les deux sont relatives aux réparations faites à la route. M. Bonomi parle des autres dans les termes suivants : « Les plus anciens, mais par malheur les plus altérés de ces antiques documents, sont trois tablettes égyptiennes; on y peut dé-

---

[1] Lib. II, c. 105.
[2] Bulletin de l'Institut de correspondance archéologique. Gennaro, 1834.

couvrir, en plus d'un endroit, tracé en caractères hiéroglyphiques, le nom de Ramsès le Second, époque et règne auxquels tout connaisseur dans l'art égyptien aurait, la preuve du nom eût-elle manqué, attribué ces tablettes d'après leurs belles proportions et la courbure de leurs formes [1]. » Je me contenterai de dire qu'il y a en outre un bas-relief persan, représentant un roi, avec des emblèmes astronomiques ; le tout décoré d'une inscription surmontée d'une flèche. Ce précieux monument fut moulé avec une grande peine par M. Bonomi [2]. M. Landseer suppose qu'il représente Salmanasor, ou quelque autre ancien conquérant assyrien [3]. Le chevalier Bunsen, sans avoir examiné le moule ou le dessin, suppose, avec une grande apparence de raison, que ce héros est Cambyse [4].

Mais pour en revenir à nos Egyptiens, Champollion, et après lui Wilkinson, ont considéré le Sésostris de l'histoire comme n'étant autre que Ramsès II, auquel Bonomi attribue l'inscription qui se trouve sur le monument syriaque [5]. Probablement, Champollion n'ajouta au nom royal le nombre II, que par suite de cette idée reçue ; il changea d'opinion, je crois, avant sa mort, et fut suivi, ainsi que vous l'avez vu, par Rosellini. Mais M. Bunsen, qui s'est longtemps occupé de débrouiller les complications de la chronologie égyptienne, a déclaré que Ramsès est certainement le Sésostris des Grecs, et qu'il y a une erreur de trois ou quatre siècles dans la date assignée par Champollion au commencement de son règne [6].

En avançant par ordre de date, Rosellini et tous les autres chronologistes placent la cinquième année de Roboam au temps où Shishak parcourut le royaume de Juda et conquit Jérusalem, c'est-

[1] Continuation des recherches sabéennes de Landseer.

[2] Mon ami, W. Scoles, est maintenant en possession du moule original.

[3] Continuation, etc., p. 14.

[4] Bulletin n° 3, 1835, p. 21.

[5] Lettres écrites d'Egypte et de Nubie, 1828 et 1829. Paris, 1833, pages 362 et 443. Topographie de Thèbes, par Wilkinson. Londres, 1835, p. 51.

[6] Bulletin n° 3, 1835, p. 23.

à–dire dans l'année 971 avant Jésus–Christ [1]. Or, sur les monuments égyptiens, nous voyons que Sheshouk commença son règne et la vingt–unième dynastie précisément à la même époque [2].

Rosellini a publié plusieurs monuments de Shishak; et l'un d'eux particulièrement offre la plus puissante confirmation qu'on ait jusqu'ici découverte en aucun lieu, de l'histoire sacrée par l'histoire profane. Mais ici je m'occupe seulement de chronologie, et je dois dès lors réserver l'étude de ce monument intéressant pour notre prochaine réunion où il sera question d'archéologie.

Greppo et d'autres ont supposé que le Zarach du second livre des Paralipomènes (XIV, 9-15) est l'Osorchon des monuments. Rosellini, cependant, rejette cette opinion; je ne trouve pas, je l'avoue, ses raisons très–satisfaisantes : il se fonde sur une légère différence de ce nom, et sur ce qu'il est dit que Zarach est éthiopien, circonstance qui confirme plutôt la coïncidence; car il appartenait à la dynastie bubastienne, que Champollion considère comme éthiopienne [3].

Rosellini, toutefois, a ajouté de nouveaux monuments à ceux déjà produits par Champollion; il y est fait mention de deux autres rois dont il est parlé plus loin dans l'histoire sacrée, et qui sont : Sua, le Sevechus des Grecs et le Shabak des monuments dont on voit les noms dans les palais de Luxor et de Karnak, et sur une statue de la villa Albani; et Téraha, qu'on retrouve à Médinet–Abu sous le nom de Tahrak.

Il nous reste encore, pour ces détails chronologiques, à parler d'une des confirmations les plus frappantes de l'exactitude de l'Ecriture. Dans Ezéchiel (chap. XXIX, v. 30-32) et dans Jérémie (chap. XLIV, v. 30), nous voyons que Dieu donne Pharaon et la terre d'Egypte à Nabuchodonosor, et « qu'il n'y aura plus de prince de la terre d'Egypte. » Cependant nous trouvons après cette

---

[1] III ou I Rois, xiv, 25.

[2] Rosell., p. 83. Voyez aussi la deuxième lettre de Champollion, p. 120-164. Aussi sa lettre à M. G.-A. Brown, dans les principaux monuments égyptiens du Musée britann., par le T. H. Ch. York et M. le colonel M. Leake. Lond. 1827, p. 23.

[3] Ubi sup., p. 122. Pages 107, 109, Wilkinson.

époque la mention faite par Hérodote et Diodore, d'Amasis, comme roi d'Egypte.

Comment peut-on concilier ces faits ? Au moyen des monuments d'Amasis, publiés pour la première fois par M. Wilkinson : sur ces monuments, Amasis ne reçoit jamais les titres attachés à la royauté en Egypte ; au lieu d'un prénom, il a le titre mixte de *Mélek*, lequel montre qu'il régnait pour le compte d'un maître étranger [1]. Deux circonstances mettent, je puis le dire, ce fait hors de doute : 1° Diodore nous dit qu'Amasis était d'une basse naissance ; par conséquent, il *n'hérita* pas du royaume ; 2° un fils d'Amasis semble avoir gouverné l'Egypte sous Darius, car il porte le même titre. Or, certainement, durant la conquête des Perses, il n'y eut pas en Egypte de rois indigènes, puisque les monuments portent les noms des monarques persans. Ainsi, il reste prouvé que le titre de Mélek dénote un pouvoir de vice-royauté, ce que confirme encore un monument publié par Rosellini, qui ne semble pas avoir pris garde à la remarque de Wilkinson. C'est une inscription trouvée à Kosséir et qui appartient au temps de la domination des Perses : cette inscription parle du « Mélek de la Haute et Basse-Egypte [2]. » De cette manière se trouve levée une difficulté sérieuse ; Amasis ne fut pas un roi, il fut seulement un vice-roi.

Mais il est temps de nous tourner vers une autre application des recherches faites sur l'Egypte, c'est-à-dire l'explication de ses signes astronomiques. L'étude des monuments et de l'écriture des Egyptiens dans les temps modernes a été fertile en objections contre l'histoire sacrée, et, à l'imitation des autres sciences, celle-ci a cherché à faire servir ses progrès au renversement de cette histoire. La discussion relative aux zodiaques de Dendera, l'ancienne Tentyris, et d'Esneh ou Latopolis, est une preuve remarquable à l'appui de mon assertion.

L'expédition d'Egypte sous Napoléon, qui répandit autant d'éclat sur l'ardeur littéraire de la France qu'elle jeta d'ombre sur la gloire de ses armes, nous valut pour la première fois la connaissance de ces curieux monuments : on en trouva deux à Dendera ; l'un était une peinture oblongue, formée de deux bandes parallè-

---

[1] Matières hiéroglyphiques, p. 100-101.
[2] Page 243.

les, mais séparées et renfermées entre deux monstrueuses figures de femmes; sur ces bandes, dans une subdivision intérieure, étaient disposés les signes du zodiaque avec de nombreuses figures mythologiques; en dehors se trouvait une suite de bateaux représentant les *Decans* de chaque signe. Ce zodiaque était peint dans le portique d'un temple, où, comme tous les autres, il occupait la voûte. Le second zodiaque, ou plutôt planisphère, est circulaire; il a été transporté en France, après avoir été enlevé d'un étage supérieur du même temple, par MM. Saulnier et le Lorrain. Esneh fournit aussi deux zodiaques, l'un tiré du plus grand, l'autre du plus petit de ses temples. Ces deux zodiaques et celui de forme rectangulaire de Dendera peuvent seuls réclamer une attention particulière; le planisphère circulaire doit partager le sort du zodiaque peint dans le même temple.

A peine des dessins de ces monuments venaient de paraître, que l'Europe, et particulièrement la France, abonda en mémoires et en dissertations sur la question de leur antiquité. Il fut généralement posé en fait qu'ils représentaient l'état du ciel à l'époque où ils avaient été construits, et où les édifices qu'ils ornaient avaient été élevés. Quelques savants y découvraient le point où les colures des solstices coupaient l'écliptique à cette époque; avec Burkhardt, ils attribuaient au grand zodiaque d'Esneh l'effrayante antiquité de 7,000 ans, et à celui de Dendera celle de 4,000 ans; tandis que Dupuis, partant des mêmes prémisses, limitait le dernier à 5,562 ans [1]; d'autres prétendirent qu'ils représentaient l'état des cieux au commencement d'une période sothique, et, comme sir W. Drummond, ceux-là assignèrent au zodiaque de Dendera 1,522 ans [2], et à celui du grand temple d'Esneh 2,800 ans avant notre ère [3]; une troisième classe enfin y vit l'apparition héliaque de Sirius, à une certaine époque donnée, et conclut avec Fourier que les zodiaques d'Esneh avaient été construits 2,500 ans, et celui de Dendera 2,000 ans avant Jésus-Christ [4],

---

[1] Voyez Cuvier, p. 251.

[2] Mémoire sur l'antiquité des zodiaques d'Esneh et de Dendera. Lond. 1821, p. 141.

[3] Ibid., p. 59.

[4] Voyez Guigniant, p. 919.

ou, avec Nouet, que le dernier avait été tracé 2,500 ans, et le plus grand des premiers 4,600 ans avant notre ère [1]. Je n'ai pas besoin de vous fatiguer plus longtemps par l'énumération de systèmes semblables. La même base conduisit des savants à des conclusions différentes, et l'erreur se manifesta d'elle-même par la variété caractéristique des couleurs dont elle se revêtit.

Dès le commencement de la discussion, il y eut des investigateurs qui hasardèrent de supposer que l'alarmante antiquité ainsi accordée à ces monuments méritait d'être examinée d'après des principes archéologiques et non astronomiques. Le vénérable et savant monseigneur Testa, ainsi que le célèbre antiquaire Visconti, étaient du nombre de ceux-ci [2]; le dernier remarquait notamment que le temple de Dendera, quoique d'architecture égyptienne, portait des marques caractéristiques qui ne pouvaient remonter au-delà des Ptolémées, et que les inscriptions grecques qui s'y trouvaient renvoyaient à un César, lequel, pensait-il, devait être Auguste ou Tibère. Mais ce raisonnement obtint peu de crédit pendant vingt ans, et les explications astronomiques furent seules admises.

M. Bankes, durant son voyage en Egypte, donna une attention sérieuse à cette intéressante recherche, et, dans une lettre à M. David Baillie, il communiqua à celui-ci les raisons d'après lesquelles il croyait que ces temples ne remontaient pas au-delà des règnes d'Adrien et d'Antonin le Pieux [3]. Il remarquait que, tandis que les chapiteaux des plus anciennes colonnes de Thèbes présentent un simple campanile surmontant une tige polygone ou cannelée, ceux d'Esneh et de Dendera sont richement ornés de feuillages et de fruits; de plus, les hiéroglyphes qu'on trouve sur les colonnes ne sont certainement pas égyptiens, puisque M. Bankes trouva une inscription indiquant qu'ils avaient été tracés sous le règne d'Antonin [4].

[1] Recherches nouvelles de Volney, troisième partie. Paris 1814.

[2] Testa, Sur deux zodiaques nouvellement découverts en Egypte. Rome 1802. Visconti, dans l'Hérodote de Larcher, t. II, p. 567 et suiv.

[3] Mémoires de sir W. Drummond, p. 56.

[4] Ibid., p. 57. Ceci, je pense, a rapport au temple situé au nord d'Esneh, connu sous le nom de petit temple.

Au reste, les arguments archéologiques, en faveur de la construction moderne de ces monuments, reçurent leur entier développement de M. Letronne : ce savant puisa dans les publications et dans les rapports des voyageurs toutes les lumières nécessaires touchant l'architecture de ces monuments ; il expliqua les inscriptions qu'ils portaient encore. MM. Huyot et Gau lui fournirent des particularités intéressantes sur le premier point ; entre autres faits, ils prouvèrent, en se fondant sur le style et les couleurs employées, que le parvis du petit temple d'Esneh, dans lequel est peint le zodiaque, est de la même date que le temple lui-même ; puis une inscription, probablement la même dont parle M. Bankes, fut copiée par ces deux artistes d'après une colonne du temple. L'inscription porte que deux Egyptiens firent exécuter ces peintures dans la dixième année du règne d'Antonin, la quarante-septième année après Jésus-Christ. Telle est donc la date du petit zodiaque d'Esneh, auquel on avait assigné une antiquité de deux ou trois mille ans avant Jésus-Christ [1]. Le temple de Dendera a eu le même sort ; une inscription grecque, qui se trouve sur son portique, et qui d'abord avait échappé à l'observation, atteste qu'il fut dédié au salut de Tibère [2].

Tandis que Letronne s'occupait ainsi d'examiner les inscriptions grecques dont sont revêtues ces ruines que l'on supposait être de la plus haute antiquité, M. Champollion complétait son alphabet hiéroglyphique, et il confirma bientôt par ses recherches les conclusions de son collègue relativement au parvis du temple de Dendera ; il lut aussi l'inscription hiéroglyphique concernant Tibère [3]. Sur le planisphère du même temple, il déchiffra les lettres ATKRTR, ou bien en ajoutant les voyelles, AYTOKPATOP, titre que prend Néron sur ses médailles égyptiennes [4]. Il ne reste plus que le zodiaque du grand temple d'Esneh. Or, M. Champollion a traité son antiquité, et celle du temple sur lequel il est peint,

[1] Recherches pour servir à l'hist. de l'Egypte pendant la domination des Grecs et des Romains, Paris 1825, p. 456.

[2] Ibid., p. 186.

[3] Lettre à M. Letronne, à la fin des observations, etc., comme ci-contre, p. 3.

[4] Lettre à M. Dacier, par Letronne ; p. 38.

avec aussi peu de cérémonie. Sir W. Gell, lors de son séjour à Naples, au mois d'août 1826, lui communiqua des dessins exacts du zodiaque d'Esnch, faits par MM. Wilkinson et Cooper; et il découvrit que la dédicace de ce monument avait eu lieu, non pas comme l'avaient conjecturé les astronomes, sous le règne de quelque Pharaon égyptien, au nom bizarre, mais sous l'empereur romain Commode [1]. Le même savant avait déjà démontré que l'exécution des sculptures de ce temple remontait au règne de Claudius [2].

Ce fut donc avec justice que le ministre de l'intérieur, le vicomte de la Rochefoucauld, dans une lettre adressée au roi de France, et datée du 15 mai 1826, attribua à M. Champollion le mérite d'avoir, selon l'opinion de tout esprit impartial, décidé le point en question.

« Le suffrage public des hommes les plus distingués de l'Europe, dit le ministre, a sanctionné des résultats dont l'application a déjà été très-utile pour découvrir la vérité en histoire, et pour affermir les saines doctrines littéraires; car votre majesté n'a pas oublié que les découvertes de M. Champollion ont démontré péremptoirement que le zodiaque de Dendera, qui semblait alarmer la croyance publique, est une œuvre qui remonte seulement au temps où les Romains possédèrent l'Egypte. »

On ne pouvait néanmoins espérer que les résistances des adversaires de la religion seraient entièrement comprimées par ces attaques vigoureuses. Trop de science avait été employée à soutenir de laborieuses théories; on avait avancé avec trop de confiance des systèmes de prédilection, pour que l'on y renonçât sans peine et sans entreprendre de lutter encore quelquefois.

Difficile est longum subito deponere amorem [3].

On pouvait convenir que les temples étaient modernes, et conséquemment que les zodiaques qu'ils contenaient l'étaient aussi; mais ces derniers, disait-on, devaient avoir été copiés sur d'autres d'une date ancienne. « Ainsi, le plan original du zodiaque de

[1] Bulletin universel.
[2] Letronne.
[3] Catul. Car, 76, 18.

Dendera devait avoir ete formé au moins sept siècles avant notre ère. » Tel fut le système de défense élevé par le defunt sir William Drummond dans son dernier ouvrage [1]; mais quand il l'écrivit, il ne pouvait avoir eu connaissance de la savante dissertation publiée quelques mois auparavant, et dans laquelle Letronne portait le dernier coup à un pareil système, de même qu'à tout autre qu'on voudrait ériger en faveur de l'absurde antiquité des zodiaques [2].

Le hardi voyageur Cailliaud, à son retour de l'Egypte, apporta, entre autres raretés, une momie découverte à Thèbes et remarquable par plusieurs particularités; les deux plus importantes étaient une inscription grecque très-effacée, et un zodiaque ressemblant exactement à celui de Dendera [3]. Dans la dissertation dont j'ai parlé, M. Letronne entreprend d'expliquer ces deux documents et d'en faire l'application aux figures des zodiaques qui se trouvaient dans les temples égyptiens. Il rétablit l'inscription avec un bonheur qui doit contenter le critique le plus pointilleux; et, quant à la momie, il la reconnaît pour celle de Pétéménon, fils de Soter et de Cléopâtre, qui mourut à l'âge de vingt-un ans, quatre mois et vingt-deux jours, dans la dix-neuvième année du règne de Trajan, le huitième jour de Payni, ou le 2 juin de l'an 116 de l'ère chrétienne [4].

J'ai déjà dit que le zodiaque qui se trouve peint sur l'intérieur de l'encadrement ressemble à celui de Dendera; comme ce dernier, il est soutenu par une figure de femme d'une taille gigantesque, dont les bras sont étendus; il présente les deux signes du zodiaque sur deux bandes parallèles montant et descendant dans le même ordre, et dans un style de dessin semblable; la vache même, qui repose dans un bateau et qui est l'emblème d'Isis ou Sirius, n'est pas omise. On peut donc dire que l'identité des deux zodiaques est entièrement établie. Mais il existe une particularité dans

[1] Origines ou remarques sur l'origine de plusieurs empires, tom. II, p. 227. Lond. 1825.

[2] Observations critiques et archéologiques sur l'objet des représentations zodiacales. Paris, mars 1824.

[3] Voyage à Méroé, au Fleuve blanc, etc. Paris, 1823, tome II, pl. 71.

[4] Page 30.

le petit zodiaque. Le signe du capricorne est retiré de la série des autres signes et placé au-dessus de la tête de la figure, dans une situation à part et d'où il semble dominer [1].

L'existence d'un zodiaque sur la niche d'une momie doit suggérer l'idée qu'il a rapport au corps embaumé ; en d'autres termes que c'est un zodiaque *astrologique* et non *astronomique*. Dans ce cas, on peut supposer que le signe isolé représente celui sous lequel était né l'individu, et qui devait par conséquent présider à son sort pendant sa vie. Cette hypothèse est facile à vérifier. Nous avons l'âge exact de Pétéménon avec la date de sa mort. Calculant d'après ces bases, nous voyons qu'il naquit le 12 janvier de l'an 95 de l'ère chrétienne : ce jour-là le soleil se trouve aux deux tiers environ du signe du capricorne. Si, au lieu du signe, nous interrogeons la constellation, la conclusion sera la même, car, en calculant d'après la table de Delambre, selon la précession annuelle, nous voyons qu'à l'époque en question la constellation entière se trouvait dans le signe, et que le 12 de janvier le soleil était environ au seizième degré de la constellation [2].

Nous ne pouvons donc aucunement douter que le zodiaque fût l'expression d'un thème natal, et l'analogie nous conduirait à une conclusion semblable pour celui de Dendera, quand même la vue des *Decans*, remarqués par Visconti et expliqués par Champollion, qui a lu comme eux les noms qui leur sont donnés dans Julius Firmicus, ne nous aurait pas déjà autorisés à le considérer comme astrologique.

Cependant M. Letronne ne se contente pas de cette conclusion générale, il entre dans un examen approfondi de l'astrologie des anciens. Cette science, originaire de l'Egypte, passa en Grèce et à Rome, et retourna dans sa mère-patrie, ennoblie et consacrée par le patronage des Césars [3]. Précisément au moment où les zodiaques célèbres furent retracés, cette science, si on peut lui donner ce nom, avait atteint son zénith et planait au-dessus du sol où elle était née. Manilius, sous le règne d'Auguste, et Vettius Valens sous celui de Marc-Aurèle, écrivirent leurs traités sur ce

[1] Page 49.
[2] Pages 53-54.
[3] Pages 58-86.

sujet ; mais les nombreuses médailles astrologiques de l'Egypte sous Trajan, Adrien et Antonin, montrent combien elle était répandue dans ce pays [1]. Ce siècle fut celui des sectes astrologiques, gnostiques, ophites et basilidiennes, dont les *Abraxas*, qui représentent plusieurs combinaisons astrologiques, avaient été sérieusement pris par quelques interprètes des zodiaques pour des monuments datant de 3,863 ans avant l'ère chrétienne [2]. Cette réunion de preuves, les dates modernes et à peu près contemporaines de *tous* les zodiaques, le caractère évidemment astrologique de l'un d'eux, les *Decans* marqués sur un autre, et par-dessus tout l'influence des idées astrologiques dans le *seul* temps où fut fait tout zodiaque existant en Egypte, ne nous permettent plus de douter que *toutes* productions de ce genre ne soient simplement des restes de la science occulte, et qu'ils ne représentent des sujets génethliaques [3].

Quelle perte de talents, de temps et de savoir la vérité n'a-t-elle pas à déplorer en retraçant l'histoire de cette mémorable controverse ! Sur quel brillant monceau de systèmes détruits l'erreur n'a-t-elle pas à s'affliger ! systèmes où tout était éclatant, tout imposant, tout rempli de confiance, mais où tout était en même temps vide, fragile et mensonger. Plus d'un cas assurément s'est rencontré où une tromperie malicieuse a abusé du candide savoir d'un antiquaire, et lui a fait rendre, comme Scriblerus, à la rouille moderne, le respect et l'hommage seulement dus à la rouille de l'antiquité [4]. Mais le monde ne vit jamais avant nous d'exemple où « un esprit de vertige » se soit emparé si complètement d'une aussi grande foule d'hommes savants et habiles, qu'ils aient donné des siècles innombrables d'existence à des monuments comparativement modernes, et cela sans être arrêtés par la chute de leurs systèmes.

[1] Ibid, pages 86-92.
[2] Ibid., page 70.
[3] Ibid., pages 105-108.
[4] Voyez les Curiosités de la littérature, deuxième série, deuxième édition. Londres 1824, t. III, p. 49 et suiv. Mais on pourrait ajoute plusieurs exemples à ceux cités par d'Israëli.

« Ils veulent combattre encore dans l'arène où ils voyaient leurs compagnons tomber devant eux, comme les feuilles d'un même rameau [1]. »

CHILD-HAROLD, chant IV, 94.

Jamais, en effet, l'erreur ne se montra plus réellement sous la forme de l'hydre. Chaque tête était abattue dès qu'elle se montrait; mais une nouvelle tête s'élevait aussitôt à sa place, également hardie et également « disant de grandes choses. » Pendant plus de vingt ans cette guerre acharnée continua; mais comme les préventions s'épuisaient par degrés et que la véritable science se fortifiait, les forces vitales du monstre s'affaiblirent, et les blessures qu'il recevait lui devinrent plus fatales. Il a depuis longtemps rendu le dernier soupir; et n'existant aujourd'hui que dans les souvenirs de l'histoire, il ne peut pas plus effrayer les simples et les timides, que le « squelette décharné » ou les anneaux bien conservés de quelque monstre du désert, dans le cabinet d'un curieux.

Cependant, c'est une satisfaction que de voir la liste des noms illustres qui ne se prosternèrent pas devant l'idole du jour, et il est juste de les citer. Longtemps après les dernières recherches que j'ai détaillées, un écrivain eut la hardiesse, dans un journal anglais, d'avancer que, « sur le continent, » et il parle de la *France* en particulier, « l'antiquité des zodiaques de Dendera a été considérée comme suffisamment établie pour démontrer que les Egyptiens étaient un peuple versé dans les sciences, longtemps avant la date que notre croyance attribue à la création de l'homme; « tandis qu'en Angleterre, non-seulement le fait a été nié, mais le contraire démontré, *pour la première fois,* par M. Bentley [2]! Par un procédé de logique, malheureusement trop usité dans les pages de ce journal, l'écrivain cherche la cause de ce phénomène dans les différences de religion qui se trouvent entre les deux

---

[1]   And still engage
    Within the same arena where they see
    Their fellows fall before, like leaves of the same tree.

[2] British critic., avril 1826, p. 137.

pays. La funeste influence du papisme, dit-il, pousse le philosophe curieux à rejeter toute révélation comme n'étant que le fruit de la ruse des prêtres, tandis que, dans notre pays libre, l'encouragement donné à un examen libre et entier de l'évidence du christianisme a appris aux raisonneurs pourvus de sagacité à reconnaître la force de cette évidence [1]. » Cet article fut écrit *deux ans* après que le dernier ouvrage de Letronne eut terminé en France la discussion sur les zodiaques. Si le critique avait été moins emporté par le désir d'attaquer le catholicisme, même quand celui-ci combattait l'irréligion, leur adversaire commun, il se serait sûrement rappelé non-seulement les noms de Letronne et de Champollion, mais encore ceux de Lalande, de Visconti, de Paravey, de Delambre, de Testa, de Biot, de Saint-Martin, de Halma et de Cuvier, qui ont tous assigné une date moderne aux monuments dont il s'agit ; et là où la science astronomique, et non pas le nombre, fait autorité, des noms tels que ceux de Lalande, de Delambre et de Biot, peuvent sûrement en contrebalancer plusieurs autres, et justifier les savants français de l'odieuse accusation si imprudemment lancée contre eux.

[1] Pages 136 et suiv.

NEUVIÈME DISCOURS.

ARCHÉOLOGIE.

———•••———

Nos dernières recherches nous ont conduits par degrés au milieu des monuments de l'antiquité ; et, de l'examen de quelques
grands points chronologiques relatifs à l'authenticité de l'histoire
sacrée , nous nous sommes trouvés presque imperceptiblement
amenés à traiter de simples monuments érigés ou par des rois ou
par leurs peuples. Ainsi l'on pourrait dire que l'étude dans laquelle nous allons entrer a déjà été commencée, ou au moins que
la liaison entre ce qui a été dit et ce qui va suivre est si étroite et
si naturelle, qu'elle exige à peine que nous divisions ce double sujet en deux classes distinctes de recherches. Dans toutes les histoires examinées jusqu'ici nous avons eu en vue un objet spécial,
l'accord des monuments primitifs avec la chronologie sacrée ; et la
route que nous nous étions tracée a été par conséquent uniforme
et simple. Nous avons suivi les progrès effectifs de la science ; et,
comparant avec notre histoire sacrée les résultats que cette science
a obtenus , nous avons toujours trouvé qu'en levant toutes les difficultés, elle nous donnait en outre une foule de nouvelles et intéressantes coïncidences chronologiques.

Il y a cependant un grand nombre de monuments démontrant

l'authenticité de l'Ecriture sainte qui ne peuvent entrer dans cette classe, et qui, s'ils eussent été cités au milieu de notre dissertation, auraient embarrassé nos études et nui à l'union de notre plan. C'est pourquoi je les rangerai tous dans une classe distincte, sous le nom d'archéologie. Evidemment, le caractère de cette étude ne nous permettra guère de suivre une méthode aussi uniforme et aussi graduelle que dans nos dernières recherches; car, ainsi que les objets dont elle s'occupe, cette étude est nécessairement d'une nature fragmentaire; elle ne reconnaît pas les unités de temps, de lieu ou d'action; elle fait profession d'interroger les restes de tous les temps et de tous les pays, quels qu'en soient les matériaux ou les formes. Ainsi, à mesure qu'elle promène son attention de la Grèce à l'Italie, et de la Sicile à l'Egypte; à mesure qu'elle interroge une médaille, fixe la localité d'un édifice, ou juge de son âge, elle doit varier ses règles, sa méthode et sa direction. De là vient que, comme science, on ne peut dire qu'elle ait une impulsion déterminée, tendant au développement d'aucune conclusion générale. Notre marche doit être du même genre. Ici, nous ramasserons une médaille; là, nous nous arrêterons sur une inscription; nous nous contenterons des monuments que le hasard jettera sur notre chemin, et nous recueillerons soigneusement les preuves et les éclaircissements, quels qu'ils soient, qui sembleront devoir servir à nos convictions religieuses.

A ces remarques, je dois encore ajouter qu'ici je ne puis que prétendre à glaner sur ce que d'autres ont laissé en arrière. De toutes les espèces de preuves confirmatives qui font l'objet de ces discours, aucune n'a été plus souvent traitée que celle qui se tire de ces restes d'antiquité. Toute introduction élémentaire à l'Ecriture consacre un chapitre à ce sujet, quoique certains exemples, tels que le monument de la captivité assyrienne, donné par Horne, d'après Kerr-Porter, soient loin d'être positifs; et que d'autres, tels que la médaille d'Apamée, ne soient aucunement exacts. Maintenant, comme je me suis engagé à ne produire aucun exemple déjà cité dans les ouvrages relatifs aux preuves du Christianisme, je me contenterai de ce que le travail des autres peut avoir omis.

Je ne puis m'empêcher de mentionner en cet endroit un ouvrage qui a privé notre discussion d'une classe de monuments relatifs à l'histoire du Christianisme. Je veux parler de « l'Essai sur les monnaies, les médailles et les pierres précieuses anciennes, qui jettent des éclaircissements sur les progrès du Christianisme dans les premiers temps, » par Walsh [1]. Toutefois cet ouvrage doit désappointer l'attente du plus grand nombre des lecteurs. La plupart des matières qu'il contient ne sont que d'un intérêt secondaire ; une grande partie du volume est employée à traiter des gnostiques et de leurs doctrines, et ce travail fait une triste figure auprès des profondes recherches des écrivains du continent, tels que Néander et Hahn. La seconde partie de l'ouvrage nous donne une collection de médailles sur l'histoire des empereurs, depuis Dioclétien jusqu'à Jean Zémiscus en 969, ce qui devient plus intéressant ; mais elle renferme des inexactitudes, et elle fournit en outre à l'auteur l'occasion de déployer une rudesse de critique hors de propos.

C'est avec ces désavantages que nous commencerons nos recherches sur les médailles, les inscriptions et les monuments de l'antiquité.

I. Il existe une contradiction apparente entre les paroles de la Genèse (chap. XXXIII, v. 19) et les Actes des Apôtres (VII, 16), relativement au prix d'un champ acheté par Jacob aux fils d'Hémor ; car saint Étienne, dans les Actes, nous dit que le prix en fut payé en une somme d'argent, *times aguriou*, tandis que le texte de la Genèse dit qu'il fut payé en *cent agneaux* ou moutons. Au moins, le mot hébreu, employé en cette occasion (*kesita*) est ainsi rendu par toutes les versions anciennes. C'est pourquoi la version anglaise, qui traduit par *pièces d'argent*, a ajouté en marge, pour se rapprocher de l'original, l'autre interprétation. En supposant que la traduction de ces anciennes versions soit correcte, et qu'il y ait eu quelque raison pour que toutes aient donné le même sens à ce mot, il y avait un moyen très-simple de concilier les deux passages, c'était de remarquer que le même terme exprimait les deux objets ; ou autrement, il fallait supposer que l'ancienne monnaie phénicienne portait la figure d'un agneau, qu'elle en représentait l'équivalent, et qu'elle tirait aussi son nom de cet emblème. Rien n'est plus commun qu'une telle substitution. Parmi les

* Londres 1828.

Anglais, l'*ange* et la *croix*, dont il est si souvent parlé dans Shakspeare, recevaient leurs noms des images qu'ils portaient ; et, chez les Romains, le nom même de monnaie, *pecunia*, est considéré comme provenant d'une cause exactement semblable, d'un mouton qui s'y trouve gravé. Mais la publication d'une médaille trouvée par le docteur Clarke près de Citium, dans l'île de Chypre, nous a donné toutes les preuves que nous pouvions désirer. Feu le savant docteur Munter a présenté à ce sujet, à l'Académie royale de Danemarck, une dissertation qui fut insérée dans les actes de 1822 de cette académie [1] ; il y fait observer que la médaille, qui est d'argent, est assurément phénicienne, puisqu'elle porte sur le revers une légende en caractères phéniciens ; sur le côté opposé est la figure d'un mouton, et on ne peut former aucun doute quant à l'extrême antiquité de la médaille. Il est donc très-probable, conclut-il, que nous avons la monnaie même dont il est parlé dans l'Écriture ; au moins nous savons avec certitude que les Phéniciens avaient une monnaie portant un symbole correspondant à la signification du mot *kesita* ; et la preuve, qui seule manquait pour changer de fortes conjectures en une certitude morale, est acquise maintenant [2].

On a fait une application des plus complètes et des plus judicieuses de la science numismatique à la justification de la chronologie sacrée, relativement aux deux derniers livres historiques des Juifs, ceux des Machabées. Aucun livre de l'Ecriture n'avait été soumis à un examen plus rigoureux que ceux-ci, car ils entrèrent dans les sujets de disputes religieuses qui suivirent la réforme. La religion catholique, qui les met au nombre des livres *canoniques*, éprouve nécessairement un intérêt plus vif à leur égard ; mais ils doivent paraître d'une immense valeur à tous les Chrétiens, puisqu'ils forment le dernier et unique chaînon historique qui unisse l'ancienne et la nouvelle loi, et que l'on y trouve la seule relation de l'accomplissement des promesses prédisant la restauration et la

---

[1] Classif. philosophique et historique.

[2] Sur le revers, outre la légende, est une couronne de perles. On serait tenté de soupçonner qu'une telle circonstance peut expliquer l'étrange traduction des deux interprétations d'Onkelos et de Jérusalem, qui rendent toutes deux cent kesitas par un cent de perles.

continuation du royaume de Juda jusqu'à la venue du Messie. Il existait cependant de grandes difficultés sur des dates assignées par ces livres à des événements racontés aussi dans les histoires classiques, de même que sur la manière dont ils étaient rapportés. Par une étrange inconséquence, il est presque toujours arrivé, lorsqu'on a comparé quelque livre sacré avec un auteur profane, qu'on a regardé comme chose convenue que le premier devait être dans l'erreur, si tous deux n'étaient pas d'accord. Nous avons vu ce système prévaloir quand nous avons traité des antiquités indiennes et égyptiennes. Lorsqu'elles n'étaient pas en harmonie avec la chronologie de l'Écriture, celle-ci était déclarée fautive, quoique, en bonne critique, on dût au moins lui accorder une égale valeur. Eh bien ! le même système fut précisément suivi dans l'occasion qui nous occupe maintenant. On trouva sans doute des différences entre les dates assignées aux événements dans ces livres et les dates que leur donnaient d'autres auteurs plus éloignés quant aux temps et aux lieux du théâtre de l'action ; et tout naturellement le livre sacré fut condamné comme inexact. Erasme Frohlich, dans la préface de ses *Annales des rois et des événements de la Syrie*, ouvrage numismatique d'une grande autorité et fruit de profondes recherches, a entrepris de comparer la chronologie de ces livres, non pas avec le témoignage vague d'autres historiens, qui souvent même diffèrent entre eux, mais avec des preuves contemporaines et incontestables, les médailles ; et le résultat de son travail fut une table confirmant en tous points l'ordre et les époques des événements rapportés dans l'histoire sainte [1].

Vous supposerez sans peine que les objections élevées contre l'Écriture ne furent pas abandonnées sans combat. La première édition de l'ouvrge de Frohlich parut en 1744, et deux ans après, Ernest-Frédéric Wernsdorff entra dans la lice comme son adversaire [2]. ses efforts ne furent pas jugés heureux, même par son propre parti ; et son frère Gottlieb [3] vint à son aide l'année sui-

---

[1] Annales compendiarii regum et rerum Syriæ, deuxième édition. Vien. 1754. La seconde partie de ses prolégomènes est entièrement remplie par la justification de ces livres.

[2] De fontibus historiæ Syriæ, etc. Lips. 1746.

[3] Gottlieb, Commentatio histor. critica, etc. Wratislau, 1747.

vante. Un ouvrage anonyme leur répondit sur tous les points, en 1749 [1] ; et , malgré la violence de langage employée par les deux frères , je crois que quiconque prendra connaissance de la dispute sera convaincu que la victoire ne resta pas de leur côté. Au reste , pour donner deux ou trois exemples des explications de Frohlich, je choisirai dans le nombre celles que les Wernsdorff reconnaissent eux-mêmes comme satisfaisantes.

Dans le premier volume des Machabées (VI, 2), on parle d'Alexandre-le-Grand, en le désignant ainsi : *Celui qui fut le premier roi parmi les Grecs*. La désignation est fausse, a-t-on dit, car Alexandre a eu plusieurs prédécesseurs en Macédoine ; ils furent certainement rois, et ils régnèrent chez les Grecs. On peut, à la vérité, répondre qu'Alexandre fut le premier parmi eux qui fonda un empire portant le nom de ce peuple; mais la solution donnée par Frohlich est meilleure; car il est extraordinaire que pas un des prédécesseurs d'Alexandre, quelle qu'ait pu être sa puissance, ne prit jamais sur sa monnaie le titre de *Basileus* ou *roi*, avant lui; « et, dit Frohlich, ce n'est pas une chose sans importance, qu'aucune médaille, reconnue pour appartenir véritablement aux souverains de Macédoine, antérieurs à Alexandre, ne porte le titre de roi; on y trouve seulement le nom du monarque, comme, par exemple, Amyntas, Archelaüs, Perdiccas, Philippe; quelques monnaies portent simplement Alexandre, mais un grand nombre le roi Alexandre [2]. » Gottlieb Wernsdorff reconnaît que cette observation est exacte. « Le fait, dit-il, est juste, et je ne pourrais guère supposer qu'aucun doute pût exister à cet égard ; car les historiens juifs, par le nom de Grecs, entendent toujours les Macédoniens, et, par *royaume*, l'empire macédonien, ou plus particulièrement celui des Séleucides. » Pourtant il accuse Frohlich d'une double fraude : la première, suivant lui, c'est d'attribuer à Philippe Aridée une médaille de Philippe Amyntor, médaille donnée par Spanheim , et sur laquelle on trouve le titre de roi ; la seconde , de passer sous silence une médaille d'Argæus. « On dit qu'il existe aussi une médaille d'Argæus, avec cette

---

[1] Curante Casparo Schmidt bibliopego. Vien. 1749.

[2] Frohlich, p. 81.

19

légende : *Argueiou Basileôs* , *Argæus* , roi [1]. » A ces objections,
le défenseur anonyme de Frohlich répond que la médaille supposée d'Amyntor est évidemment, d'après le style du travail, une
monnaie d'un roi gallo-grec, et que personne n'a jamais vu ou pu
prétendre découvrir l'Argæus de Tollius. Il nous assure aussi que
lui et Frohlich ont soigneusement examiné toutes les médailles
du cabinet impérial et des autres collections, et qu'ils n'ont jamais
vu le titre de roi sur aucune médaille antérieure à l'époque d'A-
lexandre [2].

En outre, le second livre des Machabées contient, dans le premier chapitre, une lettre des Juifs de la Palestine à leurs frères en
Egypte, datée de l'année des Séleucides, 188 ; on y trouve un récit détaillé de la mort du roi Antiochus en Perse. On a demandé
quel Antiochus était celui-ci ? Indépendamment des objections
chronologiques, ce ne pouvait être certainement Antiochus Soter,
qui mourut à Antioche, ni son successeur, Antiochus Théus, qui
fut empoisonné par Laodice ; ni Antiochus Magnus, qui était l'ami
des Juifs. Quant à Antiochus Epiphanes , le même livre (ix , 5) nous
donne un récit tout-à-fait différent de sa mort. Antiochus Eupator,
son successeur, après un règne de deux ans , fut tué par Démétrius,
et l'enfant du même nom, proclamé roi par Tryphon, fut aussi
empoisonné par lui. Il ne reste d'autre souverain de ce nom qu'Antiochus Sidetés , également appelé Evergète, dont le règne est le
seul qui coïncide avec l'époque de la lettre. Mais une difficulté aussi
sérieuse, en apparence du moins, qu'aucune des précédentes,
semble l'exclure : le règne de ce monarque commença en 174, et
Porphyre et Eusèbe sont d'accord pour en fixer la durée à moins
de neuf ans. Suivant eux , il doit avoir péri dans une guerre vers
l'an 182. Comment alors les Juifs, en 188 , ont-ils pu parler de sa
mort comme d'un événement récent ? Imaginerait-on , par exemple,
que , de nos jours, les membres d'une communauté religieuse
quelconque, écrivant une lettre à leurs frères habitant un pays très-
voisin , pour leur apprendre que le souverain qui les opprimait est
mort, prissent ce soin six ans après l'événement ? La rencontre de
ces deux historiens dans le même témoignage fut considérée com-

---

[1] Commentatio XXII , p. 39.

[2] Op. cit., p. 170.

me décisive contre l'historien juif, et Prideaux, sans hésiter, adopta leur opinion comme exacte [1]. Eh bien ! Frohlich a prouvé d'une manière incontestable qu'*ils* se trompent. D'abord, il a produit deux médailles portant le nom d'Antiochus, l'une datée de 183, l'autre de 184; deux ans par conséquent après le temps que ces historiens fixent comme celui de sa mort. Sur l'une on lit:

ΒΑΣΙΛΕΩΣ. ΑΝΤ*iochou* ΤΥΡ : ΑΣΥ. ΔΠΡ
Du roi Antiochus de Tyr, l'asile sacré, 184 [2],

Une discussion s'est élevée de notre temps sur ces médailles. Ernest Wernsdorff reconnaît l'authenticité de la dernière; il reconnaît qu'elle prouve d'une manière satisfaisante qu'Antiochus Sidetès a vécu au-delà de l'époque qui lui est assignée par l'histoire profane ; et il semble même ajouter son propre témoignage à celui de Frohlich, en s'exprimant ainsi : « Bien que je sois volontiers de cet avis, en ce qui touche les médailles et les dates qu'elles portent, il est arrivé à Frohlich, comme à moi, grâce aux soins d'un homme très-habile en cette matière, d'avoir sous les yeux et entre les mains plusieurs médailles frappées par l'ordre d'Antiochus [3]. » Gottlieb, son auxiliaire, est moins traitable ; il doute que la légende ait été bien lue; il suppose que probablement une légère altération dans une lettre aura changé le nombre 181 en celui de 184 [4]. Mais, quand nous reconnaîtrions comme irrécusable tout ce qui a été écrit contre ces deux médailles, il en existe d'autres produites depuis les observations des deux frères, qui semblent mettre la question hors de doute ; car Frohlich a ensuite publié une médaille du même roi, portant la date de 185 [5]; et Eckhel en a ajouté une quatrième frappée en 186 [6].

[1] Ancien et nouv. Testament réunis, tabl. chron. à la fin du vol.; quatrième éd. 1749.

[2] Page 24. Voyez les médailles sur la gravure, n° 27, 29.

[3] De fontibus hist. Syriæ, p. 13.

[4] Ubi sup., sec. XIII, p. 79. Voyez la réponse, 288.

[5] Ad numismata regum veterum, etc., p. 69.

[6] Sylloge numorum veterum, p. 68. Doctrina numorum veterum, tom. III, p. 336.

Ce point de chronologie sacrée a été examiné de nouveau, il y a quelques années, par M. Tochon d'Annecy [1], qui évidemment n'était guidé par aucun désir d'affaiblir l'autorité du livre des Machabées. Il dit, ce dont chacun sera d'accord, que de graves difficultés environnent toujours les hypothèses, et que le témoignage contradictoire des historiens ne devrait pas être rejeté légèrement. Nous devons, il est vrai, rencontrer des contradictions apparentes dans toutes les parties de l'histoire; la difficulté est de savoir où il convient de placer le blâme. Les médailles frappées pour le couronnement de Louis XIV indiquent une date différente de celle que tous les historiens contemporains s'accordent à fixer comme indiquant le jour même de cet événement. Entre tous, un seul, le docteur Ruinart, a noté une circonstance qui explique cette différence : il fait remarquer que le couronnement devait avoir lieu un certain jour, celui que portent les médailles, et qu'elles étaient en conséquence préparées; mais que des circonstances imprévues occasionnèrent la remise de la cérémonie au jour désigné par les historiens. Rien n'est plus simple que tout cela, et pourtant, si une telle explication n'eût été donnée, les antiquaires, dans un millier d'années, auraient pu être fort embarrassés pour concilier ces différences. Dans ce cas donc, les médailles avaient tort et les historiens raison; dans celui qui nous occupe, nous sommes également amenés à condamner une classe d'autorités, et je crois que la critique hésitera peu à se prononcer. Dans l'exemple qui vient d'être donné, les médailles sont inexactes, en ce que la date qu'on y avait gravée ne fut pas changée quand on différa l'événement qu'elles devaient rappeler; mais ici il nous faudrait supposer une erreur incroyable, de fausses dates successives, d'après lesquelles de nouvelles médailles auraient été frappées au nom d'un monarque mort depuis longtemps.

M. Tochon rejette les deux premières médailles, principalement celle de 184, mais par des motifs autres que ceux de Wernsdorff, et qui sont admis par Eckhel. Selon lui, le Δ ou 4 supposé, qui est presque effacé, parait être un B ou 2, d'une forme particulière [2].

[1] Dissertation sur l'époque de la mort d'Antiochus VII (Evergète Sidetès). Paris 1815.

[2] Dissertation, p. 22.

Contre les deux dernières médailles, il n'allègue que des raisons spécieuses ; il fait valoir les difficultés qu'on rencontre quand on veut les considérer comme authentiques, au mépris de tant d'autorités historiques [1]. A quelques égards, il est à peine juste pour Frohlich ; il ne cesse de soutenir que le savant jésuite place la mort du roi en 188 [2] ; et, en conséquence, il demande comment il se fait que nous ayons des médailles de son successeur, Antiochus Grypus, portant la date de 187 [3]. Or, Frohlich place la mort d'Antiochus Évergète en 186 [4]. De la sorte, comme aucune médaille d'Antiochus Grypus ne porte de date antérieure à cette dernière, l'opinion de Frohlich reçoit une confirmation qu'on peut appeler négative. Jusqu'ici donc l'application des médailles a servi à défendre la chronologie de l'histoire sacrée.

J'appellerai maintenant votre attention sur une classe de médailles qui a été longtemps le sujet de disputes sérieuses et de conjectures sans fin ; elle fait allusion à la grande catastrophe qui a déjà plus d'une fois occupé notre attention. Après les preuves que nous avons trouvées du déluge, dans les traditions de tous les pays, « de la Chine au Pérou, » après les traces de ses ravages, traces que nous avons découvertes amoncelées sur les montagnes, et étendues dans les vallées de notre globe, il semblera peut-être peu important de nous occuper des monuments secondaires sur lesquels chaque nation, et même chaque ville, peut avoir jugé convenable d'inscrire à cet égard ses traditions. Néanmoins il ne nous faut pas négliger les petites choses pour les grandes ; toutes doivent concourir, autant qu'elles peuvent, à défendre la noble et glorieuse cause de la religion. Il est évident que les anciens avaient deux versions très-différentes sur le déluge : l'une était une fable populaire adaptée à leur mythologie nationale ; l'autre, bien plus philosophique, était tirée des traditions de l'Orient, et

---

[1] Page 64.

[2] Pages 24, 29, etc.

[3] « Comment alors supposer que la mort d'Antiochus Évergète puisse être arrivée l'an 188 ? Elle serait postérieure au règne de son fils. » Page 61.

[4] Année 186. « Je pense que c'est vers ce temps qu'arriva la mort d'Antiochus VII, » p. 88.

par conséquent beaucoup plus d'accord avec la narration de l'Ecriture. La première est le déluge des poètes, tel qu'Ovide l'a décrit. Millin a fait observer qu'il n'existe aucun monument où ce déluge soit représenté [1]. La seconde version se trouve conservée dans les écrits de Lucien et de Plutarque. Suivant cette tradition, Deucalion est représenté comme faisant une arche ou coffre dans laquelle il se retira, prenant avec lui un couple de chaque espèce d'animaux, ainsi que sa femme et ses enfants; ils voguèrent dans cette arche tant que dura le déluge, et « tel est, dit Lucien à la fin de sa narration, le récit *historique* fait par les Grecs sur Deucalion [2]. » Plutarque ajoute que le retour d'une colombe annonça d'abord à Deucalion que les eaux s'étaient retirées [3]. Or, les médailles dont je vais parler, ainsi qu'un autre monument dont je parlerai en son temps, offrent l'image de cette histoire traditionnelle.

Les médailles impériales de bronze de la ville d'Apamée, en Phrygie, portent sur un côté la tête de différents empereurs, tels que Sévère, Macrin, et Philippe l'ancien. Sur toutes, le revers est semblable; on y voit l'image tracée dans la lithographie que nous plaçons sous vos yeux (pl. 1, fig. 1). Eckhel la décrit ainsi : « Un coffre voguant sur les eaux, et dans lequel sont un homme et une femme qu'on aperçoit jusqu'à la ceinture; en dehors, et tournant le dos au coffre, semblent marcher une femme habillée d'une longue robe, et un homme court vêtu; ils tiennent leur main droite élevée; sur le couvercle du coffre est un oiseau; un autre oiseau, qui se balance dans l'air, tient entre ses pattes une branche d'olivier [4]. » La surface étroite d'une médaille pouvait difficilement représenter d'une manière plus expressive ce grand événement. Elle nous offre deux scènes différentes, mais évidemment les mêmes acteurs. En effet, le costume et les têtes des personnages qui sont en dehors de l'arche ne nous permettent pas de les

---

[1] Galerie mythologique. Paris 1811, tome II, p. 136.

[2] De dea Syria, tom. II, p. 161; éd. Benev. Amst. 1687.

[3] Utrum animalia terrestria, aut aquatica magis sint solertia. Oper. Paris 1572, tom. III, p. 1783.

[4] Doctrina numorum veterum. Vienne 1793, première part., t. III, p. 130.

considérer comme autres que les figures qui sont dedans : nous les voyons d'abord flottant sur les eaux dans une arche ; puis debout, sur la terre ferme, dans une attitude d'admiration [1], avec la colombe, qui porte au-dessus de leurs têtes le symbole de la paix.

Mais il nous reste à examiner la circonstance la plus intéressante. Sur le panneau de devant de cette arche sont quelques lettres, et le sens qu'elles renferment a été le sujet de plusieurs savantes dissertations. Le premier qui publia ces médailles fut Octave Falconieri, à Rome, en 1667; la gravure qu'il donne de la médaille du Severus de Paris porte les lettres ΝΗΤΩΝ, qu'il lit comme la continuation de ΜΑΓ *magnétón* [2]. Vaillant prétend y lire, ainsi que sur la médaille de Chigi, du temps de Philippe, ΝΕΩΚ, pour *néókorón*. Le révérend M. Mills a composé sur ce sujet un essai qui fut inséré dans le quatrième volume de l'Archéologie, par la Société royale des antiquités; il y déclare fausse toute médaille qui ne porte pas ce dernier mot. Bianchini a publié deux copies de cette médaille ; sur l'une d'elles, il lit ΝΩΕ ; et sur l'autre, ΝΕΩ [3]. Falconieri a aussi donné une autre médaille qui présente les mêmes lettres que la première de ces deux copies. Ainsi, nous avions quatre versions de la même légende, et chaque recherche nouvelle semblait embrouiller encore plus la dispute. ΝΩΕ paraissait un sens trop favorable au but qu'on se proposait dans la première publication de ces médailles, pour ne pas exciter le soupçon ; et telle était la crainte qu'on avait de reconnaître pour véritable une légende si importante, que M. Barrington, tout en avouant qu'elle est correcte, ne voulait pas croire qu'elle fît aucunement allusion au nom porté dans l'Ecriture, mais supposait plutôt qu'elle était mise pour ΝΩΙ, *nous*, duel de *egó, moi*, et que c'était une abréviation de ces paroles d'Ovide : «*A nous deux nous sommes une foule* [4] !* »* Il est certain que de tous ces sens aucun n'est correct ; car Eckhel a prouvé que les médailles ne

---

[1] Eckhel, ibid., p. 136.

[2] De nummo apamensi Deucal., etc ; ad P. Seguinum. Rome 1667.

[3] La Storia universale provata con monumenti. Rome 1697, p. 186, 191.

[4] Archæologia, tom. IV, p. 315.

portent que les deux lettres NΩ; et il l'a prouvé d'après les observations faites par lui-même et par Frœhlich sur les médailles de Vienne et de Florence; par Venuti, sur celles de la collection d'Albani, et par Barthélemy, sur les Severus de Paris. Il est vrai que, dans quelques-unes des médailles, l'N seule est visible; mais en même temps on peut distinguer sur la plupart la trace d'une troisième lettre, qui n'a pas été effacée à dessein, mais qui s'est effacée parce qu'elle formait le point le plus saillant du relief. Eckhel, après avoir examiné les différentes explications données par d'autres à cette légende, les rejette; il conclut en disant que, comme toute la scène représentée sur la médaille se rapporte évidemment au déluge de Noé, il doit en être de même de l'inscription qui se voit sur l'arche, et que, par conséquent, c'est le nom de ce patriarche qu'il faut lire; et il prouve son assertion par des médailles de Magnésie, en Ionie, sur lesquelles est la figure d'un vaisseau portant l'inscription ΑΡΓΩ, sans doute dans le but de préciser clairement l'événement qu'elle rappelle, l'expédition des Argonautes [1].

Ici néanmoins s'élève l'apparence d'une difficulté. Quel motif a pu porter les Apaméens à choisir un tel événement pour le graver en forme de symbole sur leur monnaie? Cette difficulté est aussi facilement levée que l'autre. Les villes avaient coutume de prendre pour emblème tout événement remarquable qui, selon la fable, était arrivé dans leur voisinage. Ainsi la monnaie de la ville de Thermes, en Sicile, portait l'effigie d'Hercule, parce que la mythologie suppose que le héros s'arrêta en cet endroit. Il en est précisément ainsi pour Apamée, ou, comme on l'appelait anciennement, Célène; car les livres de la Sybille, qui, bien que supposés, sont un témoignage suffisant de l'existence d'une tradition populaire, nous disent expressément que, dans le voisinage de Célène, se trouve le mont Ararat, sur lequel reposa l'arche. Cette tradition n'ayant évidemment aucun rapport avec le déluge de Deucalion, dont le siège était la Grèce, explique suffisamment pourquoi les Apaméens firent graver un tel événement sur leur monnaie. Telle est aussi probablement l'origine d'un autre ancien nom d'Apamée, *Kibótos*, l'*arche*, ainsi que l'a démontré Win-

[1] Page 132.

kelmann; et ce nom est le mot employé par les Septante et par Josèphe dans la description de l'arche de Noé [1].

Nous avons donc ici l'exemple d'un monument qui confirme le témoignage de l'Ecriture, et dont l'authenticité et l'autorité sont dues aux progrès de la science qui fut la première à le produire. Car nous avons vu que le savant médailliste, qui peut être considéré comme ayant donné avant tous les autres à l'étude des monnaies un ordre systématique, et comme ayant groupé la science entière dans un seul plan, est aussi le premier qui ait écarté toute incertitude sur ces documents intéressants, et en ait mis le sens entièrement hors de doute.

On peut objecter qu'une pareille figure donnée à l'arche s'accorde difficilement avec la description déjà mentionnée, que les historiens sacrés ou profanes nous font du déluge; les uns et les autres supposent que non-seulement Noé et sa femme, mais aussi toute sa famille et un grand nombre d'animaux, ont été renfermés dans l'arche. De telles circonstances ne peuvent guère être exprimées par la figure d'un petit coffre contenant deux individus. Pour lever cette difficulté, je proposerai une comparaison entre les premiers monuments chrétiens et la représentation que nous offrent les médailles. Personne ne peut douter que, dans les monuments chrétiens, on n'ait eu en vue le récit de l'Ecriture. Eh bien! l'arche y est toujours représentée comme un coffre carré flottant sur un courant d'eau; on n'y voit que la personne du patriarche jusqu'à la ceinture, et au-dessus la colombe qui lui apporte la branche d'olivier. Telle est la manière dont le sujet est représenté sur quatre sarcophages de marbre dans les dessins d'Aringhi [2]; ainsi on le trouve dans la peinture de la seconde chambre du cimetière de Calliste [3], et enfin sur une feuille de métal dont le sénateur Buonarroti nous a donné le dessin [4] et Ciampini

[1] Voyez les Monumenti antichi inediti, par Winkelmann. Rome 1767, tom. II, p. 253. Eckhel. ibid., p. 132, 139.

[2] Roma subterranea. Rome 1651, tom. I, p. 325, 331, 333; tom. II, p. 143.

[3] Ibid., 539, 551, 556.

[4] Osservazioni sopra alcuni frammenti di vasi antichi di vetro, tom. I, fig. 1.

l'explication [1]. Quelques-unes de ces peintures montrent le couvercle du coffre ouvert sur la tête du patriarche, ainsi que dans les médailles d'Apamée [2]. Dans celles-ci encore, la figure de Noé est quelquefois représentée en dehors de l'arche, sur la terre ferme, avec la colombe symbolique, qui sert à le désigner ; car, parmi les symboles chrétiens les plus communs, Boldetti compte celui-ci : « Noé, quelquefois dans l'arche et quelquefois en dehors, avec la colombe [3]. » Enfin la colombe est de temps en temps perchée sur l'arche, comme on le voit sur la médaille dont nous donnons le dessin ; mais alors la figure du patriarche est omise. Il en est ainsi sur la pierre de Foggi, décrite par Mamachi [4]. Pour vous mettre mieux à même de comparer les représentations sacrées et les profanes, je me suis procuré un dessin de la médaille d'Apamée (fig. 2), et un autre du cimetière de Calliste. Je pense qu'après les avoir comparés l'un à l'autre, vous conclucrez, non-seulement qu'il ne peut plus y avoir de difficulté sur la question de savoir si une arche comme celle de Noé a jamais pu être représentée ainsi que nous la voyons sur les médailles, mais encore que la ressemblance entre les deux sortes de monuments est telle que nous en pouvons considérer les sujets comme identiques. Ajoutez à cela que la différence d'âge entre les deux genres de monuments ne saurait être très-grande, et qu'il est évident que les Chrétiens, dans ces peintures si semblables entre elles, quoique exécutées sur des monuments divers, se réglaient sur un type commun, tout-à-fait distinct de celui donné par l'histoire sacrée, et que ce type était probablement emprunté à d'autres traditions.

II. Des médailles, passons maintenant aux inscriptions, ordre de monuments supérieur aux médailles, puisque les inscriptions

[1] Dissertatio de duobus emblematibus musæi card. Carpinei. Rome 1748, p. 18. Bianchini a aussi publié, d'après un ancien verre, une représentation de la même scène en miniature.

[2] Voyez les exemples dans Aringhi, tome II, pages 67, 105, 187, 315.

[3] Observations sur les cimetières. Rome 1720, tom. I, p. 22.

[4] Origine et antiquité des Chrétiens, livre XX, tome III. Rome 1731.

procurent en général des renseignements plus détaillés. Le principal avantage tiré des antiquités de cette classe consiste dans les éclaircissements philologiques qu'elles ont souvent donnés sur quelques passages obscurs de l'Ecriture. Si je voulais m'étendre sur ces confirmations ou éclaircissements, je vous ferais descendre à des recherches minutieuses et savantes qui sont peu du domaine de ces discours. Cependant, tout ce qui jette une nouvelle lumière sur quelques passages de l'Ecriture, tout ce qui justifie sa phraséologie contre une accusation de contradiction et d'ignorance, tend à nous en faciliter l'intelligence, et nous donne ainsi de nouvelles preuves de son authenticité. Je me contenterai d'un exemple tiré d'une savante dissertation du docteur Münter, intitulée : *Recueil d'observations religieuses d'après les marbres grecs*, et insérée il y a quelques années dans les miscellanées de Copenhague [1]. Dans Jean (chap. IV, v. 46), il est fait mention d'un *certain seigneur*, ou *gouverneur*, ou *courtisan* ; car on peut traduire le mot grec de toutes ces façons. La version anglaise a adopté le premier sens en consignant les deux autres en marge; et à propos de cette interprétation, un commentateur moderne fait observer qu'elle « donne l'idée du rang héréditaire et de certaines dignités auxquelles rien ne correspondait en Palestine et en Syrie [2]. » Quel-

[1] Mélanges d'arguments théologiques et philologiques, tom. I. Copenh. 1816.

[2] Observationes flavianæ, page 144. Six des recueils de Griesbach portent *Basiliscos*, et il est évident que le traducteur de la Vulgate a lu ainsi; car cette version porte : *quidam Regulus*, ou, comme nous l'avons rendu, « un certain gouverneur. » Schleusner suppose que cette expression est venue de la Vulgate; mais le contraire est beaucoup plus probable. Il n'est pas hors de propos de remarquer dans cette note que bien que la Vulgate ait rendu le mot par un diminutif, dans le dialecte hellénique, il n'a aucunement cette signification. On le voit d'après une inscription de Silco, roi de Nubie, publiée d'abord d'après une copie moins parfaite de M. Gau, par Niebuhr, dans ses Inscriptiones nubienses, Rome 1820 ; on le voit encore, d'après une copie de M. Cailliaud publiée par Letronne, dans le Journal des Savants, fév. 1825, p. 98-99. Ce roi commence le magnifique récit de ses victoires par *Egó Silco Basiliscos tón Noubadón cai olón tón aithiopón*. Quand même le judicieux

ques savants ont pensé que ce mot signifiait un homme du sang
royal ; d'autres, un soldat du roi ; d'autres n'y ont vu qu'un nom
propre. L'explication la plus naturelle de ce mot parut celle de
Krebs : il signifiait, dit cet auteur, un ministre ou un serviteur du
roi. Mais les témoignages qu'il empruntait à quelques écrivains ne
satisfirent pas plusieurs commentateurs. Un nouvel exemple tiré
par Münter [1] d'une inscription de la statue de Memnon, inscription écrite dans le même dialecte grec du nouveau Testament, le
dialecte hellénique, donne plus de poids à cette traduction ; il y est
fait mention de *Artemidóros Ptolemaiou Basiliscos*, Artémidore,
le courtisan, ou serviteur de Ptolémée. En effet, l'addition du
nom même du roi ne peut permettre aucune autre traduction.

Pour en venir à des preuves plus importantes et d'un intérêt
plus général, pour passer des mots aux choses, je vous donnerai
un exemple de l'utilité dont les inscriptions peuvent être aux grandes vérités du Christianisme. Quiconque a étudié même superficiellement ces vérités, est convaincu de ce qu'il y a d'irrésistible
dans l'argument tiré de l'empressement des premiers Chrétiens à
souffrir la mort pour la défense de leur religion. Depuis les divines révélations jusqu'à la grande Histoire ecclésiastique d'Eusèbe,
les annales de l'Eglise nous présentent une foule de témoins, une
multitude de martyrs, qui rendaient amour pour amour, vie pour
vie, scellaient leur confession de leur sang, réduisaient à l'impuissance la malice et la cruauté de leurs infatigables persécuteurs.
Dans cette fermeté de leur conviction, dans cette constance de leur
foi, dans cette hardiesse de leur confession, dans cet enthousiasme
de leur amour, nous possédons sûrement une preuve de la puissance qu'exerçaient sur leur esprit mille vérités qu'on lit mainte-

axiôme de M. Salverte, dans son Essai sur les noms propres : « Jamais
peuple ne s'est donné à lui-même un nom peu honorable, » ne s'appliquerait pas aux monarques, dans la déclaration de leurs titres, les mots
qui se trouvent dans la dixième et la onzième ligne ne laisseraient aucun
doute sur le sens véritable ; car il dit là : *ote eguegone mèn Basiliscos.*
« Loin d'être au-dessous des autres princes, je leur ai été supérieur. »
M. Letronne explique plusieurs phrases de cette inscription, d'après le
dialecte employé dans les Septante et dans le nouveau Testament.

[1] Mélanges, p. 18.

nant, mais qui alors étaient profondément sues et senties. Le courage qui les soutenait au milieu des plus cruelles épreuves nous démontre l'existence d'un énergique principe intérieur, qui compensait en eux la faiblesse de notre nature, comme l'inutilité complète de tous les efforts tentés pour les vaincre ou pour les détruire entièrement, nous prouve le secours d'un bras protecteur et la réalité de la promesse de *celui* qui peut si facilement briser toute arme levée contre son ouvrage. Qui donc alors s'étonnerait de l'adresse avec laquelle on a cherché à décréditer ce fait intéressant de l'histoire ecclésiastique? Doit-on être surpris que Gibbon ait employé toute la pompe artificieuse de son style et emprunté tout le savoir de ses prédécesseurs pour prouver que le Christianisme n'a compté que peu de martyrs; que ceux-ci ont reçu la mort plutôt par suite de leur propre imprudence que par un effet de la malice ou de la haine de leurs bourreaux contre leur religion, et qu'ils étaient poussés vers l'échafaud plutôt par un esprit ambitieux et inquiet, que par un motif d'inspiration divine « Leurs personnes, conclut-il, étaient regardées comme saintes, leurs décisions étaient admises avec déférence, et ils abusèrent trop souvent, par l'orgueil de leur esprit et par la licence de leurs mœurs, de la prédomination que leur avaient acquise leur zèle et leur intrépidité. Ces distinctions, tout en faisant valoir ce que leur mérite avait d'élevé, trahissent néanmoins le petit nombre de ceux qui souffrirent et de ceux qui moururent pour avoir confessé le Christianisme [1]. »

Le savant Dodwell, dans ses dissertations sur saint Cyprien [2], avait préparé la voie à cette attaque, dirigée contre les vérités historiques du Christianisme, en assurant que le nombre des martyrs était peu considérable, et que l'Eglise, après le règne de Domitien, avait joui d'une tranquillité parfaite. Assurément Amaldi et d'autres ont suffisamment réfuté ces assertions en se fondant sur des documents historiques; mais les inscriptions monumentales présentent les moyens les plus directs et les plus efficaces pour les renverser. Visconti a pris la peine de recueillir dans les volumineux ouvrages des premiers temps du Christianisme les inscriptions

[1] Décadence et chute, ch. xvi.
[2] Dissertationes cyprianicæ, dissert. XI, p 57.

qui nous apprennent le nombre des martyrs qui ont versé leur sang pour Jésus-Christ [1].

La cruauté des persécutions païennes, même sous les empereurs dont les principes étaient doux et la domination débonnaire, est suffisamment attestée par une inscription touchante, tirée par Aringhi du cimetière de Calliste; la voici : « Alexandre n'est pas mort; il vit au-dessus des étoiles, et son corps repose dans cette tombe. Il a cessé de vivre sous l'empereur Antonin, qui ne lui paya que par de la haine ce qu'il lui devait de faveur et de bonté. Car, tandis qu'il fléchissait les genoux pour sacrifier au vrai Dieu, il fut entraîné au supplice. Oh! malheureux temps, où, au milieu de nos cérémonies sacrées et de nos prières, nous ne pouvons être en sûreté, même dans des cavernes! Quoi de plus misérable pour nous que la vie? Mais d'un autre côté, quoi de plus misérable aussi que la mort? Car nous ne pouvons pas même être ensevelis par nos amis et par nos familles [2]. » Cette lamentation pathétique expliquera les difficultés que les Chrétiens éprouvaient pour conserver les noms de leurs martyrs; elle expliquera aussi ce qui les obligeait à se contenter d'en indiquer le nombre. C'est pour cela que nous rencontrons dans les catacombes les inscriptions suivantes [3] :

MARCELLA ET CHRISTI MARTYRES, CCCCCL.
(Marcella et 550 martyrs du Christ.)
HIC RESQUIESCIT MEDICUS CUM PLURIBUS.
(Ici reposent Medicus et plusieurs autres.)
CL MARTYRES CHRISTI.
(150 martyrs du Christ.)

Ces inscriptions prouvent clairement la cruauté des persécutions et le grand nombre des martyrs.

La coutume de rappeler dans une seule et courte inscription tant de confesseurs de la foi du Christ nous conduit à cette con-

[1] Memorie romane di antichità, tom. I. Rome 1825.

[2] Alexander mortuus non est, etc. Aringhi, Roma subterranea, tom. II, p. 685.

[3] Visconti, p. 112-113.

clusion naturelle que, lorsqu'on trouve simplement un nombre inscrit sur une tombe, il peut avoir rapport à une circonstance de même genre. L'antiquaire auquel j'ai renvoyé semble avoir prouvé le fait d'une manière satisfaisante ; car on avait souvent supposé que de tels nombres ne se rapportaient qu'à un certain ordre dans lequel les inscriptions avaient été arrangées. Mais, outre qu'on n'a pu découvrir aucune série semblable, ni même rien qui en approche, ces chiffres sont parfois accompagnés d'accessoires qu'on n'aurait guère choisis, s'il n'eût été question que de nombres progressifs. Par exemple, ils sont quelquefois entourés d'une guirlande soutenue par des colombes : sur une tombe, le mot *triginta* (trente) est écrit en entier, avec le monographe du nom du Christ avant et après, ce qui exclut toute idée que le nombre trente soit simplement le signe d'une série progressive ; sur une autre tombe, le nombre XV est suivi de *in pace*, en paix. La conjecture qui nous conduit à penser que des inscriptions aussi simples rappellent la mort d'autant de martyrs que le nombre l'annonce devient une certitude complète, quand on la voit confirmée par un passage de Prudence, écrivant sur les catacombes, alors que les traditions qui les concernaient étaient encore récentes. « Plusieurs des marbres, dit-il, qui ferment les tombes, portent la seule indication d'un nombre ; on peut ainsi savoir combien de cadavres sont amoncelés dans un même lieu, mais on ne peut connaître leurs noms. Je me souviens d'avoir appris là que les restes de soixante personnes étaient ensevelis dans la même fosse. »

Sunt et multa tamen tacitas Claudentia tumbas
   Marmora quæ solum significant numerum ;
Quanta virum jaceant congestis corpora acervis
   Scire licet, quorum nomina nulla legas.
Sexaginta illic defossas mole sub una
   Reliquias memini me didicisse hominum [1].

Ces vers ne nous laissent rien à désirer ; ils nous expliquent une foule d'inscriptions qui, par la seule indication du nombre, prou-

---

[1] Carmina. Rome 1788, tom. II, p. 1164, carm. XI.

vent d'une manière incontestable que, dans ces premiers temps, beaucoup de Chrétiens rendirent par leur mort témoignage à notre Seigneur Jésus-Christ. Mais ici se présente une nouvelle difficulté chronologique. Burnet a affirmé qu'on n'a trouvé aucun monument qui puisse attester que les Chrétiens possédassent les Catacombes avant le quatrième siècle [1]. Un système de dénégation générale est facile à élever, mais en même temps difficile à défendre. On éprouve peu de peine à le renverser, une seule preuve qui lui soit contraire suffit pour cela : tel est le cas présent. Une seule des inscriptions qui se composent de chiffres, et que nous avons déjà expliquées, nous donnera la preuve dont nous avons besoin. Voici cette inscription ;

N. XXX. SURRA ET SENEC. COSS.
(30. Sous le consulat de Surra et de Sénécion).

Or, Surra et Sénécion étaient consuls l'an du Christ 107, à l'époque même de la persécution de Trajan. Il existe une autre inscription plus concluante encore, donnée par Marangoni ; elle met cette question hors de doute : c'est celle de Gaudens, architecte, que ce savant antiquaire croit être le même qui dirigea la construction du Colysée. Cette inscription, qui se trouve dans les Catacombes, nous apprend qu'il souffrit la mort sous Vespasien. On ne peut supposer qu'elle ait été érigée plus tard en son honneur ; car plusieurs syllabes y sont distinguées par une sorte d'accents ou signes qui, selon le savant Marini, n'ont été en usage que depuis Auguste jusqu'à Trajan [2]. En conséquence, l'inscription doit avoir été gravée avant le règne de cet empereur.

Ces inscriptions sont une nouvelle et forte preuve du grand nombre de Chrétiens morts pour la défense de la foi ; et de cette manière, elles ont servi à réfuter une objection spécieuse élevée contre une des plus intéressantes et des plus belles confirmations du Christianisme.

III. Quoique les médailles et les inscriptions puissent être à bon droit considérées comme des monuments, j'ai néanmoins ré-

[1] Quelques lettres de l'Italie. Lond. 1724, p. 224.
[2] Actes des frères Arvali, p. 760.

servé cette expression pour désigner spécialement une classe de symboles commémoratifs plus complets et destinés par des images sensibles à transmettre le souvenir des grands événements, ou des pratiques et coutumes des anciens jours. L'importance de tels monuments doit être jugée très-grande ; car ils sont en quelque sorte la tradition réfléchie et calculée qui lègue la gloire des générations passées aux générations qui les suivent. Les représentants et les délégués des nations, sachant qu'elles sont mortelles et périssables , ont érigé ces monuments en les façonnant de leur mieux à leur propre image ; ils les ont revêtus de la grandeur et de la magnificence les plus propres à offrir le symbole du peuple qu'ils gouvernaient ; il y ont inscrit toutes les pensées d'orgueil qui remplissaient leurs cœurs ; ils y ont incorporé leur vaste ambition , leurs immenses désirs, et ils ont soufflé en eux un esprit de muets souvenirs, une puissance éloquente, qui force les sympathies et qui parle à l'âme des vivants, comme si ceux-ci se trouvaient en rapport avec l'esprit, pour ainsi dire, de toute la race éteinte. Hélas ! les nations n'ont généralement que trop bien réussi à faire de ces monuments des types d'elles-mêmes. Des épigraphes pareilles à leur histoire, c'est-à-dire une énigme offerte aux investigations des savants ; des restes d'architectures semblables à leurs constitutions, c'est-à-dire un labyrinthe en ruines que l'antiquaire est obligé de reconstruire ; des statues pareilles à leur caractère national , usées, défigurées comme lui et sur lesquelles le poète n'a plus qu'à rêver ; des édifices superbes comme les hommes qui les élevèrent, maintenant dégradés, ruinés, dispersés dans la poussière : quels sujets de méditation pour le philosophe , quelles leçons d'humilité pour l'orgueil humain ! Mais ils nous donneront une leçon bien plus salutaire et bien plus douce, si, par l'effet d'une intention humaine ou par la divine volonté , ils nous offrent quelque part un souvenir intact, si léger qu'il soit, des choses qui nous sont sacrées, quoique ces choses aient semblé peu importantes à ceux dont elles attirèrent les premiers l'attention. Ainsi, par exemple, entre les statues qui décorent l'arc triomphal de Titus, nous voyons celles des empereurs qui les firent ériger, et qui passèrent sous cette voûte en triomphe, aujourd'hui mutilées, défigurées et presque arrachées du monument qui devait rappeler la grandeur de ceux qu'elles représentaient ;

tandis que le flambeau d'or du temple et la lampe du saint témoignage restent encore au-dessus d'elles : autrefois trophée de guerre, aujourd'hui de prophétie : pour ces empereurs, un gage de victoire ; pour nous, celui d'une force sur laquelle aucune autre ne prévaudra jamais.

Dans le siècle dernier, les livres de Moïse furent souvent attaqués, à cause des *raisins* et des *vignes*, et peut-être du *vin* [1] dont il y est fait mention [2], comme appartenant au sol et aux usages de l'Egypte [3]. Car Hérodote nous dit expressément qu'en Egypte il n'y avait pas de vignes [4], et Plutarque nous assure que les naturels du pays abhorraient le vin, le considérant comme le sang de ceux qui s'étaient révoltés contre les dieux [5]. Ces autorités parurent si concluantes, que les assertions contraires de Diodore, de Strabon, de Pline et d'Athénée furent considérées par le savant auteur des *Commentaires sur les lois de Moïse* comme ne pouvant infirmer toutes ensemble le seul témoignage d'Hérodote [6]. De là, il conclut que le vin était prescrit dans les sacrifices juifs, à l'effet de détruire tout préjugé venant des Egyptiens à l'égard de cette boisson, et pour détacher encore davantage le peuple élu de son affection renaissante pour ce pays et pour ses institutions. Plusieurs savants ont partagé cette opinion. Le docteur Prichard cite les oblations de vin parmi ceux des rites hébreux qui sont « ou en rapport d'imitation ou en contradiction avec les lois de l'Egypte [7]. » Et comme ce rite assurément ne saurait être rangé parmi ceux de la première classe, je suppose que nous devons considérer le docteur Prichard comme étant de la même opinion que Michaëlis. Tant que l'autorité d'Hérodote a été jugée supérieure aux divers témoignages des autres écrivains, on n'a pu opposer

[1] Num. 20, 5.
[2] Gen. xi, 9 ; xliii, 13.
[3] Voyez Bullet, Réponses critiques. Besançon, 1819, tom. III, p. 142 ; la Bible vengée, de Duclos. Brescia 1821, tom. II, page 244.
[4] Liv. II, c. 77.
[5] De Iside et Osiride, p. 6.
[6] Tom. III, p. 121 et suiv., trad. angl.
[7] Analyse de la mythologie des Egyptiens, p. 422 ; Guénée, Lettres de quelques Juifs. Paris 1821, tom. I, p. 192.

que de faibles arguments à l'objection fondée sur cette autorité. Aussi nous voyons les auteurs qui ont entrepris de la combattre recourir à des conjectures puisées dans l'invraisemblance d'une telle supposition, ou imaginer une différence chronologique et un changement de coutume entre les temps de Moïse et ceux d'Hérodote.

Mais les monuments égyptiens ont décidé la question, et naturellement l'ont décidée en faveur du législateur hébreu. Dans la grande *Description de l'Egypte*, publiée par le gouvernement français après l'expédition faite dans ce pays, M. Costaz fait le tableau détaillé de la vendange égyptienne, depuis la taille de la vigne jusqu'à l'extraction du vin, en se réglant sur les peintures qui se trouvent dans l'Hypogée, ou souterrains d'Eilithyia, et il blâme sévèrement Hérodote pour avoir nié l'existence de la vigne en Egypte [1].

En 1825, cette question fut agitée de nouveau : dans le *Journal des Débats*, un critique, rendant compte d'une nouvelle édition d'Horace, en prit occasion de faire observer que le *vinum mareoticum*, dont il est parlé dans la trente-septième ode du premier livre, ne pouvait être un vin d'Egypte, mais devait provenir d'un district de l'Epire appelé Maréotis. Cet article parut dans le journal du 26 juin. Le 2 et le 6 du mois suivant, Malte-Brun, dans le même journal, examina la question, principalement en ce qui touche le témoignage d'Hérodote. Au reste, dans ses preuves, il ne remonta pas plus haut que les temps de la domination romaine et grecque. M. Jomard entreprit de discuter ce point plus à fond, et dans une feuille périodique, plus propre à de telles questions qu'un journal quotidien, il poussa ses recherches jusqu'au temps des Pharaons. Après les peintures déjà citées par Costaz, il en appelle aux restes d'*amphores*, ou vases à vin, trouvées dans les ruines des anciennes villes de l'Egypte, et encore imprégnées du tartre qui y fut déposé par le vin [2]. C'est depuis la découverte de l'alphabet hiéroglyphique par Champollion qu'on peut regarder la question comme décidée ; car il paraît maintenant certain que non-seulement le vin était connu en Egypte, mais encore qu'on

[1] Description de l'Egypte antique, tome I, p. 62. Paris 1809.
[2] Bulletin universel, sect. VII, tom. IV, p. 78.

en faisait usage dans les sacrifices. Dans la peinture des offrandes nous voyons représentés, entre autres dons, des flacons remplis d'une couleur rouge jusqu'au goulot, qui est blanc comme tout vase transparent; et on lit auprès, en caractères hiéroglyphiques, le mot ΕΡΠ qui en cophte, signifie vin [1].

Rosellini a représenté dans les planches de son bel ouvrage, tout ce qui concerne la vendange et la manipulation du vin. Auparavant, il avait publié à Florence un bas-relief égyptien, tiré de la galerie du grand-duc : on y voyait une prière en caractères hiéroglyphiques adressée, comme il le suppose, à la déesse Athyr, et dans laquelle on la conjurait de répandre sur le defunt du vin, du lait, et d'autres substances salutaires. Ces objets sont représentés par des vases qui sont censés les contenir, et leurs noms sont écrits à l'entour en hiéroglyphes. Autour du premier vase, on voit la plume, la bouche et le carré, caractères phonétiques des lettres ΕΡΠ [2], et je ferai observer ici que le savant Schweigauser, dans ses remarques sur Athénée, paraît douter de l'exactitude des assertions de Casaubon, qui prétend que *erpis* était le mot égyptien signifiant vin [3], quoique la justesse de cette interprétation soit clairement prouvée par Eustathius et Lycophron. S'il eût écrit après qu'on eut découvert ce mot exprimé en caractères hiéroglyphiques, il aurait sans doute changé d'opinion ; et, d'un autre côté, je ne doute pas que Champollion et Rosellini n'eussent appuyé leur interprétation du témoignage de ces deux anciens écrivains, s'ils l'eussent connu.

[1] Lettres à M. le duc de Blacas ; première lettre, p. 37.

[2] D'un bas-relief égyptien de la galerie I. et R. de Florence. Ibid. 1826, p. 40. Wilkinson a aussi lu le même mot. Mat. hierogl., p. 16, note 5.

[3] Athenæus, Deinosoph., ep. liv. II, tom. I, p. 148. Il trouve le mot *erpis* dans une citation de Sapho, quoique dans un autre passage il lise *olpin* (liv. X, tom. IV, p. 55). Ce savant critique semble avoir prouvé que le dernier texte est plus correct. (Animadv. in Ath. 1804, tom. V, p. 375). Cependant la découverte, en caractères hiéroglyphiques, du mot égyptien donné au vin par les anciens écrivains, ainsi que les autres détails rapportés dans le texte, doit être considéré comme un argument puissant en faveur du système phonétique.

Permettez-moi de réclamer votre attention pour un monument extrêmement curieux, qui semble n'avoir d'autre explication que celle que nous avons vu donner aux médailles d'Apamée ; car nous devons le considérer comme une commémoration du déluge. Dans l'année 1696, en creusant un tombeau dans le voisinage de Rome, un ouvrier découvrit un vase de terre, couvert d'une tuile. En le dérangeant, le couvercle tomba et se brisa. L'ouvrier fit alors sortir du vase un grand nombre de cachets et d'amulettes, figurant soit des mains jointes, soit des têtes de bœufs, soit des olives ; le tout grossièrement taillé en pierre. Sous cet amas d'amulettes et de cachets, l'ouvrier sentit quelque chose de dur et de plat ; dans son impatience de voir ce que c'était, il brisa le vase en deux, et non content de cela, il en brisa le dessous ; après quoi il fit tomber un cercle de bronze qui avait été adapté avec précision au bas du vase, et une plaque mince qui recouvrait certainement ce cercle de bronze. Le cercle n'avait pas de fond ; mais, d'après les filets de bois qu'on trouva mêlés avec de la terre, on supposa que dans l'origine, il y en avait eu un de bois : en même temps, un grand nombre de petites figures que je vais décrire tombèrent hors du vase. Ce monument curieux vint en la possession de l'antiquaire Ficoroni, et la description détaillée en fut publiée par Bianchini l'année suivante [1]. Une gravure l'accompagne : elle est grossièrement exécutée ; mais il en existe une édition plus récente, sans date, et portant écrit au-dessous que ces objets se trouvaient chez l'abbé Giovanni Domenico Pennachi. J'ai fait faire une copie de cette dernière gravure, sans m'inquiéter de l'imperfection du dessin dans les deux qui diffèrent assez entre elles pour montrer qu'une parfaite exactitude de dessin n'a été recherchée ni dans l'une ni dans l'autre. Vous l'avez sous les yeux [2], et je vais vous l'expliquer.

La planche est divisée en trois compartiments : le premier, sur la gauche, représente le vase A, fabriqué avec une terre différente de la *terra cottas* ordinaire ; car elle était mêlée de fragments métalliques et brillants, ainsi que de morceaux de marbre. Pour

---

[1] L'histoire universelle prouvée par les monuments, pages 178 et suivantes.

[2] Voyez la planche 2 à la fin de ce volume.

la forme, le vase ressemble à un petit baril, ou au vase représenté sur la pompe Isiaque dans le palais Mattei. On le voit dans la planche tel qu'il a été cassé ; la disposition des petites figures qu'il contenait est indiquée par la lettre C ; à côté, la lettre B désigne le couvercle du vase. Si vous passez au second compartiment, vous voyez la forme antérieure de la partie inférieure du vase réduite aux deux tiers de sa grandeur réelle. Les figures qui se trouvent dans ce compartiment et le troisième ont été réduites à peu près dans la même proportion. D représente le cercle de métal qui doublait le bas du vase ; il est composé de petites plaques clouées ensemble, comme pour imiter une sorte de charpente. A certains intervalles sont des fenêtres, ou espèces d'ouvertures, avec des volets au-dessus. Il n'y a point de porte : mais pour y suppléer, on voit une échelle de bronze composée de cinq échelons, comme pour faciliter l'entrée par le haut. La structure de cette boîte de métal semble donc indiquer évidemment le désir de représenter un bâtiment ou un édifice, probablement en bois, où l'on ne doit pas entrer par le bas. A certaines distances s'élèvent le long du bord de ce petit coffre, des inégalités semblables au parapet d'un créneau ; on voit deux de ces inégalités dans le dessin ; il semble que le couvercle y était attaché par certaines pointes de métal : à la lettre E, dans le compartiment de gauche, vous pouvez remarquer l'une de ces pointes attachée au couvercle.

Les figures consistent en vingt couples d'animaux [1], dont douze de quadrupèdes, six d'oiseaux, un de serpents et un d'insectes. Il y avait en outre deux insectes dépareillés ; les deux qui manquaient avaient sans doute été perdus dans l'excavation. Quant aux animaux, c'étaient un lion et une lionne, un couple de tigres, de chevaux, d'ânes, de daims, de bœufs, de loups, de renards, de moutons, de lièvres et de deux autres espèces manquant de signes caractéristiques ; il y avait de plus trente-cinq figures humaines, quelques-unes isolées, d'autres en groupes, mais toutes, à l'exception de deux ou trois, dans la posture de quelqu'un qui cherche à échapper à une inondation. Toutes les femmes sont échevelées et portées sur le dos des hommes ; dans cette position

[1] Bianchini, dans sa description, dit qu'il y avait dix-neuf couples ; mais ceci ne s'accorde pas avec l'énumération qu'il en donne en détail.

elles s'occupent de fermer la bouche et les narines de leurs protec-
teurs. Les figures isolées prennent pour elles-mêmes un soin pareil ; elles sont représentées se haussant le plus qu'elles peuvent,
et sur la droite vous voyez un groupe de trois figures montées sur
un corps qui paraît celui d'un noyé, comme si elles cherchaient
à ajouter quelque chose de plus à leur hauteur : ces figures sont
toutes d'un travail exquis et indiquent un état très-avancé dans
les arts, à l'exception de quatre qui semblent avoir été faites par
une main grossière. On en peut dire autant des animaux, dont
quelques parties brisées ou perdues semblent avoir été remplacées
à des époques plus récentes. Il n'est dit en aucun passage de la
description de quelle matière les figures sont composées : si c'est
en bronze, nous pourrions les comparer aux nombreuses petites
figures d'animaux, toujours par paires, trouvées à Pompei, et
dont plusieurs sont exposées au muséum de Naples. J'ignore ce
qu'est devenu ce monument curieux ; je ne suivrai pas son savant
interprète dans les divers arguments qu'il emploie pour prouver
que c'était un vase dont on se servait dans la célébration de l'*hydrophoria*, ou commémoration du déluge. Les différentes amulettes sont certainement bien semblables aux objets que, selon
Clément d'Alexandrie, Arnobius et autres, les païens plaçaient
dans leurs corbeilles mystiques ; mais si le vase dont il est parlé
dans les actes de l'académie de Cortone [1] est bien tel qu'on le décrit, comme cela est probable, le vase dont il s'agit ici ne pourrait
guère être considéré comme appartenant à cette classe de monuments commémoratifs. Je dois ajouter qu'on a trouvé près de ce
dernier vase une chaîne et une serrure qui semblent en avoir fait
partie de façon ou d'autre.

Quoi qu'il en soit, il est difficile de donner aucune autre explication de ce singulier monument que celle qui doit frapper l'esprit au premier coup d'œil ; c'est qu'il fait allusion au déluge par
lequel fut détruit la race humaine, à l'exception de quelques individus qui, avec des couples d'animaux, furent sauvés dans une
espèce d'arche ou de coffre.

---

[1] Actes de l'Académie de Cortone. Rome 1742, tom. I, page 65.
Ainsi que la Dissertation du professeur Wunder. Lips. 1827, p. 158 et
suiv.

Dans mon dernier discours, où je montrais que la chronologie de l'Egypte est établie par ses monuments, j'ai mentionné un synchronisme remarquable entre Shishak et Roboam; c'est Rosellini qui l'a signalé. Ce roi d'Egypte est entièrement omis par Hérodote et Diodore, quoique Manéthon en parle, sous le nom de Sésonchis, comme du fondateur de la vingt-deuxième dynastie. Il a été question dans ces discours de la découverte de plusieurs monuments qui donnent à ce roi le nom de Shishonk. Cette concordance si positive entre les annales des deux peuples fait de ce point la base naturelle de tout système de chronologie égyptienne; et Rosellini le regarde et s'en sert comme tel. Mais j'ai réservé pour aujourd'hui un monument qui établit complètement cette concordance et qui offre en même temps une des confirmations les plus frappantes de l'histoire sacrée qu'on ait découvertes jusqu'ici; je vais la mettre sous vos yeux.

Le troisième livre des Rois (xiv, 24) et le second des Paralipomènes (xii, 2) nous apprennent que Shishak, roi d'Egypte, marcha contre Juda, dans la cinquième année du règne de Roboam, avec douze cents chariots, soixante mille hommes de cavalerie et une multitude innombrable de gens à pied; qu'après s'être emparé de toutes les villes fortes, il s'approcha de Jérusalem; que le roi et le peuple s'humilièrent devant Dieu, et que Dieu, prenant pitié d'eux, leur annonça qu'il ne les détruirait pas, mais qu'il les livrerait aux mains de l'usurpateur pour être ses esclaves : « Et pourtant ils seront ses serviteurs, afin qu'ils puissent connaître mon service et celui des royaumes des nations. » Shishak vint donc; il s'empara des dépouilles du temple, entre autres des boucliers d'or faits par Salomon [1]. On a représenté en détail, dans la grande cour de Karnak, les exploits de ce conquérant, le restaurateur de la puissance égyptienne. Nous pouvons d'autant plus naturellement penser que la conquête de Juda s'y trouve comprise, que ce royaume devait être considéré comme étant arrivé à son plus haut point de gloire au moment où Salomon venait d'étonner toutes les nations voisines par la splendeur de sa magnificence. Voyons s'il en est ainsi. Dans ces peintures, Shishak est représenté, suivant une image familière aux monu-

[1] II. Paralip. xii, 9.

ments égyptiens, tenant par les cheveux une foule de personnes agenouillées et entassées l'une sur l'autre; sa main droite est levée, et il s'apprête à les exterminer toutes d'un seul coup de hache d'armes. Près de là, le dieu Ammon-Ra entraîne vers Shishak une foule de captifs, les mains liées derrière le dos. Si le premier groupe représente ceux qu'il extermina, on peut supposer que le second est l'image de ceux qu'il fit seulement ses esclaves, ou se contenta de subjuguer en les assujettissant à un tribut. D'après la promesse qui lui avait été faite, le roi de Juda devait se trouver dans le deuxième groupe, et c'est là qu'il nous faut le rechercher. Aussi, entre les rois captifs, nous en trouvons un dont la physionomie est parfaitement juive, ainsi que le remarque Rosellini. Il ne nous a pas encore donné la copie de ce monument, quoiqu'il en ait fourni la légende [1]. Mais, afin que vous puissiez juger combien l'extérieur de ce personnage est peu égyptien et combien il est hébraïque, j'ai fait copier exactement cette figure pour vous, d'après la gravure publiée à Paris par Champollion (pl. 5) [2]. Le profil avec la barbe est entièrement juif ; et pour rendre ceci plus frappant, j'ai placé à côté une tête d'Egyptien tout-à-fait dans le caractère du type de cette nation. Chacun des monarques captifs porte un bouclier dentelé, comme si l'on eût voulu représenter les fortifications d'une ville. Ce bouclier porte une inscription en caractères hiéroglyphiques, indiquant sans doute quel est le personnage. La plupart, sinon tous les boucliers, sont tellement effacés, qu'on ne peut plus rien y lire, excepté sur celui où se trouve notre figure juive, telle que vous la voyez dans le dessin. Les deux plumes représentent les lettres JE; l'oiseau, OU ; la main ouverte, D ou T; ce qui nous fait *Jeoud*, mot hébreu pour Juda. Les cinq caractères suivants représentent les lettres HAMLK, et en ajoutant les voyelles, que l'on omet habituellement dans les hiéroglyphes, nous obtenons le mot hébreu avec l'article, *Hamelek, le roi*. Le dernier caractère est toujours mis pour le mot *kah, pays*. Il nous est ainsi clairement démontré que c'est le roi de Juda qui fut traité comme nous le dit l'Ecriture, et réduit en servitude par Shishak ou Shishonk, roi d'Egypte. Certes, nous

[1] Monuments de l'Egypte, première partie, tom. II, p. 79.
[2] Dans ses Lettres écrites d'Egypte.

ouvons dire qu'aucun monument découvert jusqu'à ce jour n'a onné une nouvelle preuve aussi convaincante de l'authenticité de 'Histoire sainte. Je terminerai mes observations en remarquant que l'aravey trouve une ressemblance frappante entre le visage du roi de Juda et le type reconnu de la figure de notre Sauveur, notamment dans la partie inférieure ; et il existerait ainsi une essemblance de famille entre l'ancêtre et le descendant.

Ces exemples suffisent ; car , lorsque je me rappelle que nous sommes dans la capitale de l'archéologie, dans cette ville où ont parle si vivement de la grande influence de cette science, qu'il semble que nous nous identifions avec le souvenir des monuments sacrés qui la remplissent, je sens que le détail de quelques preuves insignifiantes, ajoutant à la force si grande qu'elle donne à notre foi , doit paraître un hors-d'œuvre en quelque sorte importun. Un homme s'est assis sur les ruines de cette ville , et les réflexions qu'elles lui suggérèrent l'ont conduit à tracer sur l'histoire des derniers temps de Rome le plan de l'ouvrage auquel j'ai renvoyé aujourd'hui.

Sapping a solemn creed with solemn sneer [1].

Mais un esprit plein de foi doit assurément sortir d'une telle méditation avec des sentiments bien différents ; oppressé, il est vrai, de tout le poids de sa faiblesse naturelle, humilié en présence de ruines colossales d'une incomparable grandeur, plus que jamais convaincu de son néant devant les vestiges d'un pouvoir presque surhumain, mais en même temps fortifié par d'autres pensées plus consolantes. Car ces monuments païens évoquent eux-mêmes aussi plus d'un saint souvenir. Des trois arcs de triomphe, l'un rappelle l'accomplissement d'une grande prophétie ; l'autre, le triomphe de la religion chrétienne sur le paganisme ; et l'amphithéâtre de Flavien a été la scène de la confession des martyrs mourant pour leur foi. Assurément nul ne peut, quelle que soit sa croyance, visiter sans une émotion solennelle et douce les nombreuses et vénérables églises restées seules debout au milieu des ruines d'anciens édifices, non parce qu'elles furent éle-

[1] Frappant une solennelle croyance avec un solennel dédain.

vées dans la solitude, mais parce que, semblables à des
qui se détachent comme des îles sur les flancs des montagnes
les torrents de plusieurs siècles ont enlevé autour d'elles les ma:
ses moins durables qui les environnaient. Et si le voyageur pé
nètre dans quelques-unes de ces églises, et qu'il les voie conser
vant encore toutes leurs parties, conservant leurs ornements te'
même qu'ils étaient dans les premiers âges; qu'il les voie, dis-je
si inébranlables, si peu altérées, qu'on dirait que l'atmosphèr
qu'y respiraient les anciens Chrétiens n'a pas encore éprouvé d
changement, je crois qu'il ne serait pas difficile à ce voyageur d
partager pour quelques instants les sentiments des premiers fi
dèles, de souhaiter que tout le reste n'eût pas plus d'altération
de désirer que la religion puisse encore jeter ses racines dan
nos cœurs aussi profondément qu'elle l'avait fait dans les leurs
et, si elle ne doit plus produire la palme du martyre, qu'ell
puisse au moins faire naître la branche pacifique de l'olivier
En quelque lieu que nous portions nos pas dans la cité antique
soit pour notre délassement, soit pour notre instruction, nous
contractons une disposition d'esprit à laquelle les hommes les plu
légers ne peuvent se soustraire; cette disposition triomphe entière
ment de tout sentiment personnel et particulier; elle approch
d'une inclination religieuse, et démontre de quelle nécessité étai
la destruction de tout ce qui n'est que puissance terrestre, pou
préparer l'établissement d'une influence plus spirituelle, puisqu
la seule contemplation de cette destruction prépare la voie à l'ac
tion même de l'influence dont il s'agit. Nous pouvons donc dir
que l'archéologie, cette étude des ruines et des monuments, e
même temps qu'elle nous éclaire et nous intéresse, peut auss
former la base des plus fortes impressions religieuses et des plu
grandes preuves individuelles.

DIXIÈME DISCOURS.

ÉTUDES ORIENTALES.

———◦◦◦———

PREMIÈRE PARTIE.

—

LITTÉRATURE SACRÉE.

REMARQUES préliminaires sur les rapports de ces études avec la religion. — Science critique. — Son objet et ses principes. Ancien Testament. — Houbigant, Michaëlis, Kennicott, de Rossi. — Encouragements donnés par Rome à ces études. — Nouveau Testament. — Présomptions formées par des esprits forts. Wetstein, Griesbach. Résultats : I. Preuve obtenue de la pureté du texte en général; II. Authenticité de certains passages; III. Sécurité contre les découvertes à venir. — Réfutation d'une anecdote racontée par Michaëlis et le doct. Marsh. — Philologie sacrée. — Grammaire hébraïque. — Son origine parmi les Chrétiens. Reuchlin et Pellicanus, etc. Application des langues connues. De Dieu, Schultens : École hollandaise de littérature sacrée. — École allemande; Michaëlis, Storr, Gesenius. — Application que ce dernier fait de la philosophie sacrée, pour annuler la prophétie d'Isaïe, 5₂, 53. Réfutation par des grammairiens plus récents de la règle qu'il pose. — Ewald. Études *herméneutiques*. — I. Usage qu'on a fait de cette science pour attaquer la réputation des Pères. Leur justification tirée des progrès mêmes de la science. Winer, Clausen, Rosenmüller; II. Justification des anciens commentateurs catholiques par le même moyen; III. Attaques contre l'Écriture, principalement contre les prophéties, fondées sur l'imperfection des interprétations bibliques; école rationaliste. — Retour aux bons principes. — Hengstenberg. — IV. Application pratique de la philologie à la réfutation des objections faites contre l'authenticité du passage de Matth. 1, 2, d'après les expressions qui y sont employées.

L'Orient a déjà plus d'une fois occupé notre attention, et ce serait assurément en vain que, dans l'espoir d'un plus grand succès, on chercherait en faveur du Christianisme des preuves auxiliaires ou des documents confirmatifs de ses livres sacrés, ailleurs que dans le pays où il a pris naissance. L'Orient porte, à notre égard et à l'égard de toute la race humaine, un caractère qu'aucune situation relative ne peut altérer : au savant et au philosophe, il ouvre une mine historique et sacrée de méditations qui procure, chaque fois qu'on y fouille plus avant, des trésors nouveaux et inépuisables. L'Orient est le berceau où naquirent les espèces primitives et où elles furent renouvelées après le déluge, mais aussi la source d'où, par une puissance dont n'a été doué aucune autre partie du globe, sont sorties successivement des générations d'hommes, se poussant les unes les autres, comme les flots se poussent vers le rivage du centre immobile de l'Océan. Dénué en apparence du pouvoir de donner à ses habitants le dernier développement de l'énergie intellectuelle, l'Orient les a engendrés et préparés de telle sorte, que, soumis à des influences convenables, ils sont parvenus au dernier degré possible de civilisation, de lumières et de puissance.

Car les nations de l'Asie, tant qu'elles restent au lieu de leur naissance, comme dans une pépinière où leur développement est gêné, paraissent incapables de s'élever au-dessus d'un certain degré de prééminence morale. Tandis que la vie physique semble chez elles portée au plus haut degré de perfection ; tandis que tout le luxe que la nature a répandu sur la terre est là plutôt un bienfait gratuit qu'une production ; tandis que l'extérieur de l'homme et ses qualités corporelles de beauté, d'agilité, de force et de tempérament, s'y manifestent dans toute leur excellence ; tandis, enfin, que chaque institution gouvernementale ou morale, sociale ou religieuse, y porte l'empreinte d'un bien-être physique porté au plus haut point de la puissance donnée à l'homme de se satisfaire, une limite infranchissable est néanmoins placée entre ces nations et une supériorité d'un ordre plus noble. Là jamais la civilisation ne laisse assez grandir les ailes de l'esprit pour qu'il s'élève jusqu'aux régions des jouissances purement intellectuelles ; les facultés inventives y sont toujours remplacées par l'adresse et l'habileté pratiques ; l'immutabilité des lois y est suppléée par les violences passagères de la conquête ou par la permanence du despotisme ; en un mot, la civilisation y reste, de siècle en siècle, à un niveau toujours le même, rarement au-dessous, et jamais au-dessus d'un point désigné.

Mais cet étrange contraste entre les habitants de l'Asie et les races qui, une fois sorties de son sein, ont manifesté de si merveilleuses facultés intellectuelles, est aussi une source d'avantages importants et pleins d'intérêt ; car il donne aux habitants de l'Asie un caractère fixe et inaltéré, qui met les races sorties de cette con-

20.

trée en état d'en rechercher l'histoire et les institutions jusque dans les temps les plus reculés ; il établit entre le présent et le passé des rapports qui autrement eussent été effacés, et qui nous procurent un grand nombre d'éclatantes et précieuses lumières sur nos monuments sacrés. C'est en vain qu'on tenterait de déterminer l'état où se trouvait n'importe quel pays en Europe, par exemple, l'Allemagne, la Grande-Bretagne ou la France, il y a deux cents ans, en se réglant sur les institutions, les coutumes ou les signes extérieurs qui subsistent encore de cette époque. Excepté les grands traits inaltérables de la nature, les montagnes, les mers et les rivières, il ne reste rien qui n'ait été changé ou modifié ; le langage, le gouvernement, les arts, la culture, l'aspect des champs et l'extérieur de l'homme, tout est différent, tout rend témoignage d'un changement compliqué. Mais si nous nous transportons en Orient, il en est tout autrement. Nous voyons les Chinois absolument tels que les représentent leurs plus anciennes traditions écrites, nous voyons les Mongols et les Turcomans nomades avec leurs maisons roulantes et leurs troupeaux errants, menant la vie des anciens Scythes, nous voyons le Brahme faisant la même ablution dans le fleuve sacré, se condamnant aux mêmes mortifications que celles des anciens gymnosophistes, ou plutôt que celles prescrites par ses livres sacrés plus anciens encore ; enfin, nous apercevons l'Arabe buvant aux mêmes sources, suivant les mêmes sentiers que le juif d'autrefois dans ses pélerinages, labourant la terre avec les mêmes instruments et dans les mêmes saisons, construisant sa maison sur le même modèle, et parlant presque le même langage que les anciens possesseurs de la terre promise.

Il suit de là qu'on peut, à chaque pas, trouver dans cette bienheureuse contrée d'innombrables explications de l'Écriture-Sainte. Mais, en outre, le propre de ce caractère constamment uniforme des nations les plus orientales est de s'attacher avec ténacité à toutes les grandes traditions, et de conserver avec un soin vigilant tout ce qui rappelle l'histoire primitive de l'homme. Donc, nous possédons aujourd'hui une pierre de touche qui ne peut nous tromper quand nous nous en servons pour éprouver la vérité de ce qu'on dit du passé ; un moyen de réunir des anneaux, qui autrement seraient à jamais dispersés, et qui font partie de cette

grande chaîne : l'histoire de l'esprit humain, depuis les premier
enseignements de son enfance jusqu'aux pensées les plus hardie
de son âge mûr.

Entré maintenant dans la partie qui forme plus spécialement le
sujet de mes recherches, et sentant plus immédiatement sous ma
main tous les matériaux qui se rattachent à ce sujet, mon principal embarras, aujourd'hui comme dans mon prochain discours,
sera, parmi d'innombrables exemples, d'en choisir quelques-uns
d'un intérêt général, et de me renfermer dans la simple esquisse
de choses susceptibles d'un fini beaucoup plus parfait, voulant
ainsi qu'elles puissent être plus aisément retenues. Je diviserai
mon sujet en deux parties : aujourd'hui, je traiterai de la littérature sacrée de l'Orient, et, dans notre prochaine réunion, de sa
littérature profane.

Je subdiviserai de même en deux parties la tâche que je me
suis donnée pour aujourd'hui, et je nommerai l'une *recherches
critiques*, et l'autre *recherches philologiques*. Car, en vue de
conserver un certain rapport entre la présente et la prochaine
réunion, je suis obligé de comprendre sous le titre d'*études
profanes* les explications d'histoire primitive puisées à des sources non inspirées. Le sujet du discours d'aujourd'hui se compo-
sera entièrement des études qui n'ont rapport qu'au texte de l'E-
criture.

La science critique peut être justement considérée comme le
fondement de ces recherches : si l'intelligence claire des paroles
de l'Ecriture forme nécessairement la base de toute saine interprétation, lire correctement ces paroles doit-être un achemine-
ment vers cette compréhension. Or, telle est la tâche que remplit
la science de la critique sacrée : d'abord, elle s'enquiert des véritables mots de chaque texte pris séparément ; puis elle examine
les différences qui peuvent exister entre les divers textes ; et, pe-
sant les arguments qui militent en faveur de chacun d'eux, elle
décide sur ce que doit préférer le commentateur ou le traducteur.
Mais ensuite elle va plus loin ; elle généralise ses résultats en vé-
rifiant l'exactitude du volume sacré tout entier, après les révolutions de tant de siècles.

L'influence de cette étude sur les preuves qui existent en faveur
du Christianisme est évidemment très-grande ; car, dans son ap-

plication particulière, on peut perdre ou gagner beaucoup par un mot ou par une syllabe. L'application que l'on a faite au Christ de la belle prophétie (Ps. xxi, 17) : « Ils ont percé mes mains et mes pieds, » est contestée par les Juifs et par tous les théologiens de l'école rationaliste, et la dispute roule entièrement sur la manière de lire les mots. La lettre actuelle du texte hébreu donne au passage un sens tout différent, qui est : « Mes mains et mes pieds sont semblables à un lion ; » et un grand nombre de dissertations ont été publiées à l'effet de savoir quelle était la lettre véritable du texte. Il est singulier que, dans le nouveau testament, les passages les plus importants relatifs à la controverse suscitée par les sociniens se trouvent dans le même cas, et forment le sujet des investigations critiques les plus compliquées. A peine est-il besoin de citer l'éternelle querelle qui s'agite encore pour savoir si le célèbre verset des trois témoins (I. Jean, v. 7) fait partie du texte original, ou si c'est une interpolation. Mais un autre passage plus important, relatif au même dogme, présente des particularités encore plus curieuses : ce passage (I. Tim., 3, 16) soulève une dispute grave ; il s'agit de savoir si nous devons lire : « Dieu apparut dans la chair » ou « qui apparut dans la chair. » Dans cette controverse, on n'a pas seulement combattu avec la plume, elle a été littéralement l'occasion de vérifications microscopiques ; car il s'agit de savoir si le mot qui se trouve dans les plus célèbres manuscrits est ΟΣ, *qui*, ou ΟΣ, abréviation de *Θεος, Dieu*. Or, le pronom et l'abréviation s'écrivent de même ; la seule différence entre eux est la ligne transversale du Θ qui distingue cette lettre de l'O, et la ligne qui est au-dessus de cette même lettre, en signe d'abréviation. Il est des savants [1], par exemple, qui assurent que, dans le célèbre manuscrit alexandrin du musée britannique, ces lignes sont ajoutées par une main plus moderne ; tous conviennent qu'elles ont été très-imprudemment retouchées ; d'autres ont soutenu qu'on pouvait apercevoir quelques vestiges du trait originel, au grand jour, à l'aide d'une bonne lentille ; et leurs adversaires ont encore répliqué que c'était seulement la ligne transversale d'une lettre écrite sur l'autre côté de

[1] Voyez Woide, Notitia cod. Alexandrini. Leips. 1788, page 172, § 87.

la page, qui paraissait à travers le vélin quand on l'élevait vers le soleil. Bref, cette dispute a continué, et le passage a passé de mains en mains jusqu'à ce que traits et lettres, retouches et originaux, fussent également effacés : à cet égard donc la décision de la postérité doit reposer sur le jugement qu'elle peut former de tant de témoignages contraires. Une variété d'opinions pareille existe à l'égard du même passage, dans un autre célèbre manuscrit de Paris, appelé *Codex Ephrem ;* Woïde, Griesbach et Less l'ont examiné, et cependant n'ont pu assurer quel est le mot véritable.

Au reste, le but principal et très-important objet de cette étude, celui qui se rapporte plus particulièrement à l'intention de ces discours, est de nous procurer les moyens de décider jusqu'à quel point le texte de l'Ecriture, tel que nous le possédons maintenant, est pur d'altération essentielle et de corruption ; par conséquent d'éloigner toute crainte et toute inquiétude à l'égard de son interprétation. Pour montrer quel a été le succès des recherches dans cette science, je la suivrai dans son application aux textes de l'ancien et du nouveau Testament, et j'en esquisserai en peu de mots l'histoire.

Je n'ai pas besoin de dire que, dès les premiers temps de l'Eglise, on sentit la nécessité d'avoir des textes corrects, et qu'on s'imposa l'obligation de prendre toutes les peines requises pour se les procurer [1] ; avec cette différence que, comme la langue de l'ancien Testament était peu connue des Chrétiens, leur attention se dirigea surtout vers le perfectionnement de leurs versions. Origène, Eusèbe, Lucien et d'autres Grecs instruits consacrèrent leurs talents à cette tâche, purgèrent la version des Septante des erreurs qui s'y étaient glissées par degrés, et produisirent différents textes que pourtant on pouvait reconnaître dans les divers manuscrits de cette version. En Occident, saint Jérôme, Cassiodore et Alcuin prirent la même peine pour la version latine. Mais tous les écrivains ecclésiastiques qui, outre ceux déjà cités, s'occupèrent

[1] « Avant tout, l'habileté de ceux qui désirent connaître les saintes Ecritures doit s'occuper avec soin de corriger les textes. » Saint Augustin, De doctrina Christ., livre II, chapitre xv, tome III, p. 27 ; éd. Maur.

de critique, particulièrement saint Augustin et le vénérable Bède, reconnurent l'un après l'autre la nécessité d'avoir recours aux originaux, et tâchèrent autant que possible d'obtenir un texte correct [1]. Lorsque les Chrétiens commencèrent à cultiver davantage l'étude de l'hébreu, et que l'invention de l'imprimerie en eut rendu le texte accessible à tous, une discussion importante s'éleva sur son exactitude. Dans plusieurs des passages les plus intéressants, comme celui que j'ai cité du psaume XXVII, on vit que le texte différait des versions alors en usage; et des soupçons s'élevèrent contre les Juifs, qui en avaient pendant si longtemps gardé le monopole : on les accusa d'avoir profité de cette circonstance pour altérer et corrompre singulièrement le texte original en divers endroits. De là plusieurs prétendirent que les versions devaient être préférées au texte original; d'autres, plus modérés, soutinrent que l'on devait au moins corriger le texte d'après les versions. Mais, avant même qu'on eût donné aux études critiques leur entier développement, et qu'elles eussent pris la forme de ces principes qui, en toute science, doivent suivre, et non précéder l'observation, l'examen rigoureux de presque tous les passages cités à l'appui des opinions dont nous venons de parler conduisit à la réfutation de ces opinions, et il fut prouvé avec une évidence incontestable que les Juifs avaient conservé le volume sacré pur de la moindre altération intentionnelle. Tel est le jugement que l'on s'accorde à prononcer sur les disputes longues et animées de Cappellus et des Buxtorfs.

Cependant un grand nombre de savants n'étaient pas encore convaincus; et leur obstination fit faire à cette branche de la littérature sacrée le progrès le plus important, celui qui consiste à établir la base de toute bonne recherche critique; car on parvint à réunir les différents textes que fournit un examen détaillé des manuscrits, des versions et des anciennes citations. Tel était au moins le motif qui excita le zèle du père Houbigant : il s'imagina que le texte hébreu était essentiellement corrompu; et il essaya, en 1753, de le publier en quatre beaux volumes in-folio, purgé de ses altérations et rendu à sa pureté primitive par l'examen de plusieurs manuscrits des bibliothèques de Paris, et par compa-

[1] Adv. Faust., lib. X, cap. II, tom. VIII, p. 219.

raison des plus anciennes versions. Quelques téméraires que fussent ses théories et l'application qu'il en faisait, les amis de la religion n'en conçurent aucune alarme; ses supérieurs ecclésiastiques n'entravèrent son chemin par aucun obstacle, et le pape même lui envoya une magnifique médaille d'or, comme un témoignage d'approbation pour le zèle et l'application qu'il avait déployés dans cette circonstance[1].

Cette route fut suivie par d'autres savants, que guidaient des motifs meilleurs et d'un ordre plus élevé. Jean-Henry Michaëlis, dont la réputation à été éclipsée bien injustement par celle de son neveu, publia en 1720, après trente années d'un travail continuel, une édition de la Bible, avec des notes dans lesquelles il signale, entre autres remarques précieuses, les différences perceptibles qui existent entre trois manuscrits conservés à Erfurt. Toutefois, notre pays a le mérite d'avoir produit le plus grand et le meilleur ouvrage sur cette science importante, celui auquel toutes les recherches postérieures doivent nécessairement se rattacher comme des suppléments et des appendices. Le savant Benjamin Kennicott a travaillé plus de dix ans pour préparer les matériaux de sa grande Bible critique sortie des presses de Clarendon, dans l'intervalle de 1776 à 1780 : il ne se contenta pas de collationner les manuscrits d'Angleterre, il étendit ses recherches sur le continent, et reçut partout les plus nobles encouragements. Il communiquait chaque année au public, dans un rapport, les résultats de ses travaux et les découvertes intéressantes qui en étaient la suite; il parvint ainsi à entretenir le même intérêt chez les savants, depuis la première annonce jusqu'à l'entier accomplissement de son œuvre herculéenne.

Rien n'a été plus commun que de nous accuser, nous, qui résidons à Rome, et ceux surtout qui y possèdent quelque autorité, de décourager quiconque veut se livrer à des recherches critiques principalement sur la littérature sacrée, et de jeter tous les obstacles possibles sur le chemin de ceux qui la cultivent. J'aurai à m'occuper un peu plus tard d'une accusation particulière de cette nature; mais la conduite et les sentiments professés à Rome envers Kennicott et son entreprise prouvent assez combien de telles

[1] Voyez la Bibliothèque biblique, par Orme, art. Houbigant.

accusations sont dénuées de fondement. Il nous dit lui-même que la première ville où il ait trouvé des encouragements et de l'assistance est Rome, et il publie la lettre suivante, que lui écrivit le cardinal Passionei, bibliothécaire du Vatican, en date du 16 mai 1761; il la désigne ainsi : *le certificat de Rome* :

« L'entreprise d'une nouvelle édition de la Bible, faite à Oxford d'après tous les manuscrits hébraïques existant dans les bibliothèques les plus célèbres, a rencontré ici des approbateurs dans toutes les personnes qui en ont eu connaissance. Afin d'aider l'auteur d'un ouvrage aussi important, je lui ai permis avec plaisir d'interroger les anciens manuscrits hébraïques qui existent dans la bibliothèque du Vatican; et j'ai accordé officiellement cette permission, en ma qualité de bibliothécaire de la sainte Eglise romaine [1]. »

En 1772, le P. Fabricy, dominicain, publia à Rome deux très gros volumes, destinés presque entièrement à prouver le grand avantage que doit retirer la religion de l'examen libre et complet de notre présent texte hébreu au point de vue critique, examen tel que le promettait Kennicott. « Ce qui doit principalement nous intéresser, dit-il, c'est que notre œuvre donnera infailliblement à la religion des armes puissantes pour confondre une erreur fondamentale des impies et des esprits forts, sur l'état actuel de notre texte hébreu. Un fait important résultera de l'inspection des manuscrits hébraïques, comparés avec notre texte vulgaire et avec les plus anciennes versions, c'est la certitude que notre divine Ecriture est essentiellement exempte de corruption. Il n'y a pas de meilleure manière de réfuter l'hypothèse de ceux qui, de nos jours, s'appellent philosophes et qui refusent d'ajouter foi aux livres sacrés, sous prétexte que les textes originaux de l'Ecriture sont essentiellement altérés, et se trouvent maintenant dans le plus grand désordre [2]. »

Ce fut à la faveur de tels encouragements que le champion qui succéda à Kennicott, et qui entra le dernier dans la lice, put parvenir à exécuter sa belle et difficile entreprise : cet homme était Jean-Bernard de Rossi, pauvre et modeste professeur de Parme.

[1] Kennic. Vet. Test., préf., p. 8.
[2] Des titres primitifs de la révélation, tom. I, p. 3.

Dans une relation intéressante de ses travaux, qu'il publia peu de temps avant sa mort, il ne se considère que comme un humble instrument entre les mains de la divine Providence : elle l'avait destiné, pensait-il, à l'accomplissement de l'œuvre qui fut celle de sa vie entière, la collection des manuscrits et des éditions rares du texte hébreu. Sans fortune, sans influence, sans protections, il se consacra à sa tâche, il y voua tout son modique avoir, il employa toute son adresse à surmonter la répugnance des Juifs à se dessaisir de leurs traditions écrites; et par cette application constante à un objet grand et religieux, il réussit dans son dessein au-delà de ses plus belles espérances. Kennicott, dans l'Europe entière, n'a pu consulter que 501 manuscrits hébreux, aucune bibliothèque publique en Angleterre ou sur le continent ne possède plus de cinquante documents de ce genre. En 1784, de Rossi publia le premier volume de ses versions diverses, en forme de supplément à la collection de Kennicott; il y donne le catalogue de 479 manuscrits alors en sa possession. Avant qu'il eût terminé le quatrième volume, en 1788, les manuscrits de sa collection s'étaient élevés à 612; et en 1808, il publia un volume supplémentaire dans lequel il donne le catalogue de 68 manuscrits; ce qui fait en tout 680 manuscrits hébreux. Comme jusqu'à sa mort, survenue il y a peu d'années, il a continué d'augmenter cette inestimable collection, elle est beaucoup plus nombreuse maintenant. Les offres les plus avantageuses furent faites à ce digne ecclésiastique pour l'engager à céder son trésor littéraire : l'empereur de Russie lui en offrit un prix exorbitant; mais de Rossi répondit toujours que sa collection ne sortirait point de l'Italie. Pie VI avait auparavant proposé de la lui acheter, et la pensée de voir sa bibliothèque réunie à celle du Vatican le tenta peut-être plus vivement que l'or; mais il préféra accepter une bagatelle pour lui et pour sa nièce de la main de son souverain, et il légua sa bibliothèque à celle de sa patrie. Grâce aux précieux travaux de cet homme humble, mais digne de tant d'éloges, on peut dire que l'histoire de cette partie de la critique sacrée est terminée, nous en verrons les résultats réunis à ceux de l'autre branche plus intéressante encore, l'examen critique du nouveau Testament.

Très-peu de temps après la première publication de cette col-

lection sacrée, la coutume vint d'examiner, quoique sans beaucoup d'exactitude et sans aucun plan uniforme, les manuscrits
qui abondaient dans toutes les bibliothèques. Ce ne fut qu'après
la grande édition de Mill, en 1700, édition qui résuma tous les
travaux de ses prédécesseurs, corrigea leurs erreurs et accrut
considérablement leurs diverses collections, qu'on put dire que
la critique sacrée avait pris une forme systématique. Après Mill,
cette tâche avança rapidement, et des éditions critiques publiées
successivement occupèrent l'attention des savants pendant tout le
dix-huitième siècle. L'édition de Wetstein, publiée en 1751 et
1752, éclipsa de beaucoup tout ce qui avait paru auparavant.
Mais, ainsi que les autres, cet auteur a cédé la prééminence dont
il a longtemps joui au grand réformateur de la crititique sacrée,
Jean-Jacques Griesbach : c'est à ce dernier que nous devons les
principes régulateurs qui, depuis lors, l'ont toujours dirigée
présque avec un sceptre de fer.

Ce fut en ce qui concerne cette branche de la science critique
que l'intérêt des savants, et particulièrement des théologiens, se
trouva surtout excité ; car c'était principalement sur ce point que
les ennemis de la religion, ou de ses dogmes les plus essentiels,
avaient espéré de trouver des armes pour leur cause. On avait supposé d'avance que quelque version différente, plus favorable aux
opinions sociniennes, serait probablement découverte un jour, et
en tous cas, beaucoup croyaient que l'incertitude serait telle à
l'égard du texte, et le choix si difficile entre plusieurs sens différents, que toute croyance en serait ébranlée, et que l'autorité
de l'Ecriture, comme guide vers la vérité, serait entièrement détruite. Telle est la manière dont le célèbre Anthony Collins envi-
sagea les travaux critiques de Mill et des autres, dans son *Discours sur le libre-penser (free-thinking)*. Il profita des différences qui se trouvent entre Mill et Whitby, sur quelques passages et sur la valeur des divers textes en général, pour en
conclure que le nouveau Testament dans son entier, devenait dès-
lors très-douteux. Cependant il fut bientôt châtié par la verge pe-
sante de Bentley, qui, se cachant sous le nom de *Phileleuter,*
(ami de la liberté) *de Leipsick,* démontra à fond la folie des assertions de Collins, et justifia le texte inspiré des altérations qu'on
lui reprochait.

Et, en effet, nous pouvons bien demander quel a été le résultat de ces recherches rigoureuses et infatigables, de ces laborieuses comparaisons entre les manuscrits de tous les siècles, de ces nombreuses théories sur la classification des documents critiques, de toutes les années enfin que des hommes instruits ont consacrées à la tâche assidue de rectifier et de perfectionner le livre sacré ! En vérité, si nous exceptons les grandes et importantes conclusions dont nous nous occupons en ce moment, le résultat obtenu est si peu de chose, qu'on pourrait dire que, pour y atteindre, on a follement prodigué le temps et les talents, et cela non pas que les interprétations différentes aient manqué; au contraire, le nombre en est accablant : le premier travail de Mill en a produit trente mille, et l'on peut avancer que le nombre s'en accroît tous les jours. Mais, dans toute cette quantité, quoique chaque source où l'on puisse parvenir ait été épuisée; quoique les éclaircissements de textes donnés par les Pères de tous les siècles aient été recueillis; quoique les versions de toutes les nations, arabe, syriaque, cophte, arménienne et éthiopienne, aient été mises à contribution pour leur manière d'interpréter le sens; quoique les manuscrits de tous les pays et de chaque siècle, depuis le seizième en remontant jusqu'au troisième, aient été mille fois compulsés par des essaims de savants, jaloux d'enlever leurs trésors; quoique des critiques, après avoir épuisé les richesses de l'Occident, aient voyagé en naturalistes dans des contrées lointaines pour découvrir de nouveaux témoignages; quoiqu'ils aient visité, comme Scholz ou Sébastiani, les profondeurs du mont Athos, ou les bibliothèques encore inconnues des déserts de l'Egypte et de la Syrie; malgré tout cela on n'a rien découvert; non, pas même une seule version qui ait pu jeter le moindre doute sur aucun des passages considérés auparavant comme certains et décisifs, en faveur de quelque point important de la doctrine sacrée; car, ainsi qu'on peut le voir dans les exemples que j'ai déjà cités, tels que la première épître à Timothée (chap. III, v. 16), le doute existait déjà, enfanté par les différences que l'on avait observées entre les anciennes versions. Ces différences de texte, presque sans une seule exception, laissent intactes les parties essentielles de chaque phrase, et n'ont rapport qu'à des points d'une importance secondaire, tels que l'insertion ou l'omission d'un article ou d'une conjonction, l'exactitude plus ou moins grande d'une construction grammaticale ; ou la forme plutôt que la substance des mots. Par exemple, le premier verset de l'Evangile de saint Jean a été le sujet de diverses conjectures critiques, faites dans l'intention de détruire la force avec laquelle il prouve la divinité du Christ. Un autre a soutenu que le mot discuté devait être pris au génitif : « *et le Verbe était de Dieu* ; » un autre, que la phrase devait être ponctuée différemment, et qu'on devait lire : « *et Dieu était,* laissant *le Verbe* » pour le joindre à la phrase suivante. Or, après avoir examiné toutes les preuves mises en œuvre avec une adresse sans égale par des hommes qui n'étaient nullement contraires à la cause que fortifiaient ces conjectures, qu'a-t-on découvert relativement à ce passage ! Plusieurs manières de lire, sans doute, comme on trouve une seule fois, dans Clément d'Alexandrie, « *le Verbe était en Dieu,* » au lieu de « *avec Dieu* ; » et de plus, dans un manuscrit et dans Grégoire de Nysse, le mot *Dieu* avec un article « *était le Dieu.* » Ce sont les seules variantes du texte que l'on ait trouvées, tandis que la grande doctrine qu'il renferme reste parfaitement intacte, et qu'il est démontré que les suppositions présomptueuses de Photin, de Crellius et de Bardht sont frivoles et dénuées de tout fondement.

Dans le fait, si nous parcourons le nouveau texte publié par Griesbach, le premier critique qui ait hasardé d'insérer une nouvelle version dans le texte reçu, et si nous remarquons, ce qui est facile à cause de la différence des caractères, combien sont peu nombreuses les occasions où la grande quantité de documents qu'il a consultés lui a permis de faire quelque rectification, nous ne pouvons qu'être surpris de l'exactitude de notre texte ordinaire, bien qu'il ait été formé sans choix sur les premiers manuscrits qui tombèrent sous la main, après l'invention de l'imprimerie. Pour mieux dire, nous devons éprouver une grande satisfaction en voyant le peu de différence qui existe entre les meilleurs manuscrits et ceux mêmes qui sont le moins estimés, et la manière consolante dont s'est conservée l'intégrité complète de l'histoire inspirée.

Ces résultats déjouèrent si complétement les espérances des ennemis de la religion, qu'un savant célèbre du dernier siècle nous dit que, dès lors, ils commencèrent à augurer moins favorablement

de cette sorte de critique qu'ils avaient d'abord si hautement re-
commandée, espérant qu'elle conduirait à des découvertes plus
conformes à leurs maximes que ne l'était l'ancien système [1].

Au reste, les résultats dont il s'agit sont absolument les mêmes
que ceux obtenus par l'étude critique de l'ancien Testament. Il a
été reconnu par le savant Eickhhorn que les différences dans les
versions de Kennicott sont d'une très-petite importance, et offrent
à peine assez d'intérêt pour dédommager du travail qu'elles lui
ont coûté [2]. Dans ces dernières années, nous avons eu du même
fait une nouvelle et frappante confirmation. Le docteur Buchanan
se procura et apporta en Europe un manuscrit dont se servaient
les Juifs de race noire, établis de temps immémorial dans l'Inde,
où ils avaient été, depuis des siècles, séparés de toute communication avec leurs frères des autres parties du monde. C'est un fragment d'un immense rouleau, qui devait avoir, lorsqu'il était dans
son entier, environ 90 pieds de long ; même, tel qu'il est maintenant, il se compose de pièces écrites par différentes personnes à
des époques diverses, et il contient une partie considérable du
Pentateuque ; les lettres sont tracées sur des peaux teintes en rouge.
M. Yeates, après avoir collationné ce manuscrit sur l'édition de
Van der Hooght, considérée toujours comme l'édition-modèle pour
de pareilles collations, l'a publié, et le résultat de cet intéressant
travail est qu'il n'existe pas entre les deux textes plus de *quarante*
différences, dont aucune n'a la moindre valeur ; pour la plupart,
elles ne concernent que des lettres, telles que *jod* ou *vau*, qu'on
peut ajouter ou omettre très-indifféremment. Et vraiment, ce
nombre est bien peu de chose en comparaison d'autres publications
imprimées et très-correctes. M. Yeates fait observer avec raison
que nous avons aujourd'hui des fragments tirés au moins de trois
anciennes copies du Pentateuque, lesquelles s'accordent pour attester la conservation intégrale et pure du texte sacré, à la fois
reconnu par les Chrétiens et par les Juifs dans cette partie du
monde [3].

Mais revenons au nouveau Testament et aux études critiques

[1] Michaëlis, tom. II, p. 266.
[2] Einleitung, 2 th. s. 700 ; ed. Leips. 1824.
[3] Examen d'une copie indienne du Pentateuque, p. 8.

qui en ont interrogé le texte, et nous verrons que les avantages
qu'elles nous ont procurés ne se bornent point à nous assurer que
dans ce texte on n'a rien pu découvrir jusqu'ici qui soit capable
d'ébranler la foi due à la pureté de nos saints livres. Car cet
avantage ne fut que le premier obtenu par Mill et Wetstein, dès
le commencement de leur travail. Le critique dont le nom a terminé la liste s'est avancé beaucoup plus loin ; il nous a donné en
outre un motif de sécurité pour l'avenir. Sa grande théorie de la
classification des manuscrits lui fut toutefois suggérée, en premier
lieu, par un élégant et profond érudit, Jean–Albert Bengel : ce
savant est un noble modèle de la personnification des principes
que j'ai tâché de vous inculquer dans le cours de nos conférences. Il était tourmenté par le grand nombre des variantes qui se
trouvaient dans le texte du nouveau Testament, et il craignait que
par là toute confiance dans la correction de ce texte ne fut détruite. Il ne savait qui consulter ; il craignait de découvrir l'état de
son âme. Avec une droiture et un courage qui l'honorent, il résolut d'affronter toute difficulté, de se vouer lui–même aux recherches critiques, et de trouver la solution de ses scrupules dans la
science même qui les lui suggérait. Le résultat fut tel qu'on aurait
pu le prévoir ; il se convainquit lui–même de la pureté du texte,
et il en simplifia l'étude pour tous ceux qui pourraient se trouver
dans une position semblable à celle dont il sortait. Il remarqua
bientôt que c'était peine perdue de tenir compte du nombre des
manuscrits sur un passage quelconque ; en effet, beaucoup de passages se présentaient toujours dans le même ordre, en sorte que,
la lettre de l'un une fois connue, on pouvait considérer le manuscrit où il se trouvait comme le type d'une foule d'autres, qui appartenaient, pour ainsi dire, à la même famille. Il établit donc
en principe que, si l'on trouve un vieux manuscrit célèbre, qui
s'accorde avec une version très-ancienne sur quelque point du
texte, on peut en toute sûreté considérer leur identité comme certaine.

Ce n'était là pourtant que le germe imparfait du système découvert et produit par Griesbach. Ce dernier reconnut, au moyen
d'une recherche longue et laborieuse, que tous les manuscrits qui
ont vu le jour sont divisés en trois classes, auxquelles il a donné le
nom de *Révisions*, parce qu'il suppose qu'elles sont le produit

d'éditions corrigées sur le texte dans différents pays ; et c'est pourquoi il leur donne les titres de *Révisions* d'Alexandrie, de l'Occident et de Byzance. Tout manuscrit connu appartient à l'une de ces classes ; et, quoiqu'il puisse accidentellement s'écarter du type commun, il s'y rapporte quant à son ensemble. La conséquence d'un tel arrangement est facile à saisir. Nous ne parlons plus de vingt manuscrits en faveur d'un sens et de vingt en faveur d'un autre sens ; nous ne songeons plus à examiner la valeur individuelle de chacun d'eux ; nous n'avons plus à mettre dans la balance, d'un côté le nombre, de l'autre la valeur intrinsèque, et à décider entre ces deux considérations. Les manuscrits pris isolément n'ont maintenant aucune valeur ; nous ne décidons qu'entre les familles. Si deux familles s'accordent, leur version réunie est probablement correcte ; si elles sont tellement confondues ensemble, que des manuscrits de toutes les familles se trouvent mêlés à l'une et à l'autre, on ne saurait décider la question. Mais nous obtenons par là une garantie contre la découverte de tous documents à venir ; car, si l'on venait à trouver un manuscrit, quelque vénérable et précieux qu'il fût, il devrait d'abord entrer dans les rangs pour être joint à l'une des familles, dont il augmenterait la valeur, tandis qu'il perdrait toute autorité s'il subsistait séparément, et ne pourrait de la sorte troubler notre sécurité. S'il présentait des anomalies capables de le faire exclure de ces familles et d'empêcher sa classification, il devrait être considéré comme un banni, et ne serait pas plus capable de déranger le système général qu'une comète, traversant les orbites des planètes, ne pourrait en déranger l'ordre en refusant d'obéir aux lois qui les régissent.

Cette grande et importante amélioration dans l'étude critique du nouveau Testament a éprouvé des modifications qui tendent toutes à simplifier davantage cette étude. Nolan, Hug, Scholz et beaucoup d'autres, ont proposé diverses classifications de manuscrits ; mais ils n'ont guère fait autre chose que varier les noms et le nombre des classes ; quant aux principes, ils les ont conservés en entier. On peut dire que Scholz a proposé le changement le plus important. Après avoir voyagé dans toute l'Europe et dans une partie de l'Orient, pour vérifier des manuscrits, il publia en 1855 le premier volume d'une nouvelle édition critique. Dans la préface, il réduisait les familles à deux, rendant ainsi l'application du principe de Griesbach encore plus facile. J'apprends, par une lettre que j'ai reçue de lui il y a peu de temps, que le second volume de cet ouvrage est maintenant sous presse.

Ainsi, nous pouvons dire que la science critique a non-seulement renversé toute objection tirée des documents que nous possédions déjà, mais qu'elle a en même temps placé entre nos mains des règles simples et faciles pour décider sur les points de controverse les plus compliqués. Et ces résultats seront encore plus à notre portée, quand la nouvelle édition qui se prépare aura paru ; elle ne renfermera que la réunion complète des versions choisies, vérifiées avec grand soin et rendues avec une rigoureuse exactitude.

Outre ces avantages généraux, nous pouvons dire que plusieurs passages particuliers, sur lesquels s'étendait une ombre de doute, ont été dégagés de toute difficulté et entièrement éclaircis. Par exemple, les onze derniers versets de saint Marc, qui rapportent des faits d'une grande importance et d'un haut intérêt, ont été contestés par quelques critiques ; il en a été de même du passage de saint Luc (XXII, 43-45), où il est parlé de la *sueur de sang* de notre Sauveur dans le jardin. Eh bien ! les progrès des recherches critiques ont si complètement replacé ces deux passages au niveau des autres parties du nouveau Testament, qu'il est tout-à-fait impossible qu'on puisse jamais élever à leur égard la moindre objection.

Déjà j'ai fait mention d'une anecdote qui se rattache à cette science, et sur laquelle il serait injuste de ne pas revenir avant de quitter ce sujet. La bibliothèque du Vatican possède, comme vous devez le savoir tous, le plus précieux manuscrit de la version des Septante et du nouveau Testament qui soit au monde ; il est connu sous le nom de *Codex vaticanus*, et il a été publié en 1587 par ordre du pape Sixte-Quint. Michaëlis et son commentateur, le docteur Marsh, nous racontent, d'après l'autorité d'Adler, que l'abbé Spaletti, ou, comme ils l'appellent, Spoletti, s'adressa en 1785 au pape Pie VI pour obtenir la permission de publier un *fac-simile* du manuscrit entier, sur le même plan que l'Anacréon qu'il avait fait imprimer. Le pape se montra favorable à ce projet ; mais, « suivant la routine habituelle, renvoya l'affaire à l'inquisition, avec ordre de consulter en particulier le P. Mamachi, *magister sacri palatii.* » L'ignorance, et son compagnon ordinaire, l'esprit d'intolérance, portèrent le P. Mamachi à persuader au pape de défendre l'exécution de ce plan, sous prétexte que « le *Codex vaticanus* différait de la Vulgate, et que, par conséquent, s'il était mis sous les yeux du public, il pourrait nuire aux intérêts de la religion chrétienne. » Un second mémoire fut présenté au pape, mais le pouvoir de l'inquisition prévalut contre des arguments qui n'avaient pour soutien que la saine raison. De Rossi, dans une lettre à Michaëlis, repoussa cette accusation intentée contre son protecteur, le pape; mais le docteur Marsh répondit que « le fait au moins certain, c'est qu'aucune permission ne fut accordée à Spoletti, quoiqu'il l'eût demandée à plusieurs reprises; et qu'il se vit forcé d'abandonner son dessein, puisque la permission particulière du pape n'eût pas été une garantie contre la vengeance de l'inquisition [1]. » Il est vraiment pitoyable de voir un tissu de faussetés pareilles répétées par des écrivains qui ont quelque renom; naturellement on les copie d'après eux dans des ouvrages populaires, et elles se répandent ainsi partout. M. Horne, bien entendu, n'a pas omis le fait [2].

La première fois que j'en lus l'histoire, il y a quelques années, je m'empressai de vérifier son exactitude. Il est bien vrai que l'abbé Spaletti demanda la permission de publier un *fac-simile* de l'immense manuscrit en question; et s'il n'eût demandé que cette permission, il l'aurait, sans aucun doute, obtenue; mais en outre, il demandait à faire cette publication aux frais du gouvernement, et ce fut là le seul motif du refus. Ceci me fut dit par quelqu'un qui avait connu intimement Spaletti, qui était bien instruit de toute l'affaire, et qui n'avait pas même l'idée qu'un récit différent, ou qu'aucun récit quelconque, en eût été publié [3]. Il aurait été fâcheux, ajouta-t-il, que cette permission eût été accordée à Spaletti; car ce n'était qu'un savant superficiel, et il ne

[1] Michaëlis, tom. II, première partie, page 181; deuxième partie, page 644.

[2] Tom. II, p. 125.

[3] Le défunt chanoine Baldi, sous-inspecteur de la bibliothèque du Vatican.

désirait l'entreprise de cette tâche immense que comme une bonne spéculation. Quand nous considérons qu'il a fallu l'entremise du parlement, et son engagement de payer tous les frais, pour que M. Baber pût entreprendre de publier le *fac-simile* du manuscrit Alexandrin de l'ancien Testament seul; et que, même alors, à cause de l'énormité de la dépense, on n'en a tiré que 250 exemplaires; quand nous considérons cela, dis-je, nous voyons assez pourquoi le gouvernement de Rome refusa de faire les exorbitantes avances qu'exigeait l'exécution des projets de Spaletti. Outre cette inexactitude capitale dans l'anecdote, il en est d'autres d'une moindre importance : on n'avait pu s'adresser à l'inquisition, suivant la *routine ordinaire*, pour me servir de l'expression du docteur Marsh; car, quiconque connaît le cours des affaires à Rome, jugera une telle assertion aussi digne de foi que l'affirmation d'un étranger qui voudrait prétendre que la proposition faite par M. Baber de publier le manuscrit alexandrin fut renvoyée, suivant la *routine ordinaire*, à l'état-major, ou au bureau du contrôle de Londres; et, en effet, il n'en fut jamais parlé à l'inquisition. Bien loin qu'aucun malentendu ait jamais existé entre Spaletti et les membres de cet office, Spaletti ne cessa, jusqu'à la fin de sa vie, de passer toutes les matinées du dimanche dans la société des membres de l'inquisition et dans l'enceinte même de ce tribunal redouté. Je ne peux pas davantage me taire sur la classification d'*ignorant*, que le savant évêque de Pétersbourg donne à Mamachi, à cet homme placé au premier rang parmi ceux qui ont jeté des lumières sur l'antiquité ecclésiastique, et dont les ouvrages dureront au moins autant que cette injure faite à sa mémoire. D'ailleurs le docteur Marsh présente lui-même la meilleure réfutation des motifs qu'il suppose à cet *ignorant* ecclésiastique, lequel savait assurément que le manuscrit du Vatican avait été publié environ deux cents ans auparavant, quand lui, le docteur Marsh, écrivait que le docteur Holmes put examiner sans aucun obstacle les manuscrits du Vatican pour son édition des Septante [1]; et en

---

[1] L'examen de ce manuscrit fut interrompu par la révolution française. Les conservateurs de la bibliothèque ignorent pourquoi cet examen ne fut pas continué après la restitution du Codex à la bibliothèque. Assurément c'est une faute grave, que l'omission d'un tel manuscrit, l'un

effet , Spaletti fut employé, ainsi que d'autres, à cette recherche, et le même manuscrit en question fut un de ceux qu'on examina.

Quand monseigneur Mai , dernièrement bibliothécaire du Vatican , suggéra à Léon XII qu'il était opportun de publier le nouveau Testament du *Codex vaticanus* , sa Sainteté répondit qu'elle désirait que le ꭉtout, en y comprenant l'ancien, fût imprimé avec exactitude et correction. D'après cette réponse, le savant prélat entreprit cette tâche et la poussa jusqu'à l'Evangile de saint Marc. Peu satisfait de l'exécution de son ouvrage, il l'a recommencé depuis sur un autre plan. Le nouveau Testament est fini et l'ancien très-avancé. Cette publication prouvera de la manière la plus convaincante combien peu Rome appréhende que l'étude critique des saintes Ecritures fasse le moindre tort à la religion chrétienne.

En résumé , nous avons vu cette science suivre précisément le même cours que tant d'autres ; présenter aux esprits forts , dans son état d'imperfection , quelques prétextes d'objections contre les bases de la révélation chrétienne ; et ensuite , poursuivant sans crainte sa direction naturelle , non—seulement renverser toutes les difficultés qu'elle avait d'abord suscitées , mais encore les remplacer par de nouvelles certitudes si bien assises , qu'il serait impossible à toute attaque ultérieure de les détruire ou même de les ébranler.

Le texte ayant été établi par l'examen critique, la tâche qui nous reste est de l'interpréter ; cette tâche rentre d'abord dans le domaine de la philologie , science qui examine la signification des mots, soit isolés , soit réunis, et qui , décidant de leur valeur, arrive au sens de phrases entières et de paragraphes. Or, les différentes branches de cette étude , quelque étrange que cela puisse paraître , se sont progressivement développées , et leurs progrès ont uniformément tendu à justifier l'Ecriture et à confirmer les preuves qui l'appuient. La grammaire est nécessairement la base de toute étude qui a des mots pour objet ; aussi c'est par là que je commencerai.

Vous serez peut-être tentés de sourire , quand je dirai de la grammaire d'une langue morte depuis deux mille ans, qu'elle est dans un état de progrès et de perfectionnement. Vous serez

des meilleurs et des plus anciens, dans une édition critique de la version des Septante.

sans doute aussi incrédules, quand j'assurerai que ses progrès ont même ajouté quelque chose à notre sécurité sur des points essentiels de doctrine ; et cependant ces deux assertions sont justes et bien fondées. Pour le plaisir de ceux qui peuvent prendre quelque intérêt à de semblables recherches, je vous en esquisserai l'histo're, et ensuite je prouverai par des exemples les applications utiles et importantes qui en peuvent être faites.

La grammaire de la langue hébraïque tire naturellement son origine des Juifs, et aucun Chrétien, dans les temps modernes, n'en a commencé l'étude avant qu'elle eût reçu des Juifs toute la perfection que leur méthode défectueuse permettait de lui donner. Malgré cela, on peut dire que cette étude a été conduite chez nous d'une façon vraiment indépendante.

Elias Levita s'occupait de donner aux recherches grammaticales faites sur le Kimchis les améliorations qu'elles pouvaient recevoir des écrivains de sa nation, lorsque Conrad Pellicanus, en 1503, et Reuchlin, trois ans plus tard, publièrent les premiers éléments de la langue hébraïque, pour servir à l'éducation chrétienne. Le premier, moine de Tübingen, s'était instruit dans cette langue à l'âge de 22 ans, sans autre secours qu'une Bible latine, et par conséquent il n'avait fait entrer dans sa grammaire que les éléments imparfaits qu'il avait pu recueillir ainsi. Reuchlin prit à Rome les leçons d'un Juif, au prix exorbitant d'une couronne d'or par heure ; c'est à lui que nous devons la plupart des termes de grammaire usités maintenant dans l'étude de la langue sacrée.

Sébastien Münster, élève d'Elias, éclipsa bientôt tous ses prédécesseurs ; mais ses travaux, qui furent presque entièrement imités des rabbins, cédèrent à leur tour le pas à la méthode plus intelligible et plus lucide de Buxtorf l'aîné. Comme en Allemagne, les recherches grammaticales ne manquèrent pas dans d'autres parties de l'Europe. Santes Pagnini en Italie, et Chevalier en France, publièrent des introductions à l'étude de la langue sacrée. C'est ce qu'on peut appeler la première période de la grammaire hébraïque parmi les Chrétiens, période qui finit au milieu du dix-septième siècle [1]. Les caractères distinctifs de cette gram-

---

[1] Gesenius, Geschichte der hebraïschen, etc. Leips. 1825, pages 101-107.

maire sont ceux de l'école juive, d'où elle sortait; on y trouve une attention minutieuse aux changements compliqués des lettres et des points-voyelles, et à la dérivation et à la formation des noms, tandis que la construction générale des phrases est, en grande partie, négligée. Cependant, outre l'exception en faveur de Buxtorf, on en doit faire une autre qui est également honorable. Salomon Glass, dont la *Philologie sacrée*, particulièrement l'édition corrigée de Dathe, devrait constamment se trouver sur la table de tout homme qui se livre à l'étude de la Bible; Salomon, dis-je, amassa un trésor de remarques précieuses sur la syntaxe. Ces remarques, outre leur utilité pour apprendre la grammaire hébraïque, eurent le mérite de mettre pour la première fois la langue du nouveau Testament en rapport avec celle de l'ancien.

Tandis que l'étude de l'hébreu avançait ainsi à pas lents; les langues *sémitiques*, connues alors sous le nom général de langues orientales, étaient cultivées avec un grand soin. Après Gesenius, vers l'époque que j'ai fixée comme le terme de la première école chrétienne, l'étude de ces langues commença à exercer son influence sur la grammaire hébraïque, et marqua ainsi le commencement de la seconde époque. Louis de Dieu, en 1628, publia le premier une grammaire comparée de l'hébreu, du chaldéen et du syriaque; il fut suivi par Hottinger (1649) et par Sennert (1635) : ce dernier ajouta l'arabe aux langues déjà comparées. Castel, dans les prolégomènes de son célèbre Dictionnaire polyglotte, y ajouta la langue éthiopienne ou abyssinienne.

C'était un nouvel et précieux instrument pour l'étude de la grammaire hébraïque; mais la syntaxe de ces langues congénères n'était elle-même qu'imparfaitement développée; par conséquent. l'application en était surtout dirigée vers les déclinaisons et les conjugaisons. Au commencement du dernier siècle, le savant et habile Albert Schultens imagina une application plus étendue d'une branche au moins de cette philologie comparée. Profondément versé dans la littérature arabe, et ayant à sa disposition un trésor de manuscrits orientaux dans la bibliothèque de Leyde, il consacra une grande partie de sa vie à expliquer la philologie hébraïque d'après ces nouvelles sources. Mais quelle que fût l'étendue de son mérite, un attachement trop vif pour le système qu'il produisait le premier le conduisit nécessairement au-delà des justes bornes. Il sacrifia à sa prédilection pour une langue les avantages qu'il aurait pu tirer de la comparaison de cette langue avec toutes celles de la même famille ; il est allé même encore plus loin , car il néglige souvent la construction et les idiotismes particuliers à la langue hébraïque , pour y découvrir des ressemblances , si faibles qu'elles soient , avec l'arabe [1].

Dans la philologie hébraïque , il fut le fondateur de ce qu'on appelle l'école hollandaise. Comme on pouvait le supposer, plusieurs de ses élèves copièrent les fautes du maître ; néanmoins , d'autres plus judicieux eurent soin de les éviter. Tandis que , comme on les appelait , des *arabismes* hasardés et des étymologies forcées défigurent les ouvrages de Venemas, de Lette et de Scheid, d'autres, tels que Schroder, ont soumis la grammaire à un jugement plus sage et plus éclairé. Les *Institutions* [2], œuvre de ce judicieux auteur, furent pendant plusieurs années l'ouvrage-modèle de l'Allemagne ; elles sont , je crois, encore justement estimées et fort souvent consultées en Angleterre. La syntaxe y est exacte et étendue ; elle peut être considérée comme remplaçant le mieux les ouvrages plus volumineux de Gesenius et d'Ewald, quand on ne peut les consulter.

Tandis que l'école hollandaise se trouvait parvenue à son apogée, les Allemands posaient les fondements du système qui, bien que non perfectionné encore, était cependant le seul moyen réel et sûr de procéder. Ce plan consistait , non pas à tâcher de créer d'un seul jet un système grammatical complet et intelligible, mais à éclairer certains points particuliers, soit d'après les dialectes connus , soit en collationnant les uns sur les autres de nombreux passages de la Bible elle-même. Chrétien-Benoît Michaëlis a suivi les deux méthodes d'une façon très-louable ; Simonis, Storr et beaucoup d'autres, ont contribué par d'excellentes observations à rendre méthodiques la syntaxe hébraïque et les analogies qu'elle renferme. Au commencement de ce siècle, on possédait ainsi une collection de matériaux, qui n'attendaient qu'un investigateur instruit , judi-

[1] Ibid., p. 128.

[2] La dernière édit. en Allemagne. Ulm, 1791, réimpr. à Glasgow, 1824.

cieux et patient, pour les mettre en ordre, les examiner et les compléter.

L'école moderne diffère autant de la première école que la tactique de nos jours diffère de celle des temps anciens. De même que celle-ci accoutumait la phalange ou la légion à une complication de manœuvres dont le succès dépendait principalement de la précision des mouvements et de la position des individus, ainsi l'ensemble de l'ancien système grammatical dépendait des changements minutieux qui survenaient dans chaque mot séparé, et des évolutions compliquées de chaque point, soit qu'on l'avançât, soit qu'on le reculât, soit qu'on l'ajoutât. Le grammairien moderne ne néglige pas ces objets de moindre importance, mais il donne son attention principale à la disposition des parties du discours, à la force des particules dans chaque circonstance diverse, à la valeur différente que donne la forme particulière des mots, et à la dépendance mutuelle qui unit les moindres aux principaux membres de la phrase ; en un mot, il s'attache aux combinaisons plus étendues et aux résultats plus importants. La première école, cependant, avait recours à un auxiliaire que l'autre a négligé ou méprisé, les grammaires rabbiniques. Au commencement, tout était véritablement juif, en grammaire ou en lexigraphie, tandis que, sous l'époque suivante, les rabbins furent laissés à l'écart sous ces deux rapports. Forster (1557) publia son lexicon, « non ex rabbinorum commentis nec nostrorum doctorum stulta imitatione (non d'après les commentaires des rabbins, ni d'après les sottes imitations de nos docteurs), » et Masclef résolut de purger la grammaire hébraïque des points, « aliisque inventis Masorethicis (et des autres inventions de la Masore.) » Je ne sais si les partisans de Masclef considèrent l'existence de la syntaxe et de la construction hébraïques comme une invention des rabbins ; mais, en général, les grammairiens qui traitent de la langue, en retranchant les points, l'affranchissent aussi des liens de la grammaire, et de la sorte représentent le langage inspiré comme un discours, où presque tous les mots sont vagues et indéterminés, et chaque phrase dépourvue de règle et sans construction précise.

Mais, quoi qu'il en soit, les modernes se piquent de ne négliger aucune source d'instruction, et une grande partie de ce qu'il y a de meilleur dans la grammaire et dans la lexigraphie de nos jours, nous le devons au soin avec lequel nous avons interrogé les sources juives. La grammaire des langues connues s'est perfectionnée en proportion. Le baron de Sacy a entièrement changé la forme de la grammaire arabe ; Hoffmann, de son côté, a laissé peu d'espoir à ceux qui exploitent le champ de la philologie syriaque [1].

Ce fut à l'aide de ces éléments et de ces avantages que Gesenius entreprit de publier une grammaire hébraïque complète. Elle parut en 1817 [2] ; cet ouvrage et son lexicon forment une ère dans la littérature biblique. Quoique certaines critiques sévères aient d'abord été dirigées contre lui, il obtint plus tard une approbation générale et méritée. Plusieurs écrivains n'hésitent pas à considérer cet auteur comme ayant presque, de nos jours, le monopole de la science hébraïque.

Il me semble que je vous ai retenus trop longtemps sur l'histoire d'une branche scientifique aussi stérile que la grammaire hébraïque ; il convient que j'en fasse promptement l'application à l'objet de ces discours.

L'influence de la grammaire sur l'interprétation d'un passage quelconque est trop évidente pour exiger la moindre explication. Il n'est pas un commentateur moderne qui voulût entreprendre d'expliquer un texte sans trouver d'abord que la signification de chaque mot, et les rapports de cette signification avec le passage entier, garantissent le sens qu'il a choisi. Lui prouver, d'une autre part, que son opinion met le texte en contradiction avec les lois établies de la grammaire, serait lui opposer une réfutation sans réplique. Dès-lors vous devez voir combien il importe de posséder des règles certaines et satisfaisantes auxquelles chacun puisse en appeler ; et combien il serait facile de fonder une règle de grammaire générale au moyen de quelques exemples isolés, et par là de nous enlever des preuves dogmatiques importantes ou donner un sens tout-à-fait différent à des passages jusqu'alors considérés

---

[1] Cependant l'ouvrage d'Hoffmann doit être considéré plutôt comme une conséquence des derniers progrès faits dans les grammaires hébraïque et arabe, que comme un progrès distinct. Grammaticæ syriacæ, libri tres. Halæ, 1827, p. 8.

[2] Ansführliches, etc. Leipz. 1817, in-8º, p. 908.

comme clairs. En pareil cas , notre devoir est d'examiner l'universalité de la règle ; il est possible qu'il nous faille entrer dans les
minuties de la discussion philologique ; car nous aspirerions vainement à être des commentateurs, si nous n'étions d'abord des
grammairiens. Mais les progrès de la science peuvent nous donner
les moyens d'écarter les difficultés et de regagner le terrain que
des recherches empreintes de mauvaise foi semblent avoir conquis.

Et c'est ce qui est arrivé. Quand je vous apprendrai que la
prophétie la plus magnifique et la plus circonstanciée de l'ancien
Testament avait été niée ; que la dispute à laquelle elle donna lieu
s'était principalement renfermée dans l'examen grammatical de la
valeur d'un petit mot, qu'on supposait être la clé du passage entier ; qu'une règle avait été posée par le savant grammairien dont
je viens de faire l'éloge et qu'elle privait ce mot de la seule signification compatible avec l'interprétation prophétique , et qu'enfin
les recherches des derniers grammairiens ont renversé cette règle ;
vous conviendrez qu'on peut obtenir, par les progrès de la science
philologique , des résultats importants pour la justification des
prophéties et conséquemment pour la confirmation des vérités du
Christianisme. On ne pourrait guère trouver un passage de l'ancien Testament qui prouvât cette assertion d'une manière aussi
satisfaisante que les chapitres LII et LIII d'Isaïe : aussi ne me reste-
t-il plus , pour compléter ma preuve, qu'à esquisser l'histoire de
cette controverse en la rendant aussi intelligible que je le pourrai
pour ceux qui ne connaissent pas l'hébreu.

Dans les trois derniers versets du cinquante-deuxième chapitre
d'Isaïe, et dans tout le cours du chapitre suivant, se trouvent
décrits le caractère et le sort du *serviteur de Dieu*. Peut-être
n'existe-t-il aucune portion de la même étendue dans l'ancien Testament qui ait été l'objet, dans le nouveau , d'un aussi grand nombre de citations et d'allusions ; c'est le passage dont la divine
Providence voulut se servir comme d'un instrument pour convertir la reine d'Ethiopie [1]. Dès le temps d'Origène, les Juifs avaient
pris soin d'éluder la force d'une prophétie qui représentait le
serviteur de Dieu affligé, blessé et meurtri, sacrifiant sa vie pour

[1] Actes VIII, 32, 33.

son peuple [1] et même pour le salut du genre humain. Quoique le Targum, ou paraphrase chaldéenne de Jonathan, appliquât cette prophétie au Messie, plus tard les Juifs l'appliquèrent soit à quelque prophète célèbre, soit à quelque corps collectif. Les adversaires modernes de la prophétie ont généralement adopté la dernière interprétation, quoique avec une grande diversité d'opinions quant à l'application particulière qu'ils en ont faite. La théorie favorite paraît être que la prophétie représente, sous la figure du serviteur de Dieu, tout le peuple juif, fréquemment désigné sous ce titre dans l'Écriture, et qu'elle décrit les souffrances, la captivité et le rétablissement de la race entière [2]. D'autres, cependant, préfèrent un sens plus restreint et appliquent le passage entier au corps des prophètes. Cette explication a rencontré dans Gesenius un champion aussi savant qu'habile [3].

Il est bien vrai que ce serviteur de Dieu est représenté comme un seul individu; mais les défenseurs de l'application *collective* invoquent un texte qui, selon eux, contient un argument décisif en leur faveur; c'est le huitième verset du cinquante-troisième chapitre : « Pour le péché de mon peuple, un châtiment *lui* fut infligé. « Le pronom employé dans ce verset se rencontre rarement, il est usité principalement dans les poètes (*lamo.*) On a prétendu que ce pronom ne pouvait s'employer qu'au pluriel, et que, par conséquent, le texte devrait être rendu ainsi : « Un châtiment *leur* est infligé. » Or, ce sens serait absolument incompatible avec une prophétie qui ne ferait allusion qu'à un seul individu : on présente donc ce sens comme donnant la clé du passage entier, et prouvant qu'un corps collectif peut seul être désigné sous la figure du *serviteur de Dieu*. La prophétie serait alors entièrement détruite; au lieu de la prédiction formelle de la mission et de la rédemption du Messie, il ne nous resterait qu'une élégie pathétique sur les souffrances des prophètes ou du peuple. Pour terminer la dispute d'une manière décisive, Rosenmüller en appelle à ce

---

[1] Chap. 53, 12. Matth. XXVI, 28. Rom. V, 19. Is. LII, 15. Voyez Jahn, Appendix hermeneuticæ, II. Vienne 1815, p. 5.

[2] Eckermann, Theologische Beytrage, Erst. S., p. 191. Rosenmüller, Jesajæ vatic. Lips. 1820, v. 3, p. 326.

[3] Philologisch-kritischer, Zweiter, Th. Lips. 1821, p. 168.

mot dans le prolégomène qu'il a écrit sur le chapitre en question, et il suppose que le prophète a fait usage du même pronom dans le dessein exprès d'écarter toute incertitude sur ce qu'il veut dire [1]. Gesenius le cite aussi dans le même but que Rosenmüller [2], et il considère comme l'effet d'une prévention la traduction de ce passage par le singulier, telle qu'elle existe dans la version syriaque et dans saint Jérôme [3]. Mais Gesenius, comme je l'ai déjà fait entendre, avait préparé la voie pour son propre commentaire, et cherché à rendre inutile toute discussion à cet égard, en posant dans sa grammaire une règle évidemment faite à l'intention de ce passage.

Il a voulu établir que le pronom poétique *lamo* s'emploie seulement au pluriel, et que, bien qu'il se rapporte quelquefois à des noms singuliers, cela n'arrive que lorsque ces noms sont collectifs. Après avoir cité un grand nombre d'exemples, il reproduit le texte en question. « Dans ce passage, remarque-t-il, la discussion grammaticale présente un intérêt de dogme; le sujet de ce chapitre est toujours désigné au singulier, excepté dans cet endroit du texte; mais on comprend facilement comment, dans le chapitre V, v. 8, il peut prendre le signe du pluriel, puisque, comme cela me paraît certain, *ce serviteur de Dieu* représente le corps des prophètes [4]. » Vous voyez combien une discussion, de peu de valeur en elle-même, peut devenir importante, et com-

---

[1] « Ce qui nous empêche entièrement de croire que le prophète parle d'une seule personne, c'est ce que disent d'elle, à la fin du verset 8, ceux que lui-même fait parler. Car nous voyons dans ce passage *lamo*, pris *collectivement* pour *laem*, et en se servant de cette expression, que le prophète a voulu faire entendre que ce ministre divin dont il parle est une réunion de plusieurs hommes exerçant le même ministère, représentée sous l'image d'une seule personne. Ainsi, toute interprétation ayant pour but d'appliquer ce passage à une seule personne doit être écartée. » Ubi sup., 330, cf. p. 359.

[2] Ubi sup., p. 163, 183.

[3] Erst. Th., erste Abth., p. 86-88. Le Targum, Symmachus et Theodotion, qui ne sont point des interprètes chrétiens, rendent le mot de la même manière.

[4] Lehegebaüde, p. 221.

ment une discussion qui s'est élevée pour savoir si un pronom insignifiant ne s'emploie qu'au pluriel , ou peut s'employer au singulier, est devenue le pivot sur lequel a tourné une question d'un intérêt réel pour l'évidence du Christianisme [1].

Mais les travaux de Gesenius sur la grammaire n'étaient pas assez parfaits pour empêcher d'autres savants de suivre la même route. En 1827, une grammaire très-complète fut publiée par Ewald, qui nécessairement discute la règle grammaticale établie par Gesenius à l'égard du pronom dont il s'agit : il a réuni de nouveaux exemples , et, par l'examen des rapports et des ressemblances qu'ils ont entre eux, il détermine d'une manière concluante que cette forme inusitée peut bien être employée pour le singulier [2].

[1] On doit se rappeler que la discussion élevée sur cette prophétie particulière est étroitement liée avec le principe qui met en question s'il existe aucune prophétie dans l'ancien Testament. C'est par des explications partielles de ce genre que les rationalistes se débarrassent de l'ensemble des prophéties qui confirment si puissamment la vérité du Christianisme. Ce passage est , en outre, d'une importance particulière, en ce qu'il prouve la mission du Christ et son identité avec le roi promis des Juifs. Je dois aussi faire observer qu'il existe , outre les solutions données par le texte , d'autres solutions qui confirment la prophétie , et qui cependant laissent le pronom au pluriel. L'une est de Jean , *ubi sup.*, p. 24 ; une autre, que je crois plus conforme aux usages de la langue hébraïque, est dans Hengstenberg , Christologie des alten Testam. Berlin 1829 ; Erst. th. zweit. Abth., p. 330.

[2] Kritische Grammatik. etc. D. Georg. H. A. Ewald. Leips. 1827, p. 365. Il serait déplacé, dans un discours public , d'entrer dans le détail minutieux des exemples qui confirment une règle grammaticale; c'est pourquoi je ferai observer dans cette note qu'il existe, outre les preuves puisées par Ewald, dans Job XXVII, 23, et particulièrement dans Isaïe XLIV, 15, 17, preuve tout-à-fait satisfaisante, d'autres considérations qui confirment l'emploi de *lamo* au singulier. 1° Le suffix *mo* qu'on joint au nom est certainement pris au singulier, dans le ps. XI, 7, où il est dit de Dieu *son visage ;* un suffix pluriel ne peut jamais se rapporter au nom sacré *Jéhovah* , de même qu'on ne peut adjoindre un pluriel au mot majesté (*plurale majestatis*), Ewald , *ib.* De là, Gesenius suppose que l'emploi de ce suffix est une méprise de l'auteur (*ubi sup.*,

Ainsi les difficultés élevées contre l'interprétation favorable au sens prophétique se trouvent levées par un des grammairiens les plus modernes, et tous les arguments que cette interprétation présente en faveur de ce sens sont rétablis dans leur force primitive, grâce à la persévérance avec laquelle on a approfondi cette même science dont on s'était d'abord armé pour les combattre.

L'*herméneutique*, ou principes d'interprétation biblique, ne paraîtront guère une science plus capable de perfectionnement que la grammaire hébraïque. Les premiers écrivains de l'Eglise ne comprirent-ils pas le livre sacré, et par conséquent ne durent-ils pas être guidés dans son interprétation par des règles fixes et certaines? Je sens toute la force de cette question, mais elle recevra, je l'espère, une réponse satisfaisante dans ce que je vais dire. Au reste, quand je parle de l'*herméneutique* comme d'une science, j'entends cet assemblage régulier de principes et de règles qui servent de préparation à l'étude de la sainte parole de Dieu, et qui la rendent comparativement plus facile. De même que nous avons de meilleures grammaires des langues grecque et latine que n'en possédaient ceux qui parlaient ces langues, et cela sans prétendre toutefois les connaître ou les parler mieux qu'eux; de même les savants modernes ont recueilli et classé avec soin les principes d'interprétation sacrée fondés sur la logique et sur la raison, que l'on trouve épars dans les écrits des anciens, et dont ils faisaient usage dans les interprétations littérales, sans y renvoyer comme à des règles fixes.

On ne contestera pas l'exactitude de cette dernière assertion. Il est vrai que les Pères s'étendent souvent sur des allégories et des mystères que le goût du temps exigeait, et qui servaient à l'instruction morale de leurs lecteurs ou de leurs auditeurs. Il est vrai aussi que, lorsqu'ils commentent, même littéralement, ils ne suivent pas toujours les théories qu'ils ont eux-mêmes clairement posées; sans doute ils préfèrent des discussions théologiques, appropriées à leur sujet, au rôle moins agréable de commentateur.

---

p. 216). 2° Dans la langue éthiopienne, le suffix *omo* s'emploie certainement au singulier. *Lud. De Deu. Crit. sacra*, p. 226. Ce pronom semble être commun non-seulement aux deux nombres, mais aussi aux deux genres, puisqu'il parait être pris au féminin, dans Job xxix, 7.

Toutefois, je n'hésite pas à affirmer que c'est dans leurs traités qu'on doit trouver les meilleurs principes d'interprétation biblique, et que c'est dans leurs commentaires que se rencontre l'application la plus judicieuse et la plus précise de ces interprétations.

Les Pères connaissaient bien la différence qui existe entre l'interprétation littérale et l'interprétation allégorique. Saint Ephrem, par exemple, a soin d'avertir ses lecteurs quand il néglige le sens littéral pour le sens mystique [1]. Junilius nous a assuré que, dans l'école syriaque de Nisibis, où vivait saint Ephrem, on faisait un cours qui servait d'introduction à l'étude de l'Ecriture; il a donné un extrait des principes qu'on y enseignait, et qu'il avait recueillis de la bouche d'un savant persan : ces principes résument certainement en peu de mots les règles les plus importantes des *herméneutiques* modernes [2]. Le mérite de saint Chrysostôme, comme commentateur littéral qui sait le cas qu'il doit faire des prétendues améliorations des biblistes de son temps, est reconnu par Winer [3], critique qui appartient à l'école la plus sévère ; il ne refuse pas non plus une louange non équivoque à Théodoret, disciple de saint Chrysostôme. Mais, puisque je suis sur ce sujet, j'espère que vous voudrez bien m'accorder quelques instants

[1] Voyez Horæ Syriacæ, p. 54, et l'Essai de Gaab, sur la manière de commenter suivie par saint Ephrem, dans le Memorabilien de Paulus, n° 1, p. 65 et suiv.

[2] De Partibus divinæ legis. Biblioth. magna Pat. col., tome VI, page 2.

[3] Car, dans les homélies qu'il a faites sur chacun des livres saints, la méthode qu'il regarde comme la meilleure, c'est de ne traduire chaque mot, chaque période, qu'en se réglant sur les locutions usitées, sur l'histoire, et enfin sur les conseils des écrivains sacrés ; et en ce genre d'écrits il a fait preuve lui-même d'une habileté ferme et sûre ; en sorte que si l'on trouve en lui peu d'interprétations qui ne soient pas justes, on n'en trouve jamais une seule hasardée. Epître de saint Paul aux Galates, annotée et expliquée par le doct. G. Ben Winer, d'après le texte grec. Leips. 1828, p. 15. Nous demanderons de quel commentateur moderne on pourrait parler ainsi.

pour que je vous trace l'histoire d'une révolution importante dans les opinions des modernes, et pour que je vous montre comment l'attention croissante donnée à cette branche de la théologie a servi à justifier les premiers écrivains du Christianisme. C'était une mode, il y a quelques années, de considérer les Pères de l'Eglise comme dénués de principes d'interprétation solides ou arrêtés; on ne voulait voir dans leurs commentaires qu'un tissu d'erreurs ou de méprises. Les progrès faits dans la science des interprétations ont eu pour résultat entre autres de détruire ce préjugé; et des hommes pieux et savants ont ainsi recouvré, dans les ouvrages modernes, le respect et la déférence qu'on leur avait si légèrement refusés. Deux exemples de ce retour d'opinion justifieront pleinement ce que je viens de dire.

L'impartial Ernesti a écrit de saint Augustin que, « s'il eut su l'hébreu et le grec, la grandeur et la pénétration de son génie lui eussent donné la prééminence sur tous les commentateurs anciens [1]. Quelque restreinte que soit cette louange, c'est encore le style du panégyrique, si on la compare avec la censure outrée et les paroles injurieuses de l'aîné des Rosenmüller. Dans son *Histoire de l'interprétation des livres saints dans l'Eglise chrétienne* [2], histoire qui, pendant quelques années, a fait autorité en Allemagne, il se livre à une discussion relative au caractère et aux talents de ce saint évêque. Il raconte en détail les erreurs de sa jeunesse, afin d'en conclure « qu'il obscurcit plutôt qu'il n'expliqua les écrits sacrés, » et que, comme « il préférait l'autorité de son maître, saint Ambroise, à tous les principes de la saine raison, il n'est pas surprenant que le disciple n'ait pas été plus judicieux que le maître [3]. Rosenmüller n'est pas assez hardi pour nier que saint Augustin ait connu les principes de l'interprétation, mais il conclut que « *Augustum nomine interpretis vix esse dignum* (saint Augustin n'est guère digne du titre d'interprète), » et il ne lui accorde même pas cette pénétration et ce talent qu'Er-

[1] Inst. interp. N. T. Lips. 1809, p. 342.
[2] D. Jo. Georg. Rosenmüller, Historia interpr., cinquième partie. Hildburg et Leips. 1798-1814.
[3] Pars. III. Leips. 1807, p. 404-406.

nesti lui reconnaît si complètement ¹. Au reste, une pareille opinion sur le savant et pieux évêque d'Hippone est digne d'avoir place dans une histoire où l'on donne le premier rang, parmi les commentateurs chrétiens, aux hérétiques Pélage et Julien ².

Mais saint Augustin n'a pas manqué de défenseurs, et, dans ces dernières années, les mérites de ce Père célèbre ont été appréciés avec soin et invinciblement prouvés par le docteur Henry Clausen. Dans son intéressant petit volume, publié à Copenhague, il a placé le talent de saint Augustin, comme bibliste, sous un jour honorable et nouveau tout ensemble ³; il prouve que saint Augustin connaissait assez le grec pour en faire une application utile dans ses commentaires ⁴; qu'il a clairement posé tous les principes dont se compose l'esprit et les premiers éléments d'une critique saine et pure ⁵; qu'il a donné avec étendue et réuni avec discernement les meilleures maximes relatives à la science de l'interprétation ⁶; que, par le bon usage qu'il en a fait et sa pénétration naturelle, il a souvent été assez heureux pour éclaircir des passages obscurs de l'Écriture 7, et pour réfuter par d'exactes recherches les interprétations erronées dont certains autres passages

¹ Augustin n'est pas digne du nom d'interprète, pages 500 et suiv.

² Pages 505-537.

³ Aurelius Augustinus Hipponensis Sacræ Scrip. Haunæi 1827, in-8°, p. 271. L'auteur est protestant.

⁴ Pages 33-39. Rosenmüller, l. C, p. 404.

⁵ Page 135.

⁶ Pages 137 et suiv. — Selon saint Augustin, tout homme qui veut expliquer l'Écriture doit posséder les trois qualités suivantes : 1° La connaissance de l'hébreu et du grec (*scientia linguarum*) ou, ainsi qu'il s'exprime ailleurs (*linguæ hebreæ et græcæ cognitio*); la connaissance de l'archéologie biblique (*cognitione rerum quarundam necessariarum*), définie ailleurs comme la connaissance de la philosophie, de l'histoire, de la philosophie naturelle et de la littérature de la Bible; 3° la connaissance des règles critiques, pour discuter le sens propre du texte (*adjuvante codicum veritate quam solers emendationis diligentia procuravit*). De Doct. Christ. Clausen, p. 140.

7 Pages 181 et suiv.

avaient été l'objet [1] ; qu'il a souvent levé des difficultés en pénétrant habilement dans la pensée des écrivains sacrés, et en y ajoutant pour les fortifier des textes semblables.

Saint Jérôme, le contemporain illustre et l'ami de saint Augustin, a été l'objet d'une accusation encore plus mensongère, exprimée dans des termes encore plus blâmables. Luther a dit de lui qu'au lieu de le compter parmi les docteurs de l'Eglise, il le considérait comme un hérétique, tout en croyant qu'il a été sauvé par sa foi dans le Christ. Luther ajoute : « Il n'est pas un seul docteur dont je sois plus l'ennemi que de Jérôme, parce qu'il ne parle que de jeûnes, de viandes et de virginité [2]. » Rosenmüller l'aîné attaque dans saint Jérôme l'interprète biblique d'une manière plus formelle encore et plus violente; il lui reconnaît à peine une seule bonne qualité à cet égard. Selon lui, sa connaissance des langues de la Palestine est amplement contrebalancée par le peu de fondement de ses étymologies, par ses subtilités rabbiniques et par son entière inaptitude à saisir les idées d'un auteur [3] : ce sont même là ses plus légers défauts; l'érudition qu'il possédait, il ne l'a employée qu'à pervertir les doctrines du Christianisme, et l'on ne peut dire qu'il ait droit de prétendre à la moindre connaissance en théologie [4].

[1] Pages 207 et suiv.

[2] Luther's sammlichte Schriften, th. XXII, page 2070, édition Walch.

[3] Rosenmüller, ubi sup., p. 346.

[4] Je pense que tous ceux qui apprécient les saints Pères qui ont fait la gloire des premiers temps du Christianisme liront avec une juste indignation les passages suivants : « Il est surtout déplorable de voir qu'un homme si remarquable ait abusé aussi honteusement de son érudition pour pervertir la doctrine chrétienne qui se trouve déposée dans les saints livres, et pour défendre et propager des superstitions de tout genre. » Le même auteur lui attribue ensuite un empressement immodéré pour défendre ses absurdes opinions; une superstition et une faiblesse d'esprit incroyables, la fureur qui le guide, etc. P. 369. « Il me semble assez constant, d'après ce que nous avons dit jusqu'ici, que Jérôme (saint s'il plaît aux dieux), avec toute son érudition hébraïque, grecque, latine, géographique, etc., a été le plus superstitieux des

22

Mais nous n'avons pas besoin d'aller chercher ailleurs que dans la famille même de l'accusateur une opinion bien différente sur le mérite de saint Jérôme. Rosenmüller fils, par les éloges qu'il lui a prodigués et par la plus positive approbation, compense les censures injurieuses et mal fondées de son père; il déclare qu'on doit faire le plus grand cas des commentaires de ce savant docteur, à cause du savoir dont il appuie toujours l'interprétation qu'il adopte [1], et il ne se contente pas d'une louange écrite, l'usage constant qu'il fait dans ses commentaires des travaux exégétiques de saint Jérôme prouve amplement la haute et sincère estime qu'il leur accorde. Dans tout le cours de son commentaire sur les prophètes du second ordre, il a rarement occasion de se départir des opinions de son illustre guide.

Je vous ai retenus longtemps sur une des premières époques de la littérature biblique, parce qu'elle prouve que l'*histoire* même de la science herméneutique est une science progressive, et que son avancement a servi à détruire des préventions contre les premiers écrivains du Christianisme, comme à venger leur réputation des attaques téméraires et injustes de l'école qui prend le titre de libérale.

Après avoir prouvé que toutes modernes que puissent être les règles de cette science, les principes en sont aussi anciens que le Christianisme; il nous faut franchir mille ans de son histoire et nous rapprocher de notre époque. A la renaissance des lettres, de nombreux commentateurs s'élevèrent parmi les théologiens, et leurs travaux furent également en butte aux accusations lancées contre les commentateurs du cinquième siècle. On a regardé comme un devoir de décrier les volumineuses productions de ces interprètes laborieux et souvent pleins de sagacité, comme si ce n'eût été qu'un amas de décombres littéraires, propres peut-être à remplir

moines, et a fait preuve d'une ignorance totale dans la vraie science théologique. En un mot, il a plus nui à la religion qu'il ne lui a été utile.» P. 393.

[1] Ezechielis Vaticinia. Leips. 1826, tom. I, p. 26. Nous pouvons pardonner à l'affection filiale, s'il nous renvoie à l'ouvrage de son père, pour le caractère de saint Jérôme, que lui-même il nous a dépeint d'une manière si différente. P. 25.

les vides d'une bibliothèque, mais non pas à couvrir la table d'un véritable savant.

Eh bien! quoique souvent ces commentateurs soient trop prolixes et qu'ils aient un certain penchant à l'interprétation allégorique, on est forcé de reconnaître qu'en réunissant avec soin et en discutant les opinions des autres, en interrogeant scrupuleusement les divers sens et le texte d'un passage, enfin en écartant les difficultés sérieuses, ils ont préparé la voie à leurs successeurs, et fait beaucoup plus que ces derniers ne consentent à l'avouer. Ainsi, le commentaire de Pradus et de Villalpandus sur Ezéchiel, publié à Rome de 1596 à 1604, est encore le grand répertoire où vont puiser tous les scoliastes modernes pour expliquer les difficultés de cette prophétie : ce répertoire est regardé par les plus savants d'entre eux comme un « ouvrage rempli d'une érudition variée et très-utile à l'*étude de l'antiquité* [1]. Le même écrivain reconnaît après Ernesti que les annotations d'Agelli sur les psaumes, publiées à Rome en 1606, sont l'ouvrage d'un auteur des plus instruits et des plus habiles, lequel réussit particulièrement à expliquer les rapports existant entre la version de la Vulgate et celle d'Alexandrie [2]. De plus grands éloges sont même prodigués par le profond et judicieux Schuttens au jésuite espagnol Pineda, dont les notes sur Job (Madrid 1597) « l'ont, dit-il, aidé dans une grande partie de ses travaux. » Il appelle l'auteur de ces notes « *theologus et litterator eximius, magnus apud suos, apud nos quoque* (un littérateur et un théologien remarquable, célèbre parmi les anciens et aussi parmi nous [3].) » Maldonatus, dans son travail sur les Evangiles, a été loué et recommandé par Ernesti, bien que cette recommandation soit rappelée en termes défavorables par son annotateur Ammon, ainsi qu'on pouvait s'y attendre [4]. Lorsqu'on proposa en Allemagne, il y a quelques années, de réimprimer les commentaires de Calmet, la seule annonce d'un tel projet excita les railleries de l'école dite

---

[1] Rosenmüller, Ezechielis Vaticinia, tom. I, Leips. 1826, p. 32.

[2] Psalmi, tom. I. Leips. 1821, præf., p. 5.

[3] Liber Jobi cum nova versione et commentario perpetuo. Lug. Bat. 1737, t. I, préf., p. 11.

[4] Inst. Just., p. 353.

libérale ¹, et cependant un savant très-recommandable m'a assuré
qu'il avait comparé les notes de Calmet sur Isaïe avec celles de
Lowth, et qu'il avait généralement reconnu que l'évêque anglais
se trouvât devancé dans les plus belles explications par le savant
bénédictin. Une autre personne pleine d'instruction m'a désigné
des passages très-longs copiés sur Calmet par des annotateurs
modernes, et dont ceux-ci n'avaient pas fait le moindre aveu ².
Mais personne n'a mis sous un plus grand jour la vérité de ces
observations que feu mon estimable et excellent ami, le professeur
Ackermann, dans son commentaire sur les prophètes du second
ordre ³. Durant tout le cours de cet ouvrage, il a recueilli et cité
avec honneur les opinions des anciens théologiens catholiques. Il
est satisfaisant de voir ces écrivains, dont il était devenu hors de
mode de citer les noms, traités avec respect, et il y a quelque
chose de presque amusant dans l'espèce de juxtà-position où se
trouvent par rapport à eux Rosenmüller et Cornelius-à-Lapide,
Oedmann et Figueiro, Horst et de Castro.

Si je me suis égaré dans des disgressions aussi longues sur les
anciens commentateurs, c'est, vous l'avouerez, que les résultats
obtenus ont une relation directe avec mon sujet, et qu'ils concourent, par leurs conclusions, au but général de ces discours :
car il vous paraît démontré, je l'espère, que, dans l'église, on
s'est toujours livré à l'étude et à l'application des *herméneutiques,*
bien qu'elles ne formassent pas alors l'ensemble régulier d'un
système ; vous aurez vu aussi que les progrès de cette science ont
détruit d'anciennes préventions et vengé la mémoire d'hommes qui
avaient droit au respect et à la reconnaissance de tous les Chrétiens.

Je dois maintenant vous entretenir d'une classe d'interprètes
tout-à-fait différents. Passé le milieu du dernier siècle, Semler
donna la première impulsion à ce qu'il nommait l'interprétation

¹ Si ma mémoire est exacte, il y a un écrit sur ce sujet, je ne sais à
quelle place, dans Eichhorn's Allgemeine bibliothek.

² Par exemple, dans Rosenmüller, Prophetæ minores, tom. II,
Leips. 1813, pages 337 et suivantes. Ce passage est tiré presque mot à
mot de la préface de Calmet sur Jonas, Commentaire littéral, tom. VI,
p. 893 et suiv. Paris 1726.

³ Prophetæ minores, etc., p. F. Ackermann. Vienne 1830.

libérale des Ecritures. L'inspiration divine repoussée, tout miracle présenté comme une allégorie, une vision, une allusion ou un événement naturel revêtu de l'exagération orientale, enfin toute prophétie niée, tels sont les traits caractéristiques qui appartiennent à cette école. Se fondant sur les principes reconnus par toutes les églises réformées, Semler conclut qu'on ne peut exiger d'aucun théologien protestant qu'il ait foi dans l'inspiration divine [1]. Ammon a établi des règles positives pour cette manière impie d'expliquer les miracles [2]; les applications pratiques de ces règles abondent dans les ouvrages d'Eichhorn, de Paulus, de Gabler, de Schuster, de Restig et de beaucoup d'autres. Mais c'est principalement sur les progrès de la science herméneutique, dans l'interprétation des prophéties, que je désire vous arrêter quelques instants; car ce sont surtout les prophéties qui rattachent l'ancien Testament aux preuves du Christianisme.

Quiconque est accoutumé, ainsi que vous l'avez été, à entendre parler des prophéties de l'ancien Testament, non-seulement avec respect, mais avec vénération, doit être scandalisé de voir avec quelle audacieuse liberté ces prophéties sont traitées par les écrivains de l'école dont il s'agit. Dewette, par exemple, dans son *Manuel préliminaire*, ne pense pas un instant à faire la plus légère allusion à la croyance qu'une véritable prédiction existe dans les écrits d'Isaïe, ou dans ceux des autres prophètes. La seule différence qu'il trouve entre les prophètes et les *voyants* des nations païennes, c'est que « ceux-ci manquaient de l'esprit de morale et de vérité qui caractérisent le monothéisme, esprit qui purifiait et sanctionnait la prophétie hébraïque [3]. » Je ne vous scandaliserai pas davantage en poursuivant l'histoire de cette école déplorable dont les impiétés ont malheureusement prévalu sur le continent à tel point qu'elles étaient ouvertement enseignées par des professeurs occupant des chaires de théologie dans les universités protestantes, et qu'on les a vues publiées par des hommes

---

[1] Dans la préface du Compendium de Schultens sur les Proverbes, par Vogel. Halle, 1769, p. 5.

[2] De interpretatione narrationum mirabilium. N. T. en tête de son Ernesti. Il semble cependant reconnaître quelques miracles. P. 14.

[3] Zweyte verbessele auflage. Berlin 1822, p. 279.

22.

qui prenaient le titre de pasteurs de congrégations protestantes. Il nous suffira de remarquer que le défunt professeur Eichhorn a réduit en système la théorie rationelle de la prophétie, et qu'il a prétendu établir un parallèle complet entre les messagers du vrai Dieu et les devins du paganisme [1].

Avec de tels principes, nous devons nous attendre à trouver l'interprétation des prophéties étrangement pervertie. Aussi, dans plusieurs commentaires modernes, les prédictions relatives au Messie sont ou entièrement omises, ou attaquées d'une façon systématique. Jahn, écrivain téméraire et d'un jugement qui n'est pas toujours sûr, a néanmoins travaillé à en justifier ou à en expliquer plusieurs [2]; et les prophéties des psaumes ont rencontré dans Michaëlis un savant défenseur [3]. Rosenmüller est très-inégal; dans quelques occasions, il prend le parti de nos adversaires, comme au sujet du cinquante-troisième chapitre d'Isaie, et comme lorsqu'il attaque la vérité de la dernière partie de ce livre. En d'autres occasions, il se montre un savant et habile défenseur du sens prophétique; et je n'ai besoin de citer pour preuve de ceci que ses annotations sur le psaume XLX, et sa dissertation sur la célèbre prédiction d'Isaïe VII [4].

L'état de dépérissement dans lequel était tombée la science herméneutique ne pouvait manquer de produire une réaction qui ramenât à de meilleurs principes. C'est ce qui est déjà arrivé. Quelques ouvrages ont paru, qui, après s'être enrichis de la grande érudition mise en jeu par les adversaires de la religion, ont tiré quelque bien de la masse d'erreurs funestes accumulées par cette étude. Car ils ont amplement démontré que le savoir et l'habileté déployés pour attaquer les divines prophéties pouvaient aisément servir à une meilleure cause, et ne rien perdre de leur éclat, tout en dépouillant ce que leur puissance avait de dangereux. Je citerai seulement l'ouvrage d'Hengstenberg sur les prophéties relatives au Christ; dans cet ouvrage, l'auteur analyse avec une grande pé-

---

[1] Einleitung in das alte Testament, quatrième édit. Gœtting 1824, tom. IV, p. 45.

[2] Appendix hermeneut. Vienne 1813.

[3] Critisches collegium, etc. Francfort et Gœtt. 1759.

[4] Jesajæ Vaticin., t. I, p. 292.

nétration et un véritable savoir l'ensemble des prophéties, et il en démontre l'accomplissement. Il fait très-bien voir que les doctrines sur les souffrances d'un Messie et sur la divinité du Christ ont été prédites dans l'ancien Testament. Il a réuni avec clarté et avec bonheur tout ce que pouvaient lui fournir sur ce sujet les rabbins et les Pères, les écrivains classiques et les orientaux. Il détruit ou écarte habilement les objections adverses, et il développe avec beaucoup de succès et de tact le sens de quelques phrases obscures [1]. Nous pouvons dire avec vérité, qu'entre ses mains, la même science qui autrefois avait paru devoir ruiner la cause de la révélation, devient un des plus efficaces instruments de son triomphe.

Permettez-moi maintenant de vous donner ce que je considère comme un exemple d'application d'un ordre plus élevé, et pardonnez-moi si, pour quelques instants, je m'écarte de la forme simple et commune que j'ai tâché de conserver dans ces discours ; le sujet dont il s'agit peut paraître mériter et exige certainement des recherches plus savantes. Parmi quelques arguments employés par Michaëlis pour rejeter les deux premiers chapitres de l'Evangile de saint Matthieu, il en est un fondé sur la circonstance suivante. Ces chapitres contiennent plusieurs citations de l'ancien Testament précédées de ces formules : « Tout cela fut fait *pour accomplir* ce que le Seigneur avait dit par les prophètes [2]. » « Car *il a été écrit* par le prophète [3]. » « Afin que cette parole que le Seigneur avait dite par le prophète fût *accomplie* [4]. » « Et ainsi *s'accomplit* ce qui avait été dit [5]. Selon Michaëlis, les textes cités ainsi ne paraissent pas correspondre littéralement à chaque événement auquel ils sont appliqués ; et il refuse de les considérer comme de simples citations ou comme des applications attendu la manière solennelle dont ils sont présentés. Il n'est pas

[1] Christologie des alten Test., etc. Berlin 1829, t. I, p. 1-2. D'autres parties ont été publiées depuis.

[2] Matth. I, 22.

[3] Matth. II, 5.

[4] Matth. II, 15.

[5] Introduction au nouveau Testament, par Michaëlis, tom. I, p. 206-214, traduction de Marsh.

d'exemple, remarque-t-il, d'une phrase aussi formelle que celles citées plus haut, employée pour servir de simple arrangement à un texte. En conséquence, il pense que l'écrivain veut dire que les faits qu'il décrit formèrent véritablement l'accomplissement de ces anciennes prophéties. Or, procédant d'après le principe de l'interprétation arbitraire, il pense que les faits dont il s'agit ne peuvent s'entendre de la sorte, et comme un écrivain inspiré n'aurait pu commettre d'erreur, il préfère attribuer ces chapitres à quelque autre, c'est-à-dire à un auteur non inspiré, et cela plutôt que de voir seulement dans les phrases en question une adaptation des textes de l'Ecriture aux paroles de l'Evangile [1].

Voilà l'objection que je désire combattre. Je ne vais point examiner les textes séparément, ni prouver qu'on peut bien les considérer comme applicables aux divers événements de la vie de notre Sauveur ; je désire aborder la grande question, et prouver comment les progrès des études orientales viennent arrêter brusquement les rationalistes dans leur course, et comment elles renversent l'argument principal sur lequel ils s'appuyaient pour rejeter les deux importants chapitres de saint Matthieu.

La plupart des commentateurs, catholiques et protestants, s'accordent a penser que certains textes, même présentés comme le dit Michaëlis, peuvent être de simples allégations et n'avoir pas été destinés à établir l'accomplissement littéral et immédiat du fait raconté. Plusieurs écrivains ont pris de grandes peines pour démontrer que même les formes d'expression que j'ai citées ne sont pas incompatibles avec cette idée ; et, dans ce dessein, ils se sont principalement servis des écrits des rabbins et des auteurs classiques. Ainsi Surenhusius a fait un gros volume sur les formes de citation employées par les rabbins, mais il n'a pas produit un seul passage où se trouve le mot *accompli* [2]. Le docteur Sykes assure qu'on trouve de semblables expressions à chaque page des livres juifs, mais il ne cite pas un seul exemple [3]. Knapp répète la même assertion, disant : « Que le verbe hébreu et chaldéen *mla*, et les mots chaldéens et rabbiniques *tkn aslim* et *gmr*, signifient con-

[1] Introduction, etc., 17.
[2] B. Amsterd. 1713.
[3] Vérité de la religion chrétienne. Lond. 1725, p. 206-296.

sommer ou *confirmer* une chose [1]. » Il donne ensuite un exemple du premier mot, tiré des Rois (1, 14), où ce mot signifie seulement : « je *compléterai* vos paroles. » Le professeur Tholuck a rapporté plusieurs exemples tirés des rabbins, pour établir ce dernier sens. Les deux principaux sont ceux-ci : « Celui qui mange et boit, et qui prie ensuite, *il est écrit de lui :* Tu m'as rejeté derrière ton dos. » Depuis que le *shamir* (animal fabuleux) a détruit le temple, la source de la grace divine et des hommes pieux est tarie, *selon qu'il est écrit.* » (Ps. xii, 2.) A ces deux exemples, il ajoute un passage tiré de la chronique de Barhebrœus, écrivain syriaque d'une époque beaucoup plus rapprochée. Ce passage dit simplement : « Ils ont vu la colère *dont le prophète dit :* Je supporterai la colère du Seigneur, parce que j'ai péché [2]. » Mots dont toute la force se réduit à cette phrase : « Ils ont vu la colère du Seigneur. » M. Sharpe et d'autres ont cité quelques fragments des classiques grecs; mais ces fragments sont loin d'atteindre à ce qu'il y a de précis et de formel dans les versets du nouveau Testament [3]. Et après tout, l'observation de Michaëlis est juste, quand il dit que pas un des fragments n'égale en force ces paroles : « Et ainsi fut accompli ce qui avait été dit par le prophète ; » donc la question faite par son annotateur reste sans réponse : « Cette expression était-elle usitée en ce sens par les rabbins [4] ? »

[1] Georgii Christ. Knapp., Scripta varii argumenti, etc., deuxième éd. Halle, 1823, t. II, p. 523.

[2] Commentar zu dem Evang. Johannis. Hamb. 1827, p. 68. Il y a quelques années, ce savant professeur me demanda si, dans mes lectures, j'avais rencontré dans les écrivains syriaques des passages propres à écarter ces difficultés et à éclaircir les phrases en question. Je lui désignai les exemples donnés dans le texte; et sur sa demande, je lui en donnai une copie, en lui permettant de s'en servir. Il est donc possible qu'ils aient paru dans quelque ouvrage allemand que je ne connais pas ; et c'est pourquoi je crois convenable de faire mention de cette circonstance, de peur qu'on ne me soupçonne d'avoir profité moi-même du travail de quelque autre personne.

[3] Ap. Horne, Introduction, t. II, p. 444, note.

[4] Notes sur Michaëlis, t. I, p. 214.

Il est cependant un exemple qui semble pouvoir échapper à la même censure. C'est un passage cité par Wetstein, et pris dans l'abrégé de la vie de saint Ephrem ; ouvrage qui fait partie de la *Bibliotheca orientalis* d'Assemani. Dans ce passage, un ange parle ainsi au saint : « Prends garde, de peur que *sur toi ne s'accomplisse ce qui est écrit :* Ephraïm est une génisse, etc [2]. » Cet exemple cependant ne parut pas satisfaisant à Michaëlis, sans doute parce qu'il n'était pas appuyé d'autres preuves, et à cause de sa forme admonitoire [2].

On peut ainsi considérer la lice comme ouverte, et comme digne d'occuper l'attention des savants ; et, quoiqu'on puisse m'accuser de présomption, je crois pouvoir résoudre la difficulté en suivant simplement la marche que j'ai tâché d'indiquer dans ces discours, c'est-à-dire en continuant de pénétrer autant qu'il se pourra dans l'étude qui a suscité cette difficulté même. Avant de commencer, je n'ai pas besoin sans doute de poser en principe que je ne reconnais aucune solidité aux arguments de Michaëlis, et que je ne prétends pas admettre que les citations des premiers chapitres de saint Mathieu ne puissent être reconnues entièrement applicables aux événements que l'évangéliste raconte. Il y a beaucoup à dire sur ces divers points ; mais je veux laisser de côté la longue investigation qu'ils exigeraient. Je prendrai simplement la question où l'a prise mon adversaire ; mon intention est de prouver que, même en lui accordant tout ce qu'il avance, il n'a aucune raison pour rejeter cette partie de l'Ecriture, ou pour nier que celui qui l'a écrite ait été inspiré. En un mot, je me propose de démontrer que, si les textes en question ne peuvent s'appliquer à certains événements, à moins d'une adaptation particulière, les phrases qui leur servent d'introduction se prêtent facilement à cette explication, et détruisent ainsi l'argument qu'on tire de leur propre force. Je vous ferai voir, par des exemples tirés des plus anciens écrivains syriaques, qu'on se servait en Orient d'expressions semblables pour appliquer les phrases de l'Ecriture à des individus auxquels ces mêmes écrivains ne pouvaient assurément croire qu'elles fissent allusion dans l'origine.

[1] Assem. Bibl. orient., t. I, p. 35.
[2] Ibid., t. II, p. 214.

I. L'expression *être accompli* s'y trouve employée sous une forme déclarative, et non pas seulement comme dans l'exemple donné par Wetstein. Dans une vie de saint Ephrem, plus détaillée que celle qu'a citée ce dernier, nous trouvons ce passage remarquable : « *Et en lui fut accompli* ce qui avait été dit de Paul à Ananias [1] : Il est pour moi un vase d'élection. » L'auteur parle là de saint Ephrem, et il fait entendre clairement que les paroles qu'il lui applique avaient été réellement dites d'un autre individu. Mais le saint lui-même, l'écrivain le plus ancien dans la langue syriaque, emploie la même phrase d'une manière encore plus remarquable ; car il parle ainsi d'Aristote : « *En lui fut accompli* ce qui avait été dit du sage Salomon, que, de tous ceux qui ont existé avant ou après, il n'y en a pas un qui l'ait égalé en sagesse [2]. »

II. L'expression, *selon qu'il est écrit*, ou *suivant ce que dit le prophète* [3], est employée précisément de la même manière. Il est clair que saint Ephrem ne s'en sert que pour faire l'application d'un texte de l'Ecriture : « Ceux qui sont dans l'erreur ont pris en haine la source de tout secours, *ainsi qu'il est écrit* : Le Seigneur s'est éveillé comme quelqu'un qui dormait [4]. » Pour comprendre la force de cette application, il faut lire le passage entier. Je passe sur quelques exemples moins décisifs, et je continue [5].

III. La plus énergique même de toutes les expressions de ce genre, *c'est celui-ci dont il est écrit*, est employée avec la même liberté par les écrivains orientaux des premiers temps. Dans les

[1] Saint Ephrem, Oper., tom. III, p. 24.

[2] Serm. I, tom. II, p. 317.

[3] Matth. II, p. 6.

[4] Serm. XXXIII, adv. Hæres., t. II, p. 513. — Je ferai observer à ceux qui sont versés dans la langue syriaque que la version latine traduit le mot *aelt* par *amentes;* tandis que, dans tout le cours de ces sermons, il signifie *ceux qui errent,* ou *hérétiques*, cf., p, 526, 527, 559. etc. Par ce mot, saint Ephrem semble vouloir désigner les Manichéens.

[5] Tel est le passage qui se trouve dans saint Ephrem, p. 25, où cependant il n'est cité qu'un précepte de morale qui ne se trouve pas dans la Bible, t. II, p. 487, où cette formule, *ainsi qu'il est écrit*, précède une citation.

actes de saint Ephraïm, que j'ai cités plus d'une fois, elle reçoit une application semblable. Par exemple, en parlant du saint, « *c'est celui-ci dont le Seigneur a dit* : Je suis venu pour apporter le feu sur la terre [1]. » Dans un autre endroit, le même passage lui est appliqué par saint Basile en termes encore plus positifs [2].

Pour confirmer plus amplement ces exemples, je vous ferai observer que les Arabes, lorsqu'ils citent leur livre sacré, le Koran, en font application de cette manière à des événements passés. Je vous donnerai un ou deux de ces exemples entre tous ceux que j'ai remarqués. Dans une lettre d'Amelic-Alaschraf-Barsebai à Mirza-Shahrockh, fils de Timur, publiée par de Sacy, nous trouvons ces mots : « Si le Très-Haut l'eût voulu, assurément nous n'aurions pu l'emporter sur vous ; mais *il nous a promis la victoire*, lorsqu'il a dit dans le saint livre de Dieu : Alors nous vous avons donné l'avantage sur eux [3]. » Paroles qui étaient clairement dites d'une personne tout-à-fait différente. L'exemple suivant nous rapproche encore plus des phrases en question : « Nous ressemblons au prophète, *quand il dit* : Jamais prophète n'a souffert ce que je souffre [4]. »

Je crains que ces recherches n'aient été fatigantes pour beaucoup d'entre vous. S'il en est ainsi, je vous prie de considérer combien l'objet doit en paraître important ; car elles sont faites dans le but d'arracher aux mains de savants téméraires un prétendu argument dont ils s'arment pour rejeter deux des plus beaux et des plus importants chapitres de l'histoire évangélique; elles servent de plus à prouver combien, en approfondissant avec zèle et persévérance une étude quelconque, on est certain d'atteindre à une supériorité suffisante pour renverser toutes les diffi-

[1] Page 38.

[2] Page 48. Il dit expressément : « C'est celui-ci *dont* notre Sauveur a dit, etc. » Tandis que dans l'autre texte les mots soulignés ici sont sous-entendus. Assemani, traducteur de cette vie, rend la phrase par : « Propterea ipsi *accommodatum iri* illa Domini verba, etc. »

[3] De Sacy, Chrestomathie arabe, première éd., text. arab., p. 256, vers. tom. II, p. 325.

[4] Humbert, Anthologie arabe. Paris 1819, p. 112.

cultés élevées par ceux qui n'en sont encore qu'aux degrés inférieurs de cette même étude.

Quelque mêlés que puissent paraître les sujets que j'ai traités,
ils ont offert, je l'espère, un assez grand nombre de preuves en
faveur de l'objet de ces discours. Nous avons vu chacune des
branches qui composent l'étude directe de la Bible accomplir son
progrès naturel, et chaque exemple nous a montré que la conséquence immédiate de ce progrès a été l'anéantissement des préventions, la réfutation des objections et la confirmation de la vérité. J'ajouterai que tout homme qui fera lui-même l'application
pratique des remarques diverses que j'ai réunies dans ce discours
se convaincra que, même dans ces étroites limites, elles ont une
égale puissance de développement et une vertu non moins efficace
pour le salut. L'expérience m'a depuis longtemps démontré que
tout texte produit par les catholiques pour défendre celles de leurs
doctrines qu'ont attaquées les protestants supportera sans peine les
sévères épreuves auxquelles la science moderne veut absolument
soumettre tout passage qui donne lieu à une contestation. Ce point,
toutefois, est du ressort de la théologie dogmatique ou polémique,
et ne doit point, par conséquent, être traité ici.

L'étude de la parole de Dieu et la méditation des vérités qu'elle
contient est assurément notre plus noble occupation ; mais, quand
cette étude est dirigée par des principes rigoureux et assistée par
de profondes recherches, on trouve qu'elle réunit aux jouissances
intellectuelles du mathématicien les extases du poète, et qu'elle
ouvre toujours de nouvelles sources d'édification et de délices.
J'espère vous mettre sur la voie de quelques-unes dans mon prochain discours.

ONZIÈME DISCOURS.

LITTÉRATURE ORIENTALE.

SECONDE PARTIE.

ÉTUDES PROFANES.

Dans mon dernier discours, j'ai traité des éclaircissements qui ont pour objet, soit la lettre, soit le sens du texte sacré. Les études orientales doivent certainement nous en fournir beaucoup d'un ordre différent, se rapportant à ceux que nous ont procurés les autres sciences. En effet, il n'est aucune branche de littérature qui soit aussi riche en preuves et en témoignages sur la Bible que ces études auxquelles j'ai donné le titre de *Littérature profane orientale.* L'épithète *profane* est malheureusement équivoque, et je souhaiterais que nous en eussions une autre à y substituer. Appliquée à des études qui ne se rattachent pas essentiellement à des sujets sacrés, elle semble presque éveiller une idée de reproche. Comme on l'emploie souvent pour exprimer non-seulement l'absence d'un caractère parfaitement sacré, mais en outre un manque absolu de sainteté; comme on l'emploie aussi pour exprimer la culpabilité de certains actes qui, en d'autres cas, seraient indifférents, elle a, par malheur, la même force pour quelques esprits, quand on l'applique aux études littéraires. Parmi les erreurs de la pensée qui sont nées de l'emploi de mots équivoques, il en est peu qui soient plus nuisibles, et cependant plus communes que celle-là. Dans le discours qui me servira de conclusion, j'aurai peut-être occasion de signaler l'opposition que certains hommes ont élevée en tous temps contre les progrès de la science purement humaine ; mais en ce moment je me contenterai de faire observer que ce sont les épithètes par lesquelles on distingue cette science des études plus sacrées, qui ont principalement conduit les esprits faibles à une détermination si téméraire. Les mots de science *séculaire*, de science *humaine*, ou même de science *profane*, ont réellement suggéré et encouragé l'horreur que de tels hommes ont ressentie et témoignée pour toute autre étude que celle de la théologie.

Ces expressions néanmoins sont purement relatives, et on ne les a formulées avec cette force que pour exalter la théologie, qui surpasse nécessairement toutes les autres sciences, de même que toute chose dirigée vers l'esprit et vers les intérêts immatériels doit surpasser tout ce qui n'est que d'origine terrestre. Mais la sagesse et la science, partout où on les trouve, sont des dons de Dieu et les fruits du libre exercice des facultés qu'il nous a données. Comme les Chrétiens des premiers siècles ne se faisaient point scrupule de représenter sur leurs monuments les plus sacrés les images des hommes dont la science ou les ingénieux écrits avaient été la gloire du monde, même dans les temps du paganisme, ainsi nous pouvons considérer le savoir de pareils hommes comme digne d'obtenir une place parmi les noms célèbres qui ont illustré la sainte religion à laquelle ces monuments furent consacrés.

Ainsi, en même temps que je considère de telles études comme méritant notre attention, rassuré par les observations que je viens de faire, je n'éprouve aucun scrupule à comprendre dans le domaine de la littérature profane les témoignages que peuvent m'offrir sur l'Ecriture-Sainte les écrivains orientaux du caractère le plus vénérable et de l'esprit le plus porté vers les méditations pieuses. Car je n'emploie l'épithète de profane que comme le signe conventionnel d'un ordre de science qui se distingue d'autres sciences bien plus utiles et plus recommandables.

Je diviserai en trois parties le sujet de notre réunion de ce matin ; premièrement, je traiterai des témoignages particuliers que l'archéologie peut recueillir en Orient ; ensuite je ferai voir par quelques exemples les nouvelles armes que nos progrès dans la philosophie asiatique nous ont fournies pour la défense de la religion ; enfin je tâcherai de montrer, par un ou deux exemples choisis, l'usage qu'on peut faire des documents historiques de l'Orient.

Les matières qui forment la première de ces divisions ont joui longtemps et avec justice d'une grande popularité dans ce pays. Aucune nation n'a envoyé autant de hardis voyageurs que la nôtre pour explorer l'Orient ; et il était naturel de penser qu'elle voudrait diriger l'application qui serait faite du résultat de ces recherches, devenues une partie de sa littérature, à la démonstration de l'authenticité de l'Ecriture-Sainte. Aussi nous avons été presque inondés par les relations des voyageurs sur les mœurs, les coutumes et les opinions de l'Asie, triple classe de renseignements susceptibles de jeter quelque lumière sur les récits de la Bible. Souvent les exemples que l'on y donne en suivant l'ordre des livres et des chapitres de l'Ecriture sont tout-à-fait inutiles, quelquefois insuffisants ; dans tous les cas, ils ne possèdent pas la valeur des traités systématiques qui ont été faits sur les antiquités de l'Ecriture ; car, dans ces traités, les résultats sont mis en ordre et comparés avec tous les passages avec lesquels ils semblent en rapport. Il n'est guère nécessaire de remarquer que, quel que soit l'avantage que de telles compilations puissent procurer à la religion et à son divin livre, cet avantage porte nécessairement un caractère progressif. La mine est inépuisable ; tout voyageur réussit à découvrir quelque relation encore ignorée entre les anciens et les modernes habitants de l'Asie, et, à chaque édition nouvelle, les ouvrages dont j'ai parlé s'accroissent et augmentent le nombre de leurs volumes. Les *Coutumes et Littérature orientales* de Burder, traduites en allemand par Rosenmüller, reçurent de ce dernier de grandes et précieuses additions, qui, à leur tour, ont été traduites et jointes à l'ouvrage original. Je crois qu'il me faudrait ajouter au nombre de mes discours, si je voulais vous montrer tout ce que j'ai pu recueillir encore dans le champ de cette littérature, après l'abondante moisson qu'y avaient faite mes prédécesseurs. Le comité de traduction orientale avait bien raison de dire que « l'Écriture sainte abonde en expressions et en allusions à des coutumes fort souvent mal comprises en Europe, qui néanmoins sont encore usitées en Orient, » et que l'on pouvait espérer de nouvelles lumières de la publication d'autres auteurs orientaux [1].

Je choisirai presque au hasard un exemple qui pourrait suffire pour prouver le caractère progressif de ces recherches.

Dans la Genèse (XLIV, 5-15), il est parlé d'une coupe dont Joseph se servait pour ses prédictions. Ainsi, conservant le déguisement qu'il avait jugé convenable de prendre, il envoie dire à ses frères : « La coupe que vous avez dérobée est celle en laquelle boit mon Seigneur, et *en laquelle il a coutume de prédire*..... Et il leur dit lui-même : Pourquoi faisiez-vous cela ? Ne savez-vous pas que personne ne m'égale dans la science de la divination ? » Or, ce passage donna lieu autrefois à une objection si sérieuse, que des critiques très-habiles proposèrent un changement dans le texte ou dans la traduction, car on supposait qu'il y était fait allusion à une coutume qui n'avait aucun exemple dans les auteurs anciens. « Qui a jamais entendu parler, s'écrie Houbigant, d'augures obtenus par le moyen d'une coupe [2] ? » Aurivillius va plus loin encore : « Je reconnais, dit-il [3], qu'une telle interprétation pourrait être probable, si l'on pouvait prouver, par le témoignage de quelque historien digne de foi, que les Egyptiens alors, ou à une époque

[1] Report. Lond. 1829, p. 7.

[2] Note *in loc.*

[3] Dissertationes ad sacras Litteras, etc. Gotting et Leips. 1790, п. 273.

plus avancée, ont employé ce mode de divination. » Burder, dans la première édition de ses *Coutumes orientales*, a fait connaître deux manières de prédire au moyen d'une coupe, tirées par Saurin de Julius Serenus et de Cornélius Agrippa [1]. Mais ni l'une ni l'autre ne s'applique très-bien au passage en question. Le baron Sylvestre de Sacy fut le premier qui signala l'existence de cette même pratique en Égypte dans les temps modernes, dans les voyages de Norden. Par une singulière coïncidence, Baram Cashef, en s'adressant aux voyageurs, dit qu'il a consulté sa coupe, et qu'il a découvert qu'ils sont des espions venus pour savoir de quelle manière le pays peut être plus aisément envahi et subjugué [2]. Ainsi se trouve remplie la condition dont Aurivillius, il y a environ un demi-siècle, déclarait devoir se contenter pour accepter le sens donné maintenant au texte. Dans le numéro du mois d'août 1833, de la *Revue des deux Mondes*, un exemple très-curieux et bien attesté fut produit sur l'usage de la coupe divinatoire ; ceux qui le racontaient en avaient été les témoins en Égypte, ainsi que plusieurs voyageurs anglais ; il porte un caractère des plus extraordinaires et des plus mystérieux.

Bien loin, au reste, qu'il soit aujourd'hui difficile de trouver un des exemples de cette coutume en Égypte, nous pouvons dire qu'aucune espèce de divination n'est plus commune dans tout l'Orient. Dans un ouvrage chinois, écrit en 1792, et qui contient une description du royaume du Thibet, au nombre des moyens divinatoires usités dans ce pays, on cite le suivant : « Quelquefois ils regardent dans une jatte d'eau, et y voient ce qui doit arriver [3]. » Les Persans aussi semblent avoir considéré la coupe comme le principal instrument dans les augures ; leurs poètes font constamment allusion à la fable d'une célèbre coupe divinatoire, qui, dans l'origine, avait été la propriété du demi-Dieu Dshemshid, lequel l'avait découverte dans les fondations d'Estakhar ; de ses mains elle était arrivée jusque dans celles de Salomon et d'Alexandre ; elle avait été la cause de leurs succès et de leur gloire. Gui-

[1] Coutumes orientales. Lond. 1807, t. I, p. 25.

[2] Chrestomathie arabe. Paris 1806, t. II, p. 513.

[3] Quelquefois ils regardent dans une jatte d'eau, et y voient ce qui doit arriver. » Nouveau journal asiatique ; oct. 1829, p. 261.

gnaut ajoute le nom de Joseph à la liste de ceux qui l'ont possé-
dée ; mais je ne sais sur quelle autorité il se fonde [1]. Tous ces
exemples supposent que l'augure se tire de l'inspection de la coupe ;
il y en a d'ailleurs d'autre sorte. En cela, mon autorité est saint
Ephrem, le plus ancien des Pères syriaques ; il nous dit qu'on tirait des oracles des coupes en les frappant et en prêtant une oreille
attentive au son qu'elles rendaient [2]. Nous avons ainsi un nombre
toujours plus considérable d'explications à propos d'un passage
qui, il y a quelques années, était considéré comme inadmissible,
parce qu'il n'était soutenu par aucun autre.

Après avoir tiré ce dernier exemple d'une branche de la littérature orientale trop négligée aujourd'hui, je ne puis m'empêcher
d'aller y chercher encore l'explication d'une difficulté qui, je le
crois, n'a pas été levée jusqu'à présent. Il est dit dans Luc (II, 4),
que Joseph fut obligé d'aller à Bethléem, la cité de David, pour
y être inscrit et taxé, avec la Vierge, son épouse, à l'occasion d'un
recensement général de la population. C'était évidemment une obligation, et néanmoins on ne voit aucun autre exemple d'une telle
pratique. Lardner, en proposant cette difficulté, suggère une solution tirée d'Ulpian ; cet auteur nous dit que chacun devait être
inscrit aux lieux où il possédait des biens. « Quoique Joseph, dit-
il, ne fût pas riche, il pouvait cependant avoir quelque petit héri-
tage à Bethléem, ou près de là [3]. » Il n'était pourtant pas satisfait
lui-même de cette réponse ; parce que, ainsi qu'il en fait l'observation, si Joseph eût possédé en cet endroit quelque terre (*ager* est
le mot employé par Ulpian), une maison y aurait probablement
été attachée, ou du moins le tenancier de cette terre l'aurait reçu
sous son toit. De plus, la raison donnée de ceci par l'Evangile est
« *qu'il* était de la maison et de la famille de David. » Sur quoi Lardner avance, en outre, que c'était la coutume parmi les Juifs d'ê-
tre enregistrés par tribus et par familles ; mais il ne pouvait y
avoir aucune nécessité d'observer cette méthode gênante, et on ne
voit pas non plus qu'un tel usage ait jamais existé. Le fait est
pourtant que nous trouvons un exemple de cette même pratique

[1] Sur Creuzer, t. I, part. I, p. 312.
[2] Opera omnia, t. I, syr. et lat. Rome 1737, p. 100.
[3] Œuvres de Lardner. Lond. 1827, t. I, p. 281.

dans le même pays, et cela longtemps après. Dionysius, dans sa chronique, nous dit que Abdalmelic fit un dénombrement des Syriens en 1692; qu'à cette occasion il publia un décret formel, ordonnant que chaque individu se rendrait dans son pays, dans sa ville et dans la maison de son père, afin d'y être enregistré; qu'il donnerait son nom et celui de ses parents, avec le compte de ses vignes, de ses plantations d'oliviers, de ses troupeaux, de ses enfants, enfin de tout ce qu'il possédait. « Ce fut, ajoute-t-il, le premier dénombrement fait par les Arabes en Syrie [1]. » Cette seule preuve est suffisante pour ôter toute apparence de singularité à la circonstance rapportée dans l'Evangile, et il devient inutile d'y assigner une raison.

Je ne puis guère donner de motif pour justifier la préférence que j'accorde à ces exemples sur tant d'autres qui auraient également prouvé que cette branche des études orientales, la recherche des coutumes de l'état physique et moral de l'Orient, ne cessera, tant qu'on en poursuivra le développement, de résoudre les difficultés et de jeter de nouvelles clartés sur les récits de l'Ecriture.

Pour en finir avec cette partie de mon sujet, je parlerai des connaissances obtenues en dernier lieu relativement à la géographie de l'Ecriture, et que l'on doit aux découvertes faites dans la littérature égyptienne. Ainsi, M. Burton nous a fait connaître la ville de Zoan des Nombres (XIII, 22) et d'Ezéchiel (XXX, 14), dont il a découvert et publié le nom hiéroglyphique [2]. M. Wilkinson a, de la même manière, éclairci la discussion qui s'était élevée sur No-Ammon, ou No-de-Nahum (III, 8), Jérémie (XLVI, 25) et Ezéchiel (ibid); car il a prouvé que c'est le nom égyptien mis pour Thébaïde [3]. La version des Septante l'a traduit par Diospolis, ancien nom de Thèbes parmi les Grecs. En effet, Champollion suppose que le nom de Thèbes ou Thebæ est le mot égyptien *Tapè*, qui signifie *tête* ou *capitale*, dans le dialecte thébain. Le mot hébreu *No-Ammon* est purement égyptien, et signifie *la possession*

---

[1] Assemani, Biblioth. Orientalis, t. II, p. 104.

[2] Excerpta hieroglyph. n° IV.

[3] Communiqué par sir W. Gell, dans le Bulletin de l'Inst. de corresp. archéol. Rome 1829, n° IX, p. 104-106.

ou *portion* du dieu *Ammon*, comme le traduit aussi la même version *Meris Ammôn* (Nah. III, 8) [1].

Il ne faut pas croire que la branche des recherches bibliques sur laquelle je me suis étendu si longuement, ait été entièrement abandonnée aux mains d'écrivains plus littérateurs que savants, tels que ceux dont j'ai déjà parlé. Au contraire, l'histoire naturelle de l'Orient a été, depuis le temps de Bochart et de Celsius, étudiée à fond et avec un succès surprenant, par Sedman et Forska; Braun et Schroder ont jeté de vives lumières sur les mœurs et sur les coutumes des Juifs. Nous avons même de Bynæus un volume rempli des plus curieuses recherches, *de calceis Hebræorum*, sur les chaussures des Hébreux. Mais passons à des sujets plus importants.

La philosophie de l'Orient peut être considérée sous divers points de vue; et, sous chacun d'eux, faire jaillir des clartés différentes sur les vérités sacrées. Nous pouvons simplement voir dans la philosophie des différentes nations une manifestation caractéristique de leur esprit, ou la marque distinctive qui est aux opérations de leur intelligence ce que les traits extérieurs sont à leurs passions caractéristiques. Toute philosophie nationale doit nécessairement porter l'empreinte du système particulier de pensée que la nature, ou les institutions sociales, ou quelque autre cause agissante a donnée à l'esprit d'un peuple; elle sera mystique ou purement logique, profonde ou à la portée de tous, abstraite ou pratique, selon la tournure d'esprit qui prévaudra parmi ce peuple. La philosophie expérimentale que nous devons à Bacon est le type fidèle de l'habitude de pensée qui distingue le caractère anglais, depuis les plus hautes méditations de nos sages, jusqu'au raisonnement pratique de nos paysans. Le mysticisme abstrait, contemplatif et à demi-rêveur de l'Hindou, est également l'expression naturelle de son calme et de son indifférence ordinaire; c'est le produit de ces brillantes et profondes pensées qui doivent naître dans l'esprit de quiconque s'assied et médite sur les bords des fleuves majestueux de l'Inde. Partout où il y a plusieurs sectes de philosophie, nous pouvons être sûrs d'en rencontrer beaucoup qui professent des doctrines étrangères et bien souvent contra-

---

[1] Biblische geog., von E. F. K. Rosenmüller. Leips., 1828.

dictoires. De là proviennent ces contrastes que nous remarquons dans les meilleurs philosophes grecs, et cette admission de hautes vérités jointe à l'insuffisance de preuves à l'appui qui se rencontre dans leur plus sublime écrivain.

Pour nous, voyant tous les systèmes philosophiques de chaque nation, quoique entièrement distincts dans leur caractère et dans leurs formules de raisonnement, arriver aux mêmes conséquences sur toutes les grandes questions d'un intérêt moral pour l'humanité, nous sommes amenés à conclure, ou qu'une tradition primitive, une doctrine commune à toute l'espèce humaine, et par conséquent, donnée dès le commencement, est descendue jusqu'à nous par ces nombreux canaux, ou bien que ces doctrines sont si essentiellement, si naturellement vraies, que l'esprit humain, sous toutes les formes possibles, les découvre et les embrasse. Les anciens philosophes ont dit que toute croyance confirmée par le consentement unanime du genre humain devait être juste; et ils démontrèrent ainsi la vérité de plusieurs doctrines importantes et salutaires. Grâce à l'étude approfondie de la philosophie de plusieurs nations, nous avons fait faire un pas immense à la force de ce raisonnement; car nous pouvons dire maintenant d'après quels principes ont été adoptées ces doctrines. Si nous eussions rencontré un système qui niât l'immortalité future de l'âme humaine, en s'appuyant sur une méthode de logique tout à fait indépendante d'un enseignement étranger, c'eut été pour nous, sans doute, une difficulté de quelque valeur à surmonter. Mais quand nous voyons le mysticisme des Indiens arriver à la même conclusion que le raisonnement synthétique des Grecs, nous devons être certains que la conclusion est juste. Dans les fragments que le Col. Wilks a traduit de l'*Akhlak-e-Naseri*, ouvrage persan, sur l'âme, toutes les questions relatives à cette noble partie de l'homme sont traitées avec une merveilleuse pénétration [1], et quoique, d'après quelques ressemblances avec la philosophie grecque, le traducteur pense que ces raisonnements lui soient empruntés, il me semble que le tour de la pensée et la forme

---

[1] Transactions de la Société royale asiatique de la Grande-Bretagne et de l'Irlande, t. I, p. 514 et suiv. Lond. 1827.

de l'argumentation décèlent un caractère positivement original.

C'est ainsi que nos convictions ont acquis une force nouvelle, sur des points de croyance de la plus impérieuse nécessité, puisqu'ils sont la base du Christianisme; mais il existe divers systèmes de philosophie asiatique, qui ont un rapport direct avec les saintes Écritures, à cause des attaques ou des allusions qu'ils renferment; une fois connus, ils peuvent jeter un grand jour sur certains passages.

Le principal de ces systèmes est celui que l'on connaît généralement sous le nom de philosophie orientale. Il se compose surtout de ces dogmes mystérieux qui formaient la base de l'ancienne religion des Perses, et d'où sortirent les premières sectes du Christianisme : la croyance en deux pouvoirs opposés qui se combattent, le bien et le mal; la croyance aux émanations, principes intermédiaires entre la nature divine et la nature terrestre; et conséquemment l'emploi de termes mystiques et secrets, exprimant les rapports cachés qui existent entre ces différents ordres d'êtres créés et incréés. Cette philosophie pénétra dans tout l'Orient. On ne peut douter que son influence ne se soit répandue parmi les Juifs au temps de la venue de notre Sauveur, et que surtout la secte des pharisiens n'en ait en grande partie suivi les doctrines mystérieuses. Elle pénétra en Grèce, laissa de profondes empreintes sur les systèmes philosophiques de Pythagore et de Platon, et agit sur le peuple à travers le voile épais des mystères sacrés. Dans plusieurs de ses doctrines, elle approchait tant de la vérité, que les écrivains inspirés se laissèrent aller à prendre quelques-unes de ses expressions, pour exposer leurs propres doctrines. De là vient, que connaissant mieux ce système de philosophie, grâces au plus grand degré d'attention dont il a été l'objet de notre part, nous l'avons fait servir à confirmer et à expliquer plusieurs phrases et passages autrefois obscurs. Par exemple, quand Nicodème ne comprenait pas ou feignait de ne pas comprendre l'expression de notre Seigneur, « qu'il fallait naître de nouveau, » nous serions peut-être portés à croire que le reproche suivant est sévère, et la forme un peu dure : « Vous êtes docteur en Israël, et vous ignorez ces choses [1]. » Mais quand

---

[1] Jo. III, 3.

nous découvrons que l'expression *naître de nouveau* était la figure ordinaire par laquelle les Pharisiens exprimaient eux-mêmes, dans leur langage mystique, l'action de devenir prosélyte, que la phrase appartient à cette philosophie et qu'elle est employée par les Brahmes, en parlant de ceux qui embrassent leur religion [1]; nous voyons sur-le-champ comment une façon de s'exprimer aussi obscure devait être parfaitement comprise par la personne à laquelle elle s'adressait. Bendsten a soigneusement recueilli les inscriptions anciennes qui contiennent des allusions mystiques tirées de cette philosophie occulte, et il s'en est servi pour expliquer les phrases du nouveau Testament [2]. Il suffit de dire que ces expressions, telles que *lumières* et *ténèbres*, la *chair* et l'*esprit*, et que les mots de *vaisseau* ou *tabernacle* de l'âme, en parlant du corps, images si magnifiquement employées pour exposer les doctrines les plus pures du Christianisme, toutes ces expressions, dis-je, ont été reconnues pour appartenir à cette philosophie, et ont ainsi perdu l'obscurité qu'on avait coutume de leur reprocher.

Arrivons à une secte particulière, ou modification de ce système. On a obtenu de curieux éclaircissements sur un passage difficile du nouveau Testament, par la découverte d'une secte de gnostiques encore existante, mais sur laquelle on n'avait que peu ou point de notions jusqu'à la fin du dernier siècle; ce fut un petit traité, peu connu, publié il y a environ cent ans, par le P. Ignace, de la compagnie de Jésus, envoyé en Asie comme missionnaire, qui révéla pour la première fois à l'Europe l'existence d'une secte semi-chrétienne, établie principalement dans le voisinage de Bassora; elle descendait évidemment des anciens gnostiques, mais elle professait une vénération particulière pour Jean-Baptiste [3]. On appelle ces sectaires nazaréens, sabéens, mendéens, ou disciples de Jean; ce dernier nom est celui qu'ils se donnent. Il ne manque pas de preuves pour démontrer qu'ils ont existé dès les premiers

---

[1] Voyez les discours de l'auteur sur la présence réelle. Lond. 1836, p. 95. Voyez Windischmann, Philosophie, etc., p. 558.

[2] Dans les Miscellanæ Hafnensia, t. I. Copenh. 1816, p. 20.

[3] Ignatius a Jesu, Narratio originis et errorum Christianorum, S. Johannis.

siècles et toute leur croyance est fondée sur la philosophie orientale, c'est-à-dire sur le système des émanations. Le professeur
Norberg fut le premier qui donna des détails plus amples à leur
égard, en publiant, il y a peu d'années, leur livre sacré, le *Codex Adam* ou *Codex nazaræus* [1]. Ce livre est écrit dans un caractère particulier et dans un dialecte syriaque très-corrompu; il
est extrêmement difficile à comprendre. Quant à leur livre principal, que Norberg désirait tant voir publié, il est encore inédit;
c'est un immense rouleau, couvert de figures curieuses, et qu'ils
appellent leur *Divan*. La copie originale existe au muséum de la
Propagande; j'en ai fait faire deux *fac simile* : l'un d'eux est en
ma possession, et je l'ai apporté afin que vous puissiez l'examiner;
j'ai déposé l'autre à la bibliothèque de la société royale asiatique
de Londres.

On savait bien que saint Jean, dans ses écrits, attaquait ouvertement les sectes gnostiques, principalement celles connues
sous le nom d'Ebionites et de Cérinthiens. Cette circonstance expliquait plusieurs passages qui autrement eussent été obscurs, et
nous amenait à comprendre pourquoi il insistait constamment sur
la réalité de l'incarnation du Christ. Il était évident que le premier chapitre de son Evangile contenait une suite d'aphorismes directement opposés aux opinions de ces gnostiques. Par exemple,
comme ils posaient en principe l'existence de plusieurs *Æons*, ou
êtres émanés inférieurs à Dieu; comme ils appelaient l'un de ces
êtres *le verbe*, un autre, *le seul engendré,* un autre *la lumière*, etc., et qu'ils assuraient que le monde avait été créé par
un mauvais esprit, saint Jean renversa toutes ces opinions, en
prouvant que le Père n'a eu qu'un fils, que ce fils est à la fois la
lumière, le Verbe, et le seul engendré, et que toutes choses ont
été faites par lui [2].

Mais dans ce prologue sublime il y avait d'autres passages qui
ne s'expliquaient pas aussi facilement. Pourquoi y insiste-t-on si
fortement sur l'infériorité de saint Jean-Baptiste? Pourquoi nous
dit-on qu'*il* n'était pas la lumière, mais qu'il devait seulement
rendre témoignage à la lumière; et pourquoi cette parole est-elle

[1] Codex Nazaræus liber Adami appellatus, t. I, Hafniæ, sans date.
[2] Saint Irénée, adv. Hæres., l. I, c. 1, § 20.

répétée deux fois? Pourquoi nous dit-on que saint Jean-Baptiste n'était qu'un homme ordinaire? Ces assertions réitérées doivent avoir été dirigées contre quelques opinions existantes, qu'il était important de réfuter aussi bien que les autres : cependant nous ne connaissions aucune secte qui pût y avoir donné lieu. La publication des livres sabéens a, selon toutes les apparences, résolu la difficulté.

Quand le Codex Nazaræus fut publié pour la première fois, plusieurs savants en firent servir les expressions à l'explication de l'Evangile de saint Jean ; l'évidence à laquelle on arriva par cette voie fut d'abord jugée très-forte [1], mais ensuite rejetée comme de peu de poids, notamment par Hug, si je me le rappelle bien. Cependant, en parcourant ce livre, nous ne pouvons manquer, je pense, d'être frappés de certaines opinions, évidemment anciennes, que l'apôtre semble positivement avoir en vue dans l'introduction de son Evangile. D'abord, la distinction entre la lumière et la vie ; secondement, la supériorité de saint Jean-Baptiste sur le Christ ; troisièmement, l'identité établie entre saint Jean et la lumière.

La première de ces erreurs était peut-être commune à d'autres sectes gnostiques ; mais dans le Codex Nazaræus nous voyons la lumière et la vie formellement distinguées comme deux êtres différents. Dans ce livre, la première émanation de Dieu est le roi de la lumière ; la seconde, le feu ; la troisième, l'eau ; la quatrième la vie [2]. Or, saint Jean combat cette erreur dans le quatrième verset, où il dit : « Et la lumière était la vie. » La seconde erreur, qui consistait à prétendre que Jean était supérieur au Christ, forme le principe fondamental de cette secte. C'est de là que ses membres sont appelés *Mende-Jahia*, disciples de Jean. Une lettre arabe, du patriarche maronite de Syrie, publiée par Norberg, nous dit qu'ils adoraient Jean avec le Christ [3], qu'ils distinguaient avec soin de « la vie. » En troisième lieu, ils identifient Jean avec « la lumière. » Ces deux dernières erreurs résultent à la fois de ce passage que je prends au hasard dans le livre : « Poursuivant ma

[1] Michaëlis, Introduction, t. III, p. 285 et suiv.
[2] Norberg, p. 8.
[3] Notes de la préface.

route et arrivant à la prison de Jésus, le Messie, je demandai :
Qui est emprisonné dans ce lieu? On me répondit : « Cette prison
renferme ceux qui ont nié la vie et suivi le Messie [1]. » On suppose ensuite que le Messie s'adresse au narrateur en ces termes :
« Dis-nous ton nom et montre-nous ton signe, celui que tu as
reçu de l'eau, le trésor de splendeur, et le grand baptême de la
lumière : » et voyant ce signe, le Seigneur l'adore quatre fois [2].
Ensuite les âmes qui sont avec lui demandent la permission de
retourner pendant trois jours dans leur corps, afin d'être bapti-
sées dans le Jourdain, « au nom de cet homme qui s'est élevé
au-dessus de lui [3]. » Ici donc nous voyons Jean et son baptême
élevés au-dessus du Christ; le Messie distingué de la lumière, et
le baptême de Jean appelé le *baptême de la lumière*. Or, nous
ne pouvons manquer d'observer la manière précise dont l'évangéliste contredit chacune de ces opinions blasphématoires, quand
il nous dit : « que dans le Christ était la vie; que Jean n'était
pas la lumière, mais qu'il rendait seulement témoignage à la
lumière (v. 7-8), » et que Jean s'avouait lui-même inférieur au
Christ. Sur ce point les paroles mêmes de l'Evangile semblent
choisies exprès pour combattre l'erreur. Jean rend témoignage
et crie, disant : « Voilà celui duquel je disais : *Celui qui
viendra après moi sera choisi avant moi*, car il était avant
moi (v. 15). »

Nous avons tout lieu de penser que les opinions de cette étrange
secte se sont beaucoup modifiées dans le cours des siècles; mais
leur conformité avec les doctrines gnostiques, et en outre, quelques preuves historiques, démontrent que cette religion n'est pas
moderne; elle semble n'être issue que de ceux-là qui reçurent le
baptême de Jean. En tout cas, la publication des documents et
les informations plus amples que nous avons obtenues ont fait
voir qu'il existait parmi les gnostiques des opinions qui corres-
pondaient exactement avec les erreurs condamnées par saint Jean.
Des expressions, auparavant inintelligibles, sont par là devenues
claires; il a été prouvé que la suite de propositions ou d'axiômes

[1] Tom. II, p. 9.

[2] Ibid., p. 11.

[3] Ibid. , p. 13. In nomine hujus viri qui te præterit.

sans liaison apparente, qui ouvrent le premier chapitre de saint Jean et qui semblent insister inutilement sur des points de peu d'intérêt pour nous, étaient dirigées contre des doctrines impies, réfutées dans le même Evangile.

La littérature samaritaine présente encore un exemple d'une difficulté résolue par la connaissance acquise, dans les temps modernes, des opinions d'une secte orientale; cette secte tirait son origine des Juifs, au moins en partie, et remontait à une époque très-ancienne de leur histoire; elle ne reconnaissait d'autres livres sacrés que ceux de Moïse. La haine religieuse des Samaritains pour les juifs était violente; et comme on ne put jamais les réconcilier, il ne paraît pas probable qu'une des deux sectes ait jamais voulu emprunter ses opinions à l'autre. Dans le quatrième chapitre de saint Jean, une femme samaritaine déclare qu'elle croit à l'arrivée prochaine d'un Messie (v. 25); et après elle les habitants de la ville avouent publiquement qu'ils sont dans la même attente. (v. 39-42). Cela ne semble-t-il pas improbable? Assurément. Le Pentateuque seul ne pouvait qu'à peine fournir des motifs pour une croyance si fort enracinée et si générale. La difficulté augmente quand nous réfléchissons que le seul passage qui, dans les livres en question, puisse paraître suggérer cette doctrine avec une clarté suffisante, n'est pas interprété par les Samaritains, comme se rapportant au Messie; je veux parler du Deutéronome (xviii, 15) : « Le Seigneur votre Dieu vous suscitera un prophète, etc. » Gesenius, dans son Essai sur la théologie des Samaritains, a prouvé qu'ils n'appliquent aucunement ces paroles à la venue du Christ[1]. Et néanmoins nous avons aujourd'hui toutes les preuves que nous pouvions désirer sur ce point. Car les Samaritains, qui se trouvent réduits maintenant à un trentaine de familles à Nablouz, professent encore leur foi dans la venue d'un Messie, qu'ils nomment Hathab. Durant le dernier siècle, une correspondance fut suivie avec eux à l'effet d'éclaircir la question; cette correspondance a été publiée par Schnurrer[2]; son résultat est préci-

---

[1] De Samaritanorum theologia. Halæ, 1822, p. 45.

[2] Eichhorn's biblisches repertorium, IX, th. S. 27. Il y avait eu d'autres correspondances semblables entre ce petit nombre qui reste des

sément tel qu'il devait être pour confirmer le récit de l'Evangile. La même conclusion a été encore plus fermement établie par les poëmes samaritains de la bibliothèque Bodléienne, que Gesenius a publiés ; l'attente d'un Messie y semble clairement exprimée [1]. Ainsi la connaissance moderne des doctrines de ce faible reste des Samaritains a jeté une vive lumière sur un passage qui sans cela nous présenterait encore quelque obscurité.

Après avoir vu de quel secours la philosophie étrangère a été, pour justifier les expressions et par conséquent pour expliquer les paroles de l'Ecriture, retournons la proposition, et voyons si à l'aide de l'Ecriture, nous pourrions jeter quelque lumière sur la philosophie des autres nations orientales, et par là renverser les objections faites contre notre religion. De cette manière nous reviendrons à la philosophie orientale, dont nous nous sommes un peu écartés.

On a trouvé une ressemblance extraordinaire entre quelques-uns des principaux mystères du Christianisme et certaines expressions qui se trouvent dans la philosophie d'Orient. Vous savez probablement qu'on rencontre, dans la célèbre épître de Platon à Denys de Syracuse, quelque trace de croyance en la Trinité. Philon, Proclus, Salluste le philosophe, et d'autres platoniciens, contiennent des indications encore plus claires d'une pareille croyance ; on est convenu qu'elle ne pouvait avoir été tirée que de la philosophie orientale, dans laquelle on peut découvrir tous les autres dogmes du platonisme.

Samaritains, et Scaliger, Ludolf, et l'université d'Oxford. Voyez de Sacy, Mémoires sur l'état actuel des Samaritains, p. 47.

[1] Carmina Samarita e codicibus Londinensibus et Gothanis. Lips. 1824, p. 75. D'après les objections faites par plusieurs critiques, Gesenius n'est pas disposé à soutenir que ce verset renferme une allusion au Messie, et il convient qu'il peut être différemment interprété. Mais, comme nous savons que le mot employé là, *Hathab* (le convertisseur), est le nom samaritain qui signifie Messie, il n'y a pas lieu, ce me semble, de se départir de la première interprétation de Gesenius. En tout cas, son commentaire place les preuves que nous donnons pour établir que les Samaritains croyaient à la venue d'un rédempteur sur un pied plus sûr qu'auparavant.

Les progrès faits dans les recherches asiatiques ont mis cette supposition au-dessus de la controverse. L'Oupnekhat, compilation persanne des Vedas, traduite et publiée par Anquetil-Duperron, contient plusieurs passages encore plus analogues aux doctrines chrétiennes que les allusions des philosophes grecs. Je citerai seulement deux passages tirés des extraits que le comte Lanjuinais a fait de cet ouvrage. « Le *Verbe* du créateur est lui-même le créateur, et le grand *fils* du créateur. *Sat* (c'est-à-dire la vérité) est le nom de Dieu, et Dieu est *Trabrat,* c'est-à-dire trois fois ne faisant qu'un [1]. »

De toutes ces coïncidences, il faut se borner à déduire que les traditions primitives sur les doctrines religieuses se sont conservées parmi différentes nations; mais les ennemis du Christianisme, au lieu d'en tirer cette conclusion, les ont avidement saisies pour s'en faire des armes contre sa divine origine. Dupuis a recueilli tous les passages qui pouvaient rendre la ressemblance encore plus frappante; il n'a pas même négligé les ouvrages suspects d'Hermès Trismégite, et il a conclu que le Christianisme n'était qu'une émanation de l'école philosophique qui avait fleuri dans l'Orient, longtemps avant la venue de notre divin Sauveur.

Cependant si une école a emprunté d'une autre cette doctrine, on doit maintenant reconnaître que la même investigation qui a étendu aux différentes écoles philosophiques de l'Orient et de l'Occident les points de ressemblance dont nous avons parlé, nous a fait connaître en même temps la source commune de leur origine. Il est aujourd'hui prouvé que la Chine a eu son école platonicienne; les doctrines de son fondateur, Laotseu, ont une ressemblance trop frappante avec les opinions de l'académie, pour qu'on ne les considère pas comme des rejetons de la même famille. Les premiers missionnaires avaient publié quelques extraits de ses écrits et quelques détails sur sa vie. Toutefois les extraits de ses écrits étaient incomplets et les détails mêlés de fables. Nous devons à Abel Remusat un mémoire satisfaisant et plein d'intérêt sur l'une et l'autre matière [2]. Non-seulement les principes fonda-

---

[1] Journal asiatique. Paris 1823, tom. III, p. 15-83. Lè nom d'Oupnekhat est une corruption du mot indien Upanishad.

[2] Mémoire sur la vie et les opinions de Laotseu, philosophe chinois

mentaux de Platon sont exprimés dans les ouvrages de Laotseu, mais le savant orientaliste français a même remarqué des ressemblances d'expression, qu'on ne peut expliquer sans admettre quelque point de contact entre le philosophe athénien et le sage chinois [1]. La doctrine d'une Trinité est trop clairement exposée dans les écrits de ce dernier, pour n'être pas comprise; mais elle est surtout exprimée dans un certain passage de la manière la plus intéressante :

« Ce que vous cherchez et que vous ne trouvez pas, s'appelle J ; ce que vous écoutez et que vous n'entendez pas, s'appelle hi (la lettre H) ; ce que votre main cherche et ne peut toucher, s'appelle wei (la lettre V), ces trois sont impénétrables, et, réunis, ne forment qu'un seul. Le premier n'est pas plus brillant, et le dernier n'est pas plus obscur. C'est ce qui s'appelle forme sans forme, image sans image, un être indéfinissable. Remontez, et vous ne trouverez pas son commencement ; descendez, et vous ne pourrez découvrir où il finit [2]. »

Il n'est pas nécessaire de commenter longuement ce passage extraordinaire, il contient clairement la même doctrine que j'ai citée d'après d'autres ouvrages. Je me bornerai à faire remarquer, avec Abel Remusat, que le nom extraordinaire donné à cette essence Tri-une, se compose de trois lettres J. H. V ; car les syllabes exprimées dans le texte chinois n'ont pas de sens en cette langue, et sont conséquemment la représentation des lettres seules. C'est donc un nom étranger, et nous le chercherions vainement autre part que chez les juifs. Leur nom ineffable, ainsi qu'il était appelé, et que nous prononçons Jéhovah, se retrouve diversement défiguré dans les mystères de plusieurs nations païennes ; mais

du sixième siècle avant notre ère, qui a professé les opinions communément attribuées à Pythagore, à Platon et à leurs disciples. Paris 1823.

[1] Voyez p. 24-27.

[2] *Iao* est probablement la forme grecque qui approche le plus de la véritable prononciation du mot hébreu. Même en prononçant le mot chinois I-hi-wei, selon ses syllabes, nous approchons davantage de l'hébreu Jéhovah, tel que le prononcent les Hébreux orientaux, que les Chinois n'approchent du mot *Christus* dans le mot Chi-li-si-tu-su.

dans aucune il ne l'est moins que dans ce passage du philosophe chinois, et assurément il n'eût pu être exprimé dans sa langue d'une manière qui se rapprochât plus du mot originel.

Le savant orientaliste français est loin de voir aucune invraisemblance dans cette étymologie; il tâche, au contraire, de l'appuyer par des arguments historiques; il examine les traditions, souvent déguisées sous des fables, qui existent encore parmi les sectaires de Laotseu; et il conclut que le long voyage fait par ce dernier en Occident ne peut avoir eu lieu qu'avant la publication de ses doctrines. Il n'hésite pas à supposer que ce voyage philosophique peut s'être étendu jusqu'à la Palestine; mais Laotseu n'eut-il pas été plus loin que la Perse, la récente captivité des Juifs lui aurait donné des occasions de s'entretenir avec eux [1]. Par une autre coïncidence singulière, il était presque contemporain de Pythagore, qui a visité l'Orient pour s'instruire dans la même doctrine; et peut-être a-t-il rapporté dans sa patrie les mêmes mystères que ce philosophe.

Des auteurs dont le nom est de quelque poids adoptent ces conclusions d'Abel Remusat, soit que nous en fassions une question de philosophie, soit que nous les considérions au point de vue philosophique. Windischmann, que j'ai déjà cité, et dont j'aurai encore occasion de parler, semble regarder les raisons sur lesquelles Abel Rémusat se fonde comme dignes d'une grande considération [2]. Klaproth défend pareillement l'interprétation de ce dernier contre l'objection de Pauthier; il fait observer que, bien qu'il ne pense pas que le nom de Jéhovah puisse exister en langue chinoise, il ne voit rien d'improbable dans l'idée présentée par son savant ami; et il soutient que l'interprétation donnée par lui n'a pas été suffisamment approfondie [3].

[1] « Effectivement, si l'on veut examiner les choses sans préjugé, il n'y a pas d'invraisemblance à supposer qu'un philosophe chinois ait voyagé, dès le sixième siècle avant notre ère, dans la Perse ou dans la Syrie. » Page 13. « Une tradition reçue parmi ses sectateurs est qu'avant sa naissance son âme avait erré dans les royaumes occidentaux de la Perse. » Page 29.

[2] Die philosophie, etc., Erst. Th. Bonn. 1827, p. 404.

[3] Mémoire sur l'origine et la propagation de la doctrine du Tao, p. 29.

D'après cet exemple, il est assez vraisemblable, si l'on reconnaît quelque rapport entre les doctrines qui furent données aux Juifs et celles du même genre que l'on trouve chez d'autres nations anciennes, que ces nations les ont tirées des lieux qui renfermaient le dépôt des vérités révélées. Cela nous prouve aussi que, dans d'autres circonstances, de pareilles communications ont pu avoir lieu, et met un terme aux vaines objections des écrivains tels que ceux déjà cités, qui prétendent que les dogmes du Christianisme ont été tirés de la philosophie païenne.

A la suite de ces applications partielles, considérons le progrès général que l'on a fait dans une branche des recherches relatives à la philosophie orientale, et qu'on a longtemps employée comme une arme redoutable contre l'Ecriture. Vous vous rappelez comment les prétentions de l'astronomie et de la chronologie des Hindous à une antiquité exagérée se sont trouvées réduites à des proportions fort mesquines, vous vous souvenez aussi que j'ai réservé pour ce moment l'examen de l'époque qu'il convient d'assigner à la littérature philosophique dans l'Inde. Je n'ai pas besoin de dire que les incrédules du dernier siècle n'exagéraient pas moins l'antiquité des livres sacrés des Indiens, livres où sont contenus leurs systèmes religieux et philosophiques, et que l'on connaît sous le nom de Vedas : on leur attribuait en effet une antiquité si extravagante, que les livres de Moïse, en comparaison, n'étaient plus que des ouvrages modernes. Il doit être assez intéressant de constater jusqu'à quel point cette opinion à été confirmée ou réfutée par le grand progrès que nous avons fait dans la littérature sanskrite.

La première considération qui doive nous frapper, c'est que les ouvrages de cette nature sont les plus faciles à revêtir d'une apparence d'ancienneté ; une certaine simplicité de style et un mysticisme de pensée porte l'esprit à leur attribuer une antiquité qui ne peut être vérifiée, comme dans les autres branches de littérature ou de science, par des dates ou par des observations scientifiques. Mais, en même temps, nous pouvons remarquer que, lorsqu'il a été prouvé, contrairement à de hautes prétentions, que les autres branches de la littérature d'une nation sont comparativement modernes, toute autre branche qui partageait cet honneur immérité peut aussi, avec une grande apparence de justice, avoir sa part de leur abaissement, et se voir réduite au même rang que ses sœurs. Ainsi donc, la philosophie morale des Hindous ayant été considérée comme une partie de cette littérature si ancienne de l'Inde, peut bien, en partie au moins, succomber devant les mêmes investigations qui ont privé l'ensemble auquel elle appartenait de son antiquité imaginaire.

Mais des recherches spéciales n'ont pas été négligées, et elles présentent des résultats plus détaillés et plus frappants. Prenons d'abord la supposition extrême qui favorise surtout nos adversaires. L'autorité de Colebrooke sera sans doute regardée comme compétente pour décider les questions qui se rapportent à la littérature sanskrite; il n'a certainement jamais paru disposé à en abaisser l'importance et la valeur. Or, il prend pour base de ses calculs le savoir astronomique développé dans les Vedas; et il conclut d'après quelques dates qui s'y trouvent, que leur antiquité ne remonte pas plus haut que quatorze cents ans avant Jésus-Christ [1]. C'est une haute antiquité, direz-vous; mais, après tout, il s'en faut d'environ deux cents ans qu'elle ne remonte au siècle de Moïse; et elle coïncide avec l'époque où les arts avaient atteint leur maturité en Egypte.

Il existe des recherches plus récentes sur cette question, lesquelles me semblent encore plus remarquables par leurs résultats; elles sont en outre très-dignes d'intérêt par la réputation de leur auteur. Cet auteur est le doct. Frédéric Windischmann [2], que je suis réellement heureux d'appeler mon ami, non-seulement à cause de l'éclat de ses talents et de sa science profonde dans la littérature et la philosophie sanskrites, mais surtout à cause de ses nobles qualités, de son aimable caractère, et de ses vertus qui seront un jour l'un des ornement de cette carrière ecclésiastique à laquelle il a désormais consacré sa vie.Exempt du moindre désir d'exagérer ou de diminuer l'antiquité des Vedas qu'il a étudiés avec soin, il a recueilli avec habileté toutes les dates que ces livres présentent, pour en déterminer l'âge véritable. Or, ce qui frappe plus particulièrement dans ces recherches, c'est de voir que tous

---

[1] Recherhes asiatiques, t. VII, p. 284.
[2] Frederici Henr. Hug. Windischmanni Sancara, sive de theologumenis Vedanticorum. Bonn. 1833, p. 52.

les efforts des philologues sanskrits se bornent évidemment à empêcher que leur littérature favorite ne soit trop dépréciée ; c'est de voir comment, au lieu de réclamer pour elle, selon l'esprit des écrivains antérieurs, un nombre extraordinaire de siècles, ils bornent les efforts de leur zèle à la faire remonter à une époque raisonnable avant l'ère chrétienne. Le mode d'argumentation suivi par mon savant ami est simplement ceci. Les institutions de Menu semblent, d'après des preuves tirées d'elles-mêmes, avoir été établies, avant que la coutume de s'immoler soi-même eût prévalu, du moins complètement, dans toute la presqu'île du Gange. Comme nous apprenons, par les écrivains grecs du temps d'Alexandre, que cette cérémonie se pratiquait alors, l'ouvrage doit avoir été composé antérieurement à cette époque. Or, les institutions supposent l'existence des Vedas, car elles les citent et déclarent qu'ils ont été composés par Brahma. Je sens que, présentée de la sorte, cette argumentation ne fait pas ressortir les connaissances profondes dont notre jeune auteur fait preuve dans la langue sanskrite et le contenu de ces livres sacrés. Tous les principes qu'il pose sont soutenus par une richesse d'érudition que peu d'hommes sont capables d'apprécier complètement. On doit en dire autant du reste de ses arguments qui consistent principalement à prouver, par des recherches philologiques intéressantes pour les seuls initiés, que le style des Vedas est beaucoup plus ancien que celui d'aucun autre ouvrage écrit dans la même langue [1]. Néanmoins ses conclusions ne sont pas affirmatives : elles accordent aux Vedas une antiquité reculée sans doute, mais non pas telle que l'esprit le plus timide en puisse être effrayé.

Après avoir si faiblement rendu justice à ce savant auteur, je crains d'être encore moins capable de rendre hommage convenablement aux travaux de son père, dont la réputation comme philosophe, est si grande en Europe, qu'elle me dispense d'aucune observation préliminaire à son égard; et d'ailleurs, si j'en faisais, je paraîtrais certainement entraîné par les sentiments d'admiration et de respect que je professe à son égard. Dans son ouvrage, que j'ai déjà cité aujourd'hui, ce savant universel et profond a mis en ordre, de la manière la plus habile et la plus complète, tous les

[1] Pages 58 et suiv.

matériaux connus sur la philosophie indienne. Il la considère moins sous le rapport chronologique que dans son développement intérieur et naturel ; il tâche de découvrir dans chaque partie des systèmes qui la composent les principes qui l'ont animée et qui en ont pénétré tous les éléments. Or, dans ce genre de recherches où il faut à la fois réunir une foule immense de faits, et posséder une force intellectuelle capable de plonger dans ce chaos et de séparer la lumière des ténèbres, Windischmann a réussi bien au-delà de tous les écrivains ; il examine les diverses époques du système brahminique d'après les doctrines et les principes qui ont fleuri à ces mêmes époques, et les résultats qu'il obtient sont tels que, tout en attribuant une grande antiquité aux livres indiens, ces livres lui procurent une confirmation évidente des faits rapportés dans la Bible. Car l'époque ou période la plus ancienne de la philosophie des brahmes offre, selon lui, l'image exacte des temps patriarcals tels qu'ils sont décrits dans le pentateuque [1].

Mais il est, parmi les historiens de la philosophie, un autre auteur d'une réputation méritée qui est loin d'être disposé à admettre les prétentions ou les arguments avancés par les orientalistes en faveur d'une si haute antiquité. Ritter, professeur à l'université de Berlin, a examiné avec une grande pénétration toutes les preuves données à l'appui de cette opinion. Il rejette les raisonnements ou plutôt les conjectures astronomiques de Colebrooke, comme ne s'appuyant sur aucune date positive ou calculable [2] ; il ne reconnaît guère plus de force aux arguments tirés de l'antiquité apparente des monuments indiens, ou de la perfection de la langue sanskrite. « Car, remarque-t-il, le goût des monuments gigantesques ne remonte pas nécessairement à une date si ancienne, il en est quelques-uns qui ont été élevés dans des temps comparativement modernes ; d'un autre côté, souvent une langue reçoit tout-à-coup sa perfection caractéristique, et de la sorte on ne peut y trouver un critérium certain d'antiquité, à moins qu'on ne la considère sous le rapport des époques diverses qu'elle présente [3]. Le mode d'argumentation suivi par Ritter tend plutôt à renverser

[1] Die philosophie, etc. Zweiter, Buch, p. 690 et suiv.
[2] Geschichte der philosophie, I Th. Hamb., 1829, p. 6.
[3] Page 62.

l'antiquité supposée de la philosophie indienne, qu'à établir aucune théorie nouvelle. Cependant il conclut que l'origine d'un véritable système de philosophie ne doit pas remonter plus haut que le règne de Vikramaditja, environ cent ans avant l'ère chrétienne [1].

Avant de quitter les écrits philosophiques des Indiens, je vous donnerai un exemple de la facilité avec laquelle des hommes qui tiraient vanité du nom d'incrédules s'accommodaient de n'importe quelle assertion qui semblait hostile au Christianisme. Dans le dernier siècle, un ouvrage indien, dont les doctrines étaient essentiellement chrétiennes, fut publié par Sainte-Croix sous le nom d'*Ezour-Vedam* [2]. Voltaire s'en saisit comme d'une preuve que les doctrines du Christianisme étaient empruntées des païens; il déclara que cet ouvrage était d'une prodigieuse antiquité, qu'il avait été composé par un brahme de Seringham [3]. Or, écoutez l'histoire de ce livre merveilleux.

Lorsque sir Alex. Johnston était chef de la justice à Ceylan, il reçut mission de former un code de lois pour les naturels du pays; il désira consulter les meilleurs ouvrages indiens, et surtout s'assurer de l'authenticité de l'Ezour-Vedam. En conséquence, il fit de soigneuses recherches dans les provinces du Sud, et prit des informations dans les pagodes les plus célèbres, particulièrement dans celle de Seringham; mais ses efforts furent vains : il ne put obtenir de renseignements sur le brahme, ni sur l'ouvrage qu'il avait, disait-on, composé. A son arrivée à Pondichéry, il obtint du gouverneur, le comte Dupuis, la permission d'examiner les manuscrits de la Bibliothèque des jésuites, qui n'avait pas été dérangée depuis que ces Pères avaient quitté l'Inde. Parmi les manuscrits, il découvrit l'Ezour-Vedam en sanskrit et en français. M. Ellis, principal du collège de Madras, l'examina soigneusement, et ses recherches firent heureusement découvrir que l'original, le texte sanskrit, avait été composé en 1621, entièrement dans le dessein de favoriser le Christianisme, par le savant

[1] Pages 120-124.
[2] Ezour-Vedam, ou ancien Commentaire du Vedam. Yverdun, 1728.
[3] Siècle de Louis XV.

et pieux missionnaire Robert de Nobilibus, neveu du cardinal
Bellarmin et proche parent du pape Marcel II [1].

De la philosophie nous pouvons maintenant passer à l'examen
de ce que les progrès de l'histoire orientale ont fait pour la religion , et je me contenterai d'un ou de deux exemples.

Le trente-neuvième chapitre d'Isaïe nous apprend que Mérodach-Baladan , roi de Babylone, envoya une ambassade à Ezéchias,
roi de Juda. Ce roi de Babylone ne reparaît plus dans l'histoire
sacrée , et le fait même présente une assez grande difficulté ; car le
royaume des Assyriens était encore florissant , et Babylone n'é-
tait qu'une de ses dépendances. Seulement, neuf années auparavant, Salmanasar, le monarque *assyrien*, transporta, dit-on, en
d'autres lieux , les habitants de *Babylone* [2] ; et Manassès , peu
d'années après , fut emmené captif à *Babylone* par le roi d'Assyrie [3]. Vers le même temps , le prophète Michée parle encore d'une
translation des Juifs à Babylone , tandis qu'il fait mention des Assyriens comme de leurs ennemis les plus redoutables [4].

Tous ces exemples prouvent incontestablement qu'au temps d'E-
zéchias , Babylone dépendait des rois d'Assyrie. Qu'était donc
Mérodach-Baladan , roi de Babylone ? S'il n'était que le gouverneur
de cette ville , comment pouvait-il envoyer une ambassade de fé-
licitation au souverain juif , alors en guerre avec son maître ? Les
listes de Ptolémée ne nous présentent aucun roi de ce nom , et sa
place chronologique ne semble pas pouvoir se concilier avec l'histoire sacrée.

Nous serions restés dans ce doute et dans cette obscurité ; l'apparente contradiction de ce texte avec d'autres passages serait
restée inexplicable , si les progrès faits de nos jours dans les études orientales n'eussent amené la découverte d'un document de
la plus vénérable antiquité. Ce n'est pas moins qu'un fragment de
Bérose , conservé dans la Chronique d'Eusèbe. La publication de
cet ouvrage, dans l'état le plus parfait [5], d'après la traduction ar-

[1] Recherches asiatiques, t. XIV.
[2] 2 (4) Rois VII, 24.
[3] 2 Paralip. xxxii, 2.
[4] Mich. IV, 10, ch. v, 5-6.
[5] Eusebii chronicon. Venet. 1818, t. I, p. 42.

ménienne, nous fit d'abord connaître le fragment en question ;
et j'ai la satisfaction de dire que Gesenius, qu'il m'a fallu citer
comme notre adversaire, est l'auteur à qui nous sommes redeva-
bles de l'emploi qui en a été fait [1].

Cet intéressant fragment nous apprend qu'après que le frère de
Sennachérib eut gouverné Babylone, en qualité de vice-roi d'Assyrie, Acises s'empara injustement du pouvoir suprême ; trente
jours après, il fut assassiné par Mérodach-Baladan, lequel usurpa
la souveraineté pendant six mois ; au bout de ce temps, ce dernier fut à son tour tué et remplacé par Elibus. Mais, après trois ans,
Sennachérib rassembla une armée, livra bataille à l'usurpateur,
le vainquit et le fit prisonnier. Ayant de nouveau réduit Babylone à
l'obéissance, il y laissa son fils Assordan, l'Essarhaddon de l'E-
criture, en qualité de gouverneur.

Il n'existe qu'une différence apparente entre ce fragment historique et le récit de l'Ecriture ; car l'Ecriture place le meurtre de
Sennachérib et l'avénement d'Essarhaddon au trône avant l'ambassade envoyée à Jérusalem par Mérodach-Baladan [2]. A ceci, Gesenius répond avec justesse que le prophète a suivi cet ordre afin
de terminer l'histoire des monarques assyriens, de manière à n'y
point revenir, cette histoire n'ayant plus aucune liaison avec le
sujet qu'il traite.

Au moyen de cet ordre, en outre, la prophétie relative à l'as-
sassinat de Sennachérib se trouve étroitement liée à l'histoire de
son accomplissement [3]. D'ailleurs, cette solution qui suppose quelque intervalle entre le retour de Sennachérib à Ninive et sa mort,
devient probable par les paroles du texte même. « Il alla et revint, *et résida à Ninive;* et il arriva, etc. » Bien plus, elle devient certaine par les calculs chronologiques ; car il est incontestable que l'expédition de Sennachérib en Egypte doit avoir eu lieu
sous la première ou la deuxième année de son règne (714 av. J.-C.),
puisque le vingtième chapitre d'Isaïe parle de Sargon comme occupant le trône immédiatement avant cet événement (716). Or,

[1] Commentar über den Jesaia, Erst. Th. 3. Abth., pages 999 et
suivantes.

[2] Isaïe xxxvii, 38.

[3] Ibid., v. 7.

suivant Bérose, à la fin du fragment cité plus haut, Sennachérib avait régné dix-huit ans quand il fut assassiné par ses fils ; il doit par conséquent avoir vécu plusieurs années après son retour à Ninive [1]. Ce que nous dit Bérose, que la révolte de Babylone arriva sous le règne de Sennachérib, n'est ainsi en contradiction d'aucune manière avec le texte sacré ; et cette seule difficulté une fois levée, le fragment détruit toute objection possible contre l'exactitude du texte.

En effet, il nous est parfaitement expliqué comment il y a eu un roi ou plutôt un usurpateur à Babylone, au moment où cette ville était réellement une province de l'empire assyrien. Il était tout naturel que ce Mérodach-Baladan, s'étant emparé du trône, tâchât de former une ligue et une alliance avec les ennemis de son maître, contre lequel il s'était révolté. Ezéchias, qui, aussi bien que lui, avait secoué le joug des Assyriens [2], et qui avait formé une alliance puissante avec le roi d'Egypte, devait être sa première ressource. D'un autre côté, aucune ambassade ne pouvait être plus agréable que celle-ci au monarque juif, qui se trouvait dans le voisinage de l'ennemi commun, et devait être bien aise de voir une diversion s'opérer en sa faveur au moyen d'une rébellion dans le sein même du royaume de cet ennemi [3]. De là provenaient les égards excessifs qu'il témoigna aux envoyés de l'usurpateur, et qui offensèrent tellement le prophète Isaïe, ou plutôt Dieu, qu'il prédit alors, par la bouche de ce prophète, la captivité de Babylone [4].

Un autre exemple de l'avantage que peuvent procurer les progrès des recherches historiques faites sur l'Orient nous est offert par les lumières obtenues en dernier lieu relativement au culte religieux du Thibet. Quand, pour la première fois, l'Europe eut connaissance de ce culte, il lui fut impossible de n'être pas frappée des analogies qu'il présentait avec les rites religieux des Chrétiens.

[1] Gesenius, p. 1002.

[2] 2 (4) R. XVIII, 7.

[3] D'après ce qui a été dit dans le texte, il paraît probable que la révolte de Babylone éclata pendant l'expédition de Sennachérib contre la Judée et l'Egypte.

[4] Isaïe, xxxix, 25.

La hiérarchie des lamas, leurs institutions monastiques, leurs églises et leurs cérémonies, ressemblaient si exactement aux nôtres,
que quelque rapport paraissait nécessairement avoir existé entre
les deux cultes. » Les premiers missionnaires n'ont considéré le
culte de Lama que comme une sorte de Christianisme dégénéré,
comme un reste des sectes syriennes qui avaient autrefois pénétré
dans ces parties reculées de l'Asie [1].

Mais d'autres ont fait de cette ressemblance un usage tout différent. « De fréquentes assertions mystérieuses et des soupçons à-
demi réprimés, que l'on rencontre dans les ouvrages de certains
savants, dit un orientaliste très-regretté, dont je vais avoir occasion de citer le mémoire à ce sujet, ont conduit plusieurs critiques
à se demander si la théocratie des Lamas était un reste des sectes
chrétiennes; ou si, au contraire, c'était le modèle ancien et primitif d'après lequel les établissements du même genre s'étaient
formés dans d'autres parties du monde : telles étaient les idées que
l'on prenait dans les notes du voyage du Père d'Andrada, dans
celles des traductions françaises de Thunberg, des traductions
des Recherches asiatiques et dans plusieurs autres ouvrages modernes, où l'irréligion cherchait à se cacher sous le voile d'une
érudition superficielle et menteuse [2]. » — « De ces ressemblances,
dit Malte-Brun, on se fit des armes contre la divine origine du
Christianisme [3]. » En effet nous voyons ces analogies fournir matière à quelques grandes plaisanteries de Volney [4].

D'abord ces objections ne furent combattues que par des réponses négatives. Fischer démontra bien qu'aucun écrivain antérieur au treizième siècle ne fait soupçonner l'existence d'un tel
système, et qu'on ne peut produire aucune preuve de son antiquité.
Mais il avait été de mode de s'appuyer de conjectures plausibles
pour attribuer une antiquité extravagante à toutes les institutions
de l'Asie centrale. La date vénérable qu'on assignait à cet établisse-

[1] Abel Remusat, Aperçu d'un mémoire intitulé : Recherches chronologiques sur l'origine de la hiérarchie lamaïque, réimprimé dans les
Mélanges asiatiques. Paris 1825, t. I, p. 129.
[2] Ibid., note 2, Mélanges, p. 132.
[3] Précis de la Géographie universelle. Paris 1812, tome III, p. 581.
[4] Ruines, Paris 1820, p. 428.

ment religieux était parfaitement d'accord avec l'hypothèse scientifique de Bailly, concernant le même pays, et formait le pendant du système romanesque qui avait fait des montagnes de la Sibérie, ou des steppes de la Tartarie, le berceau de la philosophie. Depuis cette époque, l'étude des langues et de la littérature asiatique a fait un pas immense, et la conséquence de ce pas a été la réfutation de tant d'hypothèses extravagantes, qu'on a tirée des ouvrages mêmes des écrivains du pays.

Abel Remusat est encore l'auteur auquel nous devons cette précieuse découverte. Dans un mémoire intéressant, il nous a fait connaître un fragment remarquable conservé dans l'Encyclopédie japonaise, et contenant la véritable histoire de la hiérarchie lamaïque. Sans la connaissance de ce fragment, nous serions peut-être restés toujours livrés à de vagues conjectures ; avec un tel secours, nous pouvons combattre les rêves chimériques, bien que spécieux, de nos adversaires. On supposait que le dieu Bouddha se perpétuait lui-même sur la terre en la personne de ses patriarches indiens. Son âme passait successivement dans le corps de quelque nouveau représentant, choisi indifféremment dans toutes les castes, et le dépositaire de sa divinité y avait tant de foi lui-même, il était si sûr de posséder un préservatif certain contre la mort, qu'il avait coutume de se soustraire aux infirmités de la vieillesse en montant sur un bûcher funéraire, d'où il espérait, comme le phénix, prendre son essor vers une vie toute nouvelle. Le dieu demeura dans ce pays jusqu'au cinquième siècle de notre ère, époque où il jugea prudent de quitter les parties méridionales de l'Inde et de fixer sa résidence en Chine. Son représentant reçut le titre de *précepteur du royaume* ; mais, semblable en cela aux derniers califes de Bagdad, il n'étala que la vaine splendeur d'un titre religieux à la cour du céleste empire.

La succession des chefs sacrés se continua dans cet état précaire pendant plus de huit siècles ; enfin, dans le treizième, la maison de Tching-kis-Khan les affranchit de leur dépendance et leur accorda une étendue de territoire. Voltaire a dit que Tching-kis-Khan était trop bon politique pour avoir voulu troubler le royaume spirituel du grand Lama dans le Thibet [1] ; et cependant il n'y

[1] Philosophie de l'hist. ; Essai sur les mœurs. Abel Remusat, p. 137.

avait pas alors de royaume dans le Thibet ; le grand-prêtre du shamanisme n'y résidait pas encore, et le nom de Lama n'y était pas non plus en usage ; ce fut le petit-fils du conquérant qui, trente-trois ans après lui, plaça la souveraineté sur la tête du chef de sa religion ; et, comme le Bouddha qui vivait alors était natif du Thibet, on lui assigna ce pays pour gouvernement. Ce fut ainsi que la montagne de Pootala, ou Botala [1], devint la capitale de ce royaume religieux, dont le gouverneur reçut pour la première fois le titre distinctif de Lama, qui signifie prêtre.

Cette histoire de l'origine de la dynastie lamaïque s'accorde parfaitement avec un autre document rempli d'intérêt, et dernièrement publié. C'est une description du Thibet, traduite du chinois en russe, par l'archimandrite le P. Hyacinthe Pitchourinsky [2] ; et du russe en français, avec des corrections faites d'après l'original chinois par Jules Klaproth [3]. Ce document nous apprend que Tching-kis-Khan envahit le Thibet, et qu'il y établit un gouvernement comprenant le Thibet même et ses dépendances. L'empereur Khoubilai, voyant qu'il était difficile de gouverner ce pays éloigné, imagina, pour le soumettre, un moyen qui s'accordait avec les coutumes du peuple. Il divisa le pays du *Thou-pho* en provinces et en districts ; nomma des officiers de différents degrés, et les soumit à l'autorité du *T'iszu*, (précepteur de l'empereur). *Bhâchbah* ou *Pragha*, natif de Sarghia, dans le Thibet, remplissait alors cette fonction. A l'âge de sept ans, il avait lu tous les livres sacrés et il en comprenait les plus sublimes pensées ; ce qui l'avait fait surnommer *l'enfant de l'esprit*. En 1260, il reçut le titre de *roi de la grande et précieuse loi*, et un sceau en jaspe oriental. Outre ces honneurs, il fut revêtu de la dignité de *chef de la religion jaune*. Ses frères, ses enfants et ses descendants remplirent des postes éminents à la cour, et reçurent des sceaux en or et en jaspe oriental. La cour accueillit Bhâchbah avec distinction ; elle eut en lui une foi superstitieuse, et ne négligea rien de ce qui pouvait contribuer à le faire respecter [4].

[1] Voyez le Nouveau Journal asiatique, octobre 1829, p. 273, note 1.
[2] Saint Pétersbourg, 1828.
[3] Dans le Nouveau Journal asiatique, août et octobre 1829.
[4] Ibid., août, p. 119.

Au temps où les patriarches bouddhistes commencèrent à s'établir dans le Thibet, ce pays était en relation immédiate avec les contrées chrétiennes. Non-seulement les nestoriens avaient des établissements ecclésiastiques en Tartarie, mais des religieux italiens et français visitaient la cour des khans, chargés de missions importantes par le pape et par saint Louis de France. Ils apportaient avec eux des ornements d'Eglise et d'autel, dans l'intention de produire une impression favorable sur les naturels du pays. A cet effet, ils célébraient leur culte en présence des princes tartares, qui leur permettaient d'élever des chapelles dans l'enceinte des palais royaux. Un archevêque italien, envoyé par Clément V, établit son siége dans la capitale du Thibet ; il y fit ériger une église où le son de trois cloches appelait les fidèles, et où l'on voyait plusieurs sujets sacrés peints sur les murs [1].

Rien n'était plus facile que d'engager plusieurs des sectes diverses qui peuplaient la cour du Mogol à admirer et à adopter les cérémonies de notre religion. Quelques membres de la famille impériale embrassèrent secrètement le Christianisme ; plusieurs mêlèrent ses pratiques à celles de leur propre croyance, et l'Europe fut alternativement réjouie et désappointée par les récits des conversions impériales et par la découverte de leur fausseté [2]. Ce furent de pareils bruits sur Manghu qui provoquèrent les missions de Rubriquis et d'Ascellino. Entourés de telles cérémonies, instruits par la bouche des ambassadeurs et des missionnaires de l'Occident du culte et de la hiérarchie catholiques, il n'est pas étonnant que les lamas, dont la religion commençait alors à se revêtir de splendeur et de pompe, aient adopté des institutions et des pratiques qui leur étaient déjà familières, et que le peuple qu'ils désiraient gagner avait déjà admirées. Les coïncidences de temps et de lieu, la non-précédente existence de cette monarchie sacrée, démontrent amplement que la religion du Thibet n'est qu'une tentative d'imitation de la nôtre. Je ne crois pas devoir suivre le savant académicien dans la suite de son histoire sur cette dynastie religieuse. Cette dynastie est restée jusqu'à nos jours sous la dépendance des souverains chinois, à la fois révérée et persécutée, ado-

[1] Abel Remusat, p. 138.
[2] Assemani, Biblioth. orient., t. III, deuxième part., p. 380 et suiv.

rée et opprimée. Mais elle est déchue pour jamais de ses prétentions à l'antiquité, et les raisons mises en avant pour en faire une
rivale et, bien plus, la mère du Christianisme, ont dû être complètement rejetées après un mûr examen.

J'ai prolongé jusque-là ma digression, afin de prévenir toutes
les réflexions que ce sujet pourrait suggérer. Mais il serait injuste
de l'abandonner sans faire mention de la glorieuse prééminence
qu'obtient notre patrie dans la poursuite de ces études. Si notre
éducation ne nous a pas formés, comme nos voisins du continent,
pour d'aussi profondes recherches dans les parties plus abstruses
de la littérature asiatique, nous apprenons du moins à contribuer,
par les moyens nombreux que la Providence a mis à notre disposition, à éclaircir beaucoup de questions qui, autrement, seraient demeurées obscures et cachées. Et ce serait véritablement
une honte pour nous, si, dans les siècles à venir, l'histoire de
toutes nos colonies ne présentait aux recherches du philosophe
que des balances d'importations et d'exportations ; si les règle-
ments des revenus annuels de nos coffres nationaux ou les annales de notre puissant empire dans l'Inde n'avaient rien de mieux à
offrir qu'un établissement composé d'agents militaires et commer-
ciaux, se perpétuant à travers des scènes variées de guerres mer-
cantiles et de royales spéculations. C'est, il faut le dire, un honneur pour notre caractère national, c'est une grande preuve de sa
force morale que tant de choses aient été faites par ceux de nos
compatriotes dont les professions semblaient nécessairement peu en
rapport avec les études littéraires et scientifiques ; je ne sais même pas si l'espèce de discrédit qui frappe l'ensemble de notre établissement dans l'Inde ne sera point détruit par l'honneur qui
rejaillira du mérite personnel de tant d'illustres individus. La
postérité ne manquera pas de remarquer que, tandis que la France,
lors de son expédition d'Egypte, envoyait des savants et des littérateurs à la suite de ses armées, pour lui rapporter des monuments de cette contrée lointaine, l'Angleterre n'a pas eu besoin de
faire une telle distinction, et qu'elle a trouvé, parmi ceux qui li-
vraient ses batailles et dirigeaient ses opérations militaires, des
hommes en état de déposer l'épée pour prendre la plume, et capables de décrire tous les monuments intéressants avec autant de
sagacité et de savoir, que si les lettres eussent été leur seule occu-

pation [1]. Nous avons l'espoir d'éprouver bientôt un sentiment national encore plus élevé : la fondation, sous le patronage royal, du comité de traduction des ouvrages orientaux, a déjà beaucoup augmenté notre fonds de connaissances en ce genre. Elle a intéressé aux progrès de ces études ceux qui, autrement, eussent été peu enclins d'eux-mêmes à les favoriser ; elle a réjoui plus d'un savant, qui, sans cela, eût langui dans une silencieuse obscurité ; et elle en a encouragé beaucoup qui, autrement, ne se seraient pas senti la force nécessaire.

> Eoam tentare fidem, populosque bibentes
> Euphratem.....
> Medorum penetrare domos, Scythiosque recessus
> Arva super Cyri Chaldæique ultima regni,
> Qua rapidus Ganges, et qua Nyssæus Hydaspes
> Accedunt pelago [1].
>
> LUCAIN, VIII, 213.

[1] L'ami tant regretté de l'auteur, le colonel Tod, était de ce nombre.

[1] « Pour aller mettre à l'épreuve la foi orientale, et étudier les peuples qui s'abreuvent dans l'Euphrate, pour pénétrer dans les demeures des Mèdes et dans les retraites des Scythes, par-delà les dernières limites de la Perse et de la Chaldée, vers les lieux où le Gange rapide et l'Hydaspe qui baigne Nyssa se jettent dans la mer. »

DOUZIÈME DISCOURS.

CONCLUSION.

Objet de ce discours. — Caractère de l'évidence confirmative obtenue par la suite de nos études ; cette évidence résulte des diverses épreuves auxquelles la vérité de la religion a été soumise. Elle est confirmée par la nature des faits examinés et des autorités dont on a fait usage. — Augures qu'on en peut tirer pour l'avenir. — La religion fortement intéressée aux progrès de toutes les sciences. Adversaires de cette opinion : d'abord, les Chrétiens timides, réfutés par les anciens Pères de l'Eglise, ensuite les ennemis de la religion dans les temps anciens et modernes. — Devoir pour les ecclésiastiques de s'appliquer à l'étude, dans la vue de répondre à toutes les objections ; et même devoir pour tous les Chrétiens, en proportion de leurs talents. — Avantages, plaisir et méthode des études de ce genre.

J'ai maintenant, encouragé par votre bienveillance, accompli la tâche que j'avais entreprise. Je m'étais promis de parcourir l'histoire de plusieurs sciences, et de prouver par ce moyen si simple combien leurs progrès ont toujours apporté un surcroît de force et de splendeur aux preuves du Christianisme. J'avais promis de traiter mon sujet de la manière la moins fastueuse, de supprimer les exemples et les dissertations déjà donnés dans les livres élémentaires composés à ce sujet, et de tirer mes matériaux, autant que possible, d'ouvrages qui n'avaient pas pour but la défense du Christianisme.

Ayant maintenant rempli de mon mieux ce devoir envers vous, il nous est permis de prendre un peu de repos, et de reporter nos yeux sur la marche que nous avons suivie, ou bien, semblables à ceux qui ont cheminé ensemble, nous pouvons nous asseoir quelques instants à la fin de notre voyage, et récapituler en commun les fruits que nous en avons recueillis. Notre route peut avoir quelquefois paru traverser des lieux stériles et peu intéressants. Je vous ai conduits par des routes étroites et pénibles ; peut-être vous ai-je parfois inquiétés et effrayés ; mais si vous avez à vous plaindre de n'avoir trouvé en moi qu'un guide inhabile, ce guide à son tour pourra répondre qu'il n'a été que trop encouragé à prolonger ses courses errantes, et qu'on lui a montré trop d'indulgence pour lui permettre de s'apercevoir qu'il s'égarait. Néanmoins, dans les objets qui passaient sous nos yeux, il y a eu assez de variété pour compenser les fatigues du voyage; nous n'avons jamais perdu de vue un but important, qui tôt ou tard pouvait toujours nous ramener au droit chemin, et imprimer l'unité de caractère et l'uniformité de méthode à nos plus grandes déviations. En y ramenant de nouveau nos regards, nous pourrons en quelques instants revenir sur tout l'espace que nous avons parcouru dans notre course.

Et d'abord, on peut me demander quelle addition je crois avoir faite aux preuves du Christianisme. A cette question, je ne répondrai qu'avec la plus grande réserve. Je regarde ces preuves comme trop naturellement et trop profondément enracinées dans le cœur humain pour que la somme totale en soit aisément augmentée ou diminuée par l'influence des considérations extérieures. Quoique nous puissions désirer de mettre à profit les témoignages que les savants ont habilement recueillis en discutant avec les ennemis du Christianisme, nous avons, je crois, en nous, la conscience que ce n'est pas sur de pareilles démonstrations que nous fondons notre croyance aux doctrines sublimes ou aux consolantes promesses de la religion. C'est ainsi qu'un habile théoricien vous démontrera par de puissantes raisons, fondées sur les histoires sociale et naturelle, que vous devez aimer vos parents, tandis que vous et lui vous saurez fort bien que ce n'est pas pour ces raisons que vous les avez aimés, mais que vous avez suivi une impulsion bien plus simple et bien plus intime. De même, quand nous avons une fois embrassé la véritable religion, nous n'avons plus besoin d'en rechercher les preuves ou les causes dans les raisonnements des livres; elles s'identifient à nos plus saintes affections; elles naissent du sentiment qui nous fait trouver nécessaires à notre bonheur les vérités qu'elles contiennent; elles naissent de ce que ces vérités nous donnent la clé des secrets de la nature, la solution de tout problème mental, l'accord de toutes les contradictions de notre condition anormale, et la réponse à toutes les questions solennelles d'une conscience inquiète.

La religion est donc comme une plante qui pousse ses racines jusqu'au fond de l'âme ; ces racines ont en elles des fibres menues et déliées qui percent et pénétrent dans les plus solides fondements d'un esprit sage, et en même temps des branches fortes et noueuses qui s'entrelacent à nos sentiments les plus doux et les plus purs. Et si au-dehors elle jette des bourgeons et des rejetons innombrables, avec lesquels elle saisit et retient, comme avec autant de mains, les objets mondains et visibles, c'est plutôt pour leur avantage et pour les embellir que par aucun besoin de semblables appuis ; ce n'est pas d'eux qu'elle tire le principe naturel et nécessaire de sa vitalité. Eh bien ! cette riche végétation extérieure est ce dont principalement nous nous sommes occupés ; nous avons donné moins d'attention à sa base et à ses racines cachées. Tantôt nous avons entouré de ses rameaux quelques débris négligés et décrépits d'une ancienne grandeur ; tantôt nous l'avons roulée comme une guirlande autour d'un rejeton jeune et vigoureux ; tantôt enfin nous avons mêlé ses fruits sacrés à des productions moins saines, et nous avons vu quelle grâce et quel agrément étaient ainsi donnés à tous deux. Nous avons admiré l'éclat, l'intérêt et la beauté que cette union peut répandre sur ce qui autrement serait insignifiant et profane ; et peut-être aussi, par cette culture, objet de nos principaux soins, avons-nous donné à la plante elle-même un surcroît de vigueur et le moyen de se fortifier plus encore.

En d'autres termes, ces discours ont été principalement consacrés à l'examen des rapports qui existent entre les preuves du Christianisme et d'autres études, et à l'observation de l'influence que les progrès nécessaires de ces études doivent avoir sur l'explication des preuves. Nous ne nous sommes pas occupés des témoignages intimes de la vérité du Christianisme ; mais, en détruisant les objections faites contre la forme extérieure de sa manifestation, contre les documents qui renferment ses preuves et ses doctrines, enfin contre plusieurs des événements particuliers qui se trouvent rapportés dans ces documents, nous pouvons espérer que la solidité naturelle des bases sur lesquelles repose la sainteté de notre religion se trouvera assez accrue et assez préparée pour recevoir un developpement plus efficace dans nos esprits. Cette considération admet plusieurs points de vue différents, et conduit à plusieurs conclusions encore plus importantes, qui feront le sujet de ce dernier discours. Et d'abord, je dirai quelques mots sur l'application directe qu'on peut faire des questions traitées jusqu'ici aux preuves du Christianisme, et sur l'authenticité des documents sacrés qui établissent d'une manière authentique les principales de ces preuves.

La grande différence entre l'erreur spécieuse et la vérité, c'est que la première, vue de certains côtés, peut n'offrir à l'œil aucun défaut apparent; elle ressemble à une pierre précieuse qui renferme une paille, mais qu'on peut examiner, de façon qu'avec un jeu de lumière, aidé d'une adroite mise en œuvre, le défaut se trouvera caché, tandis qu'il se laissera voir si on tourne la pierre même légèrement, et si on la considère à un autre point de vue. Au contraire, la vérité est un diamant qui n'a pas besoin d'être enchâssé avec soin; sans défaut et sans ombre, elle peut être exposée dans tous les sens, à la lumière la plus vive : partout elle fera voir en elle la même pureté, la même excellence et la même beauté. L'une est le métal impur, qui peut résister à l'action de plusieurs agents, mais qui en rencontre enfin un auquel il cède; la vérité est comme l'or bien préparé qui défie toutes les épreuves auxquelles on le soumet. Il suit de là que, plus nombreux sont les points de contact que présente un système relativement aux autres ordres de recherches intellectuelles ou scientifiques, et plus il fournit d'occasions d'éprouver ce qu'il vaut; s'il ne souffre aucunement des progrès continus que ces recherches font de tous côtés vers la perfection, nous devons en conclure que ses racines plongent si profondément dans l'éternelle vérité, que rien de ce qui est créé ne peut prévaloir contre son excellence. Aucune tentative n'a été plus fréquente que la fabrication de fausses productions en littérature, mais aucune n'a été plus malheureuse. Lorsqu'un auteur, comme peut-être Synésius, s'est borné à supposer une théorie philosophique, qui peut avoir existé à une époque quelconque, il devient plus difficile de juger de l'imposture; mais quand l'histoire, la jurisprudence, les mœurs, ou d'autres circonstances extérieures entrent dans le plan de l'ouvrage, il est presque impossible qu'il réussisse longtemps à tromper la sagacité des savants. Les fraudes littéraires les plus célèbres des temps modernes, telles que l'Histoire de Formose, ou plutôt encore le Code sicilien de Vella, ont pendant quelques temps

embarrassé le monde entier, mais elles ont été enfin découvertes.

Or, le but et la tendance de nos recherches ont été d'examiner
les différentes phases de la religion révélée à la lumière qui
jaillit d'études si diverses, de voir comment elle supporte l'action
de tant de puissances variées, et de reconnaître ainsi jusqu'à quel
point elle est capable de résister aux attaques les plus perfides et
de défier l'examen le plus obstiné et le moins bienveillant. Assurément, nous pouvons dire qu'aucun système ne s'est jamais
présenté plus à découvert, et ne pouvait être aussi facilement convaincu d'erreur, s'il en contenait, que le Christianisme. Aucun
livre n'offrit jamais tant de moyens de vérifier si ce qu'il renferme
est contraire à la vérité que nos saints livres. Nous y trouvons
l'histoire des premières et des dernières révolutions du globe,
la dispersion de la race humaine, la succession des monarques
dans tous les pays environnants, depuis le temps de Sésostris
jusqu'aux rois de Syrie, les coutumes, les mœurs et le langage
de diverses nations; les grandes traditions religieuses de la race
humaine; enfin le récit de plusieurs événements extraordinaires
et miraculeux, qui ne sont rapportés dans les annales d'aucun
autre peuple. Si les épreuves auxquelles tous ces différents matériaux devaient être soumis avaient été connues quand ils furent
ainsi réunis ensemble, on aurait pu se précautionner d'avance
contre le danger; mais il n'est point de talent, point d'adresse
qui puisse protéger contre l'avenir. Si le nom d'un seul Pharaon
égyptien eût été inventé dans un intérêt quelconque, ainsi que l'ont
fait, nous l'avons vu, d'autres historiens orientaux, la découverte
de l'alphabet hiéroglyphique, trois mille ans après, aurait été
l'une de ces chances révélatrices contre lesquelles l'historien ne
pouvait se mettre en garde. Si le récit de la création ou du déluge
eût été une fiction fabuleuse ou poétique, les pénibles voyages
du géologiste à travers les Alpes, ou la découverte des cavernes
de hyènes dans une île inconnue, n'auraient pas été non plus des
preuves sur lesquels l'inventeur eût compté pour la confirmation
de sa théorie. On découvre un fragment de Bérose, et ce fragment
prouve que ce qui semblait auparavant incroyable est parfaitement
vrai. On trouve une médaille, et elle complète la conciliation que
l'on essayait d'établir entre des contradictions apparentes. Toute

science, toute étude, à mesure qu'elle poursuit ses progrès naturels, augmente la masse de nos documents confirmatifs.

Ainsi, le premier résultat important que nous ayons obtenu est donc l'acquisition de cette preuve puissante qui résulte pour un système du grand nombre de vérifications auxquelles on le soumet. Quelques considérations d'une justesse évidente vont appuyer encore cette assertion. Et d'abord, je ferai remarquer que le saint livre n'est pas l'ouvrage d'un seul homme ni d'un seul siècle, qu'il faut y voir plutôt une compilation des écrits de plusieurs. Or, si un écrivain très-habile eût entrepris la tâche d'inventer les annales d'un peuple, d'écrire la biographie chimérique de quelque personnage distingué, de composer un système imaginaire de la nature, ou enfin de décrire suivant sa fantaisie les grands événements dont ce globe a été le théâtre, peut-être à la rigueur aurait-il pu garantir sa fraude contre toute découverte, et mesurer chaque phrase de manière à atteindre le but spécial qu'il se proposait. Mais imaginer que pendant 1600 ans, depuis Moïse jusqu'à saint Jean, un tel système ait pu être suivi par une succession d'écrivains n'ayant aucun rapport entre eux, doués des talents les plus inégaux, écrivant (si nous admettons pour un moment cette supposition impie) sous les influences les plus diverses ; envisageant nécessairement le passé et l'avenir sous différents aspects : imaginer cela, dis-je, c'est imaginer pour l'accomplissement d'une mauvaise action une combinaison d'agents intellectuels plus étrange que le monde n'en vit jamais. Mais ce n'est pas là ce que nous devons considérer à présent. Il est évident que la possibilité n'aurait pu seconder l'envie de tromper, si cette envie eût existé ; les points de contact avec d'autres faits auraient été infiniment trop multipliés pour que l'accord fût toujours exact. En supposant que Moïse ait connu à fond l'Egypte de son temps, il serait peu probable que tous les annalistes qui lui ont succédé eussent possédé une science égale. Si les opinions du temps de Moïse, sur la constitution physique du monde, étaient si justes qu'il n'y avait aucune chance que les découvertes modernes les fissent juger erronées, ce n'aurait pas été une garantie d'exactitude pour ce que dit Isaïe au sujet des affaires de Babylone. En un mot, plus est grande l'étendue de temps et de territoire, plus sont nombreux les événements et les coutumes qu'embrasse le livre sacré, plus le risque d'être découvert eût été grand, si ce livre eût contenu la moindre inexactitude ou la moindre fausseté..

Secondement, nous pouvons remarquer que les passages vérifiés par nos recherches ont été rarement des événements principaux, ou le sujet direct que traitaient les orateurs inspirés ; mais en grande partie des observations incidentes, ou des récits sur lesquels on aurait à peine cru que des recherches pussent être faites. L'origine commune de tout le genre humain et la dispersion miraculeuse de notre race ne sont pas des sujets longuement et fastueusement développés ; la première de ces traditions est donnée comme sous-entendue, et la dernière est racontée de la manière la plus simple. Cependant nous avons vu quelle longue suite d'études il a fallu pour détruire les fortes préventions nées des premières apparences, et nourries par les présomptueuses conclusions d'une science mal étudiée. Les divers incidents historiques sur lesquels on a obtenu quelque lumière par l'application de nos découvertes modernes sont, pour la plupart, des épisodes ajoutés à la narration générale de l'histoire domestique des Juifs ; ce sont des passages qui auront été écrits par une main moins circonspecte, et sans aucun soupçon qu'on dût un jour s'en servir contre l'ouvrage entier. Néanmoins, ces passages ont été savamment attaqués sans le moindre résultat favorable pour leurs adversaires.

Troisièmement, nous aurions pu douter en quelque sorte de l'épreuve, si elle eût été exclusivement dirigée par des amis. Mais quoique ceux-ci aient beaucoup travaillé à cette œuvre d'examen et d'explication, la plus grande partie en a été faite par deux classes d'hommes également au-dessus du soupçon : la première comprend ceux qui ont tranquillement suivi leurs études sans avoir la moindre intention d'en appliquer les résultats aux livres sacrés, ou même sans s'imaginer qu'une pareille tâche serait entreprise. L'antiquaire, lorsqu'il dépose dans sa collection une nouvelle médaille et qu'il la déchiffre, ne sait pas, jusqu'à ce qu'il soit au bout de sa recherche, quels renseignements cette médaille lui procurera sur les anciens temps. L'orientaliste pâlit sur des parchemins effacés, sans pouvoir conjecturer quelles lumières il en obtiendra à l'égard des coutumes anciennes, jusqu'à ce qu'il en ait pénétré les obscurités. L'un et l'autre ne poursuivent point leurs études dans la pensée que ce qu'ils découvriront pourra servir au théologien; il n'est aucune prévoyance d'esprit qui eût pu faire espérer au savant Aucher qu'on trouverait dans la traduction arménienne d'Eusèbe un fragment de Bérose qui n'existait plus dans l'original; encore moins qu'un fragment, s'il venait à être découvert, dissiperait les ténèbres qui obscurcissaient la narration d'un fait important. Or, une partie, ou plutôt une condition essentielle de mon plan, a été de recourir principalement à des auteurs qui avaient poussé leurs recherches sans faire attention aux avantages qui en pouvaient résulter pour l'accroissement des preuves du Christianisme.

La seconde classe d'écrivains auxquels nous devons une grande partie de nos matériaux est encore plus à l'abri de tout soupçon de partialité pour notre cause. Vous comprenez facilement que je veux parler ici de ceux qui nous sont décidément hostiles. On peut encore séparer ces derniers en deux classes : la première renfermerait les écrivains qui n'admettent pas les conclusions que nous tirons de nos prémisses, quoiqu'ils nous aident à établir ces dernières, ou qui n'attaquent pas notre croyance, bien qu'ils ne l'admettent pas. Ainsi, vous avez vu Klaproth nier la dispersion, et Virey l'unité de la race humaine; tous les deux cependant accumulent des preuves importantes à l'appui de ces deux faits. D'autres nous ont servi bien plus à contre-cœur, puisque leur sagacité et leurs talents se sont appliqués à combattre les propositions même que j'ai tâché d'établir. Oui, le génie de Buffon semblait avoir été excité par l'idée qu'il prenait un vol plus hardi que les autres hommes en s'efforçant de dépasser les limites de la croyance universelle. Les fragments qu'on possédait alors sur l'astronomie des Hindous n'auraient jamais occupé le génie de l'infortuné Bailly, si son empressement n'eût été stimulé par la vaine espérance de construire, à l'aide de ces matériaux, un système de chronologie plus conforme aux opinions irréligieuses de son parti, que la vénérable croyance des anciens âges; et néanmoins, l'imagination de Buffon trouva la première cette théorie d'un refroidissement graduel du globe terrestre, que plusieurs considèrent maintenant comme une solution suffisante des difficultés relatives au déluge. Quant à Bailly, on peut dire qu'en essayant d'établir l'astronomie des Hindous sur des bases scientifiques, il ouvrait la voie qui a conduit à reconnaître ce qu'était en réalité cette astronomie.

De telles considérations doivent ajouter un grand poids à l'argumentation suivie dans ces discours. Car elles doivent éloigner tout soupçon que les autorités sur lesquelles cette argumentation se fonde aient été préparées avec soin, et par une main amie.

Le premier résultat d'un tel raisonnement, c'est que la religion chrétienne et les témoignages qui la confirment peuvent se vanter à juste titre d'offrir toute la sécurité que donne sur la vérité d'un système toute la variété infinie des épreuves qu'on lui a fait subir, sans parvenir à l'entamer. Mais la même conséquence a encore une force importante pour l'avenir, elle nous donne désormais des gages de confiance tels que ne pourrait en présenter aucune autre forme d'argument. Si tous les travaux faits jusqu'ici ont contribué à confirmer nos preuves, nous n'avons certainement rien à craindre de ce qui nous reste encore caché. En supposant que les premiers pas dans chaque science eussent été très-favorables à notre cause, et que les progrès nouveaux eussent diminué les avantages que nous avions d'abord obtenus, nous pourrions être alarmés des découvertes ultérieures; mais nous voyons que c'est précisément le contraire : que les commencements des sciences nous sont moins avantageux, et que les progrès sont des plus satisfaisants. Nous devons donc rester convaincus que de plus amples découvertes, loin d'affaiblir les preuves que nous possédons déjà, les affermiront nécessairement.

Et c'est ainsi que nous arrivons à nous former une idée noble et sublime de la religion, à la considérer comme le centre invariable autour duquel se meut le monde moral, tandis qu'elle-même demeure exempte de tout changement; ou plutôt à voir en elle l'emblème de celui qui nous l'a donnée, le médium qui embrasse tout, dans lequel tout se meut, augmente et décroît, doit naître et mourir sans lui imprimer aucun changement essentiel, et tout au plus en altérant pour quelques instants sa manifestation extérieure.

Nous arrivons à considérer la religion comme le dernier refuge de la pensée, comme le lien qui unit le visible à l'invisible et qui joint ce qui est révélé à ce qu'on peut découvrir, comme la solution de toutes les anomalies et de tous les problèmes de la nature extérieure et de l'âme invisible ; comme le principe qui fixe et consolide toute science, comme le but et l'objet de toute méditation. Elle nous paraît semblable à l'olivier, cet emblème de la paix qui a été décrit par Sophocle : « Une plante qui n'a pas été sémée par la main de l'homme, mais qui a crû spontanément et nécessairement dans le grand ordre établi par la sagesse créatrice ; une plante redoutable à ses ennemis, et si profondément entrée dans le sol, que nul homme des temps anciens ou modernes n'a pu parvenir à la déraciner. » (OEdipe Col. 694.)

Après ce que j'ai dit, il serait superflu d'établir formellement en principe que la religion chrétienne ne peut avoir aucun intérêt à comprimer l'étude de la science et de la littérature, ni aucune raison de craindre que cette étude se répande partout, tant qu'elle est accompagnée d'un respect convenable pour la sainte morale et pour la pureté de la foi ; car, si l'expérience du passé nous a donné la certitude que les progrès de la science tendent uniformément à augmenter le nombre de nos preuves en faveur du Christianisme, et à donner un nouveau lustre à celles que nous possédons déjà, il est assurément de l'intérêt et du devoir de la religion d'encourager des progrès semblables ; et pourtant, depuis les premiers temps de l'Eglise jusqu'à nous, il y a eu des hommes qui ont professé une opinion contraire, et nous pouvons les diviser en deux catégories d'après les motifs qui ont excité leur opposition contre la science humaine : la première comprend ces Chrétiens bien intentionnés qui, dans tous les siècles, ont cru que le savoir et la littérature sont incompatibles avec les études sacrées, ou qu'elles détournent l'esprit de la contemplation des choses célestes, enfin qu'il en résulte un alliage nuisible à cette sainteté continuelle de pensée, qu'un Chrétien devrait toujours s'efforcer de posséder ; ou bien que de telles études sont clairement condamnées dans l'Ecriture puisque la sagesse du monde y est réprouvée. Cette classe de Chrétiens timides dirigea d'abord son opposition contre la philosophie que tant de Pères, particulièrement ceux de l'école d'Alexandrie, s'efforçaient de concilier avec la théologie chrétienne : ils furent cependant vigoureusement attaqués et réfutés par Clément d'Alexandrie, qui consacra plusieurs chapitres de ses savants *Stromates* à la défense de ses études favorites. Il fait observer avec beaucoup de justesse « qu'un savoir étendu et varié recommande celui qui expose les grands dogmes de la foi à l'esprit de ses auditeurs, inspire l'admiration à ses disciples et les attire vers la vérité [1]. » C'est aussi l'opinion de Cicéron, quand il dit : « La force de la science est grande pour convaincre [2]. » Clément appuie son argument de plusieurs citations tirées des saintes Ecritures et des auteurs profanes. Voici de lui un passage remarquable :

« Quelques personnes, ayant une haute opinion de leurs dispositions, ne veulent pas s'appliquer à la philosophie ou à la dialectique, ni même à la philosophie naturelle; elles désirent posséder la foi seule et sans ornement; et cela est aussi raisonnable que si elles s'attendaient à recueillir des raisins d'une vigne qu'elles auraient laissée sans culture. Notre Seigneur est appelé allégoriquement une vigne dont nous recueillons le fruit par une culture assidue, selon ce qu'a enseigné le Verbe éternel. Il nous faut tailler, creuser et lier, et en un mot accomplir tout autre travail nécessaire. De même qu'en agriculture et en médecine, on considère comme le plus propre à l'une ou à l'autre de ces fonctions celui qui a étudié le plus grand nombre de sciences utiles au labourage ou à l'art de guérir, de même nous devons regarder comme le mieux préparé celui qui fait tourner chaque chose au profit de la vérité, celui qui recueille tout ce que la géométrie, la musique, la grammaire et la philosophie elle-même peuvent renfermer d'utile à la défense de la foi; mais le champion qui ne s'est pas instruit avec soin sera certainement méprisé [3]. »

Ces paroles, je dois l'avouer, ne sont pas pour moi un médiocre encouragement; car, si au lieu de la géométrie et de la musique, nous prenons la géologie, l'ethnographie et l'histoire, nous pouvons considérer ce passage comme une confirmation formelle des idées que nous avons exposées dans ces discours, et comme l'approbation des principes qui nous ont dirigés.

Tant que cette opposition dura dans l'Eglise, elle fut jugée, par des pasteurs zélés et éloquents, comme préjudiciable

---

[1] Stromata, liv. I, c. II, t. I, p. 237, éd. Potter.
[2] Topica, oper. t. I, p. 173, éd. Lond. 1681.
[3] Ibid., c. IX, p. 342.

cause de la vérité. Saint Basile-le-Grand, particulièrement, semble
avoir été dans son siècle un des plus ardents défenseurs des études
profanes; il recommande lui-même vivement que l'on se livre
à l'étude de la littérature élégante à l'âge où, selon lui, l'esprit
est trop faible pour supporter la nourriture plus solide de la parole inspirée; il dit expressément que la lecture des écrivains tels
qu'Homère forme un jeune esprit aux sentiments vertueux ; mais
il ajoute néanmoins qu'on doit prendre soin de supprimer tout
ce qui pourrait corrompre l'innocence du cœur [1].

Saint Grégoire de Nysse parle de saint Basile avec beaucoup de
louanges, parce qu'il faisait servir de tels principes à l'intérêt
de la religion, et qu'il les enrichissait de son propre savoir. « Il
en est plusieurs, écrit-il, qui font hommage à l'Eglise de leur
science profane : tel était entre autres le grand Basile, qui, s'étant
dans sa jeunesse emparé des dépouilles de l'Egypte et les ayant
consacrées à Dieu, en orna le tabernacle de l'Eglise [2]. »

Mais l'illustre ami de saint Basile est entré plus au long dans
les avantages de la science et de la littérature. Saint Grégoire de
Nazianze avait été son condisciple à Athènes : tous deux, animés
du même esprit religieux, s'étaient livrés avec un brillant succès
à l'étude des lettres, considérant la vérité, suivant l'expression
de saint Augustin, « partout où on la trouve, comme la propriété
de l'Eglise du Christ. » Leur condisciple Julien comprenait si bien
la valeur qu'eux-mêmes et les saints hommes de leur temps atta-
chaient à la science humaine, et l'usage puissant qu'ils en faisaient
pour renverser l'idolâtrie et l'erreur, que, lors de son apostasie,
il publia un décret par lequel il était défendu aux Chrétiens de
suivre les écoles publiques et de se livrer à l'étude des sciences [3];
et ce décret fut considéré par eux comme une cruelle persécution.
Un passage tiré de l'oraison funèbre que prononça Grégoire à l'honneur de son ami suffira pour vous convaincre que telle était son
opinion :

« Je pense que tout homme d'un esprit sain conviendra que la

[1] Basilii opera, t. I, hom. 24.

[2] De Vita Mosis., S. Greg. Nysseni op. Paris 1638, tome I, page
209.

[3] Socrates, Hist. eccles., lib. I, cap. xii,

science doit être regardée comme le premier de tous les biens terrestres. Je parle non-seulement de cette science qui est en nous,
et qui, méprisant tout ornement extérieur, s'occupe exclusivement
de l'œuvre du salut et de la beauté des idées intellectuelles, mais
aussi de cette autre science qui vient du dehors, et que quelques
Chrétiens induits en erreur rejettent comme fausse, dangereuse,
et comme détournant l'esprit de la contemplation de Dieu. » Après
avoir remarqué que l'abus fait de la science par les païens n'est
pas une raison pour qu'on la rejette, pas plus que la substitution
impie qu'ils font des principes de la matière à Dieu ne peut nous
détourner de leur usage légitime, il poursuit ainsi : « Il ne faut
donc pas blâmer l'érudition, parce qu'il plaît à quelques hommes
d'agir ainsi ; au contraire, on doit considérer ces hommes comme
des sots et des ignorants qui voudraient que tous les autres leur
ressemblassent, afin de pouvoir eux-mêmes se cacher dans la
foule et dérober à tout le monde leur manque d'éducation [1]. »

Les expressions employées par saint Grégoire sont sévères, mais
elles servent à montrer, de la manière la plus évidente, quels
étaient les sentiments de ce pieux et savant homme sur l'utilité de
la science humaine et de la littérature. Si nous nous tournons
vers les grandes lumières de l'Église d'Occident, nous n'y trouvons pas moins de sévérité envers ceux qui se prononcent contre
la science profane. Saint Jérôme, par exemple, s'exprime même
durement à l'égard de ceux qui, comme il dit, « prennent l'ignorance pour la sainteté et se vantent d'être les disciples de pauvres
pêcheurs. » Dans une autre occasion, il explique l'Écriture en
s'appuyant de plusieurs auteurs de la philosophie païenne; puis
il conclut en ces mots : *Hæc autem de Scriptura pauca posui-
mus, ut congruere nostra cum philosophis doceremus.* » Nous
avons cité ces courts passages de l'Écriture, afin de montrer que
nos doctrines s'accordent avec celles des philosophes [2]. » De telles
paroles prouvent clairement qu'il considérait comme chose intéressante et nullement indigne d'un bon Chrétien de rechercher
les rapports qui existent entre les vérités révélées et la science hu-

---

[1] S. Grég. Nazianz. Funebris oratio in laudem Basilii magni, « .
Paris 1609, p. 323.

[2] Adv. Jovinianum, lib. II.

maine, et de s'assurer s'il n'est pas possible de les réunir et de les mettre d'accord.

Son savant ami, saint Augustin, était évidemment du même avis. En parlant des qualités nécessaires à un bon théologien, il range parmi ces qualités la science mondaine, et il lui attribue une grande importance. Ainsi, il est écrit : « Si ceux qu'on appelle philosophes ont dit quelques vérités qui soient conformes à notre foi, loin de les craindre nous devons nous les approprier comme un bien qu'ils possèdent injustement. » Il fait ensuite observer que ces vérités, qui se trouvent éparses dans leurs écrits, sont comme le pur métal mêlé aux ingrédients grossiers que renferme une mine, et que « les Chrétiens doivent s'en emparer dans la vue louable de propager l'Evangile. » « En est-il beaucoup entre les plus fidèles d'entre nous, continue-t-il, qui aient agi autrement? De quelle quantité d'or, d'argent et de précieux ornements n'avons-nous pas vu Cyprien chargé quand il sortit de l'Egypte, lui, ce sage docteur et ce bienheureux martyr! Que de richesses Lactance, Victorin, Optal et Hilaire n'emportèrent-ils pas du même pays? Combien de Grecs n'imitèrent-ils pas cet exemple [1]! »

Il n'est pas difficile de concilier avec ces passages les divers endroits où les Pères semblent blâmer la science humaine ; par exemple celui où saint Augustin lui-même, dans une de ses lettres à propos de l'éducation qu'il donnait à Possidius, dit que les études ordinaires appelées libérales ne méritent pas ce nom, alors honorable; car il appartient en propre aux études fondées sur la véritable liberté que Jésus-Christ nous a acquise; de même encore ce passage de saint Ambroise, pour en citer un entre plusieurs, où il dit à Démétrias que « ceux qui savent à quelles souffrances ils doivent leur salut, et quel a été le prix de leur rédemption, ne souhaitent pas faire partie des sages de ce monde [2]. » Il est clair que tous les deux parlent ici de la science vaine, sotte et présomptueuse de sophistes arrogants et d'artificieux rhéteurs, de cette

[1] De Doctrina christianâ, lib. II, cap. xl, op. t. III, première partie, p. 42, ed. Maur.

[2]. Epistolar., lib. IV, epist. 33, op. tom. V, p. 264, ed. Par, 1632.

science qui, dépourvue du sel de la grâce et de l'esprit de la religion, est insipide, fade et sans le moindre prix. Et comment un
seul instant pourrions-nous avoir une autre pensée, quand nous
parcourons les glorieux ouvrages des Pères, lorsque nous contemplons les trésors de l'antique science qui s'y trouvent accumulés, quand nous découvrons dans chaque paragraphe des traces
de la parfaite connaissance qu'ils avaient de la philosophie païenne,
et que chaque sentence nous prouve combien ils étaient familiers
avec les plus purs modèles de style ! Qui peut mettre en doute ou
qui osera regretter que Tertullien et Justin, Arnobius et Origène
aient possédé toutes les armes que pouvait fournir la science
païenne pour la défense de la vérité? Qui pourrait souhaiter que
saint Basile et saint Jérôme, saint Grégoire et saint Augustin
eussent été moins versés qu'ils ne l'étaient dans tous les ouvrages
littéraires des anciens? Bien plus, dans la lettre même que j'ai
déjà citée, saint Augustin, si ma mémoire est fidèle, parle sans
regret, et même avec satisfaction, des livres sur la musique, que
son ami a paru souhaiter d'avoir.

Le temps n'a pas plus changé les sentiments de l'Eglise primitive en ce point qu'en aucun autre. Mabillon a prouvé d'une manière victorieuse que, même parmi les hommes qui menaient la
vie monastique, l'étude a été encouragée et appréciée dès le commencement [1]. Bacon parle avec de grands éloges du zèle que
l'Eglise catholique a toujours montré pour la science. « Dieu,
écrit-il, a envoyé dans le monde sa divine vérité, accompagnée
des sciences, pour que celles-ci lui servissent d'aides et de suivantes. Nous voyons que plusieurs des anciens évêques et des Pères
de l'Eglise étaient très-versés dans les sciences des païens, même
à ce point que l'édit de l'empereur Julien, qui défendait aux Chrétiens les écoles et les études, fut regardé comme un instrument
plus redoutable contre la foi que les persécutions sanguinaires de
ses prédécesseurs. Ce fut l'Eglise chrétienne qui, au milieu des
invasions des Scythes venus du Nord-Ouest, et des Sarrasins, venus de l'Est, conserva dans son sein les restes de la science profane, qui, sans cela, eussent été entièrement perdus. Dans ces
derniers temps, les jésuites ont beaucoup vivifié et fortifié la

[1] Traité des études monastiq., p. 112. Par. 1691.

science, et ont contribué à la consolidation du siége romain. »

Ainsi donc, conclut Bacon, outre que la philosophie et la science humaine servent à l'ornement et à l'explication de la religion, elles lui rendent encore deux services importants : d'une part, elles contribuent à l'exaltation de la gloire de Dieu; de l'autre, elles offrent un préservatif excellent contre l'incrédulité et l'erreur [1].

Entre les deux extrêmes indiqués par Bacon, c'est-à-dire les anciens Pères et la société de Jésus, il existe un long intervalle, durant lequel, en dépit d'un préjugé ordinaire, nous ne devons pas imaginer que la féconde pensée de l'Eglise ait cessé de s'occuper des études profanes. « Je ferai observer, écrit un auteur ingénieux et savant, que, pour un catholique, non-seulement l'histoire philosophique, mais encore l'histoire littéraire du monde, s'est prodigieusement étendue. Les objets changent de position relative, et plusieurs de ceux qui étaient plongés dans l'obscurité sont maintenant environnés d'une lumière resplendissante. Tandis que les écrivains modernes ne cessent, siècle par siècle, de nous parler des Césars et des philosophes, ou d'exercer leur sagacité dans les parallèles qu'ils tracent entre leurs contemporains, le catholique découvre qu'il y a, entre la civilisation païenne et la civilisation présente, un monde entier, que toutes les sortes de gloires intellectuelles et morales ont illustré; il ne prononce plus les noms de Cicéron et d'Horace, mais ceux de saint Augustin, de saint Bernard, d'Alcuin, de saint Thomas et de saint Anselme; les lieux qu'il associe dans son esprit avec les époques où la science florissait paisible et honorée ne sont plus le Lycée ou l'Académie, mais Cîteaux, Cluny, Crowland ou l'Oxford du moyen âge [2]. »

Je vous renvoie à cette page riche et brillante ; elle vous prouvera que les études classiques et philosophiques étaient suivies avec zèle et talent dans la solitude du cloître par

[1] De augmentis Scientiarum (OEuvres de Bacon). Lond. 1818, t. VI, p. 63.

[2] Mores catholici, ou Siècles de foi, liv. III. Lond. 1833.

The thoughtful monks, intent their God to please
For Christ's dear sake, by human sympathies
Poured from the bosom of the Church [1].

Mais je ne puis passer sous silence l'opinion d'un homme qui fut un des ornements de ces siècles calomniés. Parmi les admirables sermons de saint Bernard sur les cantiques, il en est un dont voici le sujet : « La connaissance de la science humaine est bonne. » Dans ce sermon, l'éloquent orateur s'exprime ainsi : « Il vous semblera peut-être que je fais trop peu de cas de la science, que je blâme presque les savants, et que j'interdis l'étude des lettres : à Dieu ne plaise ! Je n'ignore pas combien les savants ont servi et servent maintenant l'Eglise, soit en réfutant ses ennemis, soit en instruisant les ignorants. Et j'ai lu : « Parce que tu as rejeté la science, je te rejetterai, afin que tu ne remplisses pas les fonctions de mon grand-prêtre [2]. »

Tels ont donc été les sentiments et la conduite de l'Eglise catholique à l'égard de l'application qu'on doit faire de la science profane à la défense et à l'explication de la vérité ; et peut-être la meilleure réponse que l'on puisse faire aux Chrétiens inconsidérés qui disent que la religion n'a pas besoin de ces secours étrangers et artificiels, est-elle celle du docteur South : « Si Dieu n'a pas besoin de notre science, il a encore moins besoin de notre ignorance. »

La seconde classe d'écrivains, qui assurent que la religion n'est pas intéressée aux progrès de la science, est mue par des motifs bien différents ; car elle renferme ces ennemis de la révélation contre lesquels ces discours ont été principalement dirigés, et qui prétendent que l'avancement de la science a eu pour effet de renverser ou d'affaiblir les preuves de la religion révélée. J'ai eu tant d'occasions de réfuter ces écrivains, que je ne m'arrêterai pas à démontrer davantage la folie de leurs assertions. Je dirai seu-

[1] « Les moines penseurs, occupés de plaire à leur Dieu pour l'amour du Christ, et qui, mus par des sympathies humaines, sortirent du sein de l'Eglise. » Yarrow revisited, 2e ed., p. 254.

[2] Serm. 36. super Cantica, p. 608. Basil. 1566.

lement que les adversaires modernes du Christianisme ne sont pas les premiers qui aient fait ce reproche sans fondement, et que c'est en effet la plus vieille accusation qu'on ait portée contre lui. Celse, l'un de ses plus anciens antagonistes, et dont les objections sont parvenues jusqu'à nous, a particulièrement raillé les Chrétiens sur ce qu'ils rejetaient la science dans la crainte qu'elle ne nuisît à leur cause; mais il rencontra un adversaire formidable dans le savant Origène, qui repousse cette calomnie d'une manière triomphante, et en déduit une conclusion que je ne puis m'empêcher de rapporter : « Puisqu'on voit la religion chrétienne inviter et encourager les hommes à l'étude, ceux-là méritent une sévère réprimande qui cherchent à excuser leur ignorance en parlant de manière à détourner les autres de leur application à s'instruire [1]. » Cette remarque, en montrant qu'Origène croyait impossible que le Christianisme pût souffrir de l'encouragement donné à la science, est en même temps une juste réprimande adressée à cette classe d'amis timides qui s'alarment de ses progrès.

J'ai eu souvent l'occasion de défendre l'Italie, et particulièrement Rome, contre de sottes calomnies à cet égard : j'ai prouvé que cette ville, sans donner le moindre témoignage de jalousie ou de crainte, avait été la première à encourager la science et la littérature, double moyen de pénétrer et de bien reconnaître jusqu'à la dernière base de la religion. Il n'y a peut-être pas de pays où les hautes branches de l'éducation soient mises aussi libéralement à la portée de toutes les classes, où l'on puisse étudier plus facilement les sciences physiques, et où la littérature orientale et la littérature critique aient été plus favorisées. Cette ville possède trois établissements sous la forme d'universités, où toutes les parties de la littérature et de la science sont cultivées simultanément sous la direction de professeurs habiles; il existe dans la grande université une chaire d'un genre tout-à-fait particulier; elle est destinée à défendre l'Ecriture au moyen des découvertes modernes de la philosophie naturelle [2]. Quant à moi, je serais injuste si je négligeais cette occasion de déclarer que toujours, et principalement sur

[1] Contra Celsum, liv. III, t. I, p. 476, éd. De la Rue.
[2] La chaire de Fisica sagra.

ce qui fait le sujet de ces discours, j'ai reçu les encouragements les plus bienveillants de la part de personnes dont tout catholique doit considérer l'approbation comme sa meilleure récompense sur la terre [1].

Nous pouvons assurément tirer quelques conclusions pratiques de tout ce que j'ai dit et espère avoir prouvé jusqu'à présent; et d'abord, je m'adresserai, avec toute la déférence convenable, à ceux qui partagent les devoirs et les dangers de mon saint ministère. Sans avoir la présomption de vouloir les instruire ou leur donner des avis, je les conjurerai, comme ami et comme frère, de ne négliger aucune occasion de démentir par leurs actes les reproches persévérants des ennemis de la religion. Ce n'est point par des raisonnements abstraits que nous persuaderons au genre humain que nous ne craignons pas les progrès de la science; c'est en allant au-devant d'elle, ou plutôt en l'accompagnant dans sa marche progressive; c'est en faisant voir que nous l'avons enrôlée sous nos drapeaux : c'est, je le déclare, en agissant de la sorte que nous pouvons espérer de persuader fermement aux hommes que la vérité est le partage de Dieu seul, et que les serviteurs de Dieu n'ont rien à redouter d'elle pour eux ou pour leur cause. Une des rai-

[1] C'est avec plaisir que je raconte l'anecdote suivante. Il y a quelques années, je mis à la tête d'une thèse soutenue par un élève de mon établissement une dissertation latine de dix à douze pages, sur la nécessité de joindre des connaissances générales et scientifiques aux études théologiques. J'y passais en revue les diverses branches d'études dont parlent ces discours. Mon Essai fut bientôt traduit en Italien et imprimé dans un journal sicilien; je crois qu'il parut aussi à Milan. Mais ce qui fut encore plus satisfaisant pour moi, et ce qui peut servir à confirmer ce que je dis dans le texte, c'est qu'étant allé, quelques jours après, visiter le défunt pape Pie VIII, qui était très savant dans les littéra'ures sacrée et profane, et lui offrant, suivant l'usage, une copie de la t èse préparée pour lui, j'en vis une autre copie sur la table; et il m'apⅰ ril dans les termes les plus obligeants qu'ayant entendu parler de mon ⱥ e-tit Essai, il se l'était procuré sur-le champ, et il ajouta, en se serva ⱦ de l'expression figurée des anciens Pères que j'ai citée : « Vous avez enlevé à l'Egypte ses dépouilles, et vous avez prouvé qu'elles appartiennent au peuple de Dieu. »

sons qui attestèrent les nombreux ravages de l'incrédulité en France, pendant le dernier siècle, fut que ses émissaires la présentèrent au peuple trompeusement ornée du faux-brillant d'une science dérisoire ; qu'ils faisaient usage d'interprétations et de preuves spécieuses tirées de toutes les branches de la littérature, et qu'ils répandaient sur les bords de cette coupe empoisonnée tous les charmes d'un style élégant et d'une imagination brillante ; tandis qu'au contraire, à l'exception de Guénée, et peut-être d'un petit nombre d'autres auteurs, ceux qui entreprenaient de les réfuter ne faisaient malheureusement usage que de raisonnements abstraits et de simples démonstrations didactiques [1]. Est-ce paraître trop exigeant que de recommander de prendre des soins aussi assidus pour orner la religion des charmes qui lui sont naturels, que Dieu même lui a donnés, et que son ennemie lui avait dérobés d'une main sacrilège ?

Les formes diverses qu'affecte l'incrédulité, la facilité avec laquelle, semblable à un véritable Protée, elle sait varier son extérieur et ses mouvements, doivent nous tenir dans un état d'activité constante, si nous voulons lui faire face avec succès, ne nous laisser surprendre par aucune de ses métamorphoses, et l'étouffer en dépit de toutes les formes fantastiques qu'elle sait revêtir. « La souplesse de l'erreur, dit un éloquent écrivain de notre temps, nécessite une égale variété de moyens pour défendre la vérité ; et qui la défendra plus naturellement contre les usurpations de l'erreur et de l'irréligion, si ce n'est ceux qui consacrent ouvertement leurs études et leur vie à la propagation de la vertu et de la religion ? Puisque le ministère du prêtre chrétien a été établi pour enseigner éternellement aux hommes la vérité et la

---

[1] Comme preuve de ce défaut, dans un auteur qui s'est élevé plus que je ne l'ai voulu faire, et qui a tâché de porter la guerre sur le terrain ennemi, je pourrais citer un ouvrage, publié à Naples vers la fin du dernier siècle, et qui a pour titre : Irreligiosa libertà di pensare nemica del progresso delle scienze. C'est un gros in-4°; mais depuis la première page jusqu'à la dernière, il ne contient pas un seul fait qui prouve que l'incrédulité a été contraire aux progrès de la science. C'est un ouvrage d'un raisonnement sec, et dont le ton est généralement déclamatoire.

sainteté, il doit se plier aux scènes toujours mobiles du monde
moral et se tenir prêt à repousser les attaques de l'erreur et de
l'impiété, quelles que soient les formes qu'elles puissent prendre [1]. »

Ces sentiments, qui doivent appartenir aux chefs de toute religion, ont été, il y a plus de mille ans, exprimés sur notre ministère par le glorieux Chrysostôme, dans le livre d'or qu'il a écrit
pour les hommes qui marchent dans cette carrière ; voici ses paroles : « C'est pourquoi il nous faut prendre toutes les peines possibles
afin que la doctrine du Christ abonde en nous ; car les préparatifs
de bataille que font les ennemis ne se présentent pas sous une
seule forme ; la guerre est variée dans ses attaques, et elle est
dirigée par des ennemis divers. Tous ne font pas usage des mêmes
armes et ne livrent pas les assauts d'après un même plan. Celui
donc qui entreprend de les combattre doit connaître les ruses de
chacun ; il doit manier à la fois l'arc et la fronde, être en même
temps chef et soldat, cavalier ou fantassin, et savoir également se
battre sur un vaisseau et sur la brèche. Dans une guerre ordinaire, chacun attaque son ennemi d'après les leçons qu'il a reçues : mais dans ce combat, il en est bien autrement ; car, si
celui qui doit remporter la victoire n'est pas complètement initié
à tous les secrets dont il a besoin, le démon sait profiter de quelque point mal gardé pour introduire dans la place des satellites
qui s'emparent du troupeau et le mettent en pièces. Mais il n'en
est pas ainsi quand le méchant esprit sait que le pasteur est pour-
vu des armes nécessaires, et qu'il est d'avance averti de ses ruses.
C'est donc à nous surtout qu'il convient d'être préparés sur tous les
points.

A cet encourageant témoignage en faveur des idées que j'ai exposées, je puis ajouter celui d'un illustre Père de l'Eglise latine. Saint
Jérôme, commentant le verset 8 de l'Ecclésiaste, chapitre II : « J'ai
amassé pour moi l'or et l'argent et les richesses des rois, » s'exprime ainsi : « Par les richesses des rois, nous pouvons comprendre les doctrines des philosophes et les sciences profanes,

---

[1] De l'incrédulité moderne considérée sous les rapports de son influence sur la société. Londres 1822, p. 4 et 11, dans un sermon de
R. Hall. M. A.

et l'ecclésiastique qui les comprend avec soin peut saisir les sages dans leurs propres piéges [1]. »

C'est, direz-vous, une tâche difficile que d'acquérir les connaissances nécessaires pour ces attaques diverses; mais quelle autre noble profession dans la société n'impose pas des obligations aussi pénibles?

>   ....: Pater ipse colendi
> Haud facilem esse viam voluit [2]......
>
> (VIRG., Georg. I, 121.)

Eh quoi! l'orateur romain déclarera que nul ne peut espérer d'atteindre à la hauteur de sa profession, « à moins qu'il n'ait acquis la connaissance de toutes les sciences [3], » et cela pour plaire à la multitude, peut-être même pour détourner le cours de la justice [4]; et nous, la crainte du travail et des difficultés nous détourneraient d'études semblables, études douces en elles-mêmes, études pleines de fruits excellents; et cela, quand notre but est le plus noble, le plus saint que l'on puisse se proposer ici-bas; quand les sciences, filles de la sagesse incréée, recevront la consécration et deviendront les prêtresses du Très-Haut, grace au service même auquel nous les employons. Sans doute, il faut du temps pour se bien disposer à cette manière de réfuter l'erreur et d'expliquer la vérité; mais, je le demande en toute confiance, à quoi le temps pourrait-il être mieux employé? Assurément ce n'est pas en s'occupant des sujets éphéméres, qui s'emparent pour un

---

[1] Possunt regum substantiæ et philosophorum dici dogmata et scientiæ sæculares, qnæ ecclesiasticus vir diligenter intelligens, apprehendit sapientes in astutia eorum. » Comment. in Eccl., t. II, p. 726.

[2] « Le Père lui-même a voulu que la science de son culte ne fût pas une étude facile. »

[3] « Ac mea quidem sententia, nemo poterit esse omni laude cumulatus orator, nisi erit omnium rerum magnarum atque artium scientiam consequutus. » De Orat., lib. I, p. 89.

[4] L'art de bien dire s'enseigne pour rendre bonnes de mauvaises causes; par lui, on défend les coupables, et on accable les innocents. » Trist. II, 273.

jour de l'esprit public; ce n'est pas en se livrant aux pâles ouvrages de littérature qui découlent chaque jour de là source in-
tarissable de nos presses; ou bien encore, en s'abandonnant aux
plaisirs insipides qu'offre en général la société. Je m'écrie avec le
poète :

Quod si

Frigida curarum fomenta relinquere posses,
Quo te cœlestis sapientia duceret, ires.
Hoc opus, hoc studium parvi properemus et ampli,
Si patriæ volumus, si nobis vivere cari [1].

(HORACE, Ep. l. I, ep. 3, p. 25,)

Oui, *parvi properemus et ampli,* grands et petits, hâtons tous
l'accomplissement de cette noble tâche. Il est au pouvoir de chacun de faire servir ses études littéraires au progrès de ses études
religieuses et à l'affermissement de ses saintes croyances, alors
même qu'on ne serait pas doué des talents nécessaires pour augmenter la somme d'évidence générale qui doit servir au bien public. Oui, si nous sommes destinés par la divine providence à
être comme les lampes qui brûlent dans l'Eglise, et qu'on ne doit
pas cacher sous le boisseau, chacun de nous dès-lors possède
une lampe virginale qu'il doit entretenir avec soin; une faible,
mais précieuse lumière, qu'il lui faut conserver au-dedans de son
âme, en ayant soin d'y verser sans cesse de l'huile nouvelle, afin
qu'elle puisse le guider dans sa route épineuse, et que cette route
ne se trouve pas obscure et embarrassée au moment où l'époux
viendra.

Et cependant je ne vois pas pourquoi toute personne, douée
seulement de talents ordinaires, ne pourrait espérer, à l'aide d'un
travail persévérant, d'augmenter quelque peu les témoignages généraux qui militent en faveur de la vérité. Dans cette science,
comme dans toute autre, il y a des degrés modestes : ce sont des
chemins tranquilles et retirés qui ne conduisent pas au-delà des
bornes de l'intérieur domestique, chemin où peut errer l'esprit

---

[1] « Brisons les liens de ces froids soucis, et suivons la route que nous
trace la sagesse divine, afin d'être, petits et grands, l'honneur de notre patrie et de posséder le bonheur au-dedans de nous-mêmes. »

timide à l'abri de l'attention publique, et où il peut cueillir d'agréables et humbles plantes dont les parfums seront aussi doux sur l'autel de Dieu que le riche encens composé avec tant d'art par Bazaléel et Oholiab [1], Le coquillage bigarré que l'enfant ramasse sur le penchant de la colline peut quelquefois être un aussi bon témoignage d'une grande catastrophe que les os gigantesques des monstres marins que découvre le naturaliste en fouillant le roc visqueux; une petite médaille peut attester d'une manière aussi certaine la destruction d'un empire que l'obélisque ou l'arc triomphal. » Tandis que d'autres, dit saint Jérôme, offrent leur or et leur argent pour le service du tabernacle, pourquoi ne présenterai-je pas comme une humble offrande quelques peaux et quelques tissus de crin [2]? » A cette belle figure, que chacun peut s'appliquer, j'ajouterai seulement que si l'or et l'argent servent à orner la maison du Seigneur, les peaux et les tissus de crin, ces dons plus humbles, y peuvent servir de couverture et de protection.

Je ne doute pas que vous n'ayez souvent admiré les peintures exquises qu'on voit aux plafonds des appartements de Borgia, dans le Vatican, et où sont représentées les sciences tenant leurs cours séparées. Chacune d'elle siége sur un trône; elle s'offre sous les traits et avec le maintien de la plus noble et de la plus majestueuse beauté; elle est entourée des emblémes et des images qui figurent le mieux son pouvoir sur la terre; elle semble réclamer l'hommage de tous ceux dont elle attire les regards. Jugez alors quelle aurait été la conception du peintre, et à quelle sublimité d'expression il se fût élevé, s'il avait eu pour tâche de représenter cette science, la plus noble de toutes, notre divine religion, siégeant sur son trône, ainsi qu'il lui convient, et recevant les hommages et les décorations des autres sciences, ses suivantes! Car si, comme il a été prouvé, elles ne sont que des ministres soumis à l'autorité suprême de la religion; si elles sont destinées à fournir des preuves de sa puissance, combien la beauté, la grâce, la majesté et la sainteté de cette religion doivent-elles surpasser tous leurs avantages! Et quel honneur, quelle dignité doit rejaillir sur

[1] Exod. xxx, 35, xxxi, 2.
[2] Prologus galeatus, en tête de la Vulgate.

celui qui se sent destiné à porter le tribut de l'une de ces belles vassales, et quelle doit être son admiration quand il se voit aussi près de leur noble reine!

Mais quiconque tentera de cultiver un champ plus vaste, et qui suivra pas à pas, comme nous avons humblement essayé de le faire ici, les progrès continus de chaque science, en ayant soin de remarquer l'influence qu'elle exerce sur les connaissances plus saintes qu'il a acquises; celui-là, dis-je, en ressentira une joie si pure, en éprouvera un tel surcroît de consolations, qu'il n'est rien dans la seule science humaine qui puisse jamais lui en tenir lieu. Je ne sais à qui comparer un tel homme, si ce n'est à celui qui joint un amour enthousiaste des charmes de la nature à une ample connaissance de ses lois, et qui passe ses journées dans un jardin rempli des plantes les plus précieuses. Ici, il voit une magnifique fleur qui étale toutes ses beautés aux rayons glorieux du soleil; là, une autre plus modeste va bientôt épanouir son calice qui n'est encore qu'entrouvert; près de celle-là, il est une troisième fleur sortant à peine de sa tige et ne donnant qu'un léger espoir de tout ce qu'elle pourra devenir; néanmoins, il attend avec patience, sachant bien qu'une loi a fixé le temps où cette dernière aussi viendra payer son tribut à la lumière et à la chaleur, qui l'ont nourrie. De même, l'homme dont j'ai parlé plus haut voit chaque science, l'une après l'autre, quand l'heure fixée est venue et a fait sentir son influence mûrissante, découvrir quelque forme qui, en ajoutant à l'harmonie variée de l'éternelle vérité, récompense amplement la puissance génératrice qui lui a donné le jour; quelque stérile qu'elle ait pu paraître d'abord, elle donne à la fin des fruits dignes d'orner le temple et l'autel du vrai Dieu.

Et si cet homme enregistre soigneusement ses propres convictions; s'il les ajoute au recueil déjà formé des autres preuves diverses qui aboutissent à un même centre, il aura certes atteint au but le plus noble pour lequel l'homme puisse désirer de vivre et de s'instruire, son propre avantage et celui du genre humain; car, comme l'a écrit un sage poète [1], d'après un saint plus sage encore:

[1] Lord Brooke, Traité de la science humaine.

The chief use then in man of that he knowes,
Is his paines-taking for the good of all,
Not fleshly weeping for our own made woes,
Not laughing from a melancholy gall,
Not hating from a soul that overflowes
With bitterness breathed out from inward thrall;
 But sweetly rather to ease, loose, or binde,
 As need requires, this fraile fallen human kinde.
Yet some seeke knowledge, meerely to be knowne,
And idle curiosity that is;
Some but to sell, not freely to bestow,
These gaine and spend both time and wealth amisse,
Embasing arts, by basely deeming so :
 Some to build others, which is charitie;
 But those to build themselves who wise men be [1].

Quand la science aura une fois été consacrée par des motifs aussi nobles, elle sera bientôt sanctifiée par des sentiments plus

---

[1] « Le principal usage que l'homme doive faire de ce qu'il sait, c'est de l'employer au bien de tous, non pas en pleurant avec faiblesse sur des maux que nous nous sommes attirés, non pas en riant avec fiel et tristesse, non pas en maudissant avec la haine d'une âme qui répand au dehors l'amertume qu'elle renferme au-dedans; mais en cherchant doucement à réjouir, à dilater ou à resserrer, selon qu'il en est besoin, cette frêle humanité déchue.

« Mais quelques-uns cherchent à connaître seulement pour être connus, et ce n'est là qu'une vaine curiosité; ceux-ci, pour vendre leur savoir, et non pour le répandre avec libéralité; ceux-là, pour dépenser mal à propos leur temps et leur gain, avilissant les arts et les sciences par le vil usage qu'ils en font; les uns encore pour édifier leur prochain, et voilà la charité; enfin quelques-uns, pour être édifiés eux-mêmes, et ceux-là sont les sages. »

Ces vers ne sont qu'une paraphrase du magnifique passage suivant de saint Bernard : « Sunt namque qui scire volunt eo tantum fine ut sciant, et turpis curiositas est. Et sunt qui scire volunt, ut scienfur ipsi, et turpis vanitas est. Et sunt item qui scire volunt; ut scientiam suam

purs, elle revêtira un caractère plus calme et plus vertueux qu'il n'est possible aux connaissances humaines de le posséder jamais. Un amour enthousiaste de la vérité naîtra dans l'âme et y étouffera bientôt tout sentiment moins noble et plus terrestre. Nous ne considérerons jamais d'un œil partial la cause que nous défendons, et nous ne la jugerons pas d'après des motifs personnels; mais, suivant l'avis du digne Schlegel, nous fuirons toute espèce de querelle, toute haine contraire à la charité, et nous tâcherons d'entretenir en nous un esprit d'amour et d'unité¹. » Nous regarderons notre cause comme trop sacrée pour nous laisser conduire par l'influence des passions humaines, ou pour les appeler à notre aide. Les paroles du poète semblent s'adresser à nous, quand il nous excite à rechercher la victoire, mais seulement par la puissance de Dieu : « Désire de vaincre, mais efforce-toi toujours de vaincre avec le secours de Dieu. » (SOPHOCLE, *Ajax*, 776).

Mais ces sentiments auront une puissance encore plus grande, ils nous assureront le succès; car, si un amour pur et une admiration sans mélange pour la religion animent une fois nos efforts, nous nous sentirons enflammés pour son service d'un dévouement chevaleresque, qui nous rendra infatigables et invincibles quand nous nous armerons pour sa défense. Nos recherches peuvent être longues et périlleuses, nous pouvons rencontrer en chemin des enchanteurs et des sorciers, des géants et des monstres, des séductions et de la résistance; mais, confiants dans la force de notre cause, nous avancerons toujours; nous ferons fuir toutes les apparitions, nous combattrons vaillamment tout ennemi réel, et la palme nous appartiendra infailliblement. En d'autres termes, nous nous soumettrons avec patience à l'ennui que peut causer un examen aussi détaillé; si quelque objection nous est faite, au lieu de nous contenter de réponses vagues, nous interrogerons la branche même de cette science ou sacrée ou profane d'où elle aura été

---

vendant, verbi causa pro pecunia, pro honoribus, et turpis quæstus est. Sed sunt quoque qui scire volunt ut ædificent, et charitas est. Et item qui scire volunt ut ædificentur, et prudentia est. » Sermo XXXVI, super Cant., p. 608.

¹ Philosoph'sche Vorlesungen, p. 265.

tirée ; nous nous livrerons avec calme et en toute humilité à ce
travail pénible ; nous tàcherons d'en pénétrer toutes les difficultés
et d'en délier avec soin tous les nœuds, et je vous promets que,
quelque dépourvue d'espoir que votre tàche ait pu vous paraître d'a-
bord, le résultat de vos efforts sera assurément contenu dans cette
légende courte, mais expressive, qu'on trouve encore sur une
pierre antique, et que j'espère pouvoir considérer comme le sommaire et l'épilogue de ces discours :

RELIGIO, VICISTI.

Religion, tu as vaincu !

NOTE

à laquelle on renvoie, page 63, sur la conformité entre les formes
grammaticales des langues sémitiques et indo-européennes.

—

Le lecteur aura observé que les pronoms personnels sont au nombre
des éléments les plus importants employés par les ethnographes pour
déterminer les affinités des langues, et, dans le discours précédent, on
a fait voir quelles conclusions importantes Lepsius avait tirées de la
ressemblance marquée entre les pronoms et les affixes de l'égyptien et de
l'hébreu. Le doct. Prichard, dans son Appendice à la fin de son *Origine orientale*, etc., et auquel on s'est référé, a bien, à la vérité, comparé quelques-uns des pronoms hébreux avec ceux de l'indou-européen,
comme *atta* avec *tu*, etc.; mais il me paraît qu'une analyse plus intime
de ce pronom et des autres conduira à des conclusions plus satisfaisantes.

Quand nous découvrons qu'une portion de chaque mot, dans une
classe particulière, est toujours identique, tandis que le reste varie, nous
pouvons justement conclure qu'elle forme seulement un caractère générique, que l'on peut, en toute sûreté, omettre en étudiant la détermination spécifique du mot, ou en le comparant avec d'autres langues.
Ainsi, en sanskrit, le pronom de la première personne est *aham*; celui
de la seconde, *tuam*: d'où Bopp considère avec raison la syllabe *am* comme
purement générique, et réduit les parties essentielles à *ah* et *tu*, correspondant, le premier au vieux tudesque *ih*, latin *ego*; le second au
latin *tu*, au persan *to* ou *tu*, et à l'allemand *du*.

Or, il me semble que les pronoms sémitiques sont enveloppés dans
une composition semblable qui devrait être débrouillée avant que nous
puissions espérer atteindre leurs parties caractéristiques, et cela ne peut
être reconnu qu'en comparant des formes, perdues maintenant dans
quelques dialectes, mais conservées dans d'autres. La syllabe que nous
allons ainsi trouver commune à toutes les personnes dans les deux nombres est *an*, prononcée différemment *an* ou *eh*, suivant la tendance des

divers dialectes, mais toujours composée des deux mêmes lettres, *aleph* et *nun*.

Le pronom de la première personne singulier est, en hébreu, AN-ochi, abrégé en AN-i ; en chaldéen, AN-a ; en syriaque, EN-o ; en arabe EN-a. Les pluriels sont respectivement : hébreu : AN-*achnu* ; chaldéen et samaritain, AN-an ; syriaque, ehnan ; arabe, N-achna. Dans les deux dernières langues, la syllabe préformative a été plus ou moins perdue.

Les pronoms de la seconde personne en hébreu (omettant, pour abréger, les féminins qui suivent les masculins d'après des règles données), sont *atta* sing. et *attem* plur. Mais, dans le premier T, exprimé en hébreu seulement par un signe de duplication, se trouve cachée une N supprimée, tellement que tous les grammairiens sont d'accord que ces formes remplacent AN-ta et AN-tem. Ceci est mis hors de doute par les autres dialectes : chaldéen, AN-t, et AN-tun ; syr. AN-t, AN-tum (quoique un trait au-dessus de N indique que cette lettre ne doit pas être prononcée, et rattache ainsi les autres dialectes à l'hébreu) ; arabe EN-ta, EN-tom.

A la troisième personne, l'hébreu et l'arabe ont entièrement perdu la particule constituante ou, plutôt, ont adopté un pronom différent ; mais elle a été précieusement conservée par le syriaque dans le pluriel, et par les Chaldéens dans l'un et l'autre nombre. Ainsi, chaldéen IN e, singulier ; IN-un, plur. masc. ; IN-e(i)n, fém. Dans lesquels mots *aleph* devient I par les points-voyelles à cause de la réduplication de N : syriaque EN-un, pl. masc. ; en-e(i)n, fém.

D'après cette analyse, il paraît que la syllabe AN est simplement une particule générique, ne formant point une portion essentielle d'aucun pronom, mais commune à toutes les personnes ; et par conséquent elle peut et doit en être détachée avant que nous n'atteignions la substance particulière ou essentielle de chacun d'eux. Car elle pénètre intimement tous les pronoms, quel que soit le nombre, le genre ou la personne, d'une manière beaucoup plus marquée que le sanskrit *am*.

Si nous appliquons ce système au pronom de la première personne du singulier, nous en aurons la portion essentielle dans l'hébreu ; car, dans tous les autres dialectes, on le trouve seulement sous la forme abrégée OCHI, qui peut très-bien être comparé au sanskrit *ah-am*, ou à l'allemand *ich*. Même la forme abrégée I (AN-I) conserve une ressemblance suffisante avec le vieux allemand *ik*.

Si nous passons au pluriel, il paraîtrait que la portion radicale du pronom hébreu est ACHNU, dont la première partie semble provenir de l'aspirée C *(caf)* au singulier, transformée ici en une pure gutturale. S'il en est ainsi, la portion du pronom dénotant strictement le nombre pluriel serait NU, et nous avons dans les autres dialectes les gradations depuis la forme complète jusqu'à son abrégée; arabe (N) ACHNA; syriaque, CH-NAN; chaldaïque (AN) AN. D'après ces degrés il paraîtrait que NU, NA ou N sont les formes caractéristiques de la première personne du pluriel, et ceci nous donne une coïncidence très-singulière avec les duels sanskrit et grec *nou* et *noï*, et le pluriel latin *nos*.

Dans la seconde personne, la ressemblance est encore plus marquée; car, en dépouillant la syllabe générique, le pronom est réduit à TA en hébreu et en Arabe, et à T en chaldéen et en syriaque; ce qui s'accorde suffisamment avec le sanskrit *tu*-am, gén. *taï*, le latin et le persan *tu*, et l'allemand *du*. Le pluriel se forme du singulier par la règle ordinaire.

Quand j'ai analysé les pronoms de la troisième personne en syrochaldaïque, c'était simplement dans la vue d'établir le retour constant de la particule constituante dans toutes les parties du système pronominal. Mais si nous examinons les formes conservées au singulier dans l'hébreu et l'arabe, et dans le syriaque, la comparaison entre les pronoms de cette personne ne paraîtra pas moins frappante que la précédente. Le masculin singulier est dans la première de ces langues HU; dans la seconde HUA, dans la troisième HU. Nous pouvons leur comparer le persan *o*, le gallois *evo*, qui, dans l'affixe, change comme l'hébreu, en *aw* ou *o*; le latin, *hic, hujus, hi*, et l'anglais *he*. Le féminin est le même dans toutes, HI. C'est précisément la même chose en gallois dans lequel *hi* est la troisième personne du féminin. Le pluriel HEM, ou son féminin HEN, ou le syriaque EN-UN, pourrait être comparé, peut-être, avec le gallois correspondant *hwynt*.

Je propose ces conjectures avec toute la réserve convenable. J'ai trop souvent vu combien une ingénieuse théorie peut séduire son auteur, et l'engager malheureusement à prendre des ressemblances imaginaires ou accidentelles pour des analogies réelles, pour ne pas être doublement sur mes gardes quand quelque vue nouvelle vient frapper mon esprit. Cependant je ne puis m'empêcher de penser que le procédé que j'ai suivi et les affinités qu'il a développées ne soient dignes d'attention, par l'uniformité que l'on découvre dans toute la sphère de leur action. S'il en est ainsi, nous avons un point de contact nouveau et important entre les deux grandes familles, basé sur l'analyse grammaticale des éléments primaires du discours.

Il y a d'autres investigations que je crois dignes d'être poursuivies par la probabilité qu'elles conduiront aux mêmes résultats : mais quant à présent, ce qui précède peut suffire. Je ferai seulement remarquer qu'il parait exister des traces dans les dialectes sémitiques, de ce que l'on considère généralement comme particulier à l'autre famille, savoir la conjugaison par des verbes auxiliaires. Car les voix passives en chaldaïque et en syriaque, *ithpael, ethpael, ethpaal* et *ettaphel*, paraissent clairement être sorties de l'union du verbe substantif *ith*, duquel des traces se trouvent dans l'hébreu *la-ith*, *il n'est pas*, et dans les particules déterminées *eth* et *yoth* avec le verbe indéfini.

FIN.

TABLE.

—

FIN DE LA TABLE.

Médaille d'Apamée

Fig. 1.

Fig. 2.

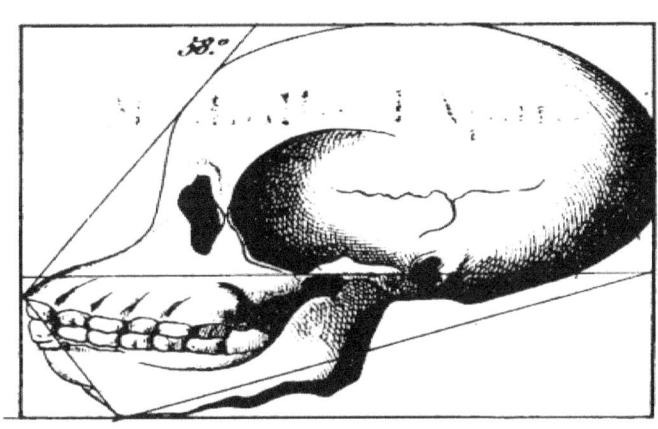

Fig.1. Crane

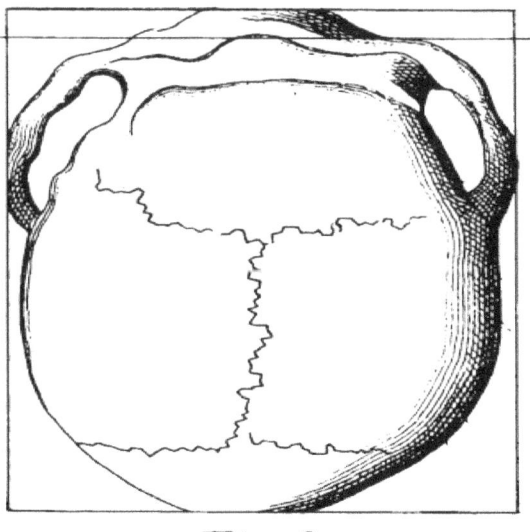

Fig.6.

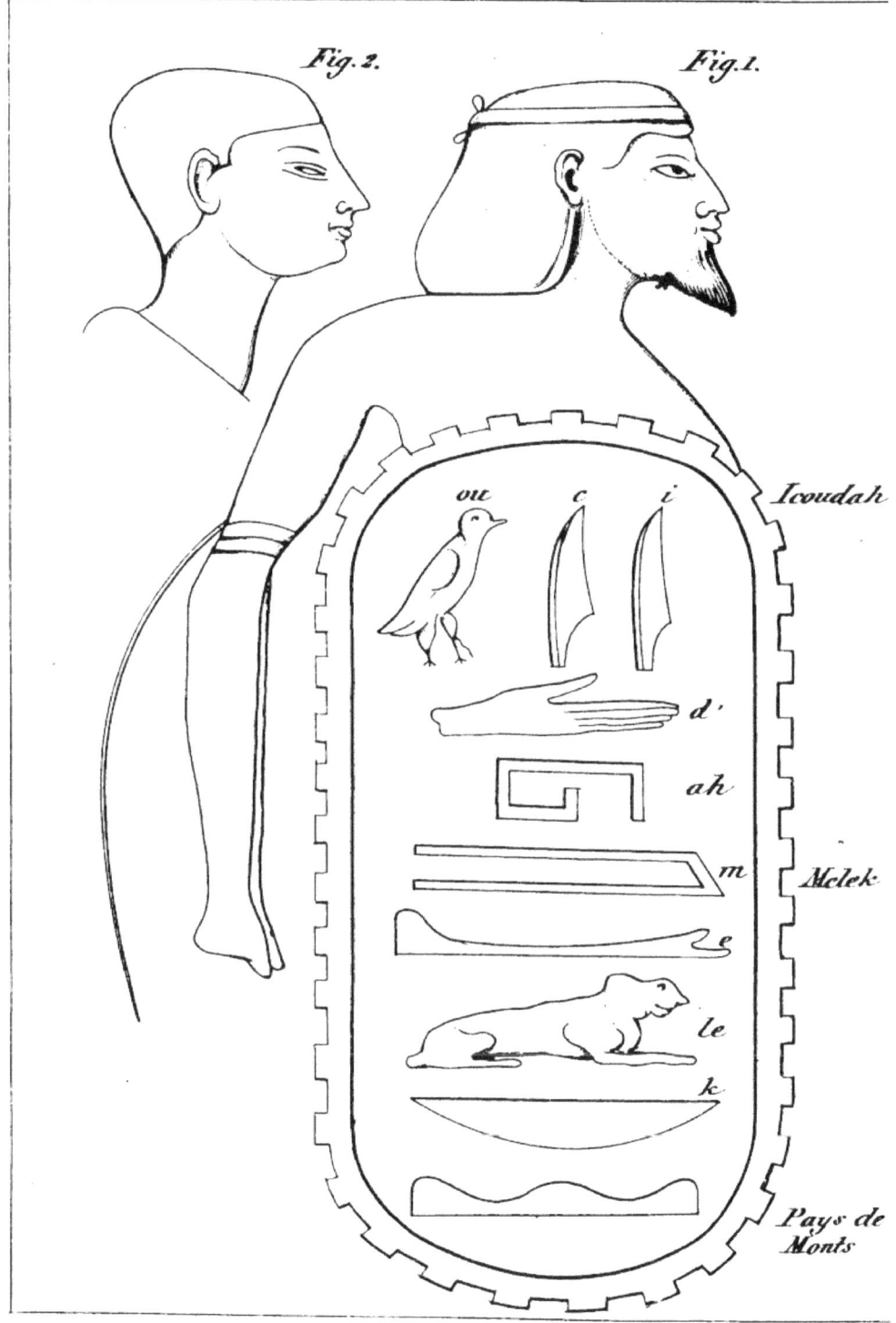

Fig. 2.

Fig. 1.

Check Out More Titles From HardPress Classics Series In
this collection we are offering thousands of classic and hard
to find books. This series spans a vast array of subjects – so
you are bound to find something of interest to enjoy reading
and learning about.

Subjects:
Architecture
Art
Biography & Autobiography
Body, Mind &Spirit
Children & Young Adult
Dramas
Education
Fiction
History
Language Arts & Disciplines
Law
Literary Collections
Music
Poetry
Psychology
Science
…and many more.

Visit us at www.hardpress.net

Im TheStory

personalised classic books

JAKE IN WONDERLAND

LEWIS CARROLL

"Beautiful gift.. lovely finish. My Niece loves it, so precious!"

Helen R Brumfieldon

★★★★★

UNIQUE GIFT

FOR KIDS, PARTNERS AND FRIENDS

Timeless books such as:

Kids

Alice in Wonderland · The Jungle Book · The Wonderful Wizard of Oz
Peter and Wendy · Robin Hood · The Prince and The Pauper
The Railway Children · Treasure Island · A Christmas Carol

Adults

Romeo and Juliet · Dracula

Highly Customisable

Change Books Title

Replace Characters Names with yours

Upload Photo Into Inside page

Add Inscriptions

Visit

Im TheStory .com

and order yours today!

CPSIA information can be obtained
at www.ICGtesting.com
Printed in the USA
BVHW081606120819
555665BV00013B/968/P

9 781318 655236